suhrkamp taschenbuch
wissenschaft 1165

Mitte der achtziger Jahre begann eine Gruppe von Sozialwissenschaftlern, nach und nach öffentliche Technikdebatten in einen techniksoziologischen Spezialdiskurs über »große technische Systeme« zu übersetzen. Der techniksoziologische Diskurs ist inzwischen wie der öffentliche weit verzweigt und weder in seinen Problemstellungen noch in seiner Begrifflichkeit einheitlich. Immerhin hat sich ein Konsens über die Verwendung des zentralen Begriffs große technische Systeme herausgebildet, der auch dem vorliegenden Buch zugrunde liegt: gemeint sind durchgehend auch sachtechnisch verknüpfte und über (relativ zu anderen technischen Systemen) weite Räume und Zeiten erstreckte Gebilde, die im Prinzip von jedermann für vergleichsweise beliebige Zwecke genutzt werden können, zum Beispiel Stromverbunde, Telefonnetze, Kanalisationssysteme.
Ziel des vorliegenden Bandes ist es, aus einem möglichst breiten Spektrum sozialwissenschaftlicher Forschungsrichtungen Sichtweisen, Konzeptualisierungsangebote und Theoretisierungsbestände für die Untersuchung großer technischer Systeme zusammenzutragen und miteinander zu konfrontieren. So sind in diesem Band neben der Technik- und Industriesoziologie auch die Technik-, Kultur- und Kunstgeschichte, die Politikwissenschaften, zwei Spielarten der Systemtheorie sowie die Organisations- und Wissenschaftsforschung vertreten.
Die Arbeiten zu diesem Band sind im Rahmen einer mehrjährigen Kooperation zwischen dem Wissenschaftszentrum Berlin für Sozialforschung (WZB) und dem Zentrum für interdisziplinäre Forschung (ZiF) der Universität Bielefeld entstanden. Sie setzen ein Programm zur sozialwissenschaftlichen Technikforschung fort, das bereits mit den Bänden *Technik im Alltag* (stw 755) und *Technik als sozialer Prozeß* (stw 795) begonnen wurde. Bernward Joerges ist Wissenschaftler am WZB und Professor für Soziologie an der Technischen Universität Berlin; Ingo Braun ist Soziologe und forscht in Berlin.

Technik ohne Grenzen

Herausgegeben von
Ingo Braun und Bernward Joerges

Redaktion
Sissy von Westphalen

Suhrkamp

Die Deutsche Bibliothek – CIP-Einheitsaufnahme
Technik ohne Grenzen /
hrsg. von Ingo Braun und Bernward Joerges. –
1. Aufl. – Frankfurt am Main :
Suhrkamp, 1994
(Suhrkamp-Taschenbuch Wissenschaft ; 1165)
ISBN 3-518-28765-6
NE: Braun, Ingo [Hrsg.]; GT

suhrkamp taschenbuch wissenschaft 1165
Erste Auflage 1994

Satz und Druck: Wagner GmbH, Nördlingen
Printed in Germany
Umschlag nach Entwürfen von
Willy Fleckhaus und Rolf Staudt

1 2 3 4 5 6 – 99 98 97 96 95 94

Inhalt

SYSTEMSPLITTER II

III. MODELLIEREN

Bernward Joerges und Ingo Braun
Große technische Systeme – erzählt, gedeutet, modelliert

Das weltumspannende Telefonnetz und die wachsende Vielfalt von Kommunikationsdiensten, die es unterstützt, die Flugverkehrssysteme, die anderen Verkehrssysteme, die Energieversorgungssysteme, die Entsorgungssysteme – das sind technische Gebilde eines in der sozialwissenschaftlichen Technikforschung wenig beachteten Typs. Erst gegen Ende der achtziger Jahre hat ein internationales Forschungsnetz damit begonnen, die lebhaften öffentlichen Debatten über technische Großsysteme in einen techniksoziologischen Spezialdiskurs zu übersetzen.[1]

Inzwischen ist dieses Forschungsfeld weit verzweigt und weder in seinen Problemstellungen noch in seiner Begrifflichkeit einheitlich. Immerhin hat sich ein Konsens über die Verwendung des zentralen Begriffs »große technische Systeme« herausgebildet, der auch dem vorliegenden Buch zugrunde liegt: Gemeint sind technische Sozialsysteme, die im Prinzip von jedermann und jederfrau für einigermaßen beliebige Zwecke genutzt und an örtliche kulturelle Verhältnisse angeschlossen werden können, die relativ zu anderen technischen Systemen fortschreitend entlegenere sozialräumliche und -zeitliche Grenzen zu überwinden erlauben, weil sie durchgehend *auch und zunehmend sachtechnisch* vernetzt sind.

Die Diskussion der Entwicklung und Dynamik solcher Systeme war und ist stark von wirtschafts- und steuerungspolitischen Fragestellungen geprägt. Die Beiträge dieses Bandes stellen im Gegensatz dazu – auch wenn selbstverständlich immer technologie-

1 Siehe vor allem Mayntz 1988, 1993; Mayntz/Hughes, 1988; Joerges 1988a, 1992, 1994a, 1994b; LaPorte 1991; Gras 1993; Summerton 1994. Verwiesen sei auf eine (stark urbanistisch ausgerichtete, höchst formal-quantitative) französischsprachige Forschung über technische Netzwerke, die von der hier herangezogenen bislang fast völlig losgelöst geblieben ist und die ihr Forum in der Zeitschrift *Flux* hat; vgl. dazu zum Beispiel Dupuy 1985, 1988, 1991; Griset 1991; Offner 1993, die sich um einen Anschluß an die internationale Forschung bemühen.

politische Folgerungen eingehen – die Frage der augenscheinlich irreversiblen Vergrößerung und »Aufwärtstransformation« technisch vernetzter Systeme in den Mittelpunkt: Wie kommt es, daß der soziale Körper immer »mehr« Operationen und Funktionen an ausgedehnte extrasomatische Einrichtungen delegiert? Welche Mechanismen tragen, vor und jenseits geläufiger ökonomischer Deutungen, zu einem augenscheinlich ungebremsten Wachstum technischer Netzwerke bei? Was ist gemeint, wenn Sozialwissenschaftler von der »Vergrößerung« sozialer, insbesondere technischer Systeme sprechen und damit weitreichende Interpretationen der Richtung und der Qualität gesellschaftlicher Entwicklungen verbinden?

Zu diesem Buch

Versucht man, die Entwicklungsdynamik dieser weitläufigen und expansiven Technikgebilde intellektuell zu erfassen, dann wird man ihnen notgedrungen ein Stück weit bei ihren Grenzübertritten folgen müssen. Ziel des vorliegenden Bandes ist es daher, aus einem breiten Spektrum sozialwissenschaftlicher Forschungsrichtungen Sichtweisen, Konzeptualisierungsangebote und Theoriebestände für die Untersuchung großer technischer Systeme zusammenzutragen und miteinander zu konfrontieren. Vertreten sind neben der Technik- und Industriesoziologie auch die Technik-, Kultur- und Kunstgeschichte, die Politikwissenschaften, unterschiedliche Spielarten der Systemtheorie sowie die Organisations- und Wissenschaftsforschung. Der Bogen reicht, gemäß der disparaten Genealogie der Sozialwissenschaften, von ingenieurwissenschaftlich-systemtheoretisch inspirierten Formulierungen bis zu *Ingrid Severins* »Systemsplittern« – Versuchen, mit den interpretatorischen Mitteln der Kunstkritik der Art und Weise nachzuspüren, in welcher im Verlauf der Modernisierung technisch vernetzte Systeme in den bildenden Künsten gesehen und präsentiert werden.

Erzählen – Deuten – Modellieren

Die drei Teile, in die wir den Band gliedern, verweisen auf drei mögliche Annäherungsweisen an den Gegenstand: eine narrative, eine interpretative und eine modellierende. Selbstverständlich wird jede wissenschaftliche Arbeit in unterschiedlichen Gewichtungen Elemente aller drei Herangehensweisen enthalten. Die Zuordnung der einzelnen Beiträge enthält denn auch notgedrungen ein Element der Willkür. Andere Anordnungen sind denkbar und würden andere Aspekte des Gegenstands in den Vordergrund rücken. Die Gliederung, die wir gewählt haben, unterstreicht die Methodenvielfalt, die in diesem jungen Forschungsfeld herrscht, und bestreitet einseitig abstrakt-theoretisierenden, hermeneutisch-sozialkonstruktivistischen oder historisierenden Ansätzen ihre mehr oder weniger impliziten Ansprüche auf ausschließliche methodologische Überlegenheit.

Systeme erzählt

In den Aufsätzen des ersten Teils werden exemplarische technische Infrastruktursysteme moderner Industriegesellschaften vorgestellt und in ihren Entwicklungen detailreich nachgezeichnet. Zum Auftakt bietet *Joachim Radkau* einen bis in die Antike zurückreichenden Abriß der Geschichte großer technischer Systeme. Im Anschluß beschreibt *Herbert Kubicek* die Auswirkungen der Postreform der achtziger Jahre auf die Entwicklung des deutschen Telefonsystems. *Hanns-Peter Ekardt*s Darstellung der Bautechnik großer technischer Systeme eröffnet demgegenüber einen querschnittartigen Blick auf die gegenwärtige Infrastrukturlandschaft in Deutschland.

Das erste Kapitel ist der historiographischen Annäherung an große technische Systeme gewidmet. Der Beginn des Forschungszyklus, in den sich der vorliegende Band einschreibt, wird gerne mit den beispielgebenden Arbeiten des Technikhistorikers *Thomas P. Hughes* datiert. Insbesondere der mit der Industrialisierung beginnende Aufbau und die national unterschiedliche Entwicklung der Eisenbahn[2]-, Telefon[3]- und Energieversorgungssysteme[4] sind technikhistorisch ausführlich dokumentiert. *Radkau* erweitert diesen Fundus doppelt: Er legt die vorindustriellen Wurzeln der großen technischen Systeme frei und schlägt damit eine Brücke zwischen den durchweg maschinenbewehrten Infrastruktursystemen von heute und den antiken Großbauten, die in der Siedlungs- und Zivilisationsgeschichte seit je eine prominente Rolle spielen.[5] Und er versucht, makrohistorische Entwicklungslinien zu identifizieren, die hinausgehen sowohl über die jeweils besonderen Infrastruktursysteme als auch generell über die industriegesellschaftliche Epoche; diese war bisher der verbindliche historische Bezugsrahmen.

Radkau hat eine Art Gattungsgeschichte großer technischer Systeme im Blick, die er analog zur menschlichen Ontogenese in Jugend-, Erwachsenen- und Altersphase einteilt. Charakteristisch für die Jugend großer technischer Systeme sind für ihn die antiken und mittelalterlichen Wasserbausysteme (Bewässerungs-, Küstenschutz-, Schiffahrtskanalsysteme), die prototechnisch durch natürliche Gewässer vernetzt wurden. Für die Erwachsenenphase seien gegenständlich vernetzte Systeme wie die mit der Industrialisierung entstehenden Eisenbahn- und Stromversorgungssysteme typisch. Bei den im 20. Jahrhundert in die Jahre gekommenen großen Systemen erlahme dann quasi der Fortpflanzungstrieb, und es kämen, so seine These, nur noch Sekundärsysteme dazu, die auf den vorhandenen Systemen aufsatteln. Die alten Systeme würden zudem, so eine zweite These, als organisatorische Einheiten zerfallen und in von individueller Nutzung geprägte Netzwerke verwandelt. Wie beim Straßenverkehr lasse sich ihnen kein Systemcharakter mehr zuschreiben.

Auch *Kubicek* vermutet im folgenden Kapitel eine fortschreitende Dispersion klassischer Infrastruktursysteme. Er befaßt sich mit der Nachkriegsgeschichte speziell des deutschen Telekommunikationsnetzes – in *Radkaus* Gattungslehre »nur« ein kurzer Ab-

2 Eindrucksvoll: Salsbury 1988; Caron 1988; Heinze/Kill 1988; Buchholz 1994.

3 Ebenso eindrucksvoll: Galambos 1988; Bertho-Lavenir 1988; Thomas 1988; Werle 1990; Schneider 1991.

4 Hier vor allem: Hughes 1983; Levy-Leboyer 1988; Salsbury 1991; Radkau 1983; Summerton 1993; Rochlin 1994.

5 Paradigmatisch etwa: Mumford 1977; Wittfogel 1977.

schnitt im langen Verlauf des Wachstums und Alterns großer technischer Systeme. Anhand der in den achtziger Jahren im Rahmen der Postreform beginnenden Restrukturierung des Telekommunikationswesens versucht er zu belegen, daß technologische Fehleinschätzungen und ordnungspolitische Irrtümer des zuständigen Ministers zur Nicht-Steuerbarkeit des Telekommunikationssystems beigetragen haben. Hier sind es also nicht, wie bei *Radkau,* primär strukturelle Bedingungen, sondern es ist das geschichtsmächtige Tun identifizierbarer Akteure, das den spezifischen Entwicklungsgang eines großen technischen Systems bestimmt. *Kubicek*s Geschichte erinnert an Hughes' stilisierte Figur des *system-builder*, erweitert allerdings deren Repertoire um die faustische Rolle eines System-Terminators.

Mit der Dispersionsthese schließt *Kubicek* an die steuerungstheoretisch-steuerungspolitische Debatte an, die – neben dem historischen Zugang – die bisherige Forschung geprägt hat. Hier interessieren, unter dem zentralen Stichwort der Deregulierung, die vielfachen Privatisierungs-, Entflechtungs- und Rationalisierungsmaßnahmen, die seit den achtziger Jahren allerorten in fast allen Infrastrukturbereichen angestrengt werden. Untersucht worden sind in diesem Rahmen zum Beispiel das globale Ausmaß des Deregulierungstrends im Telekommunikationswesen[6], die ökonomischen und eigentumsrechtlichen Deregulierungsfolgen in der Stromversorgung[7] oder Sicherheitsaspekte der Deregulierung im Flugverkehr.[8] Während sich solche Untersuchungen meist damit begnügen, Ausmaß und Folgen von Deregulierungsbemühungen zu erfassen, versucht *Kubicek* die Postreform im Lichte ihrer Folgen und möglichen Alternativen auch zu bewerten. Techniksoziologisch von besonderem Interesse ist die These, man habe es hier nicht nur mit einer organisatorischen, sondern auch mit einer technischen Dispersion zu tun, die in einer fortschreitenden Fragmentierung und Unsteuerbarkeit der Telekommunikationsnetze resultiere.

An den Beispielen Verkehrswesen, Wasserversorgung und Abwasserentsorgung beschreibt dann *Ekardt* die Entwicklung bautechnischer Infrastrukturen. Sein Augenmerk gilt dabei vor allem den

6 Siehe dazu vergleichend Schneider 1991; vgl. auch Kubicek/Seeger 1993.
7 Coutard 1994.
8 LaPorte 1988; Gras 1993.

spezifischen Problemen, die von den langen Planungsvorlaufzeiten der Bautechnik aufgeworfen werden. Und er plädiert in diesem Zusammenhang dafür, der üblichen Makro-Perspektive in der Beschreibung technischer Großsysteme eine mikroanalytische hinzuzufügen, in der insbesondere die Handlungsstrukturen der in Planung und Bau involvierten Ingenieure erfaßt werden können. Ein solcher Perspektivenwechsel mache einsichtig, daß viele der Probleme, mit denen sich Sozialwissenschaftler in der konzeptionellen Bearbeitung großer technischer Systeme herumschlagen, sich als handfeste Arbeitsprobleme bei den beteiligten Bauingenieuren wiederfinden.[9]

Ekardts Bauingenieure komplettieren den Kreis der Schlüsselfiguren, der zentralen »Macher« großer technischer Systeme. Der Hughes'sche *system-builder* hat im wesentlichen Organisations- und Promotoraufgaben. Er tritt vor allem beim *Aufbau* der Systeme in Erscheinung. Das Leitwartenpersonal und vergleichbare *special task forces*, wie sie zum Beispiel Rochlin, LaPorte oder Perrow für die Stromversorgung und Flugverkehrssysteme in den USA beschreiben, gewährleisten den kontinuierlichen *Betrieb* der Systeme.[10] Der Bauingenieur hat es hingegen mit dem antizipierten Bau und Betrieb, also mit dem *Entwurf* der Systeme zu tun, auch wenn es sich dabei durchweg nur um begrenzte Ausschnitte oder Komponenten handelt. *Ekardts* Untersuchungen des infrastrukturrelevanten Bauingenieurwesens können daher als erste Beiträge zu einer »Technikgeneseforschung« großer Systeme gelten.

Man würde dem Text unrecht tun, wenn man ihn nur im Hinblick auf seine narrativen Teile lesen würde, denn er wartet auch im Hinblick auf die Frage einer brauchbaren Klassifikation technischer Großsysteme mit einem innovativen Vorschlag auf. Bisher wurde für Klassifikations- und Abgrenzungszwecke stets nach den für einen bestimmten Infrastrukturbereich typischen Techniken gefahndet. *Ekardt* fragt dagegen in seinem industriesoziologisch orientierten Beitrag nach einem in allen Systemen anzutreffenden Techniktyp. Mit der Bautechnik und der Bauwirtschaft identifiziert er dabei eine Art technischer Infrastruktur techni-

9 In einer bemerkenswerten ethnographischen Ingenieurstudie hat das Kunda 1992 für den Bereich der elektronischen Entwicklung gezeigt.

10 Rochlin 1989; LaPorte 1988; Perrow 1984 haben diese Operationsebene variantenreich an höchst verschiedenen Systemen beschrieben.

scher Infrastrukturen, die in der Forschung – trotz ihrer Vorliebe für das Konstruieren und Systembauen – bislang übergangen worden ist. Um die Komplementarität solcher Unterbauten großer technischer Systeme zu dem von *Ingo Braun* beschriebenen Überbauphänomen (»Systeme zweiter Ordnung«) zu akzentuieren, bezeichnet *Ekardt* sie als Systeme »nullter Ordnung«.

Systeme gedeutet

Im Anschluß an ein erstes Zwischenspiel, in dem *Ingrid Severin* einer Reihe großer technischer Systeme den Spiegel der bildenden Kunst des 20. Jahrhunderts vorhält, folgen im zweiten Teil Beiträge, die um die Wahrnehmung und Deutung großer technischer Sozialsysteme durch unterschiedliche Akteure kreisen. Zunächst demonstriert *Claudia von Grote* anhand von Werbung und Informationsbroschüren verschiedener Versorgungsbetriebe, wie mit dem Methodenrepertoire der interpretativen Soziologie die semantische Außenhaut großer technischer Systeme untersucht werden kann. Im Anschluß illustriert *Wolfgang Sachs* am Beispiel der Weltraumfahrt die Auswirkungen, die große technische Systeme für das kulturelle Selbstverständnis der Menschen haben können. Ebenfalls am Beispiel der Weltraumfahrt erörtert dann *Johannes Weyer*, wie die Größendeutung und Größenrhetorik zentraler System-Akteure zur Ressource einer wissenssoziologischen Größenbestimmung technischer Systeme werden könnte.
Mehr als andere Felder der Technikforschung haben die großen technischen Systeme Forscher angezogen, die den vertrauten Standards einer an historischen Quellen und mehr oder weniger repräsentativen Befunden orientierten Sozialforschung verpflichtet sind. *Von Grote* wagt sich am weitesten in die Erprobung interpretativer Ansätze vor und sucht nach Möglichkeiten, die Deutungskunst einer soziologischen Hermeneutik – entwickelt und erprobt an kleinen und kleinsten Ausschnitten der Sozialwelt – auf das »Makrophänomen« großer technischer Systeme anzuwenden.[11]
Wie mit diesen Methoden das »Deutungsmanagement« großer

11 Zu interpretativen Ansätzen im Bereich »kleiner« Alltagstechnik vgl. Hennen 1992.

technischer Systeme untersucht werden kann und welche Schwierigkeiten damit verbunden sind, führt *von Grote* praktisch anhand einer Interpretation von Informationsbroschüren kommunaler Versorgungsunternehmen vor. Als einziger Text in diesem Buch rückt dieser Beitrag damit nicht irgendwelche Macher, sondern Nutzer großer technischer Systeme stärker in den Mittelpunkt und arbeitet heraus, inwiefern mitunter die Macher auf ein Mitmachen der Nutzer angewiesen sind. Man müßte annehmen, daß sich die Betonung der Nutzerperspektive und die interpretative Herangehensweise auf die ethnographisch-sozialkonstruktivistische Technikforschung stützen kann. Aber der einschlägige Beitrag dieser Forschungsrichtung fällt bislang gering aus. Technik-Nutzer scheinen im Gegensatz zu den Technik-Machern kaum einem ausgeprägten Demystifizierungs- und Dekonstruktionsbedürfnis der Sozialkonstruktivisten entgegenzukommen.[12] Und die Kontroversentauglichkeit als ein zentrales Kriterium für die Auswahl sozialkonstruktivistischer Untersuchungsgegenstände erzeugt einen Selektionsvorteil für einzelne Apparate und klar abgrenzbare Technikkomponenten gegenüber unübersichtlichen und flächigen Systemzusammenhängen.[13] Elektronen[14], Dichtungsringe[15] und Navigationsgeräte[16] geraten leichter ins sozialkonstruktivistische Blickfeld als das auf Elektroautos gestützte Nahverkehrssystem, das System der bemannten Weltraumfahrt oder der Kolonialschiffahrt, dem solche technischen Komponenten ihre Kontroversenrelevanz verdanken.[17]
Von Grote kann zeigen, daß in der alltäglichen Nutzung der Netzcharakter und die Dimensionen von Versorgungssystemen normalerweise ausgeblendet bleiben. Dennoch ist ein implizites Wissen über funktionale Zusammenhänge bei den Nutzern vor-

12 So ist in dem vielzitierten Reader von Bijker u. a. 1989 der Beitrag von Cowan der einzige, der Techniknutzer in den Mittelpunkt stellt, gleichzeitig auch der einzige, der nicht zur sozialkonstruktivistischen Richtung gezählt werden kann.
13 Eine interessante Ausnahme bildet Latours *Aramis* (1992).
14 Callon 1986 am Beispiel des Elektroautos.
15 Pinch 1991 mit Bezug auf die Challenger-Affäre.
16 Law 1987 für die portugiesische Caravelle, MacKenzie 1990 für Raketensteuerung.
17 Ähnliches gilt für quasi-biographische Rekonstruktionen technischer Partialsysteme, zum Beispiel Clive 1993 für den Jumbo.

handen, um dessen gezielte Reaktivierung sich die Betreiberunternehmen regelmäßig bei anstehenden Aus- und Umbauten der Versorgungssysteme bemühen, ja bemühen *müssen*, wenn sie Erfolg haben wollen. Und die Autorin kommt zu dem Schluß, daß ein hermeneutischer Zugang nicht nur, wie oft unterstellt, in der Analyse überschaubarer Mikrophänomene fruchtbar sein, sondern auch einen originären Beitrag leisten kann zum Verständnis des Zustandekommens unübersichtlicher Makrostrukturen.
Es ist bemerkenswert, daß die Rolle der Wissenschaften selbst beim Deutungsmanagement großer technischer Systeme in der einschlägigen Forschung kaum thematisiert worden ist. Wissenschaft taucht meist im Zusammenhang mit großen Experimentieranlagen auf; zum Beispiel in den Arbeiten von Pestre zur *research community* der Hochenergiephysiker, die sich in die riesigen Teilchenbeschleuniger der reichen Industrienationen eingenistet hat.[18] Unklar bleibt jedoch, in welcher Beziehung solche wissenschaftlichen Großinstrumente und die mit ihrer Hilfe realisierten Forschungsprogramme zu den großen technischen Systemen in dem hier unterstellten Sinne stehen. Ansonsten vermittelt die Forschungsszene den Eindruck, die Entwicklung der Systeme werde – von Spezialfällen abgesehen[19] – kaum durch eine spezifisch wissenschaftliche Dynamik geprägt, ja erweise sich durch ein ihr zugeschriebenes eigenes »Momentum« als relativ immun gegenüber den Wechselfällen der Wissenschaftsentwicklung. Dieser Eindruck könnte allerdings auch durch die stiefmütterliche Behandlung zustande kommen, welche die sozialwissenschaftliche Technikforschung seit je den Ingenieurwissenschaften angedeihen läßt.
Ein nachhaltiger Einfluß wirkt dagegen in der Gegenrichtung – von technischen Großsystemen auf die Wissenschaften –, folgt man zahlreichen Arbeiten über die wissenschaftliche Bewertung der Risiken großer Technik.[20] Dabei läßt es eine entscheidungstheoretische Zuspitzung offen, ob große technische Systeme die

18 Pestre 1992; zur allgemeinen Problematik vgl. insbesondere Galison/Havley 1992.
19 Siehe Braun/v. Grote/Feuerstein 1991, die das Wechselspiel von Organtransplantation und disparaten Wissenschaftsfeldern rekonstruieren.
20 Siehe Bechmann/Rammert 1993, Weingart 1991 und viele andere zu dieser Problematik.

Wissenschaften lediglich als Gutachter- und Legitimationslieferanten herausfordern oder aus ihnen maßgebliche Impulse für den Anstoß neuer Forschungsfelder und -disziplinen kommen.
Sachs und *Weyer* liefern empirische Beispiele dafür, daß im Verhältnis von großen technischen Systemen und wissenschaftlicher Forschung höchst interessante und verwickelte Wechselbeziehungen mit konstitutiver Wirkung in beide Richtungen auftreten können. Drei verschiedene Varianten werden präsentiert: Forschung und Wissenschaft als Geburtshelfer technischer Großsysteme, große technische Systeme als Geburtshelfer für Forschung und Wissenschaft sowie die Wissenschaftsentwicklung als Geburtshelfer für ein Entwicklungsmodell großer technischer Systeme. *Sachs* konzentriert sich auf die zweite Variante, *Weyer* verbindet die erste und dritte Variante.
Sachs interpretiert die Geschichte der Satellitentechnik aus kulturhistorischer Sicht. In den Mittelpunkt rückt er nicht Lösungsversprechen, die in einem forschungspolitischen Raum zirkulieren, sondern Sinnbilder – die Alltagserfahrung prägende und auf diesem Weg auch in die Forschungspolitik einfließende bildmächtige Metaphern. Ein großes technisches System wird zum Geburtshelfer eines neuen Forschungszweiges. Das technische System der Weltraumfahrt produziert die Ikone vom blauen Planeten und damit weitreichende Veränderungen im Selbstverständnis eines Teils der Menschheit und in der Wahrnehmung der Erde als kollektiver Lebensgrundlage. Auf dem Umweg über diesen Deutungswandel trägt die Ikone auch entscheidend bei zur Umdeutung der Raumfahrt: von einem Unternehmen zur Erkundung des Weltraums hin zu einem Projekt zur Erkundung der Erde. Die Mentalitätsverschiebungen und die Umdeutung der Raumfahrt zusammengenommen schufen wiederum, so die Quintessenz seiner Ausführungen, den Legitimationsrahmen für einen neuen Zweig der interdisziplinären Großforschung: die sogenannten »ecosciences«. Ihnen dienen der blaue Planet als konstitutives Forschungsobjekt und die technischen Systeme der Raumfahrt und der satellitengestützten Erdbeobachtung als Forschungsgeräte.
Anders *Weyer*, der vorschlägt, analog zu einer wissenschaftssoziologischen Untersuchung von Theorien auch bei der Untersuchung der großen technischen Systeme deren »Problemlösungsfähigkeit« zum Fokus der Analyse zu machen. Er illustriert seinen

Ansatz am Beispiel der deutschen Raumfahrtforschung und der aus ihr hervorgegangenen Satellitensysteme. Danach kann ein großes technisches System in Konkurrenz zu anderen Systemen nur dann bestehen, wenn es über das Problem hinaus, zu dessen Lösung es gebaut wurde, neue Probleme zu lösen verspricht. Größe wäre dementsprechend strikt perspektivisch zu verstehen als Überzeugungsleistung, zukünftige Probleme lösen zu können. Da die Lösungsversprechungen großer technischer Systeme in der Regel nicht durch realistische Experimente vorab überprüft werden können, spielt bei den Entscheidungen über ihren Bau die rhetorische Inszenierung ihrer Größe durch Protagonisten und Kritiker eine entscheidende Rolle.[21] Wie *Ekardt* empfiehlt damit auch *Weyer*, die sozialwissenschaftliche Debatte über große technische Systeme nahe an den Diskursen anzusiedeln, die sich um die technischen Systeme draußen im Feld entfalten.

Systeme modelliert

Vorschläge zur Systematisierung des von Fallstudien geprägten und terminologisch uneinheitlichen Forschungsfeldes schließen sich im dritten Teil an. Wie können Systemtheorien unterschiedlicher Spielart für die Analyse großer technischer Systeme nutzbar gemacht werden?

Formale Systemmodelle spielen in den Ingenieurwissenschaften traditionell eine prominente Rolle. Die differenzierungstheoretischen Überlegungen von Mayntz oder das Konzept der stark und schwach gekoppelten Systeme von Perrow enthalten Bezüge zu Systemtheorien parsonianischer Prägung.[22] Ropohls Netztopologie und selbst differenzierungstheoretisch so ausgearbeitete Ansätze wie Schneiders Governance-Ansatz basieren schließlich auf einer Mischung von Kybernetik und Handlungstheorie klassischen Typs.[23] Weingarts und Bechmanns Überlegungen zur Risi-

21 Das klassische Beispiel für die Analyse der Rhetorik einer klassischen vergleichenden cliometrischen Analyse großer technischer Systeme ist Donald McCloskeys Studie (1985) über Robert Fogels Studie (1964) des Übergangs der US-amerikanischen Verkehrswirtschaft von einem Kanal- auf ein Eisenbahnsystem.

22 Mayntz 1988; Perrow 1984.

23 Ropohl 1988; Schneider 1992.

koproblematik großer technischer Systeme berufen sich vor allem auf Luhmanns Theorie sozialer Systeme.[24] Diesen Autoren geht es durchweg um eine grobe Einordnung des Phänomens in makrosoziale Perspektiven und gesellschaftsheoretische Debatten. Eine auf technische Großsysteme zugeschnittene Explikation des Systembegriffs oder gar eine auf die Bedürfnisse des Forschungsfeldes ausgerichtete Weiterung des jeweiligen Aussagenkalküls wird man nicht finden.

Die Beiträge des dritten Teils legen daher den Akzent auf die Modellierung von Struktur und Entwicklung großer technischer Systeme. Unter Rückgriff auf die kybernetische Systemtheorie begründet *Kornwachs* in seinem Beitrag, warum große technische Systeme im herkömmlichen Sinne und mit herkömmlichen Mitteln nicht gesteuert werden können. Mit dem Konzept der Systeme erster und zweiter Ordnung versucht *Braun* den Verflechtungsphänomenen zwischen verschiedenen großen technischen Systemen konzeptionell beizukommen. Im abschließenden Aufsatz von *Grundmann* werden die Möglichkeiten ausgelotet, die Theorie sozialer Systeme von Luhmann für die Modellierung großer technischer Systeme nutzbar zu machen.

Kornwachs wendet in seinem Beitrag eine bereits als nützlich erachtete Theorie an. In diesem Sinne stützt er sich auf kybernetische Systemtheorien, insbesondere auf die sogenannte Theorie offener Systeme, als Instrument zur Beschreibung großer technischer Systeme. Dabei geht es ihm zum einen um eine gegenstandsbezogene Klärung von grundlegenden Begrifflichkeiten wie System, Systemgröße, Funktion, Steuerung und Kontrolle. Auf Basis dieser Begrifflichkeiten versucht er zum anderen zu begründen, warum große technische Systeme im Vergleich zu kleiner Technik lediglich in einem eingeschränkten Sinne steuerbar sind. Große technische Systeme lassen sich, so seine zentrale These, nur durch Wachstum steuern. Mit Blick auf eine sozialwissenschaftliche Theorie großer technischer Systeme gelte es dabei vor allem hervorzuheben, daß die Steuerbarkeit der Systeme ihre vollständige Beschreibbarkeit voraussetzt und daß daher die Schwierigkeiten der sozialwissenschaftlichen Technikdebatte, große technische Systeme theoretisch abzubilden, einen Aspekt ihrer Nicht-Steuerbarkeit darstellen.

24 Weingart 1991; Bechmann 1993.

Wie auch schon *Ekardt* beschäftigt *Braun* sich mit intersystemischen Phänomenen und macht damit auf einen blinden Fleck der bisherigen Forschungsdebatte aufmerksam. So wie in der Debatte zur kleinen Technik nach wie vor von miteinander unverbundenen, monadischen Gegenständen ausgegangen wird und damit ihre Verknüpfung durch große technische Systeme außen vor bleibt, werden nämlich auch in der Debatte über große technische Systeme bislang die technischen Verflechtungen zwischen einzelnen Systemen ausgeblendet.[25] Die nicht-technischen Querbezüge großer technischer Systeme sind in ihr zwar durchaus präsent. Man interessiert sich vor allem für die ökonomische Konkurrenz zwischen den Systemen und die damit verbundenen Wachstumsimpulse, wie etwa in der vielzitierten Arbeit von Hans-Joachim Braun zur Konkurrenz von Gas- und Stromversorgungsnetzen um die Jahrhundertwende[26] oder in dem Beitrag von *Weyer* in diesem Band zur Konkurrenz unterschiedlicher Satellitensysteme. Lieblingskind nicht nur der Debatte über große technische Systeme ist zweifelsohne der ökonomische Wettkampf zwischen Schiffahrts-, Eisenbahn-, Straßen- und Flugverkehrssystemen, der seit nunmehr fast zwei Jahrhunderten mit schwankender Heftigkeit und unter wechselnden Vorzeichen stattfindet.[27] Technische Verflechtungen zwischen den verschiedenen Infrastruktursystemen werden selten angesprochen, in der Theoriedebatte existieren sie praktisch nicht oder machen sich allenfalls als leidiger Störfaktor in der Frage der Abgrenzung von Systemen bemerkbar.

In seinem Versuch zur theoretisch-begrifflichen Erfassung solcher intersystemischen Verflechtungen arbeitet *Braun* das Konzept der »Systeme erster und zweiter Ordnung« weiter aus. Als Systeme erster Ordnung bezeichnet er die zweckoffenen Infrastruktursysteme, wie sie *Radkau* und *Kubicek* beschreiben. Unter Systemen zweiter Ordnung versteht er intersystemische Überbauten, in denen Teile der Systeme erster Ordnung für jeweils eine spezielle Aufgabe zusammengeführt werden. Veranschaulicht wird dieser

25 Mit gewissen Ausnahmen vor allem im Bereich der Forschung zu städtischen Infrastrukturen, vgl. Tarr/Dupuy 1988.

26 H.-J. Braun 1980.

27 Von dem Cliometriker (und Nobelpreisträger) Fogel 1964 bis Grübler/Nakicenovic 1991.

Systemtyp am Beispiel der Organtransplantation und der Sondermüllentsorgung. Wie *Radkau* geht auch *Braun* davon aus, daß die Infrastrukturlandschaft in den Industrieländern mit großen technischen Systemen tendenziell gesättigt ist und so die Systeme zweiter Ordnung zukünftig eine größere Bedeutung für das Wachstum und die Weiterentwicklung der Infrastruktursysteme erhalten werden.

Die Abgrenzung besonderer Systemtypen, wie sie *Braun* betreibt, aber auch die Unterscheidung einzelner Strukturebenen und Entwicklungsstufen, wie sie *Ekardt* in seinem Beitrag trifft, sind offenbar recht riskant – sonst wären solche Systematisierungsversuche keine Ausnahmeerscheinung in der gegenwärtigen Forschungsdebatte. Zwar stand an ihrem Anfang eine Reihe durchaus ernstzunehmender Klassifikations- und Typisierungsvorschläge.[28] Sie wurden aber weder weiterentwickelt, noch konnten sie Übersicht bringen in den nachfolgenden Wildwuchs von Fallstudien.

Grundmann schließlich wendet sich von ingenieurwissenschaftlich geprägten Systemtheorien ab und prüft, inwieweit die Theorie sozialer Systeme von Luhmann für eine Theorie großer technischer Systeme nutzbar zu machen wäre. Er vergleicht die bislang aus der Forschungsdebatte über große technische Systeme hervorgegangenen Konzepte mit denkbaren Ansatzpunkten einer autopoietischen Systemtheorie großer technischer Systeme. Auf der Seite der Systemtheorie geht er dabei vor allem der Möglichkeit nach, die Konzepte der strukturellen Kopplung und der Koevolution zur Bearbeitung der gegenständlichen Attribute technischer Systeme in Anschlag zu bringen. Sein Vergleich führt zu einem eher ernüchternden Resultat: Die im Forschungsfeld großer technischer Systeme entwickelten Konzepte müssen den Nachweis ihrer Theorietauglichkeit erst noch erbringen; vorerst fraglich bleibt die Tauglichkeit von Theorien autopoietischer sozialer Systeme für gerade diesen Gegenstand.

28 Vgl. etwa die Unterscheidung von großen technischen Netzen und Projekten in Joerges 1988a, die Abgrenzung von Systemen nach Technik in Weingart 1989, die Unterscheidung von locker und fest verkoppelten Systeme bei Perrow 1984, oder die Abgrenzung unterschiedlicher Netztopologien bei Ropohl 1988.

Versuch einer Zwischenbilanz

Worin könnte man den gemeinsamen Ertrag der im vorliegenden Buch versammelten Beiträge sehen? Die Frage mag vor allem für die Leser von Interesse sein, die es nicht beim Nacherzählen der Systeme belassen wollen und an Modellierungsansprüchen und theoretisch begründeten Verallgemeinerungen festhalten.[29]

Zum Begriff: Organisationen in technischen Netzwerken

Alle Beiträge dieses Bandes unterstellen, es handle sich bei großen technischen Systemen um einen besonderen Typus von Technik, dessen Entwicklungsdynamik und gesellschaftliche Implikationen eine spezifische techniksoziologische Perspektive erfordern. Entsprechend bemühen sie sich in der einen oder anderen Form darum, große technische Systeme wenigstens vorläufig von kleineren technischen und von nicht-technischen Systemen abzugrenzen. Der Ausdruck ›große technische Systeme‹ wird dabei durchgängig für umfangreiche Ensembles (oder Netzwerke) von miteinander verknüpften kleinen technischen Systemen reserviert.[30]

Anders als in der öffentlichen Rede und teilweise auch in der sozialwissenschaftlichen Technikdebatte[31] zählen demnach oft »großtechnisch« genannte Gebilde wie Kraftwerke, Staudämme, Flughäfen, Produktionsanlagen und so fort nicht zur Kategorie der großen technischen Systeme. Große technische Systeme gewährleisten die problemlose Nutzung einer großen Menge kleiner, von privaten Haushalten, Firmen und Behörden betriebener Technik. Dieses fundamentale Attribut (funktionierender) großer technischer Systeme ist von hohem Interesse für jedwede Forschung zur Industrie- oder Haushaltstechnik, zu technischen Systemen also, deren Grenzen man in aller Regel mit den Grenzen ihrer Organisationen zusammenfallen läßt. Die Betonung des Netzcharakters, im Sinne von sozialer Verknüpftheit ebenso wie

29 Zur allgemeinen Problematik und Kritik des »Vergleichs« großer Sozialsysteme vgl. Tilly 1984.
30 So auch der Vorschlag von Mayntz 1993, S. 98.
31 Siehe zum Beispiel zahlreiche Beiträge in Bechmann/Rammert 1993.

von sozialer Sicherung, soll den interessierenden Techniktypus vor allem von lediglich locker verbundenen Agglomeraten oder bloß gedanklichen Aggregaten kleiner Technik abgrenzen.
In dieser begrifflichen Fassung werden technische und nicht-technische Systeme unterschieden. Insbesondere werden technische Systeme nicht mit jenen großen Organisationen identifiziert, die sich als Zulieferer, Betreiber, Hersteller, Reparierer, Kontrollierer, Normierer oder mächtige Nur-Nutzer vielfach in ihnen einnisten. Das ist von Vorteil, etwa in Auseinandersetzungen über zentrale versus dezentrale Versorgungssysteme, in denen große technische Systeme häufig mit ihren Betreiberorganisationen gleichgesetzt werden. Wie auch bei kleiner Technik ist ein »Uhu-Phänomen« zu beobachten: Statt eines Gegenstandsbegriffs bleiben der Markenname oder der Name eines marktbeherrschenden Unternehmens (Post) an einer bestimmten Technik (Telefonnetz) kleben. Aber in der Stromversorgung zum Beispiel sind organisatorisch weitgehend unabhängige und dennoch technisch in ein landesweites Stromnetz eingebundene Regionalgesellschaften ebenso die Regel wie umgekehrt in der Automobilindustrie viele über den Globus verteilte und technisch weitgehend unabhängige Produktionsanlagen, die organisatorisch in einen internationalen Konzern eingebunden sind.
Zwar lassen sich in allen hier beschriebenen großen Versorgungsnetzen jeweils zentrale Akteure und dominante Organisationen identifizieren. Aber auch diese Organisationen können nur begrenzte Ausschnitte der Systeme überblicken, nur dünne Schichten ihrer Funktionszusammenhänge kontrollieren und nur einzelne Systemkomponenten planvoll entwickeln. Das gilt selbst dann, wenn es sich dabei um sehr mächtige und mit staatlichen Monopolrechten ausgestattete Konzerne handelt, wie *Kubicek* am Beispiel der Deutschen Telekom so eindrucksvoll zeigt. Bei kompakten Maschinen oder selbst noch bei schon relativ großen Produktionsanlagen mag es Sinn machen, sich große technische Systeme als von einer durchgehenden organisatorischen Hülle umgeben vorzustellen. Für Organisationen im konventionellen Sinn, ja zuweilen sogar für Staaten, sind sie offenbar zu groß.
Die verschiedenen Variationen der in diesem Band vertretenen Dispersionsthesen legen sogar die komplette Umkehrung des traditionell unterstellten Verhältnisses von Technik und Organisation nahe. Nicht die durch übergreifende staatliche oder andere

Organisationen gestützten, sondern die weitgehend organisationsbefreiten, über weite Strecken eben nur durch Technik zusammengehaltenen Systeme würden demnach dem Begriff des großen *technischen* Systems am meisten entsprechen. Nicht das in vielen Ländern nach wie vor staatlich geführte und bis in seine technischen Details durchnormierte Telefonsystem, sondern das mit Abstand älteste und dennoch (oder deshalb?) unübersichtliche System des Straßenverkehrs wäre demnach Prototyp und historischer Fluchtpunkt aller großen technischen Systeme. In diesem Sinne gleichen große technische Systeme mehr der kommunistischen Gesellschaft, wie sie Lenin in seiner Theorie des absterbenden Staates beschreibt, als der hydraulischen Gesellschaft, in der sich laut Wittfogel der Staat als ein Managementerfordernis der Infrastruktursysteme entwickelt.
Man kann somit im Feld der großen technischen Systeme nicht mehr – was bei kleinen technischen Systemen generell berechtigt sein mag – von Technik in Organisationen sprechen, sondern eher von Organisationen in Technik. Für sich gesehen, läßt sich aus diesem organisatorisch prekären Status noch nichts über die Steuerbarkeit oder gar Verantwortbarkeit der Systeme ableiten. Er dürfte aber entscheidend dazu beitragen, daß große technische Systeme permanent Anlässe für hochkontroverse öffentliche Debatten abgeben.

Größenordnungen und Größenmaße

Über begrifflich-klassifikatorische Festlegungen hinaus unternehmen die Autoren dieses Bands vorsichtige Schritte in Richtung auf die Formulierung sozialwissenschaftlicher Größenmaße für technische Systeme.[32] Als Vorbilder dienen dabei unverkennbar Un-

32 Generell sollte der Aufwand, den man in ein Meßwesen für technische Systeme investiert, in der gleichen Größenordnung liegen, in welcher sich der von den Sozialwissenschaften betriebene Aufwand für die Größenbestimmung nicht-technischer Sozialgebilde bewegt. Da im Fall von Gruppen, Institutionen, Märkten und Kulturen kaum Skrupel bestehen, sich weitgehend auf Ad-hoc-Maße und auf intuitive Größenvorstellungen zu verlassen, sind große technische Systeme zwar ein geeigneter Anlaß, erneut auf diesen Tatbestand hinzuweisen. Man sollte aber an ihrem vergleichsweise speziellen Fall nicht gleich die

terscheidungen, die sich im Hinblick auf nicht-technische Sozialgebilde im Umgang mit dem Größenproblem eingebürgert haben. Als Grundmuster dient offenbar der klassische Dreischritt Interaktion/Organisation/Gesellschaft (bzw. analoge Mikro-, Meso-, Makro-Unterscheidungen); dieser stellt ja nicht nur eine Ebenenabstufung im Sinne einer konstitutiven Hierarchie dar, sondern wird auch als eine Abgrenzung von drei sozialräumlichen und sozialzeitlichen Größenordnungen verstanden. Analog dazu wird auch für technische Sozialsysteme nicht ein einheitliches Universalmaß für alle möglichen technischen Phänomene angestrebt, sondern es werden größenvergleichbare Klassen von Technik abgegrenzt, damit dann Größenkriterien für die jeweilige Klasse entwickelt werden können. Sowohl die Nicht-Vergleichbarkeit zwischen den Größenordnungen als auch die Nicht-Abzählbarkeit der Größenunterschiede innerhalb einer Größenordnung werden so in Kauf genommen.

Wie groß man die Schwierigkeiten, die sich aus dem Metrifizierungsverzicht ergeben, einschätzt, hängt von der jeweils verfolgten Fragestellung und den damit verbundenen Generalisierungsansprüchen ab. Die Frage nach Mechanismen eines ungebrochenen Ausbaus großer technischer Systeme, die in diesem Buch im Mittelpunkt steht, ist hier verhältnismäßig anspruchslos. Zu ihrer Bearbeitung reichen nämlich im Prinzip die Angabe eines übergeordneten Größenmaßstabs, der bei den klassischen Infrastruktursystemen Sinn ergibt, und eine einfache »Meßvorschrift«, mit der sich feststellen läßt, ob die Systeme wachsen. Es interessiert weder, um wieviel ein System gewachsen, noch ob es größer als andere Systeme ist. Eine systemspezifische Eichung des Maßstabs ist daher unnötig. Seine Tauglichkeit im Bereich kleiner technischer Systeme ist ohne jede Bedeutung. Mehr Gewicht könnte die Forderung nach einem differenzierten Größenmaß bei steuerungspolitischen Fragestellungen bekommen. Die Vorstellung, jenseits einer kritischen Schwelle würden große technische Netzwerke im Vergleich zu kleineren technischen Systemen zunehmend unkontrollierbar, ist vertraut.

Auch wenn die Anforderungen zur Größenbestimmung gering gehalten werden, ist zu entscheiden, auf welches der vielen denk-

vielen offenen Fragen von sozialer Größe und Maßstäblichkeit abarbeiten.

baren Größenmaße man sich stützen möchte und welche der vielen denkbaren Maßstäbe dafür geeignet wären. Hier wird die Antwort maßgeblich von der Art des theoretischen Anspruchs abhängen. Aus dem Blickwinkel einer Techniktheorie, in der die gegenständlichen (extrasomatischen) Seiten von Technik ernst genommen werden, wird das anders aussehen als zum Beispiel aus der Sicht solcher Techniktheorien, die primär auf die symbolische Repräsentation von Technik abheben. Interessiert man sich für die gegenständlichen Seiten von Technik und damit für das, was Maschinen, Apparate und Geräte »tun«, kommen als Größenmaß die de facto über ein sachtechnisches System abgewickelten Handlungen (Operationen, Funktionen, Inter- oder Transaktionen) und deren Normierungsdichte in Frage.[33]

Geht man in diese Richtung, dann verlieren die normalerweise an Technik angelegten Potentialmaße an Bedeutung oder taugen allenfalls noch als krypto-normative Maßstäbe für erwünschte oder im Standardfall vermutlich erbrachte soziale Leistungen. Kapazitätsmaße für Kraftwerksleistungen, Strukturmaße wie Länge des Rohrleitungsnetzes oder Zahl der Telefonanschlüsse, aber auch die Größe des für eine Technik relevanten Normenkörpers, die Zahl und Mächtigkeit der involvierten Akteure oder Komplexitätsmaße für das in der Technik vergegenständlichte Wissen – alle derartigen Größen sagen zwar viel über das, was alles mit einer Maschine oder einem technischen Netz getan und unterlassen werden könnte, immerhin noch einiges darüber, was die Gesellschaft alles getan haben muß, damit es sie gibt, aber eben nur wenig über das, was mit ihr oder mit ihm getan wird.

In dieser Beziehung brauchbarer sind Komplexitätsmaße für das beim Gebrauch aktivierte Wissen, für die Anzahl und Dauer der Telefonanrufe und selbst Angaben zu geleisteten Personenkilometern pro Jahr. Damit ist natürlich nicht gesagt, daß über Technik nicht auch die berühmten Unterlassungshandlungen abgewickelt werden können oder die pure Möglichkeit, sie zu nutzen, unter Umständen durchaus wichtig ist. Man denke an die sogenannten Grundgebührleistungen des Telefonnetzes, also an den unterlassenen Rückruf oder an die beruhigende Wirkung, die eine telefonische Erreichbarkeit der Kinder so häufig auf deren Eltern ausübt.

33 Zu einem entsprechenden handlungs- und institutionentheoretischen Versuch vgl. Joerges 1989.

Sollen Größen- und Leistungsmaße soziologisch aussagekräftig sein, müssen sie vor allem so differenziert und gewichtet werden, daß sie der Komplexität und dem Anlaß der jeweiligen sozialen Operationen angemessen bleiben. Versucht man das, dann kommt man zu durchaus gegenintuitiven Größenbewertungen. Man wird zum Beispiel sagen, ein gegebenes großes technisches System sei allein infolge einer besseren Auslastung gewachsen, oder es wäre größer zu nennen als ein System mit gleicher räumlicher Ausdehnung und Kapazität, das aber weniger genutzt wird. Es wird dann insbesondere auch möglich, das leidige Paradox aufzulösen, dem zufolge, wie es gelegentlich formuliert wird, klein zwar schön, mikro aber häßlich ist: Äußere (physische) Miniaturisierung ist kein Trend, der einer Vergrößerung der Sozialsysteme, die in Miniaturgeräte inkorporiert werden, widerspräche, im Gegenteil. Die äußere Erscheinung eines technischen Systems kann schrumpfen, obwohl es, gemessen an den über das System abgewickelten Operationen, expandiert. Ein triviales Beispiel: Der im Vergleich zur schwergewichtigen Schreibmaschine unvergleichlich größere Umfang solcher sozialen Operationen, die über leichtgewichtige Laptops abzuwickeln sind.

Soziale Operationen großer Technik

Der Vorschlag, über Technik abgewickelte soziale Operationen zum Maß technischer Dinge zu erheben, ist nicht leicht einzulösen. Man versuche nur, zumindest für die zentralen Infrastruktursysteme anzugeben, was bei ihnen jeweils als maßgebende soziale Operation zu gelten hat. Beim Telefonnetz ist diese Angabe schnell gemacht: Sprechen, Kommunizieren, Interagieren. Bei den Verkehrssystemen wird man sich noch relativ leicht auf einen Katalog von Austausch- und Transaktionsvorgängen einigen können. Aber welche soziale Operation könnte für die Abwasserkanalisation maßgebend sein? Oder anders herum gefragt: Inwiefern werden über die Abwasserkanalisation soziale Transaktionen, Kommunikationen und Interaktionen abgewickelt?

Zwei Defizite der sozialwissenschaftlichen Technikforschung, die sich gegenseitig verstärken, machen sich hier bemerkbar. Sie erklären die Vorsicht vieler Autoren gegenüber verallgemeinernden

Aussagen, die über den jeweils gewählten Fall oder die illustrierenden Befunde hinausgehen. Zum einen die Zuspitzung des Handlungsbegriffs auf sprachliche Kommunikation: Tendenziell kommunikationsferne Techniken – zum Beispiel die Abwasserkanalisation – regen offenbar die theoretische Phantasie weniger an als sprachnahe Techniken. Zum anderen macht sich im Spezialdiskurs der großen technischen Systeme eine Schlagseite bemerkbar, die aus der Forschung zur kleinen Technik (Technik im Alltag, Produktionstechnik) wohlbekannt ist. Der öffentlichen Aufmerksamkeit folgend, hat sich die Forschung in diesem Bereich vor allem »dem Computer« gewidmet. Das ist legitim, solange es nicht zu »computerisierten« Technikmodellen führt.[34] Aus dem Blickwinkel solcher Modelle – die oft von einer These der fortschreitenden De- oder Immaterialisierung von Technik inspiriert sind – erscheint die mechanische Technik alteuropäischer Waschmaschinen theoretisch uninteressant und empirisch zunehmend bedeutungslos.

In der Rekonstruktion des Entwicklungsgangs technischer Netzwerke hat das »elektroförmige« Modell von Thomas Hughes lange Zeit den Ton angegeben.[35] Gegenwärtig übernehmen die Telekommunikationsnetze eine ähnlich paradigmatische Rolle. Damit gewinnen auch kommunikationswissenschaftliche Kategorien und der Informatik entlehnte Begrifflichkeiten zunehmend an Gewicht in der sozialwissenschaftlichen Techniktheorie; das Studium telematischer Systeme wird zunehmend zu einem Königsweg der Technikforschung. In einer technikvergleichenden Perspektive wäre ein solcher Trend systematisch zu ergänzen: einmal durch den Versuch, (tele-)kommunikative Modelle auch für Systeme wie Abwasserkanalisationen durchzubuchstabieren; zum anderen durch den Versuch, die nicht-(tele-)kommunikativen Handlungsdimensionen der Telekommunikationstechnik genauer zu untersuchen.

Damit wäre ein wichtiger Beitrag zur Überwindung jener unbarmherzigen Dichotomie der Technikforschung – technisch/sozial – geleistet. Die Beiträge in diesem Buch gehen ein gutes Stück in diese Richtung, aber sozialwissenschaftliche Techniktheorien arbeiten nach wie vor durchweg mit dieser Grundunterscheidung

34 Siehe etwa Rammert 1992.
35 Siehe dazu Joerges 1994a, 1994b.

(statt mit dem Code technisch/nicht-technisch). Der Status sachtechnischer (gegenständlicher, extrasomatischer) Technik bleibt ambivalent: Technisches und Soziales, wie immer im einzelnen verstanden, werden in einen Gegensatz gebracht und unterschiedlichen, wenn auch irgendwie aufeinander wirkenden Realitätsbereichen zugeordnet. Thomas Hughes hatte große technische Systeme »nahtlose Gewebe« (*seamless webs*) genannt. Das war eine glückliche Metapher, denn sie evozierte nicht nur eine gewisse Grenzenlosigkeit der Systeme, von denen dieses Buch handelt. Sie hat auch den Umstand verbildlicht, daß in diesen Geweben technische und andere soziale Fäden unentwirrbar miteinander verschlungen sind. Die Situation seither entbehrt aber nicht der Ironie: Hughes' Ermahnung, in der Analyse technischer Systeme nicht zu vergessen, daß diese (im Fall von Stromnetzen) nicht nur aus Generatoren, Leitungen und Staudämmen bestehen, sondern auch aus Unternehmern, Banken, Konsumenten und vielem mehr, gehört noch immer zu den meistzitierten Aussagen der Techniksoziologie. Techniksoziologen haben aber weniger mit den Banken und den Verbrauchern Probleme als mit den Staudämmen und Leitungen.

Hughes wollte zunächst Technikhistoriker davon überzeugen, ihren Blick von den technischen Artefakten auf die Erfinder dieser Artefakte zu lenken, um sie dann entdecken zu lassen, daß erfolgreiche Erfinder nicht nur Maschinen, sondern auch Normen, Organisationen, Märkte, ja ganze Welten erfinden. Die nahtlosen Gewebe werden von Hughes' heroischen *system builders* ersonnen und produziert. Daß auch Hughes dort, wo es um historische Details geht, dem »Technisch-oder-sozial«-Sprachgebrauch verhaftet bleibt, ist nicht weiter schlimm. In seiner *System-builder*-Perspektive war er dennoch ein radikaler Sozialkonstruktivist vor der sozialkonstruktivistischen Trendwende. Sozialkonstruktivistische und andere Techniksoziologen haben indessen einen weitgehend untheoretischen Sprachgebrauch begrifflich aufgewertet und auf einer grundlegenden Differenz zwischen technischen und sozialen Phänomenen bestanden. Ein konsequentes Verständnis von Technik, zumal von ausgedehnten und expansiven technischen Netzwerken als einer spezifischen Form des Sozialen, wurde erschwert.

Im Kontext der Forschung zur Sonderproblematik großer technischer Systeme hatte sich Renate Mayntz mit dem modernisierungstheoretischen Vorschlag, den großen technischen Infrastruktursystemen den Rang eines gesellschaftlichen Subsystems und damit eine ähnlich große Bedeutung wie den politischen und ökonomischen Subsystemen zuzugestehen, durchaus weiter vorgewagt. Die Infrastruktursysteme waren ihr zufolge in der Vergangenheit eine wichtige Triebkraft der Durchsetzung von zentralen und hierarchischen Organisationsmustern in Staat und Industrie, so wie sie gegenwärtig zu den wichtigen Wegbereitern heterarchischer, eher netzartiger Organisationsmuster gehören. Unbestimmt bleibt bei Mayntz indessen immer noch, inwiefern diese gesellschaftstheoretische Aufwertung wirklich auch den gegenständlichen Seiten der großen technischen Systeme und eben nicht nur ihren organisatorischen Attributen zugute kommen soll. Die Aufwertung wird jedenfalls durch die historische Einordnung des Phänomens wieder etwas zurückgenommen. Danach handele es sich bei den Infrastruktursystemen um ein Phänomen der Moderne, um eine »neue historische Erscheinung«, denn »erst mit Eisenbahn und Flugzeug, Telefon und gewerblicher Elektrizitätserzeugung haben sich die eher diffusen *Handlungsbereiche* auch im organisatorisch-strukturellen Sinne zu ausdifferenzierten *Funktionssystemen* entwickelt«.[36] Im »organisatorisch-strukturellen Sinne« müßte es sich dann jedoch auch bei den staatstragenden Wasserbausystemen der alten Ägypter, Babylonier und Chinesen um lediglich diffuse Handlungsbereiche gehandelt haben, es sei denn, man datierte die Moderne um einige Jahrtausende zurück.

Steuerung großer technischer Systeme und Mechanismen der Aufwärtstransformation

Steuerungstheoretische/-politische Aspekte standen und stehen im Mittelpunkt des Forschungsinteresses einer Mehrzahl von Technikforschern. Inwieweit kann speziell der Staat Steuerungsaufgaben übernehmen, wie kann die langfristige Entwicklung der Systeme wirksam gelenkt werden, ist sie überhaupt (noch) steuerbar? Konstitutiv für diese Debatte ist die Annahme, daß die Größe technischer Systeme über einen nicht-linearen Zusammen-

36 Mayntz 1993, S. 98 und 100; siehe auch schon Mayntz 1988.

hang ihre Steuerungsmöglichkeiten beschränke. Um über die scheinbar simple Feststellung hinauszugehen, große Technik produziere nun einmal größere Steuerungsprobleme als kleine Technik, wird in der einen oder anderen Form behauptet, ab einer kritischen Größe träten entweder andere oder überproportional viele Steuerungsprobleme auf, durch die solche Systeme unter Umständen in die Unsteuerbarkeit abdriften könnten.

So plausibel und verbreitet diese Sicht ist, so wenig erweist sie sich als selbstverständlich. Umweltpolitische Erwägungen zum Beispiel legen oft nahe, man könne auch mit so etwas wie einer steuerungspolitischen Ökonomie technischer Skalenerträge rechnen: Unter gewissen Umständen seien technische Systeme mit zunehmender Größe ihrer Komponenten leichter zu steuern. Man denke etwa an staatliche Maßnahmen zur Reduktion von Luftschadstoffen bei Verbrennungsanlagen, die für große technische Einheiten (Kraftwerke, Industrieöfen) in der Regel schneller, billiger, technisch effektiver und administrativ einfacher zu realisieren sind als bei einer entsprechenden Zahl kleiner Einheiten (Heizöfen in den Haushalten, Verbrennungsmotoren in den Autos). Diese Skalenerträge eignen sich, wie ihre Vorbilder in der Ökonomie, vor allem zur Legitimation der Vergrößerung technischer Systeme.

Kornwachs radikalisiert diese Politökonomie und vertritt die These, daß große technische Systeme nur noch durch ständiges Wachstum gesteuert werden können, sie also unter Steuerungsaspekten chronisch zu geringe Ausmaße aufweisen. Daß überhaupt ein enger Zusammenhang zwischen Größe und Steuerbarkeit besteht – ob nun gleich- oder gegenläufig –, scheint *Kubicek* zu bestreiten. Am Beispiel der Deutschen Telekom zeigt er, daß dafür durchaus historisch kontingente Ursachen ausschlaggebend sind. Vorerst werden allerdings in der steuerungspolitischen Debatte kaum Antworten auf die Frage angeboten, wie der Umschlagpunkt im Wachstum und im Wechsel von Größenordnung in der Entwicklung technischer Systeme theoretisch präziser zu fassen wäre.

Unter systematischen Gesichtspunkten gibt es noch eine Reihe weiterer wichtiger Fragestellungen, die eigentlich in die steuerungspolitische Debatte hineingehören. Während in der Forschungsdebatte zu großen technischen Systemen von Anfang an ein mehr oder weniger ausgeprägter Steuerungspessimismus vorherrschte[37], wird man in der politischen Öffentlichkeit und teilweise auch in der ökonomischen Fachdebatte durchaus Gegenpositionen finden. Die zentralen technischen Infrastruktursysteme können demnach nicht nur politisch gesteuert werden, sondern sogar als Instrumente der Politiker zur Steuerung eines Dritten dienen, etwa zur Steuerung der wirtschaftlichen, ökologischen und technisch-wissenschaftlichen Entwicklung. Auch wenn dieser Makroinstrumentalismus unrealistisch sein sollte, wäre er dennoch zu berücksichtigen. Denn der hartnäckige Glaube an ihn könnte eine mögliche Erklärung für das permanente Wachstum großer technischer Systeme liefern.

Ruft man sich noch einmal die Debatte um den Atomstaat Ende der siebziger Jahre ins Gedächtnis, wäre schließlich zu prüfen, inwieweit nicht auch in Gegenrichtung Infrastruktursysteme zum Beispiel kapitalistischen Wirtschaftsorganisationen als Instrument zur Steuerung der Politik dienen können oder die ihnen attestierte Eigendynamik die politische und gesellschaftliche Entwicklung »steuert«.[38] *Ekardt* weist den heutigen Infrastruktursystemen zwar keinen staatstragenden Charakter im Wittfogelschen Sinne zu, erklärt sie aber dennoch zu konstitutiven Voraussetzungen für die fortschreitende Ausdifferenzierung der Gesellschaft in verschiedene Subsysteme.

Im Unterschied zu steuerungspolitisch akzentuierten Debatten lenken die Beiträge des vorliegenden Bandes das Interesse auf das Phänomen der Vergrößerung und des expansiven Wachstums großer technischer Systeme: Warum werden technische Großsysteme im langen historischen Verlauf in nahezu jeder Hinsicht – räumliche Ausdehnung, Leistungsvolumen, verursachte Umweltschäden, vorausgesetztes Wissen, benötigter Kapitalaufwand, Zahl der Anschlüsse – erweitert? Die starke These lautet dabei etwa so: Gegenläufig zu einer rasch fortschreitenden Verkleinerung der physischen Abmessungen kleiner Technik – man denke an Quantenpipetten und Minikraftwerke – werden große technische Systeme offenbar unablässig erweitert. Und im Unterschied zu den kleinen technischen Systemen, die jeden Tag millionenfach ausrangiert werden und dann auf der Schrotthalde landen, scheinen große technische Systeme nicht das Zeitliche zu segnen. Offenbar

37 Siehe dazu Joerges 1994a.
38 Dazu etwa Winner 1977.

haben sie sich, wie die Dinosaurier, mit denen sie so häufig – wenn auch aus anderen Gründen – verglichen werden, auf vorerst unabsehbare Zeit auf unserem Planeten eingerichtet.
Infrastrukturelles Wachstum weist dabei eine Robustheit auf, der selbst Weltkriege und Weltwirtschaftkrisen nichts anhaben können.[39] Und es scheint sich immer wieder überraschende Wege bahnen zu können: Wer hätte angesichts der Anfang der achtziger Jahre in Westdeutschland erreichten Anschlußquoten gedacht, daß dem Telefonnetz, vergleichbar dem Straßennetz der fünfziger Jahre, mit Anrufbeantworter, Fax, Modem, Digitalisierung und Computerisierung die eigentliche Maschinisierung noch bevorstand?
Keine Frage, die Geschichte der großen technischen Systeme weist Phasen der Stagnation und des Rückbaus auf. Ein klassisches Beispiel dafür ist der mit dem Aufstieg des Automobils verbundene Niedergang der Eisenbahn in den USA. Allerdings ist über das dahinsiechende US-amerikanische Eisenbahnsystem noch nicht das letzte historische Wort gesprochen. Schwerer dürfte es fallen, einzelne große technische Systeme dingfest zu machen, die völlig von der Infrastrukturbühne verschwunden sind. Als einen solchen Fall könnte man das mittelenglische Kanalnetz des 19. Jahrhunderts betrachten, dem das Wasser durch die Eisenbahn abgegraben wurde. Oder die Rohrpost, die in den dreißiger Jahren unseres Jahrhunderts in Berlin und anderen europäischen Großstädten beträchtliche Ausmaße erreichte? Ihr ging die Luft aus beim anstehenden Wiederaufbau nach dem Krieg in der Konkurrenz zum Telefon.
Aber die Beispiele lassen erkennen, daß es sich bei ihnen um Ausnahmen handelt, nach denen man erst einmal auf die Suche gehen muß. Näher betrachtet, spiegeln sie am Ende doch die behauptete Wachstumsdynamik wieder, denn die Aufgaben der amerikanischen Eisenbahn, der englischen Kanäle und der Berliner Rohrpost wurden ja weder von heute auf morgen überflüssig noch auf kleine technische Systeme übertragen, sondern von expandierenden Konkurrenten übernommen. Was wie Gegenbeispiele für die behauptete Wachstumsdynamik aussieht, entpuppt sich als deren Opfer.
Die These ist schwer zu entkräften: Große technische Systeme

39 Grübler 1990.

sind, unter den herrschenden gesellschaftlichen Randbedingungen der westlichen Industrienationen, bemerkenswert expansive Gebilde. Schwerer zu beantworten dürften jedoch die Fragen sein, die sich für die Technikforschung aus diesem Befund unmittelbar ergeben: Welchem Wachstumsmuster folgen große technische Systeme, und welche Gründe sind für ihr fortdauerndes Wachstum verantwortlich zu machen?

Die Beiträge des Bandes beantworten die Frage nach dem Wachstumsmuster zunächst in Abhängigkeit von den Eigenheiten des jeweils betrachteten Systems und von den jeweils angelegten Größenkriterien. Die Palette der Beispiele, die sie heranziehen, verweist auf die Existenz ganz unterschiedlicher Wachstumsformen: auf Anbauten eines in seinen Grundstrukturen stationären Systems (*Radkau*), auf mehr oder weniger sprunghafte Rekonfigurationen (*Kubicek*), auf die Verknüpfung mehrerer Systeme zu einem neuen System (*Braun*) oder auch auf die quasi-evolutionäre Ausdifferenzierung neuer Systemarten (*Ekardt*).

Unbeschadet dieser eher zurückhaltenden Einschätzung des verallgemeinerbaren Ertrags lassen sich einige durchgängige Wachstumscharakteristika festhalten. So stoßen offenbar Formen der linearen Systemvergrößerung (von Ausdehnung, Leistungsvolumen, Leistungsprofil, Teilnehmerzahl und so fort) an relativ enge politische, ökonomische und insbesondere technische Grenzen, deren Überschreiten regelmäßig umfassende, systemweite Umbaumaßnahmen im System erfordert. Der Begriff der Aufwärtstransformation *großer* technischer Systeme, der sich in der Diskussion zwischen den Autoren eingebürgert hat, soll die strukturellen Voraussetzungen und die diskrete Natur von systemischen Vergrößerungsprozessen hervorheben und unterstreichen.

Ein technikhistorisch gut dokumentierter Fall von Aufwärtstransformation ist die Umstellung von Stromsystemen auf Wechselstrom, die den Ausbau räumlich weitgestreckter Stromversorgungsnetze erst ermöglicht hat. Große technische Projekte wie der Kanaltunnel, die der Verknüpfung bestehender Infrastrukturnetze dienen (*Ekardt*), oder große technische Programme wie die Atomforschungsprogramme (*Radkau*) sind in diesem Zusammenhang zu sehen: Sie werden regelmäßig als eine Art großer Befreiungsschläge gegen eine vorhandene (behauptete, vermutete) Unterdimensionierung der angrenzenden Infrastruktursysteme auf den Weg gebracht. Nicht zu vergessen in diesem Zusammenhang sind weniger handgreifliche, aber ebenso wichtige Transformationsaspekte wie etwa die vielfältigen Organisations-, Tarifgestaltungs- und Normierungsprobleme, die beim Zusammenführen voneinander unabhängig gewachsener Infrastruktursysteme auftreten (*Kubicek* und *Braun*).[40]

Ein Ausblick

Zwischenbilanzieren heißt auch fragen, was fehlt und was in Zukunft in der Forschung mehr Aufmerksamkeit verdienen sollte. Worauf könnte und müßte eine zukünftige Forschung in diesem Feld sich richten? Dazu abschließend einige höchst selektive Überlegungen.

Noch einmal modellieren: Sinn und Nutzen der Quantifizierung

Der Historiker William McNeill hat einmal zwei Wege der Sozialwissenschaften so unterschieden: »Historians [resort] to narrative, in every case [...]; surprising results from specific actions, and leaders combining old and new in a surprising future. Others [fall] back on numbers [...] The real intellectual issue is how to understand the interaction of the episodic but critical act with the underlying ebb and flow of numbers.«[41] Aber die Mechanismen der Aufwärtstransformation werden kaum in quanititativ-formalen Modellen, dem Ideal einer szientistischen Sozialforschung, beschreibbar sein. Zwar liegen durchaus Versuche in dieser Richtung vor; Grübler und Nakicenovic zum Beispiel demonstrieren, daß schon mit verhältnismäßig einfachen und ingenieurnahen Leistungsmaßen Wachstumsprozesse großer technischer Systeme anspruchsvoll modelliert werden können.[42] Anhand der Verkehrsleistungen und des relativen Anteils am Verkehrsaufkommen

40 ... oder das scheinbar triviale Problem, daß offenbar den Telefongesellschaften in den USA durch den Trend zum mobilen Zweittelefon die Telefonnummern auszugehen drohen.

41 McNeill 1987, S. 110 f.

42 Grübler 1990, Grübler/Nakicenovic 1991; ähnlich Trömel/Loose 1993.

untersuchen sie die Wachstumsdynamik verkehrstechnischer Infrastruktursysteme und deren langfristige Entwicklung. Sie können dabei zeigen, daß bislang alle auf spezifischen Transporttechniken basierenden Infrastruktursysteme früher oder später durch konkurrenzfähigere Nachfolgesysteme in eine Marktnische abgedrängt wurden.

Solche Analysen lassen allerdings auch die interpretativen Grenzen der verwendeten Meßgrößen erkennen. Sie liegen vor allem in der oft unterschätzten Historizität der Größenkriterien und in der nur schwer kontrollierbaren qualitativen Drift der jeweiligen Systeme. So macht es kaum mehr Sinn, die Jahreskilometerleistung von jet- und pferd-gestützten Personenfernverkehrssystemen zu vergleichen, nicht etwa weil man Flugzeuge nicht reiten kann, sondern weil zu der Zeit, als man auf der Straße noch reiten durfte, die Überwindung von aus heutiger Sicht für den Nahverkehr typischen Distanzen durchaus den Charakter von Fernreisen hatte. Damit ist angedeutet, in welche Richtung Größe indizierende Potential- und Leistungsmaße weiterentwickelt werden könnten: Um ihre sozialwissenschaftliche Aussagekraft zu erhöhen, wären Gewichtungen und Differenzierungen nötig, die der Komplexität und dem Anlaß der jeweiligen sozialen Operationen Rechnung tragen.

Theoretische Konstruktionen und zumal methodologische Erwägungen über Systemizität, Größenmaße und Definitionsregeln sind weder müßig, noch garantieren sie Geltung. Sie sind wichtiger Bestandteil jeder Zwischenbilanz, denn sie machen explizit, wie und warum bestimmte Sprachspiele und nicht andere gespielt werden. Sie dienen damit auch der Erkenntlichkeit und Verständlichkeit von disziplinären Zusammenhängen und Forschergruppen. Gleichzeitig wird man im Auge behalten müssen, daß Kategorisierungen und Klassifikationen, so unschuldig sie aussehen mögen und so nachdrücklich sie im Namen von Modellierung und Quantifizierung gerechtfertigt werden, normativer Natur sind. Sie bestimmen maßgeblich, wie wir die Welt sehen und sehen können und damit auch, was wir tun und nicht tun können. Ihre Wahl ist nicht mehr mit formalen Modellen und quantitativen Argumenten begründbar, sondern folgt Deutungen, die auf einer anderen Ebene angesiedelt sind.

Man muß sich somit nicht nur Sorgen machen über die Schwierigkeit »to put numbers into our stories«. Auch eine disziplinierte

Form des Umgangs mit der hermeneutischen Praxis, der wir uns nicht entziehen können, wäre willkommen: »how to control our interpretations«.
Hier ein Beispiel, in dem praktisch alle der in diesem Band auftretenden großen technischen Systeme eine Rolle spielen: Die bekannte Tatsache, daß der Autoverkehr, also unser gegenwärtiges Straßenverkehrssystem, wegen des CO_2-Ausstoßes für globale Umweltveränderungen maßgeblich verantwortlich ist, wird durch eine ganze Forschungsindustrie gestützt. Daß der CO_2-Ausstoß, der durch die Viehhaltung für unsere fleischheischenden Ernährungsgewohnheiten verursacht wird, den gesamten verkehrsbedingten CO_2-Ausstoß übersteigt, ist weniger bekannt und wird auch nicht durch einen vergleichbaren Forschungsaufwand gestützt. Die beiden Modelle haben sehr unterschiedliche politische Implikationen. Es geht hier nicht darum, die verschiedenen Modelle gegeneinander auszuspielen. Gezeigt werden soll lediglich, daß das Modell, das die aktuelle umwelt- und klimapolitische Rhetorik dominiert und legitimiert, nicht aus den Daten heraus begründet ist, sondern etwas über unsere Lebensform verrät.
Auch die Systemmodelle, die der Forschung ebenso wie den systemrelevanten Politiken im Feld großer technischer Systeme zugrunde gelegt werden, gehen in diesem Sinn auf vorgängige Deutungen zurück. Das gilt für die mehrfach erwähnte Tatsache, daß theoretische Modellierungen von Tele- und Computertechniken das bevorzugte Theoriemodell sozialwissenschaftlicher Technikforschung abgeben. Es gilt zumal für bestimmte weitreichende Deutungsmuster, die Teil dieser Modellierungen sind oder zu der Privilegierung bestimmter Forschungsgegenstände und Theoriemodelle geführt haben.

Noch einmal deuten: Der Mythos der Dematerialisierung

Das Bild von der Dematerialisierung der Technik ist ein solches mächtiges Deutungsmuster. *Ingrid Severin* folgt in ihren »Systemsplittern« den Spuren, die große technische Systeme in der bildenden Kunst des 20. Jahrhunderts hinterlassen haben. Sie zeichnet dabei einen, in ihren Augen fortschreitenden, Prozeß der »Immaterialisierung« nach, der in Kunstformen wie die Konzept-kunst mündet. Das Bild von der progressiven Dematerialisierung und Immaterialisierung zeitgenössischer, vor allem telekommunikativer Technik ist eine mächtige Metapher geworden. Es prägt die sozialwissenschaftliche Technikforschung ebenso wie die Selbstdarstellung (sprich Werbung) öffentlicher wie privatwirtschaftlicher Betreiber großer technischer Systeme.[43]

Inwiefern haben wir es dabei mit einer plausiblen Gesamtdeutung für industriegesellschaftliche Entwicklungen am Ende des 20. Jahrhunderts zu tun? Die Vorstellung von einer Dematerialisierung der Technik hinterläßt ihre Spuren in der Forschung, in Form »informatisierter« Theoriemodelle, und sie erfährt Inspiration und Verstärkung durch die bildenden Künste.[44] Der beharrliche Blick auf die gegenständliche Seite der Technik, den zu kultivieren die Autoren dieses Buchs unternommen haben, legt allerdings ein anderes Bild nahe: das von einer historisch nach wie vor zunehmenden Materialisierung sozialer Strukturen in Technik. Ähnliches gilt für das mit dem Dematerialisierungsmythos eng verbundene Bild einer Technik, die sich zwischen Menschen und Natur schiebe, beide voneinander distanziere und so die Befreiung oder Entfremdung der Gesellschaft von der Natur fördere. Man kann das ja auch ganz anders sehen: Naturkontakte werden nicht fortschreitend gekappt, sondern die Kontaktfläche mit der Natur wird ungeheuer vergrößert. Eine historisch fortschreitende Penetration der naturalen Gesellschaftsgrundlagen via Technik bedeutet eine zunehmende Materialisierung sozialer Strukturen.[45]

Aber auch wenn dieses Gegenbild der Realität eher entsprechen

43 Galison 1988 hat darauf hingewiesen, daß die Dematerialisierungsmetapher seit der Ablösung des positivistischen Wissenschaftsmodells durch ein antipositivistisches Modell praktisch der gesamten zeitgenössischen Wissenschaftstheorie zugrunde liegt (»alle Fakten sind Theorie im strikten Sinn«); er selber plädiert für ein drittes Modell, das die Rolle der »materiellen Kultur«, zum Beispiel experimenteller Apparaturen in der Konstruktion von Wirklichkeit, berücksichtigt.

44 Siehe dazu Hoffmann/Joerges/Severin 1994, wo der Frage solcher »Mythen« und ihrer Zirkulation zwischen Kunst und Wissenschaft nachgegangen wird.

45 Joerges 1988b. Siehe dazu die ersten Ansätze eines ökologischen Diskurses in diesem speziellen Forschungsfeld bei Spirn 1984; Cronon 1991.

sollte, bliebe zu klären, worin die Attraktivität des Mythos von der Dematerialisierung besteht – in den Künsten, in den Sozialwissenschaften, auch im Raum der Politik, wo er in Gestalt der postmaterialistischen, der Blaupausen- oder Informationsgesellschaft herumgeistert. Für die »Nomadisierung«[46] und Maskierung kleiner Technik sind zu einem gut Teil die großen technischen Systeme verantwortlich – wer aber versteckt die großen technischen Systeme und wozu?

Eine unmögliche Mischung, so eine mögliche Antwort, aus historischem Trugschluß, traditioneller Jugendversessenheit und aus Wahrnehmungsbesonderheiten, die zur Überprivilegierung der Kommunikationssysteme und damit zum Verdecken der massiven Teile aller Infrastruktursysteme geführt hat. Die Telekommunikation ist relativ jung, sie erschien als letzte nach den Verkehrs- und Energiesystemen auf der Infrastrukturbühne. In vielerlei Hinsicht profitieren diese von der Attraktivität des Neuen. Die vergleichsweise zierliche Erscheinung der Telekommunikation, mit Blick auf Funk und Fernsehen auch die Nicht-Wahrnehmbarkeit ihres Übertragungsmediums, und ihr bislang noch einigermaßen intaktes Öko-Image haben sie zum Träger werden lassen für die Hoffnung, die Infrastrukturentwicklung gehe generell in diese Richtung oder die an ihr geschätzten Eigenschaften könnten in andere Infrastruktursysteme und andere Technikbereiche irgendwie einwandern und auf sie abfärben.

Aber es könnte sich auch umgekehrt verhalten. Die Telekommunikationssysteme könnten sich mit zunehmendem historischem Alter ihren beleibteren Vorgängern anpassen. Auch ist die Funktechnik in keiner Weise weniger materiell als andere Technik. Die Elektrosmogproblematik beim Mobilfunk kann man als einen der ersten, mit dem verseuchten Grundwasser in Silicon-Valley beim Öko-Hoffnungsträger Computer vergleichbaren Kratzer am Renommee der Telekommunikationstechnik sehen. Die Parallele hat noch andere Facetten. Wenn es der Vision der verkehrsvermeidenden Computernetzwerke genauso ergeht wie der des papiervermeidenden Computerbüros, wird man sich auf eine enorme Steigerung des Verkehrsaufkommens einrichten müssen. Denn bislang bestand die Folge der Möglichkeit, irgendwo anrufen zu können, eher darin, dann auch dorthin zu fahren, als darin, dies

46 Siehe dazu, unter vielen, Attali 1990.

nicht mehr tun zu müssen (der Fernsehbericht über Bali provoziert ja eben auch eher eine Fernreise, als daß er sie erübrigt).
Eine andere Antwort wäre, daß die übersinnlichen, menschliche Sinne übersteigenden Qualitäten großer technischer Systeme dem Dematerialisierungsmythos entgegenkommen. Kleinere technische Systeme können erst dann unbeobachtet vergrößert werden, wenn man sie einmal soweit verkleinert hat, daß das Technische an ihnen kaum mehr wahrzunehmen und zu fassen ist. Große technische Systeme sind unübersichtlich – ihr Wachstum bleibt den menschlichen Sinnen verborgen. Große Teile dieser Systeme sind in der Erde, im Meer oder im Weltraum versteckt oder eben ganz und gar unsichtbar wie beim Rundfunk. Um sich ein Bild von ihnen zu machen, sind daher nicht nur die von *Ekardt* beschriebenen Bauingenieure, sondern alle an Aufbau, Betrieb und Nutzung Beteiligten von vornherein darauf angewiesen, in irgendeiner Form kognitive Modelle für das Gesamtsystem aufzubauen und sinnlich faßbare Systemaspekte darin zu integrieren. So gibt es typischerweise keine Fotos von großen technischen Systemen, sondern nur Funktionsschemata, Organigramme oder andere Formen der symbolischen, einschließlich der von *Severin* erörterten künstlerischen Repräsentation.
Vielleicht geht der Dematerialisierungsmythos aber überhaupt nicht auf ein modernes Phänomen zurück. Vielleicht muß man in ihm die modernisierte Variante der uralten Hoffnung auf Erlösung durch Entleibung sehen, die sich nunmehr statt auf die Körper der Individuen auf die Körper ihrer Gesellschaften mit ihren großen technischen Systemen richtet. Dann würde, bei jeder Mythen-Geneseforschung naheliegend, die Forschung über große technische Systeme weit in den Bereich der empirischen Religionswissenschaften hineinragen.

Noch einmal erzählen

Der Dematerialisierungsmythos leistet Anschlüsse an zwei große postmodernistische Debatten: an die Ökologiedebatte und an die Kulturdebatte. Welche Rolle spielen diese beiden Themen in der Forschung? Um darauf eine Antwort zu finden, gehen wir zum Schluß auf zwei »nicht erzählte Geschichten« ein, denn kulturgeschichtliche und naturgeschichtliche Aspekte der Entwicklung und der Dynamik großer technischer Systeme sind in der Forschungslandkarte, in die sich dieses Buch einschreibt, seltsam unterbestimmt geblieben.

Zunächst zur Kulturgeschichte. Große technische Systeme werden, angeleitet von der Systemmetapher, überwiegend als systemisch-rational-funktional konstruiert. Die fehlende Passung der Modelle wird dann gerne der Methodik angelastet. Aber, um noch einmal das Beispiel der Hughes'schen Elektrizitätssysteme aufzugreifen: Ganz so planmäßig-rational ist es eben doch nicht zugegangen, damals um die letzte Jahrhundertwende. Mit *Electrifying America* hat David Nye[47] ein kulturhistorisches Pendant zu Hughes' *Networks of Power* geschrieben. Er zeigt, daß ganz im Gegensatz zu den Metaphern, die Erfinder und Betreiber der Elektrizität zu Beginn des Jahrhunderts propagierten, die frühen elektrischen Anwendungen alles andere als embryonale, auf wohlzentralisierte und -integrierte Netzstrukturen hin orientierte, von einer disziplinierten Ingenieurs- und Managerelite kontrollierte Systeme waren. Die frühen Elektrizitätstechniken, meint Nye, wurden als »sublime Objekte« erfahren. Elektrizität wurde als etwas Großartiges wahrgenommen, dessen Bedeutung darin lag, das denkende Bewußtsein des Beobachters zu vertiefen und zu bestärken, einer in Ehrfurcht und Staunen hingerissenen Menge vorgeführt von wissenschaftlichen Zauberkünstlern. Heute: ein natürlicher Teil unserer Lebenswelt.

Nye beschreibt die Qualität des frühen Technikenthusiasmus für die Elektrizität in farbigen Bildern. Führende Moralisten fanden sie von Übel. Für die halbgebildeten Mittelklassen war sie eine geheimnisvolle, sexuelle, wunderheilende Kraft. Die *Veblen*schen Ingenieureliten verklärten sie zum Garanten vernünftiger gesellschaftlicher Reformen. Die frühen elektrotechnischen Erfindungen in Amerika waren, folgt man Nye, höchst theatralisch, spektakulär und circensisch, verschwenderisch und dysfunktional. Unsere heutigen Großsysteme sind aus einem großen Durcheinander technisch inkompatibler und konkurrierender Unternehmungen und Spekulationen hervorgegangen. Öffentliche Spektakel, vor allem Beleuchtungsspektakel, die »conspicuous consumption« der Städte, besorgten die kulturelle Akzeptanz. Ähnlich wie in diesem Band *Sachs* macht Nye einen weitgefächer-

47 Nye 1991 hat vor allem diese Seite höchst eindrucksvoll dokumentiert.

ten kulturwissenschaftlichen Diskurs auf. Aber warum so weit schweifen? Auch Max Weber hat – auf die Frage, ob es einen Zusammenhang zwischen der modernen Technik und der »ästhetischen Evolution« in der modernen Malerei gebe – ein anderes Bild gezeichnet und in ungewohnter (und fast technikdeterministischer) Diktion ausgerufen, der Impressionismus sei nicht möglich gewesen ohne »die bewegten Massen, die nächtlichen Lichter und Reflexe der modernen Großstadt mit ihren Verkehrsmitteln, mit elektrischen und anderen Laternen, Schaufenstern, Cafés, Konzert- und Restaurationssälen, mit Schloten, Steinmassen und all dem wilden Tanz der Ton- und Farbimpressionen [...] es ist gar nicht möglich, daß gewisse formale Werte der modernen Malerei ohne den noch nie in aller Geschichte menschlichen Augen dargebotenen Eindruck, den die moderne Großstadt schon am Tag, aber vollends in überwältigender Weise bei Nacht macht, hätten errungen werden können.«[48]

Der Repräsentation der Elektrizität als funktional und technisch neutral, die es sicher auch gab, standen also Repräsentationen gegenüber, in denen Elektrizität und das, was sie ermöglichte, als magisch, phantastisch, aufregend und atemberaubend gezeigt wurde. In einem Wort: Die Elektrizität mußte, bevor dieser Saft alle nur denkbaren Lebensäußerungen westlicher Gesellschaften durchfließen konnte, ungezählte Deutungskämpfe durchmachen: Der Weg vom technisch-wissenschaftlichen Wunder Strom zur technischen Veralltäglichung, zur ganz und gar auf Funktion und Ware reduzierten Dienstleistung, zum großen technischen System Stromversorgung war demnach ein langer in den westlichen Industriegesellschaften.

Das emblematische sublime Objekt unserer Tage ist der Computer. Sherry Turkle, Autorin der meistzitierten Computerstudie *The Second Self*, beschreibt ihn als »evokatives Objekt« einer Epoche: »Under pressure from the computer, the question of mind in relation to machine is becoming a central cultural preoccupation. It is becoming what sex was to the Victorian – threat and obsession, taboo and fascination.«[49] Man beachte die auch schon bei Nye hergestellte Doppelperspektive von Sexualität und Religiosität in der Deutung sowohl elektrischer wie elektronischer

48 Weber 1924, S. 99.
49 Turkle 1980, S. 313.

Medien. Wir können dem hier nicht weiter nachgehen, sondern möchten auf eine ebenso charakteristische Differenz verweisen. Elektrizität war, vor allem in der Verbindung von Großstadttechnik und großstädtischem Geistesleben, als ein aufregendes, irgendwie doch sehr überstimulierend sensuelles Medium dargestellt worden.[50] Das heutige Pendant der Nervosität des Mediums Elektrizität ist unverkennbar die Autistik des Kommunizierens in den Eiseskälten elektronischer *Virtual-Reality*-Metropolen.[51] Und wieder lassen sich Techniksoziologen, die über computerbasierte technische Netze, diesen »postmodernen« Typus technischer Großsysteme, arbeiten, von den Harfenklängen oder besser den Synthesizerklängen einer auf Simulacra, virtuelle Realitäten und Cyborgisation gestimmten Computerpopkultur dazu verführen, solche Konzepte in den Rang sozialwissenschaftlicher Konstrukte zu erheben. Die rückblickende Erforschung großer technischer Systeme tut sich schwer mit der Berücksichtigung kultureller Prozesse; die vorausschauende Exploration macht es sich mit ihrer Berücksichtigung zu leicht.

Damit zur Naturgeschichte. Die Konzentration auf das »Interface« von technisch/sozial hat dazu beigetragen, daß das Verhältnis sozial/natural in der Entwicklung großer technischer Systeme ausgeblendet wurde. Bis auf wenige Verweise auf das schlechte Wetter beim Space-Shuttle-*Challenger*-Unglück und auf die Wetterproblematik in der Flugkontrolle[52] kommen in Studien zu konkreten technischen Netzwerken Verweise auf naturale Bedingungen gerade noch in Form von Negativaussagen vor: »Neither the British nor the Norwegian model could handle the challenges of the North Sea«.[53] Das ist merkwürdig.

Aber die ökologische Enthaltsamkeit ist nicht nur für die Forschung zu großen technischen Systemen im engeren Sinn charakteristisch. Wenn Luhmann seine Bestimmung moderner Technik und der mit ihr verbundenen Risiken auf »Hochtechnologie« einschränkt und für »frühere« moderne Technik ebenso wie für weiträumig vernetzte und heterogene Gebilde wie das Luftver-

50 Siehe dazu auch die *Fée électrique* in der Interpretation von Ingrid Severin (in diesem Band).

51 Der nachgerade klassische Text dazu ist William Gibsons *Burning Chrome* (1985).

52 Pinch 1991 und LaPorte 1988.

53 Andersen 1991, S. 46.

kehrssystem nicht gelten lassen will, dann scheint mir das nicht plausibel.[54] Denn ein Kernkraftreaktor ist ja schlecht denkbar ohne die Stromverbundsysteme, und atomare Risiken werden an vom »hochtechnologischen« Geschehen weitentlegenen alltagstechnischen Zeit-Orten erfahren – zum Beispiel eben von westdeutschen Besitzern von Gasherden, die an osteuropäische *pipelines* angeschlossen sind und möglicherweise radioaktiv verseuchtes russisches Erdgas in die Küche zu bekommen fürchten.

Erst neuerdings werden Querverbindungen hergestellt zu ökologischen Diskursen im Bereich der Humangeographie und Landschaftsplanung.[55] Der blinde Fleck Ökologie hängt vielleicht auch damit zusammen, daß der grundlegende narrative Modus ein geschichtsschreibender, kein raumschreibender ist. Selbst Giddens, der Sozialtheoretiker, der wohl am entschiedensten einer Verräumlichung der Soziologie das Wort geredet hat, löst diese Forderung inhaltlich fast nur für die räumliche Größenordnung der Nationalstaaten ein. Die örtlichen und nationale Grenzen überschreitenden räumlichen Erweiterungs-, Landnahme- und Vereinnahmungsprozesse, die das Wachstum großer technischer Systeme ausmachen – vor allem im Zusammenhang mit Urbanisierungsprozessen –, werden in der hier dokumentierten Forschung vorerst nicht sehr sorgfältig nachgezeichnet. Der Leitfaden der Erzählungen über große technische Systeme ist der Kalender, nicht die Landkarte: Das Interesse gilt mehr linear-zeitlichen Entwicklungen als lateral-räumlichen Ausbreitungsprozessen, und auch die Forschung über technische Großsysteme leidet an der generellen historistischen Neigung sozialwissenschaftlicher Diskurse.

Technik ohne Grenzen – der Titel dieser Aufsatzsammlung ließe sich mit unterschiedlichen Betonungen lesen: Mit einem Ausrufungszeichen versehen würde er wie die Bestätigung eines naiven Programms technischen Fortschritts klingen, in dem Nutzen und/oder Steuerbarkeit eines ungebremsten technischen Wachstums überschätzt werden. Mit einem Fragezeichen versehen würde er auf skeptische oder kritische Gegenprogramme anspie-

54 Luhmann (1991), wo er sich konsequenter auf Techniktheorie einläßt als bislang.

55 Abzulesen an der Rezeption von Arbeiten wie – exemplarisch – Cronon 1991, Spirn 1984.

len, die einem ungehemmten Ausbau technischer Systeme Machbarkeit und Wünschbarkeit bestreiten. Ohne Interpunktion soll er einen besonderen Typus Grenzen überschreitender Technik signalisieren, dessen historische Expansivität mit spezifischen gesellschaftlichen Problemen einhergeht. Die großen technischen Systeme lassen sich nicht als begrenzte, auf bestimmte gesellschaftliche Gruppen oder Praxisfelder bezogene Einrichtungen begreifen. Sie verlieren sich in den Weiten unzähliger Gesellschaften und Organisationen, die den Planeten bevölkern. Sie ermöglichen eine fortschreitende Transformation der körperlichen Basis jeden Handelns in ein hybrides Substrat aus organischen und extrasomatisch-künstlichen Komponenten, das konventionelle Grenzen zwischen materiell und immateriell, zwischen Natur und Kultur, zwischen menschlich und nicht-menschlich verschiebt und verschwimmen läßt. Und ein Ende ihrer Erweiterung ist nicht abzusehen.

Literatur

Andersen, Svein (1991), »The External Control of Large Technical Systems. Offshore Oil Production Safety and Heath Regulation in Great Britain and Norway«, in: LaPorte (Hg.) (1991), S. 43-60

Attali, Jaques (1990), *Lignes d'horizon*, Paris: Fayard.

Bechmann, Gotthard (Hg.) (1993), *Risiko und Gesellschaft. Grundlagen und Ergebnisse interdisziplinärer Risikoforschung*, Opladen: Westdeutscher Verlag.

Bechmann, Gotthard/Werner Rammert (Hg.) (1993), »Großtechnische Systeme und Risiko«, in: *Technik und Gesellschaft. Jahrbuch* 6, Frankfurt am Main/New York: Campus.

Bertho-Lavenir, Catherine (1988), »The telephone in France 1879 to 1979: National characteristics and international influence«, in: Mayntz/Hughes (Hg.) (1988), S. 155-178.

Bijker, Wiebe/Thomas Hughes/Trevor Pinch (Hg.) (1989), *The Social Construction of Technological Systems. New Directions in the Sociology and History of Technology*, Cambridge (Mass.), MIT Press.

Braun, Hans-Joachim (1980), »Gas oder Elektrizität? Zur Konkurrenz zweier Beleuchtungssysteme, 1880-1914«, in: *Technikgeschichte* 47, S. 1-19.

Braun, Ingo (1993), *Technik-Spiralen. Vergleichende Studien zur Technik im Alltag*, Berlin: Edition Sigma.

Braun, Ingo/Claudia von Grote/Günter Feuerstein (1991), »Organ-Tech-

nik. Technik und Wissenschaft im Organtransplantationswesen«, in: *Soziale Welt* 42, Heft 4, S. 445-472.
Braun, Ingo/Bernward Joerges (1994), »How to Recombine Large Technical Systems. The Case of European Organ Transplantation«, in: Summerton (Hg.) (1994), S. 25-51.
Bucholz, Arden (1994), »The Normal Accident of July 14«, in: Summerton (Hg.) (1994), S. 53-70.
Callon, Michel (1986), »The Sociology of an Actor-Network: The Case of the Electric Vehicle«, in: M. Callon/H. Law/A. Rip (Hg.), *Mapping the Dynamics of Science and Technology. Sociology of Science in the Real World*, London: Sage Publications.
Caron, François (1988), »The evolution of the technical system of railways in France from 1832 to 1937«, in: Mayntz/Hughes (Hg.) (1988), S. 69-104.
Clive, Irving (1993), *Wide-Body. The Triumph of the 747*, New York: William Morrow.
Coutard, Oliver (1993), »Competition and Grid Issues in the Electricity Supply Industry«, in: Summerton (Hg.) (1994), S. 163-192.
Cronon, William (1991), *Nature's Metropolis. Chicago and the Great West*, New York/ London: W. W. Norton & Company.
Dupuy, Gabriel (1985), *Systèmes, résaux et territoires*, Paris: Presses de l'Ecole Nationale des Ponts et Chaussées.
– (1991), *L'urbanisme des résaux*, Paris: Armand Colin.
– (Hg.) (1988), *Réseaux territoriaux*, Paris: Paradigme.
Fogel, Robert (1964), *Railroads and American Economic Growth: Essays in Econometric History*, Baltimore: The Johns Hopkins University Press.
Galambos, Louis (1988), »Looking for the boundaries of technological determinism: A brief history of the U.S. telephone system«, in: Mayntz/ Hughes (Hg.) (1988), S. 135-154.
Galison, Peter (1988), »History, Philosophy, and the Central Metaphor«, in: *Science in Context* 2, S. 197-211.
Galison, Peter/Bruce Havley (Hg.) (1992), *Big Science. The Growth of Large-scale Research*, Stanford: Stanford University Press.
Gibson, William (1985), »Burning Chrome«, ursprünglich erschienen in: *Omni*, wiederabgedruckt in: *Burning Chrome*, New York: Ace Books, 1986, S. 168-191.
Gras, Alain (1993), *Grandeur et Dépendance. Sociologie des macro-systèmes techniques*, Paris: Presses Universitaires de France.
Griset, Pascale (1991), *Les révolutions de la communication XIXe-XXe siècles*, Paris: Hachette.
Grübler, Arnulf (1990), *The Rise and Fall of Infrastructures. Dynamics of Evolution and Technological Change in Transport*, Heidelberg: Physica/Springer.

Grübler, Arnulf/Neboja Nakicenovic (1991), *Evolution of Transport Systems: Past and Future*, IIASA Laxenburg.
Grundmann, Reiner (1992), »Car Traffic at the Crossroads. New Technologies for Cars, Traffic Systems and their Interlocking«, in: Summerton (Hg.) (1994), S. 265-290.
Heinze, Wolfgang/Heinrich Kill (1988), »The development of the German railroad system«, in: Mayntz/Hughes (Hg.) (1988), S. 105-134.
Hennen, Leonhard (1992), *Technisierung des Alltags. Ein handlungstheoretischer Beitrag zur Theorie technischer Vergesellschaftung*, Opladen: Westdeutscher Verlag.
Hoffmann, Ute/Bernward Joerges/Ingrid Severin (Hg.) (1995), *Bilder – Welten*, Berlin (in Vorbereitung).
Hughes, Thomas P. (1983), *Networks of Power. Electrification in Western Society, 1880-1930*, Baltimore: Johns Hopkins University Press.
– (1987), »Explaining Technological Change«, in: Wiebe Bijker/Thomas P. Hughes/Trevor Pinch, *The Social Construction of Large Technological Systems. New Directions in the History and Sociology of Technology*, Cambridge/ Mass.: MIT Press, S. 10-82.
– (1989), *American Genesis. A Century of Invention and Technological Enthusiasm*, New York: Viking; deutsch: *Die Erfindung Amerikas. Der technologische Aufstieg der USA seit 1870*, München: Beck 1991.
Joerges, Bernward (1988a), »Large Technical Systems: Concepts and Issues«, in: Mayntz/Hughes (Hg.) (1988), S. 9-36.
–, (1988b), »Technische Normen – Soziale Normen?«, in: *Soziale Welt* 40, Heft 1/2, S. 242-258.
–, (1989), »Soziologie und Maschinerie. Vorschläge zu einer ›realistischen‹ Techniksoziolgie«, in: Peter Weingart (Hg.), *Technik als sozialer Prozeß*, Frankfurt am Main: Suhrkamp, S. 44-89.
–, (1990), »›Global 2000‹: Social science, ecology and the Bimillennium«, in: *Futures*, Januar/Februar, S. 3-20.
–, (1992), »›Große technische Systeme‹. Zum Problem der Maßstäblichkeit und Vergrößerung in der sozialwissenschaftlichen Technikforschung«, in: G. Bechmann/W. Rammert (Hg.), *Jahrbuch Technik und Gesellschaft* 6, Frankfurt am Main/New York: Campus, S. 41-72.
–, (1994a), »Reden über große Technik«, in: Uta Gerhard/Hans-Ulrich Derlien/Fritz Scharpf (Hg.), *Systemrationalität und Partialinteresse. Festschrift für Renate Mayntz*, Baden-Baden: Nomos, S. 453-490.
–, (1994b), »Ein Zeitalter der Energie«, in: Wolfgang Zapf/Meinolf Dierkes (Hg.), *Institutionenvergleich und Institutionendynamik*, Berlin: Sigma, S. 106-133.
Kubicek, Herbert/Peter Seeger (Hg.) (1993), *Perspektive Techniksteuerung*, Berlin: Sigma.
Kunda, Gideon (1992), *Engineering Culture. Control and Commitment in a High-Tech Corporation*, Philadelphia: Temple University Press.

LaPorte, Todd (1988), »The United States air tráffic system: Increasing reliability in the midst of rapid growth«, in: Mayntz/Hughes (Hg.) (1988), S. 215-244.

–, (Hg.) (1991), *Responding to Large Technical Systems: Control or Anticipation*, Dordrecht/Boston/London: Kluwer Academic.

Latour, Bruno (1992), *Aramis ou l'amour des techniques*, Paris: Edition La Découverte.

– (1993), *We Have Never Been Modern*, Cambridge/Mass.: Wheatsheaf.

Law, John (1987), »On the Social Explication of Technical Change«, in: *Technology and Culture* 28, S. 227-252.

Levy-Leboyer, Maurice (1988), »The French electrical power system: An inter-country comparison«, in: Mayntz/Hughes (Hg.) (1988), S. 245-262.

Luhmann, Niklas (1991), *Soziologie des Risikos*, Berlin: de Gruyter.

MacKenzie, Donald (1990), *Inventing Accuracy. A Historical Sociology of Nuclear Missile Guidance*, Cambridge/Mass.: MIT Press.

Marin, Bernd/Renate Mayntz (Hg.) (1990), *Policy Networks. Empirical Evidence and Theoretical Considerations*, Frankfurt am Main: Campus.

Mayntz, Renate (1988), »Zur Entwicklung technischer Infrastruktursysteme«, in: Mayntz, R. u. a. (Hg.), *Differerenzierung und Verselbständigung: Zur Entwicklung gesellschaftlicher Teilsysteme*, Frankfurt am Main/New York: Campus, S. 233-259.

–, (1993), »Große technische Systeme und ihre gesellschaftstheoretische Bedeutung«, in: *Kölner Zeitschrift für Soziologie und Sozialpsychologie* 45, Heft 1, S. 97-108.

Mayntz, Renate/Thomas P. Hughes (Hg.) (1988), *The Development of Large Technical Systems*, Boulder/Frankfurt am Main: Westview/Campus.

Mayntz, Renate/Bernd Rosewitz/Uwe Schimank/Rudolf Stichweh (Hg.) (1988), *Differenzierung und Verselbständigung. Zur Entwicklung gesellschaftlicher Teilsysteme*, Frankfurt am Main/New York: Campus.

McCloskey, Donald N. (1985), *The Rhetoric of Economics*, Madison: University of Wisconsin Press.

McNeill, William (1987), »Reflections by William McNeill et al.«, in: U. Svedin/Britt Aniansson (Hg.), *Surprising Futures*. Swedish Council for Planning and Coordination of Research, Stockholm, S. 110-119.

Mumford, Lewis, *Mythos der Maschine*, Frankfurt am Main: Syndikat 1977.

Nye, David E. (1990), *Electrifying America. Social Meanings of a New Technology*, Cambridge/Mass.: MIT Press.

Offner, Jean-Marc (1993), »Le développement des résaux techniques: un modèle générique«, in: *Flux*, Heft 13/14, S. 11-18.

Perrow, Charles (1984), *Normal Accidents. Living with High-Risk Technologies*, New York: Basic Books.

(1986), *Complex Organizations. A Critical Essay*, 2. Auflage, New York: Basic Books.
Pestre, Dominique (1992), »The Decision-Making Processes for the Main Particle Accelerators built throughout the World from the 1930s to the 1970s«, in: *History and Technology* 8, Heft 3/4, S. 214-257.
Pinch, Trevor (1991), »How Do We Treat Technical Uncertainty in Systems Failure? The Case of the Space Shuttle Challenger«, in: LaPorte (Hg.) (1991), S. 143-158.
Radkau, Joachim (1983), *Aufstieg und Krise der deutschen Atomwirtschaft 1945-1975. Verdrängte Alternativen in der Kerntechnik und der Ursprung der nuklearen Kontroverse*, Reinbek bei Hamburg: Rowohlt.
Rammert, Werner (1992), »From Mechanical Engineering to Information Engineering: An Evolutionary Perspective«, in: Meinolf Dierkes/Ute Hoffmann (Hg.), *Technology at the Outset*, Frankfurt am Main/New York: Campus, S. 193-205.
Rochlin, Gene (1989), »Informal organizational networking as a crisis-avoidance strategy: US naval flight operations as a case study«, in: *Industrial Crisis Quarterly* 3, S. 159-176.
– (1994), »Broken Plowshare: System Failure and the Nuclear Power Industry«, in: Summerton (Hg.) (1994), S. 231-263.
Ropohl, Günter (1988), »Allgemeine Technologie der Netzwerke«, in: *Technikgeschichte* 56 (3), S. 153-162.
Salsbury, Stephen (1988), »The emergence of an early large-scale technical system. The American railroad network«, in: Mayntz/Hughes (Hg.) (1988), S. 37-68.
– (1991), »Facing the Collapse of the Washington Public Power Supply System«, in: LaPorte (Hg.) (1991), S. 61-98.
Schneider, Volker (1991), »The Governance of Large Technical Systems. The Case of Telecommunications«, in: LaPorte (Hg.) (1991), S. 19-42.
– (1992), »Kooperative Akteure und vernetzte Artefakte«, in: G. Bechmann/W. Rammert (Hg.), *Jahrbuch Technik und Gesellschaft*, Frankfurt am Main/New York: Campus, S. 113-140.
Spirn, Anne (1984), *The Granite Garden. Urban Nature and Human Design*, New York: Basic Books.
Summerton, Jane (1993), *District Heating Comes to Town: the social shaping of an energy system*, Linköping: Affärslitteratur AB.
– (Hg.) (1994), *Changing Large Technical Systems*, Boulder/San Francisco/Oxford: Westview Press.
Tarr, Joel E./Gabriel Dupuy (1988), *Technology and the Rise of the Networked City in Europe and America*, Philadelphia: Johns Hopkins University Press.
Trömel, Martin/Susanne Loose (1993), »Wie technische Systeme wachsen«, in: *Spektrum der Wissenschaften* 2, S. 55-62.

Thomas, Frank (1988), »The politics of growth: The German telephone system«, in: Mayntz/Hughes (Hg.) (1988), S. 179-214.
Tilly, Charles (1984), *Big Structures – Large Processes – Huge Comparisons*, New York: Russell Sage Foundation.
Turkle, Sherry (1980), *The Second Self. Computers and the Human Spirit*, New York: Simon & Schuster; deutsch: *Die Wunschmaschine. Vom Entstehen der Computerkultur*, Reinbek: Rowohlt 1984.
Weber, M. (1924), »Diskussionsrede zu W. Sombarts Vortrag über Technik und Kultur.« Erste Soziologentagung Frankfurt 1910, in: M. Weber, *Gesammelte Aufsätze zur Soziologie und Sozialpolitik*, Tübingen: J. C. B. Mohr, S. 449-456.
Weingart, Peter (1989), »Großtechnische Systeme – ein Paradigma der Verknüpfung von Technikentwicklung und sozialem Wandel?« in: ders., (Hg.), *Technik als sozialer Prozeß*, Frankfurt am Main: Suhrkamp, S. 174-196.
–, (1991), »Large Technical Systems, Real-life Experiments, and the Legitimation Trap of Technology Assessment. The Contribution of Science and Technology to Constituting Risk Perception«, in: LaPorte (Hg.) (1991), S. 5-18.
Werle, Raimund (1990), *Telekommunikation in der Bundesrepublik. Expansion, Differenzierung und Transformation*, Frankfurt am Main/New York: Campus.
Winner, Langdon (1977), *Autonomous Technology, Technics-out-of-Control as a Theme in Political Thought*, Cambridge/Mass.: MIT Press.
Wittfogel, Karl August (1977), *Die orientalische Despotie. Eine vergleichende Untersuchung totaler Macht*, Frankfurt am Main: Köln: Kiepenheuer & Witsch.

Joachim Radkau

Zum ewigen Wachstum verdammt?

Jugend und Alter großer technischer Systeme

1. Zur Optik historischer Streiflichter

Das »große technische System« ist keine der Theorie entsprungene Begriffskombination, sondern enthält für den Theoretiker mehrere Stolpersteine. Das beginnt mit dem Adjektiv »groß« und setzt sich fort mit der Verbindung von »technisch« und »System«. »Groß« scheint nichts weiter als das zu bedeuten, daß irgendwann bestimmte Gruppen die in Rede stehenden Technikkomplexe als »groß« – oft im Sinne von »furchterregend« – empfunden haben; man spürt von vornherein, daß das Bemühen um eine exakte und generelle Definition von »groß« aussichtslos ist. Ebensowenig befriedigt den Sozialwissenschaftler die Redeweise vom »technischen System«; denn für ihn ist ausgemacht, daß ein »technisches« System, wenn überhaupt der Systembegriff einen Sinn haben soll, niemals nur rein technischer Art ist, sondern auch soziale Komponenten enthält. Aber es gelang bisher noch nicht, das Verhältnis technischer und sozialer Elemente in diesem System generell zu bestimmen – vermutlich deshalb, weil dieses Verhältnis von Fall zu Fall unterschiedlich aussieht.

Das Urbild des »großtechnischen Systems« ist vermutlich Lewis Mumfords »Megamaschine«[1]; das Konzept stammt aus der technikkritischen Bewegung, die in der Bundesrepublik in den späten siebziger Jahren ihren bisherigen Höhepunkt erreichte. Da signalisierte »groß« etwas Bedrohliches. In die technikwissenschaftliche Diskussion wurde der Begriff des »large-scale technological system« allerdings von dem amerikanischen Technikhistoriker Thomas P. Hughes eingeführt, der dieses Konzept nicht auf einen kritischen Zugriff festlegte, sondern auch Bewunderung für die »system builders« erkennen ließ. Er empfahl die Analyse weitgespannter Systemstrukturen vor allem als Mittel, um den Gestaltwandel der Technik seit dem späten 19. Jahrhundert, ja überhaupt

1 Mumford 1977.

die moderne Welt schlechthin besser zu begreifen[2]; aber auch dem praktischen Interesse an der Installierung gesellschaftlicher Kontrolle über große technische Systeme gab er eine Chance.
Da der Gegenstand des von Bernward Joerges vorgeschlagenen Begriffs der »großen technischen Systeme« deutlich zeitgebunden ist, ebenso wie sich das Aufkommen dieses Begriffes aus einer bestimmten Situation erklärt, eignet sich dieses Thema in besonderem Maße dazu, zwischen Techniksoziologie und Technikgeschichte zu vermitteln. Die soziologische Diskussion hat sich hier der Geschichte mehr genähert als bei manchen früheren Technikthemen. Aber immer noch bleibt eine Kluft bestehen; auch Hughes vermochte sie nicht wirklich zu überbrücken. Zwischen Technikgeschichte und Techniksoziologie gibt es nicht nur Annäherung, sondern auch Auseinanderentwicklung: Für den Technikhistoriker führt der Weg zur Professionalisierung häufig ins technische Detail, für den Techniksoziologen in anspruchsvollere systemtheoretische Konzepte, die mit historischer Empirie nicht leicht einzuholen sind. Dann kann die Frage aufkommen, welchen Erkenntniswert die Historie – über ihre Funktion als Faktensteinbruch hinaus – überhaupt noch hat.
Auf dem gegenwärtigen Stand der Diskussion über große technische Systeme ließen sich darauf etwa die folgenden zehn Antworten geben. Dabei muß freilich schon im voraus eingestanden werden, daß die bisherige technikhistorische Forschung die hier skizzierten Erkenntnismöglichkeiten längst nicht ausgeschöpft hat.
1.1 Die Schwierigkeiten des Historikers mit der Abstraktion können Erkenntnisse enthalten: sofern man sich diesen Schwierigkeiten stellt und nicht auf ein Bemühen um Theorie verzichtet. Systemkonstrukte sind in der Regel von bestimmten konkreten Fällen abgeleitet; es ist wichtig, diese begrenzte empirische Grundlage bewußt zu halten und ihre Verallgemeinerbarkeit als offene Frage zu begreifen. Konkret auf die Diskussion über großtechnische Systeme bezogen: Da besteht die Tendenz, daß die Diskussion – ohne daß dies immer klar ausgesprochen und reflektiert wird – von bestimmten Fallbeispielen lebt, die gerade in Mode sind: Zunächst waren es die Kerntechnik und die Giganten

2 T. P. Hughes/A. Hughes 1988, S. 83 (»...a unique opportunity to investigate and explain the structures ordering the modern world«).

der Energiewirtschaft, neuerdings sind es eher Elektronikkomplexe, die die systemtheoretische Diskussion inspirieren. Aber die Entstehungs- und Erfolgsgeschichte großer technischer Systeme trägt in der Regel viele historisch einmalige Züge, deren Generalisierung das theoretische Denken fehlleitet. Ein breiter angelegtes historisches Panorama könnte, wenn auch nicht gleich zu einer neuen Theorie führen, so doch manche Hinweise geben, welche Wege der Verallgemeinerung aussichtsreich erscheinen und welche nicht.

1.2 Was es mit einem großen technischen System auf sich hat, merkt man oftmals erst an bestimmten Ereignissen: Krisen und Kettenreaktionen, die von Störfällen ausgehen, offenbaren mehr als alles andere, wie ein System funktioniert oder nicht funktioniert, wie weit es reicht und wie eng es vernetzt ist, welche Risiken seine Größe und seine Komplexität enthalten und über welche Rückkopplungsmechanismen es verfügt. In welchem Maße ein technisches System auch ein soziales System umfaßt, zeigt sich am besten dann, wenn es unter Druck steht und auf Angriffe reagieren muß. Erst durch die Kernkraftkontroverse der siebziger Jahre wurde die nukleare »Community« zum stehenden Begriff; ihr Zusammenhalt trat öffentlich in Erscheinung.

1.3 Die Diskussion über große technische Systeme setzt im allgemeinen voraus, daß diese Systeme etwas spezifisch Modernes seien. Andererseits ist gerade das Eisenbahnnetz der Prototyp des kompakten, klar abgegrenzten und eindeutig technisch bestimmten Großsystems: »technisch« hier selbst in einem engen, auf dingliche Artefakte bezogenen Sinn. Die neuere Technikgeschichte kann nicht durch einen wachsenden Trend zum technischen System schlechthin, sondern nur durch einen Wandel der Systemtypen charakterisiert werden, vielleicht auch – wenn man an die Eisenbahn denkt – durch Alterungs- und Niedergangsprozesse eines »klassischen« Typs von großen technischem System.

1.4 Neue Techniksysteme der Gegenwart sind typischerweise durch ihren sekundären Charakter gekennzeichnet: Sie setzen andere Systeme bereits voraus. Wenn man daher nach den Entwicklungsbedingungen großtechnischer Systeme fragt, so fallen dabei im Laufe des 20. Jahrhunderts die bereits bestehenden Systeme immer stärker ins Gewicht. Diese sind keine bloße Vorgeschichte, keine Rahmenbedingung, sondern ein konstitutives Element neu entstehender Systeme. Die Art dieser Aufeinanderfolge und dieses Aufeinanderaufpfropfens trägt historisch-spezifische Züge und ist nicht nur durch eine allgemeine, von Raum und Zeit gelöste Systemlogik zu beschreiben.

1.5 Was heißt bei großen technischen Systemen »groß«? Auch hier gibt es keine von Raum und Zeit unabhängige Definition. »Groß« ist in der Technik das, was irgendwann als groß empfunden wurde – diese Definition wäre sehr unbefriedigend, wenn nicht diese Empfindung zu ihrer Zeit ihren Grund gehabt hätte. »Groß« wäre dann das, was einen Sprung über die bis dahin gewohnten Dimensionen bedeutete, was Grenzen überschritt, die bis dahin fast nie überschritten wurden: was infolge seiner neuartigen Dimensionierung eine Chance der Überlegenheit (»economies of scale«), aber auch ungewohnte Probleme mit sich brachte. So sähe eine historische Definition von »Größe« aus. In diesem Sinne stellten die Anlagen zur Ammoniaksynthese im Ersten Weltkrieg zweifellos »Großtechnik« dar; heute dagegen sind sie nicht unbedingt mehr »groß«.

1.6 Wodurch wird ein großes technisches System zusammengehalten und auf bestimmte Prozeduren und Strategien festgelegt? Technische Sachzwänge sind es offenbar nicht allein; nicht selten werden sie nur vorgeschoben. Hughes erkannte das »technologische Momentum« im Entwicklungsgang der Großtechnik – wobei er sich auf die deutsche Hochdruckchemie der Zwischenkriegszeit bezog – in dem Zusammenhalt der durch einen gemeinsamen Erfahrungsfundus verbundenen »system builders«. Man könnte dieses »technologische« Momentum also zugleich als ein soziologisches charakterisieren; es enthält aber auch ein historisches Element, denn Erfahrung ist stets zeitgebunden und unterliegt Wandlungs- und Alterungsprozessen. Nicht jede Erfahrung begründet einen kompakten Zusammenhalt. »Groß« wäre in diesem Sinne ein System, das für die Beteiligten gleichsam bis zum Horizont reicht – das Erfahrungen enthält, die nicht leicht transzendiert werden können.

1.7 Historiker werden gewöhnlich darauf trainiert, gesicherte Fakten scharf von gedanklichen Konstruktionen und schon gar von Hypothesen über Künftiges zu unterscheiden. Daher wirkt es auf sie irritierend, daß es bei Debatten über neue Technologien – insbesondere bei all den »Risiko-und-Chance«-Diskussionen – zum Stil gehört, Fakten und Prognosen bis zur Ununterscheidbarkeit miteinander zu vermischen. Nun könnte man darauf erwidern, bei neuen Technologien sei vieles derart im Fließen, daß man auf die Tendenzen und Perspektiven schauen müsse und es irreführend sei, sich an das bereits Geschehene zu halten. Dennoch lohnt es sich auch bei großtechnischen Systemen, Visionen und Realitäten auseinanderzuhalten; denn die Beziehung zwischen beiden ist ein Problem, das als solches erkannt werden muß. Gewiß sind großtechnische Systeme häufig mit neuen Perspektiven und Horizonten verbunden, aber diese Zielprojektionen sind nicht unbedingt Funktion realer Tendenzen und Vorwegnahme tatsächlicher Zukünfte, sondern entstammen manchmal einer ganz anderen Sphäre als derjenigen, aus der das technische System hervorging. Die Beziehung der Technik-Visionen zur technischen Realität ist kompliziert; die Geschichte kann darüber manche Aufschlüsse geben. So spiegelt etwa die lange Geschichte der Automatisierungsphantasien, die bis in die vorindustrielle Zeit zurückreicht, nicht reale Chancen der jeweiligen Technik, sondern eher alte menschliche Macht- und Zaubereiträume; noch die neueren Phantasien über menschenähnliche Roboter, Fabriken ohne Menschen und papierlose Büros haben von den Möglichkeiten der Elektronik ein eher irreführendes Bild suggeriert. Auch die Atom-Euphorie der fünfziger Jahre war kein Reflex tatsächlicher Entwicklungspotentiale der Kerntechnik, sondern gehört eher in die Geschichte der Technikträume. Man könnte die damalige Vision einer »friedlichen«, umweltfreundlichen, teilweise miniaturisierten Kerntechnik als Hinweis auf vernachlässigte Alternativen interpretieren; man könnte sie auch als Ablenkung davon deuten, daß der Gang der Dinge in Wirklichkeit anders war. So oder so – die Beziehung der Perspektiven zu den realen Tendenzen bleibt ein Forschungsproblem. Das ist für die Diskussion über großtechnische Systeme um so bedeutsamer, als die idealtypische Darstellung eines solchen Systems stets ein perspektivisches Element enthält. Manchmal besteht ein aufschlußreiches Faktum darin, daß die Wirklichkeit diesen Idealtypen *nicht* voll entspricht (zum Beispiel die Kerntechnik *nicht* dem Idealmodell des »Brennstoffkreislaufs«). Oder man kann die Pointe so setzen, daß das Denken in Systemen – richtig verstanden – zum Denken *in Alternativen* führt, eben wegen der Mehrdeutigkeit der Wirklichkeit.

1.8 Um ein realistisches Bild von der Genese großer Systeme zu erlangen und nicht Planbarkeitsillusionen zu verfallen, ist es wichtig, nicht nur die planmäßigen, sondern auch die ungeplanten

Elemente bei der Entstehung von Systemen zu beachten. Weiträumige und komplizierte technische Systeme könnten kaum je entstehen, wenn sie von Anfang an in dieser Form projektiert werden müßten, denn im allgemeinen fehlen Instanzen mit einem derartigen Planungs- und Durchsetzungsvermögen. Die großen Netzwerke der Stadttechnik entwickelten sich zu einer Zeit, als es noch kaum irgendwo eine institutionalisierte Stadtplanung gab. Aber Vernetzung geschieht auch fortwährend *ohne* großen Plan: einfach durch die Begrenztheit des verfügbaren Raumes.

1.9 Ein Blick auf solche Sachverhalte, die teilweise wohl mehr historisch zu beschreiben als systematisch darzustellen sind, ist nützlich, um sich eine realistische Bescheidenheit gegenüber den Möglichkeiten der Steuerung großer technischer Systeme zu eigen zu machen. Wenn man aber mit Hughes davon ausgeht, daß großtechnische Systeme verschiedene Entwicklungsstadien haben, die ein wenig an menschliche Lebensphasen von Kindheit bis zum Alter erinnern, dann könnte die Geschichte auch positive Hinweise auf gesellschaftliche Steuerungschancen gegenüber diesen Systemen geben.[3] Relativ gute Chancen bestehen vermutlich in der Kindheit der Systeme – nur daß die Gesellschaft gerade dann dazu neigt, in die Systeme ihre Wunschträume hineinzuprojizieren. Auch im Alter dürften die Systeme wieder lenkbarer werden. Allerdings ist bei gegenwärtigen Systemen oft schwer zu sagen, in welchem Stadium sie sich gerade befinden.

1.10 Im allgemeinen scheint heute angenommen zu werden, daß große technische Systeme einen inneren Drang zu weiterem Wachstum hegen. Diese Wachstumstendenz wird teilweise als empirisches Faktum vorausgesetzt, zum Teil aber auch theoretisch begründet: so etwa aus der Dynamik der durch ein System hervorgerufenen Erwartungen oder der zwanghaften Neigung, Probleme mit der Außenwelt stets auf expansive Art zu lösen. Es fragt sich, ob diese Begründungen logisch zwingend sind und auch ob die Wachstumstendenz als genereller empirischer Tatbestand vorausgesetzt werden kann. Moderne Richtungen der Systemtheorie, die die Fähigkeit des Systems zur Selbstregelung und Selbstreferenz betonen, rücken dieses in mancher Hinsicht in die Nähe der Organismen und berühren sich darin mit älteren deutschen Traditionen des organologischen Denkens. Es mag auch damit zusam-

3 Ebd., S. 83-94.

menhängen, daß eine immanente Tendenz der Systeme zum Wachstum sich fast von selbst zu verstehen scheint (obwohl man aus der Analogie zum Organismus auch das zwangsläufige Ende des Wachstums folgern könnte). Friedrich Meineckes *Idee der Staatsräson* setzt gleich am Anfang voraus, daß »der Staat ein organisches Gebilde ist, dessen volle Kraft sich nur erhält, wenn sie irgendwie noch zu wachsen vermag«[4]; Michael Salewski erkennt eben dieses Denkmuster auf dem Grunde eines Großteils der Science-Fiction-Literatur.[5] Daß es für große Systeme nur die Wahl zwischen weiterem Wachstum oder Niedergang gibt, mag sich als zutreffend erweisen; aber es ist doch eine gefährliche Lehre, die so sorgfältig wie möglich geprüft werden sollte. Auch hierbei könnte ein historischer Zugang von Nutzen sein.

2. Großsystem-Generationen im historischen Überblick

2.1 Das Wasser als vernetzendes Element: Der älteste Typus eines großen technischen Systems

»Große technische Systeme«, die diese Bezeichnung verdienen, finden sich in vorindustrieller Zeit vor allem in irgendeinem Zusammenhang mit dem Wasserbau. Die Beziehung zum Wasser sah dabei unterschiedlich aus; in typischen Fällen jedoch und mit einer gewissen aquatischen Logik war der Wasserbau ein Technikbereich mit einer Tendenz zu weiterer und wachsender Ausdehnung, zur Vernetzung und zur Lückenlosigkeit. Das gilt für Be- und für Entwässerungssysteme des Städte- und Ackerbaus wie für die Wasserbauanlagen des Montanwesens, der Salinen und des Holztransports.

Das Phänomen ist als solches nicht auf die vorindustrielle Zeit beschränkt. Im 20. Jahrhundert inspirierte der Wasserbau sogar mehr denn je expansive Vernetzungsprojekte. Hans Walter Flemming, von 1940 bis 1945 Hauptgeschäftsführer des Reichsverbandes der deutschen Wasserwirtschaft, erklärte 1957, allmählich erkenne man »die große gemeinsame Aufgabe: Das Netz der Gewässer auf der Erdoberfläche ist durch Kanäle und Gräben, durch

4 Meinecke 1957, S. 1.
5 Salewski 1986, S. 116.

Wasserleitungen auszubauen und zu verfeinern, bis jeder Haushalt und jede Pflanze zuverlässig versorgt ist«.[6] Eine globale Vernetzungsperspektive, bei der ökologische Besorgnis und Streben nach totaler Durchorganisierung der Natur merkwürdig eng beieinanderliegen! Ist dieser Expansionsdrang die immanente Tendenz des Wachstums? Aber man darf in die vormodernen Großsysteme nicht zu rasch moderne Vorstellungen hineinprojizieren, sondern muß auch einen Blick für das Element der Trägheit und die vielfältigen Expansionshemmnisse in diesen Systemen bekommen.

Berühmt sind die großen *Bewässerungssysteme* der frühen Stromkulturen des Nil-, Euphrat- und Industales, des alten China und der Anden. Ihre Kongruenz mit den ersten mächtigen Staaten der überlieferten Geschichte fällt in die Augen. Es war verführerisch, den Zusammenhang als einfache Kausalbeziehung zu interpretieren und der Bewässerungstechnik eine immanente Tendenz zum großen System zu unterstellen, das zu seiner Regelung wiederum eine zentrale Staatsgewalt und Bürokratie erforderte. Diese These vertrat zeitweise Karl A. Wittfogel in seiner Theorie der »hydraulischen Gesellschaft« (auch als Theorie der »asiatischen Produktionsweise« und der »orientalischen Despotie« bekannt).[7] Andererseits fehlt es nicht an Beispielen für Bewässerungsanlagen, die sich sehr wohl mit dezentralen Strukturen und lokaler Autonomie vertrugen. Weltweit gesehen waren eher Bewässerungsnetze von geringem Umfang die Regel, für deren Überwachung und Instandhaltung lokale Instanzen und Dorfgenossenschaften genügten. Indem die Bauern den angeschwemmten fruchtbaren Schlamm aus den Gräben auf ihre Äcker schaufelten, machten sie große Flußregulierungsprojekte überflüssig. Größere Herrschaftsgebilde sind wohl nicht als Antwort auf Systemprobleme von Bewässerungsanlagen zu deuten, sondern sie selber waren es, die die Anlage großer Wasserbausysteme und entsprechender Anbaukulturen betrieben, um ihre Einkünfte zu steigern und ihre Wirksamkeit zu demonstrieren.[8] Gerade die monumentalsten römischen Aquädukte, deren Ruinen noch heute Bewunderung

6 Flemming 1957, S. 405.
7 Wittfogel 1977.
8 Bailey/Lobrera 1981; darin etwa: Leach, S. 207ff.; Godelier 1978, S. 281 f.; Coward 1980; Hayami/Tsubouchi 1990; Schenkel 1878.

hervorrufen, waren zu einem Teil Prestigebauten; der Philosoph Seneca erwähnt den Bau von Wasserleitungen durch schwieriges Gelände als typische Form der Zeitvergeudung von Menschen, die unter innerer Unruhe litten.[9] Die Großräumigkeit machte Bewässerungssysteme nicht stabiler, sondern brachte sie in Abhängigkeit von dem Auf und Ab der Zentralmacht. Der »Systemzwang« zur Größe war nicht technischen Ursprungs, wurde allerdings durch Technik objektiviert.

Auch *Entwässerungs-* und *Wasserschutzanlagen* konnten umfangreich, netzwerkartig und mit hohem technischem Aufwand verbunden seien; ein einziger schwacher Punkt machte bei Hochflut alles zunichte. Kanäle, Deiche und Schleusen gehörten zu den Technikbereichen, an denen sich in der frühen Neuzeit das Ingenieurwesen als Profession ausbildete. Der Umfang solcher Anlagen hing von den natürlichen Gegebenheiten und dem Ausmaß der beabsichtigten Landgewinnung ab. Ein gewisser technischer Trend zur Expansion konnte sich daraus ergeben, daß der Bau eines Deichstückes, das den Anprall der Flut seitwärts drängte, auch an anderen Stellen neue Uferbefestigungen notwendig machte. Ein deutlicher Zusammenhang zwischen Entwässerungsprojekten und zentraler Herrschaft ist jedoch nicht zu erkennen: Holland, das klassische Pionierland der systematisch betriebenen Entwässerung, war zugleich eine libertär regierte Insel im absolutistischen Kontinentaleuropa.[10]

Nicht nur bei Be- und Entwässerungskanälen, sondern mehr noch bei Schiffahrtskanälen gab es schon in vormoderner Zeit eine Neigung zum Großprojekt und zur vernetzenden Großraumplanung. Der deutsche Kameralist Johann Jakob Becher empfahl um 1680 die Verbindung aller großen deutschen Ströme durch Kanäle, bemerkte allerdings nach resignierenden Erfahrungen: »Doch diese Pläne sehen etwas weitläufig aus und lassen sich leichter auf der Landkarte ... zeigen als ins Werck richten ...« Nur unter besonders günstigen geographischen Bedingungen ließen sich die Kanäle zu einem Netz mit Querverbindungen ausbauen; von einer inhärenten Dynamik zum immer ausgedehnteren System kann man dabei nicht reden. In der Praxis wurden Kanäle durchweg linear, nicht als Netzwerke projektiert. So etwa der Main-Donau-

9 Seneca 1984, S. 137.
10 Wilson 1968, S. 76 ff.

Kanal: ein uralter Plan, der 1836-46 endlich Wirklichkeit wurde. Seine Fürsprecher glorifizierten den Kanal als Deutschlands Tor zum riesigen asiatischen Markt und als deutsche Entsprechung zu dem geplanten Suezkanal, aber dieses Großsystem blieb imaginär. Nicht einmal die anschließende Mainstrecke wurde als Schiffahrtsweg ausgebaut; am Ende diente der Main-Donau-Kanal vorwiegend dem regionalen Holzhandel. Friedrich List, der Vorkämpfer der Eisenbahn, wies mit Recht auf die Distanz zwischen Realität und Phantasie-Vernetzung hin: »Man muß sich wohl hüten, durch hochklingende Phrasen nicht sich selbst und andere zu täuschen; ›Verbindung der Nordsee mit dem Schwarzen Meer‹ klingt groß, untersucht man aber die Sache genauer, so steckt nichts dahinter, rein nichts.«[11]

Französische Regenten betrieben Kanalbauten seit der Zeit Ludwigs XIV. als großangelegte Prestigeprojekte. In der Regel zogen sich diese Unternehmen unendlich lange hin: Schon dieser Umstand machte eine wirkungsvolle und zielstrebige Systemplanung ungemein schwierig. »Drei Jahrhunderte lang Projekte, dazu ein halbes Jahrhundert für die Verwirklichung, das ist fast die normale Dauer für den Bau eines Kanals«, resümiert ein französischer Kanalhistoriker mit Blick auf die Entstehungsgeschichte des Canal de Bourgogne, die derartige Zeiträume beanspruchte.[12] Die Kompliziertheit der Umweltbedingungen wirkte als permanente Bremse. Der ökonomische Effekt der großen Kanäle wurde traditionell überschätzt; Le Roy Ladurie mokiert sich über die »Kanalmythologie« der Historiker. Schmale kurze Kanäle, die mit möglichst *geringem* Aufwand gebaut wurden, waren nicht selten ökonomisch effektiver; so etwa die in Deutschland seit dem 16. Jahrhundert gegrabenen Floßkanäle. Der 450 Meter lange Kanaltunnel durch die Raxalpe, der der Sicherung der Wiener Holzversorgung diente, wurde 1822-27 unter der Leitung eines analphabetischen Holzknechts durch den Berg gesprengt. Zwar erforderten Kanäle in wasserarmen Gegenden manchmal ein kompliziertes System der Wasserzufuhr, besonders dann, wenn bei hochgelegenen Kanalstrecken durch Schleusen ständig Wasser verlorenging; aber man kann nicht generell sagen, daß der Kanalbau einen Zwang zu großräumiger Vernetzung, komplexer Pla-

11 Meißinger 1930, S. 147.
12 Pinon 1986, S. 299.

nung und Verwissenschaftlichung mit sich brachte. Das wohl dichteste und effektivste Netz von Verkehrskanälen – das Kanalnetz des frühindustriellen England – entstand aus lokalen und regionalen Initiativen heraus, während sich ein Versuch zu zentraler Kanalprojektierung in Irland nicht als erfolgreich erwies. [13] Ein ausgeprägter Hang zum Größenwachstum, der durch technisch-ökonomisch bedingte Wechselwirkungen vorangetrieben wurde, entwickelte sich besonders im 18. Jahrhundert beim *Holztransport.* Der damals stark expandierende Holzhandel brachte einen Anreiz zur Vergrößerung der Flöße, auch durch Aneinanderhängen einer Kette von »Gestören«; dadurch sparte man hochbezahlte Steuerleute. In dieser Verlängerbarkeit erinnern die Flöße bereits an die Eisenbahn. Dennoch kann man bezweifeln, ob die »economies of scale« bei den Riesenflößen im Kern technischer Natur waren. Ein Forstmann aus dem Schwarzwald, der es wissen mußte, versicherte, der wahre Vorteil dieser Flöße habe in ihrer Unübersichtlichkeit bestanden, die es den Floßherren erleichterte, die zahlreichen Rheinzöllner zu betrügen.[14] Aus technischer Sicht wurde die Gigantomanie bei der Flößerei mit erheblichen Gefahren erkauft; nach der Neuordnung des Zollwesens 1815 wurden die Flöße viel kleiner. Die systemaren Folgewirkungen der Großflöße waren beträchtlich: Die nötigen Holzmassen kamen nur dann zusammen, wenn man auf oberen Zuflüssen des Hauptstroms triftete. Dazu mußte man jedoch diese Wasserläufe erst triftbar machen, oben Triftklausen und unten zum Auffangen des Holzes quer durch die Strömung Holzrechen anlegen: Dieser Aufwand lohnte sich nur dann, wenn die Trift in großem Stil betrieben wurde. Dazu war es nötig, »Riesen« (Gleitbahnen für das Holz) die Berge hinab anzulegen. Die ideale, das ganze Jahr hindurch brauchbare Riese war selber ganz aus Holz. Auch dieser Aufwand lohnte sich am ehesten dann, wenn Holz an einer Stelle in großen Mengen geschlagen wurde: Die Holzriese förderte den Kahlschlag. Da Nadelholz auf dem Wasser am besten schwamm, trug das Trift- und Floßwesen zur Ausbreitung der Nadelwälder bei.

13 Flemming, a.a.O., S. 215; Marx 1845, S. 6 ff., 144; Berthold u. a. 1990, S. 360; Le Roy Ladurie 1969, S. 266; Radkau 1989, S. 103 ff.; Caisse National des Monuments Historiques et des Sites 1986, S. 178 ff.; Delaney 1988, S. 13 ff.

14 Jägerschmid 1827, zit. nach: Siebengebirgsmuseum Königswinter 1989, S. 33.

Im Einzugsbereich des rheinischen Holländer-Holzhandels und des landesherrlichen Montan- und Salinenwesens in den Ostalpen kam ein derartiges Großsystem mit entsprechender Umweltbeeinflussung tatsächlich zustande. Aufs Ganze gesehen, waren jedoch derartige Verhältnisse für die vormoderne Holzwirtschaft atypisch. Das Größenwachstum der Flöße hielt sich zumeist in engen Grenzen. Viele Flüsse waren ohnehin nur in der Zeit der Schneeschmelze flößbar; die Trift wurde durch die Wasserrechte der Müller behindert. Riesen gab es im Mittelgebirge meist lediglich in Form von Rieswegen, die nur bei Schnee und Eis zu benutzen waren; dieser weniger aufwendige Holztransport zwang nicht zum Kahlschlag. Wenn man all dies zusammen als »System« kennzeichnet, so gab es doch keine enge Verkoppelung der Einzelteile, keinen technischen Systemzwang.[15] Selbst im Hochgebirge führte der technische Fortschritt im 19. und 20. Jahrhundert dahin, daß man von den hölzernen Riesen mit ihrem ungeheuren Holzaufwand abkam und zu Transportmethoden mit geringeren Fixkosten überging.

Gemessen an der Fähigkeit zur Selbstregulierung, war der System-Charakter dieser nur locker vernetzten Waldausbeutung respektabel. Seit der Zeit der deutschen Forstreform um 1800 ist die vormoderne Waldnutzung oft als Raubwirtschaft gescholten worden; das war jedoch eine parteiische Sicht, die die Elemente der Selbststeuerung in den alten Verhältnissen unterschätzte.[16] Ein Rückgang der Wälder war nicht nur eindrucksvoll für die sinnliche Wahrnehmung, sondern schlug sich im allgemeinen auch in steigenden Transportkosten nieder. Vielerorts hemmten die übernommenen Rechte und Gewohnheiten der Ansässigen eine expansive Ausbeutung der Wälder. Wenn all dies einer Perfektionierung des Holztransportsystems im Wege stand, so trug es doch dazu bei, ein Gleichgewicht zwischen Waldwuchs und Holznutzung selbst dann aufrechtzuerhalten, wenn die Forstordnungen – wie es so oft geschah – mißachtet wurden: Insofern könnte man sagen, daß die vormoderne Holzwirtschaft Züge eines »autopoietischen Systems« besaß, das seine Umweltprobleme selbst bei allgemeiner Disziplinlosigkeit schlecht und recht bewältigte.

15 Radkau 1988a, S. 16-39.
16 Radkau/Schäfer 1987; Radkau 1986; neuerdings Allmann 1989, besonders S. 220ff. und S. 287 f.

Wenn Weingart meint, »Beseitigung von Unsicherheit in der Umwelt« bedeute »Expansion des Systems«[17], so traf das für das System des Holztransports manchmal zu – vor allem im 18. Jahrhundert –, aber doch längst nicht immer und nicht mit Notwendigkeit. Häufig stieß das System der Holzbeschaffung bald auf Grenzen, über die hinaus es sich nur mit unendlicher Mühe ausweiten ließ: Vor allem dies spiegelt sich in den zahllosen Klagen über »Holzmangel«. Oft wurde fälschlich angenommen, der Übergang vom Holz zur Kohle sei unter dem Druck einer Waldvernichtung von katastrophalem Ausmaß erfolgt. Das war zumindest in Mitteleuropa nicht der Fall; aber es läßt sich deutlich erkennen, wie das Wachstum des Brennstoffverbrauchs die Holzversorgungssysteme in einem Maße komplizierter werden ließ, daß der Übergang zur Kohle trotz des technischen Aufwands, vom System her betrachtet, in mancher Hinsicht ein Fortschritt hin zur Einfachheit war. In der Tat wäre die Annahme widersinnig, es gebe nur einen Fortschritt hinauf zu höherer System-Komplexität!

Vor der Einführung der Kohle war die Holztrift im allgemeinen ein notwendiger Bestandteil des *Montan-* und *Salinenwesens*; die Organisation der Holzversorgung erforderte vielfach größeren Aufwand als der Produktionsprozeß selbst. Davon abgesehen waren auch die technischen Anlagen der Salinen zu einem wichtigen Teil wasserbaulicher Art: Soleleitungen, Schöpfwerke und Einfriedungen der Solequellen, die den Einbruch von Süßwasser verhinderten. Über Jahrhunderte hatten sich diese »Systeme« nach und nach ohne große Planung entwickelt. Im 18. Jahrhundert jedoch sahen sich mehr und mehr deutsche Salinenorte zu einer Art von Systemplanung veranlaßt, bei der sich eine ganze Galerie von Salinenreformern (Beust, Waitz, Senff, Borlach u. a.) hervortat: Es war eine Zeit, als sich die Konkurrenz um das Holz verschärfte, Absatzmonopole zerfielen, neue Salinen gegründet wurden, Wachstumsambitionen aufkamen und das Ziel vor Augen stand, die gesamte Quellsole zu versieden und nichts ungenutzt abfließen zu lassen. Häufig nutzte die jeweilige Obrigkeit die Salinenreform zur Verstärkung ihres Einflusses gegenüber den Siedergenossenschaften: Nicht nur Systemzwänge trieben die Reorganisationen voran. Zu Kontroversen kam es über dem Bau von

17 Weingart 1989, S. 181.

Gradieranlagen zur Anreicherung der Sole und Senkung der Brennstoffkosten: Die Gradierhäuser waren nach den Maßstäben des 18. Jahrhunderts eine Großtechnik und ein deutlicher Quantensprung über die bestehenden Salinenanlagen hinaus, der die Finanzkraft der Siedergenossen häufig überforderte und der Obrigkeit eine Chance zur Intervention bot. Obendrein waren die dem Wind und Wetter ausgesetzten Gradierwerke höchst reparaturanfällig; wie sie sinnvoll anzulegen und zu dimensionieren waren, stellte sich erst in einem längeren Erfahrungsprozeß heraus.[18] Der recht kompliziert gewordene Salinenbetrieb wurde im frühen 19. Jahrhundert durch Kohlefeuerung und Erschließung von Steinsalz organisatorisch vereinfacht. Wieder also ein Fortschritt zu geringerer System-Komplexität, wenn auch teilweise mit komplizierterer Technik.

Die Wasserkraft, nicht die Dampfmaschine, war in den meisten Fällen die energetische Grundlage der frühen Industrialisierung; die ersten Textilfabriken benötigten daher wasserbauliche Anlagen. Die traditionelle Wasserbau- und Wasserrad-Technik ließ eine ganze Strecke weit ein stürmisches industrielles Wachstum zu. Häufig zog jedoch weiteres Wachstum zunehmende Scherereien um Wasserrechte und um die Erhaltung der Kanäle, Wehre und Stauteiche nach sich; wiederum kann von einer inhärenten Wachstumsdynamik des technischen Systems keine Rede sein. Theoretisch hätte es im gesamten 19. Jahrhundert noch viele Möglichkeiten zum weiteren Ausbau der Wasserkraft gegeben; aber die nötige Systemplanung und rechtliche Absicherung wurde immer komplizierter: daher entwickelte sich auf Wasserkraft-Grundlage in der Regel nur eine begrenzte Expansionsmentalität. Die Schweizer Textilindustriellen begründeten in den fünfziger Jahren des 19. Jahrhunderts ihre Ablehnung der neuen Technologie des Selfaktors mit dem Mangel an Wasserkraft-Reserven, obwohl dies »genau besehen nicht zutraf«.[19]

Auch das frühneuzeitliche *Berg-* und *Hüttenwesen* benötigte nicht nur eine weitreichende Organisation zur Holz- und Holzkohlebeschaffung, sondern auch, je mehr der Stollenbau in die Tiefe drang, immer umfangreichere Entwässerungssysteme und

18 Multhauf 1978, S. 62 ff.; Emons/Walter 1984, S. 127 ff.; Mager 1990; Radkau/Schäfer, a.a.O., S. 97 f., 196 f.

19 Dudzik 1987, S. 303.

zugleich Wasserzufuhranlagen für den Antrieb der Schöpfwerke. Die Einführung der Sprengtechnik im 17. Jahrhundert, die den Tiefbau etwas beschleunigte, trug dazu bei, die Entwässerungsproblematik zu verschärfen. Die Weiterentwicklung der Entwässerungstechnik läßt im Oberharzer und sächsischen Bergbau des 18. Jahrhunderts zunehmend ein planvolles System erkennen.[20] Wassersäulenmaschinen machten es möglich, die Wasserkraft zur Entwässerung optimal zu nutzen. Man erkennt aber auch einen Hauptgrund, weshalb sich inner- wie außerhalb des Bergbaus zunehmend die Dampfmaschine durchsetzte, obwohl die Nutzung der Wasserkraft vielerorts billiger und noch längst nicht an ihre technische Grenze gelangt war: Gegenüber dem Wasserantrieb, der Kanäle, Stauteiche, Wasserrechte und den lokalen Verhältnissen angepaßte technische Lösungen erforderte, besaß die Dampfmaschine, planerisch und organisatorisch gesehen, den Vorzug relativer Einfachheit und Standortunabhängigkeit. Mochte sie rein technisch relativ groß und kompliziert sein, so bedeutete sie als System doch einen Fortschritt zur Kleinheit und verringerten Komplexität. Seit dem späten 19. Jahrhundert bekam die Wasserkraft durch die Turbine und die Elektrizität eine neue Chance; der Bau von Wasserkraftwerken erforderte jedoch viel mehr Systemplanung als der Bau von Dampfkraftwerken.[21]

Technisch vernetzte Systeme von äußerlich eindrucksvoller Größe entstanden in der frühen Neuzeit vor allem im *Festungsbau*. Er war dem Deichbau innerlich verwandt: Auch hier kam es auf massive Kompaktheit und lückenlose Dichte an. Vauban, der größte französische Festungsbaumeister, war auch ein großer Kanalprojektierer; Kanäle besaßen einen bedeutenden strategischen Wert in seinem Festungssystem.[22] Später wollte man bei Vauban ein immer weiter ausgetüfteltes Festungssystem erkennen; er selbst weigerte sich jedoch stets, sich auf bestimmte Prinzipien festzulegen. Einmal bemerkte er, die Kunst des Festungsbaues beruhe nicht auf Regeln und Systemen, sondern allein auf gesundem Menschenverstand und auf Erfahrung.[23] Es waren seine Epigonen, die das Sy-

20 Bartels 1988, S. 181 ff.; Wagenbreth/Wächtler 1986, S. 44 ff.
21 Siemens-Schuckertwerke AG 1953, S. 187.
22 Caisse Nationale 1986, S. 12 f., 20, 28.
23 Association des amis de la Maison Vauban 1990, S. 11 ff.; Paulinyi/Troitzsch 1991, S. 227.

stem kultivierten. Unter dem Druck der Feuerwaffen expandierte das Festungswesen in die Breite; dennoch läßt sich die ganze Kunst des frühneuzeitlichen Festungsbaus nicht lediglich als Antwort auf diese äußere Herausforderung begreifen. Der Entwurf von idealen Festungsgrundrissen geriet vielmehr zum Tummelfeld geometrischer Spielereien; die kunstvolle Gesamtanlage mit ihren dekorativ vernetzten Subsystemen, den Bastionen, wurde zum Selbstzweck.[24] Mit den Revolutionskriegen am Ende des 18. Jahrhunderts ging die große Zeit des Festungsbaus zu Ende, auch ohne daß sich Umwälzendes in der Waffentechnik ereignet hätte: Die französischen Revolutionsheere zeigten beispielhaft die Überlegenheit der Flexibilität über das starre Großsystem.

Wenn man in vormoderner Zeit nach einer Art von »militärisch-industriellem Komplex« sucht, so findet man ihn eher im venezianischen Arsenal des Spätmittelalters, dem damals »größten Industrieunternehmen der gesamten Christenheit«[25], als im friderizianischen Preußen, dem perfektesten Militärstaat seiner Zeit. Die Logik, daß ein starker Militärapparat eine entsprechende industrielle Basis brauche, wirkte im 18. Jahrhundert noch nicht entfernt so einleuchtend wie im 20. Jahrhundert. Große zusammenhängende Rüstungsbetriebe auf Wasserkraftbasis waren im Raum Berlin ohnehin nicht möglich, da diese Region über zu wenig Gefälle verfügt. Noch Friedrich II., »der Große«, mußte während seiner Kriege sämtliche Eisengeschütze aus Schweden importieren. Selbst die Qualität der preußischen Bronzegeschütze war noch im Siebenjährigen Krieg miserabel.[26] Sogar im napoleonischen Frankreich bekam die Rüstungsindustrie weit weniger technisch-systemare Impulse, als man von modernen Maßstäben her erwarten würde.[27]

Braudel hebt als ein generelles Kennzeichen der »alten Wirtschaft« hervor, daß es ihr »an Zusammenhalt« gefehlt habe; »ihre verschiedenen Bereiche« seien »häufig ebensowenig aufeinander abgestimmt« gewesen »wie heute noch in den unterentwickelten Ländern«.[28] Wenn man bei der Definition »großer technischer Sy-

24 Eichberg 1980, S. 218 ff.
25 Lane 1980, S. 553.
26 Treue 1984, S. 86 f.
27 Tulard 1978, S. 295; S. 325.
28 Braudel 1986, S. 338 f.

steme« die branchenübergreifende Verknüpfung unterschiedlicher Techniksektoren und die Entwicklung einer eigenen Expansionsmentalität betont, kann man bei manchen traditionellen Produktionsbereichen im 18. Jahrhundert immerhin einen verstärkten Systemcharakter registrieren. Ein gutes Beispiel ist die Buchproduktion: Zwar gab es sie schon seit dem 15. Jahrhundert; aber lange Zeit waren die städtischen Druckereien und die sich außerhalb der Stadt an den Bächen entlangziehenden Papiermühlen verschiedene Welten. Vor allem seit dem 18. Jahrhundert, das heute oft als Ära der »Protoindustrialisierung« gilt, kann man beobachten, wie Innovationen im Druckereiwesen und in der Papierproduktion sich wechselseitig vorantreiben. Je mehr Bücher aus verschiedensten Lebensbereichen gedruckt wurden, für desto breitere Bevölkerungsschichten lohnte es sich, lesen zu lernen; und das wiederum erweiterte den Buchmarkt. Die Bücher wurden im 18. Jahrhundert zu einer eigenen Welt, in der man vollkommen aufgehen konnte; die zunehmenden Klagen über pathologische Lesewut zeigen, daß mit der technischen Expansionsmotorik eine psychische korrelierte.[29] »So viele Schriftsteller brüten einen Schwarm von Lesern aus«, klagte der schweizerische Nervenarzt Tissot (1768). »Diese Menge von Pressen, welche in ganz Europa ohne Aufhören arbeiten, diese Unermeßlichkeit von Büchern, die täglich aus denselben hervorgehen, setzen notwendigerweise eine Menge Leute voraus«, die selbst dann, wenn sie keine wahren Gelehrten seien, doch an den nervösen Leiden der Gelehrten Anteil hätten.[30] Man wird an gegenwärtige Klagen über die Besessenheit der Computerfreaks erinnert!

Dem Denken des 18. Jahrhunderts war das mechanistische Ideal des großen Systems durchaus geläufig: Es gab die Vorstellung vom perfekten Staat als riesigem Uhrwerk. Dazu paßten die an absolutistischen Höfen beliebten Automaten-Spielereien. Die Idee der Groß-Automatisierung grassierte zu einer Zeit, als sie keine *echte*, sondern nur eine assoziative Beziehung zu den realen technischen Möglichkeiten besaß, während die Maschinenmetaphorik gerade nach 1800, als die Maschinen größer und komplexer zu werden begannen, aus der Staatstheorie verschwand.[31]

29 Giesecke 1990, S. 87; Bayerl 1987; Wolf 1990; Schön 1987.
30 Tissot 1768, S. 195 Anm.
31 Mayr 1980, S. 1-9.

Es gab jedoch auch realistische Ansätze von einem Systemdenken, das den *tatsächlichen* Bedingungen entsprach. Schon in vorindustrieller Zeit verbreitete sich die Lehre, daß der Schlüssel zur Produktivitätssteigerung in der Arbeitsteilung liege. Gerade unter den Bedingungen der Handarbeit war die immer weiter gehende Unterteilung der Arbeitsgänge der Innovationsweg schlechthin; die Mechanisierung bot demgegenüber die Chance einer Wiedervereinigung der Arbeitsprozesse. Die monomanische Fixierung auf die Arbeitsteilung ist eher ein vorindustrielles Überbleibsel als eine innere Notwendigkeit des Industriezeitalters. Komplementär zu der wachsenden Arbeitsteilung wuchs aber auch die Komplexität der Aufgabe, das Ineinandergreifen der einzelnen Arbeitsgänge zu organisieren. Während sich mit dem Namen Richard Arkwrights in den Geschichtsbüchern vor allem die Spinnmaschine verbindet, hob Andrew Ure in seiner *Philosophy of Manufactures* am Beispiel Arkwrights ganz richtig hervor, daß es bei der Gründung von Fabriken nicht so sehr auf die Erfindung bestimmter Maschinen ankomme als vielmehr darauf, »die verschiedenen Glieder des Apparats zu einem kooperativen Körper zusammenzufügen«.[32] Das »System« der Fabrik – er gebraucht diesen Ausdruck – wurde also wesentlich durch Organisation und Disziplin, nicht durch Technik zusammengehalten. Das brachte erhebliche Anforderungen an die Führung mit sich; Arkwright besaß, wie Ure schrieb, die »Nerven eines Napoleon«. Der im Verlaufe der Industrialisierung erkennbare Trend zu einer wachsenden Technisierung der Produktions- und Kommunikationssysteme konnte demgegenüber geeignet erscheinen, die damit verbundenen sozialen Systeme und Lenkungsaufgaben unkomplizierter zu machen.

Im großen und ganzen kann man nicht sagen, daß der Fortschritt zum großen System den Idealen des 18. und frühen 19. Jahrhunderts entsprach. Eher könnte man feststellen, daß die Devise »Small is beautiful« zu der Gesinnung der liberalen Reformer paßte. Das nach damaligen Maßstäben gewaltige Wasserhebewerk von Marly, das die Fontänen von Versailles antrieb, gilt heute oft als Gipfel der Technik des Ancien Régime; wie Mercier jedoch 1771 bemerkte, besaß es »in den Augen des Weisen lange nicht den Wert, den das einfache Rad besitzt, das von einem kleinen Bach

32 Ure 1861, S. 15.

angetrieben wird, um Brot für viele Dörfer zu mahlen oder dem fleißigen Handwerker seine Arbeit zu erleichtern«.[33] Die Agrarpublizistik jener Zeit verkündete die Gegenposition zu der Theorie der »economies of scale«: »die Theorie von der mangelnden Rentabilität der grundherrschaftlichen Großkultur gegenüber dem bäuerlichen Klein- und Mittelbetrieb«.[34] Nicht einmal die Ruhrzechen des frühen 19. Jahrhunderts waren von forschem Expansionismus erfüllt: »Das zu Tage werfen ungewöhnlich großer Kohlenmassen« – so ein Memorandum zweier Essener Bergmeister 1827 – »mit unverhältnismäßig geringem Nutzen kann vereinbar der Gegenwart und Zukunft nicht entsprechen, da alles seine Grenzen hat«.[35]

2.2 Gegenständlich vernetzte Systeme: Im Zeichen der Eisenbahn und der Stadttechnik

Die frühen *Eisenbahnen* machten auf die Zeitgenossen einen kolossalen und suggestiven Eindruck; sie wirkten bis in die Kindheitsträume künftiger Ingenieure und wurden zum Inbegriff der faszinierenden Technik schlechthin. Ganz besonders die Lokomotiven, aber auch die großen Brücken, Tunnel und Bahnhofshallen zogen die Aufmerksamkeit auf sich. Jeder sah vòr Augen, daß die Bahn Bestandteil eines nationenumspannenden stählernen Systems mit gebieterischen Sachzwängen war. Indem die Eisenbahn für die Öffentlichkeit zum Prototyp der modernen Technik schlechthin wurde, suggerierte sie ein übertriebenes Bild von den Systemzwängen der Technik. Anfangs wollten manche die Schienenwege wie die Straße zur allgemeinen Verfügung gestellt sehen[36]; aber rasch lernte man, daß solche Forderungen an technischen Zwängen scheiterten – damals zumindest.[37] In der ersten Zeit baute man Brücken für die Bahn in gewohnter Weise aus Holz; aber schon in der Mitte des 19. Jahrhunderts wurde die

33 Mercier 1989, S. 194.
34 Sandgruber 1982, S. 23.
35 Behrens 1974, S. 164.
36 Illustrirte Zeitung, Leipzig, vom 11. 9. 1847; 1985, S. 10.
37 Herbert Kubicek weist mich darauf hin, daß mit der heute vorhandenen elektronischen Steuerungstechnik eine private Schienennutzung im Prinzip möglich ist.

Eisenkonstruktion in Europa zum allgemeinen Standard, der den Brückenbau insgesamt revolutionierte. Das Sicherheitsinteresse trug zur technischen Komplizierung des Systems Bahn ganz wesentlich und in vielfacher Hinsicht bei, ob bei den Bremsen, der Materialprüfung, der Fahrplangestaltung oder dem Signalwesen. Der »Faktor Mensch« wurde jedoch durch die Verbesserung der Sicherheitstechnik keineswegs aus dem Eisenbahnsystem eliminiert. »Mit der Präzision des starren Mechanismus allein würde man einem Eisenbahnbetrieb nicht gerecht werden können«; immer noch war bei Störungen die »individuelle Initiative« gefordert.[38]

Der Bahnbau war von Anfang an ein öffentliches Thema, das eine Flut von Publikationen hervorrief. In mancher Beziehung kann man den öffentlichen Diskurs über die Eisenbahn als vorbildlich ansehen; spätere technische Systeme setzten sich in der Regel auf viel diskussionsärmere Weise durch. Nicht nur tatsächlich geschehene Unfälle, sondern auch hypothetische Wirkungen des Eisenbahnfahrens auf das Nervensystem wurden breit erörtert, selbst von einem führenden Eisenbahntechniker wie Max Maria von Weber[39]; dabei hatten unsinnige Ängste längst nicht die Bedeutung, die ihnen die Legende zuschreibt. Die Debatten gingen vor allem um Tempo, Aufwand und Streckenführung des Eisenbahnbaus. Die Veränderungen der Standortbedingungen durch die Bahnen wurden im Prinzip rasch erkannt. Wenn das Hin und Her der Debatten zur Verlangsamung des Bahnbaus beitrug, so war das unter dem Aspekt der Sicherheit[40] und der Anpassung der Bahn an bestehende Strukturen eher von Vorteil. Die Anfänge des Eisenbahnbaus in Frankreich wurden, anders als in Deutschland, durch einen Mangel an öffentlichem Interesse gehemmt. Henri Stendhal notierte 1837 auf einer Reise nach Südfrankreich: »Es ist das große Unglück der Eisenbahnen, daß sie keinen Nutzen aus der Aufklärungsarbeit ziehen, die eine freie Presse – im guten wie im schlechten – bei allen Themen leistet.«[41]

Die frühen Eisenbahnstrecken wurden einzeln projektiert; auch die Zukunftspläne besaßen teilweise noch lineare Gestalt und wa-

38 Zimmermann 1902, zit. nach Haustein/Stumpf 1935, S. 69.
39 Fischer-Homberger 1975, S. 40.
40 Ritzau 1987, S. 192 f.
41 Stendhal 1991, S. 40 f.; Baroli 1969, S. 32.

ren von der Flußschiffahrt inspiriert. So war es die Idee vom »eisernen Rhein«, einer Bahnverbindung vom Rheinland nach Antwerpen unter Umgehung der holländischen Rheinzölle, die die rheinischen Unternehmer frühzeitig für den Eisenbahnbau erwärmte. Die Köln-Mindener Bahn entstand in Einzelabschnitten von Fluß zu Fluß.[42] Friedrich List jedoch hob schon 1828 hervor, ein »durchgreifender Vorzug der Eisenbahnen« bestehe »darin, daß sie die Herstellung eines ganzen Kommunikationssystems zulassen, während man durch Kanäle nur einzelne gegebene Punkte, die häufig nicht gerade Haupthandels- und Produktionspunkte sind, miteinander in Verbindung bringen kann.«[43] List propagierte bereits ein ganz Deutschland überspannendes Eisenbahnnetz, das die deutsche Einigung gleichsam auf technischem Wege herbeiführen sollte. Ein solcher Sprung zum großen System überstieg jedoch die Möglichkeiten und Bedürfnisse jener Zeit. List nahm schon den Typus des visionären, auf politische Wirkung bedachten Großprojekt-Propagandisten vorweg, der in Politik und Öffentlichkeit, wenn auch nicht unbedingt in Fachkreisen, als Experte gilt. Aber für diesen im 20. Jahrhundert mitunter sehr erfolgreichen Typus bestand im frühen 19. Jahrhundert nur ein geringer Bedarf, und List nahm ein unglückliches Ende. Später wurde es üblich, die angebliche Engstirnigkeit damaliger Regierungen und Finanzleute zu kritisieren, die eine zielstrebige Verwirklichung von Lists großem System verhindert habe. Eine derartige Projektierung in großem Stil hätte jedoch die Ressourcen der damaligen Entscheidungsträger weit überfordert. Lists gesamtdeutsches Systemprojekt schreckte die Leipziger Kapitalgeber ab.[44] Der Bahnbau kam eben deshalb in Gang, weil er zunächst in kleinen Stücken vor sich gehen konnte und nicht gleich als Bestandteil eines großen Systems konzipiert zu werden brauchte: Das galt für England wie für Deutschland.
Auch so war der Bahnbau schwer genug zu kalkulieren und überstieg bei weitem die Möglichkeiten einzelner Unternehmer; er zwang zur Gründung von Aktiengesellschaften und zur Zusammenarbeit mit dem Staat. Die Erfordernisse der Eisenbahnprojekte standen daher in Spannung zu der liberal-individualistischen

42 Boch 1990, S. 222.
43 Meißinger 1930, S. 146.
44 Steitz 1974, S. 185, Fußnote.

Mentalität der damaligen Unternehmerschaft. Hier zeigt sich das »technische Momentum«; die Eisenbahn war mit ihren Systemzwängen kein bloßer Spiegel von Strukturen der Gesellschaft jener Zeit.

Dabei übte der Bahnbau eine enorme Rückwirkung auf die ihn tragenden sozioökonomischen Strukturen aus: vor allem dann, wenn bereits bestimmte Tendenzen vorhanden waren, die er verstärken konnte. Der deutsche Maschinenbau erlangte durch die Eisenbahn rasch einen starken Auftrieb; das war möglich, weil er schon vorher ein für die damalige Zeit beachtliches Entwicklungsniveau erreicht hatte.[45] Das elektrische Signalwesen und die Angleichung der Uhrzeiten kamen voran: beides von großer Tragweite für die Entwicklung der modernen Kommunikationstechnik und Zeitdisziplin. Bedeutungsvoll im Hinblick auf die Entwicklung sozialer Systeme ist nicht zuletzt auch die *perspektivische* Wirkung der Eisenbahnprojekte: Die Bahn vernetzte gleichsam die bis dahin unterschiedlichen Zukunftsperspektiven der Hüttenherren, Maschinenbauer und Textilfabrikanten, überhaupt die der Industrieunternehmer und des Handelspatriziats miteinander. Insofern trug die Bahn in deutschen Regionen zur Genese der modernen bürgerlichen Gesellschaft bei.[46] Für die USA glaubte Robert W. Fogel mit ökonometrischer Methodik nachweisen zu können, daß der Kanalbau der amerikanischen Wirtschaft die gleichen Impulse wie der Eisenbahnbau hätte geben können.[47] Aber dieser Befund zeigt exemplarisch die Grenzen einer quantitativen und auf lineare Kausalitäten beschränkten Sichtweise. Systemar betrachtet waren die Wirkungen des Eisenbahnbaus enorm und von einer über die Dimensionen des Kanalbaus weit hinausgehenden Art: das haben die Zeitgenossen ganz richtig empfunden.

Aber die Wirkung der Eisenbahn auf Wirtschaft und Gesellschaft war nicht technisch determiniert. Solange es nur wenige Bahnstrecken gab, die bereits bestehende Zentralorte miteinander verbanden, übte der Bahnbau eine überwiegend zentralisierende Wirkung aus; aber je dichter und flächendeckender das Bahnnetz wurde, desto stärker hätte es auch dezentrale Tendenzen fördern

45 Paulinyi 1982, S. 128 ff.
46 Boch, a.a.O., S. 20, 366 ff.
47 Fogel 1964.

können – wenn es diese gab. In manchen deutschen Regionen begünstigte der fortschreitende Bahnbau tatsächlich ein Wiederaufleben der »protoindustriellen« Tendenz zum ländlichen Gewerbe. In Lateinamerika stärkte die Bahn das Latifundienwesen.[48] Im Deutschen Reich florierte um die Jahrhundertwende der Kleinbahnbau; vor allem die Agrarier propagierten damals die Verdichtung des Kleinbahnnetzes bis zu einem Bahnanschluß für jedes Dorf.

Im 20. Jahrhundert brach diese Entwicklung jedoch wieder ab, und in den letzten Jahrzehnten ist das Bahnnetz immer weitmaschiger geworden. Pläne zu einem technisch sinnvollen Verbundsystem von Bahn und Straße waren nicht von durchschlagender und dauerhafter Wirkung. Wie es dazu kam, daß die Bahn gegenüber der Straße in diesem Ausmaß – wenn auch von Nation zu Nation unterschiedlich – ins Hintertreffen geriet, bedarf noch der Erforschung. Liegt es daran, daß der Straßenverkehr dank seiner individuellen Steuerbarkeit einen prinzipiellen technischen Vorteil gegenüber der Bahn besitzt? Dem steht das Element der Unberechenbarkeit entgegen, das durch die Verkehrsstaus ins Spiel kommt.

Eine andere Auffassung betont Management-Schwächen als Hauptgrund für den Mißerfolg der Bahn: Eben weil das Bahnnetz – rein technisch gesehen – ein so ungewöhnlich geschlossenes System darstellt, fördert es eine starre hierarchische Organisation, die sich vom Militär inspirieren ließ und mit wachsendem Alter immer träger auf die wechselnden Benutzerwünsche und Marktchancen reagierte.[49] Die monumentalen Bahnhofsbauten, Prunkstücke der Ingenieurbaukunst des späten 19. Jahrhunderts, sind nicht ganz leicht in »Schnittstellen« zu verwandeln, die die Bahn mit neueren Verkehrssystemen verbinden. Das Schicksal der Bahn im 20. Jahrhundert könnte darauf hinweisen, daß ein derart ausgeprägtes »technisches Moment« für ein großtechnisches System auf lange Sicht nicht unbedingt günstig ist. Vor allem aber zeigt es, daß gerade dieses klassische großtechnische System par excellence aus sich selbst heraus nur eine durchaus begrenzte Neigung zum Wachstum hervorbrachte. Kaum ein anderes technisches System brachte in Deutschland einen Berufsstand von solcher Größe und

48 *Fischer Weltgeschichte Süd- und Mittelamerika* II, 1965, S. 65.

49 Waechter 1902, S. 102; Salsbury 1988, S. 63; Sombart 1954, S. 274.

mit derart ausgeprägtem Bewußtsein der Zusammengehörigkeit hervor wie die Eisenbahn; aber vielleicht waren die Eisenbahner eben deshalb zu sehr auf sich selbst konzentriert und entwickelten nicht entfernt den Offensivgeist der rauhbeinigen Lkw-Fahrer.
Verbesserung der Wirtschaftlichkeit durch Schrumpfung statt durch Expansion war in den letzten Jahrzehnten die Strategie der Bundesbahn, und es ist heute ein »alternativ« orientierter Außenseiter wie Frederic Vester, der der Bahn einen neuen Offensivgeist beizubringen versucht. Haben solche Bemühungen im Lichte der Theorie großer technischer Systeme überhaupt eine Chance? Aber man sollte nicht zuviel von den Positionsverlusten der Bahn auf prinzipielle und inhärente Systemschwächen zurückführen. Eine gewaltige Rolle spielte ein externer, in seiner Art historisch singulärer Faktor: die wachsende Faszination des Automobils; das Verblassen dieser Faszination schafft eine neue Situation. Der Siegeszug des Autos wurde im übrigen durch eine Reihe von Bedingungen gefördert, die an bestimmte historische Phasen, so etwa die Kriegs- und Nachkriegszeiten, gebunden waren und mit dem System Eisenbahn wenig zu tun hatten.[50]
Es lohnt sich, auch die Geschichte der *Seefahrt* unter technisch-systemaren Aspekten zu betrachten. Im »hölzernen Zeitalter« hingen Größe und Stabilität der Schiffe – technisch gesehen – an der Länge und Festigkeit der verwendeten Baumstämme; daher hielt sich das Größenwachstum schon aus technischen Gründen in Grenzen. Die Segelschiff-Historie hält vor allem die berühmten großen Kriegsschiffe in Erinnerung; dabei wird leicht übersehen, daß kleinere Schiffe für den Handel meist vorteilhafter waren. Sie waren der vorhandenen »Infrastruktur« – der Vielzahl kleiner Häfen und dünner Handelsströme – am besten angepaßt. Braudel stellt für das 16. Jahrhundert die Regel auf, daß Perioden der Handelsexpansion von einem »Comeback von Booten kleiner Tonnage« begleitet waren.[51] Im Zeitalter des Stahls und der Dampfkraft traf der Drang zur Größe auf immer weniger Hemmungen; aber er erforderte systemare Rahmenbedingungen, die sich nicht planen ließen. Ein ehrgeiziger Ingenieur wie Isambard Kingdom Brunel setzte schon in der Frühzeit der Industrialisierung des Schiffbaus auf einen geradezu hemmungslosen Wachstumskurs;

50 Klenke 1993.
51 Braudel 1972, S. 298.

aber das denkwürdige Fiasko seiner »Great Eastern«, die zuerst »Leviathan« heißen sollte, führt vor Augen, wie dieser Ehrgeiz damals nicht nur an technischen, sondern auch an infrastrukturellen Bedingungen scheiterte. Die »Great Eastern« war sechsmal größer als die größten Schiffe ihrer Zeit; aber schon der erste Versuch des Stapellaufs (1857) endete in einer Katastrophe, und als sie schließlich doch im Wasser lag, hatte sie die Finanzen der Reederei und die Gesundheit Brunels ruiniert. Und noch danach brachte sie Verluste auf Verluste, denn die damaligen Häfen waren nicht darauf eingerichtet, ein derartiges Riesenschiff mit Waren und Mannschaften zu versehen.[52]

Im Jahre 1902 schrieben zwei deutsche Flottenexperten – enge Mitarbeiter von Tirpitz, die stark unter dem Eindruck der amerikanischen Werftindustrie standen –, daß eine moderne Schiffbauindustrie, um Erfolg zu haben, ein ganzes System von Vorbedingungen ökonomischer, technisch-industrieller und politischer Art brauche.[53] In Deutschland, wo man eine Flotte nahezu aus dem Nichts aufbaute, mußte man deren systemare Bedingungen gründlicher studieren als in England, dessen Seemacht über Jahrhunderte gewachsen war.

Der *Straßenbau* geriet im 19. Jahrhundert so sehr in den Schatten des Eisenbahnbaus, daß er in der Öffentlichkeit als ein System von eigener Bedeutung vielfach gar nicht mehr wahrgenommen wurde. Und doch verdient auch er für jene Zeit eine systemtheoretische Betrachtung: Das erkennt man besonders anschaulich in dem Buch *Land und Leute* (1853) des gemütvollen Kulturhistorikers Wilhelm Heinrich Riehl, der sich seine Erkenntnisse mit Vorliebe erwanderte und den Unterschied zwischen alten und neuen Verkehrswegen an den Fußsohlen spürte. Im 18. Jahrhundert waren die französischen Chausseen das leuchtende Vorbild gewesen. Doch dieses Vorbild hemmte den Bau befestigter Straßen in Deutschland, denn dieser Straßentyp war für deutsche Verhältnisse zu teuer. Die Chausseen waren als großes System an den französischen Absolutismus und Zentralismus gebunden.[54] In Deutschland herrschte damals noch – in den Worten Riehls – das »köstliche System« des »Naturbaues«, welches »Frost und Hitze

52 Rolt 1970, S. 309, 369, 400.
53 Schwarz/Halle 1987, S. 12 f.
54 Radkau 1989, S. 98.

für den besten Straßenbaumeister erklärt ... Denn bei Frost und Hitze stellt der Wanderer eine natürliche Stampfmaschine dar« – anders als bei Regenwetter, wenn der Tritt den Boden aufwühlte. Daher verboten manche Gemeinden fremden Personen das Betreten ihrer Wege bei nassem Wetter.[55] Viele meinten ohnehin, daß »schlechte Straßen eine Wohltat seien, weil der Feind schwer ins Land kommen könne und weil sie den Verkehr lange im Lande hielten, was für Stellmacher und Gastwirte vorteilhaft sei«.[56]

Unter solchen Bedingungen besaß das Wegenetz nur eine ganz begrenzte Expansionstendenz. Aber das änderte sich im frühen 19. Jahrhundert, schon vor dem Bau der ersten Eisenbahnen. Mit der Macadam-Technik stand eine neue, billigere Methode des künstlichen Unterbaus zur Verfügung; dieser emanzipierte die Straßen von den natürlichen Gegebenheiten und machte es möglich, das Straßennetz von Grund auf neu zu planen. Hatten Straßen bis dahin die trockenen Höhen bevorzugt, so konnten sie jetzt den kürzeren Weg nehmen durch feuchte Täler. Das neue Straßennetz ermöglichte nicht nur ein neues Verkehrstempo, sondern beförderte auch neue politische und mentale Strukturen, die ihrerseits zur Triebkraft einer weiteren Perfektionierung des Verkehrsnetzes wurden. Niemand hat das farbiger als Riehl geschildert: »In dem heutigen Straßenwesen bekundet sich hundertfach das politische Leben des Volkes. Die Landstraße war der erste sichtbare, greifbare Gegenstand, an dem es dem gemeinen Manne deutlich gemacht wurde, daß im modernen Staate der einzelne seinen besonderen Vorteil opfern müsse, um ihn aus dem ganzen nachher mit Zinsen wieder zu erhalten. Über diesem Satz steht heute noch unsern meisten Bauern der Verstand still, aber sie lernen doch daran glauben, weil sie Straßen bauen müssen.«[57]

Als die Eisenbahn aufkam, waren die Meinungen über die Beziehung zwischen Schiene und Straße geteilt. Riehl polemisierte gegen »die gegenwärtig fast überall befolgte Regel, nach welcher man in demselben Grade Landstraße und Feldweg vernachlässigt, als die Eisenbahnen in einer Gegend sich mehren«.[58] Tatsächlich stellte sich heraus, daß sich Straße und Schiene im Idealfall gegen-

55 Riehl 1939, S. 93, 98.
56 Schnabel 1965, S. 187.
57 Riehl 1939, S. 93.
58 Ebd., S. 97.

seitig ergänzen und daß zwischen beiden Verkehrssystemen kein Verhältnis der Verdrängung bestehen muß. Bekanntlich hat die schrankenlose Motorisierung im Laufe des 20. Jahrhunderts diese systemare Balance aus dem Gleichgewicht gebracht.

Bei *Informations-* und *Kommunikationssystemen* des 19. Jahrhunderts läßt sich bezweifeln, ob bereits die technischen Netzwerke als System zu begreifen sind und nicht vielmehr erst im Rahmen übertechnischer Kommunikationsstrukturen einen sinnvollen Untersuchungsgegenstand abgeben. Die Frage stellte sich im 19. Jahrhundert als erstes bei dem elektrischen *Telegraphen*, mit dessen Erfolg der Aufstieg der Firma Siemens verbunden war. Stand der Telegraph am historischen Ursprung eines Kommunikationsnetzes, oder verbesserte er nur die Kommunikation in längst bestehenden Systemen? *Optische* Telegraphen gab es seit der Antike; sie wurden der Seefahrt unentbehrlich. In Frankreich verband seit 1794 der erste ständige optische Telegraph Paris und Lille, in Deutschland seit 1798 Frankfurt und Berlin. Im 18. Jahrhundert verstärkte sich der Bedarf an beschleunigter Fernübermittlung von Informationen, da im Handel zur Nutzung temporärer Konjunkturen ein wachsender Wert auf Geschwindigkeit gelegt wurde. In revolutionären Zeiten entstand ein ähnlicher Bedarf in Politik und Presse. Die Erfindung des elektrischen Telegraphen traf auf eine aufnahmebereite Umwelt, und rasch kamen die ersten Großaufträge; aber die Systeme, innerhalb deren der Telegraph wirkte, waren nicht technisch determiniert. Wenn ein englischer Artikel von 1861 den elektrischen Telegraphen das »Nervensystem der Metropole« nannte[59] – zwischen den Systemvorstellungen der Elektrotechnik und denen der Neurologie besteht eine lange Geschichte wechselseitiger Beeinflussung –, so wirkt das einigermaßen übertrieben und mag sich daraus erklären, daß im populären Verständnis die Hauptleistung des Nervensystems im Auslösen von Erregungen besteht.

Im späten 19. und frühen 20. Jahrhundert folgte eine ganze Serie infrastruktureller technischer Netzwerke, deren Gemeinsamkeit u. a. darin bestand, daß ihr Wachstumshorizont – zunächst wenigstens – die *Großstadt* war. Die Gas- und Wasserwerke mit ihren Versorgungsnetzen, Abwasserkanalisation und Klärwerke, »Kraftzentralen« und Stromnetze, kommunaler Nahverkehr: All

59 Walford 1877, S. 242.

das entwickelte sich in deutschen Großstädten in der Regel in enger Aufeinanderfolge und starker wechselseitiger Beeinflussung und kennzeichnet eine große Zeit der Kommunalpolitik, die bis in die zwanziger Jahre reichte. Die verschiedenen Netzwerke, die immer mehr im Untergrund der Straßen zusammenliefen, wurden manchmal – im Laufe der Zeit zunehmend – als ein System verstanden und unter dem Begriff der »Stadttechnik« zusammengefaßt; auch die Anstalten der kommunalen »Hygiene« – Krankenhäuser, Schlachthöfe, Volksbäder – gehörten dazu.[60] Das Wachstum dieser Systeme war keineswegs von Anfang an geplant; vielmehr ließen sich die noch wenig professionellen Honoratiorenverwaltungen der Kommunen des 19. Jahrhunderts zunächst nur sehr zögernd auf diese kostspieligen Unternehmungen ein, die auf die Dauer tiefgreifende Veränderungen in der städtischen Administration erforderten. Der Druck der frühindustriellen Umweltprobleme, verbunden mit der Seuchenangst, war eine Haupttriebkraft beim Aufbau dieser Netzwerke. Im Lauf der Zeit gewannen das Wachstum und die Weiterentwicklung der Stadttechnik eine gewisse Eigendynamik, und um die Jahrhundertwende wurden viele deutsche Großstädte von einem sichtlichen Aktionsrausch erfaßt. »Das Maschinensystem der Stadt stellte jedoch nicht die Realisierung einer detaillierten Konstruktions- oder Planzeichnung dar, sondern ein zumindest teilweise kontingentes Ergebnis von öffentlichen und privaten Teilplanungen, von widerstrebenden Interessen und sich verändernden Rahmenbedingungen.«[61] Zwischen dem Wachstum der Stadttechnik und dem Wachstum der Stadt entstand eine Wechselwirkung; die »technische Eingemeindung« vieler Dörfer am Rande Berlins eilte der politischen Eingemeindung voraus. Aber in den kommunalen Finanzkrisen der zwanziger Jahre erreichte das Wachstum der Stadttechnik vorerst sein Ende.[62] Das Wachstum der Elektrizitätsversorgungssysteme sprengte nunmehr die städtischen Grenzen und wurde zu einer Gegenkraft gegen die kommunale Autonomie. Die Triebkräfte bei diesem Vorgang wurzelten in politischen Konstellationen und folgten keiner rein ökonomischen oder technologischen Rationalität.

60 Vgl. Gesundheitsbehörde Hamburg 1928.
61 König/Weber 1990, S. 309.
62 Pfeiffer 1937; Krabbe 1985.

Die Debatten über die *Mischkanalisation*, mochten sie auch nur eine begrenzte Öffentlichkeit erreichen, waren in mehrfacher Hinsicht der am höchsten entwickelte Technikdiskurs des 19. Jahrhunderts, denn hier gab es zeitweilig ein scharfes Pro und Kontra, hier stellten sich System-Alternativen, und hier meldeten sich führende Wissenschaftler nicht nur zu Wort, sondern veränderten sogar im Laufe der Erörterungen ihre Position.[63] Der Diskurs war kein stereotyper Schlagabtausch zwischen starren Fronten. An der Kanalisation hing die allgemeine Einführung des Wasserklosetts: Die anstehende Frage berührte also den menschlichen Intimbereich. Der Diskurs über die Kanalisation entfaltete systemorientiertes Denken: Fern- und Kreislaufwirkungen mußten bedacht werden; dabei stellte sich das Problem, ob zur Kanalisation zwangsläufig Klärwerke hinzugehörten und wie diese auszusehen hätten.

Zunächst erschien die Front der Kanalisationsgegner übermächtig. Zu ihnen gehörten die Agrarier, die bis dahin den Fäkaliendünger bezogen, die Hausbesitzer, die an den Fäkalien verdienten und die Kosten der Kanalisation scheuten, und Liebig, das Oberhaupt der Chemie, der die Mischkanalisation zeitweise als Zerstörerin des Nährstoffkreislaufs verdammte. Aber der Kunstdünger entwertete den Fäkaliendünger, und das Wasserklosett gehörte mehr und mehr zum gehobenen bürgerlichen Wohnstandard. Der Horror vor dem Gestank der sich in den wachsenden Großstädten kumulierenden Fäkalien wurde übermächtig. Die weitverästelte Hygienebewegung, anfangs in der Kanalisationsfrage im Blick auf die zunehmende Flußverschmutzung gespalten, wurde im Laufe der Zeit zu einer treibenden Kraft der Kanalisationsprojekte. Hier zeigte sich beispielhaft der Sog der großen und einheitlichen technischen Lösung, die sich in diesem Fall zudem bis zu einem gewissen Grade in erprobten Bahnen, nämlich in der Tradition der Kanalbautechnik, hielt. Selbst Schwemmkanalisation und Rieselfelder waren im Prinzip bereits eine Technik der frühen Neuzeit. Die damaligen Kanäle entwickelten freilich noch keine Systemdynamik; bei ihrer Herstellung wurden »nur der jeweilige Bedarf und der unmittelbar vorliegende Zweck zu erfüllen versucht, ohne auf eine Weiterführung, Gefällsausnutzung und geregelten Aus-

63 Breyer 1985, S. 166; Vasold 1990, S. 264 f.; zu Liebig: Varrentrapp 1868, S. 177 f.

bau des Kanalnetzes Bedacht zu nehmen«. Schon die Hygienepolitik des aufgeklärten Absolutismus im 18. Jahrhundert brachte jedoch in manchen Metropolen – so besonders in Wien – einen ersten Vernetzungsschub; bereits im frühen 19. Jahrhundert hatten Kanalisationsprojekte ein traditionsreiches Korps von Ingenieuren hinter sich.[64] Als Alternative boten sich nur mehrere heterogene und unausgereifte Konzepte an: von verbesserten Abfuhrsystemen bis zu der Liernurschen »pneumatischen Kanalisation«, bei der die Exkremente aus den Aborten durch eine dampfbetriebene Vakuumpumpe abgesaugt wurden.[65] Da diese Alternativen auf aktive Vorkehrungen und nicht auf das passive Momentum der Schwerkraft bauten, wirkten sie unzuverlässiger.

Zunächst konzentrierte sich alles auf die Kanalisation; aber am Ende des Jahrhunderts zeigte sich, daß Klärwerke ein unverzichtbarer Bestandteil dieses Systems waren. Ausgerechnet Hamburg, das mit seiner 1848 angelegten Kanalisation international vorangegangen war und seitdem als vorbildlich saubere Stadt galt, wurde 1892 zum Opfer der letzten großen Choleraepidemie in Deutschland: Der Verzicht auf Kläranlagen rächte sich besonders in der Ebene, wo die Abwässer bei dem geringen Gefälle nicht rasch aus dem Einzugsbereich der Trinkwasserversorgung fortgelangten. Die frühen Klärvorrichtungen bestanden vor allem aus Rieselfeldern; mit diesen, verkündete der englische Hygieniker Chadwick, »schließen wir den Kreis und realisieren den ägyptischen Typ von Ewigkeit«.[66] Aber nur scheinbar war das Entsorgungssystem zum perfekten Kreislauf geworden. Die Kläranlagen blieben ein wunder Punkt: Hier gab es keine einheitliche, zuverlässig funktionierende große Lösung, sondern bestenfalls vorübergehende, den lokalen Bedingungen angepaßte Teillösungen, deren Erfolg zudem nicht sicher war. Noch in neuerer Zeit heißt es, in vielen Wasseraufbereitungsanlagen komme »der überwachende Chemiker sein Leben lang nicht aus dem Experimentieren heraus«.[67] Diese Unsicherheit wurde zu einem Expansions- und Verwissenschaftlichungsfaktor: Das Nebeneinander physikalischer, chemi-

64 Stadler 1960, S. 8 f.
65 von Simson 1983, S. 152 ff.
66 Ebd., S. 24.
67 Helbing 1925, S. 231; Bettaque/Walter 1968, S. 106.

scher und biologischer Kläranlagen spiegelt die Fächerstruktur der Naturwissenschaften. Aber die Klärtechnik ist ebenso durch Wachstumsgrenzen wie durch Wachstum bestimmt.

Die *Zentrale Elektrizitätsversorgung* wurde im 20. Jahrhundert zum Prototyp des expansionistischen, technische Sachzwänge produzierenden Netzwerks, das darauf angewiesen war, sich seinen Bedarf zu schaffen, und daher frühzeitig eine ausgeprägte propagandistische Einstellung entwickelte. Der Übergang von der für einen lokal begrenzten Abnehmerkreis eingerichteten Gleichstromanlage zur Wechselstromzentrale, die potentiell flächendekkend und expansionsfähig war und nur durch Expansion rentabel zu werden versprach, bedeutete einen großen Sprung, verbunden mit einem Wandel der Strategie. Eine prognostische Systemplanung wurde erforderlich. »Battle of the systems« wurde in den USA zum stehenden Ausdruck für die Auseinandersetzung zwischen Gleich- und Wechselstrom. Einer der Pioniere des Drehstroms, von Dolivo-Dobrowolsky, schrieb über diese neue Form des Wechselstroms: »Die Erfindung des Drehstromes ist nicht die eines Gegenstandes, es handelt sich hier nicht nur um mehrere Arten von Motoren, sondern auch um Konstruktions- und Berechnungsprinzipien; es handelt sich ferner um Schaltungsarten, um Transformatoren und Primärmaschinenanordnungen, also um elektrische ›Systeme‹. Das sind keine einzelnen, unabhängigen Punkte mehr, sondern zusammenhängende Gebiete.«[68] Die modernen Vorstellungen von großtechnischen Systemen – beginnend mit Hughes' »Networks of power« – wurden ganz wesentlich von der Elektrizität inspiriert.

Das gilt insbesondere für die Vorstellung, daß diese Systeme auf Wachstum angewiesen seien. Für die Elektrizitätswerke ergab sich allerdings das Problem, ihr Ziel, einen möglichst großen Abnehmerkreis zu gewinnen, mit dem anderen Ziel einer möglichst gleichmäßigen Auslastung in Einklang zu bringen; denn Strom läßt sich bislang nur unter großen Verlusten auf Vorrat produzieren. Mit dem technischen Bedürfnis nach Abflachung der Auslastungskurve pflegte die Schaffung neuer Strommärkte und regionaler Versorgungsmonopole begründet zu werden. Wieweit es sich dabei tatsächlich um einen technischen Systemzwang han-

68 Historisches Museum Frankfurt 1981; Künstlerhaus Wien 1986; Kristl o. J.; Riedler 1916; Lindner 1985, S. 199.

delte, ist fraglich; denn gerade in der Frühzeit des Starkstroms ließ sich eine gute Auslastung der Anlagen am besten bei einem begrenzten Kreis sicherer Abnehmer gewährleisten. Die Abwärmenutzung, die »Kraft-Wärme-Kopplung«, war am leichtesten in lokalem Rahmen zu realisieren; diese System-Vervollkommnung wurde durch den Drang zur Größe eher behindert. Die Expansion, die bisherige Auslastungs-»Täler« füllte, ließ auch neue »Täler« entstehen.

Aber wenn die Expansion zu einem regionalen Gebietsmonopol und zur Verflechtung mit staatlichen Instanzen führte, brachte sie eine neue Handlungslogik hervor. Absicherung der Monopolstellung, nicht technisch-ökonomische Optimierung stand im Zentrum dieser System-Rationalität. Dennoch wäre es nicht richtig, im Systemwachstum die in der Geschichte der Elektrizitätsproduktion allein wirksame Tendenz zu sehen, so wie es mit Vorliebe jene Studien tun, die sich auf den rasanten Aufstieg des RWE konzentrieren. Noch in den dreißiger Jahren gab es in Deutschland einen »Wirrwarr der Stromarten«; noch in den fünfziger Jahren wurde über die Zersplitterung der Energiewirtschaft geklagt.[69] Nationale und schließlich übernationale Dimensionen erreichte allerdings das Verbundsystem, also ein »System zweiter Ordnung«, wie Ingo Braun (in diesem Band) es beschreibt.

Wenn man die Elektro-Geschichte phasenweise und aus der Nähe betrachtet, sind noch andere Lesarten denkbar, bei denen nicht die expansive Systemdynamik als kontinuierlich wirkende Triebkraft vorkommt. Gerade Edison, für Hughes der berühmteste »system builder«, zeigt mit seinem heftigen Kampf gegen den Wechselstrom, daß schon der begrenzte Erfolg eines technischen Systems zur Bremse gegenüber weiteren expansiven Systemtransformationen werden kann. Ganz ähnlich widerstrebte in Deutschland Siemens zunächst dem Wechselstrom. Nicht zuletzt die Deutsche Reichspost führte anfangs einen regelrechten Kampf gegen die Hochspannungs-Überlandleitungen, die das bestehende Netz ihrer Telegrafen- und Telefonleitungen störten; sie spielten dabei das Gefahren-Argument gegen den Starkstrom aus.[70]

69 Hughes folgt in *Networks of Power* (Hughes 1983) teilweise der Sachzwang-These, stellt sie in *Evolution* (Hughes 1987, Anm. 8, S. 71 f.) jedoch in Frage; Pfeiffer, a.a.O., S. 143; für die fünfziger Jahre: Freiberger 1961.

70 Riedler 1916, S. 78 ff.

Wenn der Widerstand der etablierten Elektro-Autoritäten damals relativ rasch zerbrach, so läßt sich das wesentlich auf externe Umstände zurückführen: vor allem auf den Faktor Öffentlichkeit, der durch die spektakulären Ausstellungen mobilisiert wurde, und durch das innovationsfreudige Zeitklima am Ende des 19. Jahrhunderts. Die Elektrizitäts-Ausstellungen waren längst nicht immer ein Werk der Elektrobranche, sondern wurden dieser manchmal geradezu lästig. Man kann freilich den Eindruck bekommen, daß die Öffentlichkeit sich deshalb so leicht für den neuen »Kraftstrom« begeistern konnte, weil sie dessen systemare Aspekte nicht überblickte. Der »Kampf der Systeme« wurde von der Öffentlichkeit nicht wirklich als System-Diskurs ausgetragen. Aus der Sicht der Produktionstechnik war die flächendeckende Expansion der Elektrizität ein Fortschritt zu höherer Komplexität, aus der Sicht der Haushalte dagegen ein Fortschritt zur Einfachheit, zur Schalter- und Knopfdrucktechnik. Die Hausfrauen lernten die Elektrizität zuerst durch die Glühbirne und das elektrische Bügeleisen kennen; das waren gegenüber der Petroleumlampe und dem Gasbügeleisen mit seinen Unannehmlichkeiten zwei Fortschritte zur Sicherheit und Bequemlichkeit. Der Erfolgsschlüssel ziviler technischer Systeme liegt im Idealfall beim Konsumenten.

Obwohl die Elektrizität im Sprachgebrauch des 20. Jahrhunderts zunehmend mit »Energie« schlechthin gleichgesetzt wurde, war sie in mehreren Anwendungsbereichen nicht alternativlos; ihr Hauptkonkurrent war das *Gas.* Kommunale Gaswerke entstanden in vielen deutschen Städten schon seit der Mitte des 19. Jahrhunderts, also lange vor den Elektrizitätswerken; sie stehen am Anfang der modernen kommunalen Versorgungstechnik. Die zu riesenhaften Dimensionen anwachsenden Gasbehälter demonstrierten die Speicherfähigkeit dieses Energieträgers. Jahrzehntelang diente das »Stadtgas« vorwiegend nur zur Beleuchtung, obwohl bekannt war, daß sich Gas auch als Wärme- und Kraftquelle nutzen ließ. Die Gaserzeuger zeigten im allgemeinen außerhalb der kommunalen Grenzen nur einen geringen Expansionsgeist; erst in den zwanziger Jahren wurden die für den Ferntransport geeigneten geschweißten Stahlrohrleitungen entwickelt. Als das Gaslicht durch die Glühlampe bedroht wurde, erhielt die Gasbeleuchtung durch die Erfindung des Gasglühlichts in den neunziger Jahren des 19. Jahrhunderts noch einmal eine Chance; aber der Erfolg war nicht von Dauer. Auch der Gasmotor, der im späten 19. Jahrhundert als Kleinmotor der Zukunft gegolten hatte, wurde vom Elektroantrieb überflügelt. Auf dem Wärmemarkt vermochte sich das Gas jedoch besser zu behaupten. Als die Stromversorger nach dem Ersten Weltkrieg ihr überregionales Verbundnetz ausbildeten, konnten sie gegen das Gas das Argument der Versorgungssicherheit ausspielen. Im Gegenzug planten in den zwanziger und dreißiger Jahren auch Parteigänger des Gases ein reichsweites Gas-Verbundnetz unter Einbeziehung der Kokereien an der Ruhr. Damals standen keine unlösbaren technischen Probleme mehr im Wege; rein technisch gesehen wirkten die Gasnetze – ohne Hochspannung und Transformatoren – geradezu trivial. Dennoch kam der Großverband nicht zustande; die etablierten kommunalen Gaswerke wehrten sich dagegen, zumal die ersten Ferngasleitungen infolge mangelnder Auslastung teilweise Verluste einbrachten. Wenn man von dem kategorischen Imperativ ausging, daß die Kokereigase der Ruhr nicht nutzlos in die Luft geblasen werden dürften, ergab sich die Notwendigkeit der »Großraumwirtschaft« beim Gas mit zwingender Logik; aber diese Logik war nicht in kleinen Schritten unter Bedingungen der Kosten-Nutzen-Rechnung zu realisieren; ein umfassendes Netzwerk und ein langer Atem wären nötig gewesen. Dazu fehlte der Branche jedoch der überregionale Zusammenhalt und der Offensivgeist; Kritiker sprachen vom »Dornröschenschlaf« der Gaswirtschaft.[71] Gegenüber der Elektropartei wird deutlich, in wieviel geringerem Maße sich um das Gas eine »Community« kristallisierte, die zu vorausweisenden Konzeptionen und zur Knüpfung weitreichender Beziehungsnetze fähig gewesen wäre. Der mächtigste potentielle Parteigänger des Gases, die Ruhrindustrie, hatte schon genug damit zu tun, die eigene interne Verbundwirtschaft rentabel zu machen; die Schwierigkeiten dabei ermutigten nicht unbedingt zu größeren Sprüngen. Außerdem war die Ruhr teilweise mit dem RWE liiert.

Mit der elektrischen Straßenbahn begann seit dem Ende des 19. Jahrhunderts auch der kommunale *Nahverkehr* zu einem technisch vernetzten System zu werden. Die Straßenbahn war Gegenstand breiter Diskussionen, bei denen ästhetische Gesichtspunkte – die Beeinträchtigung des Straßenbildes durch die Oberleitungen

71 Segelken 1937, S. 134 ff.; Bankhaus Schwarz, Goldschmidt & Co. 1928, S. 221 ff.; Radkau 1989, S. 261 f.; Braun 1980, S. 1-19.

– eine ungewöhnliche Rolle spielten. Die Bedeutung des öffentlichen Nahverkehrs für die gesamte Stadtentwicklung wurde rasch erkannt; Berlin zeigte modellhaft, wie eine Stadt entlang der Stadtbahn wächst. Die sich um die Jahrhundertwende verbreitenden städtereformerischen Ideale – Trennung von Wohn- und Industriegebieten, Vorstadtsiedlungen im Grünen – brauchten zu ihrer Realisierung Fahrrad und Straßenbahn. Andererseits trug der öffentliche Nahverkehr auch zur Aufrechterhaltung zentralistischer Stadtstrukturen trotz des weiten Auswucherns der Vorstädte bei.

Von der Straßenbahn, der »Elektrischen«, kam in typischen Fällen der entscheidende Anstoß zur Gründung kommunaler Elektrizitätswerke[72]: Auch auf diesem Wege löste der öffentliche Nahverkehr eine Kettenreaktion aus. Hier erfolgte die Elektrifizierung schon lange, bevor sie bei den Fernbahnen auch nur ansatzweise begann. Der immer dichtere Ausbau des Straßenbahnnetzes hätte eigentlich ganz auf der Linie der Technologen und Publizisten gelegen, die um 1900 das »elektrische Zeitalter« proklamierten, und man muß noch aus heutiger Sicht fragen, warum dieser Weg nicht konsequenter beschritten wurde. Der Hauptgrund ist vermutlich der wachsende Automobilismus, der schon lange bevor er die Massen erfaßte, die Sichtweise veränderte. Die Straßenbahn, deren Erfindung der Architekt Werner Hegemann als »mindestens ebenso genial« wie die der gotischen Dombautechnik bezeichnete[73], wurde aus der Sicht des Autos zum Verkehrshindernis. Wirkte sie – ähnlich wie das Fahrrad – noch in den neunziger Jahren gefährlich schnell[74], so wurde sie schon zwei Jahrzehnte darauf als »Groteske im Straßenbild«, als »Widersinn in sich selbst, ein Schnellverkehrsmittel ohne freie Bahn« verspottet.[75] Ohne straßenunabhängigen Gleiskörper war sie den Stockungen des Straßenverkehrs noch hilfloser ausgeliefert als die gleisunabhängigen Fahrzeuge.

Den Vorteil des autonomen Systems, das nicht mit dem Straßenverkehr kollidiert, besaß die Untergrundbahn. U-Bahnen wurden zum charakteristischen Zirkulationssystem großer Metropolen

72 Krabbe 1983, S. 384 ff.
73 Hegemann 1983, S. 384 ff.
74 Evans 1989, S. 290.
75 Wettich 1916, S. 151.

und besaßen den »Geruch« der Weltstadt. Innerhalb der Planungen des öffentlichen Nahverkehrs strahlten die U-Bahn-Projekte im 20. Jahrhundert die bei weitem stärkste Faszination aus. Sie griffen tief in die Stadt ein, überschritten die Kompetenz der Spezialisten und wurden in der Öffentlichkeit breit diskutiert.[76] Nur sehr begrenzt konnten Erfahrungen aus dem Eisenbahnbau übertragen werden; neuartige Faktoren kamen mit ins Spiel. Die gewaltigen Kosten und enormen Planungsprobleme hielten die U-Bahn-Netze jedoch in Grenzen und zogen überdies Ressourcen von der Verbesserung des oberirdischen Nahverkehrs ab. Die Untergrund-Perspektive wirkte überdies einer Grundsatzdiskussion über die Rolle des Autos im Nahverkehr entgegen.

2.3 Zur Frage der jüngsten Trends in der Systemgeschichte

Thomas P. Hughes' *American Genesis*, die den Aufstieg der großen technischen Systeme zur Schöpfungsgeschichte der modernen USA macht, gipfelt in dem Manhattan-Projekt und den nachfolgenden, ähnlich dimensionierten Militärprojekten: Neben diesen Mammutapparaten seien frühere System-Modelle verblaßt.[77] Der Science-Fiction-Autor Brian W. Aldiss schreibt, das Manhattan-Projekt habe die von der Science Fiction längst vorweggenommene Erkenntnis zum Allgemeingut gemacht, »daß Technologie Kontinuität und Expansion verlangt«.[78] Aber kann man das Manhattan-Projekt wirklich als Prototyp für die moderne Technikentwicklung schlechthin nehmen, oder demonstriert es nicht im Gegenteil, in welchem Maße sich die Genese militärischer Spitzentechnologie in ihrer ganzen Art von dem Innovationsstil für zivilen Bedarf entfernt?

Bei Hughes wirkt dieser gigantische Projekttypus wie ein Höhepunkt, aber auch wie ein exzessiver, barocker Spätling, auf den mit innerer Logik Gegenreaktionen erfolgen, die den Nutzen des technischen Großprojekts schlechthin in Fragen stellen. Seitdem

76 Walford o. J., ca. 1877, S. 224 ff.; Evenson 1979, S. 91 ff.; Cudahy 1988; Hegemann, a.a.O., S. 310 ff.; Zimniok 1981.

77 Hughes 1989, S. 442.

78 Aldiss/Wingrove 1990, S. 386.

die Kerntechnik nicht mehr als Inbegriff des technischen Fortschritts gilt, kann das Manhattan-Projekt nicht mehr als notwendige Vorstufe für eine technische Revolution friedlicher Natur angesehen werden. (Selbst unabhängig davon könnte man bezweifeln, ob der *spin-off* aus den Militärapparaten für den Gedeih der zivilen Kerntechnik so notwendig und nützlich war.) Dennoch kann man bislang nicht ernsthaft glauben, daß wir uns in einer Zeit der generellen Großsystem-Dämmerung befänden. Gewiß hat sich in den Entstehungsbedingungen neuer Systeme im Laufe des 20. Jahrhunderts gegenüber der Gründerzeit der Eisenbahn, der Kanalisationen und Kraftwerke ein Wandel vollzogen. Aber es gibt mehrere Möglichkeiten, das Wesen dieses Wandels zu bestimmen.

Ein Aspekt des Neuen bei den Netzwerken des 20. Jahrhunderts besteht in der großen und wachsenden Bedeutung der *Informations-* und *Kommunikationstechnik.* Schon das *Telefon,* an sich eine Entwicklung des späten 19. Jahrhunderts, gehört als Großsystem, das den gesamten Kommunikationsstil prägt, doch dem 20. Jahrhundert, ja in Europa überhaupt erst den letzten Jahrzehnten an. In Deutschland war das Telefon ursprünglich ein Geschöpf des Bismarckschen Generalpostmeisters Heinrich von Stephan, während Werner von Siemens sich anfangs ärgerte: »Wir sind jetzt im großen Telephontrubel, Stephan ist ganz wild und seine Beamten auch – der Telephonschwindel ist jetzt in Deutschland in voller Blüte.« Dennoch ist erstaunlich, wie undramatisch Stephan das Telefon dem bestehenden System der Post eingliederte: »Die Verschmelzung der altehrwürdigen Kultureinrichtung der Post mit der Technik ging lautlos vor sich.«[79] Im übrigen kann es zumindest aus heutiger Sicht verwundern, wie langsam das Telefon Eingang in den deutschen Alltag fand, während es sich in den USA viel schneller durchsetzte. Heute sieht es so aus, als ob es beim Telefonnetz Akzeptanzprobleme nicht gäbe; in den achtziger Jahren dagegen, als es erfunden wurde, war ein entsprechender Bedarf keineswegs zu erkennen. Während Hughes die initiatorische Rolle von Systementwürfen betont, kann man sich wundern, wie wenig das Telefon am Anfang mit Systemvorstellungen verbunden war; selbst auf die Idee der zweiseitigen Benut-

79 Risch 1948, S. 101, 102.

zung der Telefonleitungen mußte man erst kommen.[80] Die Reichspost verstand den Fernsprecher als Mittel zur amtlichen und geschäftlichen Kommunikation und schätzte keinen »Plauderverkehr«. Noch in der Mitte des 20. Jahrhunderts war ein Telefon für den Normalbürger recht teuer, und vom Antrag bis zur Lieferung mußte der Kunde lange warten. Im staatlichen deutschen Telefonwesen gab es bis in die fünfziger Jahre keine ausgeprägte Tendenz zur Expansion. Die Verdichtung des Netzes erfolgte hier unter dem Druck der Nachfrage; erst in jüngster Zeit gibt es große Reklamekampagnen für das Telefon. Werner Rammert stellt die These auf, das Telefon habe sich nicht wegen technischer Überlegenheit oder strategischer Interessen des Staates durchgesetzt, sondern »weil das Design der Institutionen es erlaubte, die Akteure mit den unterschiedlichen Interessen in etwa gleichrangig an einer Verhandlungsarena zu beteiligen und den Diskurs über die verschiedenen Visionen der Telefonentwicklung zu einem miteinander abgestimmten Technisierungsprojekt zusammenzuführen«.[81] Aber macht diese diskurstheoretische Deutung die Dinge nicht doch zu kompliziert? Das Telefon besaß den großen Grundvorteil einer Vermündlichung der Fernkommunikation: Dieser Vorteil der Einfachheit, Wechselseitigkeit und Zeitersparnis in der Kommunikation mußte auf die Dauer überall zum Tragen kommen, sobald entgegenstehende kulturelle Gewohnheiten schwächer wurden. Aus heutiger Sicht kann allerdings überraschen, wie lange dieser Prozeß dauerte; die gegenwärtige Selbstverständlichkeit ausgiebigen Telefonierens selbst bei Kindern ist sehr jungen Datums. Noch um 1970 wurde das Telefon im allgemeinen nur für kurze Mitteilungen benutzt. Das Tempo der Verbreitung des Telefons hing nicht nur an der Preispolitik der Post, sondern auch an dem Wandel der Alltagsgewohnheiten.[82] Solange ein gut Teil des Bekanntenkreises in erreichbarer Nähe lebte und im übrigen die Kultur des Briefeschreibens hoch im Kurs stand, war das Bedürfnis nach dem Telefon nicht groß. Wieweit das Telefon in den letzten Jahrzehnten seinerseits zum Wandel der alltäglichen Gewohnheiten beitrug und einen Lebensstil der Fernbeziehungen, unverbindlichen Mitteilungen und

80 Rammert 1989, S. 93.
81 Rammert 1990, S. 28..
82 Bertho-Lavenir 1988, S. 163; Ropohl 1988, S. 161.

kurzfristigen Verabredungen hervorbrachte, ist eine offene Frage. Die Systemqualität des Telefons läßt sich nur im Rahmen der Alltagsgeschichte klären.
Ähnlich schwer zu definieren ist der Systemcharakter von technischen Medien wie *Rundfunk* und *Fernsehen*, deren technische Vernetzung sich durch Wellen vollzieht. Die Interpretation dieser Systeme wird von den jeweiligen Kulturen mitbestimmt. In Deutschland herrschte lange Zeit die Auffassung, daß die zahlenmäßige Begrenztheit nutzbarer Frequenzen im Äther einen Sachzwang zur staatlichen Verwaltung bedeute. In die gleiche Richtung wirkte die unter deutschen Gebildeten verbreitete Aversion gegen die technischen Massenmedien, insbesondere gegen deren ungehemmte kommerzielle Nutzung. In den USA überwogen andere Einstellungen, und auch in Deutschland wurde das Staatsmonopol in neuerer Zeit eingeschränkt. Aus der Sicht der Vorkämpfer des privaten Fernsehens machten die Satelliten den aus der Mangelverwaltung entspringenden Zwang zum Staatsmonopol obsolet. Schon vorher hatte dieses Monopol seine Grenzen gehabt. Gewiß sind Rundfunk und Fernsehen gleichbedeutend mit zentraler Steuerung von Information und Unterhaltung; aber die Wellen halten sich nicht an Staatsgrenzen. Das Abhören ausländischer Sender war in NS-Deutschland der wohl alltäglichste und am weitesten verbreitete Akt von Selbstdistanzierung vom herrschenden System. In der DDR trug das Fernsehen wesentlich dazu bei, daß die meisten Bürger weiterhin auf den Westen blickten, auch als sie nicht mehr dorthin reisen konnten. Weder der nationalsozialistische noch der SED-Staat konnten sich dazu aufraffen, diese Lücke im eigenen System technisch zu schließen, indem sie den drahtlosen Empfang durch Verkabelung ersetzten. Hitler hatte dies gelegentlich gefordert[83]; aber der internationale technische Standard beeinflußte den Entscheidungsspielraum selbst totalitärer Staaten, zumal wenn diese mit Ungeduld den Einsatz der technischen Massenmedien betrieben; denn die Verkabelung hätte viele Jahre gebraucht. Erst in jüngster Zeit gibt es im Fernsehen einen Fortschritt zur Verkabelung, um Raum für mehr Sendeanstalten und mehr Programme zu schaffen; 1989 jedoch waren laut Umfrage 68 % der Bundesbürger der Meinung, es gebe genug Programme, und 24 % kritisierten sogar, daß zu viele an-

83 Boelcke 1977, S. 448.

geboten würden.[84] Die stark gestiegene Popularität der Videokassette zeugt von dem Wunsch, sich von der zentral gesteuerten Unterhaltung teilweise unabhängig zu machen.
Die Rechen-, Regel- und Speichermöglichkeiten der Elektronik gaben während der letzten Jahrzehnte System-Projektionen den stärksten Auftrieb. Die Chancen der Elektronik sind jedoch vieldeutig; mehr denn je ist es nötig, zwischen Fakten und Perspektiven zu unterscheiden. Das gilt erst recht, wenn die Systemkonstrukte gesellschaftliche Implikationen enthalten. Bis in die späten sechziger Jahre hatte die öffentliche Diskussion keine Vorstellung von dem Ausmaß des Miniaturisierungstrends, der sich in den siebziger Jahren weltweit durchsetzte. Unter der Spitzentechnik bei den Rechenautomaten stellte man sich große und immer größere Maschinen vor; von daher glaubte man an eine Affinität der Computer zum großen System – sie waren ja aus dem amerikanischen Rüstungsapparat hervorgegangen. Gerade die zentralen Planwirtschaftssysteme des Ostblocks setzten große Hoffnungen auf die Computer, und auch im Westen nahm man vielfach an, daß die Computer-Revolution die zentrale Lenkung begünstigte. Inzwischen gilt die ostdeutsche Elektronik-Politik dagegen als einer der Faktoren, die die wirtschaftliche Situation der DDR verschlimmerten, da sie die Anpassung dieser Technologie an die Bedingungen des eigenen Landes vernachlässigte und überhaupt auf überholten Vorstellungen beruhte.[85] Der wachsende technologische Rückstand der zentralen Planwirtschaften ist für die Theorie großer technischer Systeme aufschlußreich; sie nötigt zur Revision von Denkmustern, die hinter den Kommunismus leninistischer Prägung zurückreichen. Selbst Max Weber, der die Verstaatlichung von Wirtschaftsunternehmen kritisierte, verkündete 1909 vor dem Verein für Sozialpolitik: »Die technische Überlegenheit des bureaukratischen Mechanismus steht felsenfest, so gut wie die technische Überlegenheit der Arbeitsmaschinen gegenüber der Handarbeit.«[86] Generationenlang wurde der Vorteil zentralistischer Planung bei der Entwicklung technischer Systeme viel zu hoch bewertet. Dabei hätte schon ein Vergleich zwischen dem Fortschritt der Technik in dem zentralistischen Frankreich

84 *Neue Westfälische* vom 20. 3. 1989.
85 Radkau 1990, S. 33 f.
86 Weber 1924, S. 413.

und dem vergleichsweise dezentralen Deutschland aufschlußreiche Gegenindizien liefern können!
Die Möglichkeit, menschliche Gehirnfunktionen durch Roboter zu ersetzen, wurde zu einer Zeit, als man mit »Elektronengehirnen« kaum konkrete Vorstellungen verband, regelmäßig überschätzt; daraus ergaben sich übertriebene Vorstellungen von volltechnisierten Großsystemen der Zukunft. Gänzlich unterschätzt dagegen wurde das Geschäft mit den Personalcomputern und den Computerspielen: Die Phantasie der technischen Publizistik richtete sich weit mehr auf große Produktions- und Administrationssysteme als auf die in dem Spieltrieb des privaten Konsumenten enthaltenen Chancen.[87] Dabei wahrte gerade das leitende Management von Industrieunternehmen gegenüber der Computerisierung in der Regel Zurückhaltung, sobald die eigenen Lenkungsfunktionen von dem Technisierungsprozeß betroffen wurden.[88] Die Vorsicht ist verständlich; denn eine Untersuchung von 1987 kam zu dem »überraschenden Ergebnis«, es lasse »sich nicht nachweisen, daß die Informationstechnik einen Einfluß auf den betriebswirtschaftlichen Erfolg« nehme.[89] Neuere industriesoziologische Untersuchungen lassen erkennen, daß die neuen Technologien im großen und ganzen in die bestehende Arbeitsorganisation eingebaut wurden.[90] Auch innerhalb der Verwaltung hat die »Computer-Revolution« bislang eher bemerkenswert geringe System-Veränderungen hervorgerufen.[91] Das früher prophezeite »vollautomatische Büro« gilt nicht mehr als realistische Aussicht. Die einschneidendsten Auswirkungen der Elektronik scheinen mehr die sinnliche Seite der Arbeit als die »großen Systeme« zu betreffen. In anthropologischer Hinsicht besteht eine tiefe Zäsur zwischen solchen Systemen, die die menschliche Kommunikation fördern, und solchen, die sie ausschalten, mag auch die formale Struktur ihres Netzwerkes ähnlich sein. Von dem Siegeszug des Telefons, das eine Reoralisierung verschriftlichter Kommunikation brachte, läßt sich daher nicht unbedingt auf die Chancen neuer Kommunikationssysteme schließen, die das Telefonnetz benutzen, aber die menschliche Stimme ausschalten.

87 Ostendorf 1990.
88 Forester 1990.
89 *VDI-Nachrichten* 1988, S. 56.
90 Bergmann 1987, S. 118.
91 Czerwick 1989, S. 82 f.

Um die Frage nach den charakteristischen Trends bei den großen technischen Netzwerken des 20. Jahrhunderts wiederaufzunehmen: Augenfällig ist die mit der wachsenden *Privatisierung* von neuer Technik verbundene Tendenz zu solchen Systemen, die die *Wahlfreiheit* des *Benutzers* erhöhen. Schon das Telefon ist hierin paradigmatisch; ebenso der Aufstieg des motorisierten Straßenverkehrs. Die Überflügelung der systemtechnisch so idealen Eisenbahn durch Pkw und Lkw könnte darauf hinweisen, welch hohe Nachteile die Gesellschaft der individuellen Verfügungsfreiheit zuliebe in Kauf nimmt; der Vorgang könnte aber auch die Unfähigkeit der Gesellschaft demonstrieren, ein System dieser Art in den Griff zu bekommen und Entscheidungsspielräume wahrzunehmen. In welchem Sinne ist der Straßenverkehr überhaupt ein System? Manchmal wurde er als »System der Systemlosigkeit« charakterisiert – was nicht immer abwertend gemeint war.[92] Zu einem sozialen System wurde der Automobilismus schon früh durch die Automobilklubs; der Systemcharakter kam hier mehr von den Benutzern als von den Produzenten. Zu einer Zeit, als das Beamtentum der Bahn behäbig geworden war, entwickelten sich um Auto und Lastkraftwagen kämpferische »Communities«. Technisch wirkt der Autoverkehr häufig eher wie ein Chaos; Funktionen erfüllt er im Zusammenhang außertechnischer Systeme. Zwar wird er zur Genüge mit Verordnungen und in jüngster Zeit sogar mit Systemplanung bedacht; aber die effektive Umsetzung von beiden läßt zu wünschen übrig. Sind für den Systemcharakter des Straßenverkehrs überhaupt die Verkehrsregeln und Ampeln so entscheidend, oder kommt es mehr noch auf die Fähigkeit des Verkehrs zur Selbstregelung an? Für den Herrn Keuner Bertolt Brechts ist das rücksichtsvolle Autofahren, bei dem der einzelne sich als »Teilchen« des Gesamtverkehrs verhält, eine Einübung in einen ohne Kommando funktionierenden Sozialismus.[93] Als das Einknicken des Brückenpfeilers bei Kufstein im Juli 1990 die Brenner-Autobahn blockierte, zeigte sich die Öffentlichkeit zunächst überrascht, daß ein Verkehrschaos in dem befürchteten Ausmaß nicht eintrat, sondern die Verkehrsströme sich neue Wege suchten. Ein paar Wochen später aber riefen diese neuen Wege den Widerstand der Anlieger hervor und belasteten

92 Pfeiffer, a.a.O., S. 4; Reichow 1948, S. 116.
93 Link/Reinecke 1987, S. 467.

sogar die zwischenstaatlichen Beziehungen.[94] In seinen unbeabsichtigten Wirkungen ist der Autoverkehr eben ein System ohne Grenzen.

Der einstige Riesenerfolg des Fordschen T-Modells gründete sich nicht zuletzt darauf, daß dieser unverwüstliche Billigwagen auch auf Feldwegen durchhielt und kein eigens für das Automobil geschaffenes Straßennetz brauchte. Der Siegeszug des Autos konnte vermutlich nur deshalb anlaufen, weil sich mit diesem neuen Verkehrsmittel eben nicht von Anfang an ein großes System verband, sondern es bestehende Verkehrswege nutzen konnte. Um 1900 wurden vielfach den Elektromobilen größere Chancen gegeben als den Benzinautos, da sie am besten dem Trend der Zeit zur Elektrifizierung und zur Hygienisierung entsprachen; deren entscheidendes Handicap bestand jedoch darin, daß sie, um neu mit Strom aufgeladen werden zu können, ein dichtes Netz von Kraftzentralen gebraucht hätten, das nicht so schnell aufzubauen war.[95] Der Motorwagen hatte es in dieser Hinsicht leichter. Die Eroberung der für Fußgänger und Pferdefuhrwerke gedachten Straßen durch das Auto, das die bisherigen Verkehrsteilnehmer in Staubwolken hüllte, schuf allerdings eine Fülle von Konflikten[96]; insofern kann man sagen, daß der Automobilismus unter dem Druck der Umwelt zu einem eigenen System wurde. Durch die Autobahnen bekam der Autoverkehr sogar ein autonomes Netz nach dem Muster der Eisenbahn; der Bau der Reichsautobahnen ging allerdings in den dreißiger Jahren auf Kosten des damals viel dringlicheren autogerechten Ausbaus bestehender Straßen. Eine Expansionsmechanik entstand dadurch, daß neue Schnellstraßen gewöhnlich auch neue Engpässe hervorriefen, und hängt mit der im Vergleich zur Bahn stets nur unvollkommenen Autonomie des motorisierten Straßenverkehrs zusammen.

Als einen weiteren Charakterzug neuer großtechnischer Systeme in den letzten Jahrzehnten kann man ihren *sekundären* Charakter ansehen: Ihre Entwicklung ist wesentlich dadurch gekennzeichnet, daß sie bereits mit bestehenden Systemen rechnen und diese einbauen oder auf diesen aufbauen müssen. Als ein Musterbeispiel solcher *Systeme zweiter Ordnung*, wie sie Ingo Braun (in diesem

94 *Der Spiegel* 1990, Heft 30, S. 149; Heft 35, S. 33 f.
95 Clairemont 1906, S. 389.
96 Radkau 1987, S. 9-26.

Band) nennt, kann in der Verkehrstechnik die »Container-Revolution« gelten, deren Ziel in einer engeren Vernetzung bereits bestehender Strukturen des See- und Landverkehrs bestand, wobei sie allerdings sehr umfangreiche Neuanlagen erforderte. Als ein Negativbeispiel könnte man die Magnetschwebebahn nennen, die einen neuartigen Unterbau erforderte und nur durch ein rasch gebautes großräumiges Netz zu einem kommerziellen Erfolg hätte werden können. Ihr bisheriger Mißerfolg könnte darauf hindeuten, daß zumindest in solchen Bereichen, die längst von anderen Großsystemen besetzt sind, neue große »Systeme erster Ordnung« so leicht keine Chance mehr haben. Dennoch gibt es aus historischer Erfahrung bei Prognosen Grund zur Vorsicht: Schon der Siegeszug der Eisenbahn im 19. Jahrhundert hatte zuweilen zu der irrigen Meinung geführt, daß die Straßen nur noch als Zubringer der Bahn eine Zukunft hätten.
Wenn man das Kriterium »primäres/sekundäres System« auf die *Kerntechnik* anwendet, stößt man auf einen aufschlußreichen Perspektivenwandel: In den euphorischen Visionen der fünfziger Jahre wurde die Welt des »Atoms« als System erster Ordnung begriffen; de facto wurde die Kerntechnik jedoch zu einem System zweiter Ordnung, da sie sich den bestehenden Strukturen der Energiewirtschaft einzufügen hatte. Atom-Enthusiasten der frühen Jahre glaubten, daß die Kernspaltung dezentralen Tendenzen in der Energieversorgung neuen Auftrieb geben würde und im übrigen noch ein weites Anwendungsfeld außerhalb der Kraftwerke vor sich habe. So aber, wie die Atomkraft tatsächlich eingesetzt wurde, war sie nichts weiter als ein neuer Antrieb für große Elektrizitätswerke und stärkte sogar noch erheblich den Trend zur Blockgrößensteigerung und zur Zentralisierung.
Im übrigen zeigt das Schicksal der Kerntechnik, daß das große System ein Stück *Interpretation* enthält, das durch die Vorspiegelung technischer Sachzwänge verdeckt werden kann. Als systemtheoretische Planspiele Mitte der sechziger Jahre in die bundesdeutsche Atompolitik vordrangen, dienten sie zum Bau von Luftschlössern: zum Entwurf von ineinandergreifenden Systemen gegenwärtiger und künftiger Reaktortypen im Zeichen einer Optimierung der Spaltstoff-Ökonomie.[97] Lange Zeit galt es als ein Ausweis von Fachkompetenz, die Kernkraftwerke als Bestandteil

97 Radkau 1983, S. 253.

weit größerer Systeme zu sehen: des »Brennstoffkreislaufs« und der in die Zukunft projizierten Reaktorgenerationen. Auch die Energieversorgungsunternehmen schlossen sich offiziell dieser Sichtweise an; aber in ihrem praktischen Verhalten kümmerten sie sich fast nur um die Kraftwerksreaktoren. Die Brüter- und Wiederaufarbeitungsprojekte waren auf staatlichen Rückhalt angewiesen. Die Protestbewegung trug dazu bei, daß am Ende auch in der offiziellen Politik die ökonomische Rationalität durchdrang: von einem Systemzwang zum großen Brennstoffkreislauf ist heute kaum mehr die Rede.[98]

Nicht zufällig setzten sich von der Vielzahl der anfangs diskutierten Reaktortypen die Leichtwasserreaktoren durch, die von ihrem Kühlkreislauf her die größte Ähnlichkeit mit konventionellen Kraftwerken besaßen und als U-Boot-Antrieb ihren ersten Zuverlässigkeitstest bestanden hatten. Die notwendigen Uran-Anreicherungsanlagen standen innerhalb der Militärapparate der Atommächte bereit: Der Leichtwasserreaktor stellte keine großen neuartigen Systemanforderungen. Anders verhielt es sich bei dem Schnellen Brüter. Aber der war ein Zukunftsprojekt, und seine Systemdynamik wurde nicht von Kosten-Nutzen-Rechnungen, sondern von staatlichen Förderbedingungen bestimmt. Da war ein eindrucksvolles und kompliziertes, vom industriellen Alltag abgehobenes, perspektivenreiches Projekt eher von Vorteil.

Ein Gegenbeispiel, nämlich ein Exempel unzulänglicher Fähigkeit zum System, bietet der Hochtemperaturreaktor. Von seinem physikalisch-technischen Konzept her war er – zumindest theoretisch – faszinierend, und in der Öffentlichkeit erfreute er sich geraume Zeit größerer Popularität als der Brüter; jedoch genoß er weder in Bonn noch bei den Spitzen der Energiewirtschaft besonderes Ansehen, und der Mangel an politischer und ökonomischer Schubkraft machte sich in seiner wechselvollen Geschichte immer wieder bemerkbar. In der gesamten Reaktorlandschaft wirkte er wie ein Exot; ihm mangelten die Anschlußmöglichkeiten; für seine kugelförmigen Bauelemente existierte keine Wiederaufarbeitungstechnik. Die Hochtemperaturreaktor-»Community«, soweit es sie gab, zersplitterte sich auf unterschiedliche Konzepte und zeigte viel geringere Geschlossenheit als die Brüterpartei. Für kommerzielle Kraftwerke war der Hochtemperaturreaktor zu

98 Radkau 1988b, S. 207-215.

teuer, zu unkonventionell und zu risikobehaftet; unter den Zukunftsprojekten lief ihm die kompakter organisierte Brüterentwicklung mit ihren weltweiten Verbindungen den Rang ab.[99] Daß dem so war, ist nicht primär aus technischer Logik abzuleiten; wichtiger waren die unter den gegebenen Rahmenbedingungen mit der Technik zu verknüpfenden *Perspektiven*. Dem HTR-Projekt wurde zusätzlich zum Verhängnis, daß es – teilweise womöglich unter dem Einfluß falscher Freunde – zu kompliziert gemacht wurde: durch die Verbindung mit dem Thoriumzyklus, der Helium-Einkreis-Turbine, der Prozeßwärmenutzung und Kohlevergasung. Höhere Komplexität bleibt stets ein Fortschritt fragwürdiger Art – eine oft unbefriedigte Sehnsucht nach Vereinfachung durchzieht auch die Geschichte der Kerntechnik.

3. »The System Must Be First«?

Mit diesem Titel, ohne Fragezeichen, überschreibt Hughes in seiner *American Genesis* ein Kapitel, das vornehmlich von Taylor und Ford handelt. Aber Henry Ford gelangte zu seinem berühmt gewordenen Produktionssystem auf ziemlich unsystematische Art und Weise, und man kann ebendies bezeichnend finden. Mag es in der Regel auch zutreffen, daß eine Innovation nur dann Erfolg verspricht, wenn sie von vornherein in einem bestimmten Anwendungskontext begriffen wird, so gelingt doch ihre Durchsetzung am ehesten dann, wenn sie nicht schon gleich zwingend mit einem großen System verknüpft ist. Diese Quintessenz läßt sich aus einer ganzen Reihe historischer Beispiele ziehen. Das erfolgreiche System ist in der Regel nicht von Anfang an so geplant, sondern entwickelt sich auf teilweise ungeplanten Bahnen. Das schließt nicht aus, daß es von Anfang an ein großes Panorama von Erwartungen gibt. Aber ob dieser Erwartungshorizont, wie Weingart vermutet, »der mächtigste Expansionsfaktor von großtechnischen Systemen wie von Technik überhaupt« ist[100], läßt sich zumindest als generelle Aussage bezweifeln. Erwartungen können zu einer Belastung werden und in Enttäuschung umschlagen; der Klimawechsel von der Atom-Euphorie der fünfziger Jahre zu

99 Kirchner 1991.
100 Weingart 1989, S. 189.

dem wütenden Ansturm auf die Atomkraft in den siebziger Jahren weist darauf hin. Einst machte Friedrich List mit seinen großen Plänen potentielle Geldgeber für die Eisenbahn kopfscheu. Gleichwohl finden sich in der Geschichte viele Beispiele dafür, daß sich im Zusammenhang mit neuer Technik die Erwartungshorizonte verschieben und dieses mentale Element auf den Gang der technischen Entwicklung rückwirkt. Aber daraus läßt sich nicht unbedingt ein Zwang zum Wachstum ableiten. Vermutlich empfiehlt es sich, die Erklärung für empirisch zu beobachtende Wachstumstendenzen großer technischer Systeme nicht nur innerhalb dieser Systeme oder ihrer Umweltbeziehungen, sondern darüber hinaus in weiteren, zeit- und kulturspezifischen Zusammenhängen zu suchen, zumal sich dieses Wachstum häufig schubweise und nicht überall gleich vollzieht. Hier bestünde eine Chance für historische Erklärungsmuster.

Für die technikhistorische Forschung läßt sich der Begriff des großen technischen Systems in mehrfacher Weise fruchtbar machen: Er besitzt heuristischen Wert, er schult in komplexem, über simple Kausalitäten hinausgelangendem Denken; er kann Entwicklungsstufen und Erfolg und Nichterfolg von Technikkomplexen erklären helfen; er lenkt die Aufmerksamkeit auf die Perspektiven, von denen die technische Entwicklung geleitet wurde, und er trägt zur wechselseitigen Bespiegelung von Geschichte und Gegenwart bei. Der früher häufig erhobene Einwand, daß System-Konstruktionen dem historischen Wandel widersprächen, ist wirklichkeitsfern: Eine realistisch betriebene Systemanalyse führt eher in die Geschichte hinein als aus ihr hinaus. Große technische Systeme sind niemals perfekte, autonome und automatische Gebilde, die mit ihrer Funktionsweise außerhalb der historischen Zeit stünden. Sie tendieren auch nicht notwendig dazu, sich mit anderen Systemen zu einem Supersystem zu verkoppeln, dessen technische Logik die Geschichte stillstehen ließe. Die prognostische Theorie des »technischen Staates« gilt als überholt.[101] Große technische Systeme sind als konkrete Gebilde weit mehr als einzelne technische Komponenten mit Nationalstaaten verbunden und an bestimmte historische Phasen in deren Entwicklung geknüpft. Ein Entscheidungsspielraum besteht daher am ehesten in staatlichem Rahmen; das gilt selbst noch im Zeitalter der Europäi-

101 Lutz 1987, S. 500-531.

schen Gemeinschaft.[102] Die Systeme sind in unterschiedlichem Grade, aber nie ausschließlich, von der Logik technischer Sachzwänge strukturiert. Gewöhnlich entstehen sie nach und nach und besitzen nicht von vornherein Systemcharakter. Schon da sie nicht allein auf der Welt sind und ihre Umwelt nie vollständig gestalten können, sind sie nie perfekt; für das gesamte Gesellschaftssystem können sie ebensosehr zu einem Element der Unruhe wie zu einer Stütze der Stabilität werden. Im übrigen sind sie Alterungsprozessen unterworfen, und dies um so mehr, je mechanismusartiger sie sind. Im Laufe der Zeit tritt bei großen Systemen neben dem funktionalen Element auch das Element der Trägheit hervor; ihm gilt eine besondere Aufmerksamkeit des Historikers. Trägheit beschert kurzfristig Stabilität, macht aber langfristig anfälliger für Zerfallserscheinungen. »Systemhistoriker brauchen in ihren Reihen nicht nur Leute vom Schlage Charles Darwins, sondern auch von dem Edward Gibbons'« (Hughes).[103] Ein zu einem bestimmten Zeitpunkt planvoll als großes System angelegter Fabrikkomplex kann eine Generation später unter dem Einfluß wechselnder Anforderungen zu einem Labyrinth geworden sein – und eben dadurch seine Lebensfähigkeit beweisen!

Große technische Systeme von gesellschaftlicher Tragweite sind nicht erst eine Erscheinung des 20. Jahrhunderts, sondern existierten schon in früheren Zeiten; gerade hinsichtlich ihrer Wachstumsdynamik lassen sich allerdings markante Epochenunterschiede ausmachen. Es ist auch zweifelhaft, ob man durch die gesamte neuere Technikgeschichte einen Trend zum immer größeren, immer komplexeren, immer dichter technisch vernetzten System verfolgen kann. Für die Rüstung und andere vom Staat finanzierte Sektoren mag das gelten; aber überall dort, wo der Markt und zivile Bedürfnisse hineinspielen, gibt es gewöhnlich Gegentendenzen, die der industriellen Dispositionsfreiheit zugute kommen. Marktkonforme Systeme müssen weite Entscheidungsspielräume lassen. Ein stark ausgeprägtes »technologisches Momentum« ist für ein System zumindest auf längere Sicht nicht unbedingt von Vorteil, da es gewöhnlich die flexible Reaktionsfähigkeit auf neue Anforderungen beeinträchtigt, mag auch die Technik in sich selbst flexibler werden. Auch von daher läßt sich

102 Mayntz 1988, S. 12 ff.
103 Hughes 1987, Anm. 8, S. 56.

bezweifeln, ob es irgendwo eine gesetzmäßige Tendenz zu immer engerer *technischer* Verkopplung gibt. Wenn noch heute weithin die Empfindung vorherrscht, daß der Übergang zu dezentralen Energietechniken eine Utopie sei, da er dem gesamten modernen Systemtrend zur wachsenden Größe und Komplexität widerspreche, so ist diese Annahme nicht unbedingt historisch fundiert. Neue Systeme setzten sich vielfach deshalb durch, weil sie aus der Sicht des Benutzers einfacher wirkten; die erhöhte technische Komplexität war ein unerwünschter Nebeneffekt.

Da die Entwicklungsrichtung großer technischer Systeme nur teilweise technisch determiniert, zum meist größeren Teil aber Interpretationssache ist, müßte das Denken in Systemen eigentlich ein Denken in Alternativen bedeuten und die Systemplanung, richtig verstanden, auf Offenhaltung unterschiedlicher Optionen bedacht sein. Dem steht aber häufig der Umstand entgegen, daß ein bestehendes System gerade dann, wenn es technisch und sozial relativ perfekt ist, die Offenlegung und Wahrnehmung von Entscheidungsspielräumen verhindert, die seinen bisherigen Zustand in Frage stellen können. Große technische Systeme fördern die Herausbildung und Verfestigung eines an sie gebundenen *Expertentums*; vor allem in diesem soziologischen Sachverhalt besteht ihr »technologisches Momentum«. Da jedes Expertentum ein Element persönlicher Erfahrung enthält, verhalten sich diese Experten sogar korrekt, wenn sie in der Regel nicht über das System, dem sie ihre Erfahrungen verdanken, hinausdenken. Da sie den System-Diskurs unter sich halten wollen, neigen sie dazu, Entscheidungsspielräume in einer für Außenstehende nur schwer erkennbaren Weise zu formulieren. Während öffentliche Diskussionen in der Entstehungszeit eines Systems in der Regel allgemeinverständlich sind, da das Kommunikationsnetz der »Insider« noch in den Anfängen steckt und die Öffentlichkeit noch braucht, verschlechtert sich die Chance der öffentlichen Diskussion häufig im Zuge der Verfestigung eines Systems. Vor allem in dieser Beziehung hat sich in neuerer Zeit ein dramatischer Wandel vollzogen: Während sich im 19. Jahrhundert selbst Fachdiskussionen gewöhnlich in einer allgemeinverständlichen Gebildetensprache bewegten, zeichnet sich im 20. Jahrhundert die Expertensprache durch Unverständlichkeit für den Laien aus. Mehr als früher sind die mit bestimmten Technologien verbundenen Experten zu einem eigenen sozialen System geworden.

Dieser Vorgang kontrastiert mit der Tatsache, daß es für die Gesamtheit hochkomplexer Systeme, deren Funktionsweise mehrere technische Spezialdisziplinen berührt und dazu wesentlich von außertechnischen Faktoren abhängt, keine »Experten« im strengen Sinne gibt. Noch weniger gibt es Experten für die *Transzendierung* großtechnischer Systeme. Der seit langem bestehende Spezialisierungstrend der technischen Wissenschaften verringert eher noch die Chancen eines umfassenden Expertentums. Schon 1919 klagte der Berliner Maschinenbaulehrer Alois Riedler, künftige Technikhistoriker würden sich wundern, daß »Jahrzehnte nach dem Hochflug der wissenschaftlichen Technik« an den Technischen Hochschulen zwar Unter- und Oberbau der Eisenbahnen, Über- und Unterführungen gelehrt würden, »jedoch nichts von dem weltbestimmenden Verkehr und seinen Wirkungen«. Ihm sei es nicht einmal gelungen, »wenigstens einen Zusammenhang zwischen Dampfmaschinen und Brennstoffwirtschaft herzustellen«.[104] Fünfzig Jahre später erwies es sich beim Münchener U-Bahnbau als »schwierig«, geeignete Techniker zu finden: Die hochschulübliche »Spezialisierung macht sie rar«.[105] Ähnlich wie einst Riedler stellt Günther Ropohl fest, daß die Ingenieurwissenschaften »gegenüber allgemeinen Funktions- und Strukturprinzipien der technischen Systeme blind geblieben« seien.[106] Wieweit jedoch der Ausweg aus dem Entscheidungsdilemma von einem neuen, besseren Expertentypus zu erwarten ist, bleibt fraglich; prinzipielle Gründe sprechen dafür, daß umfassende Entscheidungsprozesse über strategische Fragen großtechnischer Systeme nur auf der Grundlage öffentlicher Diskussionen unter Beteiligung von Außenstehenden gelingen. Dieser »diskursive Politikstil« (Reinhard Ueberhorst)[107] erfordert seine Zeit; aber der Ehrgeiz, weltweit der Erste zu sein, widerspricht ohnehin der Entwicklungslogik großer technischer Systeme, die in der Regel nationalen oder regionalen Bedingungen angepaßt werden müssen und nie ein für allemal perfekt sind.

104 Riedler 1919, S. 130 f.
105 Zimniok 1981, Anm. 36, S. 29.
106 Ropohl 1988, S. 154.
107 Ueberhorst 1985, S. 356-395.

4. Literatur

Aldiss, Brian W./David Wingrove (1990), *Der Milliarden-Jahre-Traum*, Bergisch-Gladbach (zuerst 1973).

Allmann, Joachim (1989), *Der Wald in der frühen Neuzeit. Eine mentalitäts- und sozialgeschichtliche Untersuchung am Beispiel des Pfälzer Raumes 1500-1800*, Berlin.

Association des amis de la Maison Vauban (Hg.) (1990), *Vauban. Sa vie, son œuvre*, Saint-Léger-Vauban.

Bailey, Anne M./Josep R. Llobera (Hg.) (1981), *The Asiatic Mode of Production. Science and Politics*, London.

Bankhaus Schwarz, Goldschmidt & Co. (1928), *Aufbau und Entwicklungsmöglichkeiten der europäischen Elektrizitätswirtschaft*, Berlin.

Baroli, Marc (1969), *Le train dans la littérature francaise*, Paris.

Bartels, Christoph (1988), »Das Wasserkraft-Netz des historischen Erzbergbaus im Oberharz. Seine Schaffung und Verdichtung zu großtechnischen Systemen als Voraussetzung der Industrialisierung«, in: *Technikgeschichte* 55, S. 177-192.

Bayerl, Günter (1987), *Die Papiermühle*, Frankfurt am Main.

Behrens, Hedwig (1974), *Johann Dinnendahl (1780-1849)*, Neustadt an der Aisch.

Bergmann, Joachim (1987), »Technik und Arbeit«, in: Burkart Lutz (Hg.), *Technik und sozialer Wandel*, Frankfurt am Main.

Bertho-Lavenir, Catherine (1988), »The Telephone in France 1879-1979: National Characteristics and International Influences«, in: Renate Mayntz/Thomas P. Hughes (Hg.), *The Development of Large Technical Systems*, Frankfurt am Main/Boulder.

Berthold, Rudolf u.a. (Herausgeberkollektiv des Instituts für Wirtschaftsgeschichte der Akademie der Wissenschaften der DDR) (1990), *Produktivkräfte in Deutschland 1800 bis 1870*, Berlin.

Bettaque, Rolf/Karl A. Walter (Hg.) (1968), *Wasser – bedrohtes Lebenselement*, Zürich.

Boch, Rudolf (1990), *Die Entgrenzung der Industrie. Zur Industrialisierungsdebatte im rheinischen Wirtschaftsbürgertum 1814-1957*, Habilitationsschrift, Bielefeld.

Boelcke, Willi A. (1977), *Die Macht des Radios. Weltpolitik und Auslandsrundfunk 1924-1976*, Frankfurt am Main/Berlin.

Braudel, Fernand (1972), *The Mediterranean and the Mediterranean World in the Age of Philipp II.*, Bd. 1, London; deutsch: *Das Mittelmeer und die mediterrane Welt in der Epoche Philipps II.*, Frankfurt am Main 1990.

– (1986), *Sozialgeschichte des 15.-18. Jahrhunderts. Der Handel*, München.

Braun, Hans-Joachim (1980), »Gas oder Elektrizität? Zur Konkurrenz

zweier Beleuchtungssysteme, 1880-1914«, in: *Technikgeschichte* 47, S. 1-19.
Braun, Ingo (1994), »Geflügelte Saurier. Zur intersystemischen Vernetzung großer technischer Netze«, in diesem Band.
Breyer, Harald (1985), *Max von Pettenkofer*, Leipzig.
Caisse Nationale des Monuments Historiques et des Sites (Hg.) (1986), *Un canal … des canaux*, Paris.
Clairemont, Jean (Hg.) (1906), *Das Buch der Neuesten Erfindungen*, Berlin.
Coward, Walter (Hg.) (1980), *Irrigation and Agricultural Development in Asia. Perspectives from the Social Sciences*, Ithaca/London.
Cudahy, Brian J. (1988), *Under the Sidewalks of New York*, New York.
Czerwick, Edwin (1989), »Verwaltungsautomation, Verwaltungsreform und politische Steuerung. Zum Einsatz der neuen Informations- und Kommunikationstechniken in der öffentlichen Verwaltung der Bundesrepublik Deutschland«, in: *Neue Politische Literatur* 34.
Delaney, Ruth (1988), *Ireland's Inland Waterways*, Belfast.
Der Spiegel (1990), Heft 30; Heft 35.
Dudzik, Peter (1987), *Innovation und Investition. Technische Entwicklung und Unternehmensentscheide in der Schweizerischen Baumwollspinnerei. 1800 bis 1916*, Zürich.
Eichberg, Henning (1980), »Die Rationalität der Technik ist veränderlich. Festungsbau im Barock«, in: Ulrich Troitzsch/Gabriele Wohlauf (Hg.), *Technik-Geschichte*, Frankfurt am Main.
Emons, Hans-Heinz/Hans-Henning Walter (1984), *Mit dem Salz durch die Jahrtausende*, Leipzig.
Evans, Richard J. (Hg.) (1989), *Kneipengespräche im Kaiserreich. Stimmungsberichte der Hamburger Politischen Polizei 1892-1914*, Reinbek.
Evenson, Norma (1979), *Paris: A Century of Change, 1878 1978*, New Haven/London.
Fischer Weltgeschichte Süd- und Mittelamerika (1965), Band II, Frankfurt am Main.
Fischer-Homberger, Esther (1975), *Die traumatische Neurose. Vom somatischen zum sozialen Leiden*, Bern.
Flemming, Hans Walter (1957), *Wüsten, Deiche und Turbinen*, Göttingen.
Fogel, Robert W. (1964), *Railroads and American Economic Growth*, Baltimore.
Forester, Tom (1990), *Die High-Tech-Gesellschaft. Dreißig Jahre digitale Revolution*, Stuttgart.
Freiberger, Heinrich (1961), *Betrieb von Elektrizitätswerken*, Berlin.
Gesundheitsbehörde Hamburg (Hg.) (1928), *Hygiene und soziale Hygiene in Hamburg*, Hamburg.
Giesecke, Michael (1990), »Als die alten Medien neu waren. Medienrevolutionen in der Geschichte«, in: Rüdiger Weingarten, (Hg.), *Information ohne Kommunikation?*, Frankfurt am Main.

Godelier, Maurice (1978), »El concepto de ›Formacion economica y sociala‹: El ejemplo de los Incas«, in: Waldemar Espinoza Soriano (Hg.), *Los Modos de Produccion en el Imperio de los Incas*, Lima.

Haustein, W./Stumpf, B. (1935), *Hundert Jahre deutsche Eisenbahner. Die Geschichte eines Berufsstandes*, Leipzig.

Hayami, Akira/Yoshihiro Tsubouchi (Hg.) (1990), *Economic and Demographic Development in Rice Producing Societies*, Leuven.

Hegemann, Werner (1963), *Das steinerne Berlin*, Berlin (zuerst 1930).

Helbing, Heinrich (Hg.) (1925), *25 Jahre Emschergenossenschaft 1900-1925*, Essen.

Historisches Museum Frankfurt (Hg.) (1981), *Die Zweite Industrielle Revolution. Frankfurt und die Elektrizität 1800-1914*, Frankfurt am Main.

Hughes, Thomas P. (1983), *Networks of Power. Electrification in Western Society*, Baltimore/London.

– (1987), »The Evolution of Large Technological Systems«, in: Wiebe E. Bijker (Hg.), *The Social Construction of Technological Systems*, Cambridge/Mass., S. 51-82.

– (1989), *American Genesis*, New York.

Hughes, Thomas P./Agatha Hughes (1988), »Inventing Controls for Large Technological Systems«, in: Evelies Mayer (Hg.), *Ordnung, Rationalisierung, Kontrolle*, Darmstadt.

Illustrirte Zeitung (Leipzig) vom 11. 9. 1847 (»Das Eisenbahnnetz«), in: Krätz, Otto Paul/Gerd Giesler (Hg.), *Die Entwicklung der Eisenbahn im Spiegel der Leipziger Illustrirten Zeitung 1843-1870*, Weinheim 1985, S. 10.

Kirchner, Ulrich (1991), *Der Hochtemperaturreaktor. Konflikte, Interessen, Entscheidungen*, Frankfurt am Main.

Klenke, Dietmar (1993), *Bundesdeutsche Verkehrspolitik und Motorisierung. Konfliktträchtige Weichenstellungen in den Jahren des Wiederaufstiegs*, Stuttgart.

König, Wolfgang/Wolfgang Weber (1990), *Netzwerke und Strom, 1840-1914*, Berlin (*Propyläen Technikgeschichte*, Bd. 4).

Krabbe, Wolfgang R. (1983), »Die Entfaltung der kommunalen Leistungsverwaltung in deutschen Städten des späten 19. Jahrhunderts«, in: Jürgen Teuteberg (Hg.), *Urbanisierung im 19. und 20. Jahrhundert*, Köln/Wien.

– (1985), *Kommunalpolitik und Industrialisierung. Die Entfaltung der städtischen Leistungsverwaltung im 19. und frühen 20. Jahrhundert*, Stuttgart.

Kristl, Wilhelm Lukas (o.J.), *Der weiß-blaue Despot. Oskar von Miller in seiner Zeit*, München.

Künstlerhaus Wien (Hg.) (1986), *Lichtjahre. 100 Jahre Strom in Österreich*, Wien.

Lane, Frederic C. (1980), *Seerepublik Venedig*, München.

Le Roy Ladurie, Emmanuel (1969), *Les paysans de Languedoc* (gekürzte Ausgabe), Paris.

Leach, Edmund (1981), »Hydraulic Society in Ceylon«, in: Anne M. Bailey/Josep R. Llobera, *The Asiatic Mode of Production. Science and Politics*, London.

Lindner, Helmut (1985), *Strom*, Reinbek.

Link, Jürgen/Siegfried Reinecke (1987), »›Autofahren ist wie das Leben‹. Metamorphosen des Autosymbols in der deutschen Literatur«, in: Harro Segeberg (Hg.), *Technik in der Literatur*, Frankfurt am Main.

Lutz, Burghart (Hg.) (1987), *Technik und sozialer Wandel. Verhandlungen des 23. Deutschen Soziologentags in Hamburg 1986*, Frankfurt am Main.

Mager, Johannes (1990), *Johann Gottfried Borlach*, Halle.

Marx, A. R. W. (1845), *Pittoreske Ansichten des Ludwig-Donau-Main-Kanals*, Nürnberg.

Mayntz, Renate (1988), »Entwicklung großtechnischer Systeme am Beispiel von Btx im Drei-Länder-Vergleich«, in: *Verbund sozialwissenschaftlicher Technikforschung – Mitteilungen*, Heft 3.

Mayntz, Renate/Thomas P. Hughes (Hg.), *The Development of Large Technical Systems*, Frankfurt am Main/Boulder.

Mayr, Otto (1980), »Die Uhr als Symbol für Ordnung, Autorität und Determinismus«, in: Klaus Maurices/Otto Mayr (Hg.), *Die Welt als Uhr. Deutsche Uhren und Automaten 1550-1650*, München/Berlin, S. 1-9.

Meinecke, Friedrich (1957), *Die Idee der Staatsräson*, München.

Meißinger, Karl August (1930), *Friedrich List. Der tragische Deutsche*, Leipzig.

Mercier, Louis-Sébastien (1989), *Das Jahr 2440*, Frankfurt am Main (zuerst 1771).

Multhauf, Robert P. (1978), *Neptune's Gift. A History of Common Salt*, Baltimore.

Mumford, Lewis (1977), *Mythos der Maschine*, Frankfurt am Main (zuerst 1964).

Neue Westfälische vom 20. 3. 1989.

Ostendorf, Gregor (1990), *Die Geschichte der Vorhersagen im Bereich der Computertechnologie*, Magisterarbeit, Bielefeld.

Paulinyi, Akos (1982), »Der Technologietransfer für die Metallbearbeitung und die preußische Gewerbeförderung (1820-1850)«, in: Fritz Blaich (Hg.), *Die Rolle des Staates für die wirtschaftliche Entwicklung*, Berlin.

Paulinyi, Akos und Ulrich Troitzsch (1991), *Mechanisierung und Maschinisierung 1600-1840*, Berlin (*Propyläen Technikgeschichte*, Bd. 3).

Pfeiffer, Eduard (1937), *Technik der Stadt*, 3. Auflage, Stuttgart.

Pinon, Pierre (1986), »La longue durée du Canal de Bourgogne«, in: Caisse Nationale des Monuments Historiques et des Sites (Hg.), *Un canal … des canaux*, Paris.

Radkau, Joachim (1983), *Aufstieg und Krise der deutschen Atomwirtschaft 1945-1975. Verdrängte Alternativen in der Kerntechnik und der Ursprung der nuklearen Kontroverse*, Reinbek.
– (1986), »Zur angeblichen Energiekrise des 18. Jahrhunderts. Revisionistische Betrachtungen über die ›Holznot‹«, in: *Vierteljahresschrift für Sozial- und Wirtschaftsgeschichte* 73, S. 1-37.
– (1987), »›Ausschreitungen gegen Automobilisten haben überhand genommen‹. Aus der Zeit des wilden Automobilismus in Ostwestfalen-Lippe«, in: *Lippische Mitteilungen* 56, S. 9-26.
– (1988a), »Das überschätzte System. Zur Geschichte der Strategie- und Kreislauf-Konstrukte in der Kerntechnik«, in: *Technikgeschichte* 55, S. 207-215.
– (1988b), »Vom Wald zum Floß – ein technisches System? Dynamik und Schwerfälligkeit der Flößerei in der Geschichte der Forst- und Holzwirtschaft«, in: Hans-Walter Keweloh (Hg.), *Auf den Spuren der Flößer. Wirtschafts- und Sozialgeschichte eines Gewerbes*, Stuttgart, S. 16-39.
– (1989), *Technik in Deutschland*, Frankfurt am Main.
– (1990), »Revoltierten die Produktivkräfte gegen den real existierenden Sozialismus?«, in: *1990*, Heft 4, S. 13-42.
Radkau, Joachim/Ingrid Schäfer (1987), *Holz. Ein Naturstoff in der Technikgeschichte*, Reinbek.
Rammert, Werner (1989), »Der Anteil der Kultur an der Genese einer Technik: Das Beispiel des Telefons«, in: Forschungsgruppe Telekommunikation (Hg.), *Telefon und Gesellschaft*, Berlin.
– (1990), »Telefon und Kommunikationskultur. Akzeptanz und Diffusion einer Technik im Vierländervergleich«, in: *Kölner Zeitschrift für Soziologie und Sozialpsychologie* 42.
Reichow, Hans Bernhard (1948), *Organische Stadtbaukunst*, Braunschweig.
Riedler, Alois (1916), *Emil Rathenau und das Werden der Großwirtschaft*, München.
– (1919), *Wirklichkeitsblinde in Wissenschaft und Technik*, Berlin.
Riehl, Wilhelm Heinrich (1939), *Naturgeschichte des deutschen Volkes*, Stuttgart.
Risch, Friedrich (1948), *Heinrich von Stephan. Die Idee der Weltpost*, Hamburg.
Ritzau, Hans-Joachim (1987), *Schatten der Eisenbahngeschichte. Ein Vergleich britischer, US- und deutscher Bahnen*, Bd. 1, Pürgen.
Rolt, L. T. C. (1970), *Isambard Kingdom Brunel*, Harmondsworth.
Ropohl, Günter (1988), »Allgemeine Technologie der Netzwerke«, in: *Technikgeschichte* 55.
Salewski, Michael (1986), *Zeitgeist und Zeitmaschine. Science Fiction und Geschichte*, München.

Salesbury, Stephen (1988), »The Emergence of an Early Large-Scale Technical System: The American Railroad Network«, in: Renate Mayntz/Thomas P. Hughes (Hg.), *The Development of Large Technical Systems*, Frankfurt am Main/Boulder.
Sandgruber, Roman (1982), *Die Anfänge der Konsumgesellschaft*, Wien.
Schenkel, Wolfgang (1878), *Die Bewässerungsrevolution im alten Ägypten*, München.
Schnabel, Franz (1965), *Deutsche Geschichte im 19. Jahrhundert*, Bd. 6, Freiburg.
Schön, Erich (1987), *Der Verlust der Sinnlichkeit oder Die Verwandlungen des Lesers*, Stuttgart.
Schwarz, Tjard/Ernst von Halle (1987), *Die Schiffbauindustrie in Deutschland und im Ausland*, Bd. 1, Düsseldorf (zuerst 1902).
Segelken, Lüder (1937), *Großraumwirtschaft in der deutschen Gasversorgung*, München/Berlin.
Seneca, Lucius Annaeus (1984), *Von der Seelenruhe. Philosophische Schriften und Briefe*, hg. von Heinz Berthold, Frankfurt am Main.
Siebengebirgsmuseum Königswinter (Hg.) (1989), *Flößerei auf dem Rhein*, Königswinter.
Siemens-Schuckertwerke AG (Hg.) (1953), *Die Entwicklung der Starkstromtechnik bei den Siemens-Schuckertwerken*, München.
Simson, John von (1983), *Kanalisation und Städtehygiene im 19. Jahrhundert*, Düsseldorf.
Sombart, Werner (1954), *Die deutsche Volkswirtschaft im 19. Jahrhundert und am Anfang des 20. Jahrhunderts*, Darmstadt.
Stadler, Hans (1960), *Die Entwässerungsanlagen der Stadt Wien*, Wien.
Steitz, Walter (1974), *Die Entstehung der Köln-Mindener Eisenbahn*, Köln.
Stendhal, Henri (1991), *Mémoires d'un touriste. Reisen in Südfrankreich*, München.
Tissot, Samuel Auguste D. (1768), *Von der Gesundheit der Gelehrten*, Zürich.
Treue, Wilhelm (1984), *Wirtschafts- und Technikgeschichte Preußens*, Berlin/New York.
Tulard, Jean (1978), *Napoleon oder Der Mythos des Retters*, Tübingen.
Ueberhorst, Reinhard (1985), »Positionelle und diskursive Politik – die Bewährung einer demokratischen Technologiepolitik an den Chancen kritischer Argumente zur Brütertechnik«, in: Klaus Meyer-Abich/Reinhard Ueberhorst (Hg.), *Ausgebrütet – Argumente zur Brutreaktorpolitik*, Basel, S. 356-395.
Ure, Andrew (1861), *The Philosophy of Manufactures*, 3. Auflage, London.
Varrentrapp, Georg (1868), *Über die Entwässerung der Städte. Über Werth und Unwerth des Wasserclosetts*, Berlin.
Vasoldt, Manfred (1990), *Rudolf Virchow*, Frankfurt am Main.
VDI-Nachrichten (1988), Heft 42.

Waechter, Max (1902), *Die Kleinbahnen in Preußen*, Berlin.
Wagenbreth, Otfried/Eberhard Waechter (Hg. (1986), *Der Freiburger Bergbau – technische Denkmale und Geschichte*, Leipzig.
Walford, Edward (o.J.), *Old and New London*, Bd. 5, London (1877).
Weber, Max (1924), *Gesammelte Aufsätze zur Soziologie und Sozialpolitik*, Tübingen.
Weingart, Peter (1989), »›Großtechnische Systeme‹ – ein Paradigma der Verknüpfung von Technikentwicklung und sozialem Wandel?«, in: ders. (Hg.), *Technik als sozialer Prozeß*, Frankfurt am Main.
Wettich, Hans (1916), *Die Maschine in der Karikatur. Ein Buch zum Siege der Technik*, Berlin; Nachdruck Hannover 1983.
Wilson, Charles (1968), *Die Früchte der Freiheit. Holland und die europäische Kultur des 17. Jahrhunderts*, Mainz.
Wittfogel, Karl August (1931), *Wirtschaft und Gesellschaft Chinas*, 1. Teil: Produktivkräfte, Produktions-und Zirkulationsprozeß, Leipzig.
– (1977), *Die orientalische Despotie. Eine vergleichende Untersuchung totaler Macht*, Frankfurt am Main (zuerst 1957).
Wolf, Hans-Jürgen (1990), *Geschichte der graphischen Verfahren*, Dornstadt.
Zimniok, Klaus (1981), *Eine Stadt geht in den Untergrund. Die Geschichte der Münchener U- und S-Bahn im Spiegel der Zeit*, München.

Herbert Kubicek
Steuerung in die Nichtsteuerbarkeit
Paradoxien in der Entwicklung der Telekommunikation in Deutschland[1]

1. Einführung

Neben Strom- und Straßennetzen gilt das Fernsprechnetz als Infrastruktur und klassischer Fall eines großen technischen Systems.[2] In Deutschland waren 1991 33,6 Mio. Anschlüsse installiert, über die fast 42 Mrd. Verbindungen, davon etwa 1 Mrd. ins Ausland, getätigt worden sind.[3] Weltweit kann man ca. 500 Mio. Anschlüsse erreichen. Das Fernsprechnetz ist in den vergangenen Jahrzehnten jedoch nicht nur in seiner quantitativen Ausdehnung gewachsen, sondern wurde schrittweise auch um Funktionen der Daten-, Text-, Faksimile- und Bewegtbildübertragung erweitert. Dieser Funktionserweiterung über das Fernsprechen hinaus trägt die Bezeichnung Fernmeldenetz Rechnung, die zunehmend durch Telekommunikationsnetz ersetzt wird.

Dem weiteren Ausbau der Telekommunikationsnetze wird allgemein eine zentrale Rolle für die Bewältigung des wirtschaftlichen Strukturwandels von der Industrie- zur sogenannten Informationsgesellschaft zugeschrieben. Wirtschafts- und Technologiepolitik und auch Teile der Sozialwissenschaften stimmen darin überein, daß die Telekommunikationsinfrastruktur die Infrastruktur der Informationsgesellschaft ist und daß das wirtschaftliche Wohlergehen einzelner Regionen, der Bundesrepublik und der EG vom schnellen Aufbau einer leistungsfähigen Telekommunikationsinfrastruktur abhängt.[4]

1 Stark gekürzte Fassung eines Beitrags, der unter demselben Titel in der Reihe der Papers des Forschungsschwerpunkts »Technik, Arbeit, Umwelt« des Wissenschaftszentrums Berlin (FS II 93-504) erschienen ist.
2 Vgl. zum Beispiel die Beiträge in Mayntz/Hughes 1988 und La Porte 1991, sowie Mayntz 1988, 1993, und Joerges 1992.
3 Deutsche Bundespost Telekom 1992.
4 Vgl. die Aussagen von Politikern wie Hauff, Glotz, Späth, Schwarz-

In dieser Debatte dominiert eine seltsame Kombination aus mehreren von Joerges[5] allgemein für Diskurse über große technische Systeme ausgemachten Mythen. Generell wird angenommen, daß Telekommunikationssysteme gestaltbar sind und daß bestimmte technische und organisatorische Maßnahmen in überschaubarer Zeit berechen- und prognostizierbare Auswirkungen für Betreiber, Hersteller und Anwender der Telekommunikation haben. So soll eine bestimmte Umrüstung des Netzes in Verbindung mit einer Marktordnungs- und Organisationsreform dazu führen, daß eine Fülle neuer Telekommunikationsdienste angeboten und genutzt sowie neue Geräte produziert und gekauft werden und damit ein Markt entsteht, der noch in den neunziger Jahren die Größenordnung der Automobilindustrie überschreiten soll.[6] In bezug auf diese Gestaltbarkeitsthese gibt es einen partei-, branchen- und disziplinenübergreifenden öffentlichen Konsens.
Anders als in den Gründerzeiten, in denen heroisierte *system builders* ihre ganz persönlichen Visionen entwickelten und gegen Skepsis und zum Teil auch Widerstand zu realisieren versuchten, sind die dominanten Akteure heute in der Selbstdarstellung wie auch in der Auffassung vieler Sozialwissenschaftler Vollstrecker historischer, technologischer und/oder ökonomischer Entwicklungsgesetze. Technologisch wird von einer Konvergenz der bisher getrennten Bereiche der Datenverarbeitungstechnik und der Nachrichtentechnik gesprochen, die im Terminus Telematik (Kunstwort aus Telekommunikation und Informatik) ihren Ausdruck findet.[7] Auf der Ebene der Netzinfrastruktur wird von einer Evolution hin zu einem computergesteuerten und computergerechten Universalnetz gesprochen, das in mehreren Transformationsschritten entstehen soll, zu denen das aktuell eingeführte ISDN (Integrated Services Digital Network) gehört.[8] Diese

Schilling und Genscher, zitiert in Kubicek 1985 und 1988, oder auch von Sozialwissenschaftlern wie Bell 1979 und 1990, der von einer dritten industriellen Revolution spricht. Zur entsprechenden Begründung der EG-Telekommunikationspolitik vgl. Grünbuch 1987, sowie Ungerer 1989; zur Begründung der Postreform in Deutschland BMPT 1989.

5 Joerges 1992.

6 Vgl. die in Kubicek/Berger 1990, S. 47, zitierten Quellen.

7 Nora und Minc 1979.

8 Vgl. zum Gesamtkonzept: BPM 1984a, BMFT 1984; speziell zum ISDN: Irmer 1982, BPM 1984b.

technische Konvergenz erfordere ihrerseits eine Anpassung des bisher monopolartig organisierten und regulierten Telekommunikationsbereichs an den stets marktförmig organisierten und unregulierten Bereich der Datenverarbeitung. Diese Variante des technologischen Determinismus findet man nicht nur in den politisch-ideologischen Begründungen für die Postreform, sondern zumindest ansatzweise auch in sozialwissenschaftlichen Studien.[9]

Das integrierte Universalnetz und der Wettbewerb als Wachstumsmotor können als ungewöhnlich stabile Leitbilder für alle maßgeblichen Akteure bezeichnet werden.[10] Von technischen und/oder ordnungspolitischen Alternativen war in diesen Debatten in den achtziger Jahren kaum die Rede.[11] Das Ziel schien völlig klar. Weltweit waren sich Techniker, Ökonomen und zumeist auch Politiker einig. In Deutschland gab es in technologischer Hinsicht auch keinen Dissens zwischen Regierungskoalition und SPD. Im Hinblick auf die ordnungspolitische und organisatorische Reform widersprach nur ein der Gewerkschaft verbundener Teil der SPD den Plänen der Regierung und wurde überstimmt.

Die 1989 durchgeführte Postreform ging vielen Wirtschaftsvertretern und auch dem Postminister nicht weit genug, so daß schon nach kurzer Zeit im Ministerium die Postreform 2 vorbereitet wurde. Zehn Jahre nach den netztechnischen Grundsatzentscheidungen und fünf Jahre nach der institutionellen Reform ist die Erreichung der wirtschaftspolitischen Ziele nicht in Sicht. Im Gegenteil: Der Telekom und der fernmeldetechnischen Industrie geht es heute schlechter als damals, und neue, von einer großen Zahl von Unternehmen oder gar Haushalten akzeptierte Telekommunikations-Dienstleistungen sind bisher nicht entstanden. Die maßgeblichen Akteure halten dennoch an den technologischen und ordnungspolitischen Leitbildern der achtziger Jahre fest.

Die immer wiederholten Argumente, daß leistungsfähigere Technik und die Marktkräfte zu neuen und besseren Dienstleistungen und Arbeitsplätzen führen, überzeugen nicht. Sie tragen weder

9 Zum Beispiel Schneider 1991.
10 Zum Leitbildbegriff vgl. insbesondere Dierkes/Hoffmann/Marz 1992.
11 Vgl. als Ausnahme Kubicek/Mettler-Meibom 1988 sowie Kubicek 1989.

den Erfahrungen aus den letzten hundert Jahren des Aufbaus der Fernmeldenetze Rechnung noch den neuesten Reaktionen in den USA auf die technologische Konvergenz von Telefon und Kabelfernsehnetzen.

Im folgenden soll zuerst die Entwicklung hin zum technischen Leitbild des Universalnetzes geschildert werden, um dann zu fragen, ob dessen Realisierung durch die eingeleiteten ordnungspolitischen Maßnahmen flankiert oder eher konterkariert wurde und wird. Die zentrale These lautet, daß technische Anforderungen an vernetzte Datenverarbeitung und ökonomische Besonderheiten der Telekommunikation nicht hinreichend gewürdigt wurden. Gerade die zu beobachtende Fragmentierung der Netze erfordert eine starke Koordinierung und Regulierung der steigenden Anzahl von Akteuren. Dadurch, daß auch die Postreform 2 keine wirksamen Regulierungsstrukturen vorschlägt, wird die Krise des großen technischen Systems Telekommunikation noch verschärft. Eine der Paradoxien dieser Entwicklung besteht darin, daß erst die in den siebziger Jahren einsetzenden Versuche einer industrie- und medienpolitischen Instrumentalisierung der Deutschen Bundespost dazu geführt haben, daß die Chancen für eine wirtschaftspolitische Steuerung bei gestiegenem Steuerungsbedarf heute geringer sind als damals.

Eine kritische Analyse dieser Entwicklung soll nicht nur zum besseren Verständnis des Telekommunikationsbereichs beitragen. Sie erscheint auch für die allgemeinere Theorie großer technischer Systeme insofern von Bedeutung, als dieses Beispiel von gängigen Annahmen abweicht. So sind die derzeitigen Fragmentierungs- und Dispersionstendenzen weniger auf ungenügende Funktionserfüllung oder ökonomischen Mißerfolg zurückzuführen als vielmehr auf einen großen ökonomischen Erfolg, der Begehrlichkeiten weckt. Darüber hinaus kann am Beispiel Telekommunikation auch überprüft werden, nach welchen technischen und/oder organisatorischen Aspekten sinnvoll zu entscheiden ist, wann noch von einem großen technischen System und wann von mehreren großen technischen Systemen zu reden ist.

2. Telekommunikation als großes technisches System

2.1 Abgrenzungskriterien großer technischer Systeme

Ob sich das große technische System Telekommunikation zur Zeit noch in einer Wachstums- oder im Übergang zu einer Stagnationsphase befindet, ob es sich in einem Prozeß der Binnendifferenzierung oder einem Prozeß des Auseinanderfallens in mehrere Teilsysteme befindet, hängt von den Definitionen ab, die man zugrunde legt. Einigkeit scheint darüber zu bestehen, daß in einem großen technischen System technische und soziale Systemteile eng miteinander verbunden sind. Technische Elemente bilden die ökonomische Basis, bedingen aufgrund der möglichen Leistungen, besonderer Eigenarten und Störanfälligkeiten eine bestimmte Organisation. Sie sind Bezugspunkte, um Akteure zu definieren. So unterscheidet man in der Telekommunikation zum Beispiel Endgerätehersteller, Netzbetreiber, Diensteanbieter, Teilnehmer.

Als man noch das heute altmodisch klingende Wort Fernmeldewesen verwendete, war vieles klarer. Es ging technisch um Fernmeldeanlagen, die der Übertragung von Nachrichten über Grenzen einzelner Grundstücke dienten. Die Fernmeldenetze, ursprünglich das Telefon- und das Telegraphennetz, umfaßten die Endgeräte, Übertragungswege und Vermittlungseinrichtungen. Der Begriffsbestandteil »Wesen« verwies auf die organisatorische und rechtliche Komponente. Es gab nur eine einzige Betreiberorganisation, die Deutsche Bundespost, die voll integriert war in die Aufsichtsbehörde, das Bundesministerium für Post und Telekommunikation. Mit den Herstellern von Fernmeldeanlagen gab es stabile Kooperationsbeziehungen (sogenannte Amtsbaufirmen).

Diese monolithische Konfiguration mit ihrer Entsprechung von Technik und Organisation ist wohl einmalig für große technische Systeme. Von daher erscheint jede technische oder organisatorische Differenzierung als mögliche Auflösung. Der Bezeichnungswechsel zum Terminus Telekommunikation macht dies nicht einfacher, weil er rechtlich und ordnungspolitisch nicht eindeutig definiert ist. Diese begriffliche Unschärfe spiegelt eine gestiegene Komplexität des Gegenstandsbereichs und auch den herrschenden politischen Willen, die Grenzen fließend zu lassen, wider. Joerges[12] und Schneider[13] vertreten die Auffassung, daß eine enge technische Koppelung von technischen Artefakten über weite Entfernungen ein konstitutives Merkmal ist. Mayntz[14] macht demgegenüber an Beispielen wie Autoverkehr oder Solarenergie deutlich, daß eine physische Koppelung nicht zwingend ist. Wenn man den Begriff Telekommunikation weit faßt, dann gehören dazu auch die unterschiedlichen Funksysteme im Flugverkehr und der Schiffahrt sowie die Sondernetze für Hörfunk und Fernsehen, die weder untereinander noch mit dem Fernsprechnetz gekoppelt sind. So gesehen liegt die Bezeichnung Telekommunikation bzw. Fernmeldewesen auf derselben Ebene wie Energie- oder Verkehrssysteme und ist selbst in mehrere eigenständige große technische Systeme zu zerlegen, die wiederum unterschiedlich eng oder lose gekoppelt sein können.

Während es zumeist relativ gut gelingt, die Entstehung eines großen technischen Systems zu bestimmen, indem eine ganz bestimmte technische Erfindung als Anfang identifiziert wird, ist die Phase des Wandels und eventuellen Niedergangs von der Technik her nicht eindeutig zu bestimmen. Im Telefonnetz haben mehrfach technische Erneuerungen stattgefunden. Weil die Grundleistung dieselbe geblieben ist, sprechen wir nach wie vor vom selben großen technischen System. Auch wenn zentrale Organisationen zerteilt und Eigentumsverhältnisse verändert werden, bleibt es dasselbe große technische System. Als systembildend erscheint letztlich eine gewisse Strukturiertheit, Koordination oder Steuerungs- bzw. Regulierungsstruktur (*governance*), die technische Komponenten und soziale Organisation jeweils für sich und miteinander zusammenhält.

Der insbesondere vom Max-Planck-Institut für Gesellschaftsforschung in die Diskussion über große technische Systeme gebrachte Begriff der *governance* verliert allerdings dort an Aussagekraft, wo er in Anlehnung an die ökonomische Debatte den Markt als Organisationsform einführt. Wie insbesondere Schneider[15] ausführt, zeichnen sich große technische Systeme durch

12 Joerges 1988, 1992.
13 Schneider 1991.
14 Mayntz 1988.
15 Schneider 1992.

technische und soziale Regelstrukturen aus. *Governance* wird als Steuerung oder Regulierung gekennzeichnet. Dies setzt steuernde bzw. regulierende Instrumente und Akteure bzw. Institutionen voraus. Termini wie Markt und Selbstregulierung werden dabei oft in einem Atemzug mit Hierarchie, Netzwerk, Clan usw. genannt. In dem ursprünglich industrie- und wettbewerbspolitischen Kontext, in dem Williamson diese Terminologie entwickelt hat und wo es um staatliche Interventionen in die Wirtschaft ging, ist die Nicht-Intervention eine denkbare Alternative.

Im Kontext von großen technischen Systemen ist dies jedoch anders. Wenn es keinerlei institutionelle Klammer, explizite Organisation, Instanz mit Interventionsrechten gibt, kann man nicht von einem großen technischen System sprechen. So erscheint es wenig sinnvoll, alle Computer als ein großes technisches System Datenverarbeitung zu bezeichnen, das die *Governance*-Struktur des Marktes aufweist. Vielmehr sollen eine mehr oder weniger wirksame Steuerung auf bestimmte Ziele sowie technische und organisatorische Regelungswerke, die von Institutionen erlassen und hinsichtlich der Einhaltung auch überwacht werden, als konstitutiv dafür angesehen werden, ob man es mit einem oder mehreren großen technischen Systemen zu tun hat. Die Perspektive des großen technischen Systems soll dabei das Wechselspiel zwischen technischem und institutionellem Wandel besonders hervorheben.

2.2 Das Fernsprechnetz als technischer Kern

Aus Platzgründen ist es leider nicht möglich, hier die technische und die institutionelle Dimension im Detail und in ihrer historischen Entwicklung darzustellen.[16] Daher muß eine Beschränkung auf die begrifflichen Grundlagen und Fakten zur Beschreibung des technischen Kerns der Telekommunikation vorgenommen werden.

Als spezifische Funktion oder Leistung des großen technischen Systems Fernmeldewesen oder Telekommunikation definiert Schneider, »Kommunikation über große Entfernungen mittels

16 Vgl. dazu Werle 1990 sowie die Langfassung dieses Beitrags (Kubicek 1993).

Übertragung elektronischer Signale zu ermöglichen«.[17] Wenn man das Adjektiv elektronisch weit auslegt, schließt diese Definition einerseits die Briefpost aus, andererseits neben dem Telefon auch den Telegraphen und den Fernschreiber ein. Im Vordergrund der Betrachtung steht jedoch stets das Telefon.
Ein Fernsprechnetz besteht aus einer Reihe technischer Elemente, die nach technischen Gesichtspunkten und im Hinblick auf die Verkehrsbelastung gut aufeinander abgestimmt werden müssen (Abb. 1). Den Kern bilden Vermittlungsstellen, die Verbindungen zwischen Teilnehmeranschlüssen herstellen. Das Netz umfaßt mehrere hierarchisch geordnete und miteinander verbundene Vermittlungsstellen. Zumeist räumlich mit den Vermittlungssystemen zusammengelegt, aber funktional davon zu unterscheiden sind die Einrichtungen für die Gebührenermittlung und -abrechnung. Übertragungswege (Kabel, Verstärker, Richtfunk- und Satellitenanlagen) verbinden Vermittlungsstellen untereinander (Fernebene) sowie Teilnehmeranschlüsse mit Vermittlungsstellen (Ortsebene). Sprechstellen oder Telefone sind Teilnehmereinrichtungen oder sogenannte Endgeräte.

2.3 Diversifikationstendenzen in den siebziger Jahren

Im Laufe der Zeit sind die nationalen Fernmeldenetze fast über die gesamte Welt miteinander verbunden und weitestgehend für den Selbstwählverkehr ausgelegt worden. Nicht ohne Stolz sprechen Fernmeldeingenieure von der »größten Maschine der Welt«. Als Größenmaßstab dient dabei zumeist die Anzahl der Sprechstellen bzw. Anschlüsse, entweder in absoluten Zahlen oder pro 100 Einwohner.[18]
Dieses Wachstum war nur durch eine Reihe grundlegender technischer Innovationen in der Vermittlungs- und Übertragungstechnik möglich.[19] Mit zunehmender Telefondichte gewannen parallel technische Innovationen an Bedeutung, mit denen neue sogenannte Leistungsmerkmale für den Fernsprechdienst und zusätzliche Fernmeldedienste in das Netz aufgenommen wurden.

17 Schneider 1991, S. 22.
18 Vgl. zur Entwicklung in Deutschland seit 1885 zum Beispiel Thomas 1988, S. 185, oder Pattay 1993.
19 Vgl. zum Beispiel Oberliesen 1982; Werle 1990.

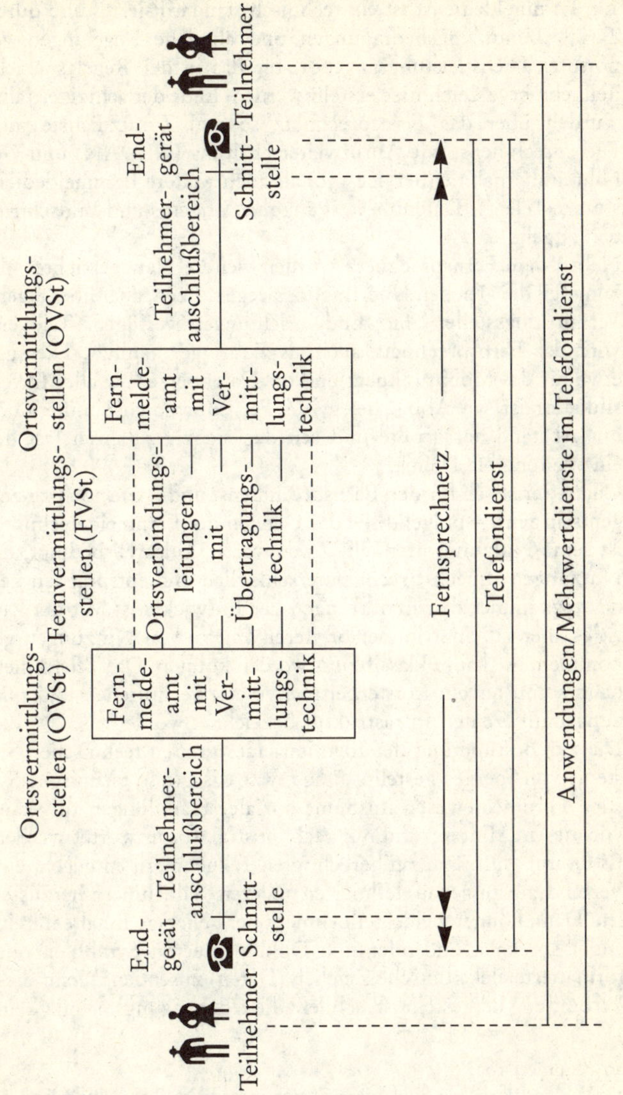

Abb. 1: Technische Elemente des Fernsprechnetzes

Ein Fernmeldedienst ist ein technisch standardisiertes und durch Tarife, Benutzungsbedingungen und ähnliche Regelungen genormtes Dienstleistungsangebot, für das in der Regel spezielle Teilnehmerverzeichnisse erstellt werden. Ende der achtziger Jahre wurden über das Fernsprechnetz sowohl Zusatzdienste zum Fernsprechdienst wie Anrufweiterschaltung (GEDAN) und Gebührenübernahme (Service 130) als auch weitere Fernmeldedienste wie Telefax, Datenübertragung mit Modems und Bildschirmtext angeboten.

Neben dem Fernsprechnetz wurden weitere Netze errichtet, die zum Teil die gleichen Übertragungswege nutzen, aber über eigene Vermittlungsstellen und Endeinrichtungen verfügen. Teilweise wird das Fernsprechnetz auch als Zubringer genutzt. Dies gilt etwa für das Mobilfunknetz und die Datennetze. Bei aller Diversifikation ist, wie Abb. 2 belegt, der Fernsprechdienst immer noch mit Abstand der größte und seit den siebziger Jahren fast der einzige rentable Dienst.

Charakteristisch für den Fernsprechdienst und – wie noch zu zeigen sein wird – prägend für das Denken der Fernmeldetechniker ist seine Nutzungsoffenheit. Zwar waren, kulturell bedingt, die Nutzungen zunächst recht unterschiedlich und entsprachen keineswegs immer den Erwartungen der Entwickler.[20] Mit der Zeit ist es aber zu einer immer breiteren Palette von Nutzungen gekommen, die kaum klassifiziert werden können. Das Telefonnetz kann somit als ein Musterbeispiel einer zweckoffenen und nutzungsindifferenten Infrastruktur bezeichnet werden.[21]

Die zur Bestimmung der Identität eines großen technischen Systems von Joerges gestellte Frage, was das große technische System Fernmeldewesen im Sinne sozialer Handlungen tut, kann vor diesem Hintergrund nur recht abstrakt beantwortet werden: Es nimmt Aufträge von berechtigten Teilnehmern entgegen, eine Verbindung zu genau definierten anderen Teilnehmern herzustellen. Dann können beide Teilnehmer über beliebige Inhalte miteinander sprechen und/oder sich Dokumente mit Symbolen oder formatierte elektronische Zeichen (Daten) zusenden. Wenn diese Verbindung hergestellt ist, schließt die Übertragungstechnik keine

20 Rammert 1990.

21 Vgl. ausführlicher Pool 1981; Forschungsgruppe Telefonkommunikation 1989.

	1982	1984	1986	1988	1990	1991	1992
Fernsprechdienst (Mio)	22,6	24,4	26,2	27,8	31,9	33,6	35,3
davon ABL					30,0	31,2	k. A.
NBL					1,9	2,4	k. A.
Andere Dienste (Tsd)							
Telefax							
Datenübertragung im Fernsprechnetz	10,2	17,5	43,8	197,2	696,2	946,2	1 172,7
Bildschirmtext	54,7	71,2	105,6	160,8	–*	–*	–*
Datex L	–	21,3	58,4	146,9	259,8	302,3	340,4
Datex P	9,1	14,5	18,4	21,6	24,2	24,7	23,4
Telex	1,7	7,0	17,0	35,3	56,5	69,0	81,8
Teletex	150,5	157,4	167,3	158,3	134,5	111,9	79,7
Hauptanschluß für Direktruf	1,7	8,5	15,5	19,1	16,3	14,1	10,8
ISDN Kanäle	94,5	108,6	145,5	184,7	231,0	–**	–**
Basis-Anschlüsse				5,6	34,0	285,8	616,8
Primär-Multiplex-Anschluß				1,4	7,6	59,1	138,8
Mobilfunk (B-, C-Netz)				0,1	0,6	5,6	11,3
				123,1	292,6	546,6	782,0

* nach Aufhebung des Modem-Monopols nicht mehr erfaßt
** statistische Erhebung eingestellt

Abb. 2: Entwicklung der Anschlußzahlen ausgewählter Fernmeldedienste[22]

Kommunikationsinhalte aus, die in akustischen Signalen abgebildet werden können.[23] In diesem Sinne ist das Netz nutzungsoffen oder nutzungsindifferent. Das technische System ist darauf ausgerichtet, daß die von den Teilnehmern gesendeten Signale auf dem

22 Quellen: DBP-Geschäftsberichte und -Presseerklärungen; mündliche Auskünfte.

23 Damit soll nicht verdeckt werden, daß die Reduzierung auf akustische Signale gegenüber dem unmittelbaren Gespräch eine beachtliche Einschränkung sein kann und in der Regel auch die Wahl der Inhalte, die Formulierungen und den Ablauf eines Telefongesprächs beeinflußt.

Übertragungsweg und bei der Codierung und Decodierung möglichst nicht verfälscht werden. Es garantiert aber keineswegs, daß die beiden Teilnehmer sich verstehen können. Man kann diese Funktionen mit den Handlungen eines Boten vergleichen. Einige der normativen rechtlichen Anforderungen an Technik und Personal, wie das Fernmeldegeheimnis, resultieren genau aus dieser Zwischenschaltung Dritter in der Kommunikation.
Die technische Entwicklung kann als Aufwärtstransformation im Sinne von *scale and scope* gekennzeichnet und anhand von drei Dimensionen beschrieben werden (vgl. auch Abb. 3):
(1) Die Zahl der angeschlossenen und damit auch erreichbaren Teilnehmer ist sowohl durch die Verdichtung des inländischen Netzes als auch durch den Anschluß immer weiterer ausländischer Netze, die ihrerseits ebenfalls immer dichter werden, ständig gestiegen. Mit dem Ausbau der Fernmeldenetze in Osteuropa steht noch einmal eine deutliche Größensteigerung bevor.
(2) Der Leistungsumfang kann zum einen hinsichtlich der Kommunikationsmedien beschrieben werden. Wie geschildert fand eine Ausweitung dieser Medien durch neue Endgeräte und zum Teil auch neue Netze statt. Die einzelnen Medien stehen in keiner ordinalen Beziehung zueinander, sondern sind in etwa in der historischen Abfolge ihrer Einführung genannt, die aktuell noch in bezug auf bewegte Bilder (schwarz-weiß und farbig) ausgeweitet wird.
(3) Daneben kann der Leistungsumfang durch die Funktionalität des Netzes beschrieben werden. Die bisherige und zukünftige Ausweitung soll in vier Stufen untergliedert werden, die historisch und logisch kumulativ aufeinander aufbauen. Während das Netz zunächst nur die Übertragung von Signalen erlaubte und die Vermittlung manuell erfolgen mußte, kam in einer zweiten Stufe die automatische Vermittlung zu einem vom Teilnehmer ausgewählten anderen Teilnehmer hinzu. In einer dritten Phase kommen seit einiger Zeit zuvor noch manuell erbrachte Zusatzleistungen wie das Zusammenschalten von Konferenzen oder die Anrufweiterleitung, beim Telefax und Telex das Rundsenden oder bei der Datenübertragung die Protokollanpassung hinzu. Eine vierte Stufe kann schließlich im Zusammenhang mit neuen Mobilfunknetzen darin gesehen werden, daß diese Netze einen gewünschten Teilnehmer auch automatisch suchen, ohne daß der Anrufer sagen muß, wo sich der gewünschte Partner zur Zeit auf-

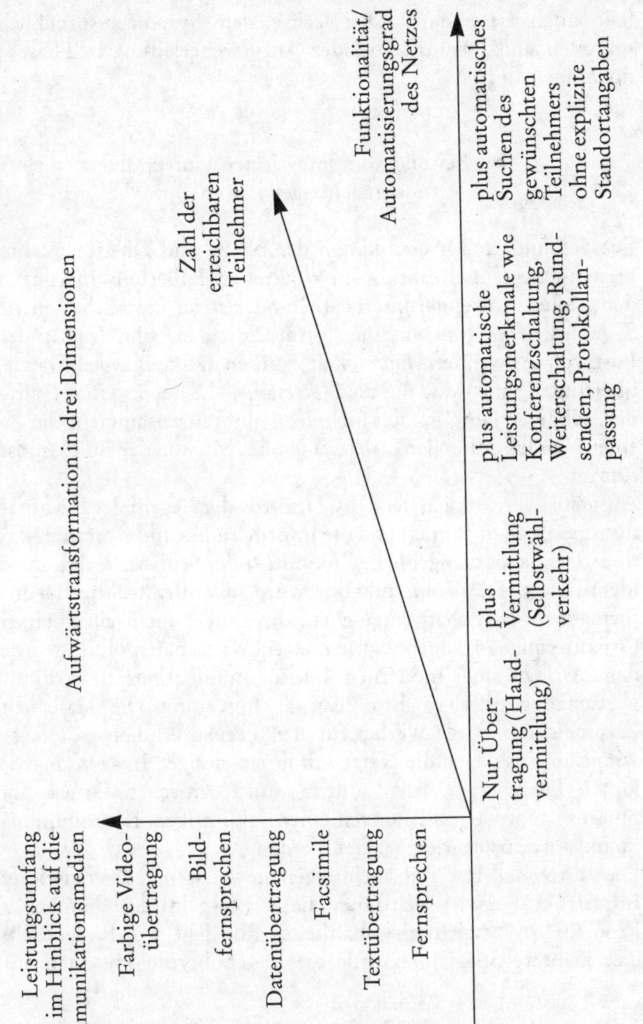

Abb. 3: Aufwärtstransformation des Fernsprechnetzes

hält, noch dieser einen Ortswechsel dem System ausdrücklich mitteilen muß, wie dies bei der Anrufweiterleitung in Phase 3 noch der Fall ist.

2.4 Das Leitbild vom integrierten Universalnetz in den achtziger Jahren

Die geschilderte Diversifikation der Netze und Dienste war im wesentlichen eine Reaktion auf konkret artikulierte Forderungen der großen Anwenderunternehmen oder sogar das nachträgliche Standardisieren von Nutzungsformen, die ganz ohne Zutun der Post von Anwendern entwickelt wurden (zum Beispiel Datenübertragung mit Modems und Telefax).[24] In der zweiten Hälfte der siebziger Jahre kamen mehrere Faktoren zusammen, die zu einer Neudefinition der Zielsetzung oder Mission der Bundespost führten.

Ausgelöst von Studien der OECD wurde der Begriff der Informationsgesellschaft geprägt und die Informations- und Kommunikationstechnik als maßgebliche Zukunfts- oder Schlüsseltechnologie identifiziert. Telekommunikation wurde als Infrastruktur der Informationsgesellschaft angesehen. Im Zuge einer allgemeinen Orientierung an angebotsorientierter Wirtschaftspolitik wurde dem Ausbau einer modernen Telekommunikationsinfrastruktur wirtschaftspolitisch höchste Priorität eingeräumt. Die staatlichen Fernmeldemonopole warfen für den Fernsprechdienst die Gewinne ab, aus denen die Netze mit ihrem riesigen Investitionsvolumen finanziert werden sollten. Auf politischen Druck hin mußten langfristige Planungen einer zukünftigen Telekommunikationsinfrastruktur eingeleitet werden.[25]

Die durch Ad-hoc-Entscheidungen gewachsene, diversifizierte Infrastruktur erwies sich unter dieser Perspektive als doppeltes Problem. In betriebswirtschaftlicher Hinsicht wurde deutlich, daß mehrere Spezialnetze für die Datenübertragung auch auf

24 Vgl. ausführlicher Weigand 1993.

25 Dies schlug sich in Forschungsprogrammen, wissenschaftlicher Politikberatung, Enquête-Kommissionen und ähnlichem nieder, in Deutschland auch in der zeitweiligen Unterstellung des Postministeriums und des Forschungsministeriums unter einen Minister. Vgl. Werle 1990.

lange Sicht nicht rentabel werden würden, wenn sie alle flächendeckend angeboten werden müssen, sich die Teilnehmer aber stark verteilen. In bestimmten Teilbereichen wären solche Spezialnetze jedoch durchaus rentabel zu betreiben, so daß sie für private Investoren interessant wären. Zudem wollten maßgebliche Unternehmen der Datenverarbeitungsindustrie eine Ausweitung des Fernmeldemonopols auf die Datenübertragung und damit deren technische Reglementierung verhindern und klagten vor dem Bundesverfassungsgericht. Dieses stellte damals den Versorgungsauftrag in den Vordergrund und bestätigte die Auffassung der Post von einem weiten Monopolbereich. In den USA setzte jedoch bereits die Auflösung des Monopols von AT&T ein. In Deutschland begann eine überwiegend medienpolitisch motivierte Debatte über die Zulassung privater Kabelfernsehnetze.

In dieser strategisch schwierigen Situation schien eine technologische Entwicklung die Lösung aller Probleme für die Telekommunikationsorganisationen zu eröffnen. Die digitale Übertragungstechnik, die heute von CD-Platten, Photo-CD und ähnlichem bekannt ist, eröffnete die Möglichkeit, Sprache, Daten, Texte und Bilder in derselben physikalischen Form digitaler Signale zu übertragen und damit alle bisherigen sowie zukünftige neue Dienste (zum Beispiel Bildfernsprechen, Fernzeichnen) in einem einzigen Netz zu integrieren. Dieses integrierte Universalnetz könnte eine hohe Auslastung erreichen und langfristig für den Betreiber so gewinnbringend werden, wie es das Fernsprechnetz nach einigen Jahrzehnten geworden war. Und, so die öffentlich weniger deutlich ausgesprochene weitere Annahme, die technische Integration aller Dienste in einem Netz würde keine Möglichkeit zur Ausgliederung von Teilnetzen aus dem Fernmeldemonopol erlauben und somit eine technologische Barriere gegen Privatisierungsabsichten aufbauen.

Die über Jahrzehnte zu verteilenden Investitionen für ein solches flächendeckendes Universalnetz sollten nicht nur der fernmeldetechnischen Industrie eine neue Wachstumsphase bescheren, sondern auch den Absatz informationstechnischer Geräte in Kleinbetrieben und Privathaushalten befördern und darüber dem Produktions- und vor allem dem Dienstleistungsbereich neue Rationalisierungsmöglichkeiten eröffnen.

Diese Überlegungen wurden in fast allen westeuropäischen Ländern mehr oder weniger ähnlich angestellt. In Deutschland mit

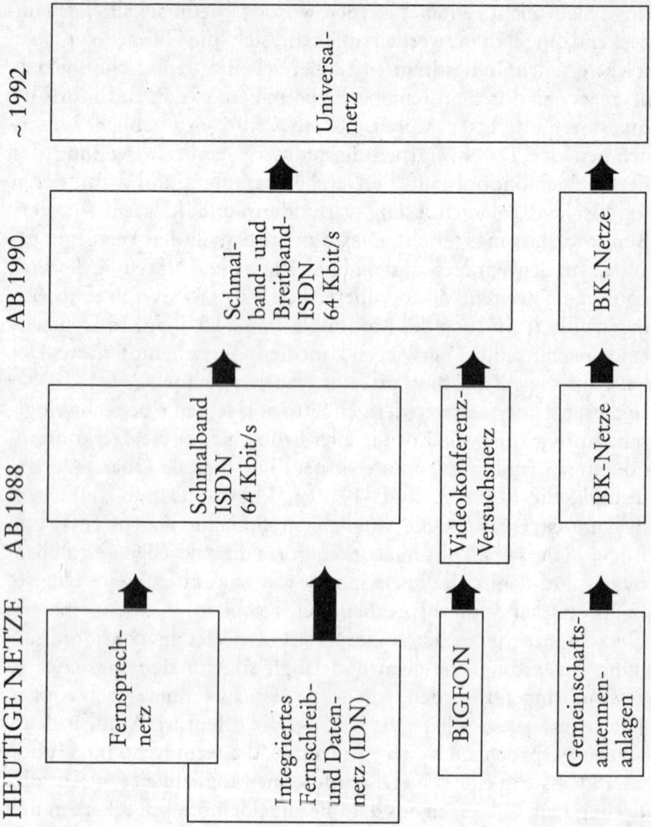

Abb. 4: Plan der Deutschen Bundespost für die stufenweise Integration der Fernmeldenetze[26]

einer traditionell starken und exportorientierten Fernmeldeindustrie, die technologisch gerade eine schwere Schlappe eingesteckt hatte, wurden sie jedoch besonders ambitiös in Planungen umgesetzt. 1984 veröffentlichte das Bundespostministerium seine Konzeption für den Ausbau der Telekommunikationsinfrastruktur, der in vier technischen Etappen und über 30 Jahre verteilt zu einem Anschluß von jedem Betrieb und jedem Privathaushalt an ein Integriertes Breitband-Fernmeldenetz (IBFN) auf Glasfaserbasis führen sollte, über das Telefongespräche und Datenübertragung ebenso vermittelt werden sollten wie Fernsehen und Hörfunk (vgl. Abb. 4).

Dieser Ausbauplan, der in der Mitte der achtziger Jahre Gegenstand heftiger gesellschaftspolitischer Kritik wurde, muß als Kern und Maßstab einer neuen Telekommunikationspolitik gelten. Er kann aus Platzgründen hier ebenfalls nicht ausführlicher beschrieben werden. In Abb. 4 sind die vier Ausbaustufen wiedergegeben.[27] Diese Ausbaustufen wurden so auch auf EG-Ebene übernommen. Einheitliche technische Standards für das Schmalband-ISDN und das Breitband-ISDN sollten nicht nur eine einheitliche Telekommunikationsinfrastruktur für die EG schaffen, sondern über dieses Marktvolumen zu Kostendepressionen führen, die der europäischen Telekommunikationsindustrie Erfolge im Auslandswettbewerb mit den USA und Japan ermöglichen sollten.

3. Ordnungspolitische Flankierung oder Konterkarierung?

Schon bei der Regierungsübernahme durch die konservativ-liberale Regierungskoalition hatte Bundeskanzler Kohl, vor allem aus medienpolitischen Gründen, eine Liberalisierung des Fernmeldemonopols und eine Privatisierung der Bundespost angekündigt. In der Folgezeit wurde diese Ordnungspolitik als zwingend notwendige Flankierung der technologiepolitischen Maßnahmen dargestellt. Aus heutiger Sicht sieht es jedoch eher so aus, als seien dadurch die wirtschaftspolitischen Ziele konterkariert worden.

26 Quelle: DBP.

27 Zum technischen Inhalt vgl. BPM 1984; Kubicek/Rolf 1985; zum wirtschafts- und gesellschaftspolitischen Stellenwert vgl. Kubicek 1985 und 1988; zur Funktion, die dieses Leitbild für die Post- und Industriepolitik hatte, insbesondere Klumpp/Rose 1991.

3.1 Das Credo Wachstumsförderung durch Deregulierung

Seit Beginn der achtziger Jahre mußte die Deutsche Bundespost mehrfach Rückschläge bei der Einführung neuer Telekommunikationsdienste hinnehmen. In der wirtschaftspolitischen Diskussion wurde die Ursache schnell in der durch Monopol und Bürokratie verursachten geringen Innovationsneigung und -fähigkeit ausgemacht. Das erhoffte wirtschaftliche Wachstum auf den Märkten für Endgeräte und neue Telekommunikationsdienste könne daher nur erreicht werden, wenn das Fernmeldemonopol aufgehoben und private, innovationsfreudige oder -fähige Anbieter zugelassen würden.

Argumentativ untermauert wurde diese Deregulierungsforderung zum einen empirisch und zum anderen technologisch. So wurde darauf verwiesen, daß die zu dieser Zeit in Großbritannien gerade durchgeführte Deregulierung binnen kurzer Zeit zu einer großen Anzahl neuer sogenannter Mehrwertdienste (*value-added services*) geführt habe. Diese zeichnen sich dadurch aus, daß sie die traditionelle Übertragungsleistung mit einer Verarbeitungs- und/oder Zwischenspeicherungsleistung verknüpfen. Beispiele sind elektronische Post oder elektronisches Bezahlen und Bestellen. Diese neuen Dienste verdeutlichen auch das technologische Argument. Sie gelten als Beispiele dafür, daß die traditionell getrennten und ordnungspolitisch bisher ganz unterschiedlich geregelten Bereiche des Fernmeldewesens und der Datenverarbeitung technologisch zusammenwachsen und daher einer einheitlichen Regelung bedürfen. Weil offensichtlich sei, daß nicht alle diese elektronischen Dienstleistungen dem Fernmeldemonopol unterworfen werden können, bleibe nur der umgekehrte Weg, auch die traditionell im Monopol erbrachten Übertragungsleistungen dem in der Datenverarbeitung immer schon üblichen Wettbewerb zu überlassen.

Nur mit Rücksicht auf den hohen Investitionsbedarf für die technische Modernisierung der Netze wurde in Deutschland in Übereinstimmung mit den Empfehlungen der EG-Kommission ein eingeschränktes Netzmonopol und das Monopol für den einfachen Fernsprechdienst noch erhalten. Alle Endgeräte, alle Telekommunikationsdienste bis auf das einfache Fernsprechen wurden voll und ganz dem Wettbewerb überlassen. Das Netzmonopol wurde insofern eingeschränkt, als in sogenannten Randbereichen, als Beispiel wurden Satellitenverbindungen genannt, auch Private Übertragungswege errichten und betreiben dürfen. Außerdem wurde vereinbart, daß im Bereich des Mobilfunks eine Lizenz an mindestens einen weiteren Netzbetreiber zu erteilen ist.[28]

3.2 Die Grenzen des Marktes bei Anwendungen und Diensten

Zutreffend an der Kritik an der Deutschen Bundespost ist ohne Zweifel, daß diese immer dann, wenn sie intensiv auf die Gestaltung eines Fernmeldedienstes Einfluß genommen hat, mit Riesenaufwand nur einen Zwerg auf die Welt gebracht hat. Die beiden einzigen Telekommunikationsdienste, die seit den siebziger Jahren erfolgreich eingeführt wurden, die Datenfernübertragung mit Modems und das Fernkopieren, zeichnen sich dadurch aus, daß sie zunächst als Anwendungen des Fernsprechdienstes von Teilnehmern entwickelt und erprobt und erst dann ohne netztechnische Konsequenzen als rechtlich definierte Dienste eingeführt wurden.[29] Aber aus dieser empirisch richtigen Feststellung folgt weder, daß die Fehlschläge mit anderen Diensten vor allem auf das Monopol zurückzuführen sind, noch daß eine Wettbewerbsordnung zu erfolgreicheren Diensten geführt hätte. Das oft als Paradebeispiel für erfolgreiche Diensteeinführung genannte französische Minitel-System wurde unter den Bedingungen des Monopols eingeführt. Auch Hinweise, daß zum Beispiel in Großbritannien nach der Deregulierung über 100 neue Mehrwertdienste entstan-

28 Vgl. zu beiden Reformmaßnahmen insbesondere den Bericht der Regierungskommission Fernmeldewesen (1987), den Einführungstext zum Gesetz zur Neustrukturierung des Post- und Fernmeldewesens (BMPT 1989), die umfassende kritische Analyse von Grande (1989) sowie die Langfassung dieses Beitrags (Kubicek 1993). Die gleichzeitig beschlossene und in den Quellen behandelte Organisationsreform führte zu einer Trennung zwischen Dienstleistungen und Regulierung. Die Dienstleistungen in den Bereichen Briefpost, Telekommunikation und Giroverkehr wurden drei selbständigen öffentlichen Unternehmen übertragen. Dem neubenannten Ministerium für Post und Telekommunikation wurden Regulierungsaufgaben übertragen.

29 Weigand 1993.

den sind, sagen zunächst nicht viel, weil keiner dieser neuen Dienste nennenswerte Teilnehmerzahlen erreicht hat. Oft ist auch die Grenze zwischen Diensten und Anwendungen fließend. Wenn jede Mailbox auf der Basis der Datenfernübertragung mit Modems als Dienst gezählt wird oder gar jeder Ansagedienst im Fernsprechnetz, dann ist man schnell bei einer großen Anzahl von Diensten. Ebenso bleibt völlig ungewiß, welchen Einfluß neue Telekommunikationsdienste auf die Wettbewerbsfähigkeit von Herstellern und Anwendern haben. Die immer wieder beschworene Glaubensformel, daß der Wettbewerb schon allen nützen werde, ist zu undifferenziert und verdeckt strukturelle Konfliktfelder.

Eines dieser Konfliktfelder wurde in dem interdisziplinären Projekt Optionen der Telekommunikationspolitik bei der Gegenüberstellung verschiedener Entwicklungspfade wie folgt herausgearbeitet[30]:

- Wenn es darum geht, neue Massendienste zu schaffen, die die Nachfrage nach Endgeräten in Millionenhöhe anregen und damit der Herstellerindustrie nennenswerte Märkte eröffnen, dann bedarf es dazu erheblicher Vorleistungen und eines langen Atems, der nur aus den Gewinnen des Fernsprechmonopols gespeist werden kann.
- Eine Deregulierung führt hingegen dazu, daß relativ schnell viele kleine Spezialnetze, -dienste und -anwendungen entstehen, die einzelnen Herstellern Absatznischen und einigen Anwendergruppen Rationalisierungs- und Wettbewerbschancen eröffnen, volkswirtschaftlich aber nicht ins Gewicht fallen.

Zum Teil sind diese Annahmen auch in der deutschen Postreform und der EG-Telekommunikationspolitik zu erkennen. Die Erhaltung des Netzmonopols und des Monopols für den Telefondienst wurden damit gerechtfertigt, daß nur so die enormen Investitionen für den Netzausbau (Digitalisierung und Glasfasereinsatz) finanziert werden können. Im Hinblick auf die Telekommunikationsdienste hat sich hingegen der uneingeschränkte Glaube an die Marktkräfte durchgesetzt. Dieser Glaube ist zunächst deswegen schwer zu überprüfen und zu erschüttern, weil es keine klare und anerkannte Definition des Begriffs Telekommunikationsdienst gibt. Unter Monopolbedingungen war dies insofern einfach, als

30 Kubicek/Mettler-Meibom 1988.

die Deutsche Bundespost per Verordnung bestimmte, was als ein Fernmeldedienst zu begreifen ist.
Bei den Versuchen, Monopol- und Wettbewerbsbereiche abzugrenzen, wurde teilweise die Unterscheidung zwischen Basisdiensten und Mehrwertdiensten herangezogen. Mehrwertdienste (*Value Added Network Services*) sollen sich von Basisdiensten dadurch unterscheiden, daß zu der Übertragungsleistung noch eine Verarbeitungsleistung (Speicherung, Abruf, Verarbeitung von Daten) hinzukommt. Dabei handelt es sich um Anwendungen der Basisdienste, in der Regel für einen nicht abschließend definierten Nutzerkreis mit speziellen Verträgen. Beispiele sind Mitteilungsdienste (inkl. Mailboxen), Transaktionsdienste wie beim elektronischen Bezahlen mit Karten oder Informationsdienste wie Online-Datenbanken.[31]
Mitteilungsdienste und Mailboxen gab es schon vor der Deregulierung in großer Zahl. Sie unterschieden sich nicht nur hinsichtlich des Leistungsumfangs und der Preise, sondern auch technisch. Wer Teilnehmer einer Mailbox wird, kann noch lange nicht die Teilnehmer anderer Mailboxen erreichen. Der Nutzen von TK-Diensten steigt jedoch mit der Zahl der erreichbaren Teilnehmer. Diese ist bei vielen Systemen gering. Hinzu kommt, daß zum Teil die Investitionen verloren sind, wenn man von einem Anbieter zu einem anderen wechselt.
Auch wenn in der Literatur häufiger von elektronischen Märkten die Rede ist, so hat man es in der Telekommunikation (auch im Unterschied zu anderen Infrastruktursystemen) mit besonderen Bedingungen zu tun, die die Wirkungen des Marktmechanismus beschränken. Zum einen hängt der Nutzen eines Anschlusses für einen potentiellen Teilnehmer davon ab, wieviele seiner Kommunikationspartner er über diesen Dienst erreichen kann, das heißt, das Verhalten der einzelnen potentiellen Teilnehmer hängt voneinander ab, und so entsteht ein typisches Flaschenhalsproblem, das es auf vielen anderen Märkten und etwa auch beim Fernsehen als einer Form der Telekommunikation so nicht gibt. Zum anderen verdeckt die Bezeichnung Elektronische Märkte den für Anwendernetze erforderlichen hohen Abstimmungsbedarf und die hohen Eintritts- und Austrittskosten zwischen den Teilnehmern, die

31 Vgl. dazu Bohm/Schön/Tenzer 1987; SCICON Networks 1989; Stoetzer 1991.

es angemessener erscheinen lassen, von elektronischen Netzwerken[32] oder Informationsverarbeitungsverbünden[33] zu sprechen.[34] Für diese können vor allem zwei Entstehungsmuster und Grundstrukturen unterschieden werden.[35] Zum anderen wird der Eindruck genährt, solche Netze entstünden im wesentlichen dadurch, daß einzelne Anbieter ihr Angebot anbieten und dann Nachfrage finden.

Proprietäre Netze

Durch Öffnung einer elektronischen Hierarchie (zum Beispiel eines konzerneigenen Netzes) oder durch einen Dienstleister entsteht ein Netz mit einem zentralen DV-System, an dessen technische Eigenschaften sich alle Nutzer anpassen müssen. Beispiele für ein solches proprietäres Anwendernetz sind etwa die Kreditkartensysteme mit Autorisierung über Kreditkartentelefone, Bestellsysteme über vom Lieferanten bereitgestellte Terminals, aber auch Mailboxen oder Online-Datenbanken. Hier gibt es zwar marktähnliche oder tatsächlich marktliche Strukturen, aber bei recht geringen Teilnehmerzahlen. Der Wettbewerb ist begrenzt, weil mit der jeweils eingesetzten Technik die Konkurrenten des Anbieters zumeist nicht erreicht werden können.

Verbundnetze mit Dienstleistern

Die Idealvorstellung läuft darauf hinaus, daß alle Anbieter denselben technischen Standard nutzen und die Kunden daher viele andere Teilnehmer erreichen sowie schnell und mit geringen Kosten zu anderen Anbietern wechseln können. Dazu müßten nicht nur Vereinbarungen über die zu benutzenden Basisdienste getroffen werden, sondern eine Reihe weiterer Vereinbarungen über die darauf aufsetzenden Anwendungen.

32 Sydow 1992; Mansell/Jenkins 1992.
33 Kubicek 1992. Auf die Frage, inwieweit es sich dabei stets um große technische Systeme zweiter Ordnung im Sinne von Braun (in diesem Band) handelt, soll hier aus Platzgründen nicht eingegangen werden.
34 Vgl. auch Ritz 1991; Kubicek 1991.
35 Picot u. a. 1991.

Die angebotenen Datenübertragungsdienste stellen nämlich nur sicher, daß die Signale, die ein Computer aussendet, von einem anderen technisch korrekt empfangen werden. Damit diese Daten auch von vielen anderen Computern interpretiert werden können, muß zunächst ein Verfahren für die Nachrichtenhandhabung (Message Handling System, Elektronische Post) festgelegt werden, das zum Beispiel Adressen und Zustellregeln definiert. Dann müssen Vereinbarungen über die Strukturierung der Inhalte (Datenaustauschformate, zum Beispiel für Rechnungen, Bestellungen) getroffen werden. Und schließlich muß noch genau vereinbart werden, was eine Ziffernfolge im Beispiel Artikelnummer genau bezeichnet (Datenschlüssel, Code). Diese Abstimmungen erfolgen nur zum Teil in den technischen Standardisierungsgremien. Insbesondere bei den Datenaustauschformaten und Datenschlüsseln versuchen Branchenverbände entweder über Tochterfirmen oder Beratungsfirmen einheitliche Festlegungen zu treffen und durchzusetzen.
Wenn ein elektronischer Datenaustausch beiden Gruppen von Partnern vorteilhaft erscheint, dann zieht ein solcher lukrativer Markt mehrere Dienstleister an, die dann zumeist unterschiedliche technische Formate zugrunde legen. Wie Monse und Reimers zeigen, führt der Wettbewerb in dieser Entwicklungsphase zu einer Blockadesituation.[36] Die potentiellen Anwender warten ab, und keiner der Anbieter erreicht die kritische Masse. Verbände können hier eine wichtige Legitimationsfunktion übernehmen.
Der Markt alleine führt nicht zu vielen massenhaft genutzten Telekommunikationsanwendungen. Allerdings hätte ein Festhalten am Dienstemonopol dies auch nur in Teilbereichen leisten können. So wäre zwar ein einheitliches zentral entwickeltes und angebotenes Mitteilungssystem (Elektronische Post) und ein mit einheitlichen Benutzungsoberflächen ausgestattetes zentral vermittelndes Abfragesystem für die unterschiedlichsten Datenbanken realisierbar, ein einheitliches zentrales Bestell-, Reservierungs- und Buchungssystem hingegen kaum.
Wo branchenspezifische Datenformate berührt werden, kann der Dienst bzw. die Anwendung nur mit den Anwendern im Verbund entwickelt werden. Neoliberale Wettbewerbstheoretiker und Ordnungspolitiker scheinen diesen dritten Weg zwischen Mono-

36 Monse/Reimers 1993.

pol und Markt nicht als funktional notwendig zu erkennen und auch nicht den Zeitbedarf für solche Entwicklungsprozesse. Sie führen die geringe Verbreitung von Mehrwertdiensten in ihren einfachen Preismodellen auf zu hohe Preise für Mietleitungen zurück und darauf, daß durch das noch verbliebene Netz- und Fernsprechmonopol insgesamt gar kein echter Wettbewerb entstanden sei. Dementsprechend fordern sie für die aktuell diskutierte Postreform 2 nicht nur die vollständige organisatorisch-rechtliche Privatisierung der Telekom durch Umwandlung in eine Aktiengesellschaft, sondern auch die Aufhebung der noch verbliebenen Monopole.[37] Damit wird jedoch die angestrebte technische Infrastruktur in Form des integrierten Universalnetzes konterkariert.

3.3 Tendenzen der Fragmentierung der Netze

Ganz im Gegensatz zum Leitbild des integrierten Universalnetzes ist seit einiger Zeit eine sich verstärkende Tendenz der Fragmentierung zu beobachten. Schneider spricht sogar von einer »explosiven Differenzierung«.[38] Das ursprüngliche Leitbild des integrierten Universalnetzes war aus der Sicht des Netzbetreibers formuliert. Als die großen Anwender der Datendienste gegen das Austrocknen der Spezialnetze protestierten, wurde auch sehr schnell eine Bestandsgarantie gegeben und von einer neuen Strategie der Diversifikation gesprochen.[39] Als es in der Poststrukturreform um das Netzmonopol ging, wurde dieses zur Sicherung von Investitionen für die Netzmodernisierung im Grundsatz beibehalten. In sogenannten Randbereichen wurden jedoch private Netzbetreiber zugelassen. Darunter wurde insbesondere die Satellitenübertragung verstanden. Auch der Mobilfunk, für den eine Lizenz an einen privaten Betreiber in Aussicht gestellt wurde, wurde diesem Randbereich zugeordnet. In der Gesetzesbegründung wurde der Begriff Randbereich final definiert: »Die Festlegung dieser Randbereiche richtet sich danach, daß das Telefon-

37 Vgl. die Beiträge in Bauer 1992.
38 Schneider 1991, S. 21.
39 Lydorf 1986.

dienstmonopol zur Einnahmesicherung nicht ausgehöhlt wird«.[40] Von einem Teil der Experten wurde jedoch stark bezweifelt, ob diese investitions- und finanzierungspolitische Zielsetzung realisierbar sei, und vermutet, daß die verbliebenen Monopole auf jeden Fall der Auflösung im Zeitablauf ausgesetzt seien. Wahrscheinlich ermöglichten gerade die unterschiedlichen Erwartungen den Kompromiß aus Marktöffnung und Erhaltung begrenzter Monopolrechte.

So konnte schon 1989 bezweifelt werden, ob der Mobilfunk wirklich als ein Randbereich einzuschätzen ist. In der Vergangenheit war er dies ohne Zweifel, weil er überwiegend aus einer Reihe von mehr oder weniger geschlossenen Spezialnetzen (zum Beispiel Taxi, Bundesbahn, Schiffahrt, Flugverkehr und anderes mehr) bestand. Öffentliche Funktelefonnetze, insbesondere Autotelefone, mit Selbstwählfernverbindungen zum leitungsgebundenen Fernsprechnetz entstanden zwar schon in den sechziger Jahren, waren in der Anschlußkapazität jedoch zunächst begrenzt. Erst in den achtziger Jahren wurden mit der Einführung der Digitaltechnik entscheidende Kapazitätserweiterungen erreicht. Als in der Poststrukturreform der Mobilfunk noch als Randbereich gekennzeichnet wurde, waren alle technischen Weichen schon in Richtung auf einen Massenverkehr ausgerichtet.

Netzbezeichnung	Start	Funkzellen/ Feststationen	Teilnehmer-Kapazität	Anschlüsse Ende 1992
A	60er	136	10 000 ca.	100
B	1972	158	27 000	10 000
C	1985	1 800	600 000	777 900
D 1,2	1991	2 × 2 000	3-4 Mio	200 000 ca.
E	ca. 1996	(Zellgröße 0,4 km-8 km)	20 Mio	–

Abb. 5: Mobilfunknetze in Deutschland

In Deutschland werden die technischen Generationen in alphabetischer Reihenfolge bezeichnet. Abb. 5 enthält die derzeitigen Anschlußzahlen und die Kapazitäten.[41]

40 BMPT 1989, S. 20.
41 Vgl. zu den Zahlen Kedaj 1991; Dörrenbächer 1992.

Bereits Ende 1992 machten die Teilnehmer am B- und C-Netz etwas mehr als 2% der Fernsprechanschlüsse aus (0,78 Mio zu 35,3 Mio). Dies ist zwar noch ein relativ geringer Anteil, der jedoch schon so groß ist wie alle Datenübertragungsdienste im IDN. Mit dem Vollausbau des D-Netzes würde ein Anteil von 10 % erreicht, und das E-Netz zielt auf eine Substitution des Kernbereichs. Schon beim D-Netz geht es keineswegs mehr nur um das Autotelefon, sondern um handliche tragbare Geräte. Im E-Netz soll ein solches Handgerät auch das schnurlose Telefon zu Hause ersetzen.

Postminister Schwarz-Schilling hatte noch entschieden, daß die Vergabe der E-Netz-Lizenz an einen der D-Netzbetreiber (Telekom und Mannesmann) ausgeschlossen wird, damit der Wettbewerb noch intensiviert wird. Damit wird der Aufbau einer weiteren flächendeckenden Infrastruktur an Sendestationen und Vermittlungsstellen eingeleitet, die insgesamt wohl zweistellige Milliardenbeträge kosten dürfte. Der so intensivierte Wettbewerb zwischen E-Netz und D-Netz und dem leitungsgebundenen Fernsprechnetz dürfte in der Tat einen starken Druck auf die Preise für Telefongespräche ausüben. Dieser Druck wird so stark werden, daß die Telekom potentielle neue und auch alte Fernsprechkunden verliert und gleichzeitig die Preise senken muß. So kommt es zu doppelten Einnahmeverringerungen. Hinzu kommt ein Substitutionseffekt aus dem mit der Postreform 1989 zugelassenen Wettbewerb in sogenannten Randbereichen. Dazu zählen etwa der Bündelfunk, eine Form lokalen Mobilfunks, und die Satellitenübertragung. Für die Telekommunikation zwischen »zusammengefaßten Unternehmen« wurde 1993 mit dem »Genehmigungskonzept Corporate Networks« auch das Betreiben von Fernmeldeanlagen für die Vermittlung von Sprache zugelassen. Damit fällt ein erheblicher Teil des geschäftlichen Telefonverkehrs aus dem Monopol, und die Telekom wird es insbesondere bei den lukrativen Großkunden sehr viel schwerer haben als bisher.

Die genauen Konsequenzen all dieser Maßnahmen für die Einnahmesicherung der Telekom kann heute niemand mit hoher Wahrscheinlichkeit vorhersagen. Zwar wurden 1991 von der Telekom für das Jahr 2000 6 Mio. Funktelefonanschlüsse prognostiziert.[42] Darin sind jedoch auch 2,5 Mio. Telepoint-Anschlüsse enthalten,

42 Dörrenbächer 1992, S. 49.

die es mit Sicherheit nicht geben wird, weil die Telekom im Januar 1993 die Einstellung dieses Dienstes angekündigt hat.[43] Auch ist völlig ungewiß, welche Folgen die inzwischen mehrfach verfügten Baustopps gegen Sendeanlagen wegen ungeklärter gesundheitlicher Risiken (»Elektrosmog«) mittelfristig haben werden.

Inzwischen gibt es aber nicht mehr nur Randbereiche. Die Postminister in der EG haben die Aufhebung des Fernsprechmonopols bis 1998 vereinbart. In den parlamentarischen Beratungen über die Postreform 2 setzte sich insbesondere die FDP dafür ein, dieses Datum schon jetzt gesetzlich festzuschreiben. Auch wenn dies wohl 1994 nicht mehr geschieht, so ist die Aufhebung des Fernsprechmonopols wohl unaufhaltbar. Die Tendenz geht eindeutig dahin, die Monopolrechte immer weiter einzuschränken, Gewinnmöglichkeiten für Private zu öffnen und damit notwendigerweise der Telekom Einnahmeüberschüsse zu entziehen, aus denen Infrastrukturinvestitionen im Breitbandbereich vorfinanziert werden könnten.

Diese Einzelentwicklungen sind Beispiele für einen von Noam weltweit identifizierten Trend zur Auflösung öffentlicher Telekommunikationssysteme. Er spricht vom Umkippen der Netzwerke (*network tipping*) sowie der Tragödie des gemeinsamen Netzes. Letztere besteht darin, daß mit zunehmendem Erfolg eines expandierenden Telekommunikationsnetzes ökonomisch zwingend Konkurrenz entsteht. Nicht Mißerfolg und Ineffizienz der alten Netze und ihrer Betreiber, sondern gerade ihr Erfolg würden zur Fragmentierung führen.

Noam[44] nennt folgende Trends, die eine Netz-Fragmentierung *(network fraction)* begünstigen:

(1) Sättigung des Basisdienstes Fernsprechen,
(2) steigende Kosten des Anschlusses weiterer Teilnehmer,
(3) Herstellerstrategien angesichts der Sättigung in Form der Netzaufrüstung, des Exports oder des Verkaufs an Teilnehmer,
(4) Reduzierung der Anlagenkosten, so daß private Investoren eigene Netze errichten können,
(5) Zunahme der Größe von Teilnehmern gemessen an der Zahl der Anschlüsse, wodurch manche Teilnehmer die für eine Netzeffizienz erforderliche kritische Masse alleine erreichen,

43 Vgl. zum Beispiel *Frankfurter Rundschau* vom 13. 1. 1993.
44 Noam 1990.

(6) Steigerungen der Kosten für den Betrieb des alten Netzes,
(7) Spezialisierung der Anforderungen, insbesondere der großen Teilnehmer.

Das alles führt nach Noam dazu, daß es insbesondere für große Anwender wirtschaftlich günstiger wird, eigene Netze aufzubauen oder Spezialnetze zu nutzen, so daß insgesamt eine Netzpluralität entsteht. In Abhängigkeit von der Verkehrsdichte und -spezialisierung unterscheidet er sechs Netztypen (vgl. Abb. 6). Aus den obengenannten Trends leitet er ab, daß der Umfang der traditionellen öffentlichen Netze – das untere linke Feld – in dem Maße schrumpft, wie die Verkehrsdichte und Spezialisierung der Anwendungen steigen.

Ausrichtung / Verkehr	allgemein	spezialisiert
dicht	private Netze	strategische private Netze
mittel	virtuelle private Netze	geschlossene Teilnehmernetze
dünn	öffentl. Netze (ISDN)	Mehrwertnetze (value added networks)

Abb. 6: Arten von Telekommunikationsnetzen[45]

Die von Noam genannten Trends sind auch in Deutschland zu beobachten. Hinzuzufügen ist, daß durch die Deregulierung und technische Fragmentierung ein sich selbst verstärkender Trend der Auflösung eingeleitet wird. In dem Maße wie Spezialnetze entstehen, werden dem Betreiber des öffentlichen Basisnetzes Einnahmen entzogen, die seine Möglichkeiten reduzieren, neue Netze und Dienste aufzubauen und die Modernisierung des bestehenden Netzes weiterzutreiben. So beeinträchtigen die Vorleistungen zum Ausbau des ISDN und des D2-Netzes den Aufbau einer flächendeckenden Glasfaserinfrastruktur. Private Diensteanbieter werden Bildübertragungsdienste zum einen in schmalbandigen Netzen anbieten, zum anderen auch in speziellen Glasfasernetzen und Satellitenverbindungen. Dadurch wird die Nachfrage abgedeckt, die ein öffentliches Breitbandnetz auf sich ziehen könnte, wodurch die Chance seiner Realisierung noch weiter sinkt.

45 Nach Noam 1990, S. 42.

Somit kann festgehalten werden, daß die Deregulierung bei Telekommunikationsdiensten und im sogenannten Randbereich der Netze schrittweise auch den Kern des Netzmonopols erreichen wird. Diese Deregulierung führt nicht einfach dazu, daß viele neue Anbieter hinzukommen und bisher nicht abgedeckte zusätzliche Bedürfnisse befriedigen. Vielmehr entsteht ein Substitutionswettbewerb im Kernbereich der öffentlichen Infrastruktur. Dieser bringt den öffentlichen Netzbetreiber in erhebliche finanzielle Schwierigkeiten, die dazu führen, daß weitere umfassende Aufrüstungen der Infrastruktur unterbleiben oder erheblich hinausgezögert werden und daß sogar eingeführte Dienste eingestellt werden (zum Beispiel Teletex, Datex-L, Temex, Telepoint). Damit wird für Anwender und Hersteller die früher so betonte Planungssicherheit aufgegeben und die industriepolitische Zielsetzung konterkariert.
Bedeutet dies, daß die Vorstellung von einer einheitlichen Infrastruktur und einem großen technischen System Telekommunikation aufgegeben werden muß? Oder handelt es sich nur um die Transformation von einer extrem zentralistischen Systemform zu einer stärker dezentralen, die für andere große technische Systeme, wie zum Beispiel den Straßenverkehr, normal ist? Teilnetze in unterschiedlicher Technik und Trägerschaft sind ja für die Teilnehmer dann kein Problem, wenn sie nahtlos miteinander verbunden sind und man problemlos Verbindungen zu Teilnehmern in anderen Netzen herstellen kann. Noam prognostiziert einen institutionellen und technischen Netzwerkverbund *(network federation)* auf der Basis technischer Standards und eines einheitlichen Regulierungsrahmens (Open Network Architecture, ONA, in den USA, Open Network Provision, ONP, in der Europäischen Gemeinschaft[46]). Im folgenden soll untersucht werden, welche technischen Klammern es zwischen den divergierenden Netzen gibt und inwieweit sie in der Lage sind, ein virtuelles Gesamtnetz zusammenzuhalten, und ob es Anzeichen für die Entwicklung eines solchen Regulierungsrahmens gibt.

46 Noam 1990, S. 46.

Aus der Sicht der Teilnehmer und auch der Betreiber gibt es einen Zielkonflikt zwischen der Spezialisierung der Anforderungen einzelner Teilnehmergruppen und der Anzahl der erreichbaren Partner. Dieser Zielkonflikt verschärft sich mit der Entstehung weiterer Spezialnetze. Er kann jedoch reduziert werden, wenn die einzelnen Spezialnetze miteinander verknüpft werden. Darauf zielt die internationale Telekommunikationspolitik, insbesondere die der EG-Kommission. Insgesamt geht es dabei um drei Elemente:

(1) *Technische Normung*: Um die Anschließbarkeit unterschiedlicher Endgeräte an ein Netz und die Verbindung zwischen Netzen in verschiedenen Ländern zu ermöglichen, werden die früheren nationalen Absprachen zwischen Fernmeldeverwaltungen und Herstellern zunehmend durch eine internationale technische Normung ersetzt.[47] Diese Normen oder Standards beziehen sich auf Netze im Hinblick auf Übertragungsverfahren, Leistungsmerkmale und Netzabschlüsse sowie auf einzelne Dienste. Angestrebt wird zumeist eine weltweite Einigung im CCITT (Comité Consultatif International Telegraphique et Telephonique). Weil dort jedoch oft nur ein Minimalkompromiß zu erzielen ist, hat die Europäische Gemeinschaft zur Vereinheitlichung innerhalb ihrer Mitgliedstaaten und zur Stärkung ihrer Position im CCITT der Normungspolitik einen hohen Stellenwert eingeräumt, mehrere Richtlinien erlassen und das Europäische Institut für Standardisierung in der Telekommunikation (ETSI) geschaffen.[48]

(2) *Offener Netzzugang*: Mit der Trennung zwischen Netzbetreibern und Diensteanbietern entsteht das Problem, daß Diensteanbieter ihre Dienste technisch so planen und entwickeln können müssen, daß sie auf einem oder mehreren in- oder ausländischen Netzen aufsetzen können. Als Offener Netzzugang (Open Network Provision) wird ein rechtliches und technisches Regelwerk verstanden, das für bestimmte Basisdienste verbindliche Zugangsbedingungen für (Mehrwert-) Diensteanbieter definiert. Zur Zeit gibt es Richtlinienentwürfe der EG-Kommission für den Zugang

47 Vgl. Schmidt/Werle 1992; Genschel/Werle 1992.
48 Ungerer 1989.

zum einfachen Fernsprechdienst, für Mietleitungen und paketvermittelte Datenübertragung. Darin wird zum Beispiel auch festgelegt, welche technischen Leistungsmerkmale ein Netzbetreiber auf jeden Fall realisieren muß, damit ein Diensteanbieter darauf aufbauend einen EG-weiten Dienst entwickeln und anbieten kann. Die technischen Normen, die rechtlich nur Empfehlungscharakter haben, werden durch ONP-Richtlinien damit in bestimmten Teilen verpflichtend gemacht.

(3) *Netz- und Diensteübergänge*: Schließlich gibt es auch die Möglichkeit, zwischen zwei Netzen oder zwei Diensten eine technische Brücke zu installieren, die die jeweiligen Protokolle übersetzt. Beispiele sind der Übergang zwischen Telex und Teletex, zwischen dem deutschen Bildschirmtextdienst und dem französischen Teletel oder zwischen dem Fernsprechnetz und den Mobilfunknetzen. Dafür müssen Hardware und Software entwickelt und betrieben werden. Die Deutsche Bundespost Telekom wird wegen der damit verbundenen Kosten zunehmend selektiver bei der Einführung solcher Übergänge. Nach der Deregulierung können allerdings auch private Rechenzentren solche Protokollumwandlungen oder allgemeiner: Netzwerkmanagementdienste anbieten.

Auf den ersten Blick bestehen somit vielfältige Möglichkeiten, trotz Spezialisierung und Fragmentierung für die Nutzer doch noch ein Gesamtnetz zu erhalten, über das jeweils alle anderen Teilnehmer erreicht werden können. Die Europäische Gemeinschaft fördert die Normung und deren Einhaltung durch ein ganzes Bündel von Richtlinien, Empfehlungen, Programmen und Einrichtungen, so daß von einem Normetablierungsprozeß gesprochen werden kann.[49] Um Fehlentwicklungen in Milliardenhöhe zu vermeiden, soll die Normung entwicklungsbegleitend erfolgen, das heißt, einsetzen, wenn es die Produkte noch gar nicht gibt.

Dahinter steht das industriepolitische Ziel, durch einheitliche technische Anforderungen für Hersteller und Netzbetreiber zu einem Marktvolumen zu gelangen, das dem US-Markt vergleichbar ist, und über Kostendegressionseffekte die Rentabilität von Entwicklungskosten für Hersteller und von Anlageninvestitionen für Netzbetreiber zu verbessern. Mit dieser Politik werden sehr

49 Höller 1993.

hohe Ansprüche verbunden und Erwartungen geweckt. Letztlich soll eine Kooperation zwischen Unternehmen der Fernmeldeindustrie aus den Mitgliedstaaten bewirkt werden, die bisher auf ihren jeweiligen nationalen Märkten relativ stabile Absatzbedingungen hatten und nun gleich mehrfachen existentiellen Herausforderungen ausgesetzt werden.

- Die Entwicklungskosten für digitale Vermittlungssysteme betragen ein Vielfaches der Kosten für mechanische Systeme bei gleichzeitig wesentlich geringerer Betriebsdauer, so daß ein Unternehmen diese Kosten kaum aufbringen und erst recht nicht amortisieren kann. Dadurch entsteht ein Verdrängungswettbewerb.
- Auf die nationalen Märkte drängen nicht nur die Konkurrenten aus den anderen EG-Staaten, sondern auch aus Nordamerika, Japan und anderen Staaten.
- Um auf ausländischen Märkten eine Chance zu erhalten, muß erheblicher Aufwand nicht nur in Vertrieb und Werbung, sondern auch in Entwicklungsanpassungen investiert werden.
- Schließlich drängen auf den Netzbetreiber- und Diensteanbietermarkt in allen Ländern auch branchenfremde Unternehmen. Diese kommen keineswegs nur oder in erster Linie aus der DV-Industrie, sondern aus allen Branchen (Automobilindustrie, Banken, Medien, Energieversorgung und anderen mehr).

Zusammenfassend bedeutet dies, daß die Märkte für Anlagen zwar wachsen werden, daß sie jedoch angesichts hoher Entwicklungs- und Investitionskosten nicht groß genug sein werden, um allen Herstellern ein Überleben zu ermöglichen. Und bei den Netzbetreibern und Diensteanbietern ist durch die Deregulierung ein Maß an Heterogenität entstanden, das alle verunsichert.

Angesichts dieser Konstellation kann die Normung die von ihr erwarteten Klammern um ein auseinanderdriftendes technologisches Konglomerat höchstwahrscheinlich nicht wirkungsvoll schaffen. Vielmehr muß damit gerechnet werden, daß die ökonomischen Zentrifugalkräfte stärker sind.

- In der Standardisierung treffen die unterschiedlichen Ausgangsbedingungen und Strategien der Herstellerunternehmen aus den verschiedenen Ländern aufeinander. Diese können sich zumeist nur auf einen Minimalkonsens einigen. So wurde der vom CCITT verabschiedete ISDN-Standard durch unterschiedliche nationale Protokolle vervollständigt. Erst in einem zweiten Anlauf wurde dann ein Standard für ein Euro-ISDN verabschiedet. Dieser beinhaltet bei den Leistungsmerkmalen wiederum nur ein Minimalpaket. Für private ISDN-Nebenstellenanlagen wird dieser Standard nicht übernommen, weil dafür die Leistungsmerkmale nicht ausreichen. Damit zerfällt der ISDN-Endgerätemarkt nach wie vor in Teilmärkte.

- Für Elektronische Post (Message-Handling-Systeme) wurde 1984 ein erster Standard verabschiedet, der 1988 durch eine neue Version ersetzt wurde. 1992 gab es fast nur Produkte nach dem 84er Standard. Die Hersteller wollen offensichtlich erst einmal die Entwicklungskosten für diese Versionen hereinholen.
- Beim Bildfernsprechen hat es lange gedauert, bis ein Standardisierungsprozeß in Gang gekommen ist. Nachdem er nun begonnen hat, preschen einige Netzbetreiber und Hersteller vor und führen nationale Systeme ein, ohne die Ergebnisse dieses Prozesses abzuwarten.[50]

Walter von Pattay, selbst viele Jahre in der Standardisierung im CCITT tätig, hat eine ganze Reihe technologischer und ökonomischer Faktoren herausgearbeitet, die eine Fragmentierung verstärken und die Entwicklung oder Durchsetzung von Standards erschweren[51]:

- Die Netze und Dienste werden mit immer höherer Funktionalität ausgestattet, während der Umfang der zu standardisierenden Protokolle steigt.
- Weil Leistungsmerkmale »nur« noch Software sind, wird es billiger, auf Kundenwünsche einzugehen. Dadurch steigt die Variantenvielfalt, die eine Verbindung erschwert.
- Die Produktlebenszyklen werden immer kürzer. So entsteht nicht nur Konkurrenz zwischen mehreren gleichzeitig angebotenen unterschiedlichen Netzen, sondern auch zwischen den jeweils angebotenen und den neu angekündigten und in der Standardisierung befindlichen (Generationenwettbewerb).

Dadurch wird die Standardisierung in Zukunft noch langwieriger und zumeist nur Minimalkompromisse hervorbringen. So wird es immer wieder dazu kommen, daß einzelne Betreiber vorpreschen

50 Inzwischen werden Bildtelefone angeboten, die man an die Steckdose des analogen Fernsprechnetzes anschließen kann, so daß gar kein eigener Dienst erforderlich ist.

51 von Pattay, 1993.

und andere die Standards durch länder- oder kundengruppenspezifische Zusatzleistungen ergänzen. Dadurch wird bei neuen Diensten und Zusatzleistungen die Inkompatibilität bleiben. Man wird nach wie vor mit dem Ausland telefonieren können, leichter Telefone aus dem Ausland anschließen können und auch mit dem Autotelefon im Ausland erreichbar sein. Wesentlich mehr an universell verfügbaren Leistungen wird die Standardisierung in der Telekommunikation vermutlich jedoch auf absehbare Zeit nicht leisten. In den Anwendungsnetzen und Anwendersystemen dominieren ohnehin Industriestandards, zum Teil noch von IBM, zunehmend jedoch auch von anderen Herstellern (Ethernet, Novell, Microsoft usw.). Wo es sich vom Verkehrsaufkommen her lohnt und wo zahlungskräftige Kunden existieren, wird es Netz- und Diensteübergänge, Mehrwertdienste für Protokollumwandlung geben. Neue große Massendienste dürften so jedoch kaum entstehen.

3.5 Regulierung als Wettbewerbskontrolle ist zu wenig

Die Aufhebung der Monopolrechte wird Deregulierung oder Liberalisierung genannt. Die Bezeichnung Deregulierung weckt die Erwartung, daß ein weitestgehend freies Spiel der (Markt-) Kräfte ohne handlungsbeschränkende Regelungen gefördert werden soll. Viele Formulierungen in der politischen Debatte um die Poststrukturreform und auch wirtschaftswissenschaftliche Beiträge nähren derartige Erwartungen. Wer die Entwicklung in den USA oder auch in Großbritannien aufmerksam verfolgt und die inhaltlichen Interdependenzen zwischen Netzen, Diensten und Endgeräten in der Telekommunikation zur Kenntnis nimmt, kommt zu anderen Auffassungen. Wenn die Anzahl der Akteure erweitert wird, braucht man zusätzliche Spielregeln. Liberalisierung erfordert Regulierung. So erläuterte Postminister Schwarz-Schilling die dem Ministerium zugewiesenen hoheitlichen oder Regulierungsaufgaben wie folgt:

»Die Schaffung eines Regulierungsinstrumentariums für den Markt von Post und Telekommunikation war eigentlich für Deutschland etwas ganz Revolutionäres ... Entscheidend für das Verständnis ist die Tatsache, daß Regulierung und Deregulierung untrennbar ineinander übergehen. Die Postreform betrieb Deregulierung, als sie den Telekommunikationsmarkt von staatlicher Bevormundung befreite und indem sie den Handel mit Endgeräten zuließ. Gleichzeitig hat dieser Deregulierungsschritt neuen Regulierungsbedarf mit sich gebracht. Nach der Poststrukturreform ist das BMPT das Ministerium für die Branche Post.«[52]

Als Regulierungsaufgaben nennt er:
(1) Regulierung zur Marktöffnung,
(2) Regulierung zur Monopolabgrenzung,
(3) Regulierung zum Schutz des Kunden,
(4) Regulierung zum Schutz des Wettbewerbs,
(5) Regulierung zur Erreichung infrastruktureller Ziele.[53]
Zur Durchführung dieser Regulierungsaufgaben stellt das Postverfassungsgesetz dem Minister vor allem das Instrumentarium unterschiedlicher Verordnungen zur Verfügung und sieht die Einschaltung eines Infrastrukturrates bei bestimmten Entscheidungen vor.
Die Handhabung dieses Instrumentariums ist von dem Hauptziel der Wettbewerbsförderung und dem Prinzip der Minimierung von Eingriffen und Planung geprägt. Die tatsächliche Regulierung konzentriert sich auf die in der offiziellen Gesetzeserläuterung hervorgehobene zentrale Aufgabe, »faire Wettbewerbsbedingungen für die Konkurrenz zwischen privaten Unternehmen und der Deutschen Bundespost zu schaffen«.[54] An Beispielen wie der Pflichtleistungsverordnung oder den Datenschutzverordnungen zeigt sich die Zielsetzung der Minimierung von Eingriffen. Und der Infrastrukturrat macht alles mögliche, nur keine Planung der Infrastrukturentwicklung. Was Mäding[55] schon für die Zeit des Monopols kritisierte, daß es keinen Telekommunikationsentwicklungsplan, ähnlich dem Bundesverkehrswegeplan, gibt, gilt nun um so mehr. Die finanzpolitische Regelung, das Netz- und Fernsprechdienstmonopol zu erhalten, um eine Infrastrukturmodernisierung finanzieren zu können, bewirkt, selbst wenn sie funktionieren sollte, ja noch nicht, daß auch eine inhaltliche Planung unter Abstimmung mit den relevanten Akteuren und Interessenten stattfindet.
Die dazu erforderliche unabhängige Regulierunginstanz, wie sie

52 Schwarz-Schilling 1992, S. 4 f.
53 Ebd., S. 5 f.
54 BMPT 1989, S. 21.
55 Mäding, 1991.

in den USA und Großbritannien existiert, wurde weder in der Postreform 1 geschaffen, noch war sie vorgesehen in den Gesetzesvorlagen für die aktuelle Postreform 2. Die von Grande für die Postreform 1 konstatierte »Fragmentierung der Regulierungskompetenzen« und der starke Einfluß der Parteipolitik werden unbeirrt fortgesetzt. Auch für das nun vorgelegte Regulierungsgesetz gilt, was Grande 1989 für das Poststrukturgesetz konstatierte. Es »leistet eben das nicht, was es sollte: einen stabilen und berechenbaren Ordnungsrahmen für den Telekommunikationssektor zu schaffen«.[56] Zu fragen ist allerdings, ob es dies nach dem Willen der Deregulierer wirklich soll. Geht es, wie behauptet, um eine breit angelegte und damit auch den mittelständischen Unternehmen zugute kommende Infrastrukturpolitik oder um den Marktzugang für einige große multinationale Konzerne?

Zumindest ist es bemerkenswert, wenn kaum Anstoß daran genommen wird, daß der FDP-Politiker Lambsdorff, der sich besonders massiv für eine völlige Aufhebung des Sprach- und Netzmonopols einsetzt, einen Beratervertrag mit dem größten japanischen Telekommunikationskonzern hat.

Paradoxerweise beginnt zur selben Zeit die Clinton-Gore-Administration in den USA eine Initiative zur Neuordnung der Regulierung der Telekommunikation mit dem Ziel einer berechenbaren Infrastrukturentwicklung.

4. Ist Infrastrukturpolitik noch möglich?

Zumindest nach der Folklore großer technischer Systeme entwickeln diese mit ihrem Wachstum eine Eigendynamik, die sie in Ausdehnung und Funktionsumfang immer größer, damit mächtiger und steuernden Eingriffen von außen immer weniger zugänglich werden läßt. Abweichungen von diesem Muster werden darauf zurückgeführt, daß die Systembetreiberorganisationen tiefgreifende technologische, ökonomische oder politische Wandlungen nicht erkannt, nicht berücksichtigt haben oder die Konsequenzen daraus nicht umsetzen konnten, so daß sie in einer veränderten Umwelt nicht überleben können. Dieses in der Organisationstheorie für Bürokratien schon seit langem gebräuchliche

56 Grande 1989, S. 242.

Bild kann auch auf die institutionelle Seite großer technischer Systeme übertragen werden. Miß-Management und daraus resultierend Mißerfolg wären danach die Ursachen für ein Zerfallen in Teilsysteme.
Dies scheint in der Telekommunikation nicht der Fall zu sein. Das Fernmeldewesen ist fast hundert Jahre erfolgreich expandiert. In seiner ökonomischen Analyse der Netzwerkentwicklung spricht Noam, wie schon erwähnt, von der Tragödie des Erfolgs, die darin besteht, daß erfolgreiche Netzexpansion zur Zersplitterung führt, weil die Gewinnerwartungen den politischen Druck zur Deregulierung und den Markteintritt neuer Wettbewerber zur Folge haben. Dies ist, wie Noam selbst einräumt, eine Variation des Schumpeterschen Entwicklungsmodells. Aus wirtschaftspolitischer und politikwissenschaftlicher Sicht gibt es noch eine zweite Tragödie oder, vorsichtiger ausgedrückt, eine zweite Paradoxie: In dem Maße, wie versucht wurde und wird, die Telekommunikation für medien- und wirtschaftspolitische Ziele zu instrumentalisieren, sank und sinkt aufgrund der ergriffenen Maßnahmen die Steuerbarkeit. Und dieser Kurs in die Nicht-Steuerbarkeit wurde nicht etwa von außen gegen den erbitterten Widerstand der Leitung des Systems erzwungen, sondern von dieser Leitung forciert. Wie kann diese Beobachtung erklärt werden, und was folgt daraus?

4.1 Steigender Steuerungsbedarf

Es ist unbestritten, daß das Fernmeldewesen Ende der siebziger, Anfang der achtziger Jahre aufgrund der technologischen Innovationen im Bereich der Mikroelektronik, der Entwicklung neuer Medien im Ausland, der Verbreitung der Datenverarbeitung, der Internationalisierung der Wirtschaft, insbesondere durch multinationale Konzerne, auf jeden Fall Änderungen unterworfen werden mußte. Ein strenges Fernmeldemonopol für alle neuen Dienste wäre weder sinnvoll noch kontrollierbar gewesen. Es gab eine größere Anzahl technischer Optionen und eine zu erwartende größere Anzahl von Akteuren. Die traditionelle hierarchisch-bürokratische Organisation der Deutschen Bundespost und das clan-artige Amtsbaufirmenkartell waren nicht in der Lage, die erforderliche Koordination zu leisten und dabei auch noch einen breiten gesellschaftlichen Konsens über technische und organisatorische Innovationen zu erzeugen. Die letztlich durchgeführte Postreform hat die Chancen nicht verbessert. Der Steuerungsbedarf erscheint heute jedoch noch größer als vor zehn Jahren.

(1) Für die zukünftige Telekommunikationsinfrastruktur im Sinne der Netze gibt es heute eine Reihe technischer Optionen, die in substitutiven Beziehungen zueinander stehen, hohe Entwicklungskosten aufweisen, nicht alle parallel eingeführt und dann auch langfristig rentabel betrieben werden können. So bietet das analoge Fernsprechnetz noch Nutzungsmöglichkeiten für neue Leistungsmerkmale, die mit dem ISDN konkurrieren. Im Breitbandbereich konkurrieren Breitband-ISDN und ATM-Technik. Mobilfunksysteme stehen in Konkurrenz zu dem schmalbandigen Netz, Satellitensysteme auch zu dem breitbandigen. Wenn neue Massendienste (hochauflösendes Fernsehen, Bildfernsprechen) eingeführt werden sollen, müssen dafür Endgeräte entwickelt werden, und dazu muß festgelegt werden, in welchen Netzen diese Dienste angeboten werden sollen.

(2) Die Zahl der Akteure im Bereich der Hersteller und auch der Netzbetreiber und Diensteanbieter steigt. Dies erfordert neue Aushandlungsarenen und Koordinationsmechanismen.

(3) Mit zunehmender Verbreitung neuer Formen der Telekommunikation nehmen die Schnittpunkte mit gesellschaftlich geregelten Anforderungen zu und entstehen neue Regelungsbedarfe über die Wettbewerbs- und Preiskontrolle hinaus. Wenn der institutionelle Rahmen diesen Anforderungen nicht entspricht, kommt es zu Verzögerungen und Veränderungen technischer Planungen. Beispiele dafür sind Datenschutzanforderungen an das ISDN[57] oder Anforderungen des Gesundheitsschutzes an Mobilfunksysteme.[58]

Es gibt sicher keinen einfachen institutionellen Rahmen, der diese Steuerungsanforderungen umsetzen kann. Die ideologische Alternative Staat oder Markt hilft dabei ebensowenig wie die Fixierung auf die zukünftige Rechtsform der Telekom (Aktiengesellschaft oder Anstalt des öffentlichen Rechts). Die Regierungskommission Fernmeldewesen hat leider viele der hier angesprochenen Fragen nicht behandelt. Und auch zur Zeit findet keine öffent-

57 ITG 1990; Kubicek 1990; Kubicek/Bach 1991.
58 ITG 1992.

liche Regulierungs- oder Steuerungsdiskussion statt. Dies ist um so erstaunlicher, als es einerseits empirisch, etwa in den USA, ein ausgebautes Regulierungssystem auf der Ebene der Bundesstaaten gibt, das sich zunehmend auch Fragen des Daten- und Verbraucherschutzes zuwendet[59], und die EG-Kommission einen Entwurf für eine spezielle Datenschutzrichtlinie vorgelegt hat, andererseits auch in der sozialwissenschaftlichen Literatur von Autoren auf entsprechende Defizite hingewiesen wird, die weder als technikfeindlich noch als marktfeindlich charakterisiert werden können. So beendet Schneider seinen mehrfach zitierten Artikel über den paradigmatischen Wandel der Governance-Strukturen in der Telekommunikation mit einem Abschnitt: »Die Entstehung von Sicherheitsproblemen, negative externe Effekte und deren Regulierung«.[60] Er erwähnt insbesondere Probleme der technischen Sicherheit, der Verletzlichkeit und des Datenschutzes, die früher in den Postverwaltungen selbst reguliert wurden und für die nach der Auflösung der alten Strukturen nun neue fehlen:

»The trend toward less direct governmental control at the level of economic governance seems to be accompanied by a trend toward more externality regulation by the state. This, in turn, leads to new forms and procedures of regulatory state interventions, as well as new mixtures of self-regulatory arrangements between private and public actors.«[61]

Von Pattay spricht in diesem Zusammenhang von einem Paradoxon der Telekommunikation und meint damit die Erfahrung, daß der Wettbewerb nicht miteinander verbundener Dienste innovationshemmend und preistreibend wirkt.[62] Seiner Auffassung nach fördert der Wettbewerb die Entwicklung und das Wachstum der Telekommunikation nur in bestimmten Phasen des Produktlebenszyklus, während er in anderen Phasen das Gegenteil bewirkt. Der entscheidende Grund liegt darin, daß anders als bei der Verteil- oder Massenkommunikation oder Unterhaltungselektronik die Teilnahmeentscheidung stark davon abhängt, wieviele Kommunikationspartner man über ein Netz erreicht. Wenn sich diese Partner auf mehrere unverbundene Netze verteilen, ist keines at-

59 Noam 1991; Kubicek/Mohr/Falke 1992.
60 Schneider 1991, S. 33 ff.
61 Schneider 1991, S. 35.
62 von Pattay 1993, S. 91.

traktiv genug, um die sogenannte kritische Masse zu erreichen. Um diese Blockade zu vermeiden, schlägt von Pattay vor, daß der Wettbewerb zwar Ideen produzieren soll, aus denen dann aber in den Normungsgremien diejenigen im Konsens ausgewählt werden sollen, die den größten Markt erwarten lassen. Auf diesem Markt genormter kompatibler Dienste und Endgeräte soll dann wieder Wettbewerb gelten.
Wohl wissend um die Schwächen der bisherigen Strukturen, kritisiert er, daß in den derzeitigen Plänen für die Postreform 2 keine Instanz benannt ist, die bestimmte Normen für bestimmte Netze und Dienste fordern und durchsetzen kann. Für die Realisierung des von ihm konzipierten Modells der Beschränkung des Wettbewerbs auf normkonforme Produkte hält er einen »Bauherrn« für Netze und Massendienste für unverzichtbar.[63] Entsprechende Schritte sind in der aktuellen Telekommunikationsdiskussion, wie schon betont, nicht erkennbar.

4.2 Die Paradoxie der Telekommunikationspolitik

Die Verkennung des von Pattay herausgestellten Paradoxons der Telekommunikation hat zu einer bemerkenswerten Paradoxie in der Telekommunikationspolitik geführt. Zu Beginn der achtziger Jahre gab es noch ein langfristiges technisches Ausbaukonzept für die Telekommunikationsinfrastruktur. Dieses Konzept konnte nicht umgesetzt werden. Es ist bisher jedoch auch durch kein anderes ersetzt worden. Die einen setzen auf den Mobilfunk, andere auf Breitband und Multimedia. Beides zusammen ist flächendeckend nicht zu finanzieren. In dem Maße, wie der Monopolbereich der Telekom durch Mobilfunklizenzen ausgehöhlt wird, werden ihr die Mittel entzogen, um Vorleistungen bei der Errichtung von Breitbandnetzen zu tätigen. Ohne langfristige Aussagen zu den Breitbandnetzen wird es jedoch keine Endgeräteentwicklung für Massendienste geben.
Das derzeitige Fehlen jeglicher Infrastrukturpolitik wird besonders deutlich am Beispiel des hochauflösenden Fernsehens (HDTV). Der Einstieg in diese Technik wird von der Bundesregierung und der EG-Kommission als ein strategisch wichtiger

63 von Pattay 1993, S. 181 f.

Faktor im Wettbewerb mit den USA und Japan im gesamten Bereich der IuK-Techniken herausgestellt. Denn es geht nicht nur um Fernsehapparate, sondern um die gesamte Produktionskette und auch um neue Schnittfelder aus Video und Datenverarbeitung. Es ist aber völlig unklar, wie die Infrastruktur aussehen soll, über die die hohen Bitraten in die Privathaushalte transportiert werden sollen. Das im November 1992 vorgelegte Förderkonzept Informationstechnik enthält zu dem Thema »Neue Kommunikationsinfrastrukturen« nur unverbindliche Allgemeinplätze.[64]

Die Postreform hat nicht nur keine neuen Verfahren und Instanzen für die Infrastrukturplanung geschaffen.[65] Sie hat, wie es Klumpp formulierte, »vor allem den Effekt, ... für fast drei Jahre eine eingeschwungene Organisation lahmzulegen«.[66] Inzwischen kann man diese Zeitspanne auf fünf Jahre erhöhen, da nun über die Postreform 2 debattiert wird. In der gesamten Zeit sind nicht nur die Kompetenzen und neuen Rollen zwischen Ministerium und »Unternehmen« unscharf geblieben. Die Mitarbeiter mußten und müssen sich auf neue Aufgaben, neue Ziele und persönliche Bewertungskriterien einstellen, mit Veränderungen bekannter Karrieremuster fertigwerden, und nicht wenige sind verunsichert, wenn von der Herauslösung aus dem öffentlichen Dienstrecht die Rede ist. Und weil diese Reform nicht vorankommt, bleibt die Ungewißheit und bleibt die Planlosigkeit.

Planbarkeit und Berechenbarkeit für die fernmeldetechnischen Interessen waren jedoch gerade die industriepolitischen Ziele, mit denen der ehemalige Postminister Schwarz-Schilling Mitte der achtziger Jahre die neue Telekommunikationspolitik begründete. Und hier liegt die politische Paradoxie: In dem Maße, wie versucht wurde, das große technische System Fernmeldewesen für medien–, wirtschafts–, industrie- und finanzpolitische Ziele zu instrumentalisieren, wurde tendenziell das Gegenteil erreicht. Die Kabelfernsehnetze belasten die Telekom heute noch. Die aktuellen Hiobsbotschaften über Arbeitsplatzabbau in der Telekommunikationsindustrie zeigen, wie sehr die industriepolitischen Ziele

64 BMFT 1992, S. 100 ff.

65 Das als Infrastrukturrat bezeichnete Gremium dient der politischen Beteiligung der Bundesländer, soll und kann jedoch keine inhaltliche Planung leisten.

66 Klumpp 1991, S. 204.

verfehlt worden sind. Die deutschen Hersteller haben auf dem Inlandsmarkt nicht nur Marktanteile an ausländische Konkurrenten verloren, sondern dabei auch noch erhebliche Reduzierungen ihrer Gewinnspannen hinnehmen müssen, ohne daß die immer schon hohen Exportanteile hätten ausgeweitet werden können. Das Fehlen einer koordinierten Infrastrukturplanung und die technische Zersplitterung sowie die ungewisse finanzielle Zukunft des öffentlichen Netzbetreibers machen eine langfristige Produktplanung für die Hersteller nach altem Muster der Ausschreibung und Absprache unmöglich und führen zu erheblicher Verunsicherung.

Das große technische System Fernmeldewesen ist ohne Zweifel in Turbulenzen geraten. Noch steigt die Zahl der Fernsprechanschlüsse, so daß der technische und institutionelle Kern noch nicht spürbar betroffen ist. Doch schon jetzt ist die Finanzkraft überfordert. Die Telekom macht Verluste. Die Eigenkapitalquote ist außerordentlich niedrig. Die in Verbindung mit der Postreform 2 geforderte Aufhebung des Netzmonopols und des Fernsprechmonopols würde die bisherigen Hauptfinanzierungsquellen für Erweiterungs- und Modernisierungsinvestitionen zum Versiegen bringen.

So steht die Deutsche Bundespost Telekom zu Beginn der neunziger Jahre in geradezu paradoxem Gegensatz zu allen Beteuerungen ihrer Schlüsselfunktionäre in einer äußerst schlechten Verfassung da:

– Es gibt kein technologisches Leitbild und kein Infrastrukturkonzept.
– Die Binnenorganisation muß weiter gestrafft werden (insbesondere durch Auflösung der Organisationsebene der früheren Oberpostdirektionen), was erhebliche Unruhe auch auf der mittleren Leitungsebene erzeugt.
– Der Markt ist national und international sehr unübersichtlich geworden.
– Das Ministerium kam mit seiner Postreform 2 nicht recht voran. Und schon wurde in der Fachpresse gefragt, ob man bei weiterer Deregulierung überhaupt noch ein Ministerium für Post und Telekommunikation benötigt.

In dieser Krisensituation reicht der zuständige Minister Anfang 1993 seinen Rücktritt mit einer wenig überzeugenden Kritik an dem seit Jahren praktizierten Regierungsstil von Bundeskanzler

Kohl ein. Es liegt nahe, das Bild vom Kapitän zu bemühen, der als einer der ersten das Schiff verläßt, das er in eine schwierige Situation manövriert hat. Wie aber ist das Schiff Telekommunikation in diese krisenhafte Situation geraten?

4.3 Globale und lokale Faktoren

Die hier für Deutschland beschriebenen Entwicklungstendenzen sind auch in anderen Ländern zu beobachten und stellen einen globalen Trend dar. Wie Schneider in einer historischen und international vergleichenden Analyse der Entwicklung der *Governance*-Strukturen zeigt, konvergierten unterschiedliche Ausgangsbedingungen im Laufe der Zeit zu einem »organisatorischen Paradigma«, das er wie folgt beschreibt:

»Es verbindet eine starke öffentliche Kontrolle in Form einer öffentlichen Verwaltung (oder eines öffentlichen Unternehmens), eine quasi vertikale Integration von Netzbetrieb und Endgeräteproduktion durch eine hierarchische Koordinationsform und in den meisten Ländern eine vollständige horizontale Integration von Briefpost, Telegraphie und Fernsprechen. Das öffentliche Eigentum integrierte dabei mehrere Funktionen: die Planung, Kapitalbeschaffung, den Netzbetrieb, die Standardisierung, die Forschung und Entwicklung u. a. m. Nur die USA bilden einen Sonderfall: Die ursprüngliche Wettbewerbsordnung wandelte sich schnell zu einem privaten Monopol, das dann zunehmend durch den Staat reguliert wurde ...«[67]

Zur Erklärung dieser internationalen Konvergenz führt Schneider insbesondere an, daß das Telegraphenwesen als zuerst militärisch genutzte Technik entweder aus Sicherheitsgründen oder als Konkurrenz für die staatliche Briefpost und Bedrohung der daraus resultierenden staatlichen Monopolgewinne nicht privaten Unternehmen überlassen wurde. Der damals starke Staat beendete private Initiativen relativ bald. Beim Telefon unterscheidet Schneider zwischen Ortsnetzen und Fernverkehrsnetzen. Fernsprechortsnetze wurden zumeist und zunächst nicht als Konkurrenz zu Briefpost und Telegraphie gesehen. Viele Regierungen schätzten die Gewinnmöglichkeiten gering ein und vergaben Konzessionen. Die Konzessionsnehmer begannen als Monopolisten oder kauften die lokalen Konkurrenten auf. Mit den Worten von Schneider:

67 Schneider 1991, S. 25.

»The inherent nature of telephone networks – i.e. economics of scale combined with network externalities – then transformed initial competition sooner or later into a monopoly.«[68] Im Fernverkehr war demgegenüber die Konkurrenz zu Briefpost und Telegraphie von Anfang an offensichtlich. Die Regierungen als Inhaber des Postmonopols erkannten die Einnahmechancen und erweiterten ihr Postmonopol um das Fernmeldemonopol für Weitverkehrsnetze. Als weitere Gründe für die Entstehung und Legitimation von öffentlichen Fernmeldemonopolen oder staatlicher Kontrolle privater Monopole nennt Schneider die Vermeidung hoher Monopoltarife und diskriminierender Anschlußpraktiken. Unzufriedenheit in der Bevölkerung veranlaßte Regierungen auf zentraler und regionaler Ebene zur staatlichen Regulierung.

Nun setzt ein gegenläufiger, aber ebenfalls konvergierender Prozeß ein, der international auf eine institutionelle Dispersion hinauszulaufen scheint. Dieser generelle Trend weist, wie Grande und Schneider für Deutschland, Frankreich, Großbritannien und Italien zeigen, durchaus nationale Variationen auf. Grande und Schneider führen diese Variationen auf unterschiedliche politische Konstellationen zurück und nennen als relevante Faktoren insbesondere die »Stärke der konstitutionellen und legalen Restriktionen im Bereich der Telekommunikation«, »die Organisation der staatlichen Entscheidungsprozesse und die Einbindung des Telekommunikationssektors in die Staatsstruktur« und »die Konstellation sozialer Akteure«.[69] Schneider und Werle haben mit empirischen Mitteln versucht, das »Policy Network« zu bestimmen, das die Postreform eingeleitet und durchgeführt hat. Solche politischen Netzwerke bestehen ihrer Auffassung nach in heutigen Gesellschaften aus korporativen Akteuren im Sinne von Organisationen.[70] Die über dreißig befragten korporativen Akteure bzw. deren Vertreter stimmten bis auf eine Ausnahme darin überein, daß das Postministerium mit Abstand den größten Einfluß gehabt und ausgeübt habe. Allerdings wird nicht genauer differenziert, welche Abteilungen im Ministerium dabei welche Rolle gespielt haben. Diese Frage erscheint nicht unerheblich, weil frü-

68 Ebd., S. 28.
69 Grande/Schneider 1991, S. 466; vgl. auch Grande 1989.
70 Schneider/Werle 1991, S. 98.

here Reformansätze ja im wesentlichen an dem Ministerium gescheitert sind.
Bei aller gebotenen Skepsis, die etwa Joerges gegen die heroisierenden Darstellungen großer Männer (*system builders*) bei der Entwicklung und beim Aufbau großer technischer Systeme äußert, sollten andererseits personelle Momente nicht völlig als Erklärungsfaktoren ausgeschlossen werden. Im vorliegenden Fall drängt sich eine personenbezogene Betrachtung geradezu auf. Die hier behandelte Phase der technischen Modernisierung, insbesondere durch das ISDN und der institutionellen Reform, fällt weitestgehend zusammen mit der Amtszeit von Postminister Schwarz-Schilling und wurde auch inhaltlich wesentlich von ihm geprägt. Als medienpolitischer Sprecher der CDU/CSU-Bundestagsfraktion hatte er das Postmonopol wie auch das Rundfunkmonopol mehrfach heftig kritisiert. Als er das Postministerium übernahm, wollte er, wie es Schneider und Werle in dem einzigen auf eine Person bezogenen Satz formulieren, »eine Reform um jeden Preis einleiten«.[71] In der Regierungserklärung von Bundeskanzler Kohl im Oktober 1982 wurde das Ziel, »den Staat auf seine ursprünglichen und wirklichen Aufgaben zurückzuführen«, auch auf den Rundfunk und das Fernmeldewesen bezogen.[72] Zwar wurden diese Monopole dann auch weitestgehend aufgehoben, die damit angekündigten volkswirtschaftlichen Ziele wurden jedoch nicht erreicht.
Ohne Zweifel sind ökonomische Interessen, technologische Entwicklungen und allgemeine Ideologien für die Reform der Telekommunikation in allen Ländern maßgeblich. Im internationalen Vergleich wurde in Deutschland die Deregulierung zum Teil noch weiter getrieben als in Großbritannien. Dies ist durch lokale Faktoren zu erklären. Hinzu kommt, daß die Wirkungen als besonders groß angekündigt wurden und eine der stärksten fernmeldetechnischen Industrien Europas noch weiter gefördert werden sollte. Gemessen an diesen hohen Zielen wirkt der Mißerfolg besonders krass. Und die Betroffenheit der deutschen Fernmeldeindustrie durch die Mißerfolge ist sehr viel konkreter als in anderen Ländern: Es läuft nichts mehr zwischen dem Ministerium und den früheren Amtsbaufirmen.

71 Ebd., S. 119.
72 Grande/Schneider 1991, S. 462.

4.4 Wie Leitbilder fehlleiten können

Wenn in der Literatur von Leitbildern die Rede ist, dann werden zumeist solche Visionen, Konzepte oder Modelle identifiziert, die nachträglich eine bereits vollzogene Entwicklung verständlich machen sollen. Teilweise wird versucht, diese auf Verstehen gerichteten Deutungen konstruktiv-pragmatisch zu wenden und eine Orientierung an Leitbildern als Konzept für das Management von Innovationsprozessen und/oder für eine antizipative Technikfolgenabschätzung empfohlen.[73] Die jüngste Geschichte der Telekommunikation sollte in dieser Hinsicht eher als Warnung dienen. Die hier verfolgten Leitbilder haben eine erstaunliche Stabilität erreicht und doch dazu beigetragen, daß die Ziele gerade nicht erreicht wurden. Dies gilt für das technologische Leitbild ebenso wie für das ordnungspolitische.

Als technologisches Leitbild wurde das Konzept des integrierten Universalnetzes verfolgt, das alle bisherigen und viele neue Telekommunikationsdienste integrieren sollte und als Infrastruktur Investitionen in Endgeräte und Anwendungen auslösen sollte. Es ist hier leider nicht der Platz, um die Fehlannahmen in diesem Leitbild genauer darzustellen und ihre Zustandekommen auch zu erklären.[74] Der Grundfehler liegt darin, daß die gesamte Planung von Technikern entwickelt wurde, die ihre berufliche Sozialisation durch das Telefonnetz mit seiner nutzungsoffenen und -indifferenten Technik erfahren haben, diese Erfahrungen ungeprüft auf das ISDN übertragen und die grundlegend andere technische Struktur der Datenfernverarbeitung nicht erkannt haben. Wegen dieser Unterschiede ist die aus der Sicht des Netzbetreibers vorteilhafte Austrocknung der teuren Spezialnetze für die Datenübertragung nicht durchsetzbar gewesen. Die Vielfalt der Netze für die Datenübertragung war eben nicht, wie von Nachrichtentechnikern wahrgenommen, Wildwuchs, sondern nur Widerspiegelung der vielfältigen Anwendungen der Datenverarbeitung. Zu den falschen Ableitungen aus der Geschichte des Telefons gehört auch die Hoffnung auf Infrastruktureffekte, die Netzinvestitionen auslösen. Während dies beim Telefonnetz so ist, ist die Entwicklung der Datennetze tendenziell umgekehrt gewesen: Die

73 Vgl. Dierkes/Hoffmann/Marz 1992.
74 Vgl. dazu die Langfassung: Kubicek 1993.

installierten Rechner wurden früher oder später so vernetzt, wie es für die jeweilige Verkehrsstruktur des Datenaustauschs zweckmäßig erschien.
Für Techniker, die mit dem Telefonnetz groß geworden sind, mag es schwierig sein, die andere Welt der Datenverarbeitung zu verstehen. Es war jedoch nicht unmöglich. Zum einen sind schon früher Versuche der Bundespost gescheitert, die Datenverarbeitung für jedermann einzuführen. Zum anderen gab es ja eine Unterabteilung für Datendienste. Diese ist jedoch bei den Langfristplanungen für die Konzeption und Einführung des ISDN im Postministerium gar nicht hinzugezogen worden. Ihre Einwände wurden von der Leitung als individuelles Querschießen eingestuft.
Die Stabilität, die das Leitbild vom integrierten Universalnetz erreichen konnte, hängt sicher auch von dem industriepolitischen Manöver ab, das Postminister Schwarz-Schilling damals vornehmen mußte, um seine medienpolitisch motivierten Investitionen in die Kupferkoaxialnetze für das Kabelfernsehen mit der Erwartung der fernmeldetechnischen Industrie und der gesamten Wirtschaftslobby auf Innovationsförderung für den Weltmarkt in Einklang zu bringen.[75] Aus diesen und noch anderen Gründen wurden immer größere Effekte im Hinblick auf Absatzmärkte, Teilnehmerzahlen, gesamtwirtschaftliche und gesamtgesellschaftliche Aspekte mit Milliardenaufwand in PR-Kampagnen in die Welt gesetzt.
Das ordnungspolitische Leitbild von den innovationsfördernden Kräften des Marktes wurde oben schon skizziert und kritisiert. Der Hauptfehler in diesem Zusammenhang ist eine zu wenig differenzierte Analyse und ein viel zu simpler Umkehrschluß bei den Konsequenzen: Das staatliche Fernmeldemonopol und die hochgradig zentralisierte Organisation haben, wie der technologische Irrtum beim ISDN zeigt, selbstverständlich Schwächen. Daraus kann man aber nicht direkt schließen, daß der Wettbewerb auf jeden Fall zu besseren Ergebnissen führt. So erscheint die erwähnte These von Pattays sehr plausibel, daß Wettbewerb zwischen verschiedenen Architekturen für funktionsgleiche Subsysteme die Verbreitung aller Alternativen behindert und somit der Markt für die Auswahl einer Systemarchitektur bei Telekommu-

75 Vgl. Klumpp/Rose 1991.

nikationsinfrastrukturen nicht geeignet ist, hingegen sehr wohl für die qualitative Verbesserung und Verbilligung in der Diffusionsphase.
Um so differenzieren zu können, muß man sich auf den Gegenstandsbereich einlassen. In diesem Zusammenhang ist es bemerkenswert, daß die Spitzenverbände der Wirtschaft immer lauter und pauschaler nach noch weiter gehender Deregulierung gerufen haben als der Fachverband, der ZVEI. Dieser hatte vielleicht die richtige Analyse, aber kein angemessenes Konzept. Der simple Erhalt des Status quo war sachlich nicht zu rechtfertigen und politisch nicht durchzusetzen. Bezeichnend für die ideologische Prägung der Diskussion war, daß dritte Wege zwischen Markt und Hierarchie nicht in die politische Diskussion gelangten.
Wie schon für die Anwendungsstandards ausgeführt, kommt es auch bei den Netzen und Diensten – wie von Pattay zeigt – darauf an, daß ein Aushandlungsprozeß organisiert wird. Dazu gibt es technische Standardisierungsgremien, deren Arbeit jedoch durch staatliche Regulierung sehr viel verbindlicher gemacht werden müßte.[76] Darüber hinaus bedarf es neuer Institutionen, die frei von kurzfristigen ökonomischen Zwängen und Interessen Infrastrukturplanung machen.

4.5 Irrtum, Sabotage oder das Zauberlehrlingssyndrom

Den geschilderten Irrtümern sind alle maßgeblichen Entscheider erlegen: der Postminister, die gesamte Bundesregierung, die Mehrheit der Regierungskommission Fernmeldewesen, die EG-Kommission und der EG-Ministerrat und viele andere mehr. Wir wissen wenig über die Auseinandersetzungen im Binnenverhältnis zwischen den Akteuren in anderen Ländern. Für Deutschland ist jedoch auffällig, daß der für die Bundespost zuständige Minister nicht nur nicht versucht hat, die Argumente für eine radikale Deregulierung zu hinterfragen und damit eine weitgehende Dispersion abzumildern, sondern sich im Gegenteil an die Spitze der Radikalreformer gestellt hat – oder gestellt wurde?

76 Pattay 1993, S. 218 f. Vgl. auch Höller 1993, der von einem Normetablierungsprozeß spricht.

Anders als die früheren Reformversuche in den sechziger und siebziger Jahren ist die Postreform dem Minister nicht aufgezwungen worden. Er hat in den Auseinandersetzungen nicht die Interessen des Fernmeldewesens, der dort Beschäftigten oder der Fernmeldeindustrie geltend gemacht, sondern gegen diese allgemeine volkswirtschaftliche Zwecke angeführt. Zum Teil gingen seine Deregulierungsvorschläge weiter als der letztlich erreichte Kompromiß. Solche Verhaltensweisen kennt man an der Spitze eines Unternehmens nur aus Situationen, wo ein Eigentümer Manager entsendet, um einen Schrumpfungsprozeß einzuleiten. Hat die Bundesregierung bzw. der Bundeskanzler oder darüber vermittelt der BDI oder DIHT 1982 den Unternehmer Schwarz-Schilling mit diesem Auftrag an die Spitze der Bundespost gestellt? Greift man auf die Regierungserklärungen von Bundeskanzler Kohl zurück, so können die Deregulierung des Rundfunks und des Fernmeldewesens als Ziele ausgemacht werden, die der frühere medienpolitische Sprecher der CDU/CSU und Unternehmer erfüllen sollte. Und von diesem Auftrag her ist er einer der erfolgreichsten Minister dieser beiden Legislaturperioden.
Noch 1992 war er derjenige, der die Postreform 2 vorantrieb und selbst die Abschaffung der verbliebenen Monopole anbot. Damit hätte er den Rollenwechsel vom Leiter der Deutschen Bundespost hin zum Regulierer für alle Anbieter von Telekommunikationsdiensten vollzogen. In vielen Entscheidungen als Regulierer hat der Minister 1992 die Wettbewerber gegenüber seiner »Tochter« Telekom bevorzugt, so etwa beim Ausschluß von der Bewerbung um die Errichtung des E-Mobilfunknetzes. Er hat jedoch nichts unternommen, um eine neue effektive Regulierungsstruktur aufzubauen.
Die Bezeichnung Sabotage mag etwas überzogen klingen, da die Ziele der Deregulierung stets öffentlich vertreten wurden. Auffällig ist jedoch, daß die volkswirtschaftlichen und industriepolitischen Ziele gerade nicht erreicht wurden. Eine in der Literatur vertretene These geht dahin, daß der Minister die Interessen großer Konzerne durchsetzen und ihnen Zugang zum wachsenden Kuchen des Telekommunikationsmarktes verschaffen wollte (»Rosinenpickerei«). Eine ergänzende These bezieht sich darauf, daß Schwarz-Schilling sich in seiner Zeit als medienpolitischer Sprecher und Batterieproduzent so sehr über den Monopolisten Bundespost geärgert hat, daß er diesen vor allem schwächen oder

auch zerschlagen wollte. Daß der ordnungspolitische Irrtum alleine als Erklärung nicht ausreicht, ist daran erkennbar, daß bei Einzelentscheidungen immer wieder gegen die öffentlich verkündeten Maximen verstoßen wurde. Dies gilt für die Kabelfernsehnetze, die nicht sofort dem Markt überlassen wurden, weil dann die medienpolitischen Ziele nicht erreicht worden wären, oder für die Abnahmegarantie für die Glasfaserherstellung. Wer an solchen Widersprüchen zwischen Wort und Tat trotz Kritik festhält, kann sich kaum auf Irrtümer berufen.

Das Zauberlehrlingssyndrom

Während Sabotage eine gezielt geplante Handlungsfolge unterstellt, ist schließlich auch denkbar, daß die politischen Akteure glaubten, private Gewinnmöglichkeiten zu eröffnen und dennoch einen Kernbereich an Infrastruktur erhalten zu können, dabei aber unterschiedliche Erwartungen geweckt haben, die nicht alle einzulösen waren. Auch Grande stellt in seiner Kritik der Poststrukturreform in bezug auf die Abgrenzung des Telefondienstmonopols fest: »Ob freilich die Geister, die einmal gerufen worden waren, dann auch wieder gebannt werden können, das kann keineswegs als gesichert gelten.«[77] Hinzu kamen unvorhersehbare technologische und politisch-ökonomische Veränderungen, durch die die Telekommunikation insgesamt in eine nicht mehr steuerbare Situation geriet. So waren die finanziellen Anforderungen durch den Aufbau einer Grundversorgung in den neuen Bundesländern überhaupt nicht vorhersehbar. Ob Mobilfunk- und Satellitennetze auf Dauer Rand- oder auch Kernbereiche werden, ist heute noch nicht abschließend zu beantworten. Daß gegen internationale Satellitennetze kein rechtliches nationales Netzmonopol durchgesetzt werden kann, ist auch allen Beteiligten klar.

Vermutlich bedarf es eines etwas größeren zeitlichen Abstandes, um beurteilen zu können, welchen Anteil die drei Varianten an der Erklärung der deutschen Besonderheiten beanspruchen können. Der Rücktritt von Minister Schwarz-Schilling verstärkt meines Erachtens das Gewicht der Zauberlehrlingsvariante. Zumindest

77 Grande 1989, S. 240.

ist glaubhaft, daß er eine so verfahrene Situation nicht gezielt und planvoll herbeigeführt hat.
Seinem Nachfolger Bötsch ist es gelungen, parlamentarischen Konsens in der Frage der Rechtsreform zu erzielen. Angesichts der einhelligen Forderungen der Wirtschaftsverbände wird die Privatisierung der Telekom wohl die erforderliche Zwei-Drittel-Mehrheit finden. In der Frage der Infrastrukturplanung gibt es jedoch, wie erwähnt, keine entscheidenden Änderungen. Nach wie vor sollen die Entscheidungen im Ministerium fallen und von einem aus Vertretern des Bundestages und der Bundesländer zusammengesetzten Regulierungsrat begleitet werden. Veränderungen vom damaligen Postverwaltungsrat über den 1989 eingerichteten Infrastrukturrat zu diesem Regulierungsrat sind nur für Fachleute erkennbar. Demgegenüber geht es in der parallel stattfindenden Re-Regulierungsdiskussion in den USA darum, angesichts der technischen Verknüpfung von Fernsprechen und Fernsehen – genauer: von Vermittlungs- und Verteilnetzen – die bisherige Regulierung für die Telekommunikation und die für das Fernsehen zu integrieren und eine Infrastrukturplanung für multimediale breitbandige Netze einzuleiten. Entsprechende Ansätze sind in der deutschen Postreform nicht erkennbar. Offensichtlich fehlt dem großen technischen System Telekommunikation ein Frühwarnsystem für Fehlentwicklungen, ein Mechanismus für institutionelles Lernen im Binnenverhältnis und eine wirklich kritische Kontrolle oder Regulierung von außen. Dieser Aspekt des institutionellen Lernens hat in jüngster Zeit in der sozialwissenschaftlichen Technikforschung stärkere Aufmerksamkeit gefunden. Häufig wird die Auffassung vertreten, daß Organisationen nur aus Krisen oder durch starken Druck von außen lernen. Für die Telekommunikation kann durchaus von einer Krisensituation gesprochen werden. Diese muß jedoch offensichtlich erst durch die Postreform 2 noch verschärft werden, bevor dann wieder mit mehrjähriger Verzögerung in einer Postreform 3 die Re-Regulierung der USA nachvollzogen wird.

4.6 Schlußfolgerungen für die Theorien großer technischer Systeme

Das große technische System Telekommunikation mag lange Zeit insofern etwas Besonderes gewesen sein, als es eine einzige große zentralisierte Betreiberorganisation aufwies. Heute stellen wir eine Tendenz hin zu einer organisatorischen Dispersion und technischen Fragmentierung fest, die es im Energie- und Verkehrsbereich schon immer gab. Daraus kann jedoch nicht auf eine Normalisierung geschlossen werden, weil das Telekommunikationssystem die erwähnte Besonderheit des Phänomens der kritischen Masse aufweist, die besondere Koordinationsformen erfordert. Keine Klarheit konnte darüber gewonnen werden, ob die technologische Dynamik und Ausdifferenzierung die organisatorische Dispersion ausgelöst und zwingend notwendig gemacht oder ob diese organisatorische Dispersion aus für das große technische System externen Gründen dazu geführt hat, daß das Konzept des integrierten Universalnetzes aufgegeben werden mußte und statt dessen eine technische Fragmentierung eingeleitet wurde. Auf jeden Fall kann mit der dispersen Organisation die technische Fragmentierung nicht auf eine koordinierte technische Diversifizierung zurückgeführt werden. Das Verhältnis zwischen Organisation und Technik in großen technischen Systemen ist wohl ein sehr viel komplizierteres Wechselspiel als bisher dargestellt. Es sind auch keineswegs nur Mißerfolge, die in späteren Phasen der Entwicklung eines großen technischen Systems solche Krisen auslösen. Aufschlußreich erscheint auch, die Rolle von Ideologien in solchen Krisen und die geringe Lernfähigkeit, und zwar auf technologischem wie auch auf organisatorischem Gebiet.

Die simple Gegenüberstellung von Markt und Hierarchie, die in der Literatur und einer Reihe von Praxisfeldern überwunden scheint, wird den aktuellen Erfordernissen nach Differenzierung, Flexibilität und Koordination nicht gerecht. Der bloße Hinweis auf Netzwerke reicht jedoch nicht, sondern es muß in jedem Kontext neu untersucht werden, was Netzwerkorganisation dabei bedeuten könnte. Diese Frage ist auch von großer aktueller Bedeutung. Sie mußte nicht nur im Zusammenhang mit der Postreform 2 in Deutschland erörtert werden, sondern zum Beispiel auch im Zusammenhang mit der Bahnreform. Dort soll eine ähnliche ordnungspolitische und organisatorische Trennung zwischen Netzbetrieb (Schiene) und Verkehrsdienstleistungen eingeführt werden. Das Straßensystem dient dafür ebenso als Vorbild wie die Telekommunikation. Noch fehlt eine Typologie großer technischer Systeme, die es erlaubt, sowohl Gemeinsamkeiten als auch spezifische Differenzen herauszuarbeiten. Auf dem Weg dahin haben Fallstudien sicher eine wichtige Funktion. Vielleicht kann die hier erzählte Geschichte der Telekommunikation einige dazu fruchtbare Fragen und Hypothesen aufwerfen.

Literatur

Bauer, B. (Hg.) (1992), »Telekommunikationspolitik in Deutschland. Ausgewählte Beiträge der WIK-Konferenz ›Drei Jahre nach der Postreform‹«, Bonn 23.-24. Juni 1992. Wissenschaftliches Institut für Kommunikationsdienste, Bad Honnef.

Bell, D. (1979), »Communications Technologies for Better or for Worse«, in: *Harvard Business Review*; deutsch: »An der Schwelle zu den neuen Kommunikationstechnologien«, in: *Harvard Manager, Innovationsmanagement*. Bd. 1, Hamburg 1985, S. 9-18.

– (1990), »Die dritte technologische Revolution und ihre möglichen sozioökonomischen Konsequenzen«, in: *Merkur* 44, Heft , S. 28-47.

Bericht der Regierungskommission Fernmeldewesen Neuordnung der Telekommunikation. (1987), Vorsitz Eberhard Witte, Heidelberg.

BMFT – Bundesminister für Forschung und Technologie (Hg.) (1984), *Informationstechnik. Konzeption der Bundesregierung zur Förderung der Entwicklung der Mikroelektronik, der Informations- und Kommunikationstechniken*, Bonn.

BMFT/BMWi – Bundesminister für Forschung und Technologie und Bundesminister für Wirtschaft (Hg.) (1989), *Zukunftskonzept Informationstechnik*, Bonn.

BMPT – Bundesminister für Post und Telekommunikation (Hg.) (1989), *Gesetz zur Neustrukturierung des Post- und Fernmeldewesens und der Deutschen Bundespost. Text und Einführung*, Heidelberg.

Bohm, J./H. Schön/G. Tenzer (1987), »Mehrwertdienste – ein offener Wettbewerbsmarkt in der Bundesrepublik Deutschland«, in: *Jahrbuch der Deutschen Bundespost* 1987, Bad Windsheim, S. 207-242.

BPM – Bundesminister für das Post- und Fernmeldewesen (1984a), *Konzept der Deutschen Bundespost zur Weiterentwicklung der Fernmeldeinfrastruktur*, Bonn.

– (1984b), *ISDN – Die Antwort der Deutschen Bundespost auf die Anforderungen der Telekommunikation von morgen*, Bonn.

– (1986), *Chance und Herausforderung der Telekommunikation in den 90er Jahren*, Bonn.
Braun, Ingo (1994), »Geflügelte Saurier. Zur intersystemischen Vernetzung großer technischer Systeme«, in diesem Band.
Deutsche Bundespost Telekom (1992), *Große Aufgaben, Wichtige Fortschritte. Das Geschäftsjahr 1991. Geschäftsbericht 1991*, Bonn.
Deutscher Bundestag (1983), *Zwischenbericht der Enquête-Kommission »Neue Informations- und Kommunikationstechniken«*, Drucksache 9/2442 vom 28. 3. 1983.
– (1986), *Antwort der Bundesregierung auf die Große Anfrage der Fraktion DIE GRÜNEN »Ausbau der fernmeldetechnischen Infrastruktur I-III«*, Drucksache 10/5144-5146 vom 5. 3. 1986.
Dierkes, M. (1990), »Technikgenese. Einflußfaktoren der Technisierung jenseits traditioneller Technikfolgenforschung«, in: B. Biervert/K. Monse (Hg.), *Wandel durch Technik*, Opladen, S. 311-331.
Dierkes, M./U. Hoffmann/L. Marz (1992), *Leitbild und Technik. Zur Entstehung und Steuerung technischer Innovationen*, Berlin.
Dierkes, M./A. Knie (1989), »Technikgenese. Zur Bedeutung von Organisationskulturen und Konstruktionstraditionen in der Entwicklung des Motorenbaus und der mechanischen Schreibtechniken«, in: B. Lutz (Hg.), *Technik in Alltag und Arbeit*, Berlin, S. 203-218.
Dörrenbächer, Ch. (1992), »Die Auswirkungen der Mobilkommunikation auf die Zukunft der Arbeitswelt«, *Informationen zur Technologiepolitik und zur Humanisierung der Arbeit* Nr. 17, Deutscher Gewerkschaftsbund (DGB), Düsseldorf.
Forschungsgruppe Telefonkommunikation (Hg.) (1989), *Telefon und Gesellschaft*, Bd. 1 und 2, Berlin.
Galambos, L. (1988), »Looking at the Boundaries of Technological Determinism. A Brief History of the US Telephone System«, in: R. Mayntz/ Th. P. Hughes (Hg.), *The Development of Large Technical Systems*, Frankfurt am Main/Boulder, Col., S. 135-153.
Genschel, P./Werle, R. (1992), »From National Hierarchies to International Standardization. Historical and Modal Changes in the Coordination of Telecommunications«, in: *Journal of Public Policy* 13 (1994) 3.
Grande, E. (1989), *Vom Monopol zum Wettbewerb? Die neokonservative Reform der Telekommunikation in Großbritannien und der Bundesrepublik Deutschland*, Wiesbaden.
Grande, E./V. Schneider (1991), »Reformstrategien und staatliche Handlungskapazitäten. Eine vergleichende Analyse institutionellen Wandels in der Telekommunikation in West-Europa«, in: *Politische Vierteljahresschrift* 32, S. 452-478.
Grünbuch (1987), *Auf dem Wege zu einer dynamischen europäischen Volkswirtschaft. Grünbuch über die Entwicklung des gemeinsamen Marktes für Telekommunikationsdienstleistungen und Telekommunika-*

tionsendgeräte, Kommission der Europäischen Gemeinschaften, KOM (87) endg., Brüssel.
Hellige, H. D. (1990), *Akteure, Leitbilder und Entwicklungsrichtungen in der Geschichte der Computer-Kommunikation*, Forschungszentrum Arbeit und Technik artec, Universität Bremen, Dezember.
Höller, H. (1993), *Kommunikationssysteme. Normung und soziale Akzeptanz*, Braunschweig.
Hughes, Th. P. (1983), *Networks of Power. Electrification in Western Society 1880-1930*, Baltimore/London.
– (1987), »The Evolution of Large Technical Systems«, *WZB* papers P86-9; erschienen in: W. E. Biker/Th. P. Hughes/T. J. Pinch (Hg.), *The Social Construction of Technological Systems*, Cambridge, Mass., S. 51-82).
Information Infrastructure Task Force (1993), *The National Information Infrastructure. Agenda for Action*, 15. September.
Irmer, T. (1982), »Die DBP auf dem Weg zum ISDN«, in: D. Elias (Hg.), *Telekommunikation in der Bundesrepublik Deutschland 1982*. Heidelberg/ Hamburg, S. 295-308.
ITG – Informationstechnische Gesellschaft im VDE (Hg.) (1990), *Datenschutz im ISDN*, Frankfurt am Main.
– (1992), *Gestaltungsfelder beim Mobiltelefon. Dokumentation des ITG-Forums*, 12. Mai 1992. Frankfurt am Main.
Joerges, B. (1988), »Large Technical Systems. Concepts and Issues«, in: R. Mayntz/Th. P. Hughes (Hg.), *The Development of Large Technical Systems*. Frankfurt am Main/Boulder, Col., S. 9-36.
– (1992), »Große technische Systeme. Zum Problem technischer Größenordnung und Maßstäblichkeit«, in: E. Beckmann/W. Rammert (Hg.), *Technik und Gesellschaft. Jahrbuch* 6, Frankfurt am Main/New York, S. 41-72.
Kedaj, J. (1991), »Mobilfunkdienste der Deutschen Bundespost TELEKOM«, in: *Unterrichtsblätter der Deutschen Bundespost TELEKOM* 44, S. 424-434; wieder in: ITG (Hg.), *Gestaltungsfelder beim Mobiltelefon*, Frankfurt am Main 1992, S. 61-71.
Klumpp, D. (1991), »Technikfolgenprobleme aus der Sicht der Hersteller. Ist ein gesellschaftlicher Diskurs möglich?«, in: E. Grande u. a. (Hg.), *Perspektiven der Telekommunikationspolitik*, Opladen, S. 198-215.
Klumpp, D./C. Rose (1991), »ISDN – Karriere eines technischen Konzepts«, in: *Jahrbuch Arbeit + Technik*, hg. von W. Fricke, Bonn, S. 103-114.
Kubicek, H. (1985), »Die sogenannte Informationsgesellschaft«, in: E. Altvater u. a., *Arbeit 2000*, Hamburg, S. 76-109.
– (1988), »Telematische Integration: Zurück in die Sozialstrukturen des Früh-Kapitalismus?«, in: W. Steinmüller (Hg.), *Verdatet und vernetzt*, Frankfurt am Main, S. 51-104.

– (1989), »Entwicklungspfade der Telekommunikation«, in: A. Roßnagel (Hg.), *Freiheit im Griff*, Stuttgart, S. 147-164.
– (1990), »Probleme des Datenschutzes bei der Kommunikationsdatenverarbeitung im ISDN«, in: *Computer und Recht* 6, S. 659-671.
– (1991), »Von der Technikfolgen- zur Regulierungsforschung«, in: H. Kubicek (Hg.), *Telekommunikation und Gesellschaft. Kritisches Jahrbuch der Telekommunikation*, Karlsruhe, S. 13-76.
– (1992), »The Organization Gap in Large-Scale EDI Systems«, in: R. J. Streng u. a. (Hg.), *Scientific Research on EDI. Bringing Worlds Together*, Alphen aan den Rijn, S. 11-42.
– (1993), »Steuerung in die Nichtsteuerbarkeit. Die erstaunliche Geschichte des deutschen Telekommunikationswesens«, Wissenschaftszentrum für Sozialforschung, Forschungsschwerpunkt »Technik, Arbeit, Umwelt«, Paper FS II 93-504, Berlin.
Kubicek, H./K. Bach (1991), »Neue TK-Datenschutzverordnungen – Fortschritt für den Datenschutz?«, in: *Computer und Recht* 7, S. 489-496.
Kubicek, H./P. Berger (1990), *Was bringt uns die Telekommunikation? ISDN – 66 kritische Antworten*, Frankfurt am Main/New York.
Kubicek, H./B. Mettler-Meibom (1988), »Alternative Entwicklungspfade der Telekommunikationspolitik«, in: *Aus Politik und Zeitgeschichte*, B 46-47/88 vom 11. November 1988, S. 30-47.
Kubicek, H./J. M. Mohr/J. Falke (1992), »Daten- und Verbraucherschutz in der Postreform II«, in: *Zeitschrift für Gesetzgebung*, S. 320-335.
Kubicek, H./A. Rolf (1985), *Mikropolis. Mit Computernetzen in die »Informationsgesellschaft«*, Hamburg, 2. Auflage 1986.
LaPorte, T. R. (Hg.) (1991), *Social Responses to Large Technical Systems. Control or Anticipation*, Dordrecht.
Lydorf, H. (1986), »Die Schnittstellen der derzeitigen Datenübertragungsdienste zum ISDN und die Konsequenzen für die Anwender«, in: Telematica (Hg.), *Auf dem Weg zum Universalnetz. 2. Deutsches Anwender-Symposium*, ISDN Congress 1986, 16./17. September 1986, Proceedings, Starnberg, S. 107-114.
Mäding, H. (1991), »Probleme der rationalen Planung der Telekommunikationsinfrastruktur«, in: E. Grande u. a. (Hg.), *Perspektiven der Telekommunikationspolitik*, Opladen, S. 127-150.
Mansell, R./M. Jenkins (1992), *Electronic Trading Networks and Interactivity. The Route to Competitive Advantage? Case Study Report*, Centre for Information and Communication Technology, Science Policy Research Unit, University of Sussex, Falmer, Brighton, April.
Martin, J. (1978), *The Wired Society*, Englewood Cliffs, N. J.
Mayntz, R. (1988), »Zur Entwicklung technischer Infrastrukturen«, in: R. Mayntz u. a. (Hg.), *Differenzierung und Verselbständigung. Zur Entwicklung gesellschaftlicher Teilsysteme*, Frankfurt/New York, S. 233-259.

– (1993), »Große Technische Systeme. Zur gesellschaftstheoretischen Einordnung eines Konzepts«, in: *Kölner Zeitschrift für Soziologie und Sozialpsychologie* 45, Heft 1, S. 97-108.

Mayntz, R./Th. P. Hughes (Hg.) (1988), *The Development of Large Technical Systems*, Frankfurt am Main/Boulder, Col.

Monse, K./K. Reimers (1993), »Interorganizational Networking and the Institutional Gap«, in: A. Clement/P. Kohn/I. Wagner (Hg.), *Proceedings of the IFIP TC9/WG9.1 Working Conference on Networking, Vienna, 16-18 June 1993*, Amsterdam, S. 191-199.

Musiol, A. (1986), *Glossar Bürokommunikation*, 2. Auflage, Siemens AG, München.

Noam, E. M. (1989), »International Telecommunications in Transition«, in: R. W. Crandall und K. Flamm (Hg.), *Changing the Rules. Technological Change, International Competition, and Regulation in Telecommunications*, Washington, S. 252-297.

– (1990), »Network Tipping and the Tragedy of the Common Network. A Theory for the Formation and Breakdown of Public Telecommunication Systems«. Vortrag, gehalten auf der International Telecommunications Society, März 1990. Columbia State University, New York.

– (1991), »Privacy bei Telekommunikationsdiensten.« in: H. Kubicek (Hg.): *Telekommunikation und Gesellschaft. Kritisches Jahrbuch der Telekommunikation*, Karlsruhe, S. 112-135.

Nora, S./A. Minc (1979), *Die Informatisierung der Gesellschaft*, Frankfurt am Main/New York.

Oberliesen, Rolf (1982), *Information, Daten und Signale. Geschichte technischer Informationsverarbeitung*, Reinbek.

Pattay, W. P. von (1993), »Die technologischen Ursachen für die wachsende Bedeutung internationaler Normen«, Dissertation, Universität Bremen.

Picot, A./R. Neuburger/J. Niggl (1991), »Ökonomische Perspektiven eines ›Electronic Data Interchange‹«, in: *Information Management* 6, S. 22-29.

Pool, I. de S. (Hg.) (1981), *The Social Impact of the Telephone*, Boston, Mass.

Rammert, W. (1990), »Telefon und Kommunikationskultur. Akzeptanz und Diffusion einer Technik im Vier-Länder-Vergleich«, in: *Kölner Zeitschrift für Soziologie und Sozialpsychologie* 42, S. 20-40.

Ritz, D. (1991), »Entstehungsmuster Elektronischer Märkte«, Arbeitspapier, Institut für Wirtschaftsinformatik, Hochschule St. Gallen, Version 2.0., August.

Rogers, R. A. (1990), »Visions Dancing in Engineer's Heads. AT&T's Quest to Fulfill the Leitbild of a Universal Telephone Service«, Wissenschaftszentrum Berlin, Paper FS II 90-102, Berlin.

Rosenbrock, K. H. (1984), »ISDN – eine folgerichtige Weiterentwicklung des digitalen Fernsprechnetzes«, in: *Jahrbuch der Deutschen Bundespost* 35, Bad Windsheim, S. 509-577.

Sachs, W. (1994), »Satellitenblick. Die Ikone vom blauen Planeten und ihre Folgen für die Wissenschaft«, in diesem Band.

Sackman, H./N. Norman (1970), *The Information Utility and Social Choice*, Montvale, N.J.

Scherer, J. (1985), *Telekommunikationsrecht und Telekommunikationspolitik*, Baden-Baden.

Schmidt. S. K./R. Werle (1992), »The Development of Compatibility Standards in Telecommunications. Conceptual Framework and Theoretical Perspective«, in: M. Dierkes und U. Hoffmann (Hg.), *New Technology at the Outset*, Frankfurt am Main/New York, S. 301-326.

Schneider, V. (1991), »The Governance of Large Technical Systems. The Case of Telecommunications«, in: T. R. La Porte (Hg.), *Responding to Large Technical Systems*, Dordrecht, S. 18-40.

– (1992), »Kooperative Akteure und vernetzte Artefakte«, in: G. Beckmann/W. Rammert (Hg.), *Technik und Gesellschaft* 6, Frankfurt am Main/New York, S. 113-139.

Schneider, V./R. Werle (1991), »Policy Networks in the German Telecommunications Domain«, in: B. Marin/R. Mayntz (Hg.), *Policy Networks*, Frankfurt am Main/Boulder, Col., S. 97-136.

Schnöring, Th. (1992), »Entwicklungstrends auf den europäischen Telekommunikationsmärkten«, Wissenschaftliches Institut für Kommunikationsdienste, Diskussionsbeiträge Nr. 102, Bad Honnef.

Schwarz-Schilling, Ch. (1992), »Drei Jahre nach der Postreform. Zum Stand der Realisierung einer ordnungspolitischen Konzeption«, in: B. Bauer (Hg.), *Telekommunikationspolitik in Deutschland. Perspektiven für die Zukunft.* Wissenschaftliches Institut für Kommunikationsdienste (WIK), Bad Honnef, S. 1-12.

SCICON Networks (1989), »The Market for Value Added Services in Europe«, Report to the Commission of the European Communities. EG-Kommission, Generaldirektion XIII, Brüssel.

Seeger, P. (1990), *Die ISDN-Strategie. Probleme einer Technikfolgenabschätzung*, Berlin.

Slack, J. D./F. Fejes (Hg.) (1987), *The Ideology of the Information Age*, Norwood N. J.

Spaniol, O. (1992), »Computerverbundsysteme«, in: *Handwörterbuch der Organisation*, 3. Auflage, hg. von E. Frese, Stuttgart, Sp. 419-431.

Stoetzer, M.-W. (1991), »Der Markt für Mehrwertdienste. Ein kritischer Überblick«, Diskussionsbeiträge Nr. 69, Wissenschaftliches Institut für Kommunikationsdienste, Bad Honnef.

Sydow, J. (1992), *Strategische Netzwerke. Evolution und Organisation*, Wiesbaden.

Szafran, U. (1993), »Der Markt für Satellitendienste«, Wissenschaftliches Institut für Kommunikationsdienste. Diskussionsbeiträge, Nr. 107, Bad Honnef.

Thomas, F. (1988), »The Politics of Growth. The German Telephone System«, in: Renate Mayntz/Thomas P. Hughes (Hg.), *The Development of Large Technical Systems*, Frankfurt am Main/Boulder, Col., S. 179-213.

Ungerer, H., unter Mitarbeit von N. P. Castello (1989), *Telekommunikation in Europa. Kommission der Europäischen Gemeinschaften*, Luxemburg.

Weigand, St. (1993), *Daten- und Textübertragung in der Bundesrepublik Deutschland. Determinanten der Diffusion von Telekommunikationsdiensten*, Münster/Hamburg.

Werle, R. (1990), *Telekommunikation in der Bundesrepublik. Expansion, Differenzierung und Transformation*, Frankfurt am Main/New York.

Hanns-Peter Ekardt
Unter-Gestell
Die bautechnischen Fundamente großer technischer Systeme

Große technische Systeme (GTS) sind der prosperierenden Techniksoziologie Anlaß zu zahlreichen Fragestellungen und Theorieansätzen gewesen. Im Kontrast hierzu fällt auf, daß das Bild der Techniksoziologie von der inneren GTS-Struktur wenig differenziert ist und im ganzen blaß bleibt. Der verwendete Technikbegriff wird – unbeschadet seiner jeweiligen gesellschaftstheoretischen Fassung – kaum entfaltet. Schließlich haben mit Blick auf die einschlägige Frage nach der GTS-Entwicklung die Handlungsprobleme der Akteure bislang wenig Aufmerksamkeit gefunden. Diesen Handlungsproblemen gilt vor allem das Interesse dieses Beitrags (vgl. Abschnitt 6). Vor einer Entfaltung dieser Handlungsprobleme sollen jedoch einige begriffliche Voraussetzungen des großen technischen Systems geschaffen werden.
In diesem Sinn und in Weiterführung entsprechender Ansätze aus dem Wissenschaftszentrum Berlin[1] wird hier vorgeschlagen, den Begriff des großen technischen Systems (GTS) gegenüber seiner bisherigen Verwendung in techniksoziologischen Arbeiten[2] stark zu differenzieren. Der Vorschlag wird am Beispiel klassischer technischer Infrastrukturen entfaltet. Erst diese Differenzierung erlaubt die realitätsnahe Analyse der inneren Dynamik großer technischer Systeme. Die Differenzierung erstreckt sich auf die technischen Artefakte selber und auf die ihnen korrespondierenden institutionell-organisatorischen und institutionell-normativen Systemaspekte.[3] An einem Differenzierungsprodukt hyper-

1 Braun 1994; Joerges 1992.
2 Mayntz 1988; Weingart 1989.
3 Mit Bedacht wird der Ausdruck System*aspekt*, nicht System*komponente*, verwendet. Das Technische an GTS erscheint nicht nur in der *hardware*, sondern auch im institutionell-normativen Systemaspekt, das Soziale an GTS erscheint nicht nur in Norm, Institution, Organisation etc., sondern auch in *hardware* und in technischen Regeln; vgl. Joerges 1992.

komplexer GTS, an der bautechnischen Infrastruktur, werden dann die Handlungsprobleme der GTS-Planer dargestellt.

1. Einleitung: Die Entwicklung von großen technischen Systemen als Handlungsproblem planender Ingenieure

Was heißt es, bautechnische Infrastruktur in der Perspektive problemlösender Ingenieurarbeit zu beschreiben? Eine erste Antwort lautet: Es ist zu beschreiben, vor welche Handlungsprobleme Akteure gestellt sind, deren Arbeitsgegenstand die technische Infrastruktur ist. Hierbei ist darzustellen, welche Bedeutung die in einschlägigen GTS-Analysen regelmäßig hervorgehobenen Merkmale von technischer Infrastruktur haben[4]:

- Netzartige Strukturen von großer geografischer Extension;
- Langlebigkeit; Kapitalintensität; Nichtstückelbarkeit;
- Asymmetrie zwischen der Legitimationsbeschaffung für Neu- und Erhaltungsinvestitionen;
- Anschlußzwang für Ausbau-Investitionen;
- großer Zeitbedarf für Realisation von Investitionsentscheidungen;
- weitgehende Irreversibilität von Teilbaumaßnahmen;
- Formierung des erforderlichen Expertenwissens durch umfangreiches, technisches Regelwerk;
- hochgradige Arbeitsteilung unter einer jeweils großen Menge von Akteuren;
- disparate Ausdrucksformen des ökonomischen Prinzips bei den beteiligten Organisationen (von der Kapitalrentabilität bis zur Haushaltswirtschaftlichkeit);
- entsprechend unterschiedliche Grade der Entbindung ökonomischer von politischer Rationalität der organisierten Akteure.

Technische Infrastrukturen sind den Akteuren aber nicht nur Gegenstand, sondern auch Bedingung und Medium ihres Handelns. Die kursorische Auflistung der Merkmale technischer Infrastrukturen weist bereits auf ein prekäres Verhältnis der Akteure zum Gegenstand ihres Handelns hin. Der prekäre Gegenstandsbezug reproduziert sich in den Beziehungen der Akteure zueinander, im

4 Lerner 1991; Weingart 1989; Loesch 1991.

Verhältnis dieser »Experten« oder »Professionals« zu den Laien und dieser Zeitgenossen insgesamt zu den nachfolgenden Generationen. Dies sei kurz anhand der in Südhessen geplant gewesenen Trinkwassertalsperre (Ernstbachtalsperre bei Wiesbaden) erläutert: Mit dem Beginn der Planung (1977) wurde auf ein nicht schon bestehendes, sondern für die Zukunft *prognostiziertes* Versorgungsproblem geantwortet; zum Zeitpunkt des Scheiterns der Planung (1984) schienen die Prognosen des Anstiegs des Wasserverbrauchs in Südhessen längst falsifiziert, inzwischen allerdings, weitere zehn Jahre später, wurde für den Regierungsbezirk Darmstadt der Wassernotstand ausgerufen.[5]

Das Planungshandeln stützt sich also auf Prognosen, die verantwortet sein wollen. Sowohl die mögliche Wasserknappheit wie auch die eventuelle Fehlinvestition bedürfen dieser Verantwortungsübernahme. Die geologischen und ökologischen Verhältnisse am ausgewählten Staumauerstandort implizierten eine Reihe von unzweifelhaften Schäden und möglichen Gefahren, die als Risiken abzubilden und gegen die intendierten Chancen abzuwägen, auf jeden Fall aber zu legitimieren waren. Der ganze südhessische Raum (in etwa der Bereich des Regierungsbezirks Darmstadt mit Hessischem Ried, Taunus, Vogelsberg) bildet einen inzwischen technisch vernetzten Großraum, der über ein »Gesamtwasserdargebot« verfügt und gemeinsam Einfluß auf den Wasserverbrauch ausübt. Der Bau der Talsperre ist insofern nur eine unter mehreren möglichen Lösungen der Wasserbilanzprobleme. Die Rationalität des Talsperrenbaus im Taunus war also im Kontext der kritischen Wassersituation im Hessischen Ried und im Vogelsberg zu prüfen. Wer könnte das Subjekt dieser komplexen »Abwägung« sein, in die technische, wirtschaftliche, ökologische und politische Aspekte eingehen?

Diese Frage weist darauf hin, daß zu einem arbeitsteiligen Bau von Infrastrukturen auch eine organisierte Ingenieurverantwortung gehört. Unbeschadet des Gelingens der Talsperrenplanung haben »die« Planer, »die« Experten in bezug auf Funktionsfähigkeit, Sicherheit, ökologische Effekte, Verbrauch von Ressourcen unvermeidlich zahlreiche Risiken gesetzt. Damit ist ein Stellvertretungsproblem und ein Verteilungsproblem für die Risikoträgerschaft verbunden. Mißlingt die Lösung dieses Problems, werden

5 Vgl. Kopp 1986; Crecelius 1980; Feuck/Börnecke 1992.

aus den *Risiken* der Experten *Gefahren* für die Laien. Zum Gelingen des Risikotransfers von den Experten zur Gesamtheit der Gesellschaftsmitglieder gehört die Einbeziehung der nachfolgenden Generationen. Der dieses Stellvertreterproblem bearbeitende Diskurs kann nicht in konkreter Anschauung der Infrastrukturartefakte stattfinden – vielmehr kann er sich nur auf Pläne, Modelle, Szenarien, gedankliche Vorwegnahmen der neuen Wirklichkeit stützen. Allenfalls die Experten werden anhand dieser Behelfe die neue Wirklichkeit angemessen antizipieren. Zahlreiche Beispiele der jüngeren Infrastrukturbaugeschichte für ein entsprechend »böses Erwachen« der Nicht-Experten lassen sich nennen – von Idar-Oberstein über das Altmühltal bis zum Donau-Kanal bei Gabcikovo.[6]

Die Beschreibung bautechnischer Infrastruktur aus der Handlungsperspektive der Akteure ist eine notwendige Ergänzung der bislang vorherrschenden systemfunktionalen, differenzierungstheoretischen und makromorphologischen[7] Analysen. Die Akteursperspektive kann in zwei Hinsichten als Komplement und Korrektiv der Systemperspektive fungieren. Zum einen vermittelt sie eine zunächst nur abstrakt entfaltete Systemdynamik mit dem Handeln der Akteure (vertikale Vermittlung). Zum anderen läßt sie deutlich werden, wie die Rationalitäten von verschiedenen Subsystemen der Gesellschaft im praktischen Handeln vermittelt sind (horizontale Vermittlung). Es ist unzureichend, bei der Unterscheidung von (Teil-) GTS deren spezifische Rationalitäten und Formen der (Selbst-) Regulation[8] herauszuarbeiten und auf dieser Grundlage GTS von anderen gesellschaftlichen Teilsystemen abzugrenzen. Eher interessiert die inverse Frage, inwiefern einzelne GTS zum gesellschaftlichen Ort spezifischer Muster der Verknüpfung verschiedener Teilrationalitäten werden. Auch reicht es noch nicht, ein zuvor eher segmentär-additives Modell der Ausdifferenzierung gesellschaftlicher Teilsysteme nun durch ein (durchaus plausibleres) »organisches« Modell der wechselseitigen Durchdringung gesellschaftlicher Teilsysteme mit einer Vielheit von GTS abzulösen, wie es Joerges[9] empfiehlt.

6 Glauber 1992.
7 Joerges 1992.
8 Joerges 1992.
9 Joerges 1992.

Vielmehr gilt es, System- und Handlungsanalyse korrespondierend anzulegen, um die identifizierbaren Subsystem-Rationalitäten wieder im Handeln der beteiligten Akteure aufzuspüren. Praktisches Handeln steht nicht im Dienst von Teilsystemrationalitäten, sondern seine Rationalität bemißt sich gerade an der Leistung der Vermittlung zwischen Systemrationalitäten. In differenzierungstheoretischer Perspektive ist damit die grundsätzliche Frage gestellt, ob oder inwiefern GTS als Differenzierungs- oder Integrationsphänomene zu verstehen sind. In bezug auf die Praxis der Infrastrukturplaner ist zu fragen, inwieweit ihre Handlungen zur Vermittlung von Teilsystemrationalitäten beitragen.

2. Zur Architektur hyperkomplexer großer technischer Systeme

Eisenbahn, Straßenverkehr, Wasserversorgung, Abwasserentsorgung und Binnenschiffahrt benennen die entwicklungslogisch »frühen« Bereiche der technischen Infrastruktur moderner Gesellschaften. Entwicklungslogisch aufeinanderfolgende Infrastrukturen hat Daniel Bell[10] in seinem Dreistufenschema industriegesellschaftlicher Entwicklung unterschieden: Verkehrstechnik, Energietechnik und Kommunikationstechnik stehen für Antworten auf die jeweils dominierenden Problemlagen der Gesellschaft. Die Wasser- und Abwasserinfrastruktur blendet Bell eigentümlicherweise aus, obwohl ihnen zentrale Bedeutung in der Industrialisierung und Stadtentwicklung zukam. Die Verkehrstechnik erfuhr ihren ersten großen Aufschwung in einer vor- und frühindustriellen Gesellschaft, die wesentlich auf extrahierenden Industrien beruhte, sich also in »Spielen gegen die erste Natur« befand. Die Energietechnik gewinnt ihre Bedeutung im Zusammenhang der industriellen Massenproduktion, hier befindet sich die Gesellschaft schon in »Spielen gegen die hergestellte Natur«. Die Kommunikationstechnik entfaltet sich schließlich erst in einer wesentlich Dienstleistungen produzierenden Gesellschaft, das heißt im Spiel der Gesellschaft mit sich selbst.
Die Komplexität gegenwärtiger Gesellschaften ist unter anderem durch die Überlagerung dieser Technologien und der ihnen korre-

10 Bell 1990.

spondierenden sozialen Organisationsformen geprägt. Bell wählt hierfür das Bild des Palimpsests, eines mehrfach überschriebenen Pergaments. Da zu jeder Leittechnologie spezifische Muster der Organisation von Staat und Gesellschaft am besten passen, auch die Grenzen legitimen staatlichen Regelungsanspruchs entsprechend bestimmbar sind, ist für die infrastrukturell buchstäblich vielschichtigen Gegenwartsgesellschaften der Dauerkonflikt um die Verteilung politischer Regelungskompetenzen vorgegeben. Einen aktuellen Ausdruck findet dieser Konflikt in der Bundesrepublik im Streit um die staatliche, kommunale oder privatwirtschaftliche Trägerschaft von Infrastrukturen.

Infrastruktur als dreistufige GTS-Architektur

Im folgenden wird ein dreistufiges Modell technischer Infrastrukturen vorgeschlagen. Diese interne Differenzierung soll den skizzierten Überlagerungen Rechnung tragen; sie soll die Beschreibung der inneren Dynamik komplexer GTS erleichtern und insbesondere die Darstellung jener Handlungsprobleme der Akteure ermöglichen, die an den inneren Grenzen zwischen den GTS-Stufen auftreten. Den ersten Schritt zu dem angestrebten Modell hat Braun[11] mit der Unterscheidung und Zuordnung von großen technischen Systemen erster und zweiter Ordnung getan. Bei den GTS erster Ordnung handelt es sich um die historisch überkommenen, »klassischen« GTS wie Eisenbahn und Telefon, bei den GTS zweiter Ordnung um neue Systeme wie Organtransplantation und Sondermüllentsorgung, die auf die GTS erster Ordnung aufsatteln, sie funktionsspezifisch verknüpfen und ihre Leistungen in Anspruch nehmen. Von einem Ordnungsverhältnis zwischen beiden Systemtypen ist die Rede im Sinne einer Asymmetrie möglicher gegenseitiger Inanspruchnahme. Systeme erster Ordnung sind notwendige Voraussetzung für GTS zweiter Ordnung, nicht aber umgekehrt. Brauns Hypothese zur weiteren infrastrukturellen Entwicklung lautet dann, daß diese weniger auf der Ebene der GTS erster Ordnung stattfinden, wohl aber fortgesetzte neue funktionsspezifische Gestalten der Verknüpfung, also neue GTS zweiter Ordnung hervorbringen werde.

11 Braun 1994.

Aufgrund aktueller Differenzierungsprozesse im Bereich der klassischen GTS und zugleich auch aufgrund begrifflicher Schwierigkeiten mit den einschlägigen GTS-Konzepten (siehe unten) soll hier mit dem Konzept der bautechnischen Infrastrukturen die von Braun »nach oben« entfaltete GTS-Architektur »nach unten« erweitert werden. *Bautechnische Infrastruktur* »unterlagert« die GTS erster Ordnung, bildet ein GTS »nullter Ordnung« und ist die funktionale Voraussetzung für die GTS erster Ordnung. Insofern ihr »Gebrauchswert« erst über GTS erster Ordnung erschlossen wird, bildet die bautechnische Infrastruktur ein »unvollständiges« GTS; ihre Systemidentität ist über die Inanspruchnahme der in ihr vergegenständlichten Nutzungsoptionen durch GTS erster Ordnung vermittelt, geht aber hierin nicht auf. Insgesamt haben wir damit ein dreistufiges Infrastrukturmodell vor uns. Die kompakten, hyperkomplexen klassischen Infrastrukturen differenzieren sich in eine bautechnische Basisinfrastruktur und in nutzungsorientierte Infrastrukturen erster Ordnung, auf die die neuen gesellschaftlichen Problemlagen entsprechenden Verknüpfungssysteme, die Infrastrukturen zweiter Ordnung aufsatteln.
Wie verhält sich nun dieses Modell einer dreistufigen GTS-Architektur zu etablierten GTS-Konzeptionen? Renate Mayntz[12] versteht – im Anschluß an Hughes[13] – unter GTS jene »extensiven soziotechnischen Systeme im Infrastrukturbereich, die sich auf der Grundlage *einer jeweils spezifischen* Technik gebildet haben (...). Die durch den Bezug auf eine spezifische Technik gekennzeichneten GTS lassen sich dabei als konkrete historische Ausprägungen von Infrastruktursystemen verstehen, die durch eine bestimmte Funktion (zum Beispiel Verkehr) definiert sind.[14] Mayntz unterscheidet also zwei »Betrachtungsebenen«, die hierarchisch geordnet sind, nämlich die obere Ebene der leistungsspezifisch oder funktional definierten Infrastruktur und die untere Ebene der technisch bestimmten, segmentär nebeneinanderliegenden GTS (zum Beispiel Infrastruktur Verkehr, GTS 1 bis n Binnenschiffahrt, Eisenbahn, Automobil, Flugzeug...). Jede Infrastruktur »enthält« soviele GTS, wie funktionserfüllende Tech-

12 Mayntz 1988.
13 Hughes 1983, 1987.
14 Mayntz 1988, S. 238.

niken realisiert sind. Nicht in den Blick kommt hierbei allerdings der Umstand, daß die jeweilige Verkehrstechnik ihrerseits auf einer Bautechnik aufruht, die einen technischen, wirtschaftlichen, sozialen und normativen Verweisungszusammenhang zwischen den verschiedenen GTS des Verkehrs und zwischen dieser Infrastruktur und (allen) anderen Infrastrukturen herstellt, der einem eigenen Regulationsmechanismus gehorcht.

Ein neues Beispiel solcher selektiver GTS-Analyse bietet Hughes' im übrigen sehr facettenreiche Darstellung des Tennessee-Valley-Entwicklungsprojekts.[15] In Hughes' Konfliktszenario kommen die US-Bundesregierung, der Bundesstaat Tennessee, die Energieversorgungsunternehmen und die Ingenieurprofessionen vor, nicht aber die bauende Wirtschaft, deren ökonomische Interessen und technische Kompetenzen beim Bau der umfangreichen Wasserkraft- und Hochwasserschutzanlagen sicher eine erhebliche Rolle gespielt haben.

Hughes beschränkt sich jedoch auf die »späten« Phasen der Erzeugung und Verteilung der aus Wasserkraft gewonnenen elektrischen Energie und vernachlässigt alle »frühen« Phasen der bautechnischen Genese dieses GTS. Er ist an Nutzungszusammenhängen, nicht aber an Bereitstellungszusammenhängen interessiert. Im Konflikt um die Reichweite staatlicher Infrastrukturpolitik kommt der bautechnischen Infrastruktur eine erhebliche Bedeutung zu. Am Beispiel des Kernkraftwerkbaus in der Bundesrepublik wäre es ein Leichtes, enge wirtschaftliche und technisch-organisatorische Beziehungen zwischen Großbanken, Baukonzernen, Kraftwerksunion (KWU) und Energieversorgungsunternehmen nachzuzeichnen. Diese Beziehungen erstrecken sich von der obersten und abstraktesten Ebene der Kapitalbeziehungen bis »hinunter« auf die arbeitsorganisatorische Ebene der Abstimmung von Techniken und Standards der grafischen Datenverarbeitung für die Planung zwischen den beteiligten Organisationen.

Auch bei Weingart[16] ist der jeweilige Fokus eines großen technischen Systems eine spezifische Technik, »die das Referenzsystem (...) für die sozialen Organisationen ihrer Erzeugung und Betreibung« bildet und diesen gegenüber einer »Eigenlogik« folgt. Und

15 Hughes 1991.
16 Weingart 1989, S. 178-180.

»obgleich (...) sehr viele empirische Systeme irgendwelche Technik inkorporieren, ist nur eine Unterklasse von ihnen um *eine bestimmte Technik* herum organisiert«, eben GTS. »Die ›Technikspezifik‹ in Verbindung mit der Koppelung von technischen Artefakten und sozialer Organisation sind also die beiden Merkmale derjenigen Systeme, die hier (...) als ›groß‹-technische Systeme bezeichnet werden sollen.«[17]

Die Konstitution des GTS-Begriffs bei Mayntz und Weingart ist von einer Verknüpfung zweier differenzierungstheoretischer Theoreme geprägt: Der Ausdifferenzierung sozial-funktionaler Teilsysteme korrespondiert eine entsprechende Ausdifferenzierung *spezifischer* Techniken; der historische Ort der Genese eines GTS wäre hiernach derjenige Moment der Gesellschaftsgeschichte, in dem ein bis dahin nur rudimentär ausgebildetes Teilsystem eine symbiotische Beziehung mit einer passenden spezifischen Technik eingeht. In diesem Gedankenmodell liegt ein Hinweis auf eine mögliche Behebung des laut Schimank[18] bislang zu konstatierenden »genetischen Erklärungsdefizits« in bezug auf die »Ursachen und Mechanismen gesellschaftlicher Differenzierung«. Gesellschaftliche Differenzierung hätte ihre morphogenetischen Wurzeln in der technisch-wissenschaftlichen Differenzierung. Dem Teilsystem Wissenschaft käme hiernach die Rolle eines »leading subsystem«[19] zu.

Für einschlägige Infrastrukturen wie Eisenbahn, Straßenverkehr, Wasserversorgung etc. gilt nun aber, daß sie keineswegs über jeweils *eine* systemkonstituierende Technik verfügen. Die zum Beispiel die Eisenbahn konstituierende Rad-Schiene-Technik mit darin beschlossener Fahrzeug-, Antriebs-, Steuerungs- und Sicherungstechnik umfaßt nur eine von zwei für die Bahn relevanten Haupttechniken. Die Differenz zwischen den beiden Techniken oder Technikfamilien besteht darin, daß die eine, die systemkonstituierende Primärtechnik (-Familie), die systemkonstituierende Funktion und Nutzung (Transport/Ortsveränderung) verkörpert, während die andere, die bautechnische Komponente, »nur« die technische Bedingung der Möglichkeit für die Implementation der nutzungsorientierten Primärtechnik darstellt.

17 Ebd., S. 180.
18 Schimank 1985.
19 Thompson 1967; Buckley 1967.

Im großen und ganzen wird man für alle GTS erster Ordnung feststellen dürfen, daß sie über eine nutzungsorientierte, systemkonstituierende Primärtechnik verfügen und sich komplementär hierzu auf eine die Implementation der Primärtechnik ermöglichende Sekundärtechnik stützen, eben die Bautechnik. Der Implementation und Pflege der Bautechnik korrespondiert ein eigenständiger ökonomischer, institutioneller, normativer Systemzusammenhang, der eigenständigen Regulationsmechanismen gehorcht und nicht etwa nur die Summe abgeleiteter bautechnischer Folgerungen aus den nutzungsbestimmten GTS erster Ordnung bildet.[20] Der von Autoren wie Mayntz und Weingart vorgeschlagene Begriff des großen technischen Systems verliert also bei näherem Hinsehen seine Klarheit. Die Welt der soziotechnischen »Saurier«[21] ist weit filigraner und facettenreicher, als es sich der durch schiere Größe beeindruckte und an Produktions- und Alltagstechnik geschulte Soziologenblick träumen läßt.

Joerges[22] schlägt vor, technische Systeme als »auch in außerkörperlichen Medien realisierte Systeme von Handlungen« aufzufassen. Damit stößt man auf die zweite Schwierigkeit im bisherigen GTS-Begriff. Am Beispiel »der Eisenbahn« zeigte sich ja, daß diese zwei systematisch verschiedene Systeme von Handlungen umfaßt. Der Primärzusammenhang, der Rad-Schiene-Zusammenhang, ist am Vorhalten, Verkaufen, Kaufen, Inanspruchnehmen, Durchführen von Verkehrsleistungen orientiert (Realisierung von Nutzungsoptionen). Der Sekundärzusammenhang, der bautechnische Substratzusammenhang, ist orientiert an der Herstellung und dauerhaften Bereitstellung der technischen Bedingung der Möglichkeit des Primärzusammenhangs (Bereitstellung von Nutzungsoptionen).

Dieser Vorstellung einer Überlagerung zweier Handlungssysteme jeweils ganz unterschiedlicher Orientierung entsprechen bei der Deutschen Bundesbahn ganz handfeste aktuelle Konflikte um das Selbstverständnis der mittleren und höheren Bundesbahnbeamtenschaft. Während die neue Führung der DB bestrebt ist, die Bundesbahn als eine Verkehrsleistungen verkaufende Organisa-

20 Vgl. Lemer 1991.
21 Braun 1994.
22 Joerges 1992.

tion zu etablieren, beharrt das mittlere und höhere Personal, mehrheitlich Bauingenieure, auf der Vorstellung von der Bahn als einer bauenden Organisation. Eisenbahningenieure sind Eisenbahn-Bau-Ingenieure, für die das Sicherheitsprinzip vor anderen Gesichtspunkten rangiert.

Die Fixierung der Grenze zwischen beiden Handlungssystemen hat aktuelle Bedeutung im politischen Deregulierungsdiskurs, insofern die Protagonisten der Deregulierung dem ansonsten auf Hoheitsfunktionen zu beschränkenden Staat allenfalls Zuständigkeit für den Fahrweg, für die Bereitstellung von Optionen, nicht aber für die Verkehrsleistung, für die Realisierung der Optionen zubilligen wollen. Die im Rahmen unserer GTS-Architektur gesetzte Grenze zwischen bautechnischer Basisstruktur und den einschlägigen GTS erster Ordnung markiert deshalb eine Soll-Bruchstelle des Deregulierungsdiskurses. Der Staat, so die Auffassung der Deregulierungsakteure, hat allenfalls die Aufgabe, *Optionen* für Infrastrukturleistungen zu eröffnen, nicht aber selber infrastrukturelle Leistungen anzubieten.[23] Die bautechnische Infrastruktur wäre also die allenfalls noch zu verteidigende Rückzugsposition einer auf den Staat und die Kommunen (und nicht auf den Markt) setzenden Strategie der Schaffung mittel- und langfristiger Entwicklungsvoraussetzungen für eine Gesellschaft.

Horizontale Kopplung durch bautechnische Infrastrukturen

Die Systemqualitäten bautechnischer Infrastrukturen lassen sich nicht nur in der vertikalen Dimension einer mehrstufig gedachten GTS-Architektur behandeln. Vielmehr ist zu beachten, daß die bautechnischen Substrate der verschiedenen GTS erster Ordnung untereinander in physischem, normativem und organisatorischem Zusammenhang stehen. Sie sind alle bodengebunden und folgen ähnlichen oder identischen siedlungsgeographischen Rahmenbedingungen. Sie sind häufig zielgerichtet oder unfreiwillig physisch gekoppelt. Versorgungsleitungen hängen an Straßenbrücken, ÖPNV-Gleise liegen in Straßenkörpern, Abwassernetze liegen in

23 Hoffmann 1987; Kieslinger 1989; Gesellschaft für öffentliche Wirtschaft, 1991 b.

Straßennetzen, Eisenbahnen fahren Flughäfen unterirdisch an. Ähnlich Salesburys These von der symbiotischen Beziehung zwischen den beiden GTS Bahn und Telegraphie in den USA im 19. Jahrhundert[24] kann von einer ebensolchen Beziehung zwischen der bautechnischen Basis-Infrastruktur und den nutzungsbestimmten GTS Eisenbahn, Wasserversorgung usf. gesprochen werden.

Wesentlicher noch als diese geometrisch-physische Kopplung ist die technisch-konstruktive, stoff-technologische, herstellungs- und erhaltungslogische Kopplung der vielen bautechnischen GTS-Substrate. Treten zum Beispiel an Betonkonstruktionen des einen GTS erster Ordnung Korrosionserscheinungen infolge umweltbedingter Carbonatisierung des stahlüberdeckenden Betons auf, führt dies (erhaltungsorientiert, noch nicht unmittelbar funktionsorientiert) zu Sanierungserfordernissen bei allen bautechnischen GTS-Substraten. Dieser physischen Abhängigkeit entsprechen Investitionserfordernisse bei den Trägern, die für die verschiedenen GTS oft identisch sind (die Kommunen zum Beispiel für ÖPNV, Straße, Wasser, Abwasser). Das bautechnische Regelwerk, obwohl in Teilen GTS-spezifisch, reguliert in weiten Bereichen die gesamte bautechnische Basisstruktur in einem.

Nach der bisherigen Darstellung vollzieht Infrastrukturentwicklung sich also in jeweils zwei unterschiedlichen Systemzusammenhängen: in einem herstellungsorientierten Systemzusammenhang, der unter anderem wesentlich von der ökonomischen Rationalität der produzierenden Bauwirtschaft geprägt ist, und in einem jeweiligen nutzungsorientierten Zusammenhang, der wesentlich von der wirtschaftlichen und politischen Rationalität der Betreiber und Nutzer geprägt ist. In der Terminologie von Joerges[25] hat man sich ein Stück Straße oder eine Eisenbahnbrücke und schließlich ganze Wegenetze »mehrfach integriert« vorzustellen. Die Planung, Herstellung, Instandhaltung und Nutzung solcher Artefakte sind entsprechend mehrfach zuzurechnen: Jeder dieser Vorgänge bildet ein »Mehrsystemereignis«.

Realtechnische Artefakte, technisch-normative und soziale Sachverhalte können in der Weise mehrfach zugerechnet werden, daß sie jeweils einem nutzungsbestimmten GTS erster Ordnung und

24 Salesbury 1988.
25 Joerges 1992.

dem GTS bautechnische Infrastruktur »angehören«. Das GTS bautechnische Infrastruktur unterlagert (fast) alle GTS erster Ordnung und puffert diese insgesamt gegen die kontingenten Wirkungen der ersten Natur ab.

Bautechnische Infrastruktur als Netz dreier Netze

Den skizzierten Merkmalen bautechnischer Infrastruktur und der intendierten Beschreibung von Handlungsproblemen der Infrastrukturplaner kann mit einem Modell bautechnischer Infrastruktur als *Netz dreier Netze* entsprochen werden. Die Handlungen der Akteure richten sich *auf* das Netz technischer Artefakte, ihren Gegenstand. Die Akteure orientieren sich hierbei *am* Netz technischer Regeln, am Netz technisch-normativer Richtigkeitsstandards. Sie bewegen sich dabei *im* institutionell-organisatorischen Netz der Baubeteiligten, innerhalb dessen zu beachtende ökonomische Interessen, Loyalitäten, rechtliche Verbindlichkeiten verortet sind. Der Aspekt des Technischen findet sich in diesem GTS-Modell zweifach: im Netz der Artefakte und in dem der technischen Regeln. Die Forderung einer handlungslogisch anschlußfähigen Modellierung der GTS-Struktur schließt daher drei Teilforderungen ein: Es muß (1) nachvollzogen werden können, in welcher Weise große technische Netze zu *Gegenständen* von Planungsarbeit werden, welchen generativen und analytischen Leistungen der Anschluß an die bestehenden technischen Netze und ihre Fortschreibung entspringen. Es gilt (2) zu zeigen, daß sich die Planer an einem weitverzweigten und dicht geknüpften Regelwerk orientieren. Schließlich soll (3) gezeigt werden, welche Leistungen die Akteure bei der Interaktion im Netzwerk der Beteiligten erbringen.

Für die Infrastrukturbeschreibung in handlungstheoretischer Perspektive ist es zentral, daß die Infrastruktur als Realtechnik, sei es in ihrem puren Artefaktcharakter oder in ihrer sozialen Qualität, weder kognitiv noch operativ im ganzen »verfügbar« ist. Sie ist ein Stück zweiter Natur, das jeweils unter sehr vielen Vorbehalten und unter Zuhilfenahme der normativen Infrastruktur partiell verfügbar gemacht werden muß. Bautechnische Artefakte erscheinen stets unter spezifischen Gesichtspunkten des Herstellens, Veränderns, der Erweiterung, Sanierung, Umnutzung. All diese

Technisches Artefaktnetz	System der Baubeteiligten, Interorganisatorisches Netzwerk, Distrikt Projektorganisation	Normative Struktur (Regel- und Planwerk)

Abbildung 1: Bautechnische Infrastruktur als Netz dreier Netze

Handlungen sind an normative Strukturen gebunden. Für die Planer und Erbauer bautechnischer Infrastruktur stellen sie in gleicher Weise wie für die Theoretiker großer technischer Systeme ein Konstitutions- und Konstruktionsproblem dar. Von Bedeutung sind sie vor allem deshalb, weil bautechnische Infrastruktur für die Akteure stets nur in einer großen, prinzipiell unabschließbaren Mannigfaltigkeit von Konstrukten, von Modellen, Maps, Szenarien, Prognosen verfügbar ist. Infrastruktur ist der Anschauung nicht unmittelbar zugänglich. Niemand hat sie je gesehen, und die sozialen und ökologischen Effekte heutiger Veränderungsarbeit an der Infrastruktur werden erst künftige Generationen erfahren. Die Analyse der GTS-Genese hat also in Rechnung zu stellen, daß auf der zu analysierenden Handlungsebene zukünftige GTS konstituiert werden (Abb. 1).
Die bautechnische Infrastruktur, intern als Netz dreier Netze modelliert, ist nach außen zugleich anschlußfähig, aber auch anschlußbedürftig an andere große technische Systeme, zum Beispiel an das GTS Eisenbahn. Der gesellschaftliche Sinn (ökonomisch, politisch, professionell) des GTS bautechnische Infrastruktur erschöpft sich zunächst in der Bereitstellung einer Option der Inanspruchnahme durch anschließende, auf bestimmte Nutzungsleistungen zielende große technische Systeme. Man kann insofern von einem »unvollständigen großen technischen System« sprechen. Bei den Erläuterungen der Handlungsprobleme wird sich zeigen, daß gerade aus dieser Unvollständigkeit spezifische Anforderungen an die Akteure erwachsen. Die funktionale Verschränkung benachbarter GTS führt nämlich unter anderem dazu, daß auch Effekte verantwortet werden müssen, die in anderen Systemen auftreten.

3. Das technische Netz

Das klassische bautechnische Artefaktnetz gliedert sich in Straßen, Schienen- und Wasserwege, Wasserversorgungs- und Abwasserentsorgungsnetze. Sogenannte Sonderbauwerke, zum Beispiel Brücken, Dämme, Tunnel, Behälter, Düker, Talsperren, Klärwerke, dienen der Einpassung dieser Netze in die erste resp. zweite Natur und der Verknüpfung der Netze untereinander. Ein Bild von der »Mächtigkeit« der technischen Artefaktnetze vermittelt die nachfolgende Aufstellung der Trassenlängen in der Bundesrepublik Deutschland (alte und neue Bundesländer):

Netzart	Trassenlänge in km[1]
Eisenbahnstrecken	44 000
Binnenwasserstraßen	6 800
Straßen/Autobahnen	621 200
Rohrfernleitungen	3 545
Wasserversorgungsleitungen	ca. 300 000[2]
Abwasserleitungen	ca. 250 000

[1] Quellen: S. Elsner 1991, Bundesverkehrswegeplan 1992.
[2] Nur alte Bundesländer.

Zum bautechnischen Artefaktnetz des *Verkehrs*: Das bodengebundene Wegenetz kann als funktionales Ganzes aus Straßen, Schienenwegen, Wasserwegen und Rohrleitungen aufgefaßt werden. Es ist in Europa der geografisch am weitesten gespannte und zugleich national, regional und lokal am stärksten ausdifferenzierte Netz-Zusammenhang. Für den *Straßenverkehr* in der (bisherigen) BRD standen 1984 ca. 480 000 Kilometer an klassifizierten Straßen zur Verfügung, davon in der Trägerschaft der Gemeinden 66 Prozent, der Kreise 14 Prozent, der Länder 14 Prozent und des Bundes 7 Prozent. Der Zuwachs von 1961 bis 1984 betrug 119 000 Kilometer, das heißt täglich 14 Kilometer; die Bundesautobahnen erfuhren in dieser Zeit einen Zuwachs um 200 Prozent.[26] Während aus der Straßennutzer-Perspektive dieses Li-

26 Quellen, S. Elsner 1991, Bundesverkehrswegeplan 1992.

niennetz um Park- und Rastanlagen, Tankstellen und Einkaufszentren zu ergänzen ist, denkt sich der Verkehrsingenieur Knotenpunkte, Ingenieur- oder Sonderbauwerke (Brücken, Tunnel, Dämme, Stützkonstruktionen, Lärmschutzanlagen), Sicherheits- und Leiteinrichtungen hinzu. Die auffälligsten Sonderbauwerke sind die Brücken, 90 000 an der Zahl, die sich – nicht nach der Zahl, sondern nach der Brückenfläche – so verteilen: Bundesautobahn 36 Prozent, Bundesstraßen 22 Prozent, Landes- und Kreisstraßen 18 Prozent und Gemeindestraßen 24 Prozent. Auf einen Kilometer Bundesautobahn kommt eine Brücke!

Die funktionale Qualität dieser realtechnischen Struktur, und dies gilt für alle Verkehrswegetypen, kann anhand zahlreicher Indikatoren beschrieben werden, die die Leistungsfähigkeit des Wegenetzes bestimmen. Zu diesen Indikatoren gehören die Trassierungsparameter (zum Beispiel Querschnitte, Radien, Neigungen), der Unterbau der Straßendecken, die dem Entwurf und Bau der Ingenieur- und Sonderbauwerke zugrunde gelegten Gebrauchsfähigkeits- und Sicherheitsstandards, das Alter, die Sanierungsfähigkeit und -bedürftigkeit. Die Kopplung zwischen bautechnischer Infrastruktur und dem nutzungsbestimmten GTS erster Ordnung (zum Beispiel Straßengüterverkehr) kommt in der Tatsache zum Ausdruck, daß eine *bloß* bautechnische Qualitätsbeschreibung der bautechnischen Infrastruktur nicht möglich ist, sie immer auf Anforderungskategorien bezogen bleibt. Diese Anforderungskategorien entstammen dem jeweiligen GTS erster Ordnung. Eine derartige relationale Qualitätsbeschreibung gilt auch für den Bezug der bautechnischen Artefakte zur ersten Natur. Die Standsicherheit zum Beispiel von Brücken in Bezug auf Wind oder Erdbebenlasten ist nur in dem Maße relevant, in dem diese Beanspruchungen auftreten; dieses Maß variiert standortabhängig sehr stark.

Die gesamte Betriebslänge des *Schienenverkehrs*-Netzes von DB und DR betrug 1991 (ohne Neubaustrecken) noch fast 41 000 Kilometer[27], die Zahl der Eisenbahnbrücken ca. 33 000, die Zahl der Tunnel ca. 750 bei einer Gesamtlänge von ca. 400 Kilometern. Die Entwicklung der schienengebundenen Fernverkehrsinfrastruktur befindet sich in einer widersprüchlich erscheinenden, unübersichtlichen und als politisch entscheidungsträchtig interpretierba-

27 Vgl. Deutsche Bundesbahn/Deutsche Reichsbahn, 1991.

ren Situation. Während das überkommene europäische Schienennetz ganz überwiegend aus dem 19. Jahrhundert stammt und in seinen regionalen, die Fläche erfassenden Verästelungen eher verfällt und »zurückgebaut« wird, kann in bezug auf das Netz der überregionalen europäischen Fernverbindungen von einer ausgesprochenen Renaissance gesprochen werden.[28] Ihren markantesten Ausdruck findet die hier in Gang gekommene Entwicklung in der Unterquerung des Ärmelkanals[29], der Planung der neuen Alpenquerungen[30], den Brücken- und Tunnelverbindungen innerhalb Dänemarks sowie von Dänemark nach Schweden und Deutschland[31] und schließlich in den Planungen zur Querung der Straße von Messina.[32]

Nach den Kriterien Reisezeit, Erreichbarkeit und Komfort zielt dieser europäische Hochgeschwindigkeitsverkehr strategisch auf die Lücke zwischen Straße und Flugverkehr, um von beiden Konkurrenten Teilverkehre abzuziehen. Auf EG-Ebene unter Einbeziehung von Österreich und der Schweiz »soll das künftige europäische Netz für die neue, schnelle Bahn im Jahr 2015 eine Gesamtlänge von 30000 km haben. Darunter wären 9100 km Neubaustrecke für Geschwindigkeiten bis zu 300 km/h und 9900 km modernisierte, ausgebaute Linien für maximal 220 km/h«.[33] Das den Personen- und Güterfernverkehr kombinierende Netz in der Bundesrepublik wird für seinen Hochgeschwindigkeitsteil 1700 km und – bereits nach 1993 – für das gesamte Intercity-Kernnetz 3000 km umfassen. Diese bisher nur westeuropäische Entwicklung wird zusätzliche Dynamik aus den Erfordernissen der Verbindung Osteuropas mit Westeuropa beziehen.

Zu den ältesten Verkehrsnetzen gehören die *Wasserstraßennetze*, bestehend aus schiffbaren (gegebenenfalls schiffbar gemachten) natürlichen Gewässern und Kanälen. Diese Netze waren in den frühen Phasen der industriellen Revolution so gut ausgebaut, daß Technikhistoriker hieraus ein besonderes Erklärungserfordernis für das take off der Eisenbahn ableiteten.[34] Die Schiffahrtsverbin-

28 Pester 1991; Kalinowski 1987; Wiedemann 1986; Böndel 1990.
29 Wallerang 1990a.
30 Pester 1991; Cavelty 1986.
31 Zank 1991.
32 Lehmann 1987.
33 Pester 1991.
34 Vgl. Mayntz 1988, S. 241; Scholl 1978, S. 116, 172.

dung zwischen Schwarzem Meer und Nordsee mit dem Schlußstück Rhein-Main-Donau-Kanal hat in Idee und Wirklichkeit eine über tausendjährige Geschichte.[35] Die Binnenwasserstraßen des Bundes bilden ein zusammenhängendes Netz von insgesamt 6800 Kilometern Länge.[36] Dieses Netz verbindet in erster Linie die großen Seehäfen mit ihrem jeweiligen Hinterland und die bedeutendsten Industriezentren untereinander. Neben den großen Seehäfen dienen mehrere hundert Binnenhäfen dem Güterumschlag.[37] Eine neue Qualität der Verknüpfung der verschiedenen Verkehrsinfrastrukturen und Verkehrssysteme zeichnet sich in »Terminals des kombinierten Verkehrs« (KV) und in ihrer Verknüpfung mit transportergänzenden Dienstleistungsbetrieben, in sogenannten Güterverkehrszentren (GVZ) ab. Von ihnen sieht der Bundesverkehrswegeplan 1992 etwa 25 vor, der sogenannte Masterplan der Deutschen Bahnen in feinerer Unterscheidung verschiedener Verknüpfungstypen sogar noch eine erheblich größere Zahl.[38]

Wasserversorgung. Die Wasserversorgungssysteme greifen in den natürlichen Wasserkreislauf ein, stören diesen, indem sie einen Teil (in der BRD ca. 25 Prozent) des verfügbaren Wasser-»Dargebots« fassen, speichern, verteilen – dabei werden von der öffentlichen Wasserversorgung in der Bundesrepublik nur 5 von 41 Mrd Kubikmetern beansprucht, von Industrie und Kraftwerken hingegen der weitaus größere Teil.[39] Wasserversorgungssysteme stellen einen Systemzusammenhang zwischen erfaßtem Dargebot, Verlusten und Verbrauchsgrößen her. Sie stehen in einem engen Zusammenhang mit dem System der Abwasserentsorgung. Die technischen Komponenten der Versorgungssysteme sind Einrichtungen zur Erfassung des Wasserdargebots aus Quellen (etwa 16 Prozent), aus Grundwasser (ca. 57 %) und Oberflächenwasser (ca. 27 %), Einrichtungen zur Speicherung (Behälter, Talsperren), Verteilungsnetze und Einrichtungen zur Druckregulierung. Die Struktur dieses Systems ist einerseits physikalisch durch geologische, geländemorphologische Tatbestände, zum anderen durch die verbrauchsbestimmende Siedlungsgeographie geprägt.

35 Lehnert 1983.
36 Alte und neue Bundesländer.
37 Vgl. Wasser- und Schiffahrtsdirektion Mitte 1986, und Bundesminister für Verkehr 1991.
38 Vgl. Blickpunkt Bahn 12/92.
39 Scherer 1988.

Aufgrund der Leitungsführung der Versorgungsnetze im Straßenkörper ergibt sich eine enge Interferenz mit dem System der Verkehrserschließung. Nach der Statistik des Bundesverbands der Deutschen Gas- und Wasserwirtschaft e. V. (BGW) repräsentieren dessen 1400 Wasserversorgungsunternehmen (WVU) 84 Prozent der insgesamt von Unternehmen der öffentlichen Wasserversorgung der alten Bundesländer geförderten Wassermenge. Die Gesamtlänge der Wasserleitungen in den alten Bundesländern ist von 1950 bis 1987 von 57 000 Kilometern auf insgesamt 290 400 Kilometer gestiegen.[40] 1975 waren in den alten Bundesländern 95,8 %, in den neuen Bundesländern 1990 93 % der Bevölkerung an zentrale Wasserversorgungen angeschlossen.[41]
Beobachtbar ist ein Trend zu geographisch immer weiträumigeren und in bezug auf die Menge der versorgten Haushalte und Betriebe immer umfassenderen Versorgungssystemen.[42] Nach der Darstellung von Marcus[43] beruhen Zentralisierung und Aufwärtstransformation der Wasserversorgung, anders als in der Energieversorgung, nicht auf der Kostendegression, sondern auf ungleichen Wasservorkommen und örtlichen Mangelsituationen. Zahlreiche lokale Konflikte im Zusammenhang der Ablösung lokaler Wasserversorgungen durch Anschluß an eine Fernwasserversorgung lassen es jedoch geraten erscheinen, diese generelle These dahingestellt bleiben zu lassen.
Weit im Vorfeld der Gründung von Zweckverbänden und des Aufbaus überregionaler Versorgungsnetze stellt die öffentliche politische Kontroverse um Lieferungs- und Verbrauchszusammenhänge und mit ihnen verbundene ökologische Folgen Systemzusammenhänge her. Ein Beispiel hierfür ist der politisch hergestellte Zusammenhang zwischen den Wasserentnahmen im Hessischen Ried, im Vogelsberg, im Taunus[44], im Grundwasserkörper unter dem Main und dem Wasserverbrauch in Frankfurt nebst Umland.[45]

40 Stadtfeld 1989; Reidenbach 1986.
41 Art. »Wasserwirtschaft« 1981; Clausnitzer 1990.
42 Marcus 1980.
43 Ebd.
44 Konflikt um die schließlich nicht gebaute Ernstbachtalsperre bei Wiesbaden.
45 Vgl. hierzu Kopp 1986; Regierungspräsident Darmstadt 1976; Crecelius 1980.

Abwasserentsorgung. Abwasserentsorgungssysteme umfassen (in der überwiegenden Form der Mischwasserentsorgung) die Entsorgung des oberflächig abfließenden Niederschlagswassers und des Schmutzwassers aus Haushalten, Gewerbe- und Industriebetrieben. Hierzu gehören Sammelnetze, Rückhaltebecken, Klärwerke, Vorfluter, Flüsse mit schließlicher Einleitung in die Nord- und Ostsee. Zahlreiche Sonderbauwerke können hinzukommen, zum Beispiel Düker, Kreuzungsbauwerke, Überlaufbauwerke, Pumpwerke. Das Entsorgungsnetz ist in seinen Merkmalen durch die Kopplung mit der Geländemorphologie, mit dem Verkehrsnetz, mit der Oberflächengestalt im Einzugsgebiet bestimmt.

Abwasserentsorgungsnetze sind in der Regel enger an die Geländetopografie gebunden als Versorgungsnetze, da das verschmutzte Abwasser besser in Freispiegelleitungen geführt werden kann, wohingegen Versorgungswasser schon der Versorgungsbedingungen wegen in Druckleitungen geführt werden muß. Der primäre Faktor ist die Siedlungsstruktur mit ihren Verbrauchsmerkmalen. Weitere Faktoren sind der Grundwasserstand, Einleitungsmöglichkeit und Belastbarkeit von Gewässern. Die Auslegung und Berechnung von Entsorgungssystemen muß sich – wie beim Entwurf aller technischen Anlagen – auf Annahmen, Prognosen und Modellbildungen stützen; damit sind auch »politisch« begründungsbedürftige Entscheidungen verbunden (zum Beispiel Annahmen über Berechnungsregen und Inkaufnahme temporärer Überlastungen). In den alten Bundesländern sind 92 Prozent der Bevölkerung (1950 erst 46 %) an Kanalisation und 90 Prozent an Kläranlagen angeschlossen, in den neuen Bundesländern dagegen nur 75 Prozent und 60 Prozent.[46]

Ungeachtet einer jahrtausendealten Abwasserentsorgungstechnik[47] gilt für die jüngere, im Zuge von Industrialisierung und Stadtentwicklung entstandene Siedlungswasserwirtschaft, daß die Abwasserentsorgungsnetze mit einem Phasenverzug nach den Versorgungsnetzen gebaut wurden, denn ihre Hauptaufgabe besteht darin, »das im menschlichen Wohn- und Arbeitsbereich geförderte Wasser nach Gebrauch zusammen mit den dort anfallenden abschwemmbaren Schmutzstoffen zu sammeln und abzu-

46 Hatzfeld/Rösler 1992; Reidenbach 1986.
47 Vgl. Art. »Wasserwirtschaft« 1981.

leiten«.[48] Ohne Wasserversorgung keine Abwasserentsorgung.[49] Das Pro und Contra zentraler Netze stellt sich in der Entsorgungs- und Klärtechnik anders dar als in der Versorgungstechnik. Die zunehmend steigende Belastung der Abwässer und die mit der Größe der Kläranlagen steigenden Möglichkeiten der Reinigung sprechen für die Ausweitung zentraler Abwasserreinigungsanlagen. Vom Durchsetzungsgrad zentraler Abwasserreinigung hängt die Minderung der Belastung sowohl der Gewässer wie von Nord- und Ostsee ab. Bei großen Unterschieden zwischen alten und neuen Bundesländern ist der Sanierungsbedarf der Netze in beiden Bereichen sehr groß. »Schätzungen besagen, daß von den 37000 Kilometern Kanalisation in den neuen Bundesländern ca. 70 Prozent älter als 50 Jahre sind.«[50] Reidenbachs Untersuchungsergebnis[51], daß »ein Teil der öffentlichen Infrastruktur in der Bundesrepublik Deutschland (alte Länder) (...) erhebliche Schäden und Mängel auf(weist)«, trifft insbesondere für das Abwasserentsorgungsnetz zu. Hieraus folgt ein Investitionsbedarf in diesem Bereich sowie für Kläranlagen (Nachrüstung, Neubau) von ca. 107 Mrd. DM in den neunziger Jahren.[52]

4. Das Regelnetz

Technische Entwicklungsarbeit orientiert sich nicht nur an politischen und wirtschaftlichen Zielen, sondern auch an Plänen und an institutionalisierten *Standards*. Arbeit an der bautechnischen Infrastruktur gleicht hierin prinzipiell jedem Arbeitshandeln – und unterscheidet sich doch gerade darin, daß bautechnische Pläne und Standards in unvergleichlich höherem Maße ausdifferenziert, objektiviert, systematisiert, untereinander vernetzt und durch nachhaltige Sanktionen bewehrt sind. Pläne bilden nicht nur das Ziel, sondern auch den Ausgangspunkt technisch-infrastruktureller Planungsprozesse. Zumindest gilt dies für Planung in solchen Gesellschaften, die die erste der von Bell unterschiedenen Stufen

48 Ebd.
49 Reidenbach 1986, S. 98.
50 Hatzfeld/Rösler 1992.
51 Reidenbach 1986, S. 198.
52 Vgl. Reidenbach/Autzen u.a. 1992, S. 79.

Technisches Regelwerk	Technisch-rechtliches Planwerk			
	Rahmenplanungswerke für technische Objektentwürfe	Raumbezogene Planung und raumbezogenes Baurecht (Gesamtplanungen)	Vorhabenrelevantes Verwaltungsrecht/Fachplanungsrecht für raumbedeutsame Infrastrukturmaßnahmen	Planhierarchie der linienbezogenen Vorhabenplanungen (Einzelgesetze/Haushaltsgesetze)
(1)	(2)	(3)	(4)	(5)
DIN-Normen Richtlinien der Bauverwaltungen (z.B. ZTV-K	Rahmenplanung der deutschen Bundesbahn für die Neubaustrecken	Bundesbaugesetz Städtebauförderungsgesetz Raumordnungsgesetze der Bundes und der Länder Landesbauordnungen	Verwaltungsverfahrensgesetz Bundesfernstraßengesetz Bundesbahngesetz Bundeswasserstraßengesetz	Europäischer Infrastrukturleitplan Bundesverkehrswegeplan '92 u.a. Verkehrsprojekte Deutsche Einheit (Korridore)
Regelwerk der Abwassertechnischen Vereinigung (ATV)		Bundesraumordnungsprogramm Landesplanung	Energiewirtschaftsgesetz (für Gasleitungen und Leitungen für elektrischen Strom)	Fernstraßenausbaugesetz dto. Schienenwege Wasserstraßen
Bauleistungsbücher der Straßenbauverwaltungen der Länder		Regionalplanung	Gesetz über Bau und Betrieb von Versuchsanlagen zur Erprobung von Techniken im spurgeführten Verkehr	Linienbestimmung, z.B. § 16 FStrG; Interessenstreifen in Karten M 1:25000 (i.d.R.) bei Details 1:5000
	(2a)	Örtliche Bauplanung		
	Ausschreibungspläne für Bauobjekte Ausführungspläne	Flächennutzungsplan Bebauungsplan (Ortssatzung)		Planfeststellung der parzellengenauen Entwurfspläne (z.B. gem. § 17 FStrG)
	Bestandspläne	Bauvorlage für einzelnes Bauobjekt		Beispiel für Wasserversorgung: Sonderplan Wasserversorgung Baden-Württemberg (1977)

Abbildung 2: Normative Infrastruktur – Planwerk und Regelwerk

industrieller Entwicklung erreicht haben und deren Funktionsweise auf einem hohen Grad technisch-infrastruktureller Vernetzung fußt. Es liegt nahe, in metaphorischer Analogie zur technisch-materiellen Infrastruktur, auf die Ingenieurarbeit als auf ihren letztendlichen Gegenstand gerichtet ist, von einer »normativen Infrastruktur«[53] zu sprechen. Die normative Infrastruktur im Rücken, entwickeln die Ingenieure die materielle Infrastruktur.

Regelwerk und Pläne unterscheiden sich stark in ihren handlungsregulierenden Funktionsweisen. *Pläne*, die »Schattengestalten« der kommenden Artefaktstruktur, haben eine primär formative Funktion. In Gestalt von Rahmenplänen (zum Beispiel Rahmenplänen der Deutschen Bundesbahn für Eisenbahnbrücken der Neubaustrecken) bahnen sie die Handlungen von Planern und Entwurfsingenieuren. Sie fungieren als Vorgaben für die jeweils nächsten Planungsschritte und steuern letztlich die Bauausführung. Sie unterliegen einem Prozeß fortlaufender Differenzierung, Detaillierung, Änderung, und stehen hierbei in Wechselbeziehung zu projektbezogenen Prozessen politischer Willensbildung.

Das technische *Regelwerk* dagegen fungiert primär in lösungsraumbegrenzender Funktion und nur sehr indirekt lösungsformierend. Obwohl es einem ständigen Wandel unterworfen ist, ist es dem Akteur bei der alltäglichen Entwurfspraxis vorgegeben, und nur in Sonderfällen wird es aus Anlaß konkreter Projekte gezielt weiterentwickelt. Regelwerk und Pläne haben eine unterschiedliche Affinität zu den Infrastrukturaufgaben des Staats. Pläne sind das adäquate Medium der Beschreibung von Nutzungsoptionen in den Bereichen Verkehr, Wasser, Abwasser, Abfall und damit der siedlungsräumlichen Aspekte gesellschaftlicher Daseinsvorsorge. Im Medium technischer Regeln dagegen realisiert der Staat seine hoheitlichen Sicherheits- und Ordnungsaufgaben im Bauwesen. Das gilt auch für die beiden Modi staatlichen Gesetzesvorbehalts im Bereich öffentlicher Infrastruktur, nämlich »Planungsvorbehalt« und »Genehmigungsvorbehalt«.[54]

Umfang, Funktionen und Geltungsanspruch des Regel- und Plan-

53 Bull 1977, S. 268.
54 Kühling 1988.

werks können hier nicht näher erläutert werden.[55] Einen groben Umriß bietet die beigefügte Übersicht (Abb. 2). Im Unterschied zur gängigen techniksoziologischen Vorstellung sei hier betont, daß das Regelwerk nicht nur als Medium der Rationalisierung und Marktkonstituierung fungiert. Mit Rücksicht auf Produktionsbedingungen bautechnischer Infrastruktur und die institutionell-organisatorische Zersplitterung des Bauwesens wachsen dem Regelwerk weitere Funktionen zu: die der Qualitätssicherung, der Organisationsressource für eine Produktion in multiorganisatorischen Netzwerken und des Diffusionsmediums technisch-wissenschaftlichen Fortschritts. Schließlich zeigt ein Blick auf die innere Struktur des Regelwerks, daß dessen Geltungsanspruch eine komplexe Mischung kognitiver und moralischer Komponenten ist. Im Gegensatz zu soziologischen Normentheorien[56] können bautechnische Regeln nicht als »Gegenpol zu moralischen Ansprüchen und Werten« und nicht als »geronnener technischer Sachverstand« interpretiert werden. Die Qualität technischer Regeln als sozialer Normen ist bisher lediglich am Prozeß ihrer Genese und nur selten in ihrer Anwendung gezeigt worden.[57]

Die innere Struktur des Regelwerks ist durch eine Differenzierung des Regelinhalts und der Regelformen in Prinzipien, Maximen und operative Sätze geprägt. Nur die operativen Sätze eignen sich als Medien staatlicher Techniksteuerung. Die bedeutend wichtigeren Prinzipien und Maximen dagegen entfalten ihre Steuerungsfunktion erst auf dem Weg über ein in konkrete Situationen ausgelegtes professionelles Bewußtsein der Akteure. Technische Regeln sind also sowohl nach ihrer Genese, nach ihren intendierten und faktischen Funktionen (siehe oben) wie auch nach ihrem Geltungsanspruch soziale Normen. Sie verkörpern Richtigkeitsstandards professionellen Handelns.

55 Vgl. Ekardt 1993.
56 Vgl. van den Daele 1991.
57 Vgl. Ekardt/Löffler 1991a.

5. Das Akteursnetz

Nach dem Artefakt- und dem Regelnetz bildet das System der Baubeteiligten das dritte Teil-Netz der bautechnischen Infrastrukturen. Das Handeln der Akteure im Netz der Baubeteiligten ist einmal durch ihre in diesem Netz definierten Interessen und Funktionen bestimmt. Zum anderen ist es aber auch durch den gemeinsamen Bezug auf das Artefaktnetz als dem Gegenstand und der Bedingung ihres Handelns und schließlich durch das Regelnetz geprägt. Wichtige Akteure sind private und öffentliche Bauträger, Bauunternehmungen, Ingenieurberatungsbüros, Planungsbehörden, Ordnungsverwaltungen, inzwischen auch die organisierte Kritik. Grad und Quellen der Autonomie der Beteiligten unterscheiden sich stark. Ihre Abhängigkeiten untereinander sind nicht symmetrisch, wohl aber wechselseitig. Die Beteiligten bilden ein polyzentrisches System, in dem jeder über spezifische Ressourcen verfügt.

Die organisatorische Netzmetapher zielt auf zwei Sachverhalte: auf das historisch gewachsene *Institutionengefüge* des Bauwesens und auf die *Projektorganisationen*. Das Netzwerk der Baubeteiligten umfaßt die im Fluß der gesellschaftlichen Entwicklung relativ stabile Matrix politischer, wirtschaftlicher, rechtlicher, professioneller Instanzen und die dauernd im Fluß, in Aufbau, Operation und Abbau befindliche Menge an Projektorganisationen. Gebaut wird nicht unter der Regie eines Unternehmens oder in Form einer stationären Fertigungsstätte, sondern in einer »wandernden Fabrik«. Die Beziehungen der aktuellen Projektbeteiligten lassen sich mit Hollingsworth (1991) als *Verpflichtungsnetzwerke* und *Unterstützungsnetzwerke* charakterisieren.

Die im Diskurs zur »Vernetzungswirtschaft«[58] prominente Regulierungsalternative von Markt, Konzern und Netzwerk stellt sich für die Produktion bautechnischer Infrastruktur nicht. Arbeitsteilung und Netzwerkbildung verdanken sich in ihrem Fall nicht kapitalistischer Rationalisierung. Sie sind daher auch nicht über die Transaktionskostenanalyse abbildbar. Beide sind statt dessen mit dem Infrastrukturbau sachlich-objektiv gesetzt. Größe und Komplexität der Vorhaben, Kontingenz und Kontextbindung der Realisierung, Grenzen und Prognosevorbehalte der Objektpla-

58 Mill/Weißbach 1992.

nung gehen einher mit unvollständigen Problembeschreibungen, erlauben keine hinreichende Trennung zwischen Marktbeziehungen und Produktionsorganisation, führen vielmehr zu deren Verschränkung. Verträge im Bauwesen werden wie im sogenannten »unvollständigen Arbeitsvertrag« erst im Zuge ihrer Erfüllung abgeschlossen. Markt- und Vertragsbeziehungen verschränken sich dabei weitgehend im Produktionsprozeß.

Einen identitätsstiftenden Faktor des Systems der Baubeteiligten bilden zunächst die technischen Artefakte des Netzwerks. Diese Artefakte unterliegen zwar der Alterung und dem Verschleiß, sie werden aber im Gebrauch nicht *ver*braucht, verschwinden nicht im Akt der Nutzung. In langen Zeiträumen unterliegt zwar auch das Artefaktnetz Veränderungen, aber für die Analyse des Systems der Baubeteiligten zu einem bestimmten historischen Zeitpunkt erscheint das Artefaktnetz als ein dauerhaftes Widerlager. Es ist Gegenstand fortdauernden ökonomischen und professionellen Interesses, Referenzobjekt des fertigungstechnischen Potentials der Unternehmungen und Anschlußobjekt weiterer Arbeit an der Infrastruktur. Das Vertragsrecht, das Bauordnungsrecht, das Strafrecht und nicht zuletzt die zwar »weiche«, aber dennoch wirkungsvolle professionelle Haftung binden die Akteure dauerhaft an die gebauten Artefakte. Deren Funktionsfähigkeit bildet ein Unterpfand ihres Selbsterhaltungsinteresses. Im Zuge der industriegesellschaftlichen Entwicklung verdichtet sich das Netz der infrastrukturellen Artefakte, lagert sich Schicht über Schicht im Sinne des Bellschen Palimpsests[59], und der funktional, bisweilen auch kulturell definierte Anschlußzwang bei der Fortschreibung macht alle Beteiligten zu Archäologen der Infrastruktur moderner Industriegesellschaften.

Den zweiten identitätsstiftenden Faktor des Beteiligten-Netzes bildet ihre kognitive Verfügung über und moralische Verpflichtung auf das Regelwerk. Aus dem kognitiv-moralischen Involvement der Akteure bei der regelgeleiteten Planungs- und Entwurfspraxis und aus den oft kontroversen Interaktionen der Beteiligten resultieren starke identitätsrelevante Bindungen der Baubeteiligten.

Den dritten Faktor bilden jene soziokulturellen Ressourcen, die

59 Bell 1990.

man im Anschluß an den von Piore/Sabel[60] eingeführten Distriktbegriff als regionale *Baudistrikte* bezeichnen kann. In solchen Distrikten unterhalten die Bauunternehmungen gemeinsame stationäre Zulieferbetriebe und helfen einander mit Baugerät und Baubehelfen aus. Im Falle von personalen Engpässen wird Personal einander überlassen, zum Beispiel technische Zeichner eines Ingenieurbüros. Die Milderung der harten Konkurrenz durch informelle Absprachen und die soziale Ächtung desjenigen, der aus der Absprache ausbricht, gehören ebenso hierher wie die auf Zusammenarbeit gerichtete Tätigkeit der behördlichen Aufsichten. Schließlich läßt die Kooperationserfahrung in den Bauprojekten Loyalitäten entstehen, die in neue Bauprojekte als eine Art moralisches Guthaben transferiert werden können. Quer zu den Verbindlichkeiten aus den Bauprojekten bieten die Bezirksgruppen der berufsständischen und technisch-wissenschaftlichen Vereine regelmäßig Möglichkeiten der Verständigung über spezielle Probleme und über professionelle Standards.

Das GTS bautechnische Infrastruktur kann im Licht der vorherigen Ausführungen so gefaßt werden: Die Baubeteiligten bilden ein identisch sich durchhaltendes Netzwerk, das sich über einen gemeinsamen, dauerhaften Gegenstand (Artefaktnetz), über eine gemeinsame normative Infrastruktur (Regel- und Planwerk) und über ein gemeinsames interorganisatorisches, soziokulturelles Set an Verbindlichkeiten und Orientierungen (Distriktnetzwerk) definiert.

Die Baubeteiligten lassen sich in sechs Funktions- und Interessenkreise gruppieren, die Funktionskreise des Systems der Baubeteiligten:

A. Bauträger; öffentliche und private Nachfrager nach Bauleistungen
B. Bauunternehmungen; Anbieter von Bauleistungen
C. Ingenieurberatung (Verkehrs-, Wasser-, Tragwerksplaner)
D. Staatliche Ordnungsverwaltung; Aufsichten; Planungsbehörden
E. Organisierte Kritik des Bauens (Bürgerinitiativen u. a.)
F. Organisierte Nutzer

A. Die öffentlichen und privaten Nachfrager nach Bauleistungen: die Bauträger. Dieser Funktionskreis umfaßt den Staat und die Kommunen als Träger der Infrastrukturen. Das Handeln der Träger und Nachfrager öffentlicher Infrastruktur ist geprägt durch

60 Piore/Sabel 1985.

Verwaltungen[1] (nur Beispiele)	**Aufgaben, Gegenstände**[1] **der Verwaltungen** (nur Beispiele)
Straßenbauverwaltung Bundesminister für Verkehr, Landesämter für Straßenbau, Straßenbauämter, Neubauämter, Autobahnämter, Straßen- und Autobahnmeistereien	Bundesautobahnen (ca. 8 600 km), Bundesstraßen (ca. 31 000 km), Landes- und Kreisstraßen (ca. 134 000 km), Gemeindestraßen (ca. 318 000 km); 90 000 Brücken Programm- und Vorhabenplanung, Planfeststellung; Durchführung und Überwachung der Bauvorhaben, Verkehrssicherheit, -Steuerung; Verkehrsüberwachung, Unterhaltung, Wartung, Instandsetzung
Deutsche Bundesbahn/Deutsche Reichsbahn (zukünftig Deutsche Eisenbahn AG) Bundesbahndirektionen Bundesbahn-Zentralämter Bahnmeistereien, Bauhöfe, Versuchsanstalten	Streckenlänge DB 27 600 km, DR 14 000 km, ca. 25 000 Brücken (DB) und ca. 220 Tunnelkilometer (alles ohne Neubaustrecken) Planung, Bau, Unterhaltung der Schienenwege; Organisation des Bahnbetriebs; Grundlagenplanung (Rahmenplanung); Versuchswesen
Wasser- und Schiffahrtsverwaltung, Bundesminister für Verkehr, 6 Wasser- und Schiffahrtsdirektionen, 33 Wasser- und Schiffahrtsämter, 7 Neubauämter, Betriebsstellen (z. B. Schleusen, Hebewerke) Oberbehörden/Anstalten, z. B.: Bundesanstalt für Wasserbau	Bundeswasserstraßen (ca. 4 900 km), darunter schiffbare Flüsse, Kanäle, Seewasserstraßen (ca. 700 km), Unterhaltung der Wasserstraßen, Betrieb der Schiffahrtsanlagen, Sicherung der Schiffbarkeit und des Wasserabflusses, Räumung/Freihaltung/Schutz/Pflege/Naturschutz, Aus- und Neubau einschließlich Planfeststellung, strompolizeiliche Aufgaben, Gefahrenabwehr: Schiffahrtspolizei
Wasserwirtschaftsverwaltung a) als Teil der allgemeinen staatlichen Verwaltung, z. B. WaWI-Abtlg. im Regierungspräsidium b) als beratende Fachwerwaltung, Wasserwirtschaftsämter c) als Teil kommunaler Verwaltung und kommunaler Zusammenschlüsse, Wasser-, Abwasser-, Bodenverbände, z. B. Ruhrverband, Ruhrtalsperrenverein, Bodenseewasserversorgung, Landesanstalten, z. B. f. Umwelt	Wasserversorgungsnetz 1982 ca. 300 000 km, Abwasserleitungen ca. 250 000 km, Klärwerke ca. 9 000; Talsperren, Rückhaltebecken, Speicher, Planung, Bau Unterhaltung der Netze, Hydrologische Untersuchungen, Beobachtungen/Messung/Meldung, Warnung von Wasserständen, Abflußmengen, Grundwasser, Hochwasser, Wassergüte, Ermittlung des Wasserdargebots, Aufstellen wasserwirtschaftlicher Rahmenpläne, Abfallwirtschaftliche Aufgaben
Bauordnungsverwaltung/Bauaufsicht (gem. Landesbauordnungen), Innenminister, Regierungspräsidien, Bauämter/Bauordnungsämter	Baugenehmigungsverfahren, Bauüberwachung, gfs. Baueinstellung, Bußgeldverfahren, Bauordnungsrechtliche Generalklausel: Sicherstellen, daß durch bauliche Anlagen öffentliche Sicherheit und Ordnung nicht gefährdet werden
Staatsbauverwaltung, Staatsbauämter, Hochschulbauämter (als Teil der staatlichen Finanzverwaltung)	Planung, Einrichtung, Unterhaltung staatseigener und (im Auftrag) kommunaler Bauten
Kommunale Bauverwaltungen (Stadtplanungsämter, Hochbau- u. Tiefbauämter) kommunale Versorgungsbetriebe	Planung, Bau, Unterhaltung der kommunalen Straßen, Bahnen, Wasserver- und Entsorgung

[1] Zahlenangaben beziehen sich in der Regel auf die alten Bundesländer

Abbildung 3: Trägerorganisationen und Aufgaben im Bereich öffentlicher Infrastruktur

den Anschlußzwang an bereits bestehende technische Infrastrukturen und durch das Interesse an niedrigen Bau- und Kapitalkosten, zugleich aber auch an langfristiger Gebrauchsfähigkeit bei geringen Unterhaltungskosten. Eine der Grundfragen moderner Industriestaaten lautet, in wessen Händen die Trägerschaft der öffentlichen Infrastruktur liegt. Diese Frage ist in den Ländern Europas und in Nordamerika unterschiedlich beantwortet worden.[61] Der gegenwärtige Stand in der Bundesrepublik ist der Abb. 3 zu entnehmen.

B. Die Anbieter von Bauleistungen. Die Funktion, das Interesse und die Strategie der Anbieter von Bauleistungen bleiben von der Finanzkrise der öffentlichen Infrastrukturträger nicht unberührt. Komplementär zur Rückentwicklung kommunaler und staatlicher Trägerschaft öffentlicher Infrastruktur sind Tendenzen zur Expansion des Funktionskreises der klassischen Bauunternehmungen zu beobachten. Der Ausgangspunkt des gegenwärtigen Wandels der Bauwirtschaft liegt in den strategischen Nachteilen, die ihr als Bereitschafts- oder Bereitstellungsgewerbe bislang anhafteten: nämlich der unsteten Nachfrage staatlicher (und privater) Investoren ausgeliefert zu sein. Große Bauunternehmen versuchen diese Abhängigkeit zu mildern, indem sie ihre Funktionen auf Planung und Finanzierung im Vorfeld des Bauens und auf den Anlagenbetrieb danach ausweiten. Ihre frühere Produktionsorientierung wird durch die umfassendere Verwertungsorientierung abgelöst. Beide Orientierungsmuster unterscheiden sich selbstredend nicht darin, daß Kapitalrentabilität überhaupt das entscheidende Rationalitätskriterium der Baubeteiligten ist. Der Unterschied besteht darin, daß Rentabilität nicht mehr nur als Ausscheidungskriterium zwischen technischen Lösungen fungiert, sondern aufrückt zum strategischen Suchkriterium.

C. Das freiberufliche Beratungsgewerbe. Das freiberufliche Beratungsgewerbe als eigenständige Institution im System der Baubeteiligten hat sich erst am Anfang dieses Jahrhunderts herausgebildet. Den Bauherrn, auch den öffentlichen, setzen sie je nach dessen eigenen Fachkompetenzen und personellen Ressourcen instand, seinen Bauwillen zu artikulieren, die gewollte Baumaßnahme technisch zu beschreiben, von der Bauordnungsverwal-

61 Gesellschaft für öffentliche Wirtschaft 1991a, b; Hoffmann 1987; Kieslinger 1989.

tung die Baugenehmigung zu erhalten, die Bauaufgabe auszuschreiben, den geeigneten Anbieter auszuwählen, den Bauvorgang zu überwachen und schließlich auch die im Gebrauch befindlichen Bauobjekte auf Standsicherheit und Gebrauchsfähigkeit hin zu inspizieren. Für die Entwicklung öffentlicher Infrastrukturen ist die Existenz beratender Ingenieure zunächst für die Sicherstellung der Planungskompetenz öffentlicher Bauträger von großer Bedeutung. Dies gilt auch für große Bauverwaltungen. So hat etwa die Bundesbahn für die Planungs-, Vergabe- und Überwachungsaufgaben bei ihren Neubaustrecken in großem Umfang beratende Ingenieure herangezogen. Bedeutungsvoller ist jedoch der berufsethische Anspruch der beratenden Ingenieure: die Unabhängigkeit gegenüber den Zulieferunternehmen. Für Bauunternehmungen, die über keine ausreichende eigene technische Verwaltung verfügen, werden Beratende Ingenieure als quasi ausgelagertes Technisches Büro tätig und erzeugen die technischen Ausführungsunterlagen. Verfügen sie über eine Prüflizenz, können sie für die Bauordnungsverwaltung als Prüfingenieure tätig werden.

D. Der Staat als Hoheitsträger. Unter diesem Stichwort sind hier alle staatlichen Planungsbehörden, die Bauordnungsverwaltungen und öffentlichen »Aufsichten« zusammengefaßt. Planungsbehörden sollen zum Beispiel im Rahmen von Planfeststellungsverfahren die ihnen »vom Vorhabenträger vorgelegte Planung ›abwägend nach(...)vollziehen‹«.[62] Obwohl sie, im Unterschied etwa zu den kommunalen Bauträgern, nicht in der Lage sind, eigene Planungsalternativen zu entwickeln, werden sie im Fachplanungsrecht so behandelt, als ob sie über diese materielle Planungskompetenz verfügten. Im »Abwägungsgebot« kommt dies zum Ausdruck: Abzuwägen sind verschiedene Planungsalternativen, und jede dieser Alternativen ist unter Rücksicht auf die Mannigfaltigkeit öffentlicher und privater Belange zu beurteilen. In der jüngeren Geschichte des Infrastrukturbaus haben die Bedeutung und der Umfang derartiger Belange zugenommen.[63] Einschnitte in der Entwicklung nach dem zweiten Weltkrieg bilden vor allem das Bundesnaturschutzgesetz 1976 und das Gesetz über die Umweltverträglichkeitsprüfung 1990.

62 Kühling 1988, S. 7.
63 Vgl. Tönsmann 1993.

E. Die organisierte Öffentlichkeit. Die öffentliche Kritik begleitet heute praktisch alle größeren Infrastrukturvorhaben. Sie gewinnt dabei sowohl auf die Technik als auch auf die Ökonomie des Bauens immer mehr Einfluß. Öffentliche Infrastrukturkritik äußert sich nicht mehr nur spontan und ad hoc aus Anlaß konkreter Bauvorhaben – sie ist bereits weitgehend institutionalisiert und tritt in der Regel schon im Vorfeld der Planung in Erscheinung.
F. Die organisierten und nichtorganisierten Nutzer. Die Infrastrukturnutzer (Autofahrer, Wasserverbraucher, Eisenbahnreisende) gehören dem jeweiligen GTS erster Ordnung an, sind also nur mittelbar Teil des Systems der Baubeteiligten. Als Nutzer tragen sie zur Definition der Anforderungen an die bautechnische Infrastruktur bei, die bei Planung und Ausführung antizipiert und modellhaft abgebildet werden müssen.[64]

6. Bautechnische Infrastruktur als Handlungsproblem

Planungsrationalität zwischen Arbeitsstofflichkeit und Partialinteressen

Neben der vom GTS-Diskurs generell vernachlässigten Bautechnik und Bauwirtschaft soll dieser Beitrag vor allem die Handlungsprobleme der Planer und Entwurfsingenieure beleuchten. Hierfür muß man in der einen oder anderen Form das makrostrukturell ansetzende Verständnis der Dynamik großer technischer Systeme um eine handlungsanalytische Ebene erweitern. Ein handlungstheoretisches Komplement, nicht aber ein Fundament für makrotheoretische GTS-Analyse, ist daher mit der folgenden Skizze beabsichtigt.
Gemäß der in Abschnitt 2 vorgeschlagenen GTS-Architektur vollzieht sich die Planung bautechnischer Infrastruktur-Artefakte (zum Beispiel einer Brücke) im Grenzbereich zweier selbständiger, aber gekoppelter GTS (dem GTS Eisenbahn und dem GTS bautechnische Infrastruktur). Die beiden GTS zuzurechnende Brücke fungiert dabei als Medium von verschiedenen Herstellungs- und Nutzungsprozessen. Als Produkt des Herstellungsprozesses im GTS bautechnische Infrastruktur weist die Brücke

64 Vgl. Abschnitt 6.

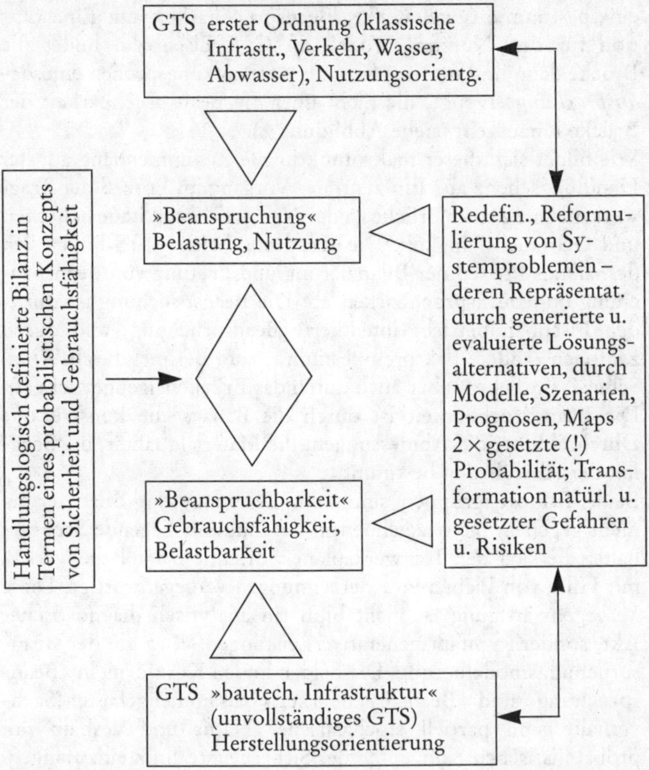

Abbildung 4: Verschränkung von großen technischen Systemen erster Ordnung und von bautechnischer Infrastruktur durch Entwurfshandeln in Termen sicherheitstechnischer Anforderungen (handlungslogisch-objektive Kopplung; handelnde Vermittlung durch kognitiv und moralisch bestimmte Leistungen)

eine bestimmte Qualität, ihre Beanspruchbarkeit auf. Eine Option für den Nutzungsprozeß im GTS Eisenbahn bildet die Brücke dann und nur insofern, als der Nutzungsprozeß eine *Beanspruchung* erzeugt, die nicht über die Beanspruchbarkeit der Brücke hinausgeht (siehe Abbildung 4).

Wie bildet sich dieser makrofunktionale Zusammenhang auf der Handlungsebene ab? Ein zentraler Vorgang im Prozeß der Tragwerksplanung einer Brücke ist der Nachweis ihrer Standsicherheit und Gebrauchsfähigkeit. Die Kopplung beider GTS bildet sich deshalb als Prozeß der Bilanzierung und Prüfung von Beanspruchung und Beanspruchbarkeit ab. Die Beanspruchung ist durch den Eisenbahnbetrieb (intendierte Beanspruchung) und durch zahlreiche andere Faktoren bestimmt, zum Beispiel durch Wind, Schnee, Erdbeben, aber auch durch das Brückeneigengewicht (!). Die Beanspruchbarkeit ist durch die Bauart, die konstruktive Durchbildung, die Abmessungen, die Materialqualität, die Sorgfalt der Ausführung bestimmt.

Beide Faktorengruppen sind zum Zeitpunkt der Bilanzierung nicht gegeben. Sie bezeichnen in der Zukunft liegende Sachverhalte, die sich der Tragwerksplaner, orientiert am Regelwerk[65], mit Hilfe von Plänen und Berechnungen vergegenwärtigt. Diese Vergegenwärtigung ist nicht bloß ein analytisch diagnostischer Akt, sondern umfaßt generative Leistungen, etwa die der Beanspruchungsmodellierung. Die beiden in den Kurzformeln »Beanspruchung« und »Beanspruchbarkeit« zusammengefaßten Sachverhalte sind partiell stochastischer Natur und deshalb mit probabilistischen Konzepten der Sicherheitstechnik einzufangen. Der Aufwand und die Sorgfalt, mit der beide Faktorengruppen modelliert und vergegenwärtigt werden, ist nach oben prinzipiell offen und kann nur im Modus einer verantworteten Entscheidung begrenzt werden.[66]

Das behandelte Beispiel diente der Illustration der These, daß die makrostrukturellen Fragen nach Funktionsweise und Entwicklung von GTS eine Entsprechung auf der Handlungsebene haben. Anstelle einer prinzipiell wünschenswerten systematischen Synopse zwischen makrostrukturellen Faktoren und handlungslogi-

65 Vgl. Abschnitt 4.

66 Zur Aufwandsbestimmung in der Tragwerksplanung vgl. Mühlschwein 1979.

schen Problemen werden einige zentrale Komplexe arbeitsstofflich-arbeitslogischer Strukturen, verbunden mit Verweisen auf makrostrukturelle Faktoren, umrissen.

Problemerzeugung und generative Leistungen

Bauliche Infrastrukturen sind *generative* Leistungen. Sie können nicht »ausgerechnet« werden, wie dies beim Eigenschaftsnachweis, also bei analytischen, bewertenden Prozeduren und bei formal-rationalen Entscheidungsverfahren geschieht. Sie können auch nicht deduziert werden aus politischen Zielvorgaben. Die geforderten generativen Leistungen sind vielmehr eingebettet in einen zirkulären Prozeß zwischen politischer Zielvorgabe und tastenden, zunehmend konkreteren Lösungsangeboten, wobei Zielsetzungen wie Lösungsangebote dem Zwang des Anschlusses an die bestehende Infrastruktur unterliegen. Für den erreichbaren Grad der Rationalität neuer Infrastrukturen sind der Reichtum an Lösungsalternativen wie auch die Differenziertheit der Problemstellungen bedeutsam. Die vom Ingenieur entworfenen Lösungsalternativen sind vergegenständlicht in »Plänen« im weiteren Sinne, in virtuellen Vorwegnahmen der zukünftigen gebauten Wirklichkeit. Die Rationalität zukünftiger Infrastrukturen bemißt sich an der Instruktivität und Triftigkeit dieser »Schattengestalten«.

Prognosenotwendigkeit und Legitimitätsbeschaffung

Prognosen über infrastrukturrelevante soziale und ökologische Entwicklungen sind im Zuge der Infrastrukturplanung unausweichlich. Infrastrukturvorhaben bilden Problemlösungen für Probleme, die – hoffentlich – zum Zeitpunkt des Planens nicht schon bestehen. Der Gestaltungsakt besteht unter anderem eben darin, das Auftreten des Problems, auf das mit dem Bauprojekt geantwortet wird, überhaupt zu prognostizieren. Prognostiziert werden müssen die Nutzungen des Objekts, aber auch die nicht intendierten Einwirkungen auf das Objekt. Eine Trinkwassertalsperre plant man nicht erst dann, wenn Wasserknappheit schon besteht. Es ist eine unhintergehbare Notwendigkeit, das Nut-

zungserfordernis des Bauobjekts zu prognostizieren. Denn die Frage nach dem Nutzungserfordernis wird immer beantwortet, auch wenn sie nicht aufgeworfen wurde.
Weil das nutzbare technische Objekt erst in 15 Jahren oder später fertiggestellt sein wird, sind mit der Aufnahme der Planungstätigkeit prognostische Implikationen gesetzt, mögen diese empirisch verifiziert werden oder nicht. Die Rationalität des Bauvorhabens hängt von der Triftigkeit der Prognose ab – und von den in Kauf genommenen Risiken (Wassermangel, Dammbruch). Nutzung, Beanspruchung, Beanspruchbarkeit des Bauwerks – dies alles sind Sachverhalte, die zum Zeitpunkt der gedanklichen Auseinandersetzung nicht schon als Tatsachen gegeben sind, sondern sie haben zunächst nur eine virtuelle Existenz in Gestalt von Szenarios, die vom Ingenieur entworfen oder der abwägenden Vernunft vor Augen geführt werden. Die zu bewertende Zukunft ist eine vom Ingenieur entworfene Zukunft. Der verantwortungsrelevante Tätigkeitsaspekt bezieht sich sowohl auf diese Zukunftsentwürfe wie auch auf den geforderten Akt des bewußten Inkaufnehmens des Prognoserisikos und damit des Schadensrisikos selber.

Zur sozialen Überholung infrastruktureller Planungen

Unsere Gesellschaft wandelt sich »schnell« im Verhältnis zu den langen Zeiträumen der Planung und Ausführung von Infrastrukturbauten. Dieser Umstand ist von dem Prognoseproblem zu unterscheiden. Dies sei am Beispiel der Nahe-Überbauung in Idar-Oberstein erläutert.[67] Prognosebedürftig war zu Beginn der Planungsmaßnahme das Verkehrsaufkommen auf der B 41. Heute, da die Baumaßnahme heftig angefeindet wird, besteht dennoch keine Veranlassung, die seinerzeitigen Prognosen in Frage zu stellen. Nicht etwa falsifizierte Prognosen sind Anlaß der Kritik, sondern eine veränderte Einstellung der Gesellschaft zu Fragen der Stadtökologie, zur Bedeutung der Stadt als Behausung des Menschen. Die Straßenplaner der Nahe-Überbauung brachten vor 25 Jahren den dominanten Willen der Gesellschaft zum Ausdruck, die Erbauer handelten schon gegen den Willen wenn nicht der Mehrheit, so doch der meinungsführenden Minderheiten.

67 Segeth/Dreher 1987.

Dieses »Überholungs«-Argument bezieht sich auf den Anspruch der »internen« Rationalität der Planung und damit auf den identitätsrelevanten Anspruch der Planer, ihre Planung gegenüber der legitimierenden Öffentlichkeit als vernünftig ausweisen zu können. Es geht also um die »Dreiecksbeziehung« zwischen Planer, Planungsobjekt und legitimierender Öffentlichkeit/Politik, nicht um die Beziehung der Gesellschaft zur Natur.

Dekomposition komplexer Planungsvorhaben und Verträglichkeitssicherung

Weiträumige geographische Extension und zugleich komplexe realtechnische und organisatorische Vernetzung ist ein Charakteristikum bautechnischer Infrastrukturen. Diese Komplexität wird zunächst in der Weise sichtbar, daß das betrachtete Bauobjekt seinerseits in einen technisch-wirtschaftlichen Systemzusammenhang gestellt werden muß. Ob es sinnvoll ist oder nicht, beispielsweise die Ernstbachtalsperre bei Wiesbaden zu bauen, kann bei gedanklicher Beschränkung auf dieses Bauobjekt überhaupt nicht erörtert werden. Diese Talsperre steht in einem Nutzungszusammenhang mit der Wasserentnahme im Hessischen Ried, aus dem Grundwasserkörper unter dem Main und aus vielen lokalen Förderstellen.[68] Für die die Ernstbachtalsperre bearbeitenden Ingenieure läßt sich der selbstgesetzte Anspruch vernünftigen Handelns also nur dann realisieren, wenn sie sich eine entsprechend breite Informationsgrundlage verschaffen und es ihnen gelingt, sich mit den Betreibern, Interessenten und Gegnern auch der übrigen Wasserentnahmestellen auseinanderzusetzen. Auch beim Rhein-Main-Donau-Kanal, der primär unter dem Gesichtspunkt der Beeinträchtigung oder partiellen Zerstörung des Altmühltals diskutiert wurde, ist so zu argumentieren. Die Vernunft oder Unvernunft des RMD-Kanals erweist sich erst im Zusammenhang dieser Wasserstraße mit allen komplementären Verkehrsträgern: Bundesbahn, Straße und Autobahn, Luftverkehr, Rohrleitungstransport von Öl und Gas.[69]
Jedes Bauobjekt steht also – ob als Ergebnis gezielten Handelns

68 Crecelius 1980; Regierungspräsident Darmstadt 1976.
69 Vgl. Lehnert 1983.

oder nicht – in einem das Objekt übergreifenden Systemzusammenhang. Bei Infrastrukturbaumaßnahmen ist das per definitionem der Fall. Vergleichbar komplexe Sachverhalte sind nun auch im Innern der Bauobjekte anzutreffen. Kein reales Bauobjekt – nicht einmal ein anspruchsloses Wohnhaus, geschweige denn ein Kraftwerk und erst recht nicht eine Netzerweiterung eines Verkehrs- oder eines Wasserversorgungs-Systems – läßt sich ohne vorherige Zerlegung in Komponenten bearbeiten. Entsprechend muß das Planungs- und Entwurfsproblem ebenfalls dekomponiert und arbeitsteilig bearbeitet werden. Dieses Dekompositionserfordernis besteht nicht nur aus Gründen der Rationalisierung. Vor aller ökonomischen Betrachtung sind es in der technischen Sache selbst liegende Gründe, die zur Dekomposition nötigen: Erst die Zerlegung in Komponenten eröffnet einen kognitiven Zugang, personelle und institutionelle Spezialisierungen und ein arbeitsteiliges Vorgehen. Ohne Zerlegung in Komponenten würde jedes Infrastrukturproblem und nicht nur seine Bewertungsaspekte[70] von der gesellschaftlichen Entwicklung überholt. Für den Vernunftanspruch der Baubeteiligten ist dieses Dekompositionserfordernis eine ernsthafte Restriktion. Das Optimum der Gesamtproblemlösung ergibt sich nicht aus gedachten Optima der einzelnen Lösungskomponenten. Schon die bloße Sicherung der technischen Kompatibilität der Komponenten erfordert erheblichen Abstimmungsaufwand unter den Projektbeteiligten. Bei der Suche nach Gesamtoptima müssen also zwei Schranken überwunden werden: die in sich technisch kompatiblen Lösungen und das Austarieren der einzelnen Komponenten, die für sich gesehen nicht optimiert werden können. Rationalität, Vernünftigkeit, Verantwortlichkeit des Ingenieurhandelns setzen also die Fähigkeit einer Projektorganisation voraus, mit der internen Komplexität des Objekts fertig zu werden.

70 Siehe oben.

Technikbewertung, Nutzwertanalyse, Kosten-Nutzen-Analyse sind prinzipiell auch für Infrastrukturtechnik bedeutsam.[71] Ein minutiös dokumentiertes Beispiel hierfür bietet das von der Hessischen Straßenbauverwaltung vorgelegte, später allerdings zurückgezogene Verfahren der vergleichenden Trassenbewertung für die Autobahn A49 östlich von Marburg.[72] Der Streit um das Pro und Contra von Verfahren der Technikbewertung, um deren formale Rationalität und materiale Relevanz, um die Transformierbarkeit qualitativer in quantitative Fragen und um die Integrierbarkeit sehr unterschiedlicher und schlecht quantifizierbarer Bewertungsaspekte – all das hat bei Infrastrukturvorhaben eine nur eingeschränkte Bedeutung. Die Relativität der Bewertungsfrage ergibt sich aus der um so größeren Bedeutung des aus dem Planungsprozeß hervorgehenden Alternativenreichtums möglicher Lösungen[73] und Planungsverfahren.[74]

Morlock[75] hat am Beispiel der Ausbauplanung der Bundesstraße B31 zwischen Freiburg und Donaueschingen gezeigt, inwiefern die mögliche Legitimität von Verkehrsplanungsmaßnahmen gleichermaßen abhängt vom Reichtum erzeugter Planungsalternativen wie vom Stadium des Diskurses um die Alternativen im gesamten Planungsablauf. Die ausführliche Einbeziehung von Bürgern und Verbänden in die Untersuchungen von über 160 relativ grob ausgearbeiteten Varianten – noch vor dem Linienbestimmungsverfahren durch den Bundesminister für Verkehr und damit auch weit vor den innerbehördlichen Genehmigungsverfahren und vor dem Planfeststellungsverfahren – erweist sich als weitaus folgenreicher denn die Entfaltung einer immer größeren Raffinesse beim quantifizierenden Vergleich weitgehend ausgearbeiteter Varianten im Falle der A49.[76]

71 VDI 1991.
72 Hessisches Straßenbauamt Gießen 1979.
73 Vgl. Morlock 1988.
74 Vgl. Crone 1992.
75 Morlock 1988.
76 Hessisches Straßenbauamt Gießen 1979.

Das Planen und Bauen von Infrastrukturen, also der gezielte Eingriff in eine natürliche und schon bebaute Umwelt, ist unausweichlich an Modellbildungsleistungen gebunden. Für die Art und Weise, in der Ingenieure heute diesem Erfordernis Rechnung tragen, sind die oben[77] beschriebenen normativen Infrastrukturen von zentraler Bedeutung, weil sie Konventionen über die Modellierungsverfahren einschließen. Bauobjekte und Fertigungsprozesse werden in Plänen, Berechnungen und Beschreibungen vorweggenommen. Diese Pläne sind aber selber Gegenstände und Resultate von Arbeitsprozessen. Ingenieure arbeiten *an* diesen Gegenständen, erzeugen sie. In bezug auf diese Pläne wiederholt sich die Modell-Abbildungs-Problematik in vielen Variationen. Beispielsweise ist das in Plangestalt vorliegende »Bauwerk« als Tragwerk abzubilden. Hierfür gibt es viele Möglichkeiten, die unter pragmatischen Gesichtspunkten ergriffen oder verworfen werden müssen. In der Form des Tragwerks wird das Bauwerk zum »statischen System«. Mit Hilfe des statischen Systems analysiert der Bauingenieur das Tragwerk und bildet sich ein Urteil über die Standsicherheit und Gebrauchsfähigkeit eines zu bauenden Objekts.

Nicht nur das Bauobjekt bedarf der Modellierung, sondern auch die Wirklichkeit, in die das Bauwerk situiert wird. Zu denken ist an den Baugrund, an die Nutzungen, um derentwillen das Bauwerk entstehen soll (»Verkehrslasten«) und an diverse Einwirkungen durch die erste Natur.[78] Auch diese Wirklichkeitsaspekte macht sich der Ingenieur in Form von Modellen verfügbar. Schließlich sind die Baustoffe, aus denen das Bauobjekt errichtet werden wird, und ihr Verhalten ebenfalls modellförmig abzubilden.

Für die Planer von Infrastrukturmaßnahmen spielt es eine zentrale Rolle, daß die erwähnten Modellierungsleistungen verantwortet werden müssen, und zwar im Hinblick auf ihre Triftigkeit und im Hinblick auf den Zweck der jeweiligen Betrachtung (Standsicherheitsurteil, Gebrauchstüchtigkeitsurteil, Ausführbar-

77 Abschnitt 4.
78 Wind, Erdbeben (vgl. Fockenberg 1990), Eigengewicht, Schnee, Temperaturen, ungleichförmige Setzungen, Hochwasser (vgl. Pecher 1990).

keitsurteil, Wirtschaftlichkeitsurteil). Da, wie gesagt, die Herstellung von Bauobjekten nach Plänen und die »Interaktion« von Bauwerken und Bauwerksumwelt kontingenten Einflüssen unterliegen, haben die verfügbaren Modelle probabilistischen Charakter. Urteile, die auf ihrer Basis gefällt werden, sind daher immer mit nicht hintergehbaren Risiken verbunden, die ebenfalls verantwortet werden müssen.

An der Nicht-Hintergehbarkeit des Modellbildungserfordernisses zeigt sich im übrigen, daß sich den Infrastrukturplanern das Risikoproblem unvermeidlich stellt. Mit dem Planen und Entwerfen von bautechnischer Infrastruktur ist das Risikoproblem objektiv gesetzt. Gewiß aber ist »Risiko« in der Unterscheidung zu »Gefahr«[79] kein modernes Phänomen. Es prägt vielmehr jede zielgerichtete Auseinandersetzung der Gattung mit der ersten und zweiten Natur. Die als historisch neu dargestellte Möglichkeit des Wählen-Könnens und damit Begründen-Müssens ist selber eine aus dem Modellbildungserfordernis abgeleitete Notwendigkeit jedes zielgerichteten Verhaltens. Da Infrastrukturbaumaßnahmen stets präzedenzlose Unikate sind, hat die bautechnische Infrastrukturentwicklung auch stets den Charakter des Realexperiments. Insofern hat sich die Gesellschaft auch immer schon selber zum Labor gemacht.[80]

7. Schlußbemerkung

Leitender Gedanke dieses Beitrags war es, die Komplementarität zweier Perspektiven bei der Untersuchung großer technischer Systeme hervorzuheben: die der System- oder Makroperspektive auf der einen und der Handlungsperspektive auf der anderen Seite. Hierzu wurde der GTS-Begriff in zwei Schritten entfaltet. Zunächst wurde eine dreistufige GTS-Architektur mit der bautechnischen Infrastruktur als Basis-GTS vorgeschlagen, um dann die bautechnische Infrastruktur intern nach ihrer realtechnischen, ihrer technisch-normativen und ihrer institutionell-organisatorischen Dimension zu entfalten. Auf dieser Grundlage war dann nachzuzeichnen, in welcher Form die Infrastrukturentwicklung

79 Vgl. Bechmann 1990, zu dieser Unterscheidung Luhmanns.
80 Vgl. Krohn/Weyer 1990, S. 89.

zu einem Handlungsproblem für Planer und Entwurfsingenieure wird. Die Analyse der generativen Arbeit an der Realtechnik, des interpretativen, abwägenden Umgangs mit dem Regelwerk und der multi-rationalen Interaktion im Netzwerk der Baubeteiligten erlaubt die abschließende These, daß die bautechnische Infrastruktur ein Integrations- und kein Differenzierungsphänomen darstellt. In den bautechnischen Infrastrukturen und im Handeln der Baubeteiligten verschränken sich demnach die verschiedenen Rationalitäten der gesellschaftlichen Subsysteme. Damit stellt sich abschließend die Frage, wie insbesondere bei den Bauingenieuren unter dem Druck der ihnen abverlangten integrativen Leistung berufliche Identität gewahrt wird und inwiefern ihre Profession dazu beiträgt, daß sie den Zuglasten heterogener Rationalitätsprinzipien standhalten.

Literatur

Abwassertechnische Vereinigung ATV (1973), *Lehr- und Handbuch der Abwassertechnik*, Bd. 1, Berlin u. a.

Art. »Wasserwirtschaft« (1981), in: *Enzyklopädie Naturwissenschaft und Technik*, Landsberg am Lech.

Bechmann, G. (1990), »Großtechnische Systeme, Risiko und gesellschaftliche Unsicherheit«, in: J. Halfmann, und K. P. Japp (Hg.), *Riskante Entscheidungen und Katastrophenpotentiale*, Opladen.

Bell, D. (1990), »Die dritte technologische Revolution und ihre möglichen sozioökonomischen Konsequenzen«, in: *Merkur* 44, 1 (Heft 491).

Bericht der Regierungskommission Bahn (1991), Bonn, Dezember 1991.

Deutsche Bundesbahn (Hg.) (1992), *Blickpunkt Bahn*, Heft 12.

Bolenz, E. (1987), *Technische Normung zwischen »Markt« und »Staat«*, Uni Bielefeld (Wissenschaftsforschung Report 32), Bielefeld.

Böndel, B. (1990), »Schnelle Bahn kann LKW und Flugzeug Paroli bieten«, in: *VDI-Nachrichten* 49, Düsseldorf.

Braun, Ingo (1995), »Geflügelte Saurier. Zur intersystemischen Vernetzung großer technischer Netze« (in diesem Band).

Buckley, W. (1967), *Sociology and Modern Systems Theory*, Englewood Cliffs, N. J.

Bull, H. P. (1977), *Die Staatsaufgaben nach dem Grundgesetz*, Frankfurt am Main.

Bundesminister für Verkehr (Hg.) (1991), *Verkehr in Zahlen*, Bonn.

Caron F. (1988), »The evolution of the technical system of railways in France from 1832 to 1937«, in: R. Mayntz und Th. P. Hughes (Hg.),

The Development of Large Technical Systems, Frankfurt am Main/Boulder, Col.

Cavelty, L. M. (1986), »Eurorail 2000 und die Schweiz«, in: *Interalp Verkehrsforum 1986* (2. Europäisches Verkehrsforum), Mayrhofen/Österreich.

Clausnitzer, E. (1990), »Die Wasserwirtschaft der DDR und die Lage in der Wasserversorgung«, in: *gwf wasser-abwasser* 131, Nr. 11.

Crecelius, M. (1980), »Die Trinkwasserfernversorgung für den Ballungsraum Rhein-Main. Auswirkungen der Wassergewinnungsmaßnahmen in den Gewinnungsgebieten Westlicher Taunus, Hessisches Ried und Vogelsberg«, Diplomarbeit TU München, Lehrstuhl Landschaftsökologie, München.

Crone, R. (1992), »Abwägungsverfahren und Entscheidungsprozesse bei raumbedeutsamen und umweltrelevanten Straßenbauvorhaben«, in: *VSVI-Journal*, Heft 1.

Daele, Wolfgang van den (1991), »Zum Forschungsprogramm der Abteilung ›Normbildung und Umwelt‹«, Berlin (WZB).

Der Bundesminister für Verkehr (1992), *Verkehrsprojekte Deutsche Einheit*, Bonn.

Der Elsner (1991), *Handbuch für Straßen und Verkehrswesen. Planung, Bau, Erhaltung, Verkehr, Betrieb*, Darmstadt.

Deutsche Bundesbahn/Deutsche Reichsbahn (1991), *Die Bahn in Zahlen*, Frankfurt am Main/Berlin.

Dürr, Heinz (1992), *Zur Lage der beiden deutschen Bahnen*, Vortragsmanuskript, Januar.

Ekardt, H.-P. (1978), »Entwurfsarbeit. Organisations- und handlungstheoretische Ansätze zur soziologischen Analyse der Arbeit von Bauingenieuren im Tragwerksentwurfsbereich«, Diss. TH Darmstadt.

– (1984), »Das Berufsbild der Bauingenieure – gegenwärtiger Stand und Entwicklung«, in: *VDI-Gesellschaft Bautechnik, Mitgliederinformationen*, Heft 1, Düsseldorf.

– (1993), »Unter-Gestell. Die bautechnischen Fundamente Großer Technischer System« (Langfassung), WZB Discussion paper FS II 93-503, Berlin.

Ekardt, H. P./R. Löffler (Hg.) (1988), »Die gesellschaftliche Verantwortung der Bauingenieure«, Wissenschaftliches Zentrum für Berufs- und Hochschulforschung der Gh Kassel, Werkstattberichte 19, Kassel.

– (1991a), »Organisation der Arbeit – Organisation der Profession«, in: H. Lenk/M. Maring (Hg.), *Technikverantwortung*, Frankfurt am Main/New York.

– (1991b), »Regulierungsfunktionen technischer Normen in der Praxis der Bauingenieure«, in: Wilgart Schuchardt (Hg.), *Technische Normen und Bauen. Kooperationsprinzip und staatliche Verantwortung*, Berlin/Köln.

Ekardt, H.-P./R. Löffler/H. Hengstenberg (1992), *Arbeitssituationen von Firmenbauleitern*, Frankfurt am Main.
Elsner *vgl.* Der Elsner.
Feuck, J./S. Börnecke (1992), »Der nächste Wassernotstand kommt bestimmt«, in: *Frankfurter Rundschau*, Nr. 251, S. 26.
Fockenberg, K. (1990), »Ein Keil hält die Mauer beweglich. Deutsch-neuseeländische Arge stellte Clyde-Damm fertig«, in: *VDI-Nachrichten* 49, Düsseldorf.
Garbrecht, Günther (1985), *Wasser. Vorrat, Bedarf und Nutzung in Geschichte und Gegenwart*, Reinbek bei Hamburg.
Gesellschaft für öffentliche Wirtschaft (Hg.) (1991a), »Die öffentlichen Eisenbahnen in der Bundesrepublik Deutschland angesichts der Vollendung des EG-Binnenmarktes«, in: *Beiträge zur öffentlichen Wirtschaft*, Heft 7, Berlin.
– (Hg.) (1991b), »Die Unternehmen der öffentlichen Energieversorgung der Bundesrepublik Deutschland im europäischen Binnenmarkt«, in: *Beiträge zur öffentlichen Wirtschaft*, Heft 8, Berlin.
Glauber, U. (1992), »Schweigen im Abenddunkel an der schönen gestauten Donau«, in: *Frankfurter Rundschau*, 31. Oktober, Nr. 254.
Hack, L. (1989), »Einblick in die (schwarze) Büchse der Pandora«, in: W. Schuchardt (Hg.), *Technikgestaltung in der Stadt- und Regionalentwicklung*, Dortmund.
Harzwasserwerke des Landes Niedersachsen (1984), *Speichern, aufbereiten, transportieren*, Hildesheim.
– (1986), *Aus Hochwasser wird Trinkwasser*, Hildesheim.
Hatzfeld, F./C. Rösler (1992), »Abwasser. Einführung und Wegweiser zu Adressen, Zeitschriften, Literatur«, in: *difu Berlin (Umweltberatung für Kommunen)*.
Hessisches Straßenbauamt Gießen (1979), *Bundesautobahn A49 Kassel-Gießen. Verkehrswirtschaftliche und raumbewertende Untersuchung für den Bereich Kirchhain-Neustadt-Gemünden-Lumda*, Gießen.
Hoffmann, H. (1987), »Volkswirtschaftlicher Nutzen einer privatisierten Abwasser- und Abfallwirtschaft?«, in: *Korrespondenz Abwasser* 34, Heft 9.
Hollingsworth, J. R. (1991), »Die Logik der Koordination des verarbeitenden Gewerbes in Amerika«, in: *Kölner Zeitschrift für Soziologie und Sozialpsychologie* 43, Heft 1.
Hughes, T. P. (1983), *Networks of Power*, Baltimore/London.
– (1987), »The Evolution of Large Technological Systems«, in: W. Bijker u. a., *The Social Construction of Technological Systems*, Cambridge/Mass.
– (1991), *Die Erfindung Amerikas. Der technologische Aufstieg der USA seit 1870*, München.
Imhoff, K. R. (1978), »Wasserwirtschaftlicher Verbund zwischen Was-

serversorgung und Abwasserbeseitigung«, in: *Berichte aus »Wassergütewirtschaft und Gesundheitsingenieurwesen«*, TU München, Nr. 24.
– (1989), »Die Entwicklung des ATV/VKS-Regelwerkes Abwasser/Abfall«, in: *Korrespondenz Abwasser*, Heft 5, St. Augustin.
Joerges, Bernward (1992), »Große technische Systeme«, in: *Technik und Gesellschaft. Jahrbuch* 6, hg. von G. Bechmann und W. Rammert, Frankfurt am Main/New York.
Kalinowski, P. (1987), »Die schnelle Bahn von der Seine zum Rhein. Hochgeschwindigkeits-Verbindungen zwischen Europas Metropolen«, in: *VDI-Nachrichten*, Heft 16, Düsseldorf.
Kieslinger, (1989), »Privatisierung öffentlicher Investitionen und Dienstleistungen in Hessen«, in: *Korrespondenz Abwasser* 36, Heft 1.
Köhler, U. (1989), »Verkehrsplanung im Widerstreit der Meinungen – eine Verkehrssystembetrachtung«, in: *FG Verkehrssysteme Gesamthochschule Kassel, Schriftenreihe Verkehr*, Heft 1, Kassel.
Kopp, K. (1986), *Wasser aus Taunus, Rhein und Ried. Wiesbadener Wasserversorgung*, Wiesbaden (Eigenverlag).
Krohn, W./J. Weyer (1990), »Die Gesellschaft als Labor. Risikotransformation und Risikokonstitution durch moderne Forschung«, in: J. Halfmann, und K. P. Japp (Hg.), *Riskante Entscheidungen und Katastrophenpotentiale*, Opladen.
Kühling, J. (1988), *Fachplanungsrecht*, Düsseldorf.
Lehmann, W. M. (1987), »Stahlbetonröhre ›schwebt‹ im Wasser. Neue Chancen für das Jahrhundertbauwerk (Messina-Projekt)«, in: *VDI-Nachrichten*, Heft 16, Düsseldorf.
Lehnert, W. (1983), *1200 Jahre Kanalbau in Franken. Zur Vorgeschichte des Rhein-Main-Donau-Kanals. Das Für und Wider seiner Fertigstellung*, München.
Lehr- und Handbuch der Abwassertechnik (1973), hg. vom ATV, Bd. 1, Berlin.
Lemer, Andrew C. (1991), »The infrastructure of tomorrow as a meaningful target for technology research and public policy«. Vortrag, gehalten auf dem National Research Council der USA am 11. Juli.
Loesch, Achim von (1991), »Die öffentlichen Eisenbahnen in der Bundesrepublik Deutschland angesichts der Vollendung des EG-Binnenmarktes«, Berlin (Gesellschaft für öffentliche Wirtschaft, Beiträge zur öffentlichen Wirtschaft, Heft 7).
Marcus, P. (1980), »Preis- und Finanzierungsprobleme in der Fernwasserversorgung«, in: *gwf wasser-abwasser*, Heft 12.
Mayntz, Renate (1988), »Zur Entwicklung technischer Infrastruktursysteme«, in: dies. u. a., *Differenzierung und Verselbständigung. Zur Entwicklung gesellschaftlicher Teilsysteme*, Frankfurt am Main/New York.

Mayntz, Renate/Thomas P. Hughes (Hg.), *The Development of Large Technical Systems*, Frankfurt am Main/New York.
Mill, Ulrich/Hans-Jürgen Weißbach (1992), »Vernetzungswirtschaft«, in: Thomas Malsch/Ulrich Mill (Hg.), *Arbyte. Modernisierung der Industriesoziologie?*, Berlin.
Morlock, G. (1988), »Der Planungsingenieur im Geflecht öffentlicher und privater Interessen«, in: H. P. Ekardt und R. Löffler (Hg.), *Die gesellschaftliche Verantwortung der Bauingenieure*, Kassel.
Mühlschwein, W. (1979), »Tragwerke als Arbeitsgegenstände von Bauingenieuren«, Diss., TH Darmstadt.
Pecher, R. (1990), »Sicherheitswahl bei der Bemessung von Regen- und Mischwasserkanälen«, in: *Korrespondenz Abwasser*, Heft 6, St. Augustin.
Pester, W. (1991), »Rallye auf Schienen«, in: *VDI-Nachrichten-Magazin*, Heft 3, Düsseldorf.
Piore, M. J./Ch. F. Sabel (1985), *Das Ende der Massenproduktion*, Berlin.
Regierungspräsident Darmstadt (Hg.) (1976), *Trinkwasser aus dem Vogelsberg*, Darmstadt.
Reidenbach, M. (1986), *Verfällt die öffentliche Infrastruktur? Eine Bestandsaufnahme unter Einbeziehung britischer und amerikanischer Erfahrungen*, Berlin (Deutsches Institut für Urbanistik).
Reidenbach, M./R. Autzen u. a. (1992), »Der kommunale Investitionsbedarf in den neunziger Jahren. Eine Schätzung für die alten Bundesländer«, in: *difu-Beiträge zur Stadtforschung*, Berlin.
Salesbury, S. (1988), »The emergence of an early large-scale technical system: The American railroad network«, in: R. Mayntz/Th. P. Hughes (Hg.), *The Development of Large Technical Systems*, Frankfurt am Main/New York.
Scherer, P. (1988), »Die öffentliche Wasserversorgung in der Bundesrepublik Deutschland – Zielvorstellung und Realität«, in: *Schriftenreihe des Instituts für Siedlungswasserwirtschaft der RWTH Aachen*, Heft 109.
Schimank, U. (1985), »Der mangelnde Akteurbezug systemtheoretischer Erklärungen gesellschaftlicher Differenzierung – Ein Diskussionsvorschlag«, in: *ZfS* 14, Heft 6, S. 421-434.
Schneider, V. (1992), »Kooperative Akteure und vernetzte Artefakte«, in: *Technik und Gesellschaft*, Jahrbuch 6: *Großtechnische Systeme und Risiko*, Frankfurt am Main/New York.
Scholl, L. U. (1978), *Ingenieure in der Frühindustrialisierung. Staatliche und private Techniker im Königreich Hannover und an der Ruhr (1815-1873)*, Göttingen.
Schuchardt, W. (1991), *Technische Normen und Bauen*, Berlin/Köln.
Segeth, H./R. A. Deher (1987) »Das Projekt Idar-Oberstein«, in: *Straße und Autobahn*, Heft 1.
Simonis, U. E. (Hg.) (1977), *Infrastruktur*, Köln.

Stadtfeld, R. (1989), »Die Entwicklung der öffentlichen Wasserversorgung 1970-1987«, in: *gwf wasser-abwasser* 130, Nr. 1.

Thompson, J. D. (1967), *Organizations in Action*, New York u.a.

Tönsmann, F. (1993), »Zum Inhalt und Planungsablauf von Umweltverträglichkeitsuntersuchungen in der Wasserwirtschaft«, in: *Wasser + Boden*, Heft 3.

Verein Deutscher Ingenieure (1991), »Technikbewertung. Begriffe und Grundlagen«, Düsseldorf: *VDI Report*, Nr. 15.

Wallerang, E. (1990a), »Mannsgroßer Durchbruch unter der Nordsee«, in: *VDI-Nachrichten*, Nr. 49, Düsseldorf.

Wallerang, E. (1990b), »Autobahn auf italienisch. Holzmann und Autostrade entwickelten Sanierungsidee«, in: *VDI-Nachrichten* 50, Düsseldorf.

Wasser- und Schiffahrtsdirektion Mitte (1986), *Information über Bundeswasserstraßen und Schiffahrt*, Hannover.

Weingart, Peter (1989), »Großtechnische Systeme – ein Paradigma der Verknüpfung von Technikentwicklung und sozialem Wandel?«, in: ders. (Hg.), *Technik als sozialer Prozeß*, Frankfurt am Main.

Weyer, J. (1989), »›Reden über Technik‹ als Strategie sozialer Innovation zur Genese und Dynamik von Technik am Beispiel der Raumfahrt in der Bundesrepublik«, in: M. Glagow/H. Willke/H. Wiesenthal, H., *Gesellschaftliche Steuerungsrationalität und partikulare Handlungsstrategien*, Pfaffenweiler.

Wiedemann, H. (1986), »Produktionskonzepte der Deutschen Bundesbahn unter Berücksichtigung der Neu- und Ausbaustrecken«, in: *Interalp Verkehrsforum 1986* (2. Europäisches Verkehrsforum), Mayrhofen/Österreich.

Zank, W. (1991), »Brückenschlag für Volvo«, in: *Die Zeit*, Nr. 15, Hamburg.

Ingrid Severin

Technische Vernetzungen und ihre Auswirkungen auf zeitgenössische Kunst

Erster Teil
Kommunikation: Telefon, Satellit, Video

1.1 Von der Außenseite einer Technik zur Innenansicht

Entdeckung: Vom Alphabet zum Code – der Transfer der Worte

»Mais qu'est-ce que ce fil? Son centre est de métal, son extérieur de gutta. C'est le courrier fidèle qui donne à la pensée la vitesse de la foudre pour traverser les mers; c'est lui qui, tous les jours, nous dit les fatigues, les combats, les victoires de nos soldats; c'est lui qui vient d'annoncer le triomphe de la civilisation sur la barbarie: prise de Sébastopole!« schreibt ein Magazin um 1858. Die rätselhafte von Gutta umgebene Metallschnur entpuppt sich als euphorische Beschreibung der folgenreichsten Erfindung des 19. Jahrhunderts im Bereich der Kommunikation: des Codes des Telegraphierens.[1]
Die Mittel der Kommunikation veränderten im Verlauf des neunzehnten Jahrhunderts das Verhalten der Menschen, ihr Denken und ihr Empfinden. Die globale Inanspruchnahme dieser Mittel und ihrer neu eröffneten Wege im Transport von Gesprochenem und Geschriebenem (Wort) ist für uns im Alltagsleben ein Faktum, das kaum Erstaunen hervorruft.[2] Viele Künstler jedoch

1 Dazu die Dokumentation in: Ausstellungskatalog, *Le Livre des expositions universelles 1851-1889*, Paris: Union centrale des Arts 1983, S. 29; Zeitgeschichtliche Publikation: Louis Guillaume Figuier, *Les grandes Inventions Anciennes et Modernes dans les Sciences, l'Industrie et les Arts*, Paris 1861.

2 Es fehlt bisher eine ausgeklügelte Ikonographie der technischen Motive, die Künstlern als Inspiration dienen könnte. Daher betrachte ich hier jene künstlerischen Auseinandersetzungen, die mir als wichtig erscheinen: die Konzept-Kunst und das Phänomen der Verkleinerung und Vergröße-

haben sich von den dramatischen Neuerungen inspirieren lassen und sie in ihren Arbeiten festgehalten oder sie in den künstlerischen Fertigungsprozeß einbezogen.

Mit Erstaunen registrierten die Menschen in der zweiten Hälfte des neunzehnten Jahrhunderts die neue Welt der Nachrichtenübermittlung per Telegramm.[3] Einige Jahre vor der eigentlichen Entwicklung dieses Codes, bereits 1849, entstanden die Illustrationen des Graphikers *J. Jacques Grandville* zu seinem Buch *Un autre Monde*. In dieser utopischen, von dem Sozialphilosophen Fourrier inspirierten Weltsicht beschreibt Grandville mit seiner Bildsprache die wissenschaftlichen und technischen Neuerungen und somit die aktuellen Diskussionen seiner Zeit. In den mit neuesten Mitteln der Technik reproduzierbaren grafischen Illustrationen alludiert, antizipiert und ironisiert Grandville die sich verändernden Bedingungen der Kommunikation und Informationsvermittlung. Er reflektiert diese Veränderungen auf sehr eigenwillige Weise in seinem eigenen bildsprachlichen Code.

rung. Aber auch hier gibt es Grenzen, denn ohne die richtige Energie liegt jeglicher Transport lahm. Als alles in Bewegung geriet, ob nun schwerkraftgebunden oberirdisch, unterirdisch oder in der Luft, wurde dies als triumphaler Fortschritt gefeiert. Entscheidend für vieles war und ist die Elektrizität. Versuche, ihrer Geschichte habhaft zu werden, gipfeln in merkwürdigen künstlerischen Höhepunkten der Kunst des 20. Jahrhunderts. Unbeachtet lasse ich die einfachen Symbolisierungen durch Artefakte, meist aus dem Kontext des Systems gelöst, dekontextualisiert, wie zum Beispiel im Falle der Anthropomorphisierung der mechanischen Technik. Vollgespickt mit Beispielen ist die Literatur zur Technik in der Kunst: J. Claus (Hg.), *Kunst und Technologie. Aufbruch in eine neue Wirklichkeit*, Bundesministerium für Forschung und Technologie, Bonn, 20. 9.–5. 10. 1984; C. S. Smith, *A Search for Structure. Selected Essays on Science, Art and History*, Cambridge 1981; Linda D. Henderson, *The Fourth Dimension and Non-Euclidean Geometry in Modern Art*, Princeton 1983; C. Gillespie, *A Diderot Pictorial Encyclopedia of Trades and Industry*, 2 Bde., New York 1959; H. Glaser, *Maschinenwelt und Alltagsleben. Industriekultur in Deutschland vom Biedermeier bis zu Weimarer Republik*, Frankfurt am Main 1981; Ausstellungskatalog NBK Berlin, *Maschinenmenschen*, Berlin 17. 6.–23. 7. 1989.

3 Friedrich Kittler, *Discourse Networks 1800/1900*, Stanford 1990; Michel Serres, *Hermes I. La communication*, Paris 1969, Première Partie. »De la communication mathématique à la mathématique de la communication«; deutsch: *Hermes I. Kommunikation*, Berlin 1992.

Gefeiert als bedeutende neue Errungenschaften wurden ab der Mitte des vorigen Jahrhunderts zuerst das Telegraphieren, dann das Telephonieren. Vor allem die Erfindung des Telegrafen war Anlaß für euphorische Zukunftsvisionen. Die Überwindung der Natur durch die Technik wurde zu einem zentralen Topos. Bildende Künstler beschreiben eine Natur, die mit dieser Technik zum ersten Mal gebändigt scheint, sogar den Mitteln der Technik dienstbar wird. Im Bereich der Kommunikation traten gleichrangig neben das geschriebene Zeichen das elekromagnetisch übermittelte Signal und schließlich das metallisch klingende, gesprochene Wort.
Grandville greift spielerisch in seiner Illustration »Locomotion aérienne«[4] die neuen Eigenschaften des Übermittelns von Nachrichten auf, die das verheißungsvolle Telegrafennetz versprach[5]: den Transfer einer unbekannten Botschaft in einem versiegelten Briefumschlag. In der Radierung überträgt ein gewundenes Kabel die kodierte Botschaft. Dies ist verwunderlich, fast absurd, denn wie eigentlich gerät der Brief trocken durch das Meer? An zentraler Stelle, in der Bildmitte, steigt ein verdrehtes, anscheinend ortloses Schlangengebilde aus dem Wasser des Meeres auf und hebt den geheimen Inhalt eines Dokumentes gut präserviert gegen das Firmament. Das gesamte Szenario wirkt wie ein ahnungs- und verheißungsvolles Spiel mit der Idee des Transatlantikkabels. Und das war zu jener Zeit aktuelles Tagesthema, wurde vehement diskutiert und wenige Jahre später realisiert.
1851 verlegte man das Kabel zwischen England und Frankreich, das Dover mit Calais verbindet. Zum Jahresende, am 13. 11., wurde es feierlich eingeweiht.[6] 1855 wird es – politisch genutzt – auf der Weltausstellung in Paris gezeigt. Angekündigt wird es mit Worten, die verraten, welche Hoffnung, welchen Fortschrittsglauben man daran knüpfte[7]: »Dieser treue Eilbote ermöglicht die

4 Grandville 1849.
5 *Abb. 1*, nach der Faksimileausgabe von Grandvilles Illustrationen.
6 Figuier (Anm. 1), S. 304 ff. Darüber hinaus: Simon Schaffer, »The Laboratory Measurement of Modern Values«, unveröffentlichter Beitrag zur Sommerakademie Verbund für Wissenschaftsgeschichte, 1988; zum Eurokabel und der Bewertung im Britischen Großreich: Daniel R. Headrick, *The Tentacles of Progress: Technology Transfer in the Age of Imperialism 1850-1940*, Oxford 1988, S. 5.
7 *Abb. 2* aus: Figuier (Anm. 1).

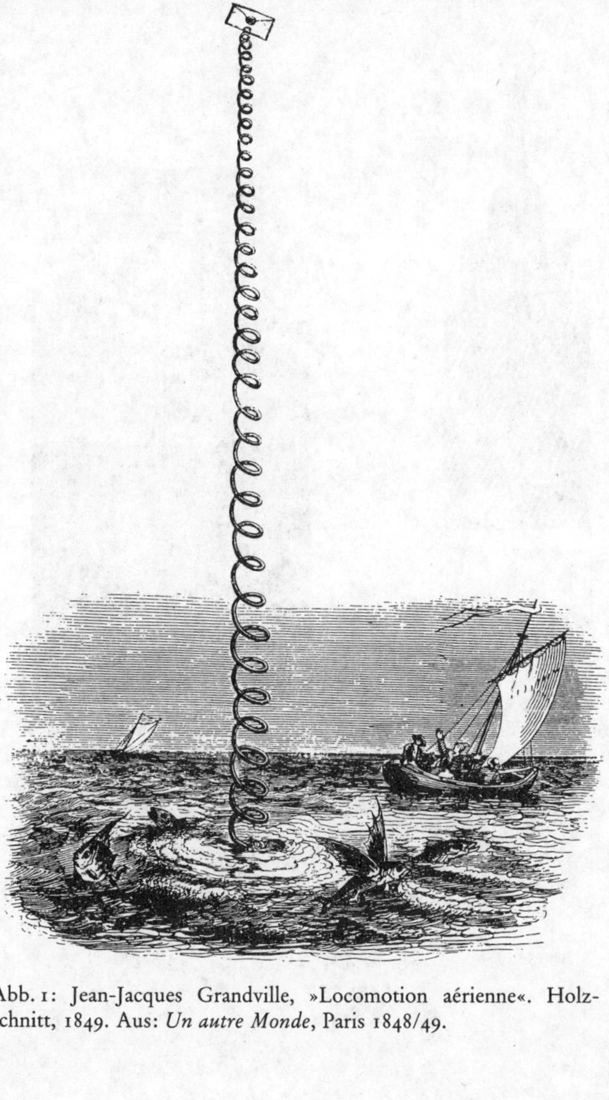

Abb. 1: Jean-Jacques Grandville, »Locomotion aérienne«. Holzschnitt, 1849. Aus: *Un autre Monde*, Paris 1848/49.

Abb. 2: Das Transatlantikkabel. Wissenschaftliche Illustration, 1861.

Abb. 3: Einlaßstelle des Kabels mit Markierungsboje. Illustration, 1861.

blitzartige Übermittlung der Ideen und Nachrichten durch das Meer; er teilt die Siege der Zivilisation über die Barbarei mit...«[8]

Die »Locomotion aérienne« von Grandville ist auf den ersten Blick eine exakte Illustration dieses Sachverhaltes: Das nach oben orientierte Kabel mit dem Briefumschlag illustriert die blitzartige Schnelligkeit, mit der nun neuerdings die Ideen das Meer durchdringen. Eindeutig ist der Bezug auf eine neue Invention im System der Kommunikation. Die Irritation, die diese neue Erfahrung bei Mensch und Tier ausgelöst hat, wird im Bild offenbar: Aufgeregt fliegen einige Fische um die kreisförmig bewegte Stelle, an der das Kabel ins Meerwasser eingelassen ist. Die Menschen in dem kleinen Segelboot gestikulieren demonstrativ erschrocken über die Dynamik und Blitzartigkeit des aufwärts strebenden Gegenstandes und versuchen, gegen die Natur kämpfend, ihr Segelboot im Gleichgewicht zu halten – eine sehr anschauliche Metapher für die beschriebene Errungenschaft. Um dieses ungewöhnliche, bahnbrechende Geschehen gruppieren sich also die Vertreter der Natur, die man bezwingen möchte, sowie der Mensch. Alle befinden sich in dem Bereich des unteren Bildraumes, wo man gemeinhin die Erdoberfläche ansiedelt – sie aber fehlt. Über diesem Bereich ragt, triumphierend im Gestus, das Kabel mit einem geschlossenen Briefumschlag. Eine Nachricht entschwebt zu einem nicht näher bezeichneten Ort.[9]

In zeitgenössischen Publikationen ist die spannende Geschichte der schwierigen Installation des Transatlantikkabels zu verfolgen. Mehrfach gescheiterte Versuche zwischen 1852 und 1864 machten eine ständige Verbesserung der Beschaffenheit des Kabels notwendig. Als wieder einmal die aufwendigen Versuche scheitern und das Kabel reißt, läßt man eine Markierungsboje dort in das Was-

8 Figuier (Anm. 1), S. 309: »En 1858 il s'agissait de relier par un cable sous-marin l'Europe et le continent américain.« Ders., *Les Merveilles de la Science* (Rev. Edit. Max de Nansouly), Paris 1900-1910, S. 609-617. Die ersten Versuche scheiterten; erst 1864 kommt es zum endgültigen Verlegen dieser Kabel.

9 Eine interessante neue Interpretation zu Grandville bringt Werner Spies, »Der verzweifelte Systematiker. Hinweis auf Grandvilles Beschäftigung mit der reproduzierten Welt«, in: *Idea. Jahrbuch der Hamburger Kunsthalle*, 1988, S. 280-295. Die Assoziation mit dem Thema Spirale und ihre Spielvarianten liegt auf der Hand, findet aber in diesem Zusammenhang keine Berücksichtigung.

ser, wo man die Unternehmung unterbricht. Die grafische Illustration zu diesem spannenden Ereignis ist in ihrem formalen Aufbau mit Grandvilles Grafik weitestgehend vergleichbar, meint jedoch inhaltlich genau das Gegenteil. Nicht der Triumph, sondern der gescheiterte Versuch findet seinen Ort.[10]
Im Gegensatz dazu wird die Erfindung des Telefons in frühen Illustrationen gelegentlich kommentiert mit anthropomorphen Assoziationen, die auch die mechanischen Techniken des Instruments erläutern sollen.[11] So beispielsweise in der Illustration »Mars regiert die Stunde« von *Max Slevogt* aus dem Jahre 1919, in welcher das Instrument Telefon als eine zu Kriegsentscheidungen benutzte Sprechanlage und somit in einem seiner ersten Anwendungsbereiche und ursprünglichen Funktionszusammenhänge präsentiert wird. Slevogt zeigt hier eine Büste auf einem Sockel als offene Gehirnmasse mit Wählscheibe. Sie wird von einem männlichen Kriegsteilnehmer als Kopftelefon benutzt. Der Befehlshaber verharrt in der Geste des Telefonierens.[12] Die an klassischer Skulptur orientierte Kopfform der Geräts nobilitiert und erklärt die innere Funktionalität analog zu den menschlichen Hirnwindungen und Verästelungen.[13] Der Kriegsgott Mars zeigt hier, wozu Technik in der Gesellschaft befähigt: Statt persönlicher Präsenz des miltärischen Befehlshabers auf dem Schlachtfeld genügt das Telefon für die Vermittlung wichtiger strategischer Entscheidungen. Die anthropomorph inspirierte, offene Struktur ist organisiert wie ein einsehbares Netzwerk. Die Einsehbarkeit erweist sich jedoch als Trugschluß.

10 *Abb. 3* aus: Figuier (Anm. 1).

11 Wie sehr sich das Erscheinungsbild des Telefons im Verlauf seiner Geschichte verändert hat, zeigt die 1988 erschienene Zusammenstellung von Vanni Ronsisvalle in »Hallo! Il telefono nell' arte«. Unverändert blieb nur seine Funktion im Netzwerk der Kommunikation.

12 Zur Geste des Telefonierens: Vilém Flusser, *Gesten. Versuch einer Phänomenologie*, Düsseldorf 1991, Sechstes Kapitel, S. 233 ff.

13 *Abb. 4* aus: Peter Paret, *Die Berliner Secession*, Berlin 1982.

Abb. 4: Max Slevogt, »Mars regiert die Stunde«. Zeichnung, 1919.

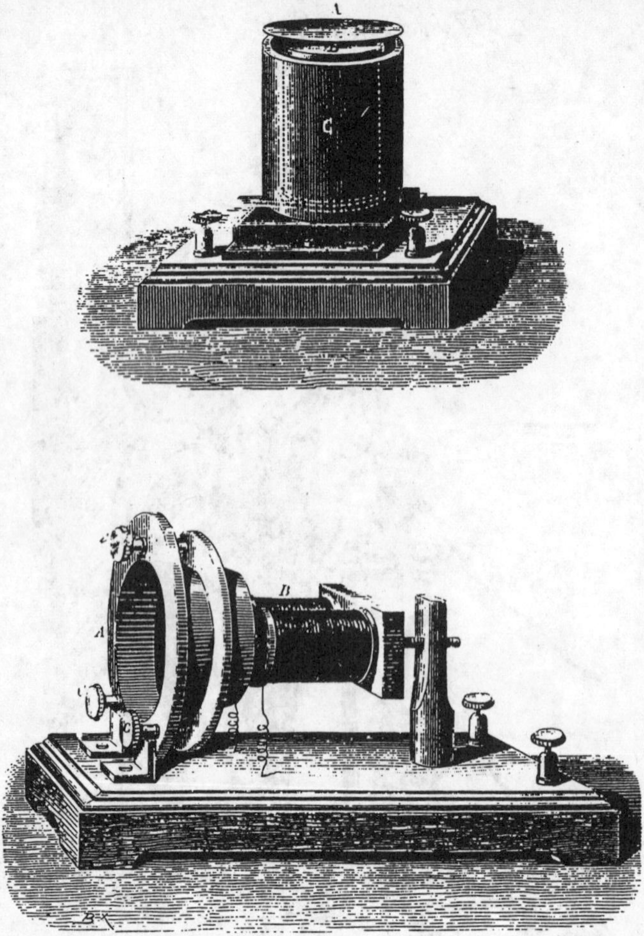

Abb. 5: Illustration des Telephonapparats von Graham Bell.

Abb. 6: Joseph Beuys, »Telefon S-∃ und Geige«. Multiple, 1974. Blechdose, Schnur, Geige. Bonn, Kunstmuseum. © VG Bildkunst, Bonn.

Joseph Beuys belegt in einem seiner Multiples, dem »Telephon S-Ǝ« von 1977, mit einfachsten, minimierten Mitteln die Polarität (+/–) und Dualität (zwei Dosen) des scheinbar neutralen Mediums Telefon.[14] Beuys abstrahiert mittels semantischer Assoziation. Der informationstechnische Titel S-Ǝ ist das symbolische Kürzel für die Strecke, die zwischen Sender und Empfänger liegt. In dieser Benennung der Strecke mit »S-Ǝ« (was ebenso als alpha und omega zu deuten ist) verbirgt sich zugleich eine Allusion auf die unendlichen Distanzen. Die imaginierte Strecke trennt das Subjekt vom Objekt.[15] Gleichzeitig betont die Umkehrung und Zuwendung des Ǝ zum S die Intimität des Gesprächs. Gezielt stellt Beuys die archaische Struktur einer möglichen Verbindung via Telefon spielerisch nach. Er greift in dieser Arbeit die Graham Bellsche Version des Telefons auf, wie sie eine zeitgenössische Grafik des 19. Jahrhunderts illustriert.[16]

Die Arbeit »Mensch (Erdtelefon)« von 1972 bezieht sich wirkungsvoll auf die notwendige Verbindung des Menschen mit der Erde zum Telefon. Ein schwarzes Telefon steht auf einem Steinhaufen in einem Bräter. Das verbindende Kabel verschwindet in diesem Erdhaufen. Diese Gegenstände sind vor einer Schiefertafel mit der Kreideaufschrift »Mensch« aufgebaut. Sie rahmt und

14 *Abb. 6* in: Armin Zweite, *Joseph Beuys. Natur Materie Form*, Ausstellungskatalog, Düsseldorf, Kunstsammlung Nordrhein-Westfalen, 30. 11. 1991–9. 2. 1992: Kat. 417, Grüne Geige.

15 Dierck Stemmler, *Joseph Beuys – Multiplizierte Kunst. Sämtliche Auflagenobjekte und Grafiken aus der Sammlung Dr. Günter Ulbricht, Düsseldorf*, Kunstmuseum Bonn 13. 10–20. 11. 1977 (1975) 1, S. 35 f. »Man könnte die Schnurlänge von 180 cm als Umwandlung der Körpergröße eines Menschen in die brüderliche Verbindung zwischen zwei Personen, dem Sender und dem Empfänger, auffassen als einen versteckten anthropomorphen Bezug.« Ferner: Rolf Wedewer/W. Romain, *Über Beuys. Die Realität der Magie*, 1972; Heiner Bastian (Hg.), *Joseph Beuys. Skulpturen und Objekte*, Ausstellungskatalog Berlin, Martin Gropius Bau, 1988, Kat. 67, Abb. S. 211, Kat. 68: Grüne Geige; Armin Zweite, *Joseph Beuys. Natur Materie Form*, Ausstellungskatalog Düsseldorf, Kunstsammlung Nordrhein-Westfalen 30. 11. 1991–9. 2. 1992: Kat. 417 Grüne Geige.

16 *Abb. 5*, nach zeitgenössischer Illustration.

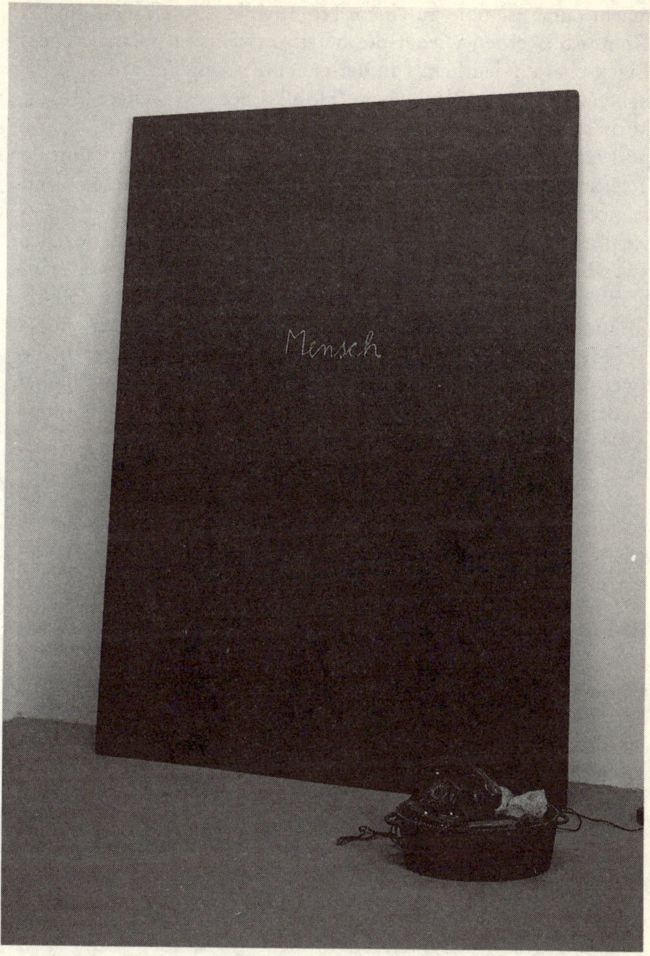

Abb. 7: Joseph Beuys, »Mensch (Erdtelefon)«. Installation, 1972. Tafel, Kreide, Topf und Telefon. Sammlung Speck, Köln. Foto: F. Rosenstiel, Köln. © VG Bildkunst, Bonn.

macht das Ensemble zu einem Negativbild. Durch diese starken Kontraste werden wieder die bereits erwähnten polarisierenden Eigenschaften deutlich.[17] In der ersten Fassung des Multiples lag neben den beiden Blechdosen (Hohlkörper) ein weiterer Klangkörper, eine grüne Geige.[18] Dieser akustische Körper (Klangkörper) hat einen wesentlichen Unterschied zu dem Hohlraum der Telefondosen. In der Zeit von 1974 bis 1979 taucht dieses Blechtelefon mehrfach wieder auf. In der Arbeit »Doppelobjekte«[19] steht es in einer rechteckigen Vitrine neben zwei Batteriezellen, zwei Torfbriketts, Butter und Kohle (Irish Energies), zwei emaillierten Schüsseln mit Seife, zwei Glasbehältern mit Ölfarbe (Braunkreuz), zwei Röntgenplatten (Brustkorb/Lunge) – einmal mit Herz, einmal ohne, beide mit einem Braunkreuz versehen –, zwei Schallplatten (Sibirische Symphonie) und einem Haufen Knochen. Energie, Wellen, Strahlen werden in einem spannungsvollen Kräftespiel einander zugeordnet.

Beuys' eigenen Aussagen zufolge war ihm nicht an der Interpretation des Telefons gelegen. »Ich habe kein Interesse, das Telefon zu interpretieren. Ich habe wohl ein Interesse, über den elektrischen Strom und seine Verhältnisse zu reden ... Mich interessieren mehr die Kräfte, die an dieser Sache beteiligt sind.«[20] Die

17 *Abb. 7*, in: Zweite, 1991/1992 (Anm. 14), Farbabb. 10.

18 Armin Zweite verweist auf die geheimnisvolle Gestimmtheit, wie sie vor allem in der Auswahl der Namen evident wird. Die so zufällig erscheinende Benennung dient jedoch nicht der Evokation von etwas Vagem oder Irrationalem; Joseph Beuys Katalog, Berlin, 1988, »Prozesse entlassen Strukturen, die keine Systeme sind«, S. 71. Das Multiple findet sich im Zusammenhang mit einigen anderen Arbeiten: Ganz zu Anfang stand eine Planung als Edition zusammen mit der »Grünen Geige« (Kat. 68), einem Objekt aus dem Fluxuskonzert »... oder sollen wir es verändern« in Mönchengladbach 27. 3. 1969. Die Edition mit dem Titel »Zwei Fluxus-Objekte« erschien in drei Exemplaren. Armin Zweite beschreibt die Annäherung Joseph Beuys' an die technische Welt als die an »eine geheimnisumwitterte Welt, aus der es nur einen Ausweg, nämlich den der Erlösung geben kann. So ist es nur folgerichtig, wenn dieses Arkanum mit christlichen Kreuzen durchsetzt ist.« In: *Joseph Beuys*. Katalog, Düsseldorf 1991/92 (Anm. 15), S. 26.

19 Bastian 1988 (Anm. 15), Kat. 101.

20 Vgl. Stemmler 1977 (Anm. 15), S. 37.

manuelle Antriebskraft, die eine Geige als Klanginstrument benötigt, wird beim Telefon durch den elektrischen Strom bewirkt, der als »fluktuierende Kraft« die Verbindung zwischen Sender und Empfänger ermöglicht. Hinzu kommt die Telefondose in der Funktion des Hörens und Sprechens und die Geige, manipulierbar in ihrer Klangfunktion durch die menschliche Hand. Der elektromagnetisch veränderte Ton, der aus dem Telefonhörer erfahrbar ist, steht neben und gegen den harmonischen Klang des bespielten Saiteninstrumentes. Die aus den beiden geschlossenen, zylinderförmigen, blechernen Konservendosen heraushängenden Schnüre sowie der beiläufig an der unbezeichneten Dose befestigte und numerierte Karton verweisen auf die Eigenschaften des Transfers im System der Kommunikation. Der formalen Reduktion der Materialien bei Beuys entspricht die optische Minimierung der Distanz zwischen Sender und Empfänger. Diese Verkleinerung des komplexen Kommunikationsnetzes benennt spezifische Eigenschaften wie das Ortlose, das Unsichtbare, das nicht Meßbare und die Anonymität. Die dicht geschlossene, innen aber vermutlich hohle Blechdose verweist geradezu mystifizierend auf die Undurchsichtigkeit des komplexen Systems in und um das Telefon. Diese beiden Beispiele betreiben Oberflächendemontage, um die Innenwelt einer fremd wirkenden Apparatur sinnlich erfahrbar zu machen. Sie verheimlichen nicht die Existenz des Netzwerks dahinter, sondern zeigen einen erfahrbaren symbolischen Zusammenhang als Erklärungsmuster für eine zunehmend komplexere Welt.
Wie bei Beuys bereits beobachtet, erwuchsen in den sechziger Jahren andere Einsichten in die Problematik der Systeme. Das komplexe System wird nun optisch minimiert und zum Teil in Schriftsprache vermittelt, was für das Telefon als Instrument, das Sprache transportiert, zusätzlich Sinn macht.

Abstrahierung

Marcel Broodthaers' Arbeit »Téléphone« von 1968 bezieht sich hintergründig auf das mechanische Kommunikationssystem. In einer seiner Werkgruppen, den als »Industrial Poems« von 1968-1970 entstandenen Sprachobjekten, eliminiert er die traditionellen

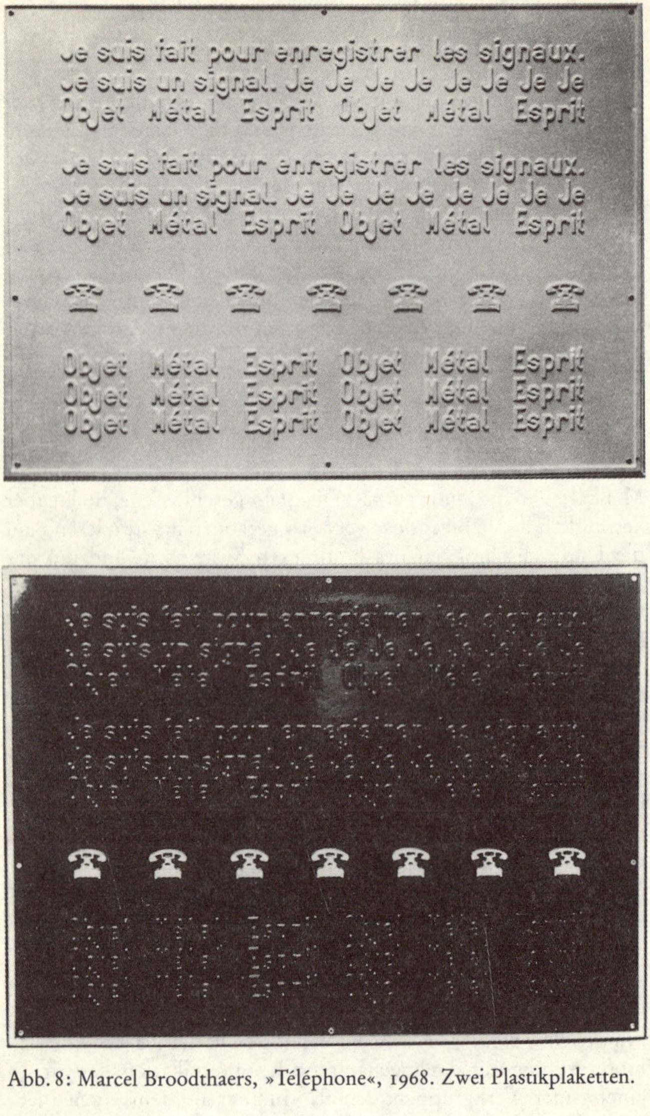

Abb. 8: Marcel Broodthaers, »Téléphone«, 1968. Zwei Plastikplaketten.

semantischen Funktionen.[21] Das »Téléphone« ist ein maschinell gedrucktes Sprachpiktogramm auf zwei rechteckigen Plastikplaketten, je eines im Negativ und im Positiv. Dies entspricht der Materialität und der Polarität des Instrumentes an sich und belegt eine in sich schlüssige Reziprozität. Im oberen Teil der von Isotopen, Hinweisschildern, abgeleiteten Plakette werden zwei Textblöcke wiederholt. Sie beziehen sich inhaltlich auf das Ideogramm eines Telefons, das sich darunter siebenmal als Bildlogo und zweimal in einer dreireihigen Wortform als »objet métal esprit« wiederholt. Das Gedicht buchstabiert den Werk- und Symbolcharakter des Gegenstandes. Das Medium der Kommunikation redet über sich. »Je«, die Maschine, gibt Auskunft über sich selbst. Der technische Vorgang des Zeichenaufnehmens, verdeutlicht ihren Dingcharakter. Die Nutzung ist untergeordnetes Thema. Durch die Reihung wird das Telefon als industriell massenhaft hergestelltes Produkt vorgeführt.

Der obere Textblock lautet: »Je suis fait pour enregistrer les signaux. Je suis un signal. Je Je Je Je Je Je Je Je Objet Métal Esprit Objet Métal Esprit« (»ich wurde gemacht, um Signale/Zeichen aufzunehmen. Ich bin ein Signal/Zeichen. Ich . . . Objekt, Metall, Geist«). Die Nähe des Wortfragments »je« zum »ob*je*t« hinterfragt die Anonymität des Objekts und seine Beziehung zum »ich» (»je«). In der Trias des Wortspiels verschwimmt die Grenze zwischen dem Ich und dem Es; der universelle Code entblößt die für das Individuum negative Seite der Kommunikation.

Diese negative Seite zeigt ebenso deutlich eine Aktion von *Jochen Gerz* aus dem Jahre 1968/71. Jochen Gerz verschickte an befreundete Künstler und Unbekannte je eine Seite aus dem Telefonbuch von Paris vom Jahre 1967 in Französisch und übersetzt ins Englische, Deutsche und Italienische. Diese Arbeit, »Das Neue Telefonbuch von Paris«, hatte folgenden Wortlaut: »Wie jedes Telefonbuch ist auch das Telefonbuch von Paris nach einem Kode angelegt, der alle Möglichkeiten nicht affirmativer, spielerischer und zufriedenstellender Kommunikation diskreditiert, nahezu nichts außer ›ja‹ und ›nein‹ findet Platz darin, und die armseligen

21 *Abb. 8*, aus: Benjamin H. D. Buchloh (Hg.), »Marcel Broodthaers, Writings, Interviews, Photographs«, in: *October 42*, 1987. Zu dieser Form von Dichtung: Emmett Williams, *An Anthology of Concrete poetry*, New York 1967.

Maßstäbe von Funktionalität, die jedes neue Prinzip kulturellen Bewußtseins verneinen, machen aus diesem Buch ein hermetisches und unverständliches Objekt für immer mehr Menschen.«[22]

1.2 Von der Nutzung eines technischen Gerätes zur Nutzung eines Kommunikationssystems

Instrumentalisierung: Der Code schafft das Bild

Laszlo Moholy-Nagy schuf 1922 drei Emaillemalereien mittels Telefon: Die »Telephone-Pictures EM1-EM2-EM3«, heute im Museum of Modern Art in New York.[23] Diese drei kleinformatigen, abstrakten Bilder sind bedeutende, für den in diesem Sammelband analysierten Zusammenhang unbeachtet gebliebene Inkunabeln der Moderne. Als erste Multiples, die bewußt mit industriellen Fertigungsmethoden entstanden, leiten sie eine neue Entwicklung in der Kunst ein. An ihnen läßt sich aufzeigen, welch wichtige Auswirkungen die Debatte um künstlerisches Schaffen auf das Selbstverständnis der Künstler zu Beginn unseres Jahrhunderts gehabt hat. Vermutlich das erste Mal hat hier ein Künstler ein Werk geschaffen und dazu das Telefon benutzt, anstatt selbst direkt den Pinsel zu schwingen.

Erst 1944 beschrieb Moholy-Nagy detailliert die Entstehung dieser Bilder in einem kurzen Aufsatz. Seine Erinnerungen verband er mit weiterführenden Aussagen über die Notwendigkeit industrieller Fertigung für die Kunst. Am Telefon hatte der Künstler dem Herstellungsleiter einer Emaillefarbenfabrik von seiner Vorlage auf Millimeterpapier die eigene Vorzeichnung der Komposition diktiert und ihm auch die genaue Farbwahl aus der ihm vorliegenden Farbpalette mitgeteilt.

Die fast simultane Zusammenarbeit des inspirierten Künstlers mit dem handwerklich Ausführenden an einem gemeinsamen Produkt ist Absicht. Wie in der Ideologie des Bauhauses erwünscht,

22 *Jochen Gerz*, Ausstellungskatalog Karlsruhe, Badischer Kunstverein 18. 10.–23. 11. 1975.

23 *Abb. 9*. Zum allgemeinen Kontext vgl. den Aufsatz von Herbert Kubicek in diesem Band; eine interessante Studie: Douglas Kahn/Gregory Whitehead, *Wireless Imagination. Sound, Radio and the Avant-Garde*, Boston 1992.

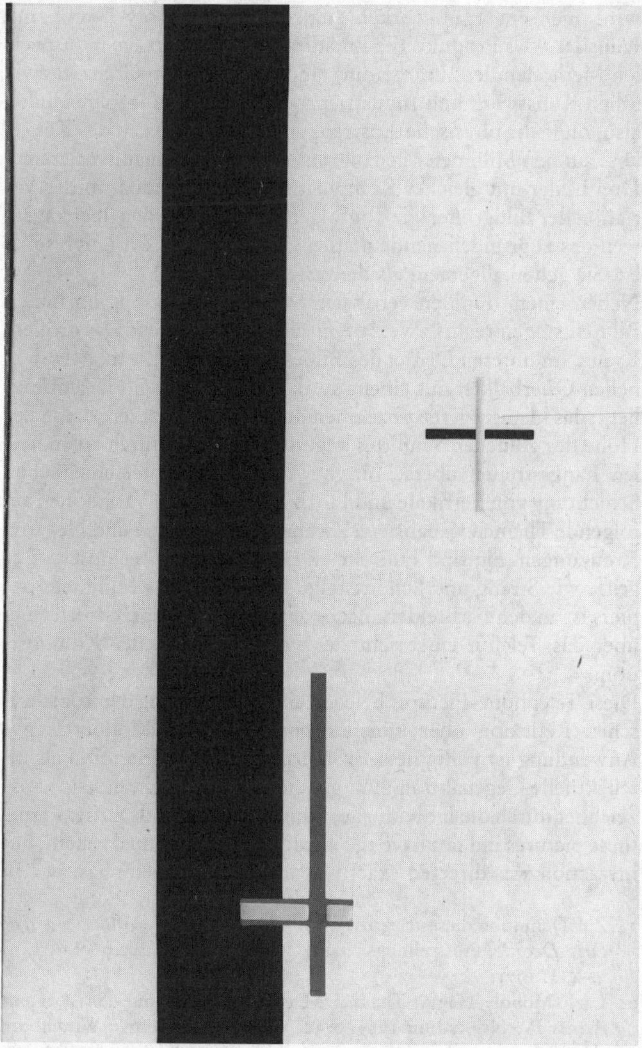

Abb. 9: Lázló Moholy-Nagy, »Telephone Picture EM2«. Porzellanemaille auf Stahl, 1922. 47,5 x 30,1 cm. New York, The Museum of Modern Art. Gift of Philip Johnson in memory of Sibyl Moholy-Nagy.

wird hier ein Handwerker zugleich mit Moholy-Nagy zum Künstler. Das Produkt, die Emaillearbeit, alludiert die industriellen Methoden der Verarbeitung und verwischt die Grenzen zwischen Kunstwerk und Industrieprodukt. Bereits 1922 entstanden also, ohne die physische Anstrengung und das Beisein des Künstlers, auf den Millimeter genaue, äußerst präzise Emaillemalereien. Drei Bilder mit gleicher Komposition, unterscheidbar in der Variation der Bildgröße, wie Tonfolgen angelegt, werden übertragen, weil das zugrundeliegende mathematische Raster ein universelles ist. Sie gelten allgemein als die ersten Multiples.[24]
Neben einem dunklen vertikalen Streifen oder Strang im linken Bildteil stehen rechts zwei lateinische Kreuzformen. Das größere Kreuz, im unteren Drittel des Bildes, hat einen schwarz gefaßten, hellen Querbalken mit einem dunklen Längsbalken, der darüber liegt; das kleinere Kreuz hat einen dunklen Querbalken, der in der Höhe des goldenen Schnittes angesiedelt ist und durch einen hellen Längsstreifen überschnitten wird. In der unterschiedlichen Schichtung von Vertikale und Horizontale werden Variationen auf folgende Themen visualisiert: Zweipoligkeit; Positiv und Negativ; Kreuzungen. Sie sind indirekt zu übertragen auf technische Begriffe wie Strang und Schnittstelle. Das Raster des Millimeterpapiers ist an den Farbfeldern nachvollziehbar. Die Sprachzerlegung über das Telefon entspricht der Formzerlegung der Komposition.
Diese Telephone-Pictures belegen eine Veränderung der künstlerischen Reflexion über künstlerische Verfahren. Moholy-Nagys Anwendung ist völlig neu. Er interpretiert seine Intention als intellektuelle Gegenaktion zum genuinen Kunstwerk, das sich auszeichnet durch die individuelle, künstlerische Handschrift: »True, these pictures did not have the virtue of the ›individual touch‹, but my action was directed exactly against this over-emphasis.«[25] In

24 Zur Definition dieses Begriffes vgl. John L. Tancock, *Multiples – The First Decade*, Ausstellungskatalog Philadelphia Museum of Art, 5. 3.–4. 4. 1971.

25 Lazlo Moholy-Nagy, »The Naive Desire for the Unique«, in: *Arts and Artists* IV, Nr. 3, Juni 1969, S. 30, zitiert nach: George Wittenborn (Hg.), *Abstract of an Artist*, New York 1955; erwähnt in: Tancock (Anm. 24). Die Schilderungen von Frau Moholy-Nagy lauten anders. Lucia Moholy Nagy in: *Marginalien zu Moholy-Nagy*, Krefeld 1972, S. 33; wiederabgedruckt in: Ausstellungskatalog *Lazlo-Moholy Nagy*,

diesem Sinne ist schließlich auch die fehlende Signatur hier und in späteren Bildern zu verstehen. »I even gave up signing my paintings. I put numbers and letters with the necessary data on the back of the canvas, as if they were cars, airplanes or other industrial products.«[26] Die Worte des Künstlers geben aber darüber hinaus keine Antwort auf die Frage, wie und wo die weiteren experimentierfähigen Möglichkeiten der Nutzung und Instrumentalisierung des Telefons für den künstlerischen Prozeß liegen.[27] Und auch in Moholy-Nagys Œuvre findet diese Nutzung des Telefons keine Wiederholung.

Ein elektromagnetisches Instrument, das Telefon, wird in einem schöpferischen Akt zum Mittel, zum imaginär verlängerten Pinsel. Bezeichnend ist für dieses Verfahren, daß hier nicht die Hand des Künstlers selbst das Instrument führt. Auf dem Weg der Verwirklichung einer Idee bis hin zum Kunstwerk werden vielmehr das Netzwerk, die Kabel und die Leitungen, die an der Apparatur des Telefons hängen, zu Bestandteilen des künstlerischen Prozesses. Das bisherige Arbeiten eines Malers, der in einem ersten Schritt Vorlagen, Entwürfe, Skizzen, Cartoons und Zeichnungen schuf, war ein Prozeß, der sich auf das Übertragen dieser Bildplanungen in eine endgültige Bildform konzentrierte.[28] Durch Moholy-Nagys Aktion wird die Handhabe des Telefons zum neuen

Stuttgart, Württembergischer Kunstverein, 31. 10.–8. 12. 1974. Eine neuere umfangreiche Darlegung seines Werkes (jedoch ohne Telephone-Pictures) in: Ausstellungskatalog *Moholy-Nagy*, Kassel, Museum Fridericianum 21. 4.–16. 6. 1991, ohne Hinweis.

26 Tancock 1971 (Anm. 24).

27 Zumindest sind schriftliche Äußerungen nicht bekannt.

28 Der Einsatz des Telefons im künstlerischen Prozeß ist erstmalig dokumentiert bei Moholy-Nagy. Er beschreibt in einem Artikel zur Idee des Multiples die Geschichte um die Entstehung seiner »Telephone Pictures« 1922. »In 1922 I ordered by telephone from a sign factory five paintings in porcelain enamel. I had the factory's colour chart before me and I sketched my paintings on graph paper at the other end of the telephone, the factory supervisor had the same kind of paper, divided into squares. He took down the dictated shapes in the correct positions. (It was like playing chess by correspondence.) One of the pictures was delivered in three different sizes, so that I could study the subtle differences in the colour relations caused by the enlargement and reduction. True, these pictures did not have...« Vgl. zur Problematik des Multiples: Tancock 1971 (Anm. 24).

Vehikel in diesem künstlerischen Vorgang auf dem Weg von der Idee zum Produkt. »Compared to the process of creation, problems of execution are important only so far as the technique adopted – whether manual or mechanical – must be mastered. Camera work, photography, motion pictures, and other projective techniques clearly show this. It may happen, that one day easel painting will have to capitulate to this radically mechanised visual expression.«[29] Auch der genius loci, der Ort der Ausführung, verliert hier seine Bedeutung, denn die räumliche Distanz zwischen Künstler und Ausführendem wird irrelevant. Und das Bildresultat ließe sich qua Produktionsweise beliebig oft wiederholen.

Das Verfahren eröffnet neue Möglichkeiten für den genuin künstlerischen Akt, der traditionell den Transfer einer Idee durch die Hand auf den Bildträger meint. Die Bildidee Moholy-Nagys, das Resultat des »process of creation«, wird als gesprochene Information transportiert, zerlegt in mathematische Zahlen. Die Stimme des Künstlers gibt durch die Hörmuschel korrekte Anweisungen und verwandelt die Idee in ein Zahlenraster, aus der wieder ein Bild entsteht. Auf dem Weg vom Sprachtrichter über das Kabel werden Worte zerlegt in elektromagnetische Zeichen und am anderen Ende in und durch die Ohrmuschel wieder neu zusammengesetzt. Die Stimme, das Wort, das Telefonkabel und das Ohr werden zum Bestandteil des »process of creation«. Das Konzept Moholys wird ausführbar erst durch »voice«. Die Hand am Original wird vom Wort zum Original abgelöst. Voraussetzung dafür ist die Betriebsfähigkeit der benutzten Technik und damit des genutzten Kommunikationsnetzes. Die Beeinflussung des künstlerischen Werkes durch das Telefon ist evident.

In Moholy-Nagys Ansatz verbergen sich zwei weitere folgenreiche Ideen: die Idee des Multiples, das seinen Vorlauf in der grafischen, reproduzierenden Kunst hat, und die Betonung der Idee, des Konzeptes, als bedeutend, vorrangig und eigentlich wichtigsten Schrittes im »process of creation«; in der Konzept-Kunst wird das Konzept seine intensivste Auseinandersetzung erfahren.

29 Ebd. (Anm. 24) »Neither painting nor photography, the motion pictures nor light display can be any longer jealously separated from each other.«

Moholy-Nagys Bericht von der Entstehungsgeschichte der »Telephone-Pictures« hat eindeutigen Bezug zum Topos der Genesis als Schaffensakt. Nicht umsonst sind es zwei Kreuze – beide jeweils anders gepolt –, die das Bild in kompositorischem Gleichgewicht halten.[30] In vielen mittelalterlichen Miniaturen zur Schöpfungsgeschichte ist der Zirkel das Instrument des erschaffenden Aktes, das gesprochene Wort spielt ebenfalls eine große Rolle. Bei Moholy-Nagy wird dieser Vorgang abgelöst vom Prozessualen am Millimeter und von der Stimme, die über das Telefon geleitet wird. Welche Bedeutung die Bildtitel EM 1-EM 2-EM 3 haben, ist ungeklärt. Varianten der Auslegung der Kürzel als *electromagnetic message* stellen das Bild in seinen Kontext, inhaltlich wie formal.
Die »Telephone-Pictures« von Moholy-Nagy ebenso wie die eingangs besprochene »Locomotion aérienne« von Grandville schneiden Probleme an, die zusammenhängen mit dem Interesse an und der zunehmenden Thematisierung von neuen technologischen Bereichen, von Inventionen und ihren verborgenen Netzwerken. Die Haushalte wurden in den achtziger Jahren des 19. Jahrhunderts völlig neu durchadert: Das Telefon und die Elektrifizierung gestalteten den Alltag und organisierten das Leben um. Neue Geräusche, Gerüche und Lichteffekte forderten neue Wahrnehmungsmechanismen von Auge und Ohr. Angesichts ihrer Ausdehnung und Komplexität verlangten diese Neuerungen eine große Abstraktionsleistung vom Menschen.[31] Beide Künstler streifen diese Problematik in den genannten Werken: Moholy-Nagy mit seinem Bericht über den Objekt und Künstler entfremdenden künstlerischen Prozeß beim Zustandekommen der Bildaktion (der Bericht muß hier als werkzugehörige Aktion gewertet werden), und Grandville mit seiner zur Chiffre geronnenen, spiraligen Unendlichkeitsmetapher. Das Ortlose und das Nicht-

30 Vgl. die von meiner Interpretation abweichende Betrachung bei Edith Decker, *Vom Verschwinden der Ferne. Telekommunikation und Kunst*, Frankfurt am Main 1991, S. 87.

31 Die »großen Netzwerke«, die im 19. Jahrhundert entstehen, führen einen Verlust des Ortes, des privaten Raumes herbei: Sie sind örtlich nicht festgelegt, denn ihre Größe durch ungehemmtes Wachstum und innere Komplexität machen sie zu Ungetümen und Monstern, deren Adersysteme und Verästelungen sich der Wahrnehmung des Menschen entziehen. Diese mit Hilfe der menschlichen Sinne nicht faßbaren Giganten sind Anlaß für Utopien und Schreckensvisionen.

Sichtbare/Nicht-Erkennbare sowie die mangelnde Transparenz der komplexen und vernetzten technischen Systeme werden von ihnen als Themen begriffen, auf die sie in ihren Bildern alludieren und die sie für ihre Kunst benutzen.

Die Frage, welche Rolle große technische Gebilde in der Kunst spielen und wo sie bewußt im künstlerischen Prozeß genutzt werden[32], macht eines deutlich: Die traditionellen darstellerischen Mittel greifen dann nicht mehr, wenn es an die künstlerische Reflexion jenes neuen Themas »Technische Systeme« geht. Auf der Suche nach einer adäquaten Formulierung für die Strukturen und Eigenschaften von technischen Systemen verändert der Künstler zwangsläufig sein künstlerisches Vokabular. Er orientiert sich an neuen Fertigungs- und Produktionsverfahren. Das hat zur Folge, daß auch der Künstler nicht mehr umhinkommt, selbst die Systeme zu nutzen (Moholy-Nagy). Zudem ist zu beobachten, daß diese Systeme verstärkt zum inhaltlichen Gegenstand der Auseinandersetzung werden, wie zum Beispiel Anfang der sechziger Jahre unseres Jahrhunderts.[33] Mit der elektrischen Leitung hat

32 Eine Einschränkung geschieht hier in bezug auf die Transporteure von Kommunikation, Telefon und Satellit. Das Zusammenspiel komplexer Technologien wie Transport- und Energienetze wird in den folgenden Teilen dieser Studie betrachtet.

33 Dazu gibt es zahllose Beispiele, besprochen unter anderem in: Ausstellungskatalog *Fliegen ein Traum. Faszination, Fortschritt, Vernichtungswahn*, Ruhrfestspiele Kunsthalle Recklinghausen, 1977; Ausstellungskatalog *Interaction: Science and Art*, The Squibb Gallery, Princeton, New Jersey, 2. 10–13. 11. 1988; Ausstellungskatalog *Nasa Art Programm, The Space Shuttle Art Collection*, Kennedy Space Center, 1987; Jeannot Simmen, »Plastisches Gestalten – Überwindung der Schwere«, in: *Kunstblatt Berlin* 18 (1989), 65, S. 98-109; zuletzt ders. (Hg.), Ausstellungskatalog *Schwerelos*, Berlin, Orangerie Schloß Charlottenburg, 1991/1992; James J. Flink, *The Car Culture*, Cambridge 1975; Ausstellungskatalog *Automobile and Culture. The Automobile in Art*, Los Angeles, MOCA, 1984; G. Silk (Hg.), *Automobile and Culture*, New York 1984; Otl Aicher, *Kritik am Auto. Schwierige Verteidigung des Autos gegen seine Anbeter*, München 1984; Ekkehard Mai, »Das Auto in Malerei, Zeichung und Graphik«, in: Reimar Zelle (Hg.), *Das Automobil in der Kunst 1886-1986*, München 1987; James J. Flink, *The Automobile Age*, Cambridge 1988. Die künstlerische Auseinandersetzung geschieht vor allem in der Form von Einsichten in die Komplexität der Netzwerke und Zusammenhänge. Daneben steht

sich das Rohr zum Kabel verwandelt, Strom fließt nicht in der Leitung, sondern wird selbst zum Transporteur: ein Prozeß fortschreitender Minimalisierung. Die Analogie steckt im Detail. Zudem – und hier liegt ein weiteres Problemfeld – grenzen die Arbeiten sich zum Betrachter ab oder beziehen den Rezipienten konzeptionell in einen Teil der künstlerischen Formulierungen mit ein.

So beispielsweise agiert *Rune Mields* in ihren Arbeiten. Sie reduziert und geometrisiert verschiedenartige Systeme in reine Geflechte und Liniengebilde.[34] In den Arbeiten »Netz (Koordinaten des Universums)«[35] und »Netz der Kulturwelt« (beide von 1981) setzt sie eindeutig systemähnliche Strukturen in einem undefinierten Raum neben- und übereinander. Die Komposition ist vergleichbar mit frühen Bildern von *Paul Klee,* in denen er das Netzwerk der frühen Flugmaschinerie beschreibt; so zum Beispiel in »Vogelflugzeuge« von 1918.[36] Unsichtbare netzartige Strukturen in neuen Räumen oder Dimensionen werden in minimierte abstrakte Liniengeflechte verwandelt.

Douglas Huebler hat in seiner Arbeit/Aktion »42 Parellel« von 1968 die gesamte Ausdehnung der USA flächenmäßig in ihren

die Pars-pro-toto-Strategie: Bedeutende (signifikante), zu visualisierende Teile der Netzwerke werden zu aufgeladenen Symbolen. Diese Art bedeutungsvolle Splitter zeigen einzelne Eigenschaften und Qualitäten der Netzwerke. Als stellvertretende Symbole (sogenannte »Artefakte«) werden sie von den Künstlern eingesetzt, genutzt, sind und bieten Angriffsfläche für Kritik und Applaus am jeweils gemeinten technischen System, zum Beispiel das Auto für das Straßennetz; Flugkörper für militärische und andere Ziele; Telefon und Telegramm für das Kommunikationsnetz.

34 Rune Mields Steinzeitgeometrie. Ausstellungskatalog Hamburg, GEDOK, Kunsthaus 20. 3.–10. 4. 1985.

35 *Abb. 10*, Aquatec auf Leinen, 200 x 140, Privatbesitz der Künstlerin, Foto F. Rosenstiel, Köln.

36 Paul Klee, »Vogelflugzeuge«, Privatbesitz, Sammlung Felix Klee, Bleistift, Kat. 367, 1918-1920. Zu den frühen Arbeiten: Ausstellungskatalog *Paul Klee. Das Frühwerk 1883-1922*, München, Städtische Galerie im Lenbachhaus, 12. 12. 1979–2. 3. 1980, S. 217. Ein Beispiel symbolhafter Bildgestaltung. Ferner: Richard Verdi, *Klee and Nature*, London, 1984. Vergleichbar mit der Zeichnung »Fliegersturz«, 1920, Nr. 209, Stiftung Paul Klee, Bern. Abbildung in: Ausstellungskatalog *Paul Klee*, Köln, Kunsthalle, 11. 4.–4. 6. 1979.

Abb. 10: Rune Mields, »Steinzeitgeometrie: Netz (Koordinaten des Universums)«. 1981. Aquatec auf Leinen, 200 x 140 cm. Privatbesitz der Künstlerin, Köln. Foto: F. Rosenstiel, Köln.

Breitengraden im Blick: Vierzehn Orte, die alle auf dem 42. Breitengrad liegen, werden ihm zum formalen und inhaltlichen Anhaltspunkt. Der Künstler markiert die 14 Orte kartografisch auf einem Plan – er tut das allerdings erst in dem Moment, da er per Post eine Bestätigung von dort erhalten hat und somit die Gewähr hat, daß der jeweilige Ort real existiert.[37] Die Nutzung des Postsystems wird hier, analog zur Mail Art, zum Bestandteil eines Werkprozesses.

37 In: *L'Art Conceptuel, une Perspective*, Ausstellungskatalog Paris, Musée d'Art Moderne de la Ville de Paris, 22. 11. 1989–18. 2. 1990.

Die optische Minimierung und Vermittlung oder Visualisierung einer abstrakten Version der Systeme hat ihre Anfänge, sieht man einmal ab von Dada und Duchamp, in der *Mail Art*. Die sogenannte *Correspondence Art* entstand zu Beginn der fünfziger Jahre. Sie war konzipiert als internationales Netzwerk ästhetischer Kommunikation.[38] Das Postsystem wird hier zum Vehikel für den Transport ästhetischer Aussagen. Die beteiligten Künstler beabsichtigten nicht, das Postsystem in seinen Strukturen sichtbar zu machen; ihr Ziel war vielmehr, es zu nutzen für den Transfer ästhetischer Aussagen. So versuchte man, Teil eines Systems zu werden und sich selbst global an- und einzubinden: »Correspondence art is about communication ... it is a network, a complex of interwaving relations which occurs among thousands of artists on an international scale ... is a lively search for communication forms that produce expansive, transformative models...« Die benutzten Medien und Mittel der Mail Art sind allesamt der Geschichte des Schreibens, das heißt dem Alphabet verpflichtet. Man nutzte die Erfindungen des Buchdrucks, des Postsystems, angefangen mit Briefumschlag, Brief und Postkarte, Stempel und Briefmarke, alle unabdingbar verbunden mit dem funktionierenden Netzwerk dahinter. In dieser ästhetischen Kommunikation per Briefpost oder Telegramm wird das System zwar genutzt, ist aber nicht inhaltlicher Gegenstand. »Correspondence art is *not* about the postal system, although it *uses* this means for its ends. The postal system allows the activity to occur and is the basis from which it operates, but the postal system is not the object and is only rarely the subject of this art.«[39] Gebraucht wird es, weil es erlaubt, die Aktivität erscheinen zu lassen und die Vernetzung sichtbar zu machen.

Die Mehrzahl der Werke, die der Mail Art zugerechnet werden, sind privater Natur, zum Beispiel Briefe usw., die zwischen den Künstlern ausgetauscht werden. Erst Ausstellungen und Publikationen dieser Schreiben öffnen die darin enthaltenen Botschaften

38 Michael Crane, »The spread of correspondence art«, in: *Correspondence Art. Source Book for the Network of International Postal Activity*, San Francisco: Contemporary Art Press 1984.

39 Ebd., S. 6.

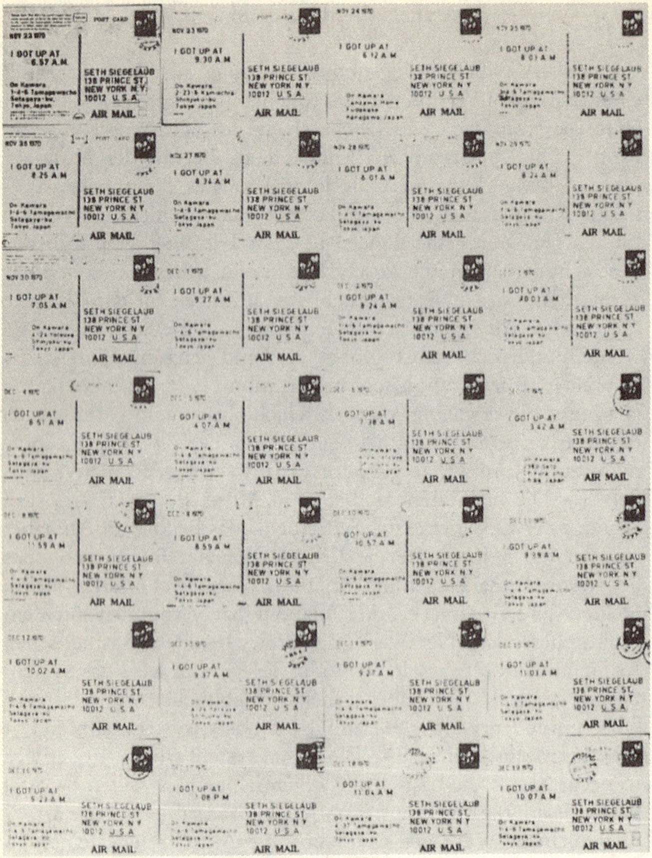

Abb. 11: On Kawara, »Cartes postales«, 1970. 29 Postkarten.

Abb. 11: On Kawara, »Cartes postales«, 1970. 29 Postkarten.

einem anonymen Publikum, und dieses wiederum »provides a valuable forum for the dissemination of messages with a political orientation ... Many mail artists believe in shaping their community or society through creativity, humanism, intelligence and personal responsibility – ideals rooted in the consciousness of the 1960s which are still in the process of realization.«[40] Das so entstandene expansive, ›open-ended‹ Netzwerk soll die sozialen Dimensionen, in denen Kunst operiert, aufbrechen. »The network epitomizes a system that is open-ended, inclusive, outside the channels of art world operation, and seemingly free from economic constraints imposed by the capitalistic marketplace ... broadening the social dimension of art is an important issue of mail art and other contemporary forms ...«[41]

Gegen Ende der sechziger Jahre waren es vor allem die Fluxusnahen Künstler, die sich dieser Form bedienten. *Ludwig Gosewitz,* bekannt als »concrete and visual poet«, nutzte die Post als Instrument, um seine Texte, Zeichnungen und Gedichte global zu verteilen. Inhaltlich orientiert sich sein gesamtes Werk an diesem globalen, intellektuellen und konzeptionellen Zugang zur Welt. Sein Versuch, ein alternatives Postsystem zu gründen, das OZUP (Original Zentral Universal Postal), ist ein seltenes Beispiel für das Experiment einer weltweiten Vernetzung auf dem Gebiet der Kunst.[42]

Mit in diesen Zusammenhang gehören *On Kawaras* Arbeiten, die »Cartes Postales«. Kawara mechanisiert die Sprache. Er verwendet Hilfsmittel wie Stempelaufdrucke für alle Details: den Namen des Adressaten, die Nachricht und der Absender, sogar die Unterschrift. Über mehrere Jahre hinweg verschickte er jeden Tag die gleiche Botschaft als eigentliche Frage an den gleichen Empfänger.

40 Ebd., S. 11: »The political views expressed by mail artists are ultimately aimed at realigning a community or society, either directly or indirectly, by means of art.« Ebd., S. 12: »Three political ideas which appear in mail art are democratization, a constant search for alternative systems, and a rejection of capitalist economics.« Die Beteiligung des Zuschauers begegnet bereits bei Russolo und Duchamp und ist daher nicht neu.

41 Ebd., S. 12.

42 Wieland Schmied (Hg.), *Ludwig Gosewitz: Gesammelte Werke 1960–1980 und Neues Glas*, Ausstellungskatalog Berlin, DAADgalerie, 21. 11.–1. 12. 1980, S. 86 f.

Was steckt hinter einer solchen Idee? Will der Künstler das Kommunikationssystem Post greifbar machen, oder dient es nur als Vehikel für eine andere Fragestellung? Eine Trennung von Art und Absicht wäre sicherlich fragwürdig. Im Zusammenspiel von Raum, Zeit und Distanz ergibt sich hier ein Dreiklang und eine spannende Auseinandersetzung über das Thema der Grenzen und Möglichkeiten von Kunst.[43]

In Berlin fand 1992 ein Versuch statt, der diese Gedanken wieder aufgriff. Mit der Installierung einer Videowochenschau richteten Künstler und Kunstkritiker von hier aus in verschiedenen anderen deutschen Städten öffentliche Clubs ein, die sich in einem Verbund miteinander befanden, ähnlich einer Nachrichtenagentur. »Thematisch befaßt sich die Wochenschau mit der Frage nach einer nötigen Veränderung der Strukturen von ›Ausstellung‹ und ihren Komponenten. Die Stationen (= Orte) sind durch Datenübertragung in der Lage, Statements, Briefe, Positionspapiere und Interviews zirkulieren zu lassen und damit öffentlich zu machen ... Wir möchten den latent vorhandenen Diskurs über grundsätzliche Strukturänderungen des ›Systems Kunst‹ darstellbar machen, welches ... nicht zuletzt durch die öffentlich-partizipatorischen Möglichkeiten Folgen im echten Leben haben kann (soll) (wird).«[44]

Man ging 1992 einen Schritt weiter, als es die Protagonisten der Mail Art versucht hatten. Nun wollte man erreichen, daß Kommunikationstechnologie genutzt werde als medienpolitisches Instrument, mit dem Ziel, neue »Präsentations- und Artikulationsformen« zu entwickeln, die für das bisherige traditionelle System »Kunst größtenteils schlicht unbrauchbar« gewesen waren. Man übersah dabei jedoch, daß die experimentellen Versuche vor zwanzig Jahren ähnliche Ziele verfolgten, wenngleich mit den geringeren Mitteln der damals verfügbaren »Kommunikationstechnologie«. Die Umbruchstimmung, die 1992 das künstlerische Klima Berlins beherrschte, kann verglichen werden mit der aufbruchhaften Stimmung der politischen Situation zwanzig Jahre zuvor. Deutlich erweitert jedoch wurde das Spektrum nutzbarer

43 *Abb. 11*, aus: Ausstellungskatalog *On Kawara*. Hamburg, Deichtorhallen, 1992.

44 Michael Crome/Sabine Vogel, in: *A.N.H.Y.P. Die Zeitung für zehn Jahre*, Ausgabe 1992, Nr. 4. Wochenschau, S. 14.

Technik: »Der Einsatz von Informations- und Kommunikationssystemen für die ›realistische‹ Darstellung von Realität, Welt und Politik« wird dieser Kunst zum Vorbild.[45] Heute setzt man Technik ein und nutzt gezielt die Netze der Kommunikationstechnologie zur Kunstproduktion. Man legt die systemischen Qualitäten des Kommunikationsnetzes offen, indem man viele Menschen in vielen Ländern zu einem globalen Publikum technisch vernetzt.

Energie und Elektrizität

Im Jahre 1989 feierte man in Frankreich, besonders aber in Paris, die Französische Revolution. Aus diesem Anlaß stellte *Nam June Paik* seine neue Arbeit aus, die er »La Fée électronique«[46] nannte. Zweihundert Fernsehmonitore, die 200 Jahre Geschichte symbolisieren (1989-1789), baute er im Musée d'Art Moderne de la Ville de Paris in einer Videoinstallation zusammen. Der Raum, den Paik für seine Arbeit auswählte, ist jener längsovale Raum, an dessen Wänden das gigantische Bild von *Raoul Dufy* hängt, die »Fée Électricité« von 1937. Genau in die Mitte des profanen ›hortus conclusus‹ placierte Paik seine Videoinstallation und ergänzte damit bis in die Gegenwart hinein die von Dufy begonnene Geschichte der Elektrizität. Der elektronische, in permanenter Bewegung befindliche Videogigant Paiks erzählte mit anderen Mitteln jene Geschichte weiter, die Dufy in dem monumentalen Historienbild begonnen hatte und die bei ihm mit dem Jahr 1937 endete.

Paiks vibrierende Monitore stehen komplementär und in genealogischer Nachfolge zum größten Leinwandbild der dreißiger Jahre. Das elektronische Zeitalter führt hier ein Zwiegespräch mit dem elektromagnetischen. Dufys monumentales technikgeschichtliches Bild, eine Ansammlung von Gelehrtenporträts in einer Mixtur von Historie und Industriebild, ist wie ein Panorama mit monumentalisierten Schulbuchillustrationen zum Bereich der

45 Das Postulat lautet daher: »Will Kunst etwas mit diesen Realitäten zu tun haben, muß sie an diesen Realitäten partizipieren oder selbst solche konzipieren ...«

46 Privatbesitz des Künstlers. Ausgestellt im Musée d'Art Moderne de la Ville de Paris, 28. 4.–28. 10. 1989. Nam June Paik.

Technik. Mit Paiks Arbeit fand das Bild formal und inhaltlich eine zeitgemäße Ergänzung.
Den Auftrag für die 600 Quadratmeter große Dekoration hatte die Compagnie d'Électricité Parisienne im Jahr 1936 vergeben. Das Gemälde war bestimmt für das Palais de la Lumière (auch Pavillon de l'Électricité genannt), das der Architekt Robert Mallet-Stevens für die Weltausstellung 1937 in Paris entwarf.[47] Hier entstanden im Wettstreit zwischen dem deutschen und dem russischen Pavillon kolossale Architekturen (der Weltkrieg warf schon seine Schatten voraus). Auch die anderen, bescheideneren Pavillons beherbergten bedeutende Ausstellungen ihrer Länder; so zeigte Spanien Picassos »Guernica«.[48]
Die von Dufy illustrierte Geschichte besteht aus insgesamt 250 Leinwänden, wovon jede einzelne 2 Meter hoch und 1,20 Meter breit ist. Dies entspricht dem normalen Format einer einzelnen Leinwand, wie sie 1937 üblicherweise verwendet wurde. Im Mai 1936 begann Dufy mit Recherchen zu technikgeschichtlichen Details und dokumentarischen Porträts der Wissenschaftler.[49] Die

47 Zur Weltausstellung in Paris 1937: Edmond Latte, *Ministere de Commerce et de l'Industrie. Exposition Internationale des Arts et Techniques dans la Vie Moderne*, Paris 1937.

48 Zu Picassos »Guernica«: Rudolf Arnheim, *Picasso's Guernica. The Genesis of a painting*, Los Angeles, 1962; *Kunst und Politik am Beispiel Guernica. Picasso und der spanische Bürgerkrieg*, Ausstellungskatalog Berlin, NGBK, 1975.

49 *Abb. 12*, Musée d'Art Moderne de la Ville de Paris. Grundlegende Literatur benutzt Dufy in den Arts et Métiers und in der Bibliothèque Nationale. Zur Fée Électricité: André Berne Joffroy, *Zigzag parmi les personnages de la Fée Electricité*, Musée d' Art Moderne de la Ville de Paris, Paris 1983. Die wohl wichtigste Publikation des späten 19. Jahrhunderts, die Dufy einsah, waren die Bücher des Ingenieurs und Technikhistorikers Louis Guillaume Figuier: *Les grands Inventions Anciennes et Modernes dans les Sciences, l'Industrie et les Arts*, Paris 1861; ders., *Les nouvelles conquêtes de la Science*, Paris 1870-1887 (*L'Électricité* mit Porträts); ders., *Les Merveilles de la Science* (Rev. édit. Max de Nansouly), Paris 1900-1910 (Anm. 1). In der Herstellung der Bilderwand wurden neueste Reproduktionsverfahren verwendet, um die Skizzen auf das riesige Format zu übertragen. Zuerst werden die Entwürfe auf Glas gemalt und dann über optische Hilfsmittel auf die Leinwand projiziert. So entstand der graphisch-illustrative und gleichzeitig ephemere Eindruck des Gesamtbildes.

Abb. 12: Raoul Dufy, »La Fée Électricité«. 1937-1939. Öl auf Leinwand. 600 x 600 cm. Paris, Musée d'Art moderne de la Ville de Paris. Detail.

Geschichte der Elektrizität von der Antike bis 1937 liest sich im Bild von rechts nach links: Unter dem heiligen Wald stehen die drei Philosophen Archimedes, Tales von Milet und Aristoteles.[50] Über ihnen brechen vier Blitze hervor, es stürmt, und die Natur waltet nach den ihr eigenen Gesetzen. Ein Quellwasser trennt die drei Philosophen von weiteren, additiv nebeneinander aufgereihten Wissenschaftlern: Vor der hockenden Gestalt des Roger Bacon steht Galilei mit einem entrollten Papierstück in Händen, neben ihm Leonardo da Vinci.

Es folgen – angefangen mit von Guericke, der mit einem seiner

50 Nach Lukrez, *De Natura*.

Abb. 13: Ansicht der Zündkerzen auf der Weltausstellung 1937 vor dem Bild Raoul Dufys.

Experimente befaßt ist[51] – weitere bedeutende Erfinder, die allesamt, bis hin zu Ampère, von den Utensilien ihrer Experimente umgeben sind. Aus der idyllischen Schäferszenerie des oberen Bildabschnitts entwickelt sich zusätzlich ein additives Landschaftspanorama: Die wirtschaftlich-technische Geschichte der Menschheit führt, ausgehend von der Landwirtschaft, über die Mechanisierung zur Maschinisierung und dann weiter in eine zunehmend industriell gestaltete Landschaft. Aufgezeigt werden die Bereiche, in denen die Elektrizität schrittweise Verwendung gefunden hat. Dann steigert sich die Komplexität der technischen Anlagen: Monumente neuer Technologien – Brücken, Wassertürme, Bahnhöfe und Eisenbahnlinien – verweisen auf die globale Vernetzung. Die gemeinsame Energiequelle ist die Schaltzentrale des Turbogenerators in der Mitte des Bildes. In einem gemeinsamen Bildabschnitt, zusammen mit den neuen Orten der Technik, Maschinenhallen, Bahnhöfen, Förderanlagen und Kraftwerken, steht das Schiff »Transatlantique«. Der Abschnitt mündet in eine farbig leuchtende Bildsequenz, die den Zustand von Paris zur Zeit der Weltausstellung 1937 wie in einer Momentaufnahme festhält.

Die mit Ampère endende Genealogie rechts wird auf der linken Seite des axialsymetrisch eingesetzten Mittelteils fortgesetzt: Oberhalb einer gigantischen Elektrizitätszentrale, aus der die neuen Blitze sprühen – Symbol für die elektrische Energie – schwebt der Olymp der antiken Götter. Im Halbschatten gleitet der Götterbote Merkur, Schutzgott für Verkehr und Reise, von links in das Bild hinein; ihm gegenüber steigt Neptun aus den Dampfwolken gen Olymp und steht für die Transformation durch Technik. Links – analog zur rechten Seite – sind die neuen Erfinder zu einem weiteren Gruppenporträt angeordnet. Beginnend mit Faraday schließt die Reihe mit Edison, Bell und Ferrie, um in ein Orchester zu münden, über dem eine verheißungsvolle, in Helligkeit fast aufgelöste Frauengestalt in Richtung Zukunft entschwebt: Iris, der Mythologie nach die Tochter des Thaumas

51 Unter anderem: der erste elektrische Generator, das Handauflegen auf einen Sulfurball und die Erhöhung der Anziehungskraft, dahinter Leibniz (?), von Kleist und Husschenbroex aus Leyden, Boyle, Abbé Nollet Lemercy, Newton, Dufay, Huymans, Dalou, Alambert, Benjamin Franklin, The Royal Society of London, Laplace, L. Marmin, Priestley, Gauss, Galvano, Watt, Volta, Severt, Fresnel, Stephenson, Biot...

(= Wunder) und der Elektra. Sie überbringt die Befehle vom Olymp auf die Erde und ist gleichsam der Funke, der produziert wird in den riesigen Elektrostaten, aus denen sie zu kommen scheint. Eine Ansammlung berühmter Baudenkmäler aus verschiedenen Ländern und Epochen ist ihr Ziel. Die weltumspannende Kraft der Elektrizität wird hier wirksam inszeniert. Von verschiedenen Lichtquellen werden die einzelnen Monumente dieses Weltpanoramas angestrahlt. Bei der Weltausstellung 1937 stand die eigentliche »Fee« außerhalb des gemalten Bildraumes: Genau vor der Mitte des Bildes hatte man damals die größte leibhaftige »Zündkerze« der Welt »in natura« aufgestellt.[52] (An ebendieser Stelle befand sich 1989 auch die Arbeit von Paik und verwies bereits durch die Wahl ihres Standortes auf die heutige gesellschaftlich relevante Nutzung der Elektrizität durch Fernsehen und Video.) Schon 1900, in einem Katalog zur damaligen Pariser Weltausstellung, hatte es geheißen: »La Feé Électricité: électricité c'est le fleau, c'est la religion de 1900 (Paul Morand).« Die elektrische Beleuchtung wurde zur neuen Ästhetik deklariert und zur »Religion« ihrer Zeit. Bei Dufy wirkte das nach.
Vierzig Jahre nach der Weltausstellung von 1937, im Jahr 1977, fand – wiederum an einem bedeutenden technologie-historischen Schnittpunkt – eine spektakuläre Aktion auf der *documenta 6* reges Interesse. Eingeleitet wurde der Übergang vom mechanischen zum kybernetischen Zeitalter: Die Installation »Centerbeam« bot eine geraffte, dramatisierte Kurzfassung des technologischen Fortschritts seit dem Beginn der ersten industriellen Revolution. Das explizite Programm der Installation stellte den Versuch dar, Energien und Impulse, wie sie die Geschichte der menschlichen Zivilisation prägen, in die künstlerischen Medien des 20. Jahrhunderts zu übersetzen.

»Centerbeam zeigt diese neuen Medien (...) in ihrem ›Faustkeilstadium‹ des Übergangs vom mechanischen zum kybernetischen Zeitalter (...) Auf einer direkten Linie damit liegt die Maschinenkunst einiger Künstler aus der heroischen Frühphase der Moderne: *Tatlins* ›Denkmal der 3. Internationale‹, *El Lissitzkys* elektromechanische ›Guckkastenbühne‹, *Moholy-Nagys* 1922 veröffentlichtes Manifest des dynamisch-konstruktiven Kraftsystems mit den sich anschließenden Lichtapparaten, die ironische Verfremdung der Maschine bei *Duchamp* und *Dada*. 1928 feierten die Konstruktivisten und Dadaisten in Hannover ein ›Fest der Technologie‹,

52 *Abb. 13* aus Latte (Anm 47).

für das *Schwitters* eine Oper schrieb. Der Geist der Technologie tritt auf ›Funken! Blitz! Feuer! Licht! Maschinen! Maschinen! Eisen!‹ 1930 baut *Moholy-Nagy* mit seinem Licht-Raummodulator die fundamentale Inkunabel der kinetischen, environmentalen Lichtkunst, wie überhaupt Licht und Bewegung bis weit in die 60er Jahre Hauptelemente des kinetischen Entwicklungsstranges sind.«[53]

In der Gesamtkonzeption von »Centerbeam« verbarg sich ein enzyklopädischer Anspruch. Eine wirkungsvolle Performance benutzte auch hier das additive Prinzip des Aufzählens bedeutender Errungenschaften, beginnend mit biologischen Wachstumsprozessen über die archaischen Kräfte des Wassers und des Windes, die frühindustrielle Grundenergie Dampf, die verschiedenen Erscheinungsformen künstlichen Lichtes, die Informationssysteme Radio und Video bis zum Hologramm und den Relaisschaltungen elektronischer Komplexe[54] – ein inhaltliches Panorama, das sich in seinem enzyklopädischen Gehalt an das narrative Bild von Dufy fügt.[55] Parallel mit dem Aufrütteln durch »Centerbeam« fand die erste weltweite Übertragung einer künstlerischen Performance per Satellit statt. 1977 gestalteten *Douglas Davis*, *Joseph Beuys* und *Nam June Paik* anläßlich der Eröffnung der *documenta 6* eine TV-Performance[56] von Kassel aus. Zum ersten Mal erreichte man

53 Manfred Schneckenburger, »Ein Aquaedukt im 21. Jahrhundert«, in: Otto Piene/E. Goldring (Hg.), *Centerbeam. Center for Visual Studies in the Arts*, Massachusetts Institute of Technology, Cambridge 1980, S. 30-33.

54 Schneckenburger (Anm. 53), S. 30-33.

55 Eine Betrachtung, die über den rein dokumentarischen Charakter der unterschiedlichen Äußerungen hinausgeht, fehlt und ist angesichts der Fülle des Materials äußerst schwierig. Ein Welle von Ausstellungen und Projekten hatte bereits in den sechziger Jahren die künstlerischen Äußerungen und Maßnahmen zur Technik und zur Maschine dokumentiert. Wie zum Beispiel die Ausstellung von Pontus Hultén, *The Machine*, New York, Museum of Modern Art 1968, oder die Ausstellung 1970 in Los Angeles (Anm. 33).

56 *Abb. 14* aus: Dokumentation-Katalog DAADgalerie Berlin 1982, *Nam June Paik. Art for 25 million people – Bonjour Monsieur Orwell – Kunst und Satelliten in der Zukunft*; Douglas Davis äußert sich folgendermaßen: »I don't use the satellite to bring the world together but to keep it apart. I believe that television is a barrier to communication not an aid. We can only contact the viewer by breaking this barrier. Translation kills understanding ...«

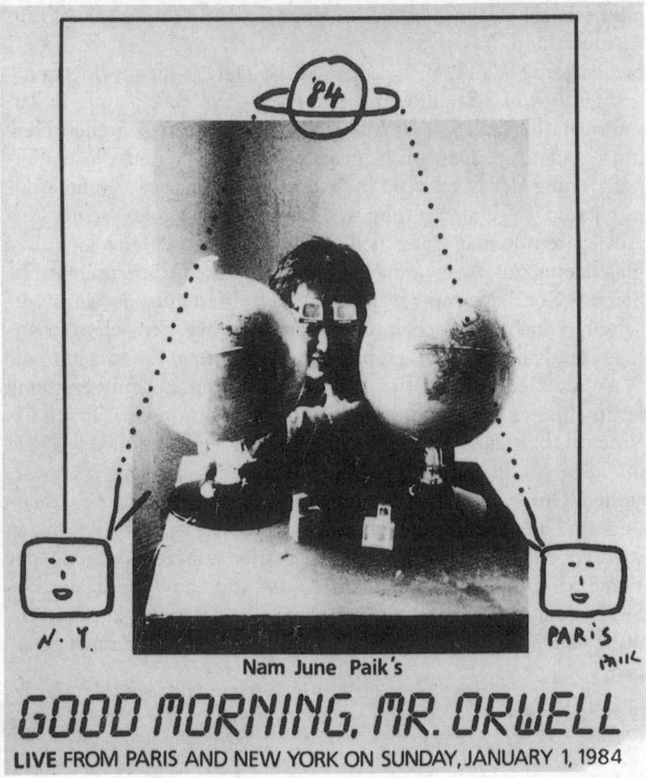

Abb. 14: Nam June Paik, »Good morning, Mr. Orwell«. 1984. DAAD-Dokumentation 1984.

jetzt mit einer Kunstaktion auf einen Schlag weltweit ein Millionenpublikum.[57]
Sieben Jahre später, 1984, entstand das erste Konzept für ein *interkontinentales* Satellitenprojekt. *Nam June Paik* plante, in Zusammenarbeit mit *Joseph Beuys*, ein Klavierduett zwischen New York und Köln. Das großangelegte Projekt scheiterte an der Finanzierung des Satelliten. In seiner Mischung aus Avantgardekunst und TV-Unterhaltung war dies das erste Projekt seiner Art. Am ersten Januar 1984 ließ Paik eine Fernseh-Live-Sendung gleichzeitig aus Paris und New York per Satellit übertragen: Die Show »Good Morning Mister Orwell« bestand aus einer Mischung von französischen und amerikanischen Fernsehprogrammen, die Paik zu einer »global disco« gestaltete. Er kritisierte die Warnung George Orwells vor einer staatlichen, im Einwegsystem kontrollierten Massenkultur und setzte der Vision von Orwell das Video als befreiendes Instrument entgegen. Die Aktion ließ – ganz im Sinne von Paiks Planung – ein gigantisches Zuschauernetz entstehen. Die dazugehörige Dokumentation enthielt eine Zeittabelle und eine ausführliche Beschreibung; Ausstrahlungsbedingungen wurden darin neu durchdacht, Künstler äußerten sich zu der Frage nach dem Verhältnis von Kunst und Satelliten in der Zukunft; auch eine Anthologie verschiedenster Utopien zur Anwendung von Video im künstlerischen Prozeß wurde zusammengetragen.[58]

57 Edith Decker/Wulf Herzogenrath (Hg.), Ausstellungskatalog *Video-Skulptur retrospektiv und aktuell 1963-1989*, Köln 1989.
58 Vgl. Anm. 56.

Claudia von Grote
Anschlüsse an den Alltag
Versuche zu einer Hermeneutik technischer Infrastrukturen

1. Entstehung einer Fragestellung

Buschzulage und große technische Systeme

Als nach der Zusammenführung der beiden deutschen Staaten am 3. Oktober 1990 westdeutsche Beamte in die neuen Bundesländer entsandt wurden, wurde ihre finanzielle Aufwandsentschädigung mit dem Begriff »Buschzulage« charakterisiert. Nur waren es keineswegs andere kulturelle Gebräuche und Sitten, die dem Osten diese Metapher einer unzivilisierten Wildnis eintrugen, sondern – wie die Begründungen für die Zulage ergaben – das weitaus weniger funktionstüchtige Verkehrs- und Telekommunikationssystem im Osten Deutschlands. Der in dem Bild der »Buschzulage« verdichtete Kulturvergleich geht also bei genauerem Hinsehen zurück auf einen Vergleich zwischen den Standards zweier Infrastruktursysteme; sie erst verbürgen jene alltäglichen kulturellen Praktiken, welche unsere Zivilisation ausmachen.

Dieser besondere Typus technisch ausgelegter Infrastruktursysteme – Eisenbahn- und Autoverkehr, Telekommunikation, Elektrizität und Kanalisation – ist gemeinhin Gegenstand der Aufmerksamkeit von Ingenieuren, Technikern und Politikern oder auch Historikern[1], vielleicht noch von Kulturwissenschaftlern.[2] Und wenn diese Infrastruktursysteme nicht funktionieren oder den Ansprüchen nicht genügen, kommen sie auch, wie im Fall der Buschzulage, in der Öffentlichkeit in den Blick und ins Gerede. Erst vor einiger Zeit haben sich auch die Techniksoziologen für diese Systeme zu interessieren begonnen und sie zu einem genuinen Gegenstand soziologischer Analyse erhoben. Sie machen geltend, daß die großen, räumlich und zeitlich weit erstreckten

1 Radkau 1989; Hughes 1983.
2 Schivelbusch 1983, 1974; Sachs 1992.

Infrastrukturen soziologisches Interesse deshalb verdienen, weil die Ausdifferenzierung moderner Gesellschaften einhergehe mit dem Aufbau und Ausbau ebendieser ausgedehnten, »sachtechnisch« verknüpften Infrastrukturnetze.[3] Das Konzept der »großen technischen Systeme« ist der theoretische Versuch, diese dinglich vorhandenen technischen Artefakte und Vernetzungen zu fassen als in sich abgegrenzte und strukturierte Ordnungssysteme technischer Art gegenüber anderen Ordnungssystemen nicht-technischer Art. Fragen nach der Größe und Vergrößerung dieser Systeme gewinnen ihre Relevanz sowohl daraus, daß technische Systeme als Systeme von *auch* in Sachtechnik vergegenständlichten Handlungen bzw. Operationen verstanden werden, als auch daraus, daß die relative Größe solch eines Systems bestimmt wird durch den Umfang und das (technische) Normungsniveau der sozialen Transaktionen, die durch die technischen Netze abgewickelt werden.[4]
Den Anstoß zu dieser Arbeit hat die herausfordernde Frage der Promotoren des Konzeptes großer technischer Systeme gegeben: Kann ein interpretativer soziologischer Ansatz, dessen methodische Einstellung die Theoriebildung an die konkrete Analyse von Textmaterial sozialer Interaktionen und/oder sozialer Deutungen bindet[5], einen Beitrag leisten zur Analyse und zum Verständnis dieses inhaltlichen Gegenstandes und, wenn ja, welchen? Eine besondere Herausforderung für den interpretativen Ansatz wird dabei in der Tatsache gesehen, daß große technische Systeme als ein Ensemble von gegenständlichen technischen Strukturen gelten, die über weite räumliche Strecken verkoppelt und durch eine Vielzahl von dadurch miteinander verbundenen Organisationen und Akteuren gekennzeichnet sind. Das heißt, sie stellen Phänomene dar, die gemeinhin dem Gegenstandsbereich der Makrosoziologie zugerechnet werden, welcher, einem erstaunlich langlebigen Mißverständnis nach, nicht Sache interpretativer Ansätze sei. Dieser Herausforderung will sich die folgende Arbeit stellen.

3 Joerges 1992, S. 41.
4 Ebd., S. 56.
5 Oevermann 1983.

Interpretative Annäherung an ein techniksoziologisches Konzept

Das für interpretative Ansätze[6] entscheidende methodische Prinzip, auf der Basis von Protokollen sozialer Wirklichkeit die Sache selbst zum Sprechen zu bringen, erlaubt prinzipiell zwei Annäherungen an das Thema: *zum einen* die Rekonstruktion des Prozesses, wie ein großes technisches System in Betrieb gesetzt wird, und welche Wahrnehmungen diejenigen, die es in Betrieb setzen, von seiner Größe und Dynamik haben – aufgezeigt anhand der Protokollierungen ihrer Arbeiten im System und ihrer Reden darüber[7]; *zum anderen* die Rekonstruktion von gesellschaftlicher Repräsentation großer technischer Systeme, wie diese sich zum Beispiel in der Symbolisierung »Buschzulage« ausdrückt.[8]

Für beide Annäherungen gilt: Sie thematisieren große technische Systeme entweder aus der Binnenansicht und -erfahrung ihrer In-Betrieb-Setzer oder aus den Diskursen bzw. Symbolisierungen der Nutzer, die mit den großen technischen Systemen und ihrer gesellschaftlichen Repräsentation täglich Umgang haben. Damit wählen diese beiden interpretativen Annäherungen einen Zugang zu dem Phänomen, den andere soziologische Theorieansätze systematisch nicht in den Blick nehmen oder nehmen können.

Diejenigen, die in der Größe eines Untersuchungsgegenstandes schon eine Herausforderung für die interpretative Soziologie erblicken, übersehen, daß das methodische Grundprinzip der Text-

6 Aus Gründen der Vereinfachung behandle ich im folgenden diesen soziologischen Ansatz noch wie ein einheitliches Gebilde. De facto haben wir es mit mehreren Varianten unterschiedlicher theoretischer Fundierung zu tun, deren ausgeprägteste die *grounded theory* (Glaser und Strauß, in: Hopf und Weingarten 1993; Soeffner 1979), der Deutungsmusteransatz (Oevermann u.a. 1973, Matthiesen und Neuendorff 1989) und die objektiv-hermeneutische Analyse (Oevermann 1983, 1986) sind. Eine sehr ausführliche Diskussion der verschiedenen Spielarten qualitativer Forschung findet man in dem relativ neuen Reader von Flick u.a. 1991.

7 Hierfür würde sich der Ansatz von Glaser und Strauß besonders eignen. Eine Arbeit dieser Art ist zum Beispiel die Analyse der institutionellen und sozialen Realisierung von Intensivmedizin (von Grote, Schneider, Sprenger, Weingarten 1983).

8 Hierfür wären der Deutungsmusteransatz oder die objektiv hermeneutische Strukturanalyse von gegebenen Texten der geeignete Ansatz.

auslegung kollektiven sozialen Tatsachen gilt, Deutungsmustern, Weltbildern oder Strukturierungsgesetzlichkeiten sozialer Wirklichkeit. Der interpretative Ansatz kann also das Größenproblem in der Behandlung großer technischer Systeme dadurch kleinhalten, daß er Textmaterial benutzt, welches große technische Systeme selbst zum Gegenstand hat – direkt oder indirekt. Das bedeutet eine Entscheidung für die zweite Variante der interpretativen Ansätze. Aus der Technikgeschichte[9] wissen wir, daß die räumlich weit erstreckten Infrastruktursysteme unter bestimmten Umständen unter Druck geraten, Deutungsmanagement zu betreiben – sei es zur äußeren Selbstbehauptung oder zur inneren Steuerung. Die Auswahl solch eines Textmaterials hat den doppelten Vorzug, daß zum einen die Größe dieser großen technischen Systeme, wenn sie konstitutives Merkmal solcher Systeme ist, in irgendeiner Form in der Thematisierung dieser Systeme mitbehandelt werden muß. Zum anderen wird man erwarten können, daß, sofern Symbolisierungen und Deutungen für den Ausbau und Aufbau großer technischer Systeme wichtig sind, aus den Texten zu Infrastruktursystemen auch Mechanismen der Vergrößerung der großen technischen Systeme sich erschließen lassen.[10]

Gegenstand: Symbolisierungspraktiken von zwei großen technischen Systemen

Die folgende interpretative Arbeit widmet sich also der Rekonstruktion von ausgewählten Texten, in denen sich die technischen Infrastruktursysteme selbst in das Blickfeld ihrer Nutzer bzw. Kunden bringen. Das Textmaterial sind Informationsbroschüren und Anzeigen der beiden großen technischen Systeme Westberlins, Wasserver- und -entsorgung und Versorgung mit Elektrizität. Sie sind zwei klassische Beispiele für weiträumige sachtechnische Vernetzung, hier von Kanalisationssystemen, Wasserwerken und Klärwerken bzw. von Stromleitungen, Kraftwerken und Elektrogeräten.[11]

9 Radkau 1994; Sieferle 1984.

10 Eine interessante Nutzung von Metaphern für die Analyse komplexer Organisationen findet sich bei Czarniawska-Joerges 1992.

11 Andere Beispiele sind die Systeme Telekommunikation und Verkehr;

Das soziale Erscheinungsbild, das diese Infrastruktursysteme von sich entwerfen, rekonstruiert die Textanalyse durch folgende Schritte: *Erstens* entschlüsselt sie die Aspekte der technischen und nicht-technischen Funktionsweisen der beiden Infrastruktursysteme, die einerseits den Nutzern vermittelt oder ihnen andererseits unterschlagen werden;
zweitens rekonstruiert sie die Mechanismen der Thematisierung und Abblendung jener Aspekte; und *drittens* schließlich erlaubt die Ausbuchstabierung der in den Texten vorliegenden motivierenden Sinnstruktur Rückschlüsse auf Merkmale des Aufbaus und Ausbaus großer technischer Systeme. Durch Rekonstruktion dieser Prozesse gelangt der interpretative Ansatz zu allgemeineren Aussagen über Merkmale und Dynamik großer technischer Systeme.

Verfahren: im Gefolge der objektiven Hermeneutik

Die genannte Fragestellung ist angeregt von der Methodologie der objektiven Hermeneutik. Unter den interpretativen Ansätzen ist diese »materiale soziologische Strukturanalyse«[12] in ihrer Ausgangsannahme der Textförmigkeit sozialer Wirklichkeit am radikalsten: Sie nimmt für sich in Anspruch, aus der interpretierenden Rekonstruktion eines sprachlichen Protokolls jene Strukturformeln zu explizieren, die sie hervorbringen und reproduzieren. Aber auch wenn man nicht den Anspruch erhebt, Regeln zu rekonstruieren, welche die Struktur einer sozialen Wirklichkeit erzeugen, kann man mit dem Verfahren der sequenzanalytischen Interpretation von Texten[13] die objektive Bedeutung eines Textes freilegen – also auch die von ihren Verfassern nicht intendierten oder nicht abfragbaren sozialen Deutungen und deren Muster. Entscheidend für die Anwendung dieses Verfahrens einer objektiv hermeneutischen Sinnrekonstruktion auf eine in diesem Fall techniksoziologische Fragestellung sind zwei inhaltliche Festlegun-

in einer umfangreicheren Fassung dieses Themas habe ich auch noch den Fall der Telekommunikation behandelt: Grote 1993.

12 Oevermann 1983, S. 234.

13 Es handelt sich meines Erachtens um das einzig wirklich ausformulierte Interpretationsverfahren. Vgl. die Erläuterungen in Oevermann 1983.

gen: *erstens* die Definition des »empirischen Falls«, auf den hin Textmaterial analysiert wird, und *zweitens* die Wahl des für diesen Fall geeigneten »Textes«.

1. Der Fall, auf den hin die Textauslegung perspektivisch vorgenommen werden soll, ist das sozialwissenschaftliche Konzept von »großen technischen Systemen«. Das bedeutet, daß die aus den Texten rekonstruierbaren Deutungen und Sinnstrukturierungen immer wieder gezielt abgefragt werden in Hinsicht auf das, was sie über technische Artefakte und deren Vernetzungen sowie über die Strukturierung sozialen Handelns aussagen: Tauchen sozialwissenschaftlich definierte Charakteristika in alltagsweltlichen Kategorisierungen und Symbolisierungen auf? Welche Rolle spielen dabei das Technische und das Nicht-Technische der technischen Sozialsysteme? Gibt es Kategorien für technische Größe, und werden große technische Systeme in dieser Dimension aufgegriffen?

Diese so selbstverständlich klingenden Fragen sind deshalb nötig, weil Texte nach sehr verschiedenen Perspektiven hin ausgelegt werden können. Man wird andere Fragen an das Material stellen, wenn man etwas über Symbolisierungsstrategien von Werbung oder über den Prestigewert von Berufsgruppen aussagen will, oder wenn man, wie hier, etwas über die interne Struktur und Dynamik großer technischer Systeme aussagen will, also darüber, wie System, Größe und Technik gedeutet werden.

2. Als Textmaterial habe ich Informationsbroschüren und Anzeigen der Betreiberorganisationen[14] von den beiden schon erwähnten Infrastruktursystemen gewählt: Anzeigen der Berliner Wasser-Betriebe und der Berliner Kraft-und-Licht-Aktiengesellschaft (BEWAG). Damit habe ich die kleinste in sich abgrenzbare empirische Einheit von großen technischen Systemen der Analyse zugrunde gelegt: Texte kommunaler Betreiber in Berlin.

Da sich diese von mir analysierten Materialien nicht an eine spezifische Akteursgruppe wenden, beispielsweise an Experten oder

14 Gemäß dem weiter oben eingeführten Konzept »große technische Systeme« decken die Betreiberorganisationen nicht die hier behandelten großen technischen Systeme ab. Sie stellen aber eine lokale Akteursgruppe mit besonderer Entscheidungsgewalt dar. Zum System selbst gehören sowohl die überregionalen Interessenvertretungen wie die beteiligten Berufsgruppen, das ganze Netz gegenständlicher Techniken und Endgeräte und, wie zu zeigen sein wird, die Nutzer.

Politiker, sondern an die Gemeinschaft der Nutzer, müssen sich die Texte auf dem allgemeinsten Niveau von Alltagswissen und Weltbildern bewegen. Es ist kaum zu erwarten, daß sie ein technisches oder normatives Sonderproblem aufgreifen. Statt dessen wird man vermuten können, daß sie – selbst dann noch, wenn es um Produktwerbung und nicht so sehr um ein an die Öffentlichkeit gerichtetes Deutungsmanagement ihres Images geht – den Gesamtfall »Wasserversorgung« oder »Energieversorgung« ansprechen müssen.

Der mögliche Einwand, daß es sich bei Werbung im weitesten Sinn um berufsmäßig organisierte Verdichtung von Informationen, Symbolisierungen und Deutungen handelt, kann gerade auch zur Begründung dienen für die Auswahl eines solchen Materials: Die berufsmäßig organisierte Aufgabe gilt eben dem Ziel, die Identität eines Betriebes auf den Begriff zu bringen. Natürlich folgt Werbung ihren eigenen Symbolisierungsstrategien. Dennoch muß sie an die gängigen Wertediskussionen und Erscheinungen des »Zeitgeistes« anschließen. Ihre Thematik ist vom Auftraggeber vorgegeben, und ihre bildliche und rhetorische Umsetzung muß vom ihm gebilligt werden.

Ein gängiger Einwand gegen die eingeschränkte Textbasis gilt der Zufälligkeit der Auswahl und der daraus abgeleiteten Gefahr, daß methodische Artefakte als Ergebnisse produziert werden. Dieser Einwand übersieht, daß der sprachphilosophisch begründbare, methodische Anspruch des interpretativen Verfahrens darin besteht, in den Texten objektive Bedeutungen und grundlegende Strukturmerkmale freizulegen, die sich in beliebigen anderen an die Nutzer gerichteten Texten wiederfinden lassen müssen. Der Vergleich zwischen den Texten der beiden Fälle dient solch einer Überprüfung und erfüllt ein Gebot des interpretativen Ansatzes, kontrastierende Fälle zu nehmen. Dies schafft umfangreichere Interpretationskontexte und erlaubt, durch das fallspezifisch Besondere vorzustoßen zum fallübergreifenden Allgemeinen. Die Textanalysen, die in den folgenden Abschnitten den Fall selbst zum Sprechen bringen, tragen die Beweiskraft für die inhaltliche und theoretische Fruchtbarkeit dieses Ansatzes.[15]

15 Die sequenziellen Textanalysen mußten für diese Veröffentlichung erheblich abgekürzt und zusammengezogen werden. Eine ausführlichere Fassung liegt vor (Grote 1993).

2. Fall-Rekonstruktion der beiden klassischen Infrastruktursysteme zur Versorgung mit Wasser und Energie

2.1 Die Berliner Wasser-Betriebe schreiben ihren Kunden

Die Berliner Wasser-Betriebe haben sich 1988 das erste Mal an ihre Kunden gewandt mit einer Broschüre, die jetzt noch in überarbeiteter Fassung auf dem Markt ist und wie Post durch Briefwurfsendung an die Haushalte Berlins verteilt wird.[16] Die Titelseite dieser Broschüre werde ich im folgenden auf die Konzepte von System, Größe und Technik hin analysieren.

Die Raum-Zeit Einbettung der Broschüre

Ich beginne die Interpretation – den Regeln der sequentiellen Analyse folgend – mit der Raum-Zeit-Stelle, an der die Broschüre auftaucht: im Briefkasten. Gewöhnlich findet man im Briefkasten die an einen persönlich adressierte Post. Bei der Broschüre fehlt zwar die Adresse – das bedeutet, daß die Broschüre nicht in eine schon bestehende Interaktionsbeziehung (X schreibt an Y) eingebettet ist. Aber anders als die Anzeige in der Zeitung oder das Plakat an der Plakatwand benutzt sie die Raum-Zeit-Stelle einer persönlichen Interaktion. Damit wählen die Berliner Wasser-Betriebe eine Form der Adressierung, durch die die Broschüre persönlich entgegen- und wahrgenommen werden soll und die markiert, daß das Geschriebene direkt mit dem Adressaten etwas zu tun haben soll, anders als bei Zeitungsmeldungen über die Inbetriebnahme eines neuen Klärwerks oder umweltbezogene Investitionen.
Nun kann man sich fragen, warum sich ein Unternehmen, das ein basales und daher nicht substituierbares Gut wie das Wasser der Öffentlichkeit zugänglich macht, überhaupt an den Verbraucher wendet? Weder muß es Kunden werben, noch konkurrieren an-

16 Diese Information stammt von einem Mitarbeiter der Stelle für Öffentlichkeitsarbeit. Zugleich habe ich aber selbst die Broschüre 1992 in meinem Briefkasten vorgefunden.

dere Unternehmen mit ihm.[17] Hieraus läßt sich der Schluß ziehen, daß die Wasserbetriebe strukturell nur dann an die Öffentlichkeit gehen müssen, wenn eine Krisensituation droht. Solch eine kritische Situation wäre denkbar aufgrund einer riskanten Expansion des Systems und einer ihr folgenden Knappheit der Ressourcen, die die Betriebe in Gefahr bringen könnten, ihre Aufgabe nicht mehr angemessen zu gewährleisten; sie wäre ebenfalls denkbar angesichts einer Vertrauenskrise beim Kunden, durch welche die Betriebe ihre Glaubwürdigkeit zum Beispiel hinsichtlich der Wasserqualität eingebüßt haben.
Diese Strukturaussage läßt sich durch die schon weiter vorn gegebene Kontextinformation[18] stützen, daß sich in der Tat die Berliner Wasser-Betriebe vorher nie an ihre Kunden gewandt haben. Ein Referat Öffentlichkeitsarbeit wurde erst zu diesem Zeitpunkt eingerichtet. Offenbar hat auf der realen Versorgungsebene oder auf der Ebene der öffentlichen Wahrnehmung eine Entwicklung stattgefunden, welche die Berliner Wasser-Betriebe veranlaßt hat zu reagieren. Man kann vermuten, daß entweder eine Systemkrise oder eine Vertrauenskrise mit den Mitteln des Deutungsmanagements abgefangen oder eine Systemtransformation eingeleitet werden soll.

17 Es gibt jetzt Überlegungen, zwar nicht Wasserwerke, aber Klärwerke zu privatisieren (vgl. *Tagesspiegel* vom 14. 11. 1991 und H. P. Ekardt über Privatisierungstendenzen großer Infrastruktursysteme, 1994).

18 Kontextinformationen, die auf Interviews oder Aussagen anderer techniksoziologischer Arbeiten zurückgreifen, kommen im interpretativen Vorgehen immer erst dann ins Spiel, wenn die Textinterpretationen zu alternativen Lesarten oder strukturellen Annahmen geführt haben, deren Lösung durch das Einholen von Kontextinformationen weiter vorangetrieben werden kann. Entscheidendes methodisches Prinzip ist es also, erst die Möglichkeiten auszubuchstabieren, um dann gezielt Kontextwissen einzuführen.

Steht sonst auf einem Brief Name und Adresse des Adressaten, so hier der Satz: »Berlin spart Wasser« (Abb. 1). Diese Botschaft gilt erstens einer *lokal abgegrenzten* Gemeinschaft und konstituiert zweitens auch eine Gemeinschaft – in Briefkästen der Haushalte in Hannover würde eine Botschaft über Berlin eine andere Bedeutung erhalten als in Berlin.

Die erste Lesart – »die Stadt« Berlin spart Wasser in dem Sinne, daß die Behörden selbst weniger Wasser verbrauchen – macht pragmatisch nur Sinn, wenn man eine Absicht mit solch einer Feststellung verbindet. Das würde eine andere Form der Mitteilung erfordern: zum Beispiel ›Wir gehen mit gutem Beispiel voran‹. Interpretiert man den Satz aber als Hinweis darauf, daß die Stadtverwaltung weniger Wasser abgibt oder Wasser zurückbehält, kann der pragmatische Sinn nur der sein, die Haushalte zu informieren, daß sie weniger Wasser erhalten. Technisch wäre das durch eine Wassersperre oder -kontingentierung zu erreichen. Dafür würde man aber ebenfalls eine andere Art der Mitteilung erwarten, nämlich eine, die solch eine einschneidende Maßnahme durch Verweis auf äußere Zwänge legitimieren würde.

Die andere Lesart bedeutet: »Die Berliner« sparen Wasser. Als Tatsachenfeststellung kann das kaum gemeint sind, denn dann sind die, die nicht sparen, keine Berliner, auch wenn sie in Berlin leben; das heißt, sie können nur symbolisch aus der Gemeinschaft der Berliner ausgeschlossen sein. Der pragmatische Sinn dieser Lesart ist der eines Appells: Alle Berliner sparen – und Sie? Es wird an eine Gruppenmoral appelliert im Sinn von: Alle tun es, machen Sie mit! Der Appell, der in dem Hinweis enthalten ist, daß es etwas Positives sei, mitzumachen in dieser Gemeinschaft der Sparer, basiert auf Deutungen, die mit dem umfassenden Begriff »Wasser« verbunden sind und aktiviert werden. Die Ökologiediskussion hat sie in die öffentliche Kommunikationsarena eingeführt: Wasser als kollektives Gut.

Durch »Berlin *spart* Wasser« wird also ein umfangreiches Deu-

19 Quelle: Wasserversorgung und Abwasserbehandlung Berlin. Öffentlichkeitsarbeit, hg. von den Berliner Wasser-Betrieben, Berlin 1991, 2. überarbeitete Auflage.

Berlin spart Wasser
So sind wir alle gelack-meiert!
Denk mal über Wasser nach
Wo lassen Sie tropfen?
Voll spart voll
geht nicht baden
Müllkippe aus dem Klo
Denk mal über Wasser nach
tut's auch
Denk an die Tiefenwirkung
Informationen und Tips
Berliner Wasser-Betriebe
Wasserversorgung und
Abwasserbehandlung Berlin
Berliner Wasser
Alles klar
Diese Broschüre ist auf Umweltpapier gedruckt
Berlin 1991
2. überarbeitete Auflage
Herausgeber:
Berliner Wasser-Betriebe,
Wasserversorgung und
Abwasserbehandlung Berlin,
Öffentlichkeitsarbeit
Gestaltung: Dorland Werbeagentur
Druck: Frank Druck
Fotos: Mechthild Wilhelmi
1850000/10.91

Abb. 1[19]

tungsnetz aufgespannt. Von Sparen spricht man, wenn etwas *jetzt* knapp geworden ist oder wenn man etwas für die *Zukunft* aufheben und ansammeln will. Zudem kann man nur sparen, wenn man über etwas verfügt. Wasser taucht immer schon im Kontext seiner Verfügbarkeit auf: Nicht das natürlich fließende Gewässer ist angesprochen, sondern der *technisch durch Leitungssysteme erschlossene Zugriff* auf Wasser. Gerät dieser Aspekt der Verfügbarkeit in den Vordergrund, sind die damit zusammenhängenden Bezüge von viel/wenig, effizient/ineffizent, gerecht verteilt/ungerecht verteilt jederzeit aktivierbar.

Offenkundig geht es aber darum, möglichst wenig den Eindruck von äußeren Zwängen oder notwendigen Schritten aufkommen zu lassen, sondern im Gegenteil ein gemeinsames Handlungsziel als nachahmenswert zu suggerieren: Nicht »Berlin *muß* Wasser sparen«, sondern »Berlin *spart* Wasser«. Mit diesem Appell schließen sich die Berliner Wasser-Betriebe selbst in die Gemeinschaft der Verantwortungstragenden ein. Sie agieren als ein gemeinnütziges Unternehmen gerade dadurch, daß sie die gemeinschaftliche Verantwortung hervorheben.

Der Appell mobilisiert Deutungen, welche die Wassernutzer in eine *moralische* Beziehung zum Wasser als einem kollektiven »künstlichen« Gut setzen. Indem der Appell anschließt an das implizite Wissen jedes Gesellschaftsmitglieds, daß jeder einzelne an der Wasserversorgung hängt und es dazu auch keine Alternative wie zum Beispiel eigene Brunnen gibt[20], stiftet der Appell ein *Bewußtsein für Größe im Sinn des Umfangs der durch die Wasserversorgung verbundenen Gesellschaftsmitglieder*: Alle müssen sparen, da alle mit Wasser versorgt werden. Technik gerät nur soweit in den Blick, als ein implizites Wissen über die Zuleitung von Wasser angesprochen wird.

20 Beim System der Telekommunikation beispielsweise gibt es technische Alternativen, mit denen Engpässe in einer Technologie kompensiert werden können. Dennoch mußte auch in den Zeiten des Aufbaus das Telekommunikationssystem durch Sparappelle wie »Faß Dich kurz« der Recourcenknappheit entgegensteuern.

Reaktivierung eines passiven Wissens über die technische Unterstützung des Alltagshandelns

Die nächste Textsequenz besteht aus Abbildungen von Aufklebern (Abb. 1). Sie bestätigen die Interpretation des Appellcharakters der ersten Äußerung, denn die Entsprechung zum Appell ist das Bekenntnis zu Werten, Lebensformen und Lebensstilen. Die Pragmatik jedes Aufklebers ist die eines an eine anonyme Öffentlichkeit gerichteten individuellen Bekenntnisses zu bestimmten Lebensstilpräferenzen wie »Ich fahre Manta« oder sozialmoralischen Orientierungen wie »Atomkraft – nein danke«.[21]

Tatsächlich dienen sie als Interaktionsarrangement für den Beitritt zur symbolischen Gemeinschaft der Sparer, denn weder sind alle lesbar, noch können sie aufgeklebt werden. Der einzige lesbare und damit von allen ins Zentrum gerückte Aufkleber auf der Vorderseite der Broschüre ist der: *»Denk mal über Wasser nach«*. Zusammengeführt mit der pragmatischen Bedeutung von Aufklebern heißt dies soviel wie: Ich bekenne mich dazu, daß man über Wasser nachdenken muß.

Diese Aussage impliziert dreierlei: Erstens habe ich es bisher nicht getan, zweitens soll ich es wenigstens einmal – bei Gelegenheit – tun, und schließlich kann ich es im Prinzip wissen oder mir klarmachen. Es wird also auf ein abgesunkenes Wissen verwiesen, das aktiviert werden kann und das ganz allgemein dem Stoff »Wasser« gelten soll, sowohl seiner physikalisch-chemischen Qualität (Sauerstoffanteil oder bakterielle Belastung) als auch seiner kulturellen Bedeutung (Reinheit, Taufe, Lebenselixier).

Sieht man sich aber an, in welcher Form »Wasser« bildlich auftaucht, wird der vorher eröffnete Bedeutungshorizont wieder eingeengt: Wasser kommt nur als *technisches Mittel alltäglicher Handlungen* vor: als Wasserstrahl, Duschstrahl, Waschmaschinenfüllung. Sichtbar sind nur die Enden der technischen Netze (die aus dem Nichts kommende Dusche, der Wasserhahn) oder der Eingang in das Netz (Kanaldeckel). Abgebildet wird der Alltag, nicht der gesamte technische Apparat des Leitungssystems und der Wasserwerke.

Nachdenken kann Fragen nach sich ziehen. Und bevor der Ab-

21 Allert 1988.

sender am Fuß der Broschüre erscheint, wird die Kontaktaufnahme mit dem Benutzer durch den Hinweis vervollständigt: *»Informationen und Tips«*. Nachdenken bedeutet, daß ich etwas wissen könnte, wenn ich mich nur anstrenge und in meinem Gedächnis forsche. »Informationen« verweisen aber darauf, daß es etwas gibt, was man noch nicht weiß, aber wissen müßte. »Tips« wiederum beinhalten, daß man mit diesem Wissen auch etwas anstellen kann, daß man es in Handlungen umsetzen kann. Diese Ankündigung schließt an die Pragmatik der Broschüre an: Bislang konnten Sie, lieber Kunde, darauf vertrauen, daß alles auch ohne Nachdenken funktioniert. Jetzt gibt es einen Grund, das vorhandene Wissen zu reaktivieren und auf den neuesten Stand zu bringen. Wie auch im Satz »Berlin spart Wasser« gibt es in diesen beiden Sequenzen keinerlei Hinweis auf eine Dringlichkeit oder Gefahrensituation. Das, wofür geworben wird, wird allein positiv besetzt, so daß auch keinerlei Vertrauensproblematik entstehen kann, wie dies der Fall wäre bei einer behördlichen Mitteilung des Typs Wassersperre.

»Vergrößerung« durch partielles Wegschieben der Sichtblende

Versucht man gedankenexperimentell zu entwerfen, welchen Typ von Informationen und Tips die Berliner Wasser-Betriebe auf der nächsten Seite geben werden, so muß man aus dem Appell, das Verhalten im Umgang mit Wasser zu ändern, auf Informationen über die Zusammenhänge zwischen individuellem Verhalten und der Wasserversorgung schließen. Begründungen des Typs »Wenn ihr nicht spart, dann kriegt ihr schlechtes Wasser« kann man getrost ausschließen, da ihnen eine Autoritätsbeziehung zwischen Staat und Bürgern zugrunde liegt, die sich weder mit einem Verständnis von Dienstleistungsbetrieb[22] noch mit einer Gesellschaft mit partizipatorischen Rechten verträgt.

22 Das Verständnis der Behörden von ihren Aufgaben hat sich in den siebziger Jahren auf die eines Dienstleistungsbetriebs hin verändert. Die Einrichtung eines »Tags der offenen Tür« kann als Hinweis dafür genommen werden.

23 Quelle: wie Abb. 1.

Abb. 2[23]

Der appellative und bekennende Charakter der ersten Botschaften zum Wasser läßt eher vermuten, daß die Sichtblende, die den Nutzer des Wasserhahns, der Dusche, der Waschmaschine und der Toilette vom Funktionszusammenhang der Wasserver- und entsorgung abschottet, soweit weggeschoben wird, daß ihre Verknüpfung eingesehen werden kann.

Schlägt man die Broschüre auf, wird die Vermutung bestätigt: Gleich auf der ersten Seite (vgl. Abb. 2) werden die fundamentalen Zusammenhänge vorgeführt, die zwischen dem in Haushalten verfügbaren Wasser und den Werken der Wasserbetriebe bestehen – versinnbildlicht durch einen Wasserstrahl, der direkt aus dem Wasserwerk ins Trinkglas läuft, und das Abflußloch eines Waschbeckens, dessen Wasser direkt in das Klärwerk hineinläuft. Wenn auch im Text die Zahl der Tiefbrunnen (1988: 400; 1991 mit dem Gebiet Ost-Berlins 1200) und die Kubikmeterzahl des täglich hochgepumpten Grundwassers genannt werden, so ist doch die entscheidende bildlich festgehaltene Information jene, daß Wasser nicht aus dem Wasserhahn, sondern aus dem Wasserwerk kommt und daß gebrauchtes Wasser nicht im Ausfluß, sondern im Klärwerk verschwindet.

Alle folgenden Informationen und Tips (*»Wo lassen Sie tropfen«*, *»Wer duscht, geht nicht baden«*, *»Nur Verschwender kühlen so«*, *»Voll spart voll«*, *»1 Spritzer tut's auch«*, *»Mach keine Müllkippe aus deinem Klo«*, *»So sind wir alle gelackmeiert«*, *»Halt – Denk mal an die Tiefenwirkung«*) lassen die täglichen Handlungsroutinen dadurch fragwürdig werden, daß mit dem Anheben der Sichtblende das Spektrum technischer Hintergrundstrukturen hinter der Orts- und Körpergebundenheit des Umgangs mit den Endgeräten, dem »end of pipe«, aufgezeigt wird. Das Wegschieben dieser Sichtblende erweitert den technischen und nichttechnischen Raum, in dem gerätegestütztes Alltagshandeln verortet werden muß. Der Funktionszusammenhang von Handlungsmöglichkeit (jederzeit Wasser zu bekommen oder abfließen zu lassen) und technischem System wird mit diesem Bild und den folgenden Informationen mental erweitert und in diesem Sinne »vergrößert«. Reaktiviert und insbesondere bildlich verdichtet wird das Wissen, daß der Funktionszusammenhang nicht zwischen dem technischen Artefakt des Wasserhahns und dem Nutzer, sondern zwischen dem Nutzer und dem technischen Systemteil Wasserwerk besteht.

Hervorzuheben ist, daß alle genannten technischen Zusammenhänge und Systemelemente dazu dienen, *Größenrelationen* herzustellen. Der einzelne Nutzer kann sich kaum vorstellen, welche sozialen und technischen Folgen der individuelle Umgang mit Wasser für das technische Ordnungssystem der Wasserversorgung bedeutet. Ins Licht gerückt werden in dem ausführlichen Text solche im Alltag abgedunkelten Funktionszusammenhänge, die der Nutzer nicht kennen muß, um in den von ihnen bereitgestellten Möglichkeiten handeln zu können – jeder kann duschen, ohne sich klarmachen zu müssen, woher das Wasser kommt oder welche chemische Qualität es hat. Wenn ich also im weiteren Argumentationsverlauf von einem *Öffnen der Blackbox* rede, ist damit ein Vorgang gemeint, der Sachverhalte fragwürdig werden läßt, die bislang als unproblematisch galten.[24] Das geschieht hier durch eine Erweiterung der technisch vermittelten Bezüge.[25]
Der erste Größenbezug wird zwischen dem Handeln der Nutzer und der beanspruchten Menge an Wasser hergestellt. Der Wasserhahn, individuell zur Verfügung stehende Eingangsstelle eines jeden Haushalts in das System der Wasserversorgung, wird als Gerät der Verschwendung dadurch in das Blickfeld gerückt, daß Größenangaben über unnötig verbrauchtes (*»tropfender Wasserhahn = 6000 Liter Wasser im Jahr«*) oder verschmutztes Wasser gemacht werden ebenso wie über die Reichweite der Wasserverschmutzung durch Chemikalien (*»allein 1 Dose Altöl macht Millionen Liter Wasser ungenießbar«*).
Der zweite Größenbezug gilt dem technischen System und den daran hängenden gesellschaftlichen Berufen, das heißt der Gemeinschaft der Wassernutzer und der Arbeiter, die die Wasserver-

24 Latour 1987 spricht in diesem Zusammenhang von »well-established claim«.

25 Vergleichbares findet man auch im Umgang mit der Werbung der Stromversorgung, die, nachdem sie in den sechziger und siebziger Jahren den Stecker als Symbol der Stromversorgung etabliert hatte, in der Anti-Atomkraftdiskussion eben diese Metapher der Stromversorgung benutzte, um Atomkraftgegner lächerlich zu machen: ›Strom kommt aus der Steckdose‹ wird als Metapher einer eklatanten Unkenntnis der dahinterliegenden technischen Funktionssysteme eingesetzt. Der Blackbox-Charakter der Steckdose, zu dem die Symbolisierungsstrategien der Unternehmen selbst beigetragen haben, wird enthüllt, indem er offensiv und ironisch markiert wird.

sorgung in Gang halten: Chemikalien, die ein einzelner in die Kanalisation geraten läßt, »*können Kanalisationsrohre oder Beton durchdringen*« und können »*Kanalanlagen und Kanalarbeiter gefährden, die in den Kanälen arbeiten*«. Selbst die Verbindung der durch den Abwasserdeckel in Erinnerung gerufenen Rohre der Kanalisation mit Seen und Flüssen wird explizit unter Bezug auf Alltagshandlungen der Nutzer thematisiert.

Dies hebt ein weiteres entscheidendes Merkmal des großen technischen Systems Wasserver- und -entsorgung auf der Handlungsebene hervor: Die Nutzer können nicht nur Wasser beliebig durch die entsprechenden Anschlußstellen in der Wohnung nutzen, sie geben auch verbrauchtes Wasser in das System wieder zurück. De facto beeinflussen die Nutzer die Qualität des Wassers durch ihr eigenes Handeln. Dieser Aspekt mag gerade auch die Relevanz erklären, die eine *Remoralisierung*[26] des Umgangs mit Wasser für die Wasser-Betriebe selbst impliziert: Die Klärarbeit des gebrauchten Wassers gerät unterschiedlich aufwendig, je nachdem wie die Nutzer mit dem Wasser umgehen (was immer auch heißt: mit dem technischen Netz), in welches Brauchwasser, Chemikalien und Putzmittel hineinfließen oder in das Abfall aller Art hineingeworfen oder hineingeschwemmt wird.

Ausblick auf Merkmale eines großen technischen Systems

Rekapitulieren wir die bisherigen Schritte: Ich habe bis zu diesem Punkt die Semantik und die impliziten Wissensbestände, die in der Broschüre der Berliner Wasser-Betriebe aufgegriffen wurden, sequentiell analysiert und auf ihren Sinn hin rekonstruiert, wie sie Größenbezüge moralisieren und für eine Systemtransformation mobilisieren. Der besseren Übersichtlichkeit wegen ziehe ich

26 Von Remoralisierung zu sprechen heißt, von einer vorausgegangenen Entmoralisierung auszugehen. In der Tat vermute ich, daß der in der Gestalt des Wasserhahns verkörperte Zugang zum Wasser die Nutzer von körperlichen und sozialen Kosten befreit hat. Moralische und kausale Zusammenhänge, die früher bei der Nutzung und jährlichen Reinigung von Brunnen noch erkennbar waren, können dadurch aus dem Alltagsbewußtsein abgedrängt werden (vgl. Kluge und Schramm 1988, S. 9 ff.).

nachträglich aus der bislang eher deskriptiven Rekonstruktion des Deutungsmanagements der Berliner Wasser-Betriebe allgemeinere Schlußfolgerungen über die darin enthaltenen Hinweise auf implizite oder explizite Merkmale des großen technischen Systems der Wasserver- und -entsorgung.

1. Die Bild- und Textanalyse konnte zeigen, daß die Betreiber großer technischer Systeme anschließen können an implizit gewußte Funktionskreise (jeder Haushalt ist mit dem Kanalisationsnetz dauerhaft verknüpft), ohne daß sie viel von dem dahinterstehenden Funktionssystem zeigen müssen. Ein großes technisches System wie das der Wasserversorgung besitzt also in diesem Sinn eine *hohe Anschlußfähigkeit*: Die Techniken der Wasserspülung, der Waschmaschine und ähnlicher Geräte gehören so sehr zu den Alltagsroutinen, daß die technische Unterlagerung der alltäglichen Handlungen in die Routinehaftigkeit des alltäglichen Handelns zwar abgesunken ist, aber als solche jederzeit wieder reaktiviert und neu thematisiert werden kann.

Das bedeutet, daß die Berliner Wasser-Betriebe nur auf wenige technische Endstücke oder Systemmerkmale rekurrieren müssen, um nicht-technische Zusammenhänge zu stiften oder zu rethematisieren. Sie brauchen die »Blackbox« technischer Funktionszusammenhänge nur so weit zu öffnen, wie sie damit neue Metaphern stiften können, die wie hier das Wasserwerk an die Stelle des Wasserhahns rücken. Damit wird ein größeres Teilstück des großen technischen Systems ins öffentliche Bewußtsein geholt. Von der Akteurseite her gesehen, wird dadurch der technische Handlungsbezug vergrößert.

2. Der in den Aufklebern aufgegriffene Handlungstypus ist der des technisch unterlegten routinisierten Alltagshandelns. Für dieses Handeln gilt das gleiche wie für technisches Handeln generell, nämlich daß es praktisch, problemlösend, funktionierend und wiederholbar sein muß. Es ist zu vermuten, daß in der Logik eines solchen Handlungstyps des routinisierten Alltagshandelns einer der Gründe für die Erweiterung des großen technischen Systems der Wasserversorgung liegt: Er ist auf Weiterlaufen angelegt, frei von moralischen und kausalen Überlegungen. Durch die moderne Technik wird der Nutzer mit den gesellschaftlichen Kosten seiner Alltagshandlungen kaum konfrontiert. Das verbrauchte Wasser muß nicht vor die Haustür gegossen werden, die Sickergrube nicht ausgehoben und Wasser nicht vom Brunnen herbeigetragen

werden. Kosten wie Luft-, Wasser- und Bodenbelastung werden an entfernte Systeme verschoben.[27] Gerade in dem Maße, wie die technischen Endgeräte eines Wasserhahns oder der Toilettenspülung, des Wasserschlauchs und der Waschmaschine zunehmend kulturelle Freiheiten produzieren, vermehren sich die routinisierten Alltagshandlungen, die zur Vergrößerung dieses großen technischen Systems beitragen.[28]

Da es bei diesem technisch unterstützten Handlungstypus keinen internen Regulationsmechanismus gegen »unvernünftige« Vergrößerung gibt, müssen andere gefunden werden. Die Explizierung des impliziten Wissens über technische Zu- und Ableitungen und über die Vernetzung der Gesellschaftsmitglieder durch die technischen Funktionssysteme ist Voraussetzung von Veränderungen des Nutzerverhaltens. Eingebettet in eine *Resymbolisierung* der Abläufe – wo das Wasser herkommt, wo es hingeht –, dienen alle Detailinformationen über technische Zusammenhänge und Größenbezüge dazu, die alltagsweltlichen Praktiken und Routinen im Umgang mit Wasser zu destabilisieren und als kausal und moralisch relevant ins Bewußtsein zurückzuholen.

3. Die Reaktivierung eines solchen impliziten Wissens über die technischen Funktionskreise und ihre Betreiber, wie zum Beispiel die Kanalarbeiter, läßt ein weiteres Merkmal von großen technischen Systemen hervortreten: Es sind *Ordnungsgefüge*. Die Besonderheit ihrer ausgedehnten technischen Netze besteht in der *dauerhaften Vernetzung der Nutzer* untereinander. Immer wenn das einzelne Gesellschaftsmitglied den Wasserhahn aufdreht oder die Toilettenspülung betätigt oder Öl in einen Gulli schüttet, ist es in ein System eingeklinkt, das einen ebenso dauerhaften Kontakt mit allen übrigen Gesellschaftsmitgliedern realisiert.

Die Reaktivierung dieser Verknüpfung stattet nicht nur die technischen Funktionskreise mit Sinn aus und hebt kausale Beziehungen in den Blick. Sie stiftet darüber hinaus einen »Größen«bezug des Handelns: die Gemeinschaft der Berliner Wassersparer im System der Wasserversorgung. Die Hervorhebung des Sozialen im

27 Vgl. Luhmann 1984. Luhmann thematisiert diesen Aspekt des Verschiebens von Problemen aus einem gesellschaftlichen Teilbereich in den nächsten als allgemeines Merkmal moderner Gesellschaften, aus dem erklärt werden kann, wieso die Gesellschaft ihre Identität nicht mehr als Ganze thematisieren kann.

28 Vgl. auch hierzu Braun 1993.

Technischen vermag einen moralischen Kontext zu schaffen, in dem neue Formen von Handlungsroutinen im Umgang mit Wasser begründet werden können. Ohne derartige Prozesse der Resymbolisierung dürften Transformationen von großen technischen Systemen schlechterdings nicht möglich sein; sie verfügen eben nicht über Handlungstypen, die riskanten Expansionen entgegensteuern in der Weise, wie es im Marktgeschehen das unternehmerische oder, allgemeiner, das ökonomische Handeln tut.
In diesem Zusammenhang läßt sich davon sprechen, daß die Gesellschaftsmitglieder *aktive Teilnehmer* des großen technischen Systems der Wasserversorgung werden: Mit der Anhebung der Sichtblende wird ihre Verortung in dem großen technischen System der Wasserversorgung sichtbar, was dem technisch unterstützten Alltagshandeln der Gesellschaftsmitglieder Bedeutung für die gesellschaftliche Zubereitung und Verteilung des Wassers zuschreibt. Angesichts der Dynamik des großen technischen Systems Wasserver- und -entsorgung läßt sich vermuten, daß der Nutzer auf seine aktive Rolle hingewiesen wird zu einem Zeitpunkt, da der Grenznutzen für die Rationalisierung im Umgang mit Wasser höher ist als die Erweiterung der technischen Leistungen[29] oder daß das Weltbild sich so verändert hat, daß auch die großen technischen Systeme auf Resymbolisierungen der von ihnen bereitgestellten Güter reagieren müssen.

2.2 Durch das Fenster der BEWAG in das Stromzeitalter

Wie bei den Berliner Wasser-Betrieben handelt es sich bei dem Material des Berliner Stromversorgungsunternehmens (BEWAG) um eine für eine breite Öffentlichkeit produzierte Druckbroschüre. Auf den ersten Blick geht es in ihr ebenfalls um eine Information des Nutzers; auch das Motto ist gleich: Sparen am jeweiligen Produkt, hier Strom, da Wasser. Aber sowohl die Form der Adressierung als auch das pädagogische Programm sowie das dahinterstehende Deutungsmanagement sind verschieden – wie noch zu zeigen sein wird – und führen daher zu einem anderen Umgang mit der Blackbox des großen technischen Systems.

29 In einem persönlichen Brief nennt Sachs diesen Vorgang »Ökologisierung« der industriellen Versorgung.

Im folgenden soll herausgearbeitet werden, worin die Unterschiede bestehen, was sie begründet und ob dies eine Modifikation der bisherigen allgemeinen Aussagen über Merkmale und Dynamik von großen technischen Systemen erzwingt.

Die Raum-Zeit-Einbettung der Broschüre

Die BEWAG schickt diese Broschüre nicht direkt an ihre Berliner Kunden; sie liegt in den verschiedenen Öffentlichkeitseinrichtungen der BEWAG zum Mitnehmen aus oder kann in der BEWAG-Anwendungsberatungsstelle angefordert werden. Es handelt sich also im Unterschied zur Hauswurfsendung der Berliner Wasser-Betriebe um eine Form des Kommunikationsangebots, das der Adressat aufgreifen muß, und nicht um eine Kommunikationsaufnahme, welche die BEWAG selbst in die Hand nimmt. Nur einmal, 1977, gab es eine Hauswurfsendung – das war vier Jahre nach der ersten Ölkrise – die in den folgenden Jahren die öffentliche Diskussion um Energiequellen und -verbrauch massiv bestimmte. Danach verzichtete das Unternehmen – anders als die Berliner Wasser-Betriebe – auf diese kostspielige Form der Adressierung seiner Kunden.

Zwei Differenzen markieren die Kommunikationsaufnahme von BEWAG und Berliner Wasser-Betrieben mit ihren Kunden: Zum einen bietet die BEWAG eine Broschüre an, deren Thematik offenbar der BEWAG nicht so oder nicht mehr so wichtig ist, daß sie berlinweit ihre Kunden damit zu erreichen sucht. Daß die BEWAG dennoch eine solche Broschüre drucken läßt und zur freien Bedienung auslegt, ergibt nur Sinn, wenn die BEWAG davon ausgeht, daß die Thematik den Adressaten wichtig ist und sie diese nicht ignorieren kann. In diesem Fall genügt es, einen Kundenkreis zu erreichen, der selbst schon Interesse zeigt.

Diese Interpretation geringerer Dringlichkeit der Broschüre kann auch nicht durch den Hinweis entkräftet werden, daß die BEWAG – anders als die Berliner Wasser-Betriebe – eine Vielzahl von Kontaktstellen zu ihren Kunden geschaffen hat, daß also noch andere Wege der Kommunikationsaufnahme existieren. Diese aufzusuchen bleibt gleichfalls dem Kunden vorbehalten. Die Lektüre der Broschüre wird also nicht initiiert.

Dafür verweist aber die Existenz dieser Kontaktstellen zwischen dem großen technischen System der Stromversorgung und ihren Kunden (Lehrküchen, Beratungsstellen und Kundentreffs, in deren Rahmen Geselligkeiten aller Art rund um den Stromgebrauch angeboten werden wie Seniorenpartys, Kinderpartys und Köchinnen-Wettbewerbe) auf einen zweiten bedeutsamen Unterschied zwischen den beiden Infrastruktursystemen: Anders als beim Wasser gibt es beim Strom strukturelle Gründe, sich an den Verbraucher zu wenden.[30]

Zum einen ist das Produkt Strom nur eine, wenn auch die bislang erfolgreichste technische Option der Herstellung von Energie. Sie ist – anders als das Wasser – potentiell technisch substituierbar und muß mit anderen Energiearten auf dem Markt konkurrieren, selbst wenn dies gegenwärtig zugunsten der Energieversorgung durch Strom entschieden ist. Früher war Gas der große Konkurrent, heute sind es Gas und Erdöl, irgendwann werden möglicherweise Sonnenenergie oder andere technische Substitute in eine Konkurrenzbeziehung treten.[31] Zum anderen wird Strom nur in Form seiner Leistung für Beleuchtung und für den Antrieb von Motoren zugänglich und nicht in seiner stofflichen Gestalt wie Wasser. Die Gesellschaftsmitglieder müssen folglich für den Gebrauch von Strom per se und in Gestalt von Elektrogeräten *geworben* werden[32], und sie müssen den Gebrauch von Strom *lernen*.

Angesichts dieser Besonderheit hat die BEWAG eine Form der Sozialisation ihrer Kunden entwickelt, die von einer Mischung aus Schulung und Geselligkeit zum Marketing der Ausstellungsfenster von Produkten und zur Plakatwerbung führt. Die vorlie-

30 Aus einem Interview mit einer Mitarbeiterin der Beratungsstelle der BEWAG ging hervor, daß solche Beratungsstellen und Kundentreffs – im Sinne der These »bezeichnenderweise« – eine lange Tradition haben und schon lange vor dem zweiten Weltkrieg existierten.

31 Schivelbusch beschreibt diese Konkurrenzsituation durch die Schilderung der Vorteile von Strom gegenüber Gas im häuslichen Milieu; 1983, S. 54 ff.

32 Aus den technikhistorischen Arbeiten von Schivelbusch 1983 und Binder 1989, geht hervor, daß im 19. Jahrhundert die großen Weltausstellungen sowohl die Anwendungsmöglichkeit von Strom durch Beleuchtung großer Säle als auch die Fernübertragungsmöglichkeit von Strom in der Kabelstrecke von Lauffen am Neckar nach Frankfurt am Main als Leistung des Stroms per se demonstrierten.

gende Broschüre ist also eingebettet in eine Abfolge von Symbolisierungen und Produktwerbung aus vergangenen Zeiten, zugleich markiert sie aber in der offiziellen Kundenpolitik eine Kehrtwende weg von Produktwerbung hin zu einem übergeordneten Thema, dem des Sparens.[33]

Pragmatisierung des Handlungstypus Stromsparen

Kehren wir zur Textanalyse zurück und sehen uns die Broschüre im Detail an (vgl. Abb. 3).

Das Faltblatt beginnt mit dem Schriftzug »*BEWAG. Strom und Wärme für Berlin*« in sauberem Industriedesign. Die Semantik dieser Kommunikationseröffnung ist eine gänzlich andere als die der Berliner Wasser-Betriebe: Es handelt sich eher um eine konventionelle Form der Kommunikationseröffnung. Wie in einem Geschäftsbrief steht der Absender am Briefkopf, so daß alle folgenden Informationen im Wissen um die Identität des Autors gelesen werden können. Hierbei zeigt sich, daß an ein lokales Wissen, wer oder was hinter dem Kürzel BEWAG steht, angeschlossen werden kann. Die Identifizierung wird erweitert durch das Benennen von zwei positiv hoch besetzten Gütern: Allein der Begriff Wärme läßt etwas von lebensspendendem Gut anklingen. Mit dieser Erweiterung wird BEWAG zum Synonym für etwas Positives, mehr noch: für eine fürsorgliche Instanz, die diese Produkte allein Berlin zugute kommen läßt (*für* Berlin). Während die Broschüre der Berliner Wasser-Betriebe die Kommunikation mit einem vergemeinschaftenden Appell eröffnet, der alle einbeziehen soll und in dem – pragmatisch nur folgerichtig – der Absender erst am unteren Rand des Faltblattes auftaucht, eröffnet die BEWAG die Kommunikation ganz im Sinn der Imagepflege durch eine höchst positive Selbstpräsentation.

Es folgt in der Logik eines Geschäftsbriefes – nach der Nennung des Verfassers – die Mitteilung selbst: »*Strom sparen ... aber wie?*« Diese Frage wird durch die handschriftliche Form ihrer Niederschrift deutlich abgehoben von dem modernen, professio-

33 Die Information stammt aus dem schon erwähnten Interview mit einer Vertreterin der Beratungsstelle.

nellen Layout, in dem der Absender vorgestellt wird. Es ist nicht die industrielle Schrift, in der Massenprodukte gedruckt werden, sondern die flüchtig hingeschriebene Notiz, die sich jemand für die Pinnwand macht. Diese Schriftsymbolik ebenso wie die Tatsache, daß der Begriff »Strom sparen« einen Handlungstyp benennt, ordnet das Thema dem Kontext des Alltags ein; die BEWAG macht also einen deutlichen Unterschied zwischen dem, der die Frage nach dem Stromsparen stellt, und dem, der darauf antworten kann, die BEWAG.

Anders als bei der Wasserbroschüre muß das Stromsparen nicht erst als kollektiver Akt gestiftet werden. Dieser Handlungstypus wird weder durch ein Ausrufungszeichen oder eine qualifizierende Begründung besonders gewichtet. Nach der Nennung dieses Handlungstypus kann letztlich jeder propositionale Satz folgen wie »ist gut« oder »ist nicht nötig« (was heutzutage jeder als die unwahrscheinlichere Vervollständigung ansehen würde) oder »durch weniger Verbrauch«. De facto folgt eine Problematisierung: »aber wie?« Dies bestätigt die Interpretation, daß Stromsparen als akzeptierte und selbstverständliche Handlung eingeführt ist. Das identifizierte Problem ist die Realisierung dieses Handlungstypus. Stromsparen wird durch diese Einführung weder als gemeinschaftliche Aufgabe definiert noch als kollektives Gut resymbolisiert, sondern allein als pragmatisches Wissensproblem eingeführt. Diese Eröffnung spricht dafür, daß die Programmatik der Broschüre auf die Wissensvermittlung festgelegt ist: Gelernt werden muß, durch welche Handlungsweisen der Stromverbrauch zu reduzieren ist.

Der Widerspruch zwischen modernem Inhalt und altbackener Präsentation: ein Balanceakt zwischen Weltbilddiskussion und Systempolitik

Durch die folgende karikaturhafte Zeichnung einer Frau, die den Stromzähler beäugt, wird das Problem des Stromsparens im Haushalt lokalisiert. Im Gegensatz zur Vergrößerung der Handlungsbezüge durch den Appell der Berliner Wasser-Betriebe bleibt es hier bei einem Kleinhalten der Thematik auf den Individualhaushalt.

Schaut man sich die Symbolik der Zeichnung genauer an, wird ein

Abb. 3[34]

34 Quelle: *Bewag-Anwendungsberatung*, Ausgabe Januar 1991.

eigentümlicher Widerspruch sichtbar. Das Thema »Stromsparen« deckt einen »modernen« Inhalt ab, der in dieser Broschüre als kulturelles Gemeingut unterstellt wird. In der Tat kann er an die Energiediskussion der letzten zehn bis fünfzehn Jahre anschließen. Präsentiert wird dieses Stromsparen aber in einer Form, die an die Art der Witzfiguren aus der Boulevardpresse der fünfziger Jahre erinnert. Das gewählte Sozialmodell der Zeichnung, die Hausfrau mit Schürze und Haushaltszettel, die den Strom abliest und notiert, entspricht der traditionellen Hausfrau der fünfziger Jahre, die die Buchführung macht und das Geld verwaltet.
Dies koppelt das Thema des Sparens an ein soziales Leitbild, dessen historische, ökonomische und technische Basis überholt ist. Denn die Komplexität der traditionellen Hausarbeiten ist zu einem Großteil in die moderne Haushaltstechnologie verlagert, und die Budgetbelastung dürfte, solange der Strompreis nicht schmerzhaft erhöht wird, gegenüber der Sicherung von Lebensstandard und Zeitgewinn nachrangig sein.[35]
Schließlich enthält die Zeichnung nichts, was auf moderne Technik oder umfangreichere technische Zusammenhänge verwiese.[36] Einziger Hinweis auf einen technischen Zusammenhang stellt die

35 Wie sehr die Stromindustrie mit dieser Symbolik gearbeitet hat, zeigt die Werbung der stromversorgenden Industrie in den sechziger und siebziger Jahren: »Strom bietet Vollkomfort«, »Strom ist Leben. Strom muß es immer genügend geben«.

36 Auch da, wo die Abhängigkeit unserer Gesellschaft von Stromversorgung in den Fenstern der BEWAG 1976 aufgegriffen wurde, tauchen technische Zusammenhänge so gut wie gar nicht auf. Es genügt, an Alltagsszenen anzuschließen, die ohne Strom undenkbar sind: das abendliche Fernsehen, die nächtlich beleuchteten Sportveranstaltungen, die Waschmaschine usw. Wahrscheinlich erlaubt kein anderes Infrastruktursystem eine derartige Identität von Produkt und gegenwärtigen Lebensformen; alles Technische gerät hier aus dem Blick, und Strom wird zum Sinnbild des Lebens. Nur während der Ausbauphase der Stromversorgung wurde mit den technischen Großleistungen geworben und mit dem gesellschaftlichen Aufwand, sie zu erbringen; so zum Beispiel mit dem Blick in eine großtechnische Anlage und eine hineinmontierte Kabelrolle, die von Arbeitern unter die Erde verlegt wird (1959/60): »Strom gibt es nicht in Tüten: Ein Netz von ca. 15000 km Länge ist erforderlich, um jedem Kunden Strom frei ins Haus zu bringen«. Offensichtlich kann das technische Netzwerk nach seiner Verlegung fast völlig hinter den Nutzungsformen verschwinden.

Zeichnung des Stromzählers dar, der aussieht wie eine alte Kamera und funktioniert wie ein Stück Industrieanlage. Er repräsentiert keine Technik, die täglich benutzt und bedient wird, wie die Steckdose als Eingang ins Stromnetz oder der Lichtschalter, sondern er ist eine selbsttätige Registratur der in einem Haushalt benutzten Strommenge, die in bestimmten Zeitabständen zur Berechnung der Stromkosten abgelesen wird. Die geringe Bedeutung dieses Gerätes für die tägliche Stromnutzung zeigt sich schon daran, daß der Stromzähler, in Ecken oder gar in kleinen Schränken versteckt angebracht, dem Blick entzogen ist.
Wenn der Zähler nun wieder in den Blick gerückt werden soll, dann sollen Zusammenhänge augenscheinlich gemacht werden, die ausgeblendet waren, oder ein Wissen reaktiviert oder geschaffen werden, das im täglichen Stromverbrauch nicht nötig war. Durch die Darstellung einer Hausfrau, die den Zähler gewissenhaft abliest, wird ein *bewußter* Umgang mit der Größe Strom in Gestalt seiner Rechenhaftigkeit entworfen: die Kontrolle der Strommenge. Entweder geht es darum, diesen Umgang überhaupt erst zu entwickeln oder Wissen darüber zu stiften, wie der Strom gezählt oder gemessen wird und was es bedeutet, wenn man dies tut.
Vergleicht man zur Kontrolle andere Selbstdarstellungsbroschüren der BEWAG mit diesem Faltblatt, dann zeigt sich, daß sie sich sehr wohl ähnlich modern geben können wie die Anzeigenwerbung der Telekom oder Werbungen der Autobranche, die mühelos Inhalte wie Umweltschutz mit der Werbung für Autos verbindet. Wenn also in dieser Broschüre beides so auseinanderfällt, kann man es kaum als Ausdruck einer nicht gelungenen Werbung behandeln oder als Zufall, sondern als sinnhaft begründbar. Vermutlich drückt sich in diesem Widerspruch das prekäre Verhältnis aus, das die BEWAG als Unternehmen, das Strom erzeugt und expansiv gegen Konkurrenz verkauft, zum Stromsparen hat: Indem das Thema des Stromsparens mit einem wenig positiv besetzten und altbackenen Leitbild der buchhaltenden Hausfrau verbunden wird, gerät es selbst in das Licht des Altbackenen.
Diese Hypothese eines sinnhaften Widerspruchs zwischen Inhalt und Präsentation des Themas Stromsparen bekommt in den am Fuß der Broschüre angekündigten *»Tips und Informationen der Berliner Kraft- und Licht (BEWAG)-Aktiengesellschaft«* eine erste

strukturelle Begründung.[37] Die Ausbuchstabierung des Namens der BEWAG benennt die Wirtschaftsform dieser Organisation: Es handelt sich um eine Aktiengesellschaft, die als beispielhafte Rechtsform der Privatwirtschaft gewinnorientiert operieren muß, die aber durch den Hauptaktionär, die Stadt Berlin, zugleich am Gemeinwohl orientiert sein muß. Dies kann einen Zielkonflikt zwischen privatwirtschaftlichen Interessen und politischen Rücksichtnahmen konstituieren, dessen Handhabung sich darin ausdrückt, daß dem Stromsparen zwar keine normative Dringlichkeit durch einen kollektiven Appell verliehen wird, Stromsparen aber dennoch aufgegriffen wird, wenn auch allein als pragmatisches Problem. Die großen technischen Systeme, die auf dem Markt operieren und gegen potentielle Konkurrenten antreten, prägen also nicht nur Erfahrungen und ordnen sie um, sie müssen auch umgekehrt Reïnterpretationen von Ordnungen und Neuthematisierungen von Weltbildern, die ihr Produkt und ihre Leistungen berühren, aufgreifen. Die BEWAG kann also das Thema des Stromsparens nicht ignorieren; sie kann es aber auf ein Problem der pragmatischen häuslichen Handhabbarkeit verkleinern.

Entsprechend unserer Behauptung, daß Transformationen großer technischer Systeme kaum ohne Resymbolisierungen möglich sein dürften, kann man schon angesichts dieses Widerspruchs die Vermutung äußern, daß es nicht um eine Transformation des Stromversorgungssystems geht, sondern vielmehr um die Berücksichtigung eines politisch-kulturellen Deutungsmusters.

37 Interessant an dem historischen Namen und seiner in Klammern wie zur Erläuterung hinzugesetzten Abkürzung, dem heute geläufigen Namen, ist die Tatsache, daß die abstrakte Antriebskraft Strom oder Energie heute eingebürgerter ist als die beiden historischen Umschreibungen der Leistung dieser abstrakten Antriebskraft: Licht zu erzeugen und Motoren anzutreiben. In dem Sinne markiert die Gebräuchlichkeit der Begriffe Strom oder Energie eine Vergrößerung des großen technischen Systems der Stromversorgung im Sinne der Prägung von Erfahrungen, da der abstrakte und damit umfassende Begriff die konkreten Leistungen potentiell verdrängt hat. Dies weist auch darauf hin, wie gründlich alternative Antriebs-und Lichterzeugungsquellen wie Dampfmaschinen und Gas als Konkurrenten aus dem Feld geschlagen sind: Es muß nicht mehr spezifiziert werden, was die Energieform »Strom« leistet. Statt dessen kann angeschlossen werden an ein Alltagswissen, wofür Strom steht.

Diese Vermutung wird auf der folgenden Seite der Broschüre bestätigt. Anstelle der – gemäß der kommunikativen Logik einer Ankündigung – zu erwartenden Tips und Informationen zum Stromsparen wird eine Begründung für dieses Handeln nachgeliefert, das auf der vorangegangenen Seite schon als kulturell selbstverständlich akzeptierter Typ behandelt wurde. Der sinnstiftende Slogan *»Strom sparen schont die Umwelt und macht sich bezahlt«* greift das vertraute Gemeinwohlmotiv der öffentlich geführten Diskussion um Strom auf, mindert aber zugleich seinen Stellenwert durch die Ergänzung um das Motiv des monetären Wohls des einzelnen. Vergleichbar dem eigentümlichen Widerspruch zwischen Inhalt und Präsentation des Sparthemas enthält der den Slogan kommentierende Drucktext[38] argumentative Verschiebungen und Brüche, deren Rekonstruktion deutlich werden läßt, daß es letztlich nicht um die Erläuterung jener technischer Funktionszusammenhänge und Größenbezüge für Alltagshandlungen im technischen Ordnungssystem der Stromversorgung geht, sondern um die moralische Rahmung einer Systempolitik technischer Investitionen zur Schadstoffreduktion (Entschwefelungsanlagen) und zur dadurch begründeten Verteuerung des Strompreises.

Gedankenexperimentell würde der Zusammenhang von Stromsparen und Umweltschonung eine Erklärung der negativen Effekte verlangen: Liegen sie im Strom, in seiner Produktion, Ausnutzung oder Verteilung oder in bestimmten Größenordnungen des Verbrauchs und seiner Gestalt in Alltagshandlungen? De facto greifen die Erläuterungen zum einen den Sparsamkeitsgedanken auf als einen Zusammenhang von Vorrat und Verzehr, der die Krise nicht nur in eine ferne Zukunft verlagert, sondern sie auch durch den impliziten Verweis auf denkbare andere technische Optionen der Stromerzeugung relativiert.[39] Zum anderen wird Umweltschonung durch die technische Problemlösungspotenz der Stromerzeugungsunternehmen angesprochen. Die depersonalisierte Einheit »steigender Stromverbrauch« wird als Ein-

38 Vgl. den erläuternden Text unter dem handschriftlichen Slogan, Abb. 4.

39 Vgl. den Text von Abb. 4: »Strom wird heute hauptsächlich aus Energieträgern ... erzeugt«.

Abb. 4

Strom sparen schont die Umwelt und macht sich bezahlt!

Strom wird heute hauptsächlich aus Energieträgern erzeugt, deren Vorräte begrenzt sind. Mit diesen Vorräten müssen wir sparsam umgehen, damit auch die nächsten Generationen genugend Energie haben.

Durch den Einbau von Entschwefelungs- und Entstickungsanlagen in die Kraftwerke der BEWAG wurde die Schadstoffbelastung durch die Stromerzeugung in hohem Maße reduziert. Trotzdem: Steigender Stromverbrauch belastet die Umwelt.

Umweltschutz in unseren Kraftwerken erfordert hohe Investitionen und zusätzliche Betriebskosten. Die Strompreise werden deshalb in Zukunft wieder steigen. Daher bittet Sie die BEWAG, mit Strom sparsam umzugehen. Sparen heißt, nur so viel Strom zu verbrauchen, wie wirklich notwendig ist, ohne auf Komfort zu verzichten.

Dazu müssen Sie wissen, wie hoch der Stromverbrauch Ihrer Geräte ist und wie Sie diese Geräte sparsam nutzen können. Aus der nebenstehenden Tabelle können Sie den durchschnittlichen Stromverbrauch für Ihren Haushalt ermitteln.

*

Tips zum Stromsparen bekommen Sie in allen BEWAG-Beratungsstellen, Lehrküchen und Kundentreffs.

... und so wird's gemacht:

Ermitteln Sie für Ihren Haushalt die entsprechende Geräteausstattung und Ihren jährlichen Stromverbrauch. Der elektrisch vollversorgte Haushalt nutzt alle in der Tabelle aufgeführten Elektrogeräte.

Abweichungen Ihres persönlichen Jahresstromverbrauchs von den Durchschnittswerten können folgende Ursachen haben:

- Geräteausstattung
- Wohnungsgröße
- regelmäßige Anwesenheit
- Kinder im Haushalt
- individuelle Nutzungsgewohnheiten

Jahresstromverbrauch im elektrisch vollversorgten Haushalt				
Durchschnittswerte	**1-Personen-Haushalt 2 080 kWh**	**2-Personen-Haushalt 3 460 kWh**	**3-Personen-Haushalt 4 440 kWh**	**4-Personen-Haushalt 5 650 kWh**
Streichen Sie bitte die Geräte, die Sie nicht in Ihrem Haushalt haben:				
Herd, Backofen	210 kWh	410 kWh	470 kWh	590 kWh
Waschmaschine	100 kWh	190 kWh	280 kWh	380 kWh
Wäschetrockner	100 kWh	170 kWh	270 kWh	370 kWh
Geschirrspülmaschine	100 kWh	210 kWh	280 kWh	380 kWh
Warmwasserbereitung*	400 kWh	790 kWh	1120 kWh	1420 kWh
Kühlschrank	350 kWh	390 kWh	440 kWh	530 kWh
Gefriergerät	280 kWh	470 kWh	570 kWh	780 kWh
Fernsehgerät	100 kWh	130 kWh	170 kWh	220 kWh
Beleuchtung	150 kWh	250 kWh	320 kWh	380 kWh
Kleingeräte	290 kWh	450 kWh	520 kWh	600 kWh
Ermitteln Sie bitte hier den Jahresstromverbrauch entsprechend Ihrer Geräteausstattung	**kWh**	**kWh**	**kWh**	**kWh**
Zum Vergleich können Sie hier Ihren persönlichen Jahresstromverbrauch der letzten BEWAG-Jahresabrechnung eintragen.	kWh	kWh	kWh	kWh

* Ohne Stromverbrauch für Geschirrspülen von Hand, dieser Verbrauch entspricht dem Stromverbrauch des Geschirrspülers

schränkung nur noch nachgesetzt (»trotzdem...«). Weder normativ noch kognitiv lassen diese Erläuterungen sachtechnische Verknüpfungen zwischen dem Handeln der Stromkunden und dem System der Stromversorgung erkennbar werden. Im Gegenteil: Die positiven Umakzentuierungen führen fort von der Thematisierung konkreter technischer Strukturen der Stromerzeugung und -verteilung. Entworfen wird statt dessen eine auf Fürsorglichkeit basierende Beziehung zwischen der BEWAG und ihren Kunden, in der weder Handlungsweisen der Kunden destabilisiert noch Wertorientierungen in Frage gestellt, sondern eher sogar bestärkt werden durch die Bemerkung, daß Stromsparen nicht als Verzicht auf kulturelle Freiheiten und persönlichen Komfort verstanden werden soll.

Zwischenbilanz: Fallspezifika der Berliner Wasser-Betriebe und der BEWAG

Die vergleichende Analyse der beiden Broschüren zeigt bis zu dieser Stelle einige interessante Unterschiede in der Kommunikationseröffnung und der Thematisierung von technisch vermittelten Bezügen zwischen dem Alltagshandeln der Nutzer und Funktionszusammenhängen bei beiden großen technischen Systemen:

1. Die Broschüre der Berliner Wasser-Betriebe stellt über den appellativen Charakter ihres Slogans explizite technisch vermittelte Größenbezüge her, die beitragen zu einer Remoralisierung der Thematisierung von Wasser als einem kollektiven, technisch produzierten und verteilten Gut. Die Broschüre der BEWAG hingegen geht ein in der öffentlichen Diskussion symbolisch aufgeladenes Thema an und verschiebt es dann auf ein Problem der Wissensvermittlung und Fragen des Haushaltsbudgets. Objektiv dient die Berücksichtigung von technisch vermittelten Bezügen der gesellschaftlichen Zusammenhänge beim Stromsparen einer Imagepflege der stromversorgenden Industrie, nicht einer Resymbolisierung oder Remoralisierung von Strom.

2. Mit den Aufklebern der Berliner Wasser-Betriebe wird die konkrete technische Vernetzung der Nutzer durch Leitungen und Kanäle in den Blick gehoben. Bei dieser Erweiterung technisch vermittelter Handlungsbezüge in einem resymbolisierten Kontext

werden Sachverhalte und Handlungsweisen fragwürdig, so daß implizites Wissen über technische Funktionszusammenhänge im großen technischen System der Wasserversorgung zum motivierenden Handlungswissen wird. Die Remoralisierung des Umgangs mit Wasser vollzieht sich mit der Öffnung der Blackbox. Sofern in der Kommunikationsaufnahme der stromversorgenden Industrie technische Zusammenhänge berührt werden oder Systemelemente wie Energieträger, Kraftwerke, Entschwefelungs- und Entstickungsanlagen benannt werden, handelt es sich um systemimmanente technische Leistungen und Funktionskreise des großen technischen Systems der Stromversorgung. Die Stromnutzer tauchen nur als Konsumenten auf, die von der BEWAG fürsorglich bedient und beraten werden. Es scheint keine technischen Zusammenhänge zu geben, in denen die Nutzer folgenreich agieren und die als Handlungswissen in den Blick gerückt würden. Hierdurch werden systematisch die gegenwärtig vorhandenen technischen Zusammenhänge festgeschrieben und mögliche andere abgeblendet.[40]

3. Festgeschrieben wird also das, was man als ein technisches Ordnungssystem der *einseitigen* Vernetzung zwischen Nutzern und dem großen technischen System der Stromversorgung bezeichnen kann: Die Nutzer werden mit Strom beschickt, aber das Stromversorgungssystem wird nicht umgekehrt vom Nutzer »beschickt« im Sinne solcher fürs technische Ordnungssystem folgenreichen Handlungen.[41] Der Thematisierung der Berliner Wasserver- und -entsorgung hingegen liegt das Ordnungssystem einer *zweiseitigen* Vernetzung zugrunde: Die Nutzer erhalten nicht nur Wasser, sie können auch die Qualität des Wassers durch

40 Der Sparsamkeitsgedanke nach der Denkfigur »Verhinderung des Verzehrs begrenzter Vorräte« macht aus dem Problem des Stromverbrauchs (Aktor: Nutzer) ein Problem der technischen Produktion von Strom aus begrenzten Ressourcen (Aktor: Stromerzeuger). In der Konsequenz wird nicht thematisiert, wie Strom technisch ausgenutzt und verteilt werden kann. Ein Beispiel hierfür wären Rückkopplungen im Wärmesystem.

41 Fickett u. a. legen Daten vor, die zeigen, daß bis zu einem gewissen Punkt Effizienzsteigerung durch Maßnahmen der Stromversorgungsindustrie realisierbar ist. Sie halten aber weitere Effizienzsteigerungen nur für möglich, wenn beim Nutzer vorliegende Einsparpotentiale ausgeschöpft werden.

ihren eigenen Umgang mit dem technischen System der Kanalisation und mit den Endgeräten wie Toiletten oder Waschmaschinen beeinträchtigen. Auf die Rethematisierung dieser technischen, vergemeinschaftenden Zusammenhänge greift die Remoralisierung des Umgangs mit Wasser zurück.
Sind beim großen technischen System der Stromversorgung diese Zusammenhänge de facto nicht gegeben oder werden Möglichkeiten der technischen Vernetzung der Nutzer wie beispielsweise durch Blockkraftheizwerke oder Rückführung von unverbrauchter Wärme aus dem Blick gehalten? Drückt sich hierin also ein Interesse der stromversorgenden Industrie aus, den Part des Verbrauchers unbestimmt zu lassen und ihn als Empfänger fürsorglicher Maßnahmen der stromversorgenden Industrie anzusprechen, oder liegen den Unterschieden reale stoffliche und vernetzungstechnische Differenzen zwischen beiden großen technischen Systemen zugrunde?
In der Tat spiegeln sich zwei relevante Unterschiede der »stofflichen« Qualität beider Produkte, Wasser und Strom, in den Unterschieden der Thematisierungen wider.
(a) Die Art der Erzeugung: Wasser kann technisch hochgepumpt werden, von weit her herbeigeführt werden und durch Entsalzung vermehrt werden; es kann aber nicht hergestellt werden. Die technische Erzeugung von Strom kann auf der Produktionsseite einen weitaus geringeren Druck erzeugen, das Produkt nur in Maßen anzubieten und auf den Umgang damit Einfluß zu nehmen, wie dies beim Wasser der Fall ist. Die Fallspezifik der Stromproduktion und -verteilung und ihr einseitiges Ordnungssystem erzeugen offenbar keine systeminternen Gründe dafür, daß man andere Zusammenhänge und Vernetzungen thematisiert und deren Bedeutung auf der Handlungsebene der Stromnutzer sinnfällig macht. Das kann erklären, wieso die bisherige Thematisierung von Stromsparen in der Broschüre der stromversorgenden Industrie so wenig Überzeugungskraft und Informationshaltigkeit besitzt und warum Sparen hier entweder als etwas Altbackenes oder höchst Kompliziertes erscheint, das erst gelernt werden muß. Sparen wird offensichtlich in der Folge einer öffentlich geführten Weltbilddiskussion aufgegriffen, um die Prioritäten anders zu setzen und den Status quo des technischen Ordnungssystems aufrechtzuerhalten.
(b) Anschaulichkeit: In den Broschüren der beiden großen tech-

nischen Systeme kann an implizites Funktionswissen angeschlossen werden. Es genügt, spezifische Endgeräte oder Eingangsstellen in das jeweilige große technische System in den Blick zu rücken, um auf das zu verweisen, was sich hinter diesen Teilstükken verbirgt.[42] Beide technischen Systeme unterscheiden sich aber offenbar darin, auf wieviel Alltagswissen, Deutungen und Symbolisierungen sie bei ihrem Produkt zurückgreifen können. *»Denk mal über Wasser nach«* impliziert, daß Wasser, seine stofflichen und symbolischen Bedeutungen und seine technischen und nicht-technischen Funktionszusammenhänge, durch »Nachdenken« vergegenwärtigt werden können. Strom hingegen und seine technischen und nicht-technischen Hintergrundsnetze müssen erst gelernt werden, damit sie verständlich sind. *»Stromsparen ... aber wie«* kündigt an, daß etwas gelernt werden muß, was für die tägliche Nutzung der Elektrogeräte bislang nicht nötig war.[43]

Dies hat Folgen für die Selbstpräsentation dieser beiden großen technischen Systeme: Das Produkt Strom, seine Erzeugung und Verteilung, ist offensichtlich weit weniger anschaulich und erfahrbar als das Produkt Wasser mit seinen handgreiflichen Merkmalen. Die Zahl von alltäglichen Bildern und Erfahrungen mit Wasser, über welche die technischen und nicht-technischen Zusammenhänge bei der Wasserversorgung reaktiviert werden können, ohne daß der Nutzer auf chemisches Grundwissen zurückgreifen müßte, ist weitaus größer als im Fall von Strom.[44]

42 Verdichtungen dieser Art stellen einen alltagspraktischen Prozeß der Aneignung von Sachverhalten dar, der offenbar auch in der künstlerischen Veranschaulichung und Symbolisierung von sozialer Wirklichkeit auftritt. Als Strategie der Miniaturisierung und des symbolischen *pars pro toto* finden sich solche Aneignungsprozesse auch in Ingrid Severins Bildanalyse von Kunstwerken und Installationen zum Thema »Große technische Systeme« wieder (in diesem Band).

43 Werbematerial der BEWAG aus der Zeit nach dem zweiten Weltkrieg belegt eine Geschichte der Symbolisierung von Strom durch die Steckdose als lachendes Gesicht, Lautsprecher und Eingangsstelle des Stekkers, um Strom als unbegrenzt vorhandenes Gut, das zu jedem Zeitpunkt, für beliebige Zwecke und in unerschöpflicher Menge für den häuslichen Gebrauch bereitsteht, zu verkaufen: »zu jeder Zeit einsatzbereit« oder »Strom kommt sowieso ins Haus, nutz das aus«.

44 Jeder hat einmal ein Bild gesehen von verschmutzten Flüssen mit Schaumkronen oder weiß, wie fauliges Wasser riecht oder wie weich oder hart sich Wasser für die Haut anfühlen kann. Es gibt also eine

BEWAG

Strom und Wärme für Berlin

Strom sparen ... aber wie?

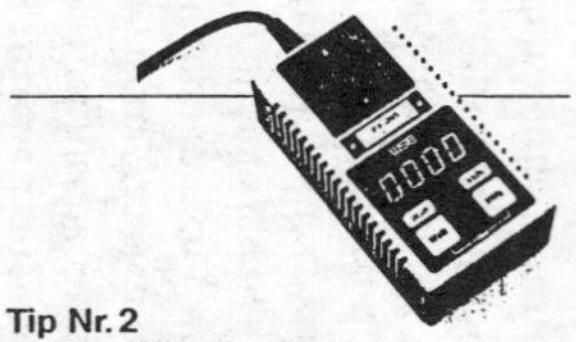

Tip Nr. 2
Leihen Sie sich einen Energiespar-Detektiv

Mit diesem Gerät kommen Sie heimlichen Strom-fressern in Ihrem Haushalt auf die Spur!

Unser Angebot:

- Für ca. 7 Tage können Sie sich ein Meßgerät in unseren Beratungssstellen ausleihen – Termin-absprache erbeten.
- Bei der Auswertung der Meßergebnisse sind Ihnen unsere Beraterinnen behilflich.

Tip Nr. 3
Nutzen Sie die computergestützte Geräteberatung

Vergewissern Sie sich, daß Ihre Elektrogeräte noch nicht zum „alten Eisen" gehören! Der BEWAG-Computer hilft Ihnen.

Unser Angebot:

- Der Computer vergleicht die Verbrauchswerte vorhandener Geräte mit denen neuester Bauart, vermittelt eine Marktübersicht und nennt Einsparmöglichkeiten an Strom und Wasser.
- Unsere Elektroberaterinnen informieren Sie firmenneutral und geben Ihnen Informationen vor der Kaufentscheidung.

Tip Nr. 4
Holen Sie sich die aktuellen Strom-Spartips

Die 9 Faltblätter geben Ihnen praktische Hinweise, wie und wo Sie durch den bewußten Einsatz Ihrer Elektrogeräte täglich Strom sparen können.

Wir sind für Sie da!

Beratungsstellen und Lehrküchen

Beratung über Elektro-Hausgeräte; Warmwassergeräte; computergestützte Küchen- und Badplanung; Beleuchtung im Haushalt.

Kurse und Vorträge zu gerätebezogenen Themen.

Ku'damm, Kurfürstendamm 33, 1000 Berlin 15, Tel. 267-7644
Steglitz, Schloßstraße 4-5, 1000 Berlin 41, Tel. 267-6614
Spandau, Markt 14-15, 1000 Berlin 20, Tel. 267-9936

Öffnungszeiten: Mo.–Fr. von 10.00–18.00 Uhr

Als weiteren Service bieten wir Ihnen:

- Tarif- und Anschlußberatungen
- Informationen zur Stromabrechnung
- Stromlieferungsanträge
- Umzugsmeldungen
- Bareinzahlungen
- Anmeldungen zu Lehrküchen-Veranstaltungen
- Strom-Spartips*)
- Informationsschriften

Diesen Service bieten Ihnen auch unsere Kundentreffs:

Tegel, Berliner Straße 9, 1000 Berlin 27, Tel. 4339023 **Tempelhof,** Tempelhofer Damm 140, 1000 Berlin 42, Tel. 7516041 **Kreuzberg,** Kottbusser Damm 98, 1000 Berlin 61, Tel. 6919064 **Wedding,** Müllerstraße 145, 1000 Berlin 65, Tel. 4534018 **Charlottenburg,** Wilmersdorfer Str. 32, 1000 Berlin 10, Tel. 267-3610	Öffnungszeiten: Mo.–Fr. 9.00-18.00 Uhr
Tiergarten, Stauffenbergstraße 26, 1000 Berlin 30, Tel. 267-2114	Mo.–Fr. 9.00–16.00 Uhr

Ausgabe Januar 1991

***) Gerne schicken wir Ihnen die Spartips auch zu:**
BEWAG-Anwendungsberatung, Motzstr. 89, 1000 Berlin 30

Abb. 5

Demgegenüber sind sehr viel mehr physikalische und technische Erklärungen notwendig, um ein auch nur einigermaßen anschauliches Bild von technischen und nicht-technischen Systemeigenschaften der Stromversorgung zu entwerfen.
Das läßt vermuten, daß größere Anstrengungen erforderlich sind, um die Funktionsweise und Bedeutung des Systems zu erhellen, und daß umgekehrt der Druck, dies zu thematisieren, höher sein muß. Ohne einen externen oder internen Zwang, gesellschaftliche Größenbezüge zu benennen, wird es kaum eine Notwendigkeit geben, die Größe und Vernetzung der Stromversorgung zu thematisieren. Von daher ist zu erwarten, daß die Tips und Informationen zum *»Strom sparen ... aber wie?«* kaum dazu beitragen, die Blackbox des großen technischen Systems der Stromversorgung zu öffnen, in der sich im Alltag so unkompliziert operieren läßt.

Verkleinerung eines großen technischen Systems in der technisch vernetzten Größeneinheit des Haushalts

Was folgt, liest sich wie die Rezeptur von Kochbüchern der fünfziger Jahre: *»... und so wird's gemacht«* (vgl. Abb. 4, Mitte). Nur werden allein die Zutaten genannt, aber nicht – um im Bilde zu bleiben –, wie man daraus einen Kuchen backen kann. Die Spartips erweisen sich als rechnerisches (Spartip 1) oder technisches Programm (Spartip 2 und 3), dessen latenter Sinn darin besteht, daß der Umgang mit Strom tendenziell Expertensache ist oder wiederum kontrolliert wird durch eine Technik, die selbst Strom verbraucht: *»Leihen Sie sich einen Energiespar-Detektiv«* und *»Nutzen Sie die computergestützte Geräteberatung«* (vgl. Abb. 5). Die nicht-technische Kontrolle des *»Jahresstromverbrauchs im elektrisch vollversorgten Haushalt«* mit Hilfe einer Zweifeldertafel (vgl. Abb. 4, Mitte) stellt hingegen nicht nur ein höchst aufwendiges und Disziplin erforderndes Unterfangen dar; vielmehr taugt das dadurch gewonnene technisch-theoretische Wissen zu nicht mehr, als den eigenen Verbrauch an einer durch-

Unzahl von direkt sinnlich erfahrbaren Eindrücken. Darüber hinaus gibt es auch noch eine reiche Symbolik von Wasser, die reaktiviert werden kann.

schnittlich erwartbaren Strommenge zu messen. Als Anleitung zum Stromsparen ist es ungeeignet, da nicht veranschaulicht wird, was die durchschnittliche Kilowattstunde bedeutet, wenn sie übertragen wird auf den alltäglichen Umgang mit Strom.[45]
So verdeckt diese Rezeptur mehr, als sie aufdeckt und führt damit – anders als die Thematisierung von Wasser und Wassersparen – zu einer Verkleinerung des Gegenstandes: Zwar öffnet sie die Blackbox von Stromversorgung so weit, daß der systemische Charakter der einzelnen Elektrogeräte aufgrund ihrer gemeinsamen Berechnungseinheit »kWh« sichtbar wird; zugleich schließt sie aber die Blackbox ab gegen andere Größenbezüge und Hinweise auf eine Vergrößerungsdynamik. Der Stromverbrauch des Individualhaushalts wird beispielsweise nicht lokalisiert in einer Gesamtgröße des Stromverbrauchs in Westberlin oder der Schadstoffbelastung bei einem gegebenen jährlichen Stromverbrauch eines Haushalts. Und die Vergrößerungsdynamik des Gesamtsystems läßt sich zwar noch ablesen an einer offenen und somit expansionsfähigen Sammelkategorie wie der der »Kleingeräte« im Spartip 1 (vgl. Abb. 4) und einer unausgesprochenen Demonstration der Abhängigkeit der Gesellschaft von elektrotechnischen Geräten in den Spartips 2 und 3; (vgl. Abb. 5). Doch gerade diese Besonderheit des Stroms, daß zwischen ihm als Produkt und seiner Nutzung Geräte stehen, deren Anzahl ständig weiter anwachsen kann, wird nicht expliziert. Sie zeigt sich allerdings an der Tatsache, daß der Spartip 4, *»Holen Sie sich die aktuellen Strom-Spartips«* (vgl. Abb. 5, Mitte), an die technischen Endgeräte gebunden ist; jedem der gebräuchlichsten Endgeräte ist ein Faltblatt gewidmet.
Wie schon in der Broschüre der Berliner Wasserbetriebe zeigen auch hier die Abbildungen alltägliche Nutzungsformen der Haushaltsgeräte; allerdings dienen sie nicht dazu, den Blick auf die technischen Hintergrundstrukturen zu richten, sondern blenden diese geradezu aus: Die Elektrogeräte haben wie freistehende Möbelstücke nicht einmal mehr einen Anschluß zum Stromnetz. Die

45 Eine Konkretisierung von abstrakten Kilowattstunden wäre beispielsweise, daß 10 Glühbirnen à 100 Watt eine Kilowattstunde Strom verbrauchen oder daß eine 10-Watt-Glühbirne in 10 Stunden dieselbe Menge Strom verbraucht wie eine 100-Watt-Glühbirne in einer Stunde. Solche direkten Bezüge zwischen Handlungsweisen und mengenmäßigen Folgen werden zum Beispiel in den Informationen der Berliner Wasserbetriebe hergestellt.

Botschaft im Handschriftenstil über den Zeichnungen signalisiert, daß letztlich anderes im Mittelpunkt steht: die zivilisatorische Unverzichtbarkeit der Elektrogeräte (*»warm«*, *»sauber«*, *»trokken«*, *»schnell«*, *»heiß«*, *»glänzend«*, *»hell«*). Im Gegensatz zur Wasserbroschüre verspricht die Botschaft dieser Faltblätter, daß der Verbraucher, um Strom zu sparen, nicht verzichten muß auf irgendwelche Ansprüche, die er an seine Elektrogeräte stellt: *»... und noch Strom gespart«*. Es werden keine eingeschliffenen Nutzungsformen der Verbraucher wie bei der Wasserbroschüre destabilisiert, sondern es wird der Eindruck vermittelt, daß Änderungen persönlicher Nutzungsformen durch die moderne Technik fast überflüssig gemacht werden: *»wie Sie den Stromverbrauch Ihrer Waschmaschine (oder Ihres Trockners oder eines anderen der neun Geräte) besser in den Griff bekommen«*.

Die Spar-Broschüren (vgl. Abb. 6 für die Waschmaschine) der einzelnen Elektrogeräte zeigen, daß die technische Lösung sparsamen Stromverbrauchs eine weit größere Rolle spielt und sehr viel mehr in den Geräten selbst schon realisiert ist, als dies bei dem System der Wasserversorgung möglich ist. Der Einsatz energiesparender Gerätetechnik wird nicht nur als zweite Einflußgröße[46] explizit genannt; er wird durch die dritte Einflußgröße, das energiebewußte Verhalten, nur noch ergänzt. Gespart wird entweder durch die »richtige«, nämlich energiesparsame Gerätewahl oder durch die rationelle Nutzung der in den Geräten vorgegebenen Nutzungsvarianten. Bei jedem Elektrogerät kann die BEWAG schon auf neue Modelle verweisen, die hohe Stromsparleistungen realisieren. Und selbst bei der Beleuchtung machen es neue Generationen von Glühlampen möglich, den Energieverbrauch zu senken bei ansonsten gleichem Nutzerverhalten.

Die Geschwindigkeit, mit der die Elektroindustrie auf Weltbildänderungen reagiert und mit der die Stromerzeuger sie aufgreifen, zeigt, wie sehr sich in einer nächsten Spirale wieder ein kulturelles Deutungsmuster in der Gerätetechnik vergegenständlicht. Die bewußte Aneignung eines sparsamen Umgangs mit Energie kann technisch in die Maschine hineinverlagert werden; Sparappelle

46 Vgl. als Beispiel Abb. 6: *»Der Stromverbrauch Ihrer Waschmaschine wird bestimmt: 1. durch Ihre häuslichen Gegebenheiten und persönlichen Nutzungsgewohnheiten, 2. durch den Einsatz energiesparender Gerätetechniken und 3. durch Ihr energiebewußtes Verhalten.«*.

sind deshalb ein Stück Sinnkosmetik, wenn sie technisch schon in den Geräten realisiert sind.[47]

Sparinformationen in diesem Rahmen führen folglich kaum zu einer Öffnung der Blackbox; sie nennen technische Varianten wie die der Nutzung von Umweltwärme eher beiläufig im Zusammenhang mit einem Einzelgerät, dem Wassererhitzer, und nicht im Zusammenhang mit der Erörterung von Stromverbrauch. Auch der Kasten, der unter der Überschrift *»Wußten Sie schon«* eine Absicht kundtut, die Blackbox zu öffnen, enthält nur Stromverbrauchsdaten, die pro Elektrogerät nach Haushaltsgröße aufgeschlüsselt sind. Nur in zwei Fällen werden darüber hinaus alltagsnahe Informationen über den Stromverbrauch je nach Nutzungsart des Geräts gegeben oder wird die technische Variante gegen die nicht-technische Variante abgewogen (Geschirrspülen mit der Hand und mit der Spülmaschine oder Wäscheleine und Trockner). Bewiesen wird schließlich die Überlegenheit der Maschine, wenn auch auf einem anderen Feld als dem der Stromversorgung: dem des Wasserverbrauchs.[48]

Diese »gerätebezogenen Spartips« sind ein Hinweis auf die Expansionsfähigkeit des großen technischen Systems der Stromversorgung durch Legitimationsbeschaffung: Zum einen führen die Tips die Leistungsfähigkeit des großen technischen Systems der Stromversorgung bei der Auffindung von *technischen Lösungen* für das Stromsparen vor Augen; eben diese Leistungsfähigkeit läßt einen umfangreichen Einsatz und Gebrauch von Elektrogeräten geradezu geboten erscheinen. Zum anderen wird auf eine

47 Dieser Unterschied spiegelt sich in der engen Verkopplung der stromerzeugenden Industrie, die ihr Produkt nur in dem Maße an die Haushalte verkaufen kann, wie es Haushaltsgeräte und Beleuchtungsanlagen gibt, mit der Elektrogeräteindustrie, die nur bei ausreichendem und billigem Strom ihre Geräte absetzen kann: In Berlin war Emil Rathenau der gemeinsame Gründer der AEG und ihrer Tochter, der BEW (vgl. Hughes 1983, Kapitel 7). Die Berliner Wasser-Betriebe hingegen beginnen jetzt erst, wie ein Mitarbeiter der Wasser-Betriebe angab, mit den Sanitärinnungen zusammenzuarbeiten, um auch technisch die Bedingungen fürs Wassersparen zu schaffen.

48 Zugunsten der Geschirrspüler wird ins Feld geführt: »Ausgestattet mit modernster Technik kommen (sie) heute mit einer relativ geringeren Wassermenge aus, die sich beim Handspülen nur schwerlich erreichen läßt« (zitiert aus dem BEWAG-Faltblatt »Glänzend ... und noch Strom gespart!«).

Abb. 6[49]

Aufgepaßt und mitgemacht:

Wie Sie den Strom- und Wasserverbrauch Ihrer Waschmaschine besser in den Griff bekommen.

Der Stromverbrauch Ihrer Waschmaschine wird bestimmt:

1. Durch Ihre häuslichen Gegebenheiten und persönlichen Nutzungsgewohnheiten.

- Anzahl der Personen im Haushalt, Kleinkinder usw.
- Art und Menge der anfallenden Wäsche
- Verschmutzungsgrad der Wäsche
- Bauart, Ausstattung und Alter der Waschmaschine
- Wassereinlauftemperatur

2. Durch den Einsatz energiesparender Gerätetechniken,

- die den Wasserverbrauch durch verbesserte Wasserführung im Gerät reduzieren
- die ein optimales Einhalten der nötigen Wassermengen, der Waschtemperatur und Waschdauer durch elektronische Regelung gewährleisten
- die eine freie Temperaturwahl ermöglichen
- die den Wasser- und Stromverbrauch durch Weglassen der Vorwäsche oder eine kalte Vorwäsche reduzieren.

3. Durch Ihr energiebewußtes Verhalten.

- Schalten Sie Ihre Waschmaschine möglichst nur voll beladen ein. Durchschnittlich werden 80% der Waschmaschinenkapazität genutzt – 20% Energie werden also nutzlos vergeudet! Sammeln Sie die Wäsche, und das Ergebnis stimmt.
- Verzichten Sie auf die Vorwäsche, wenn die Wäsche nur leicht verschmutzt ist.
- Es reicht aus, wenn Sie gering verschmutzte Wäsche mit 60° C waschen.
- Nutzen Sie die freie Temperaturwahl je nach Verschmutzungsgrad der Wäsche. Niedrige Temperaturen bedeuten weniger Stromverbrauch.

Der Energieaufwand zur Pflege der Wäsche hat im Haushalt einen gewichtigen Anteil.

Hier ein paar Verbrauchszahlen zum besseren Verständnis.

Wußten Sie schon?

...daß der durchschnittliche Jahresstromverbrauch einer Waschmaschine bei einem

1-Personen Haushalt = 100 kWh
2-Personen Haushalt = 190 kWh
3-Personen Haushalt = 280 kWh
4-Personen Haushalt = 380 kWh

...daß der Wäscheanfall einer dreiköpfigen Familie pro Woche

4,1 kg Kochwäsche, 60-95 °C
2,9 kg Buntwäsche, 60 °C
1,6 kg Pflegeleicht-Wäsche, 30-60 °C
1,4 kg Fein- und Wollwäsche, 30-40 °C

...und daß der Stromverbrauch für diese Mengen ca.

1,8 – 2,2 kWh Kochwäsche, 95 °C, ohne Vorwäsche
0,9 – 1,3 kWh Buntwäsche, 60 °C, ohne Vorwäsche
0,8 – 1,0 kWh Pflegeleicht-Wäsche, 60 °C, ohne Vorwäsche
0,3 – 0,5 kWh Feinwäsche, 30 °C, ohne Vorwäsche
1,2 – 1,4 kWh Kochwäsche Energiesparprogramm, 60 °C, ohne Vorwäsche für leicht verschmutzte Kochwäsche

beträgt.

Vernetzung mit dem großen technischen System der Wasserversorgung hingewiesen; auch sie bekommt legitimatorische Züge für den Einsatz von Elektrogeräten (im konkreten Fall für den Gebrauch der Geschirrspülmaschine), da diese den Vorteil ins Feld führen können, weniger Wasser zu verbrauchen.
Erst als letzter von drei Faktoren, die den Stromverbrauch beeinflussen, erscheint das *»energiebewußte Verhalten«*. Das Nutzerverhalten ist im Vergleich zum großen technischen System der Wasserversorgung immer an technische Wahlmöglichkeiten gebunden, die unter der Zielvorgabe Energiesparen in »richtige« technische Optionen überführt werden müssen. Im Unterschied zu den Destabilisierungen von Handlungsroutinen durch ihre moralische Einbettung in den Funktionskreis der Wasserver- und -entsorgung handelt es sich bei den Tips der BEWAG allein um detaillistische positive Handlungsvorschriften. Keine Größenangaben, zum Beispiel (in Analogie zum Wasser) über den Stromverlust, der durch Wärmevergeudung entsteht, oder über die Schadstoffmenge, die bei dem durchschnittlichen Jahresstromverbrauch eines vierköpfigen Haushalts anfällt, verbindet diese Handlungsvorschriften mit dem Gesamtsystem Stromversorgung. Nur in Ausnahmefällen sind die Zahlenangaben des Stromverbrauchs für ein energiebewußtes Handeln so anschaulich wie in dem schon erwähnten Fall der unterschiedlichen Waschprogramme.
Es zeigt sich hier erneut, daß die für das Stromsparen angebotenen abstrakten Größenangaben und detaillistischen Handlungsvorschläge nicht dazu angetan sind, den Umgang mit Strom zu remoralisieren, und daß die technischen Lösungen des Stromsparens einer Remoralisierung eher zuwiderlaufen. Denn gemäß diesen technischen Lösungen wird Strom gespart durch die Verwirklichung des Spargebots in den technischen Programmen der Elektrogeräte und durch eine Vernetzung elektrischer Geräte, die ein energiebewußtes Verhalten geradezu in Verbindung bringt mit dem Gebrauch mehrerer miteinander kombinierter Geräte. Gespart wird Strom aber auch durch eine geräteinterne Vernetzung der beiden großen technischen Systeme Wasser- und Stromversorgung, denn sie verspricht zugleich mit der Nutzung des Elektrogeräts einen sparsamen Umgang mit dem Produkt des anderen großen technischen Systems.

49 Quelle: *Bewag-Anwendungsberatung*, Ausgabe April 1990.

Nach dieser Programmatik der Systemerhaltung im Gegensatz zu Anzeichen von Systemtransformation bei den Wasserbetrieben reicht es, ein praktisches Wissen technischer Optionen und Nutzungen zu vermitteln. Alles andere gewinnt den Stellenwert einer rhetorischen Verbrämung von Nicht-Information über gesamtsystemische Merkmale.

Bedeutung fallspezifischen Deutungsmanagements für die allgemeinen Merkmale großer technischer Systeme

Am Ende dieser kontrastierenden Fallinterpretation muß die Frage beantwortet werden, ob und inwieweit die schon herausgearbeiteten impliziten oder expliziten Merkmale von großen technischen Systemen modifiziert werden müssen oder bestätigt werden können.

Fallspezifika, wie sie schon in der Zwischenbilanz ausgearbeitet worden sind, zeigen sich nicht nur in Verweisen auf Systemmerkmale und in der Explizierung von Größenbezügen. Sie sind ebenso sichtbar in der Verknüpfung mit der Ebene des Handelns auf seiten ihrer Nutzer: Einer an die Handlungsebene gebundenen systemrelevanten Öffnung der Blackbox bei dem großen technischen System der Wasserversorgung steht die legitimatorische Einbettung von Informationen über technische Lösungen des Energiesparens beim großen technischen System der Stromversorgung gegenüber. Hier bleibt die Bezugsgröße der elektrisch vollausgestattete Haushalt; eine Öffnung der Blackbox beschränkt sich auf gerätetechnisch interne Nutzungsoptionen.

Die Besonderheiten des großen technischen Systems der Stromversorgung gegenüber dem der Wasserversorgung zwingen aber nicht dazu, die allgemeinen Strukturannahmen über große technische Systeme zu modifizieren, eher erhärten sie diese.

1. Die hohe Anschlußfähigkeit großer technischer Systeme, mit Hilfe von Symbolen oder alltagsrelevanten Versatzstücken implizit gewußte Funktionskreise zu thematisieren, zeigt sich auch bei der Stromversorgung. Gerade weil das große technische System der Stromversorgung Funktionswissen vermittelt hat durch Gerätenutzung, ja sogar Gebrauchsschulung, und weil es Erfahrungen geprägt und umgeordnet hat, kann es mit wenigen Verweisen an

dieses abgesunkene Wissen wieder anknüpfen. Zugleich läßt sich aber gerade an der Nutzung dieser Verweise zeigen, daß die Anschlußfähigkeit eines großen technischen Systems wie desjenigen der Stromversorgung die Bedingung dafür ist, daß die technischen Netze und die damit erreichte soziale Verknüpfung ausgeblendet bleiben können. Denn erst wenn die Versatzstücke (zum Beispiel Stecker oder Steckdose) oder Symbole (Komfort, Lebensstandard) und kulturelle Werte (Zeitersparnis oder Hygiene) in einen neuen Kontext gebracht werden, der sie aus der Routinehaftigkeit des Alltags und den dadurch geleisteten Symbolisierungen herauslöst, kann Wissen über technische Funktionszusammenhänge und deren gesellschaftliche Bedeutung gestiftet werden. So operiert das große technische System der Stromversorgung hier in affirmativer Weise mit diesen Anschlußstellen. Anders als beim großen technischen System der Wasserversorgung wird nicht das Kraftwerk an die Stelle der Steckdose gerückt oder die Schadstoffemission an die Stelle der Kilowattstunde.

2. Die These, daß in der Logik routinehaften Alltagshandelns schon eine Dynamik der Expansion steckt – und damit der Vergrößerung eines im Alltagshandeln sich reproduzierenden großen technischen Systems –, läßt sich auch auf die Geräte ausdehnen, die das Alltagshandeln unterstützen. Da sie durch eine gemeinsame Antriebskraft in Gang gesetzt werden und da diese Antriebskraft, wie die Werbung der BEWAG besagt, »sowieso ins Haus kommt«, sind ihrer Nutzung nur solche Grenzen gesetzt, die durch technische Innovationskraft und durch Akzeptanzschwellen bei der Bevölkerung entstehen. Solange die Nutzer nicht mit den Kosten ihres täglichen Gerätegebrauchs konfrontiert werden können (oder werden), muß dieser Vergrößerungstendenz bewußt entgegengesteuert werden, wenn sie verhindert werden soll.

Hierfür steht dem großen technischen System der Stromversorgung in Kooperation mit der Elektrogeräteindustrie aber noch ein Mittel zur Verfügung, über welches das große technische System der Wasserversorgung weit weniger verfügen kann: die technische Lösung energiesparsamer Geräte. Größere Rationalisierung und Standardisierung des Umgangs mit den Geräten verlangen vom Nutzer einige Lernschritte, ohne daß er seine fundamentalen Nutzungsgewohnheiten destabilisieren muß. Im Gegenteil, diese werden auf der Ebene der zugesicherten kulturellen Leistungen der Geräte sogar bestärkt. Das heißt: Entgegen der landläufigen

These einer zunehmenden Standardisierung und Rationalisierung des Handelns durch Technik[50] läßt sich hier eher die folgende Vermutung bestätigen: Eine Rationalisierung des Handelns im Umgang mit technischen Geräten kann erst von expliziten Erziehungsprogrammen hergestellt werden; dies hat gerade mit dem Merkmal großer technischer Systeme zu tun, daß sie ihr Produkt zweckfrei und jederzeit zur Verfügung stellen.

3. Schließlich gilt auch für das große technische System der Stromversorgung, daß es ein Ordnungsgefüge darstellt: Gesellschaftliches Leben wird geprägt durch die dauerhafte Vernetzung der Nutzer mit Strom und dessen Herstellungs- und Verteilungssystem. Nur wird dieses Ordnungsgefüge kaum alltäglich anschaulich: Die Erzeugung von Strom findet in Kraftwerken statt; die Nutzer sehen Strom nur in Form von Kabel, Birne und Motor. Technische Alternativen wie höhere Energieausnutzung durch die Verkopplung von Heizkraftwerk und Stromkraftwerk oder Nutzung überschüssiger Abwärme durch Rückfütterung ins Stromnetz können die Nutzer nicht sehen, weil es auch keine Erfahrungen und Bilder dafür gibt. Selbst wenn eine Remoralisierung auf der konkreten Handlungsebene angestrebt würde, ließe sich die fehlende Anschaulichkeit von Strom, seiner Erzeugung und Verteilung, kaum durch Vermittlung theoretischen Wissens über die dinglich-sachtechnischen Grundlagen des Ordnungsgefüges kompensieren.

3. Beantwortung einer provokativen Frage: Der Beitrag des interpretativen Ansatzes zur Analyse des techniksoziologischen Konzepts »große technische Systeme«

Die entscheidende Frage der Theoretiker des Konzepts »große technische Systeme« gilt der Größe und der Vergrößerung solcher Systeme: Was macht sie groß, was führt dazu, daß sie als groß gelten, und wie kommt es dazu, daß sie augenscheinlich immer größer werden?

Der Anspruch der vorliegenden Arbeit bestand darin, aus Selbstdarstellungen von Betreiberorganisationen zweier verschiedener

50 Bammé 1983.

Infrastruktursysteme, die beide in den theoretischen Arbeiten als Beispiele für große technische Systeme gelten, das öffentliche Erscheinungsbild dieser zwei Systeme zu rekonstruieren – und zwar unter der Perspektive dessen, was sie von sich als einem technischen und einem großen System sagen. Der methodische Vorzug des gewählten interpretativen Verfahrens besteht darin, daß man aus einer schmalen Datenbasis erste Strukturannahmen über die Art der Einbettung dieser Systeme in den Alltag und über seine Wissensbestände sowie die ihnen zugrundeliegenden Mechanismen bilden und diese dann in Beziehung setzen kann zum Konzept großer technischer Systeme.

Die Text-Bild-Analysen beider klassischen Infrastruktursysteme haben gezeigt, daß die Broschüren den Alltag, nicht die Technik, in den Blick gerückt haben. Der technische Hintergrundaufwand und seine dinglich-räumlichen Strukturen werden in den Zeichnungen explizit ausgeblendet. Der Alltag selbst wird aufgegriffen im Passungsverhältnis von Handeln und technischen Endgeräten und in der Verknüpfung von technischen Endgeräten mit Wertvorstellungen.

Unter Hinweis auf die Adressaten dieser Broschüren scheint die Begründung nahezuliegen, daß nur der Nutzungsaspekt in der Selbstdarstellung relevant wird und daß deshalb die Hintergrundstrukturen der technischen Systeme ausgeblendet bleiben können. In Max Webers These zunehmender Rationalisierung unserer Gesellschaft hebt er gerade diesen Mechanismus hervor, daß Handeln in technischen Bezügen kein Wissen vom Funktionieren derselben, sondern nur vom passungsgemäßen Umgang mit ihnen sowie das Vertrauen auf die Berechenbarkeit der Maschinen verlangt:

»Wer von uns auf der Straßenbahn fährt, hat – wenn er nicht Fachphysiker ist – keine Ahnung, wie sie das macht, sich in Bewegung zu setzen. Er braucht auch nichts davon zu wissen. *Es genügt ihm, daß er auf das Verhalten des Straßenbahnwagens ›rechnen‹ kann, er orientiert sein Verhalten daran* …«[51]

Das Interessante an den Ergebnissen der Textinterpretationen ist folgendes: Man kann damit zeigen, daß die von Max Weber erwähnte Beschränkung des Nutzers auf eine Orientierung seines Verhaltens an den technischen Artefakten zwar einen Mechanis-

51 Weber 1982, S. 594; Hervorhebung von der Verfasserin.

mus des Aufschiebens von Wissen über Hintergrundstrukturen darstellt, so daß die großen technischen Systeme letztlich abgeblendet bleiben, daß es aber Bedingungen gibt, unter denen die Blackbox geöffnet wird und eine Steigerung der Kenntnis der eigenen Lebensbedingungen für das Handeln nötig wird. Sobald neue Technologien auf der Basis neuer technischer Netze eingeführt werden oder neue Orientierungen an bekannten Technologien entwickelt werden, wird ein Minimum an Lernen verlangt. Dieses geht nicht ohne Verweise auf technische und nicht-technische Hintergrundstrukturen und führt zu unterschiedlichen Reaktivierungen abgeblendeter Systembezüge. Diese Mechanismen und ihre Bedeutung für die alltagsweltliche Konzeption von Größe und technischen Systemen konnten aus den Texten herausgearbeitet werden:

1. Abblendung des technischen Hintergrundsystems: Indem die Betreiberorganisationen in ihren Broschüren an die alltäglichen Handlungen ihrer Nutzer anschließen, läßt sich die Bedeutung des Typs dieser Handlungen und folglich die Rolle der Nutzer für große technische Systeme freilegen. Von kausalen und moralischen Überlegungen freie, auf Wiederholbarkeit angelegte Routinehandlungen implizieren die fortlaufende Nutzung der technischen Artefakte und Endgeräte, in denen sich sich vollziehen. Dieser Handlungstyp bedeutet eine Struktureigenschaft, die man als *handlungsgebundene Vergrößerungsdynamik* großer technischer Systeme beschreiben kann. Denn solange das Alltagshandeln auf dem Niveau seiner Orientierung an Funktionserfordernissen der Geräte routinehaft realisiert werden kann, gibt es weder einen Anstoß, die technisch unterstützten Handlungen kausal zu verknüpfen mit den Leistungen der hinter den Geräten stehenden Systeme noch die Kosten in den Blick zu nehmen, die an die großen technischen Systeme abgegeben werden. In dieser Hinsicht trifft Max Webers Beschreibung zu, daß technische Hintergrundstrukturen nicht gewußt oder mitgedacht werden müssen, solange Handeln zwar ohne ihre Kenntnis, aber mit Berücksichtigung der Funktionserfordernisse ihrer Endgeräte möglich ist.

Bezogen auf die Frage nach Entwicklungstendenzen großer technischer Systeme muß hieraus eine Schlußfolgerung gezogen werden: Da die Nutzung von Leistungen großer technischer Systeme durch diesen Handlungstypus gekennzeichnet ist, müssen Akteure oder Betreiberorganisationen einem beispielsweise riskanten

Größenwachstum explizit gegensteuern. Es kann nicht darauf gesetzt werden, daß es wie beim Marktgeschehen immanente Handlungsmechanismen bei den Nutzern gibt, die selbstregulativ einer solchen Gefahr begegnen. Braun hat festgestellt[52], daß von Alltagstechnik verursachte Probleme nicht so mächtig oder so sichtbar sind, um der Technik-Entwicklung Zügel anzulegen, und daß Technisierungsprozesse in der Alltagswelt konfliktfreier und verstetigter verlaufen als beispielsweise in der Arbeitswelt. Seine Beobachtungen lassen sich im Rahmen dieser Analyse mit dem Charakter des Routinehandelns in Zusammenhang bringen: Probleme werden erst sichtbar, wenn das technisch unterstützte Handeln wieder in einen gesellschaftlichen Größenbezug gebracht und dadurch als kausal und moralisch relevantes Handeln wahrgenommen werden kann.

2. Thematisierung technischer Vernetzungen durch Anknüpfen oder Aktivierung impliziten Wissens: Es hat sich bei der Bild- und Textanalyse der beiden Fallbeispiele gezeigt, daß die Thematisierung des Passungsverhältnisses von Handeln und technischen Artefakten Zeichen benutzt, die auf die technischen Hintergrundstrukturen verweisen: Es reichen der Gulli, um das Kanalisationssystem, und die Steckdose, um die Energieversorgung in den Blick zu rücken.

Dieses Merkmal der hohen Anschlußfähigkeit ist ein Ergebnis eines gesellschaftlichen Lernprozesses, in dem nach einer Einführungsphase des Gesamtsystems in einem *Pars-pro-toto*-Verkleinerungsvorgang das Ganze schließlich nur noch durch einzelne Schnittstellen symbolisiert zu werden braucht. Aus historischen Arbeiten weiß man beispielsweise, daß am Beginn städtischer Wasserver- und -entsorgung der Typ städtischer Kanalisationssysteme lange Zeit Gegenstand eines öffentlich geführten, heftigen Disputes unter Ärzten, Wissenschaftlern und Technikern war. Nach der Entscheidung und dem Bau des Kanalisationssystems in Hamburg wurden Besichtigungsfahrten durch die Kanalisation angeboten, die eine heimliche Attraktion wurden und zu denen 1895 auch der Kronprinz eingeladen wurde.[53] Das gleiche gilt für die Einführung von Strom und seiner gerade auch gegenüber Gas hervorragenden technischen Eigenschaft: seinem Transport über

52 Vgl. Braun 1993, S. 10.
53 Vgl. Hösel 1987, S. 82.

weite Strecken. Auch hier war die Hauptattraktion für die zahllosen Besucher der Frankfurter Internationalen Elektrotechnischen Ausstellung von 1891 die Demonstration der bis dahin nicht für möglich gehaltenen Stromübertragung von Lauffen am Neckar über 175 Kilometer nach Frankfurt am Main.[54] Noch nach dem zweiten Weltkrieg verwendete die Bewag das Emblem eines stilisierten Kraftwerks. Solche Verweise auf Hintergrundstrukturen wurden zunehmend in einem Vorgang symbolischer Verdichtung durch die miniaturhaften Metaphern der Steckdose und des Steckers abgelöst.

Es läßt sich also mit dem Verfahren der Rekonstruktion impliziten Wissens eine Geschichte der Symbolisierungen von Leistungen und Eigenschaften großer technischer Systeme zeigen, die schließlich der Motor für die Nutzung weiterer technischer Artefakte werden, ohne daß jeweils die Hintergrundstrukturen selbst noch eingeführt werden müssen. Große technische Systeme sind nach diesen Ergebnissen so weit in die Alltagskultur eingelassen und haben ihrerseits so sehr zu einem Umbau von Alltagskultur beigetragen, daß mit wenigen Verweisen an ein rudimentäres Wissen über die technischen Basisinnovationen und ihre Technologien angeschlossen werden kann.

Es gibt allerdings systemische oder legitimatorische Bedingungen, die zeigen, daß Max Webers Aussage, Hintergrundwissen könne im alltäglichen Umgang mit technischen Artefakten abgeblendet bleiben, nur beschränkt gilt. Wo neue Gebrauchstechnologien hervorgebracht werden oder wo alte Orientierungen an technischen Artefakten dysfunktional werden, wird eine Zunahme der Kenntnis ihrer Funktionsbedingungen sogar funktional notwendig. Dieser Fall liegt vor bei den Berliner Wasser-Betrieben: Der Umgang mit technischen Artefakten wird nicht nur explizit an technische Hintergrundstrukturen und Größenbezüge angebunden, sondern durch die bildliche Verknüpfung des Trinkwasserglases mit dem Klärwerk symbolisch verdichtet. Für den Umgang mit Wasser werden die Hintergrundstrukturen in den Vordergrund gerückt, die Sichtblende der häuslichen Badezimmerwand wird zur Seite geschoben und der Blick freigegeben darauf, daß häusliche Trinkwasserverfügung sich einem weit entfernten technischen Produktionszentrum verdankt.

54 Vgl. Binder 1989.

3. Fallspezifische Öffnungen der Blackbox: In beiden Fällen gibt es bildliche Anknüpfungen und Größenangaben, die an das Kanalisationsnetz erinnern, an technische Produktionsstätten, in denen die Leistungen Strom und Wasserverfügung hergestellt oder überwacht werden, und an das berufsmäßig organisierte Ins-Werk-Setzen und In-Gang-Halten der Gesamtsysteme. Die interpretierende Rekonstruktion dieser Verweise und Informationen sowie der sie motivierenden Sinnstruktur zeigt nicht nur einen interessanten fallspezifisch verschiedenen Umgang mit der Blackbox. Sie kann den Mechanismus benennen, der dazu führt, daß sich die Blackbox in einer Weise öffnet, die systemische Eigenschaften hinter den Alltagshandlungen in den Blick geraten läßt.

Da, wo sich als motivierende Sinnstruktur der Broschüre eine Politik der systeminternen Veränderung rekonstruieren ließ, bestand die Öffnung der Blackbox nicht nur in einem Anheben impliziten Wissens von technischen Funktionskreisen und Größenmerkmalen, sondern in einer Remoralisierung des Umgangs mit Wasser durch ein Wiedereinholen der Kosten individuellen Handelns in das System. Das wiederum ist keineswegs von den Nutzern entfernt, sondern sie sind seine Mitglieder und Bestandteile. Der Mechanismus dieser Öffnung besteht in dem Bloßlegen des sozialen Charakters der Sachstrukturen. Durch das In-Beziehung-Setzen von Alltagshandlungen mit Größenmerkmalen des gemeinsamen thematischen Bezugs Wasser und mit den dinglichen Netzstrukturen des Kanalisationssystem wird ein Wissen von sozialer Vernetzung durch dingliche Vernetzung gestiftet.

Eine solche Öffnung der Blackbox durch Aneignung von Funktionszusammenhängen dinglicher und sozialer Art im eigenen Handeln des Nutzers läßt sich als *konzeptuelle Vergrößerung* eines großen technischen Systems im Wissensbestand seiner Nutzer beschreiben. Es wird nicht nur Hintergrundwissen reaktiviert oder kreïert und damit ein größerer Handlungshorizont geschaffen. Vielmehr wird mit der Vergemeinschaftung der Nutzer ein systemischer Bezug unter ihnen gestiftet: durch die Verknüpfung ihrer gemeinsam auf Wasser gerichteten Handlungen in sachtechnischen Funktionskreisen. Dadurch erhält das große technische System Wasserversorgung Realität auf der Ebene der Nutzer.

Es läßt sich vermuten, daß große technische Systeme die Blackbox technischer Hintergrundstrukturen und Vernetzungen nur in Krisen- und Expansionsphasen öffnen werden, damit es dann zu

einer solchen konzeptuellen Vergrößerung im Sinne einer neuerlichen oder zusätzlichen Aneignung von Systemeigenschaften großer technischer Systeme im Alltagsbewußtsein kommen kann. Durch den Vergleich der beiden Fallbeispiele läßt sich Öffnung der Blackbox im Sinne einer konzeptuellen Vergrößerung differenzieren: Wo interne Systemgründe den Anstoß geben, wird diese konzeptuelle Vergrößerung am weitreichendsten sein, um Resymbolisierungen und Remoralisierungen der Handlungsbezüge zu erreichen. Wo externe Gründe wie eine Legitimationsdebatte über Energieverbrauch oder Expansionsinteressen oder Konkurrenzzwang vorliegen, bleibt eine Öffnung der Blackbox aus oder beschränkt sich auf technische Lösungen im Spektrum alter oder neuer Geräteoptionen.
Wenn man über die Leistung des interpretativen Ansatzes für die Analyse großer technischer Systeme abschließend eine Bemerkung machen will, dann erlaubt diese Arbeit den Schluß, daß systematisch eine analytische Ebene ins Spiel kommt, welche nicht-interpretative Analysen der räumlichen Ausdehnungen und Vernetzungen, der politischen Entscheidungen und Normierungen und der Prozesse von Regionalisierungen vs. Zentralisierungen nicht in den Blick nehmen können: die Ebene der Strukturmerkmale von technisch unterstützten Alltagshandlungen und ihren Wissensbeständen in der gesellschaftlichen Repräsentation großer technischer Systeme. Die Analyse des Konzepts große technische Systeme gewinnt also eine Sachdimension hinzu.

Literatur

Allert, Tillmann (1988), »Autoaufkleber – Zu einer Soziologie des Straßenverkehrs«, in: H. G. Soeffner, *Kultur und Alltag*. Sonderband 6 der *Sozialen Welt*, S. 385-395.

Bammé, Arno u.a. (1983), *Maschinen – Menschen. Mensch – Maschinen. Grundrisse einer sozialen Beziehung*, Reinbek bei Hamburg: Rowohlt.

Binder, Beate (1989), »›...es ist uns, als ob ein wunderbarer Traum unsere Sinne umgaukle‹. Die Inszenierung einer elektrischen Welt auf der Frankfurter ›Internationalen Elektrotechnischen Ausstellung‹ von 1891«, in: Jörg Becker (Hg.), *Telefonieren* (Hessische Blätter für Volks- und Kulturforschung, Neue Folge, Bd. 24), Marburg: Jonas, S. 31-44.

Braun, Ingo (1993), *Technik-Spiralen. Vergleichende Studien zur Technik im Alltag*. Berlin: Sigma.

– (1994), »Zur intersystemischen Vernetzung großer technischer Systeme« (in diesem Band).
Czarniawska-Joerges, Barbara (1992), *Exploring complex organizations. A cultural perspective*, London: Sage.
Ekardt, Hanns-Peter (1993), »Unter-Gestell. Die bautechnischen Fundamente großer technischer Systeme« (in diesem Band).
Englisch, Felicitas (1991), »Bildanalyse in strukturalhermeneutischer Einstellung. Methodische Überlegungen und Analysebeispiele«, in: Detlef Garz und Klaus Kraimer (Hg.), *Qualitativ-empirische Sozialforschung*, Opladen: Westdeutscher Verlag, S. 133-176.
Fickett, Arnold P./Clark W. Gellings/B. Lovins Amory (1990), »Rationelle Nutzung elektrischer Energie«, in: *Spektrum der Wissenschaft*, November, S. 60-77.
Flick, Uwe/Ernst von Kardorff/Heiner Keupp/Lutz von Rosenstiel/Stephan Wolff (Hg.) (1991), *Handbuch qualitativer Sozialforschung: Grundlagen, Konzepte, Methoden und Anwendungen*, München: Psychologie Verlags Union.
Glaser, Barney G./Anselm L. Strauß (1979), »Die Entdeckung gegenstandsbezogener Theorie. Eine Grundstrategie qualitativer Sozialforschung«, in: Christel Hopf/Elmar Weingarten (Hg.), *Qualitative Sozialforschung*, Stuttgart: Klett, S. 91-114.
Grote, Claudia von (1993), »Anschlüsse an den Alltag. Versuche zu einer Hermeneutik technischer Infrastrukturen«, Wissenschaftszentrum Berlin, Paper FS II, S. 93-502, Berlin.
Grote, Claudia von/Anne Sprenger/Elmar Weingarten/Hans-Peter Schuster (1983), »Patientenorientierte Intensivmedizin. Einige strukturelle und interaktionelle Bestimmungselemente für ihre Realisierung«, in: Christian von Ferber und Bernhard Badura (Hg.), *Laienpotential, Patientenaktivierung und Gesundheitsselbsthilfe*, München/Wien: Oldenbourg, S. 141-189.
Hopf, Christel/Elmar Weingarten (Hg.) (1993), *Quantitative Sozialforschung*, Stuttgart: Klett-Cotta, 3. Auflage.
Hösel, Gottfried (1987), *Unser Abfall aller Zeiten*, München: Kommunalschriften-Verlag.
Hughes, Thomas F. (1983), *Networks of power. Electrification in Western society, 1880-1930*, Baltimore: The John Hopkins University Press.
Joerges, Bernward (1992), »Große technische Systeme. Zum Problem technischer Größenordnung und Maßstäblichkeit«, in: Gotthard Bechmann/Werner Rammert (Hg.), *Großtechnische Systeme und Risiko. Technik und Gesellschaft 6*, Frankfurt/New York: Campus, S. 41-72.
Kluge, Thomas/Engelbert Schramm (1988), *Wassernöte. Zur Geschichte des Trinkwassers*, Köln: Kölner Volksblatt.
Kornwachs, Klaus (1995), »Wachstum und Steuerung von großen technischen Systemen« (in diesem Band).

Kubicek, Herbert (1995), »Steuerung in die Nichtsteuerbarkeit. Paradoxien in der Entwicklung der Telekommunikation in Deutschland« (in diesem Band).

Latour, Bruno (1987), *Science in action. How to follow scientists and engineers through society*, Milton Keynes: Open University Press.

Luhmann, Niklas (1984), *Soziale Systeme*, Frankfurt am Main: Suhrkamp.

Matthiesen, Ulf/Hartmut Neuendorff (1989), »Reproduktionsansatz oder Deutungsmusteranalyse – Wie lassen sich Formen des Arbeitsverständnisses angemessen rekonstruieren?«, in: Ditmar Brock u. a. (Hg.), *Subjektivität im gesellschaftlichen Wandel. Umbrüche im beruflichen Sozialisationsprozeß*, Weinheim/München: Juventa, S. 77 ff.

Mayntz, Renate (1988), »Zur Entwicklung technischer Infrastruktursysteme«, in: dies. u. a., *Differenzierung und Verselbständigung. Zur Entwicklung gesellschaftlicher Teilsysteme*, Frankfurt am Main: S. 233-259.

Oevermann, Ulrich (1983), »Zur Sache. Die Bedeutung von Adornos methodologischem Selbstverständnis für die Begründung einer materialen soziologischen Strukturanalyse«, in: Ludwig von Friedeburg und Jürgen Habermas (Hg.), *Adorno-Konferenz*, Frankfurt am Main: Suhrkamp, S. 234-289.

– (1986), »Einige wiederkehrende Probleme und Mißverständnisse in der Rezeption der objektiven Hermeneutik«, in: S. Aufenanger und M. Lenssen (Hg.), *Handlung und Sinnstruktur. Bedeutung und Anwendung der objektiven Hermeneutik*, München, S. 19-83.

Oevermann, U. u. a. (1973), »Zur Analyse der Struktur von sozialen Deutungsmustern«, unveröffentlichtes Manuskript, Frankfurt am Main.

– (1989), »Die Methodologie der ›objektiven Hermeneutik‹ und ihre allgemeine forschungslogische Bedeutung in den Sozialwissenschaften«, in: Hans-Georg Soeffner (Hg.), *Interpretative Verfahren in den Sozial- und Textwissenschaften*, Stuttgart: Metzler, S. 352-434.

Radkau, Joachim (1989), *Technik in Deutschland. Vom 18. Jahrhundert bis zur Gegenwart*, Frankfurt am Main: Suhrkamp.

– (1994), »Zum ewigen Wachstum verdammt? Jugend und Alter großer technischer Systeme« (in diesem Band).

Rammert, Werner (1989), »Wie das Telefon in unseren Alltag kam ... Kulturelle Bedingungen einer technischen Innovation und ihrer gesellschaftlichen Verbreitung«, in: Jörg Becker (Hg.), *Telefonieren* (Hessische Blätter für Volks- und Kulturforschung, Neue Folge, Bd. 24), Marburg: Jonas, S. 77-90.

– (1990), »Materiell – Immateriell – Medial: Die verschlungenen Bande zwischen Technik und Alltagsleben«, in: *Österreichische Zeitung für Soziologie* 4, S. 26-39.

Sachs, Wolfgang (1985), »Energie als Weltbild. Ein Kapitel aus der Kulturgeschichte des Produktivismus«, in: *Technik und Gesellschaft* 3, S. 36-57.

– (1992), »Gemächlichkeit und Autoverzicht«, in: *Jahrbuch Ökologie 1992*, München: Beck, S. 286-291.
Schivelbusch, Wolfgang (1974), *Geschichte der Eisenbahnreise*, München/Wien.
– (1983), *Lichtblicke. Zur Geschichte der künstlichen Helligkeit im 19. Jahrhundert*, München/Wien.
Severin, Ingrid (1995), »Technische Vernetzungen und ihre Auswirkungen auf zeitgenössische Kunst« (in diesem Band).
Sieferle, Rolf-Peter (1984), *Fortschrittsfeinde. Opposition gegen Technik und Industrie von der Romantik bis zur Gegenwart* (Die Sozialverträglichkeit von Energiesystemen, Bd. 5), München: Beck.
Soeffner, Hans-Georg (1979), »Interaktion und Interpretation. Überlegungen zu Prämissen des Interpretierens in Sozial- und Literaturwissenschaft«, in: ders. (Hg.), *Interpretative Verfahren in den Sozial- und Textwissenschaften*, Stuttgart: Metzler, S. 328-351.
Strasser, Susan (1981), *Never Done. A history of american housework*, New York: Pantheon Books.
Wagner, Gerald (1992), »Vertrauen in Technik. Überlegungen zu einer Voraussetzung alltäglicher Technikverwendung«, Wissenschaftszentrum Berlin, Paper FS II 92-503, Berlin.
Weber, Max, »Wissenschaft als Beruf« (1982), in: *Gesammelte Aufsätze zur Wissenschaftslehre*, Tübingen: J. C. B. Mohr, S. 582-613.
Weingarten, Elmar (1989), »Die Methoden der Konstruktion sozialer Wirklichkeit. Grundpositionen der Ethnomethodologie«, in: Gert Jüttemann (Hg.), *Qualitative Forschung in der Psychologie*, Heidelberg: Asanger, S. 108-124.
Weyer, Johannes (1995), »Größendiskurse. Die strategische Inszenierung des Wachstums sozio-technischer Systeme« (in diesem Band).

Wolfgang Sachs

Satellitenblick

Die Ikone vom blauen Planeten und ihre Folgen für die Wissenschaft

1. Einführung

Große technische Systeme, das ist ihre *raison d'etre*, vollbringen große technische Leistungen: Sie lassen die Exkremente einer Millionenstadt geruchlos verschwinden, erlauben das Zwiegespräch von Verliebten über Kontinente hinweg, stellen auf Knopfdruck für jedermann eine Anzahl von Energiesklaven bereit und schießen gelegentlich Menschen auf den Mond. Doch ihre tatsächlichen Auswirkungen gehen weit über ihre Zwecke hinaus; Abwassersysteme, Telefonnetze, Energieverbünde oder Raumstationen ordnen nicht nur die Welt der Dinge um, sondern auch die Welt des Bewußtseins. Für welche Zwecke auch immer Energie- und Organisationskräfte zusammengeschlossen werden, die großtechnische Innovation bringt auch neue Gefühle, neue Hoffnungen, neue Gewißheiten in die Welt. Ein großes technisches System stellt nicht nur eine Leistungs-, sondern auch eine Kulturmacht dar.

Für die Dynamik großer technischer Systeme ist das Zusammenspiel von technischer Leistung und kulturellem Entwurf, zwischen Sachaspekt und Sinnaspekt, von herausragender Bedeutung. Auf der einen Seite rufen die Leistungen technischer Systeme beim Publikum eine neue Klasse von Erfahrungen und Erlebnissen, von Vorstellungen und Einsichten hervor. Sie schließen gleichsam ein neues Zimmer der Realität auf, aus dem es, wenn einmal benutzt und eingerichtet, kaum mehr ein Zurück gibt. Auf der anderen Seite begründet diese neue Klasse von Erfahrungen und Vorstellungen oft eine Erwartung, welche die Nachfrage nach den Leistungen des technischen Systems auf Dauer stellt. Hat ein großes technisches System einmal einen mentalen Raum geschaffen, in dem Bedürfnisse, Selbstdefinitionen und Ideale gedeihen, welche seine Infrastruktur voraussetzen, dann hat es eine starke Garantie für Dauer und einen Antrieb für

Weiterentwicklung gefunden. Ist es übertrieben zu sagen, daß die Aufwärtstransformation eines großen technischen Systems auf zwei Beinen, nämlich im Wechselschritt von Sach- und Sinnaspekt, erfolgt? Jedenfalls haben große technische Systeme, mehr als jede einzelne Technologie, eine mythenbildende Kraft, und technogene Mythen wiederum laden zu weiterem Systemwachstum ein.

2. Der blaue Planet

Auf der Fahrt zum Mond, so paradox kann es selbst bei technischen Spitzenanstrengungen zugehen, haben die Menschen vor allem die Erde entdeckt. Denn der Mond erwies sich, im Vergleich, als eine Enttäuschung. So spektakulär das Landeunternehmen in Szene gesetzt war, so gering blieb die Ausbeute; gewaltig waren die zur Eroberung des ersten Himmelskörpers mobilisierten Kräfte, doch der Mond zeigte sich ohne Geheimnis und Zauber. Gewiß, Geologen beugten sich über Gesteinsproben und Astronomen über Meßreihen, aber die durch Weltraumphantasien erhitzte Neugierde des Publikums wurde weitgehend enttäuscht, eine Ernüchterung, die sich auch bei der Fernerkundung von Venus und Mars einstellte. Kein Leben weit und breit, allenthalben nur abgrundtiefe Kälte, Gesteinswüsten und keine atmosphärische Hülle. Wie anders präsentierte sich da die Erde! Blau schimmernd schwebt sie wie ein kreisrundes Juwel im pechschwarzen Weltraum, überzogen von einem Gespinst an Wolkenfeldern und darunter Kontinente, Vegetationen und Ozeane. Einer Oase gleich in der Wüste des Alls, welch ein Kontrast! Seit Lunar I von ihrer Mondumlaufbahn zum ersten Mal das Bild von der am Mondhimmel aufgehenden Erde zurückfunkt hatte, wurde die Neuentdeckung des Heimatplaneten zur eigentlichen Offenbarung der amerikanischen Raumfahrt. Inmitten trostloser Weite enthüllte sich die alte Erde als der bewohnbare, als der ganz besondere Stern. Was als interplanetarische Expedition zu fernen Abenteuern begonnen hatte, endete in einem gewissen Sinne mit einer Rückwendung zum Ausgangspunkt; selbst die Raumfahrt konzentrierte in den zwei Jahrzehnten nach dem Apollo-Programm ihre Aufmerksamkeit auf Umkreisungen im Gravitationsfeld der Erde. Das Bild von der Erde im All aber hat sich in der zeitgenössischen Bilderwelt einen Spitzenplatz erobert; es ziert die Umschlagdeckel gewichtiger Umweltreporte ebenso wie T-Shirts aller Größen, es verleiht Fernsehnachrichten die globale Weihe und springt einen aus Werbespots heraus an. Es ist nicht zuviel gesagt: das Bild vom blauen Planeten ist zur Ikone unseres Zeitalters geworden.

Während die plötzliche Ahnung von der Einzigartigkeit der Erde die Gefühle schwellen ließ, bedeutete die erstmalige Ansicht der Erde in ihrer Ganzheit einen Sprung in der Geschichte der menschlichen Selbstwahrnehmung. »Die Satellitenoptik«, schreibt Peter Sloterdijk[1],

> »ermöglicht uns eine kopernikanische Revolution des Blicks. Für alle früheren Menschen war ja der Blick zum Himmel so etwas wie eine naive Vorstufe des philosophischen Über-die-Welt-Hinausdenkens und eine unwillkürliche Erhebung zur Anschauung einer Unendlichkeit. Seit dem Oktober 1957 jedoch ist etwas in den Gang gekommen, was zur Umkehrung des ältesten Menscheitsblicks führte: der erste Satellit wurde über der Erde ausgesetzt. Bald danach wimmelte es im erdnahen Weltraum von Satellitenaugen, die das uralte Phantasma des göttlichen Herabschauens von sehr weit oben technisch realisieren. Seit den frühen sechziger Jahren ist somit eine umgekehrte Astronomie entstanden, die nicht mehr den Blick vom Erdboden zum Himmel richtet, sondern einen Blick vom Weltraum aus auf die Erde wirft.«

Die Erde, und das ist das fundamental Neue, rückte in den Kreis der sichtbaren Dinge ein. Zum ersten Mal in der Geschichte kann sie gesehen werden, sie liegt vor unseren Augen, wenn auch vermittelt durch die Photographie, wie jeder andere beliebige Gegenstand. Nie zuvor war sie für ihre Bewohner eine sinnfällige Realität, ihre Existenz war eine empirische Gewißheit, aber keine empirische Größe. Denn der Erdball war unendlich viel größer als alles, was mit einem Blick zu erfassen war. Sicher, seit dem Altertum wußte man von der Kugelgestalt der Erde, und spätestens seit Martin Behaims Globus vom Jahre 1492 konnte man maßstabgerechte Modelle in Augenschein nehmen[2], doch das Satellitenbild hat dieses theoretische Wissen nun durch visuelle Demonstration bestätigt – und damit auf eine andere Ebene der Realität gehoben. Erst jetzt wurde die Erde wahrhaftig zu einem Gegenstand; durch

1 Sloterdijk 1990, S. 57.

2 Zur Geschichte des Bildes von der Kugelgestalt der Erde siehe Woodward 1989.

das Photo aus dem All wurde der Planet erst als Objekt konstituiert. Während man sich die alte Erde nur vorstellen konnte, bietet sich die neue Erde als real existierendes Objekt zur Inspektion, zur Behandlung oder auch zur Meditation an. Das große technische System Raumfahrt hat damit – ganz unbeabsichtigt – ein Stück neuer Wirklichkeit hergestellt, eine Wirklichkeit, die ganz auf der Basis seiner technischen Leistungskraft errichtet ist. Welche sozio-technische Dynamik lag hinter dem Raumfahrtprogramm, dem wir das Bild von der Erde verdanken? Wie prägen diese Herstellungsbedingungen die visuellen Eigenschaften des Bildes? Und schließlich: Welche Mentalitätsverschiebungen hat die Gegenwart dieser Bilder in der Öffentlichkeit ausgelöst, Verschiebungen, welche zum Teil nach neuer Raumfahrt rufen? Das sind die Fragen, von denen sich die folgenden Ausführungen leiten lassen.

3. Antriebskräfte des amerikanischen Weltraumprogramms

Militärischer Ursprung

Kein Fluggerät würde jemals die Erdumlaufbahn erreichen ohne Raketen mit enormer Schubkraft und mehreren Treibstufen. Seit 1937 in Peenemünde, der Raketenversuchsanstalt von Heer und Luftwaffe in Deutschland, die konzentrierte Entwicklung von Fernraketen angelaufen war, hatte das Militär, zuerst das deutsche und dann das amerikanische und sowjetische, durch zwei Jahrzehnte hindurch jene Infrastruktur an Forschung, Abschußbasen und Antriebsagggregaten aufgebaut, die ab Ende der fünfziger Jahre die sogenannte friedliche Nutzung des Weltraums möglich machte. Unter entscheidender Hilfe der deutschen Raketenforscher um Wernher von Braun wurden in den USA Zug um Zug ballistische Mittelstrecken- und Interkontinentalraketen entwikkelt, um eines Tages die Sowjetunion mit Sprengköpfen erreichen zu können. Nicht die Satellitentechnik, sondern Raketenforschung prägte die amerikanischen Weltraumaktivitäten im ersten Jahrzehnt nach dem Kriege.[3] So wie *Explorer 1*, der erste ameri-

3 Greschner 1987, S. 266 ff.

kanische Satellit, von einer nach dem *Sputnik*-Schock schnell umgerüsteten militärischen Trägerrakete in die Umlaufbahn geschickt wurde, so schaffte die Technologie strategischer Waffen jenes Potential, auf dem dann zivile Trägersysteme aufbauen konnten.

Die Satellitentechnik hingegen wurde aus dem militärischen Bedürfnis nach Aufklärung im Feindesland geboren.[4] Schon 1950 hatte eine Studie der *Rand*-Corporation die Frage zu beantworten versucht: »What would be the peacetime and wartime utility of a satellite vehicle program for United States national defense?« – und die überragende Bedeutung von Satelliten für die metereologische und strategische Aufklärung unterstrichen. Satelliten versprachen vor allem die Fähigkeit, aus großer Höhe und deshalb gefahrlos und unbemerkt Informationen über die militärische Infrastruktur des Gegners zu sammeln. Allerdings – und darin lag das politische Dilemma des Unternehmens – werde sich der Start eines Satelliten nicht geheimhalten lassen, im Gegenteil, er werde eine Weltsensation darstellen und möglicherweise eine gefährliche Reaktion der Sowjetunion heraufbeschwören. Außerdem war die völkerrechtliche Zulässigkeit, fremdes Territorium in der Höhe einer Umlaufbahn zu überfliegen, noch gänzlich ungeklärt; nicht nur die Sowjets, sondern auch andere Staaten konnten darin einen aggressiven Akt erblicken. Doch hatte *Rand* bereits einen Ausweg parat: »Perhaps the best way to minimize the risk of countermeasures would be to launch an ›experimental‹ satellite on an equatorial orbit«.[5] Mit Hilfe eines zivilen Satelliten sollte das Recht auf freien Überflug etabliert werden, um dann im Gefolge risikolos militärische Aufklärung betreiben zu können.

Da traf es sich günstig, daß das International Council of Scientific Unions und auch die American Rocket Society sich bereits 1953/54 für einen Forschungssatelliten stark gemacht hatten. So war die Zeit reif für eine Koalition zwischen Wissenschaftlergemeinden, Raketenforschern und der Regierung, als Präsident Eisenhower in der Fernaufklärung durch Satelliten ein ideales Mittel sah, den Rüstungswettlauf mit der UdSSR zu optimieren,

4 Die folgende knappe Darstellung stützt sich auf das Standardwerk von McDougall 1985. Auch der Überblick von v. Kries 1987 und die Zusammenfassungen bei Weyer 1990 beruhen im wesentlichen auf diesem Buch.

5 McDougall, a.a.O., S. 110.

das heißt, die Forderungen der Militärs auf das tatsächlich erforderliche Maß zurückzuschrauben. Den willkommenen Anlaß für eine »friedliche« Versuchsmission in den Weltraum bot das Internationale Geophysikalische Jahr 1957/58. Die Regierung kündigte am 28. 7. 1955 »the launching of small earth-circling satellites as part of the United States participation«[6] an, nicht ohne zu bekräftigen, »that the American program will provide scientists of all nations this important and unique opportunity for the advancement of science«. Vor der internationalen Forschergemeinde wurde aber verborgen gehalten, daß die USA damit in Wirklichkeit zwei wissenschaftsferne Ziele verfolgten, nämlich die Rechtmäßigkeit von Satellitenüberflügen zu begründen und den psychologischen Gewinn einzufahren, die erste Nation im Weltraum zu sein.

Folgerichtig trieb man, zwei Jahre vor dem *Sputnik*, im Schatten des zivilen Programms die Entwicklung von ballistischen Raketen und von Spionagesatelliten mit erhöhtem Nachdruck weiter voran, um rechtzeitig in der Lage zu sein, den sowjetischen Fortschritt in der Waffenentwicklung unter Dauerbeobachtung zu halten. Dieses Muster, Raumfahrtforschung zweigleisig zu führen, einerseits in einem offenen, zivilen Programm, das Wissenschaft im Namen von »space for peace« förderte, und andererseits in einem geheimen Programm, das militärischen Anwendungen gewidmet war, wurde schließlich institutionell bei der Gründung der NASA festgeschrieben. Im Gegensatz zu Johnsons Kampagne, als Antwort auf den *Sputnik* alle Raumfahrtaktivitäten unter einer zentralen Leitung zu vereinigen, wurde die NASA als zivile Behörde aufgebaut, während das Pentagon sich auf die militärischen Projekte der Fernaufklärung beschränken mußte. Damit war das zivile Image der Weltraumfahrt gewahrt, ohne das weder auf breite nationale Zustimmung noch auf die Kollaboration der wissenschaftlichen Welt oder gar auf die Kooperation anderer Länder zu rechnen gewesen wäre. Auf Dauer gesehen, konnten auch die Militärs von einem zivilen Schutzschild nur profitieren.

6 Zitiert nach McDougall, a.a.O., S. 121.

Der überraschende Start von *Sputnik 1* am 4. 10. 1957 enthob die USA ihrer Sorgen über die internationale Verträglichkeit von Satellitenüberflügen; die Sowjets hatten selbst einen Präzedenzfall gesetzt, und kein Staat protestierte. Für die Militärs hielt sich der »Schock« in Grenzen (das Heer schoß vier Monate später den ersten amerikanischen Satelliten in die Erdumlaufbahn), doch die öffentliche Meinung erbebte und sah im sowjetischen Weltraumcoup – wie das *Life*-Magazin verkündete – »the shot heard around the world«.[7] *Sputnik* war besonders für die amerikanische Öffentlichkeit nichts weniger als das Fanal einer drohenden Niederlage im Ringen um die Führerschaft der Völker der Welt. Wenn früher – wie ein Memorandum aus dem Umkreis des demokratischen Präsidentschaftsaspiranten Lyndon B. Johnson formulierte[8] – die Römer die Welt durch ihre Straßen, England durch seine Schiffe und schließlich die USA durch ihre Flugzeuge beherrschten, was bedeutete jetzt der Erfolg der Sowjets, zum erstenmal die Erde zu verlassen und die Kontrolle des Weltraums anzustreben? *Sputnik* schien daher nichts weniger als der Vorbote des machtpolitischen Niedergangs der USA zu sein. Da Hegemonie nicht nur auf einem strategischen Kräfteverhältnis, sondern auch auf Überzeugungskraft beruht, drohten die russischen Piepstöne aus dem All in ihrer symbolischen Wirkung die amerikanische Position zu erschüttern: in der Wahrnehmung der Völker, so die Befürchtung, könnte die USA auf den Rang eines zweitbesten Gesellschaftsmodells zurückzufallen. »One can predict with confidence«, wie Lyndon Johnson einmal ohne Umschweife feststellte, »that failure to master space means being second-best in the crucial arena of our Cold War world. In the eyes of the world, first in space means first, period; second in space is second to everything.«[9] Der kalte Krieg war Ende der fünfziger Jahre weit mehr als nur ein militärisches Kräftemessen, er hatte sich in der Vorstellung vieler Zeitgenossen zu einem Wettkampf zweier Zivilisationen um die Gunst und Loyalität der Zuschauer in der weltweiten Arena ausgewachsen. Die Raumfahrt – ganz jenseits irgendeines technisch-

7 von Kries, a.a.O., S. 303.
8 McDougall, a.a.O., S. 149.
9 Ebd., S. 320.

praktischen Nutzens – war mit *Sputnik* zum Symbol für diesen Wettkampf geworden, ein Musterbeispiel dafür, wie in entscheidenden Phasen die Dynamik hinter dem Aufstieg eines großtechnischen Systems nicht von kühlem Utilitarismus, sondern von kollektiven Phantasien geprägt wird.

Bereits in den Eisenhower-Jahren setzte daher eine Verschiebung der Prioritäten im Raumfahrtprogramm ein. Feindaufklärung war kein vorherrschendes Thema mehr, das konnte man den Militärs überlassen; was nunmehr zählte, waren die wissenschaftlichen, technologischen und natürlich politischen Versprechungen der Raumfahrt. Kennedy schließlich zog daraus die spektakuläre Konsequenz, die Nation 1961 mit den berühmt gewordenen Worten darauf zu verpflichten, »vor Ende des Jahrzehnts einen Menschen auf dem Mond zu landen und ihn sicher zurückzubringen«.[10] Mit dieser Entscheidung nahm das in der Geschichte wahrscheinlich größte Projekt zeremonieller Verausgabung seinen Anfang: durch eine Tat, die alle Maßstäbe sprengte, der Welt den Glanz und die Überlegenheit Amerikas einzuprägen. Mit dem *Apollo*-Programm zielte Kennedy auf den Mond, wollte aber in Wirklichkeit in die Gemüter der Menschen treffen. Gerade der zivile Charakter des Unternehmens erlaubte es, die Mondlandung als Menschheitsunternehmen zu präsentieren, als einen Durchbruch von welthistorischer Tragweite, den die USA gleichsam treuhänderisch für die menschliche Spezies ins Werk setzte. Ein solcher Kraftakt von Vitalität und Entschlossenheit würde die Zweifler am amerikanischen Vorbild überzeugen und die Gläubigen bestärken, eine solche Demonstration von technischer Potenz und sozialer Hingabe würde die Aspirationen der Welt an die amerikanische Führerschaft binden. Projekt *Apollo* war kein Mondlandeunternehmen, sondern ein Prestigeunternehmen.

Allerdings war nicht zu übersehen, daß ein Unternehmen dieses Anspruchs soziale Allianzen, Strukturen und Interventionsformen verlangte, die den Werten der Eisenhower-Zeit eher zuwiderliefen. Mit sparsamer Staatsaktion und vorsichtiger Budgetführung, mit bloßem Vertrauen auf unternehmerischer Initiative und freien Markt ließ sich kein Mensch auf den Mond schießen. Das ging der Kennedy-Administration freilich nicht gegen den Strich; ihre gesamte Programmatik, keineswegs nur für die Raumfahrt,

10 Die Geschichte dieser Entscheidung ist dargestellt in Logsdon 1970.

lief darauf hinaus, Wissenschaft und Technologie unter staatlicher Regie zu mobilisieren, um zahlreiche Probleme, vom Wohnungsbau zum Welthunger, in einem Höhenflug an Machbarkeitswillen zu lösen. Projekt *Apollo* war da eine willkommene Initialzündung, um Wellen technokratischer Reform – die Herrschaft der »best and the brightest«, wie David Halberstam die Kennedy-Elite nannte – durchs Land zu schicken. James Webb, der Direktor der NASA, hatte einen gar nicht unbescheidenen sozialen Umbau im Auge: »Every thread in the fabric of our economic, social, and political institutions is to be tested as we move into space ... Jealously guarded traditions in our educational institutions are being tested, altered, or even discarded. Our economic institutions ... are undergoing reexamination.«[11] Die NASA war der Paradefall einer Politik der massiven Staatsintervention um der wissenschaftlich-technischen Mobilisierung willen.[12] Gleichzeitig gewannen in der Raumfahrt – wie auch im Staat – andere Gruppen sozialer Akteure an Einfluß: die alten Protagonisten aus Militär und Raketenforschung mußten Einbußen hinnehmen, während Wissenschaftler, Technokraten und die politische Elite, besonders über Gründung (1958) und Ausbau der NASA, an Gewicht zunahmen. So spiegelte der Ausbau des Raumfahrtprogramms auch den anderen sozialen Gehalt der Kennedy-Zeit: Auf der Basis einer Allianz zwischen militärisch-industriellen und bildungs- und sozialreformerischen Kräften verschaffte sich eine staatliche Technokratie Geltung, die danach trachtete, die Gesellschaft mehr in ihre aufgeklärte Regie zu bringen.

Potential auf der Suche nach Anwendung

Die Projekte der NASA waren in drei Programmkategorien unterteilt: bemannte Raumfahrt, Weltraumwissenschaft und Anwendungsprogramme.[13] Letztere umfaßten alle erdgerichteten Aktivitäten, zu denen Satelliten eingesetzt werden konnten:

11 McDougall, a.a.O., S. 383.

12 Der Aufstieg technokratischer Ideologie und Regierungspraxis im Zusammenhang mit der Raumfahrt ist das Hauptthema des Buches von McDougall.

13 Das Material zu diesem Kapitel ist vor allem Mack 1990 entnommen.

Nachrichtenübermittlung, Fernerkundung, Wetterbeobachtung, Navigation, Meresüberwachung, Geodäsie. In den sechziger Jahren standen diese Aktivitäten klar im Schatten vor allem der bemannten Raumfahrt; erst nach dem Ende des *Apollo*-Programms begann die NASA die Erde ins Visier zu nehmen. Das Ziel – die national-technologische Mission – erwies sich als vergänglich, doch der Weg – Organisation, Technologie und Know-how – blieb bestehen. Wo freilich ein Weg ist, da finden sich auch Ziele.

Seit Anfang der sechziger Jahre war durch das Militär und die ersten Projekte der zivilen Raumfahrt im Prinzip das technische Potential für erdgerichtete Satellitenoperationen verfügbar. Um solche Satelliten auszusetzen und zu unterhalten, war lediglich eine Rekombination verfügbarer Technologien (Trägerraketen, Satellitentechnik, Luftphotographie, Sensoren, Datenübermittlung) auf die spezifische Anwendung hin notwendig. Aber diese Möglichkeiten kamen nur zum Einsatz, als soziale Akteure bereitstanden, welche die Satellitenanwendung adoptierten und in ihr jeweiliges Handlungsprogramm aufnehmen wollten. So geschah es relativ früh mit Wettersatelliten, die, nachdem sie als *spin-off* von der Militärforschung über Aufklärungssatelliten an die NASA übertragen worden waren, vom U.S. Weather Bureau übernommen wurden. Auch Kommunikationssatelliten – nach *Echo* 1960 und *Syncom* 1963, dem ersten Satelliten in geosynchronem Umlauf – fanden bald eine institutionelle Basis, die Weiterentwicklung und Dauereinsatz garantierte, nämlich die Fernmelde- und Telekommunikationsindustrie. Solche klar umrissenen Nutzergruppen fehlten für Erdbeobachtungssatelliten; das Feld interessierter Institutionen war zersplittert, die Ziele eines solchen Satelliteneinsatzes blieben ungewiß, Betreiber waren nicht in Sicht, und die NASA selbst war nur an Forschung und Entwicklung, aber nicht an dauerhafter Nutzung interessiert.

Es waren die Ambitionen der *scientific community*, welche die Entwicklung eines zivilen Erdbeobachtungssatelliten, das *Landsat*-Programm, auf den Weg brachten. In der Industrie und den Geowissenschaften hatten sich – im wesentlichen durch Kriegsforschung – Expertengruppen herangebildet, welche die Technik der Luftphotographie, vor allem bei Nacht und im Infrarot-Bereich, und die Technik der nicht-photographischen Sensoren, etwa vermittels Radiowellen, weiter ausbauten und kontinuierlich einsetzten. Forscher, die für das Pentagon Sensoren entwickelt hatten, um Panzer und Soldaten unter Baumdeckung auszumachen, begannen sich nach dem zivilen Nutzen ihres Einfallsreichtums zu fragen.[14] Deutlich erkannten sie, daß ein Fernerkundungssatellit viel versprach, wenn es darum ging, ausgedehnte Flächen in regelmäßigen Zeitintervallen nach bestimmten Merkmalen zu dokumentieren. Die NASA freilich verhielt sich zögerlich, weil sie nicht die Spannungen im Verhältnis zum Verteidigungsministerium vertiefen wollte, bis Astronauten die ersten Photos von der Erde mitbrachten. Mit ihrer Schärfe und Auflösungskraft lösten die Bilder nicht wenig Begeisterung aus; sie bewiesen, daß die Sicht von einem Standpunkt außerhalb der atmosphärischen Schicht besser ist als von einem innerhalb der Atmosphäre. Erst jetzt, nach den *Mercury*- und *Gemini*-Flügen 1962-66, deutete sich das volle Potential des orbitalen Blicks zur Beobachtung der Erde an.[15]

Folglich richtete die NASA im Jahr 1964 ein Forschungsprogramm ein, um zu untersuchen, wie von Raumfahrzeugen aus Informationen über Erdressourcen gewonnen werden könnten. Ein technisches Potential suchte nach seiner Anwendung: es wurden Projekte beim Innen- und beim Agrarministerium gestartet, um den Nutzwert einer Ausspähung von Erdressourcen aus dem All zu ermitteln. Einige Projekte machten sich daran, Sensoren für nicht-optische Bereiche des Spektrums zu entwickeln, während andere untersuchten, wie etwa per Fernerkundung aus Merkmalen von Getreide die Größe einer Ernte vorhergesagt oder aus der Struktur der Erdoberfläche auf unterirdische Mineral- und Ölreserven geschlossen werden könnte. Groß war das Interesse von Geologen und Ressourcenplanern, aber eine Divergenz der Interessen zwischen der NASA und potentiellen Nutzerinstitutionen bremste den schnellen Fortgang der Dinge: Die NASA setzte auf Perfektion und Experiment, während die Nutzer auf Brauchbarkeit und Zuverlässigkeit des Geräts drängten. Das technische Design wurde zwischen den verschiedenen Institutionen ausgehandelt, doch die Unklarheiten im Anforderungsprofil und im zukünftigen Datengebrauch blieben bestehen.

14 Vgl. ebd., S. 38 f.
15 Ebd., S. 40.

Während die Technologie bereitstand, mußte ihr Zweck im Detail erst entwickelt werden: noch nach dem Start von *Landsat 1* im Jahre 1972 liefen Forschungsprojekte, um die verfügbaren Datenmassen auf ihre verschiedenen Nutzanwendungen hin zu testen.[16]

4. Die Herstellung der Erde im Bild

Das Bild vom blauen Planeten ist weit davon entfernt, einfach nur ein Stück Abbild der Wirklichkeit zu sein. Wie jedes Photo erschafft es die Wirklichkeit neu, indem es sie unter der Aufmerksamkeit eines bestimmten Blicks hervortreten läßt. Bekanntlich kann jeder Photograph nicht anders als selektieren; mit der Wahl des Objekts, des Ausschnitts, des Winkels, des Zeitmoments wird ein Sachverhalt hergestellt. Was da auf Hochglanzpapier erscheint, drückt auch ein Verhältnis zwischen dem Photographen und der Wirklichkeit aus; so läßt sich in der Botschaft eines Photos, nicht anders als in der mündlichen Mitteilung, der Beziehungsaspekt nicht vom Inhaltsaspekt trennen. Entsprechend stellt jener Blick, der sich in der Photographie verkörpert, eine Einladung, ja eine verdeckte Suggestion für den Betrachter dar, dasselbe Verhältnis zur dargestellten Wirklichkeit einzunehmen. All das trifft auch zu, und sogar noch mehr, wenn es sich um Bilder handelt, welche als Ergebnisse eines großtechnischen Systems mit außerterrestrischer Reichweite entstanden sind.

Hegemonie des Sehens

Von den Satelliten schauen Kameras auf die Erde. Genaugenommen kann von »Schauen« allerdings nicht die Rede sein; denn eine Kamera ist wie ein künstliches Auge, monokular, starr und abgekoppelt von den anderen Sinnen des Leibes.[17] Kameras treiben weiter, was die spezifische Leistung der Augen im Vergleich der menschlichen Sinne ausmacht: die Dinge aus der Distanz und über eine Zeitspanne wahrzunehmen. Das Auge muß nicht – wie

16 Ebd., S. 125 f.
17 Vgl. Romanyshyn 1989, S. 58.

Tastsinn und Geruchssinn – den Dingen auf den Leib rücken und warten, daß sie sich selbst offenbaren; die Stärke des Auges liegt in seiner Objektivierungsleistung. Nicht von ungefähr ist deshalb das Sehen in der europäischen Geschichte zum höchsten Richter der Wahrnehmung geworden; nicht nur für den Volksmund, sondern auch für die Wissenschaft (wenigstens bis zur Quantenphysik) gilt: Was man nicht sieht, das glaubt man nicht. Die Kamera verstärkt diese Objektivierungsleistung des Auges, indem sie es von der Subjektivität reinigt, einen Sitz in einem individuellen Körper zu haben. Photos sind daher als Beweismittel höchst willkommen.

Doch mit der Vorherrschaft des Sehens werden auch andere Arten der Repräsentation verdrängt. Denn Unsichtbarkeit schließt Präsenz keineswegs aus. Was nicht sichtbar ist, kann nämlich durchaus gegenwärtig sein: Geschichten, Bilder und Symbole haben in zahllosen Kulturen Zeugnis für das Unsichtbare abgelegt. Ja noch mehr: war das Unausgeleuchtete, das Unsichtbare nicht der traditionelle Ort der Einbildungskraft? Entzauberung scheint oft ein Akt der Sichtbarmachung zu sein; sobald etwas vom Auge erfaßt werden kann, hat die Imagination gegen die Empirie einen schweren Stand. Nicht umsonst heißt bekanntlich in anderen Sprachen die Zeit der Aufklärung die Epoche der Erleuchtung. Indem die Erde vor das Auge der Satellitenkamera kommt, wird sie sowohl in ihrer Faktizität unübersehbar bestätigt als auch für die Imagination entzaubert. Welche Kosmologien auch immer die unzähligen Kulturen in der Welt pflegen, mit dem Satellitenbild wird die jeweilige Mythologie in ihrem Gegenstand bestätigt, aber in ihrer Darstellung entwirklicht; denn die Erde, so zeigt das Bild, ist eine kreisrunde Tatsache, nichts weiter als ein besonders großer physikalischer Körper im Raum.

Real durch Photographie

Zweitausendfünfhundert Jahre nach den Spekulationen des Pythagoras, zweitausend Jahre nach den Berechnungen des Eratosthenes und vierhundertfünfzig Jahre nach der Weltumsegelung Magellans ist die Kugelgestalt der Erde keine wissenschaftliche Schlußfolgerung mehr, sondern eine augenfällige Realität, von der sich jeder durch einen Blick auf ein Stück Papier überzeugen kann. Seit Mercator[18] vermittels eines Netzes longitudinaler und latitudinaler Linien eine Weltkarte konstruiert hatte, waren maßstäbliche und damit optisch konsistente Darstellungen der Erde gang und gäbe. Überdies wurde die Erde durch die Verbreitung von Globen, großen und kleinen, zu einem alltäglichen Objekt in Schule und Haushalt. Doch auch der Globus konnte nicht beanspruchen, Abbild einer physischen Realität zu sein; nichts konnte über seine Herkunft vom Zeichenbrett, über seinen Modellcharakter hinwegtäuschen.

Die Photographie aus dem All stellt einen Bruch in der Geschichte der Wahrnehmung der Erde dar. Sie verleiht der Erde Evidenz. Dabei ist es wichtig, daß es sich um ein Photo handelt; denn nur die Photographie – unter all den verschiedenen Abbildungen wie Gemälden, Plastiken, Karten oder Modelle – beansprucht, nicht nur dem dargestellten Gegenstand ähnlich, sondern ihm gewißermaßen gleich zu sein. »While a painting«, so verdeutlicht Susan Sontag[19] den Unterschied zwischen Bild und Photographie, »while a painting, even one that meets photographic standards of resemblance, is never more than the stating of an interpretation, a photograph is never less than the registering of an emanation (light waves reflected by objects) – a material vestige of its subject in a way that no painting can be«. Obwohl ein Photo immer selektiert, kommt es doch als Zeuge für eine Tatsache daher. Das Photo aus dem All demonstriert die Realität der Erde, und die Reproduzierbarkeit des Photos macht diese Realität allgegenwärtig. Damit ist die Basis für viele zeitgenössische Varianten globalen Bewußtseins geschaffen.[20]

Vom orbitalen Rand

Kein Satellit steigt auf ohne Trägerrakete. Fernsehbilder von Raketenstarts zeigen Kraftspektakel, bei denen Start und Katastrophe nahe beieinanderliegen: zuerst platzt eine Explosionswolke auf, dann schiebt sich das Ungetüm, auf einer Feuersäule reitend,

18 Zur Geschichte der Kartographie siehe etwa Wilford 1981.
19 Sontag 1989; zuerst 1977, S. 154.
20 Mir ist bisher nur eine Veröffentlichung zur Analyse des Bildes von der Erde bekannt, die von Grab 1985, S. 18-25.

in den Himmel, um in Sekundenschnelle den Blicken zu entschwinden. Keine andere technische Operation bündelt solche Energien, um einen so radikalen Abstand zwischen betrachtendem Subjekt und untersuchtem Objekt zu schaffen. Anschaulich illustriert eine abhebende Weltraumrakete, daß technische Macht über die Natur zuallererst damit zu tun hat, das Subjekt aus der gelebten Natur herauszulösen und ihm einen Standpunkt im Gegenüber zu ihr zu verschaffen. Erst im Blick von außen erscheint als Gegenstandsfeld, was vorher die eigene Mitwelt, und erscheint als Interventionsfeld, was vorher die eigene Erlebniswelt war.
Ein Satellit wird durch die Rakete abgesprengt von der Welt, er durchstößt die Erdatmosphäre und bleibt in einer Umlaufbahn, die ihn immer auf Abstand hält. Der Beobachter in der Raumkapsel hat die bisher extremste menschenmögliche Entfernung erreicht; seine Wahrnehmung beruht darauf, daß er sich soweit als möglich aus der Teilnahme am Erdgeschehen zurückgezogen hat. Selbst die elementarsten Gemeinsamkeiten mit den Erdbewohnern sind suspendiert: Schwerelosigkeit und Tag-Nacht-Auflösung zeigen, daß Austronaten auch physikalisch die Erde verlassen haben. Wie alle Ekstasis verschafft diese Grenzsituation berauschende Erfahrungen; Berichte von Austronauten jauchzen über die Befreiung von der Körperschwere.
Die Bilder aus dem All, gleichgültig ob aus niederer Erdumlaufbahn oder vom Mond, inkorporieren diese äußerste Distanz. Auf kaum überbietbare Weise dokumentieren sie einen Modus der Erkenntnis, der auf Entfernung beruht. »The departure of the shuttle from earth is only the latest, and perhaps most dramatic, enactment of that distance, for distance belongs to technological knowledge as much as nearness belongs to intimate knowledge, to what might be called a knowledge of the heart.«[21] Die Realität, welche die Bilder zeigen, ist nicht durch Hingehen, Dabeisein, Teilnahme und Mitarbeit der »Betroffenen« gewonnen, sondern durch Abreise, Entfernung, Exzentrizität. Und vor allem: es handelt sich um einen Modus der Beobachtung von Menschen und ihren Aktivitäten, die sich hinter ihrem Rücken – oder besser: weit über ihren Köpfen – vollzieht. Nie fallen Beobachter und Beobachtete so auseinander; es ist der Extremfall einer Erkenntnis, die ohne Teilnahme und ohne Wissen der Erkannten gewon-

21 Romanyshyn, a.a.O., S. 21.

nen wird. Nicht umsonst hat die Raumfahrt mit Spionagesatelliten begonnen.

Verzerrte Proportionen

Entfernung verkleinert. Der vielleicht erstaunlichste Effekt des Blicks aus dem Weltraum, wieder und wieder von Austronauten besungen, war das Schrumpfen der Erde. James Irwin, der 1971 mit *Apollo 15* flog, fing diese Erfahrung in poetischen Formulierungen ein: »Die Erde erinnerte uns an eine in der Schwärze des Weltraums aufgehängte Christbaumkugel. Mit größerer Entfernung wurde sie immer kleiner. Schließlich schrumpfte sie auf die Größe einer Murmel, der schönsten Murmel, die du dir vorstellen kannst.«[22] Ein dramatischer Bruch in der Wahrnehmung: die Erde, einst unermeßlich groß, liegt nun als ein kleiner Ball vor aller Augen. Wahrlich eine Umkehr der Perspektive! Während sich die Menschen bisher von der Erde – im Guten oder Bösen – umgeben sahen, umfangen sie nun selbst die Erde – wenigstens mit ihren Blicken.

Die Umkehr in der Perspektive ist offensichtlich die Frucht des ungeheuren Abstands, in den die Astronauten katapultiert worden sind. Die raketengetriebene Entfernung von der Erde verrückt den Maßstab, welcher bisher im begrenzten Vermögen der menschlichen Kräfte und Sinne gegründet war. Wahrnehmungen sind jetzt zugänglich, eine Wirklichkeit ist geschaffen, die in keinem Verhältnis mehr zu den menschlichen Sinnen steht. Die Proportion von Mensch und Erde wird geradezu auf den Kopf gestellt. Der Astronaut Buzz Aldrin brachte die mirakulös-unheimliche Verkehrung der Verhältnisse auf den Punkt: »Die Erde wurde schließlich so klein, daß ich sie einfach dadurch aus dem Weltraum verschwinden lassen konnte, indem ich meinen Daumen vor sie hielt.«[23] Was heißt es, wenn – über Fernsehen und Photographie verbreitet – die verkleinerte, aus dem menschlichen

22 Zitat in Kelly 1989, S. 38. Bei diesem ersten von mehreren Astronauten-Zitaten ist es vielleicht angebracht, darauf hinzuweisen, daß es sich dabei gewiß um sehr ausgewählte und möglicherweise um nachträglich geschönte Äußerungen handelt.

23 Ebd., S. 37.

Maß ausgekoppelte Erde zur herrschenden Vorstellung wird? Zwei Reaktionen sind gegenwärtig sichtbar. Auf der einen Seite wird über die Erde in einer Sprache sentimentaler Trivialisierung gesprochen: seht her, wie winzig und zerbrechlich sie ist, sie braucht unsere Zuwendung und Pflege! Auf der anderen Seite machen sich Stimmen von menschlicher Selbstvergrößerung und Omnipotenz bemerkbar, die sagen: seht her, wie überschaubar und handhabbar die Erde ist, sie läßt sich beherrschen und unter Kontrolle halten! Natürlich ist nicht ausgeschlossen, daß die Motive »Sorge« und »Kontrolle« zusammenfließen. Etwa in jener vom »Patienten Erde« scheinen beide Sprechweisen übereinzukommen.

Freilich nicht alle Bilder sind von Mondfahrten geschossen; jene aus den Erdumlaufbahnen lassen die Erde zwar als Objekt, jedoch hübsch riesengroß erscheinen. Dennoch prägt die Verzerrung der Proportionen auch hier noch die Wahrnehmung. Die Verkleinerung, die der Planet durch die Auskopplung des menschlichen Maßes erfährt, bringt es mit sich, daß Menschliches der Irrelevanz anheimfällt. Jene Erde, die da im Bild erscheint, ist im wesentlichen ein physisches Objekt, mit Ozeanen, Landmassen und Wolkenwirbeln, versteht sich, aber nicht die Wohnstatt von Menschen. Was die Lebensrealität von Menschen ausmacht, verflüchtigt sich in diesem Bild von der Erde; weder sind Kulturen noch Rassen oder Nationen zu sehen. Unterstützt wird dieser Sachverhalt noch vom Charakter der Photographie: ein Photo fixiert immer die Zeit und schneidet daher jedes Verständnis für Geschichte und Kontext des Dargestellten ab. So erscheint die Erde überdeutlich als physische Einheit, und zwar als eine physische Einheit, die unmittelbar soziale Einheit unterstellt, weil die konflikthafte Realität der Menschen gegenüber der grandiosen Tatsächlichkeit der Erde ganz verblaßt. Deshalb haben wohl so viele Astronauten betont, wie freundlich und friedlich die Erde aussieht, und immer wieder unterstrichen, daß Grenzen, Differenzen und Konflikte für den Blick vom All wie weggewischt sind. Die stärkste Botschaft des Bildes ist daher eine naturalistische Reformulierung der Menschheits-Idee: was die Einheit der Menschen stiftet, ist ihr gemeinsames Schicksal, auf diesem Erdkörper im All zu schweben. Oder, wie es auf einem Poster des blauen Planeten lapidar heißt: »All one people«.

Höhe beschert Überblick. Je höher einer steigt, desto weniger Hindernisse stellen sich seinem Blick in den Weg; je größer der Abstand zum Boden, desto weiter schiebt sich der Horizont in die Ferne. Nicht mehr eingeklemmt ist die Sicht, und frei schweift der Blick in die Runde. Spätestens seit Gipfel erstiegen werden, um sich am Rundblick auf Höhenzüge, Flußtäler und Städtchen zu begeistern, suchte der Wunsch nach Überblick immer höhere Aussichtsposten, vom Gipfel zur Ballonfahrt und zum Flugzeug. Denn nur die Höhe erlaubt den synoptischen Blick, nur von oben bietet sich ein zusammenhängendes Bild, indem weit voneinander entfernte Punkte gleichzeitig in den Gesichtskreis rücken und großflächige Muster hervortreten lassen.

Der Mond stellt die höchste Aussichtsplattform dar, die der Mensch jemals erreicht hat. Einen besseren Beobachtungsposten bieten jedoch Satelliten in einer Erdumlaufbahn, da sie die Gesamtschau noch mit einer gewissen Nähe zu den geo-morphologischen Einzelheiten vereinbaren. So ist von der vergleichsweise geringen Höhe eines *Landsat*-Satelliten (900 km) der gesamte Mittelmeerraum zwischen Spanien und Griechenland zu überblicken, während Stadtagglomerationen, Bergkrusten und Flußläufe noch klar genug hervortreten. Der Satellit erlaubt die Erde (oder große Teile von ihr) im Draufblick zu sehen, ein Wahrnehmungserlebnis, das nicht wenige Austronauten in den Bann geschlagen hat: »Während des Frühstücks schaut man aus dem Fenster... und erblickt das Gebiet des Mittelmeers, Griechenland und Rom, Nordafrika und den Sinai ... Man wird sich bewußt, daß das, was man mit einem Blick erfaßt, lange Zeit hindurch Schauplatz der gesamten Geschichte der Menschheit war – die Wiege der Zivilisation. Dann fliegt man über Nordafrika hinweg und hinaus über den Indischen Ozean ...«[24] Ein einziger Blick erfaßt mehr als jemals zuvor, und die Zusammenschau über Meere und Kontinente hinweg enthüllt weiträumige Felder von Wechselbeziehungen, die vorher der menschlichen Anschauung verborgen waren. Wolkenformationen und Algenteppiche, Erdfalten und Siedlungsmuster formieren sich zu Gestalten höherer Ordnung, die nachdrücklich nahelegen, daß scheinbar geographisch ver-

24 Zitat des Austronauten Russell L. Schweickart in White 1989, S. 30.

streute Phänomene in Wahrheit oft Teilstücke größerer Zusammenhänge darstellen. Kein Zweifel, eine solche Gesamtschau gibt systemischem Denken, in welchen Varianten auch immer, einen starken Auftrieb, weil nunmehr auch übergeordnete Muster von Wechselwirkungen sich dem Auge aufdrängen. Ja noch mehr, das Bild läßt, genau genommen, nicht einmal den Beobachter aus, denn der befindet sich selbst unweigerlich auf dem Objekt, das er betrachtet. Das Photo aus dem Weltraum ist immer auch ein Selbstporträt.

Noch verstärkt wird die synoptische Kraft des Satellitenblicks durch die Umlaufbewegung: Während der knapp 90 Minuten etwa, in denen der Raumtransporter *Columbia* die Erde umkreist, zieht das ganze Erdenrund weit unten vorbei. Nimmt man hinzu, daß im Laufe der Tage die Umlaufbahn sich Abschnitt um Abschnitt über der Erdoberfläche versetzt, dann wird klar, daß nicht nur Zusammenschau, sondern Allessicht das der Satellitenfahrt technisch eingeborene Programm darstellt. Kein toter Winkel mehr und auch kein weißer Fleck, statt dessen totale Einsehbarkeit: Satellitenaugen sind in ihrer Weise allgegenwärtig und allwissend.

Von einem Horizont kann man im Draufblick vom Weltraum auf die Erde kaum mehr sprechen; er entschwindet jedenfalls mit der Aufwärts- oder Umlaufbewegung des Satelliten, bis er mit dem Rand der Erdkugel zusammenfällt. Ohne Grenzen ist der Blick, und nichts bleibt ihm verborgen, ein Modus des Sehens, der kein »Jenseits«, »Danach« oder »Dahinter« mehr kennt. Die Totalität des Satellitenblicks läßt Unterscheidungen wie hier/dort, innen/außen und auch jetzt/später in sich zusammenfallen. Damit ist ein bemerkenswerter Sprung in der Geschichte des Sehens vollzogen, denn das Bild von der blauen Erde hat die Grenzen des perspektivischen wie auch des panoramatischen Blicks hinter sich gelassen. Es ist a-perspektivisch, weil es keinen Fluchtpunkt mehr kennt, sondern alle denkbaren Fluchtpunkte in sich versammelt. Die teleskopische (wie umgekehrt die mikroskopische) Blickrichtung ist in der makroskopischen Gesamtschau[25] aufgehoben. Und es ist total-panoramatisch, weil der Rundblick in keinem Horizont mehr gefangen ist, sondern hinter alle Horizonte reicht.

25 Joel de Rosnay hat diese Veränderung in einem Buchtitel festgehalten: *Le Macroscope* (1975).

Perspektive und Panorama, beiden Sehweisen wohnte eine Bewegung, eine innere Dynamik, ja ein Antrieb zur Transzendenz in Fläche, Höhe und Zeit inne: immer weiter, von einem immer höheren Standpunkt, also morgen sehr viel mehr zu sehen.[26] Während diese beiden Sehweisen dem Fortschrittsdenken analog sind, wo es ja um die sukzessive Überwindung von Horizonten geht, zeigt die Makroskopie des Planeten eine deutliche Verwandtschaft zu einem nach-fortschrittlichen Denken, wo die Gleichgegenwärtigkeit von allem fasziniert. In anderen Worten, das Satellitenbild stützt eine systemische Wahrnehmung, in der die Aufmerksamkeit den simultanen Interaktionen in einem Netz von weiträumigen Beziehungen gilt, und nicht mehr eine progressistische Wahrnehmung, die auf eine kontinuierliche Entdeckung neuer Möglichkeitsräume in der Zukunft drängt.

Sehen und doch nicht sehen

»Two attitudes«, schreibt Susan Sontag, »underlie this presumption that anything in the world is material for the camera. One finds that there is beauty or at least interest in everything, seen with an accurate enough eye ... The other treats everything as the object of some present or future use, as matter for estimates, decisions, and predictions. According to one attitude, there is nothing that should not be *seen*; according to the other, there is nothing that should not be *recorded*.«[27] Was das Photo aus dem Weltraum angeht, so hat hier der ästhetisierende Blick einen grandiosen Gegenstand gefunden; die ruhige Majestät der Erde, deren man da ansichtig wird, hat die Menschheit zum Staunen gebracht. Der andere Blick freilich, der instrumentelle, der erfassende, bekommt ebenfalls seine Chance, ja viel mehr noch, ihm werden historisch beispiellose Möglichkeiten zur Erkundung und Aufzeichnung eröffnet.

26 Den Zerfall des Perspektivraums und den Umbruch zu einer a-perspektivischen Wahrnehmung im zwanzigsten Jahrhundert zeichnet das Ausstellungsmagazin »Der Zerfall des alten Raums. Brüche in der Geschichte des Blicks«, Berlin: Werkbundarchiv/NGBK, 1988, nach. Perspektive, Panorama und das Zurückweichen des Horizonts in der Geschichte der Wahrnehmung sind Themen in Koschorke 1990.

27 Sontag, a.a.O., S. 176.

Der Krieg war auch hier der Vater aller Dinge. Photokamera und Flugzeug fanden im ersten Weltkrieg zueinander, um die Geländesituation hinter den Frontlinien zu erfassen, ein Zusammenschluß, aus dem in der Folgezeit die Technik der Luftphotogrammetrie hervorging, welche die Kartographie auf eine neue Grundlage stellte.[28] Seither werden Kameras auf Flugkörper montiert, um Panzer zu zählen, Tiefdruckgebiete zu beobachten und Landnutzung zu dokumentieren. Während des zweiten Weltkriegs jedoch stellte sich ein weiteres Problem: Wie kann man sehen, was sich hinter geschickter Tarnung verbirgt? Als Antwort wurde die Infrarotphotographie entwickelt, die Wärmeausstrahlung aufzeichnet. Zwar kam sie kaum mehr zum Einsatz, doch verstärkte sich von da an die Suche nach Aufzeichnungsinstrumenten, die mehr erfassen können, als das menschliche Auge je zu sehen vermag. Denn sichtbares Licht stellt nur einen Teil des Spektrums von elektromagnetischen Wellen dar, die von einem Objekt reflektiert, absorbiert oder ausgesandt werden. Spektralbereiche, die unsichtbar für das Auge bleiben, umfassen – in kürzeren Wellenlängen – etwa Ultraviolettstrahlen, Röntgen- und Gammastrahlen, während in längeren Wellenbereichen Infrarotstrahlung, Mikrowellen (Radar eingeschlossen) und Radiowellen vorkommen. Jedes Objekt, seien es Felsen, Pflanzen oder die Materialien, aus denen Straßen oder Schiffe gebaut sind, weist damit eine spezifische Strahlensignatur auf, die durch entsprechende Sensoren registriert werden kann.

Diese Erkundung des Unsichtbaren durch hochentwickelte Sensorentechnik, welche seit den frühen sechziger Jahren unter dem Sammelbegriff »remote sensing« vorangetrieben wird, ist seit dem Einsatz eines Multispektral-Scanners auf *Landsat* 1972 zum herausragenden Kennzeichen der Erdbeobachtung durch Satelliten geworden.[29] Allerdings steht die umfassende Umzingelung der Erde mit Satellitenaugen noch bevor; erst das von der NASA geplante Earth Observation System soll in den nächsten zehn bis zwanzig Jahren zu einer Art umgekehrten Panoptikums führen,

28 Zur Geschichte der Luftphotographie und der Fernerkundung siehe Wilford, a.a.O., S. 231-251, und Estes/Cosentino 1989, S. 75-111.

29 Zu Kurzdarstellungen der Technologie des *remote sensing* siehe Häberle 1987 und Estes/Cosentino 1989; speziell zur Sensorentechnik von *Landsat*: Mack, a.a.O., S. 66-79.

wo von der Peripherie her das Zentrum unter dauernder Überwachung gehalten werden kann.[30] Immerhin, man erwartet, daß »by the mid-1990s it may be possible to acquire global digital topographic data that will permit the construction of 1:50,000 scale topographic maps with 20-m contour accuracy for any area on the Earth's continental surfaces«.[31]

Satelliten, mit Sensoren bestückt, sind wahre Himmelsspione, welche die Erdoberfläche bestreichen, um Informationen zu sammeln, die selbst den Akteuren vor Ort verborgen sind. Es verbindet sich da der synoptische Blick mit der Durchleuchtung der Dinge: aus großer Höhe werden weiträumige Muster einer Realität erfaßbar, welche unterhalb der sichtbaren Oberfläche der Objektwelt liegt. Waldgebiete etwa können nicht nur nach den vorhandenen Baumarten erschlossen werden, sondern sie lassen sich auch nach ihrer Temperatur, ihrem Chlorophyllgehalt oder ihrer Feuchtigkeit durchleuchten, alles Zustandsbeschreibungen, welche nichts mit der konkreten Dinghaftigkeit der Bäume zu tun haben, sondern einer abstrakten »Biomasse« gelten. Was die Ozeane anlangt, so wird ihre innere Mechanik offengelegt: Länge, Höhe und Richtung von Meereswellen vermag ein Satellit ebenso aufzuzeichnen wie Richtung und Geschwindigkeit der Meeresströmungen. Offensichtlich ist der Durchleuchtungscharakter der Fernerkundung etwa beim Einsatz von Magnetometern, mit denen sich verborgene Lagerstätten von Mineralien aufspüren lassen oder beim Einsatz von Radarsatelliten, denen auch dunkle Nacht und dicke Wolkendecken nichts anhaben können. Was das Satellitenauge aufstöbert, erscheint dann als Buntfläche auf thematischen Karten oder als Verlaufsmodell auf dem Computerschirm; in jedem Fall handelt es sich um die Herstellung einer bis dahin nicht vorhandenen Realität. Die bio-geo-chemischen Zustände und Flüsse, welche hinter den Erscheinungen liegen, werden zur eigentlichen, »wissenschaftlich erwiesenen« Wirklichkeit des Planeten; maßgeblich ist nicht die sinnliche, sondern die durchleuchtete Realität. Millionenfach reproduziert auf Photos und Bildschirmen, wandern diese Phantombilder der Erde in jedermanns Bewußtsein.

Es mag ratsam sein, von »Phantombildern« zu sprechen, um die

30 *The Economist*, 15. 6. 1991, S. 23.
31 Taranik 1989, S. 200.

Aufmerksamkeit auf den besonderen ikonographischen Status dieser Bilder zu lenken. Denn in ihrer fortgeschrittenen Form bringt die Fernerkundung weder ein Abbild noch eine Photographie ihres Objektfelds hervor, sondern zu Bildern synthetisierte Messungen. Von »sehen« kann keine Rede sein und auch nicht von *sensing*; bei beiden Worten handelt es sich, genau betrachtet, um metaphorischen Unterschleif. Im allgemeinen liefern die Sensoren nämlich, indem sie ein Gebiet abtasten, einen Strom von Signalen, die digitalisiert werden, um auf einem Magnetband festgehalten oder gleich per Funk zu einer Bodenstation übermittelt zu werden. Dort werden sie aufgezeichnet, für standardisierte Datenträger aufbereitet und einem Eichungsverfahren unterzogen. In weiteren Schritten werden Daten aus verschiedenen Quellen integriert, mit topographischen Karten zur Deckung gebracht, gemäß der jeweiligen Annahmen interpretiert und mittels Techniken der Bildverarbeitung anschaulich gemacht. Statistische Verfahren müssen daneben helfen, um von einer (immer relativ begrenzten) Menge von Meßgrössen auf die tatsächlichen geophysikalischen Merkmale von Land oder Meer zu schließen. Darüber hinaus spielt maschinelle Datenverarbeitung eine entscheidende Rolle; *remote sensing*, bei einem heutigen Datenfluß von 100 Megabit pro Sekunde, wurde erst durch die Ankunft von Hochleistungscomputern möglich. »Beobachten« hat sich hier schon längst in Messen, Aufzeichnen, Berechnen, Verschneiden, Modellieren und Darstellen von Daten verwandelt. Was sind diese »Bilder« von der Erde mehr als Collagen von Millionen von elektromagnetischen Meßresultaten? »Sehen ist«, so stellt Barbara Duden fest, »kein Kriterium für Wirklichkeit mehr. Wir haben uns daran gewöhnt, Kollagen den Status von Wirklichkeit zu verleihen«.[32]

32 Barbara Duden hat diese Feststellung auf jenes dem blauen Planeten diametral entgegengesetzte, aber doch zutiefst verwandte »Bild« des Fötus auf dem Monitor gemünzt. Dem Gespräch mit ihr verdanke ich zahlreiche Einsichten. Das Zitat stammt aus ihrem Essay von 1991, S. 30.

5. Das Bild und die Erfindung der Biosphäre

Im September 1970, gerade zwei Jahre nachdem die blaue Erde zum gefeierten Photo-Objekt aufgestiegen war, veröffentlichte der *Scientific American* ein Themaheft mit dem Titel »The Biosphere«. Das Vorwort, geschrieben von den Herausgebern der Zeitschrift, beginnt mit folgenden Sätzen: »Photographs of the earth show that it has a green-blue color. The planet acquired this pleasant distinction, it appears, after turning in the sunlight for about three billion years ... For about a billion and a half years the mixtures and compounds of the principal constituents of the air and water – the light elements carbon, hydrogen, oxygen and nitrogen – have been maintained in steady state by cyclic passage through the tissues of plants, the animals that eat them, and the decomposers of both. The biosphere – this thin film of air and water and soil and life no deeper than ten miles, or one fourhundreth of the earth's radius – is now the setting of the uncertain history of man.«
Die Perspektive aus dem Weltraum hatte es vor aller Augen geführt: Was den Planeten Erde auszeichnet, ist jene dünne Hülle, in denen Lebewesen eine Heimstatt finden; die Erde erweist sich in erster Linie als Biosphäre im wörtlichen Sinne, als »Lebens-Kugel« eben. Den Bedingungen dieses Lebens nachzuforschen, das ist die Aufgabe, welche ein enormes Forschungsgebiet konstituiert, das bisher getrennte Wissenschaften vereinen wird; das Heft selbst mit seinen 11 Beiträgen aus verschiedenen Disziplinen setzt ein Signal in dieser Richtung. Warum die Erforschung der Lebenshülle eher dringlich ist, deutet der darauffolgende Satz an, indem er den gesellschaftlichen Problemhorizont formuliert, vor dem erst die Biosphäre zu einem Objekt wissenschaftlicher Begierde werden konnte: »The biosphere provides the context and perspective for consideration, in this book, of the questions that are clustered in public discussion ... under the horizon-sweeping title of ›Environment‹«. So verband sich ein wachsendes Umweltbewußtsein[33] mit dem Bild von der lebensumhüllten Erde: für die

33 Zwischen 1960 und 1970 war etwa die Zahl der Artikel in der *New York Times* über Umweltprobleme von 150 auf 1700 im Jahr hochgeschnellt; siehe Biswas/Biswas 1982, S. 481.

Umweltfreunde zieht ein gemeinsames Objekt aller ihrer Sorgen herauf, das Leben auf dem Planeten, während für die Wissenschaft die Ahnung von den Gefährdungen des Lebens jenen Problemkontext schafft, in dem die Frage nach den Bedingungen planetaren Lebens ihre Erkenntnisschärfe gewinnt.
In der Tat nehmen sich die Wissenschaftler in dem fraglichen Heft als Gegenstand jene biogeochemischen Großzyklen vor, die auch auf planetarischer Ebene das Zusammenspiel zwischen der lebenden und der nicht-lebenden Welt prägen: die Kreisläufe von Energie, Wasser, Kohlenstoff, Sauerstoff, Nitrat, Mineralien. Und ihr Forschungsinteresse richtet sich insbesondere auf die Veränderungen in den Stoffkreisläufen, welche von der menschlichen Produktion von Nahrung, Energie und Materialien herrühren. Erst mit diesem Gegenstand (den Großzyklen, welche Atmosphäre, Gestein, Wasser und Organismen in der Lebenshülle der Erde verbinden) wie mit diesem Erkenntnisinteresse (die Gefährdungen der Stabilität dieser Kreisläufe durch den Menschen analytisch und quantitativ zu beschreiben) erhält der Begriff der Biosphäre sein Profil.
Vereinzelt war der Begriff ja schon früher aufgetaucht, aber im wesentlichen als Klassifikationskategorie, um auf globaler Ebene die Sphäre der Lebewesen von den a-biotischen Sphären des Gesteins und des Wassers oder auch des Geistes abzusetzen. Der österreichische Geologe Eduard Süss[34], der 1875 zum ersten Mal von der »Biosphäre« sprach, wie auch der französische Theologe Teilhard de Chardin in den zwanziger und dreißiger Jahren zielten zwar auf ein ganzheitliches, planetarisches Verständnis des Lebensphänomens, beschränkten sich aber darauf, die Biosphere mit der Litho–, Hydro-und Atmosphäre bzw. (im Falle Teilhards[35]) mit der Noosphäre zu kontrastieren. Einzig Vladimir I. Vernadsky (in *La biosphère*, Paris 1929) rückte die Beziehungen zwischen den geo-chemischen Faktoren und den *biota* in den Mittelpunkt der Aufmerksamkeit, wobei er dem Leben – in Nachbarschaft zum Vitalismus – einen überragenden Platz im Gesamtge-

34 Höchst aufschlußreich in unserem Zusammenhang, in welche Position sich Süss im ersten Band seines Werkes *Das Antlitz der Erde* (1885) versetzte: »If we imagine an observer to approach our planet from outer space ...«.

35 Einen zusammenfassenden Einblick in diese Gedankenlinie gibt der Artikel »Biosphäre/Noosphäre« in: Ritter 1971, Bd. 1, S. 950 f.

schehen zuwies.[36] Doch erst unter dem Einfluß der Ökosystem-Theorie wurde es möglich, die Beziehungen zwischen Organischem und Anorganischem als quantifizierbare Stoffkreisläufe darzustellen, die durch Rückkopplungsprozesse auch gegen Störungen von außen auf ein Gleichgewicht hinstreben. G. Evelyn Hutchinson brachte nach dem Krieg die Inspiration Vernadskys mit der von Tansley und Lindemann entwickelten Ökosystemtheorie zusammen; er verstand die Natur in der Metapher der sich selbst regulierenden Maschine und regte an, jene Regelungsmechanismen zu untersuchen, welche bei widrigen Einwirkungen von außen für die Selbsterhaltung des jeweiligen Systems verantwortlich sind.[37] Es war dann vor allem im Rahmen des Internationalen Biologischen Programms 1964-74, daß der Systemansatz gegenüber anderen Ansätzen in der Ökologie die Oberhand gewann, weil er in der Wahrnehmung der Öffentlichkeit gut mit dem Sozialingenieursdenken dieser Jahre zusammenklang.[38] Daß dieser Klärungsprozeß gegen Ende der sechziger Jahre zu einem gewissen Abschluß gekommen war, läßt sich an der Tatsache ablesen, daß *Nature* 1969 eine terminologische Notiz veröffentlichte, welche unterstrich, daß »the biosphere consists of living and non-living components. It is the total complex of soil, water, air and living organisms that forms a complete ecosystem«.[39] Und es war justament Hutchinson, der im besagten Heft des *Scientific American* den Eröffnungsaufsatz (Titel: »The Biosphere«) schrieb, so daß sich die Schlußfolgerung ziehen läßt: im Konzept der Biosphäre wird das planetarische Ganze als das größtmögliche Ökosystem begriffen, das durch kybernetische Mechanismen zu einer Stabilitätslage tendiert, die zunehmend durch menschliche Aktivitäten gefährdet ist.

Das Konzept der Biosphäre ist während der letzten beiden Jahr-

36 Vgl. zu einer ausführlichen Geschichte des Begriffs: Grinevald 1988, S. 1-32.

37 Zu einer kurzen Geschichte des Ökosystem-Begriffs und seinem fragwürdigen Einfluß auf ökologisches Denken siehe meinen Aufsatz: Sachs 1991/92, S. 83-97.

38 Kwa 1987, S. 413-442.

39 Gillard 1969, S. 500f.; allerdings schlägt Gillard dann vor, als Biosphäre nur den biotischen Anteil der globalen Ökosphäre zu betrachten, eine eingegrenzte Definition, die sich aber, wenn ich richtig sehe, nicht durchgesetzt hat.

zehnte besonders unter dem Einfluß der sogenannten Gaia-Hypothese weiterentwickelt worden. Die Hypothese besagt, daß unter den Komponenten, welche das globale Ökosystem konstituieren, den lebenden Organismen in ihrer Gesamtheit die vorherrschende Rolle zukommt.[40] Während in der herkömmlichen Sichtweise die geophysikalischen und geochemischen Tatbestände (Land, Ozeane, Atmosphäre) die limitierenden Faktoren für die Welt der Organismen darstellen, die durch deren Aktivität allenfalls modifiziert werden, besteht die Gaia-Hypothese darauf, daß die Organismen – vom Plankton bis zu den Pappeln und von den Viren bis zu den Walen – in ihrer Gesamtaktivität entscheidende Merkmale der Lithosphäre, der Ozeane und der Atmosphäre regulieren. Indem die Lebewesen etwa die Temperatur auf der Erde, den Sauerstoffgehalt der Atmosphäre oder den Salzgehalt der Meere kontrollieren, schafften (im Verlauf der Evolution) und schaffen sie selbst sich eine Umwelt, in der Leben gedeihen kann. Es ist folglich die nimmermüde Wirksamkeit ihrer organischen Hülle, welche die Erde für das Leben gastlich macht. Die Erde hat daher nicht einfach eine Biosphäre, sondern sie ist eine Biosphäre. Denn ohne das planetarische Zusammenwirken der Lebewesen würde weder einzelnes Leben existieren noch die Erde, wie wir sie kennen; wüst wäre sie und leer wie die anderen Planeten. Es ist jene Globalität und jene Priorität des Lebens, was die Singularität der Erde ausmacht.

Die Gaia-Theorie von der spektakulären Eigenart der Erde hat sich freilich erst durch den Vergleich der Erde mit anderen Planeten, insbesondere Mars und Venus, erschlossen. Wichtig waren dabei nicht tatsächlich gelungene Missionen zu Mars oder Venus, sondern die Art von Forschungsfragen, welche durch die Aussicht auf solche Missionen provoziert wurden. Es ist kaum ein Zufall, daß James Lovelock in den sechziger Jahren für die NASA gearbeitet hatte, als er die Fährte zu dem, was später die Gaia-Hypothese werden sollte, aufnahm. Er war mit der Frage konfrontiert, wonach und mit welchen Instrumenten man nach Leben auf fremden Planeten Ausschau halten sollte. Die Frage nach den Bedingungen für Leben dort erzwang logischerweise die Frage

40 Die wichtigsten Arbeiten, in denen die Gaia-Hypothese vorgeschlagen und ausgearbeitet wurde, sind Lovelock/Margulis 1974; Lovelock 1979; Margulis/Sagan 1986; Lovelock 1988.

nach den Bedingungen des Lebens hier; erst durch die Weltraumfahrt drängte es sich auf, verschiedene Planeten in einem einheitlichen Vergleichsraum zu sehen und sich eine zu den Planeten externe Beobachtungsposition (oder auch nur eine Sonde) vorzustellen, von der aus sie verglichen werden können. Das Weltraumprogramm mit seinen Ausflügen jenseits der Schwerkraft der Erde realisierte den extra-terrestrischen Blickwinkel; Raumsonde, Satellit und Raumschiff erschlossen erstmals Zonen, die ganz anders als die Erde sind. Aus der radikalen Distanz fällt dann der Blick zurück auf die Erde, eine Lawine von Fragen auslösend, was denn die spezifische Differenz des Planeten Erde sei und was sie begründe.

Lovelock, der in den sechziger Jahren diese Suchbewegung durchmachte, um dann 1969 zum ersten Mal die Gaia-Hypothese in ihren Anfängen zu formulieren, bestätigte mehrfach diesen Entdeckungszusammenhang: »It is often difficult to recognize the larger entity of which we are part ... So it was with the Earth itself before we shared with the astronauts vicariously that stunning and awesome vision ... This gift, this ability to see the Earth from afar, was so revealing that it forced the novel top-down approach to planetary biology.«[41] Die These von der Globalität des Lebens und die von seiner Priorität über nicht-organische Kreisläufe sind die beiden Ecksteine des modernen Verständnisses von der Biosphäre; beide Thesen verdanken ihre Entstehung der Weltraumperspektive auf die Erde. »To my mind«, unterstreicht Lovelock, »the outstanding spin-off from space research is not new technology. The real bonus has been that for the first time in human history we have had a chance to look at the Earth from space, and the information gained from seeing from the outside our azure-green planet in all its global beauty has given rise to a whole new set of questions and answers.«[42]

In der Tat verdichten sich diese »Fragen und Antworten« zu nichts weniger als zur Reorganisation einer ganzen Reihe von Wissenschaften um ein neues Forschungsparadigma und eine neue Forschungsmethodologie herum. »Lovelock's ›Gaia‹ hypothesis remains controversial. But whatever the fate of its details, ›Gaia‹ has clearly provided a unifying concept around which chemists,

41 Lovelock 1988, S. 29.
42 Ebd., S. 8.

biologists, geophysicists, oceanographers, geographers, and others are now conducting a variety of exciting and cross-disciplinary studies.«[43] Das Bild vom blauen Planeten hat so die Erde als ein wissenschaftliches Objekt konstituiert, das zur Umordnung von Fachdisziplinen zwingt, zum Einsatz neuer Methoden wie *remote sensing* und Computersysytemen einlädt und eine weite Arena für interdisziplinäre Großforschung eröffnet. Da die Biosphäre als ein System interaktiver Komponenten konzipiert ist, in dem kein einzelnes Teil – Ozeane, Atmosphäre, Gestein, Vegetation, Tierwelt, Menschen – in Isolation vom anderen angemessen verstanden werden kann, sind die Wissenschaften, insbesondere die Biowissenschaften auf der einen und die Geowissenschaften auf der anderen Seite, zu einem Integrationsschub herausgefordert. Da gleichzeitig mit der Satellitentechnik eine neue Generation von Untersuchungsinstrumenten zur Verfügung steht, die eine Unmenge neuer Daten hervorbringt, bildet sich auch eine gerätetechnische Infrastruktur heraus, auf deren Basis sich die neuen wissenschaftlichen Aktivitäten institutionalisieren lassen. Und schließlich mangelt es auch nicht an der sozialen Nachfrage für eine Wissenschaft von der Biosphäre, im Gegenteil: »There can be no doubt that this new science of the biosphere is necessary, necessary for our own survival ... Without a solid foundation in a science, we cannot understand the individual, let alone the cumulative global effects of our local, regional, and global actions.«[44] Kein Wunder also, daß seit einigen Jahren, von den USA ausgehend, ein wahres Gründungsfieber für globale Geo-Forschung zu verzeichnen ist. Die National Science Foundation hat zum Beispiel ein Programm »Global Geosciences« eingerichtet, um die akademischen Disziplinen zum Einreißen einiger ihrer Fachgrenzen zu bewegen; das International Council of Scientific Unions, immer schon rührig seit dem denkwürdigen International Geophysical Year 1957/58 an der Schwelle zur Weltraumfahrt, setzt auf ein »International Geosphere-Biosphere Programme«,

43 Clark 1986, S. 16. Dieser Band ist selbst das Ergebnis der ersten Phase eines Programms des International Institute for Applied Systems Analysis, Laxenburg (Österreich), welches eine solche Reorganisation der Wissenschaften anbahnen möchte. IIASA, wie viele andere Institutionen, die sich dem globalen Gesamtwohl verschrieben haben, führt den stilisierten Planeten Erde im Signet.

44 Botkin 1985, S. 267-278, S. 267.

die UNESCO reorientiert ihr »Man and the Biosphere Programme«, und Morgenluft wittert auch jene seit langem schlingernde Großinstitution, der wir die Ikone des blauen Planeten verdanken: Die NASA ist dabei, ein Programm »Earth System Science« aufzubauen.[45] Spätestens mit der Errichtung eines Großforschungsinstituts »Geowissenschaften« in Potsdam und dem Gründungskongreß »Geotechnica« (mit Fachmesse) 1991 in Köln scheint auch in Deutschland die Biosphäre als wissenschaftliches Objekt der Großforschung ihren Einzug zu halten.

6. Das Bild und die sentimentale Ökologie

Während Lovelock mit seiner Hypothese bei der Wissenschaftlergemeinde noch auf taube Ohren stieß, hatte er mit dem Gedankenblitz, seine Erde »Gaia« zu nennen, schon in das Gemüt eines breiten Publikums getroffen. Bei einem Spaziergang mit Lovelock war William Golding, dem Schriftsteller und Nobelpreisträger, der Einfall gekommen, in der lebendigen Erde Lovelocks eine Verkörperung Gaias, der griechischen Göttin und Erdmutter, zu sehen. Das sollte sich als ein Griff von bewußtseinsgestaltender Kraft herausstellen; der seltene Fall trat ein, daß ein wissenschaftliches Theorem diesmal nicht vom Labor langsam ins allgemeine Bewußtsein wanderte, sondern vom Publikum den Forschern aufgedrängt wurde. Denn mit dem Erscheinen von *Gaia* als Buch begab sich eine neuerliche Epiphanie Gaias in der Geschichte. Für Teile der Ökologiebewegung wurden da der tiefe Grund und das hohe Ziel ihrer Sorge offenbar: die Auswürfe der Industriegesellschaft bedrohen ja nicht nur die Anrainer des Erie-Sees oder Asthmatiker in Smoggebieten, sondern in ihrer Summe nichts weniger als den Gesamtorganismus der Erde, von dem letztlich alles Leben abhängt. »Rettet die Erde« wäre vorher ein absurd-komischer Schlachtruf gewesen; nachdem aber das Wesen der Erde in ihrer dünnen Lebenshülle identifiziert ist, erscheint sie gegen die Angriffe des Menschen verletzlich. Das Bild vom blauen Planeten stieg zum Symbol für die lebensspendende Natur auf; von einem Poster mit dem Photo der Erde ruft es einem entgegen: »Love your Mother«.

45 Zu einem Überblick siehe Malone 1986.

Das Photo aus dem Weltraum wurde in den USA freilich schon von Anbeginn mit den Ahnungen und Hoffnungen des ökologischen Zeitgeists aufgeladen. Carl Sagan, als Weltraum-Autor nicht ohne Eigennutz, merkte schon wenige Jahre nach der Mondlandung an, daß »many of the leaders of the ecological movement in the United States were originally stimulated to action by the photographs of Earth taken from space, pictures revealing a tiny, delicate and fragile world, exquisitely sensitive to the depradations of man – a meadow in the middle of the sky.«[46] Man kann sich fragen, ob Earth Day 1970, jene erste nationale Manifestation der Umweltbewegung in den USA, ohne das Satellitenphoto diesen Namen erhalten hätte; sicher ist jedenfalls, daß aus Anlaß des (zweiten) Earth Day 1990 die Erde als Devotionalienmotiv auf Wimpel, Plakaten, Postkarten übers Land schwappte. Die Erde, sie ist zu einem Gegenstand post-moderner Volksfrömmigkeit geworden.

Offensichtlich zeichnet das Bild eine Reihe von Eigenschaften aus, die in Resonanz mit ökologischer Sensibilität stehen. In erster Linie gibt das Photo den Blick frei auf die Erde als ganzen physikalischen Körper; unmittelbar wird vor Augen geführt, daß die Erde jene umgreifende Ganzheit darstellt, innerhalb derer alles Geschehen sich abspielt. Muß ein solches Bild nicht zu einem machtvollen Trumph für eine Bewegung werden, die nicht müde wird, immer und immer wieder auf dem Vorrang des Ganzen vor der Perfektionierung der Teile zu bestehen? Schließlich geht es an vielen Fronten darum, die verdrängten Folgen von Einzelentscheidungen für das Ganze aufzuspüren; das Photo, welches die Erde als die größte Ganzheit zeigt, bringt daher die letzte und fundamentale Bezugseinheit ökologischen Engagements ins Bild. So prägt sich der Planet, wie er da schimmernd im Weltall schwebt, dem zeitgenössischen Bewußtsein als Wunschobjekt kollektiver Rationalität ein. Verstärkt wird diese Vorstellungsweise durch die augenfällige Tatsache, daß nichts auf dem Bild so deutlich zu sehen ist, wie die Grenzen, welche die leuchtende Erde vom kalt-schwarzen Weltraum absetzen. Damit ist der optische Beweis erbracht, daß die Erde endlich ist. Eine solche Evidenz kreisrunder Endlichkeit gibt der Botschaft der Umweltschützer, daß die Natur nicht unbegrenzt vernutzbar sei, photo-

46 Sagan 1975, S. 60.

graphische Glaubwürdigkeit. Spätestens vor dieser Grenze muß offensichtlich der Hochmut des Menschen vor den Fall kommen.
Darüber hinaus schneidet das Erdenrund aus dem feindlichen All einen heimeligen Binnenraum heraus, der die Erde als unseren Wohnort, ja als unsere Heimat hervorstechen läßt. Die Grenzen schaffen einen Ort, der Ort schafft Zugehörigkeit; das Bild konstituiert ein »Wir« aller Menschen. »Home« steht lapidar auf manchen Postkarten mit dem Bild des blauen Planeten geschrieben. Gewiß, die Einheit des Menschengeschlechts ist damit nicht mehr als kulturelle Verstehensleistung, sondern als bio-physische Tatsache bestimmt; doch eine solche Naturalisierung verleiht der Menschheits-Idee die Weihe der Faktizität. Das Bild schafft so eine neue Vorstellung von globaler Interdependenz: weltweite Verflechtung mag auch eine Sache von Geldströmen oder Fernsehnachrichten sein, aber zuallererst ist sie unhintergehbar durch die gemeinsame Lebenshülle gestiftet. Darüber hinaus hat sich der Umkreis der Interdependenz radikal erweitert; sie bleibt nicht auf die Menschheit beschränkt, sondern umfaßt nichts weniger als alle Lebewesen. Während früher die Natur den Hintergrund abgab, vor dem die Menschen in ihrer Gemeinsamkeit hervortraten, stellt jetzt das Weltall den Hintergrund dar, vor dem die Einheit der Natur – unter Einschluß des Menschen, versteht sich – gebieterisch sich aufdrängt. Der Mensch erscheint in erster Linie als Naturwesen, dessen Schicksal und dessen Herausforderung es ist, ins planetarische Lebensgewebe verflochten zu sein. Von daher wächst dem Ruf der Umweltfreunde nach ökologische Verantwortung so etwas wie eine ontologische Rechfertigung zu: Im Frieden mit der Natur zu leben, diese Sollensforderung ist nicht aus der dünnen Luft der Beliebigkeit geholt, sondern wurzelt, so stellt es sich dar, in der Ordnung des Seins.
Aber »Gaia«, der geniale Name, ruft noch weit mehr auf als die Vernunft. Er appelliert an die Suche nach dem Letztgültigen, dem Heiligen. Lovelock selbst öffnete den Weg: »When I first saw Gaia in my mind, I felt as an astronaut must have done as he stood on the Moon, gazing back at our home the Earth. The feeling strengthens as theory and evidence come in to confirm the thought that the Earth may be a living organism. Thinking of the Earth as alive makes it seem, on happy days, in the right places, as if the whole

planet were celebrating a sacred ceremony.«[47] Erstaunen, Ehrfurcht und ein Gefühl der Unfaßbarkeit erweckt das Bild vom blauen Planeten; eine übergroße Wirklichkeit wird einsehbar, die alles Erdgeschehen trägt und umfaßt. »This is why, for me, Gaia is a scientific as well as a religious concept«.[48] Lovelock äußert tiefe Genugtuung darüber, daß seine religiöse Intuition in seiner wissenschaftlichen Arbeit ihre Bestätigung erfuhr und zu einer Sprache fand, welche diese persönliche Erfahrung in einer säkularisierten Welt mitteilbar macht. Diese Genugtuung wird von vielen geteilt, besonders im angelsächsischen Publikum. Denn ökologisches Engagement steht damit für einen Umbruch im Welt- und Lebensverständnis, der auf eine holistische Perspektive setzen kann, die Empirie und Ethik, Wissenschaft und Religion vereint. Die für das ökologische Weltgefühl zentrale Pointe liegt darin, daß der Mensch in diesem Entwurf keinen privilegierten Ort im Universum beanspruchen kann; aus der Krone der Schöpfung ist eine besonders komplexe Manifestation des globalen Lebensprozesses geworden. Die Herkunft des Menschen läßt sich mit der Geschichte der planetarischen Evolution des Lebendigen erzählen, seine Gegenwart wird durch seine Einbettung im globalen Gewebe allen Lebens getragen und seine Zukunft wird davon abhängen, wie er sich in den Prozeß Gaias einfügt. Eine ökologische Grundstimmung findet damit Ausdruck in einem religiösen Entwurf, der weder menschen- noch gottzentriert, sondern, wie es naheliegt, erdzentriert daherkommt. Die Erde oder, genauer, die Biosphäre steigt zu einem Objekt der Verehrung auf. Das Bild vom blauen Planeten kann so auch im strengeren Sinne als Ikone betrachtet werden: es ist nicht einfach ein Abbild, sondern gilt für manche als Symbol für die Lebensmacht Gaias. Wo verehrt wird, da ergibt sich Gebet und Anrufung von selbst; in einer New-Age-Publikation, die Übungen zur Meditation Gaias gewidmet ist, findet sich folgende Anrufung: »We ask for the presence of the spirit of Gaia and pray that the breath of life continues to caress this planet home. May we grow into true understanding – a deep understanding that inspires us to protect the tree on which we bloom, and the water, soil and atmosphere without which we have no existence . . . We ask for the presence of Gaia to be with us here.

47 Lovelock 1988, S. 205.
48 Ebd., S. 206.

To reveal to us all that we need to see, for our own highest good and for the highest good of all.«[49]

7. Das Bild und die technokratische Ökologie

Fast zwanzig Jahre nachdem der *Scientific American* die Biosphäre zu einem neuen Gegenstand wissenschaftlicher Forschung ausgerufen hatte, wies er wiederum den Weg zu neuen Ufern: das Sonderheft vom September 1989 zeigt auf dem Titelblatt Amerika und Europa aus der Satellitenperspektive und setzt über die Umrisse der Kontinente und Meere den Imperativ »Managing Planet Earth«. Im Titelaufsatz findet sich gleich zu Beginn eine Synthese der neuen Blickrichtung: »Our ability to look back on ourselves symbolizes the unique perspective we have on our environment and on where we are headed as species. With this knowledge comes a responsibility ...: the responsibility to manage the human use of planet earth ... Changes in individual behavior are surely necessary but are not enough. It is as a global species that we are transforming the planet. It is only as a global species – pooling our knowledge, coordinating our actions and sharing what the planet has to offer – that we may have any prospect for managing the planet's transformation along the pathways of sustainable development. Self-conscious, intelligent management of the earth is one of the great challenges facing humanity as it approaches the 21th century.«[50] Hochfliegende Worte, gewiß, und auch ein gutes Stück Selbstüberschätzung, doch eine solche Rhetorik, was immer ihre Realisierungschancen sein mögen, schafft eine neue Wirklichkeit, die sich in die Köpfe einsenkt. Das ist unübersehbar in einer Epoche, in der Umweltthemen die Kommandohöhen internationaler Politik erreicht haben und zum Gegenstand weltweiter Kampagnen geworden sind. Die neue Wahrnehmung beginnt die Sprache der internationalen Debatte zu färben; ihr Echo ist mit Großereignissen wie der UN-Konferenz für Umwelt und Entwicklung in Brasilien immer deutlicher auch jenseits akademischer Betrachtungen zu hören.

Ohne das Bild von der Erde wäre es kaum möglich, den Planeten

49 Seed u. a. 1988, S. 2.
50 Clark 1989, S. 47.

als Managementobjekt zu denken. Allerdings mußten einige weitere Bedingungen hinzukommen, um gegen Ende der achtziger Jahre den Horizont ökologischer Managementstrategien global auszuweiten. Noch Anfang der siebziger Jahre war die Rede von globaler Verantwortung hauptsächlich ein moralischer Appell, um auf lokale oder bestenfalls nationale Aktion im Namen der Umwelt zu drängen.[51] »Global denken, lokal handeln« war der Slogan jener Jahre, Umweltpolitik bedeutete regional bezogene Ressourcenplanung oder sorgte sich um mehr Lebensqualität vor Ort. Erst im Laufe der achtziger Jahre schoben sich mit Ozonloch, saurem Regen und Treibhauseffekt die grenzüberschreitenden, ja globalen Auswirkungen industriegesellschaftlicher Verschmutzung in den Vordergrund; der Planet offenbarte sich als die allumfassende Müllkippe. Auch die wissenschaftliche Ökologie lenkte zur selben Zeit ihre Aufmerksamkeit auf das Studium der globalen Lebenshülle; während Ökologen sich vor zwei Jahrzehnten noch vorwiegend um einzelne, isolierte Naturräume gekümmert hatten, wie Wüsten, Tropenwälder, Wattenmeere, haben sie in den letzten Jahren zunehmend die Biosphäre als das allumfassende Ökosystem entdeckt, welches die Biota mit Prozessen in der Atmosphäre, den Ozeanen und der Erdkruste verknüpft. Und schließlich, wie so häufig in der Geschichte der Wissenschaft, schuf erst eine neue Generation von Instrumenten und Apparaturen die Möglichkeit, globale Prozesse meßtechnisch zu erfassen. Satelliten, Sensoren und Computer stellten im vergangenen Jahrzehnt die Mittel zur Verfügung, die Biosphäre als Objekt zu vermessen und in Modellen darzustellen. Während also die Umweltkrise für die Relevanz planetarischer Fragestellungen gesorgt hat, verspricht die Ökologie, die kognitiven Grundlagen bereitzustellen, und die Technologie, mit der instrumentellen Ausrüstung aufwarten zu können. Weil diese Faktoren gleichzeitig wirksam wurden, konnte in den letzten Jahren der Planet Erde in eine Managementperspektive rücken.[52]

Nach der heroischen Phase der Auffahrt zum Mond und anderer bemannter Missionen scheint die Raumfahrttechnik sich mit

51 Vgl. etwa Meadows u. a. 1972 oder Ward/Dubos 1972.

52 Zu einer mehr entwicklungspolitischen Perspektive auf die Entstehung des Politikfeldes »globale Ökologie« siehe meinen Artikel Sachs 1992, S. 26-37.

Dienstleistungen zur Verwaltung der Erde zu konsolidieren. Neben Kommunikationstechnik richtet sich die Hoffnung zukünftiger Expansion auf die Beobachtung der Erde. Seit einer Reihe von Jahren werden die Entwicklungsarbeiten dazu bei der NASA unter dem Programm »Mission to Planet Earth« zusammengefaßt, wie auch das französische SPOT-Programm, die europäische Mission ERS-1 und die zu erwartende japanische Weltraumaktivität in hohem Maße auf eine Nachfrage für Erdbeobachtung setzen.[53] Satelliten dienen dabei als wahre »Umweltspione im All«[54], welche die großräumlichen Veränderungen auf der Lebenshaut des Planeten registrieren. Von großer Höhe lassen sich die Verletzungen der Natur kartieren: Waldrodungen und Ver-Wüstung, Giftwolken und Ölteppiche, ja sogar Truppenübungsplätze bleiben dem Späherblick des Satelliten nicht verborgen. ERS-1 etwa befindet sich seit dem Frühsommer 1991 über dem Nord- und Südpol in einer 800 km hohen Kreisbahn, die ihn täglich 16mal um den Erdball führt, wobei die Erde sich unter ihm wegdreht und nach und nach ihre gesamte Fläche zur Einsichtnahme anbietet. Mittels Sensorentechnik kommt zum synoptischen auch der durchleuchtende Blick, um den Zustand der Vegetation, die Bewegungen der Meere und die Schichten der Lufthülle aufzuzeichnen. Abgesehen von solchen Zustandsanalysen liefern Satelliten im Verbund mit Hochleistungscomputern über die Zeit einen Strom von Verlaufsdaten, mit denen man hofft, sogar so komplexe Naturerscheinungen wie Golfströme oder Klimawandel in Modellen darstellen und validieren zu können. Dabei liegt der Sinn der Modellbildung darin, auf dem Bildschirm großräumige und höchst verwickelte Naturprozesse für je unterschiedliche Anfangsbedingungen in ihrem Verlauf simulieren zu können. Zum Beispiel versuchten sich Wissenschaftler an einem Modell der Ölausbreitung im Persischen Golf, um Voraussagen über Ablauf und Wirkungen der Katastrophe treffen zu können. Oder es lassen sich die Auswirkungen von unterschiedlichen Schutzmaßnahmen an den Fluß-Systemen, welche die Nordsee speisen, auf die Gesamtverschmutzung dieser Meeresregion vorhersagen. Auch wenn oft noch in den Sternen steht, welche Erwartungen sich

53 Vgl. als Überblick: *The Economist*, Sonderteil »The Uses of Heaven«, 15. 6. 1991.

54 So das Titelthema von *Bild der Wissenschaft*, September 1990.

tatsächlich einlösen lassen werden, so zeichnet sich doch ab, daß mit der Verkoppelung von Raumfahrt, Sensorentechnik und Datenverarbeitung drastisch die Macht wächst, das Naturgeschehen im kontinentalen und planetarischen Maßstab kontinuierlich zu beobachten, vom Menschen verursachte Einflüsse zu erkennen und Prognosen anzustellen.[55]
Als Fernziel für die nächsten zehn bis zwanzig Jahre wird projektiert, eine von überallher zugängliche »Global Resource Information Database« aufzubauen, die es den sogenannten Entscheidungsträgern erlaubt, die Umweltauswirkungen ihrer Handlungen vom lokalen zum planetarischen Maßstab abzuschätzen.[56] Alle Daten, die dezentral aus der ganzen Welt eingegeben werden, sollen nach ihrem Ort auf der Erdoberfläche (und fallweise auch in der Dimension der Zeit) gekennzeichnet sein, ein Verfahren, das wenigstens im Prinzip die Aussicht eröffnet, an jedem Punkt der Erde jeden anderen Punkt in seinem Naturprofil abrufen zu können. Ähnlich wie sich die Staaten seit dem zweiten Weltkrieg eine ausgefeilte Wirtschaftsstatistik zugelegt haben, welche den wirtschaftlich-sozialen Zustand der Gesellschaft spiegeln soll, so ist heute eine – in der Tendenz allerdings weltweite – Datenbank im Entstehen begriffen, welche den Zustand der Biosphäre unter Beobachtung halten soll.
Allumfassend und auch durchdringend ist der Blick des Satelliten in ökologischer Mission. Das Naturkleid des Planeten breitet sich unter ihm aus, und jede Region kann möglicherweise bald mittels dreidimensionaler Computergraphik auf den Bildschirm geholt und Testläufen unterworfen werden. Das Potential an Wissen und vergleichender Simulation läßt Erwartungen wachsen, zukünftig in der Lage zu sein, die Veränderung der Natur auf dem Planeten im Stile rationaler Planung bewußt gestalten zu können. Ein dringender Bedarf scheint dafür in der Tat zu bestehen; denn führt die Umweltkrise nicht deutlich vor Augen, daß die Herrschaft des Menschen über die Natur noch viel zu wünschen übrig läßt? Naturwissenschaft und Technik, so wird gesagt, haben zwar die Natur gewaltig verändert, doch bislang in unkontrollierter Weise. Was daher für eine technokratische Ökologie ansteht, ist die Rationalisierung des Natureingriffs. In dieser Perspektive liegt daher

55 Siehe Sturm 1987.
56 Gwynne/Mooneyhan 1989.

die Herausforderung der gegenwärtigen Phase industriegesellschaftlicher Entwicklung darin, die Herrschaft des Menschen über die Natur nach einer Epoche der Blindheit in eine Epoche der Aufklärung zu überführen. In der Tat, erst die bewußte Kontrolle der ungewollten Folgen der Naturausbeutung würde es erlauben, von gelungener Naturbeherrschung zu sprechen. Weit davon entfernt, den Naturverbrauch der Industriegesellschaft generell zurückzunehmen, sucht eine solche Politik ihr Heil darin, die Umformung der Natur optimal zu steuern. Das Bild vom blauen Planeten – ist er nicht klein und überschaubar? – suggeriert die Planbarkeit eines Geschehens, das bisher der menschlichen Existenz vorgegeben war. Nur unter dem Eindruck dieses Bildes kann der *Scientific American* Fragen dieser Art zu Schlüsselthemen erheben: »Two central questions must be addressed: What kind of planet do we want? What kind of planet can we get? ... How much species diversity should be maintained in the world? Should the size or the growth rate of the human population be curtailed ...? How much climatic change is acceptable?«[57]

Eine solche Anmaßung drängt sich freilich durch die visuellen Eigenschaften des Photos aus dem Weltraum auf: Es besteht eine deutliche Affinität zwischen dem Bild von der Erde und den Ambitionen auf ein Management des Planeten. Denn Planung im klassischen Sinne, epistemologisch gesehen, verlangt, daß Subjekt und Objekt des Planens voneinander getrennt sind; nur wenn der Planer nicht selbst in seinen Planungsbereich verwickelt ist, kann er Menschen und ihre Verhältnisse kühl nach den Regeln der Zweckrationalität umbauen. Der ideale Planer kommt daher von außen; so ist er unbefangen und nur der Effizienz verpflichtet. Im Satellitenbild nun stellt sich die Erde von einem Standpunkt ganz außen am orbitalen Rand dar. Nie war die Trennung zwischen Experten und Betroffenen größer; ist es doch genau die extreme Entfernung von der Erde, welche die Stärke der Satellitenerkenntnis ausmacht. Von ihren visuellen Eigenschaften her laden Satellitenbilder deshalb zu Großplanungsphantasien ein.

Unterstrichen wird diese heimliche Aufforderung von der Tatsache, daß auf dem Bildmaterial jegliche menschliche Realität sich in Nichts aufgelöst hat und nur Naturgegebenheiten zu sehen sind. Keine Traditionen, keine Institutionen, keine Geschichte, die Welt

57 Clark 1989, S. 48.

hat sich zur Erde verflüchtigt. Die Bahn ist damit frei, die konflikthafte Realität der Menschen zu überspielen und das Soziale ins Biologische hinein aufzulösen. Der heimliche Traum eines Planers, in seinen Interventionsvorschlägen nicht von den widersprüchlichen und widerborstigen Vorstellungen der betroffenen Menschen gestört zu werden, geht am Objekt des Planeten in Erfüllung. Daher ist es alles andere als ein Zufall, wenn in der internationalen Debatte sich zunehmend biologisierende Redeweisen häufen: aus Menschen werden »Populationen«, aus Bürgern »Species«, Lebensqualität degeneriert zu »Überleben«, »Tragekapazität« nimmt die Stelle von Gemeinwohl und »Evolution« die von Geschichte. Die aufsteigenden Begriffe deuten statt dessen auf eine Wahrnehmung, die man biosphärischen Utilitarismus nennen könnte. Neue Worte wie »Biomasse«, »Biodiversität« oder »Bioreservate« verraten dieselbe Neigung, nämlich jene, den Planeten und seine Dynamik zum vorrangigen Bezugswert der Politik zu erklären.[58]

Genau das ist die Perspektive, welche der Bericht der Weltkommission für Umwelt und Entwicklung an die Vollversammlung der UN (Brundtland-Report) für eine globale Umweltpolitik der neunziger Jahre vorgibt. In seinen ersten Sätzen feiert der Bericht das Bild des blauen Planeten, funkelnd schwebend im schwarzen All, klein und verletzlich. Dann stellt er fest, daß »humanity's inability to fit its doings into that pattern is changing planetary systems fundamentally«, um den Absatz mit der programmatischen Aussage zu schließen: »This new reality, from which there is no escape, must be recognized – and managed.«[59]

Literatur

Beney, Guy (1990), »La citoyenneté au risque de l'écologie globale«, in: *IFDA-Dossier*, Nr. 79 (Oktober/Dezember), S. 71-84.

Biswas, A./M. Biswas (1982), »Environment and Sustainable Development in the Third World. A Review of the Past Decade«, in: *Third World Quarterly* 4, S. 481.

Botkin, Daniel B. (1985), »The Need for a Science of the Biosphere«, in: *Interdisciplinary Science Reviews* 10, S. 267-278.

58 Zu einer ausführlicheren Analyse siehe Beney 1990.

59 World Commission on Environment and Development 1987, S. 1.

Clark, William C. (1986), »Sustainable Development of the Biosphere: Themes for a Research Program«, in: W. C. Clark/R. E. Munn (Hg.), *Sustainable Development of the Biosphere*, Cambridge: Cambridge University Press.

– (1989), »Managing Planet Earth«, in: *Scientific American* 261, September, S. 47-54.

Duden, Barbara (1991), *Der Frauenleib als öffentlicher Ort. Vom Mißbrauch des Begriffs Leben*, Hamburg.

Estes, John E./Michael J. Cosentino (1989), »Remote Sensing of Vegetation«, in: Mitchell B. Rambler/Lynn Margulis/René Fenster (Hg.), *Global Ecology. Towards a Science of the Biosphere*, San Diego: Academic Press, S. 75-111.

Gillard, A. (1969), »On Terminology of Biosphere and Ecosphere«, in: *Nature* 223, S. 500 f.

Grab, Yaakov (1985), »The Use and Misuse of the Whole Earth Image«, in: *Whole Earth Review*, März, S. 18-25.

Greschner, Georg S. (1987), »Zur Geschichte der deutschen Raumfahrt«, in: Karl Kaiser/Stephan Frhr. von Welck (Hg.), *Weltraum und internationale Politik*, München, S. 255-278.

Grinevald, Jacques (1988), »Sketch for a History of the Idea of the Biosphere«, in: Peter Bunyard/Edward Goldsmith (Hg.), *Gaia, the Thesis, the Mechanisms and the Implications*, Camelford: Wadebridge Ecological Centre, S. 1-32.

Gwynne, Michael D./D. Wayne Mooneyhan (1989), »The Global Environment Monitoring System and the Need for a Global Resource Database«, in: Daniel Botkin u. a. (Hg.), *Changing the Global Environment. Perspectives on Human Involvement*, San Diego: Academic Press, S. 243-256.

Häberle, Heinz (1987), »Satelliten-Fernerkundung: technische und wirtschaftliche Aspekte«, in: Karl Kaiser/Stephan Frhr. von Welck (Hg.), *Weltraum und internationale Politik*, München, S. 47-56.

Kaiser, Karl/Stephan Frhr. von Welck (Hg.) (1987), *Weltraum und internationale Politik*, München.

Kelly, Kevin W. (Hg.) (1989), *Der Heimatplanet*, Frankfurt am Main.

Koschorke, Albrecht (1990), *Die Geschichte des Horizonts. Grenze und Grenzüberschreitungen in literarischen Landschaftsbildern*, Frankfurt.

Kries, Wulf von (1987), »Die Weltraumpolitik in den Vereinigten Staaten«, in: Karl Kaiser/Stephan Frhr. von Welck (Hg.), *Weltraum und internationale Politik*, München.

Kwa, Ch. (1987), »Representatives of Nature Mediating Between Ecology and Science Policy: The Case of the International Biological Programme«, in: *Social Studies of Science* 17, S. 413-442.

Logsdon, John (1970), *The Decision to Go to the Moon: Project Apollo and the National Interest*, Cambridge/Mass.: MIT Press.

Lovelock, James (1979), *Gaia. A New Look at Life on Earth*, Oxford: Oxford University Press.
– (1988), *The Ages of Gaia. A Biography of our Living Earth*, New York: Norton; deutsch: *Das Gaia-Prinzip. Die Biographie unseres Planeten*, Zürich/München: Artemis und Winkler 1991.
Lovelock, James/Lynn Margulis (1974), »Atmospheric Homeostasis by and for the Biosphere: the Gaia Hypothesis«, in: *Telos* 26, S. 1-10.
Mack, Pamela E. (1900), *Viewing the Earth. The Social Construction of the Landsat Satellite System*, Cambridge/Mass.: MIT Press.
Malone, Thomas F. (1986), »Mission to Planet Earth. Integrating Studies of Global Change«, in: *Environment* 28, Nr. 8, S. 6-11, 39-41.
Margulis, Lynn/Dorian Sagan (1986), *Microcosmos*, New York: Simon & Schuster.
McDougall, Walter A. (1985), *The Heavens and the Earth. A Political History of the Space Age*, New York: Basic Books.
Meadows, Dennis H. u. a. (1972), *The Limits to Growth*, New York: Basic Books; deutsch: *Grenzen des Wachstums. Bericht des Club of Rome zur Lage der Menschheit*, 16. Auflage, Stuttgart DVA 1994.
Ritter, Joachim (Hg.) (1971), *Historisches Wörterbuch der Philosophie*, Bd. 1, Basel: Schwab.
Romanyshyn, Robert (1989), *Technology as Symptom and Dream*, London: Routledge.
Rosnay, Joel de (1975), *Le Macroscope*, Paris: Seuil.
Sachs, Wolfgang (1991/92), »Natur als System. Vorläufiges zur Kritik der Ökologie«, in: *Scheidewege. Jahresschrift für skeptisches Denken* 21, S. 83-97.
Sachs, Wolfgang (Hg.) (1992), »Environment«, in: Wolfgang Sachs (Hg.), *The Development Dictionary. A Guide to Knowledge as Power*, London: Zed Books, S. 26-37; deutsch: *Wie im Westen, so auf Erden*, Reinbek: Rowohlt 1993.
– (Hg.) (1994), *Der Planet als Patient. Über die Widersprüche globaler Umweltpolitik*, Basel: Birkhäuser.
Sagan, Carl (1975), *The Cosmic Connection*, New York: Dell Books.
Seed, John u. a. (1988), *Thinking Like a Mountain. Towards a Council of All Beings*, Philadelphia: New Society Publishers.
Sloterdijk, Peter (1990), *Versprechen auf Deutsch. Rede über das eigene Land*, Frankfurt am Main: Suhrkamp.
Sontag, Susan (1989), *On Photography*, New York: Farrar, Straus & Giroux (zuerst 1977); deutsch: *Über Fotografie*, 2. Auflage, München: Carl Hanser.
Sturm, Peter-Christoph (1987), »Die Bedeutung der Erforschung und Nutzung des Weltraums für den Umweltschutz«, in: Karl Kaiser/Stephan Frhr. von Welck (Hg.), *Weltraum und internationale Politik*, München, S. 561-571.

Süss, Eduard (1885), *Das Antlitz der Erde*, Wien.

Taranik, James V. (1989), »The Search for Renewable Resources in the Next Twenty Years«, in: Daniel Botkin u. a. (Hg.), *Changing the Global Environment. Perspectives on Human Involvement*, San Diego: Academic Press, S. 200 ff.

Ward, Barbara/René Dubos (1972), *Only One Earth. The Care and Maintenance of a Small Planet*, New York: Norton.

Werkbundarchiv/NGBK (1988), *Der Zerfall des alten Raums. Brüche in der Geschichte des Blicks*, Ausstellungsmagazin, Berlin.

Weyer, Johannes (1990), »Soziale Innovation und Technikkonstruktion am Beispiel der Raumfahrt in der Bundesrepublik Deutschland (1945-1965)«, Habilitationsschrift, Bielefeld. Veröffentlicht als: *Akteurstrategien und strukturelle Eigendynamiken. Raumfahrt in Westdeutschland 1945-1965*, Göttingen 1993: Otto Schwartz.

White, Frank (1989), *Der Overview-Effekt*, Bern.

Wilford, John N. (1981), *The Mapmakers*, New York: Knopf.

Woodward, David (1989), »The Image of the Spherical Earth«, in: *Perspecta. The Yale Architectural Journal*, Nr. 25, S. 2-15.

World Commission on Environment and Development (1987), *Our Common Future*, Oxford: Oxford University Press.

Johannes Weyer
Größendiskurse

Die strategische Inszenierung des Wachstums sozio-technischer Systeme

1. Einleitung

Die Begriffe ›großtechnische Systeme‹ bzw. ›große technische Systeme‹ vagabundieren seit einigen Jahren in der Techniksoziologie, ohne daß bislang eine befriedigende begriffliche Klärung oder gar ein Konsens zwischen den Modellen und Definitionen der an der Debatte beteiligten WissenschaftlerInnen erzielt werden konnte. Bislang wurde die Vorstellung eines spezifischen Typus ›Großtechnik‹ bzw. ›große Technik‹ überwiegend auf die Existenz weiträumiger Techniknetze (›large technology‹) einerseits, das Übermächtigwerden komplexer Risikotechniken (›big technology‹) andererseits bezogen.

Die folgende Abhandlung verfolgt einen gänzlich anderen Weg, indem darauf verzichtet wird, die Begrifflichkeiten ›large‹ und ›big‹ zum Ausgangspunkt einer soziologischen Theorie sozio-technischer Systeme und deren Größenwachstums zu machen. Statt dessen rekurriert sie auf das Konzept des sozio-technischen Systems bei Hughes einerseits und das von Lakatos entwickelte Modell des Wachstums wissenschaftlicher Theorien andererseits.[1] Durch Kombination dieser beiden Theoriestränge der Wissenschafts- und Technikforschung soll ein Weg zur Behandlung der Größenthematik gefunden werden.

Die diesem Ansatz zugrundeliegende These lautet: *Die Größe eines sozio-technischen Systems bestimmt sich über seine Fähigkeit, neue Probleme zu lösen.* Diese Fähigkeit wird durch innovatorische Rekombinationen erzeugt und erhalten, die entweder innerhalb des sozio-technischen Systems stattfinden oder aber dieses als Ressource für neu entstehende sozio-technische Systeme nutzen. Der Begriff der Größe wird also durch seine Bindung an die

1 Vgl. Hughes 1979, 1987; Lakatos 1974; Gähde/Weyer 1989 sowie den Abschnitt 3 dieses Beitrages.

Aufrechterhaltung der Fähigkeit, neue Probleme zu lösen, nicht nur historisch relativiert; er eröffnet in dieser Fassung zugleich die Perspektive, Größe über den Vergleich konkurrierender sozio-technischer Systeme und deren spezifischer Problemlösungsfähigkeiten zu bestimmen.

Bevor dieser theoretische Ansatz in Abschnitt 3 im Detail entwikkelt wird, sollen zunächst anhand eines Fallbeispiels aus der Geschichte der westdeutschen Raumfahrt die Fragen erarbeitet werden, welche an eine Theorie des Wachstums sozio-technischer Systeme zu stellen sind. Im Anschluß wird in Abschnitt 4 das analytische Instrumentarium anhand eines weiteren Fallbeispiels auf seine Brauchbarkeit hin überprüft, bevor Abschnitt 5 eine knappe Zusammenfassung der wesentlichen Ergebnisse unterbreitet.

2. Vom bemannten Raumtransporter zum Experimental-Satelliten: Aufwärtstransformationen eines sozio-technischen Systems[2]

Als die westdeutsche Raumfahrt-Community in den fünfziger Jahren den Wiederbeginn der Raumfahrtaktivitäten in Angriff nahm, war der Referenzrahmen für ›Größe‹ bereits vorgegeben. Sowohl die in Peenemünde betriebene nationalsozialistisch-deutsche Raketenforschung als auch der von der UdSSR und den USA inszenierte Wettlauf ins All bildeten die Muster, an denen sich die deutschen Raumfahrt- und Raketenforscher, aber auch ihre europäischen Kollegen orientierten. Besonders für Westdeutschland war dieser internationale Kontext einer zunehmend zivilisierten und internationalisierten Raumfahrt ein entscheidender Faktor, der den Wiedereinstieg in eine politisch sensitive Großtechnik ermöglichte, welche nicht nur in der eigenen Bevölkerung auf Abneigung stieß, sondern auch im Ausland Mißtrauen bezüglich eines Wiedererstarkens des deutschen Militarismus hervorrief.

Angesichts der Größen-Dimensionen, in welche die zivile Raum-

2 Die folgenden Darstellungen sind eine starke geraffte Zusammenfassung von Weyer 1993a, S. 259-320. Zur Geschichte der westdeutschen Raumfahrt vgl. auch Stucke 1993; Trischler 1992 sowie die Beiträge in Weyer 1993b.

fahrt in den frühen sechziger Jahren beispielsweise mit dem amerikanischem *Apollo*-Projekt vorstieß, mag es gewagt erscheinen, wenn im folgenden der erste deutsche Satellit, der am 8. November 1969 unter der Bezeichnung *Azur* gestartet wurde, als technischer Kern eines großen sozio-technischen Raumfahrt-Systems bezeichnet wird. Allein der Gewichtsvergleich zwischen *Apollo 11*, einem mehrere Tonnen schweren Gerät, das am 16. Juli 1969 die ersten Menschen auf den Mond brachte und dem nur 72 kg schweren unbemannten Satelliten *Azur* belegt den Größenunterschied zwischen den Projekten der damals führenden Weltraummacht USA und denen der Bundesrepublik. Aber auch der Blick in die lange und wechselhafte Vorgeschichte von *Azur* zeigt, daß der erste deutsche Satellit keineswegs in Dimensionen vorstieß, die in der zeitgenössischen Debatte als große Herausforderungen angesehen wurden.

Der erste Entwurf für ein deutsches Weltraumprogramm, der 1962 von der Kommission für Raumfahrttechnik (KfR), einem gemeinsamen Lobbyorgan von Großforschung und Industrie, vorgelegt worden war, hatte gänzlich andere Akzente gesetzt. Inspiriert von den Ideen Eugen Sängers, der während des zweiten Weltkrieges das Konzept eines Raketenflugzeuges entwickelt hatte, stellte die KfR Raumtransporter, hochenergetische Antriebe und Höhenforschungsraketen in den Mittelpunkt ihres Programms, während der Bau von Satelliten nicht vorgesehen war.

Projekt	Mio. DM	Anteil (%)
Raumtransporter	2,1	51,3
Hochenergetische Antriebe	0,8	18,8
Höhenforschungsraketen	1,0	25,0
Nachwuchs und Weiterbildung	0,2	5,0
Summe	4,0	100,0

Tabelle 1: Der Vorschlag der KfR zur Verteilung des nationalen Raumfahrtbudgets für das Jahr 1962[3]

Die These, daß das Projekt *Azur* ein größeres sozio-technisches System darstellte als das Projekt des Raumtransporters, wird somit erst plausibel, *wenn man den Blick von der Artefakt- auf die*

3 Quelle: Weyer 1993a, S. 274 (Rundungsfehler in den Summen).

Systemebene lenkt und den Satelliten als Schlüsselkomponente eines sozio-technischen Systems begreift, das in systemischer Hinsicht größer war als konkurrierende sozio-technische System-Konzepte. Vor allem hinsichtlich der Aspekte ›Vernetzung‹ (von Akteuren und Artefakten) und ›Rekombination‹ (von Teilelementen) läßt sich darstellen, daß das sozio-technische System ›Satellit‹ vom Herbst 1962 größer war als das sozio-technische System ›Raumtransporter‹ vom Frühjahr desselben Jahres, ja, daß sich zwischen diesem und jenem in systemischer Perspektive eine Aufwärtstransformation vollzogen hatte, obwohl das technische Artefakt weniger komplex geworden war.[4]

Die Zivilisierung der deutschen Raumfahrt

Um diesen Prozeß zu verstehen und techniksoziologisch interpretieren zu können, ist eine knappe Rekonstruktion des raumfahrtpolitischen Kontextes der frühen sechziger Jahre erforderlich, in dem sich die Konstruktion der hier betrachteten sozio-technischen Systeme vollzog.

Bis zur Grundsatzentscheidung der Bundesregierung vom Frühjahr 1961, sich an den europäischen Organisationen für Weltraumforschung (ESRO) und Raketenentwicklung (ELDO) zu beteiligen, waren die Aktivitäten der westdeutschen Raumfahrt- und Raketen-Community auf wenige Sektoren begrenzt, die durch Speziallegitimationen abgesichert waren. Hierzu zählt insbesondere der Bau von Militärraketen, der zwar durch die Rüstungskontrollbestimmungen eingeschränkt war, vom Verteidigungsministerium (BMVg) unter Strauß ab 1957 jedoch massiv gefördert wurde. Daneben hatte eine Allianz aus Raketenforschung, Bundesverkehrsministerium (BMV), dem Land Baden-Württemberg und der Stuttgarter Industrie bereits 1954 das erste

4 Die Bezeichnungen der beiden sozio-technischen Systeme sind als Indizes zu verstehen, die es ermöglichen, die beiden System-Konstrukte voneinander zu unterscheiden; sie sollen keineswegs derart (miß-) verstanden werden, daß der Raumtransporter oder der Satellit das sozio-technische System verkörpern. Diese beiden Artefakte stellen lediglich zentrale Komponenten des jeweiligen Systems dar, die durch ihren Symbolcharakter sowohl für die Beteiligten als auch für Außenstehende die Identifikation des Netzwerkes ermöglichen.

deutsche Raketenforschungsinstitut ins Leben gerufen, das unter dem unverfänglichen Namen ›Forschungsinstitut für Physik der Strahlantriebe‹ (FPS) in Stuttgart errichtet wurde und als dessen Leiter der damals in der französischen Militärforschung tätige Eugen Sänger gewonnen werden konnte. Diese Allianz hatte sich einerseits über den Anspruch des BMV auf Zuständigkeit für alle Sparten des Verkehrs, also auch des interplanetaren, sowie andererseits über die von den beteiligten Wissenschaftlern gezielt betriebene Redefinition der Raumfahrt als eines friedlichen Verkehrsmittels konstituiert. Auch im Falle des FPS spielte das Militär in Form der nach 1955 immer dominanter werdenden Auftraggeber BMVg und U. S. Air Force eine wichtige Rolle.
Dieser Ende der fünfziger Jahre vorgezeichnete Trend zu einer eigenständigen westdeutschen Raketenentwicklung mit Schwerpunkten im militärischen Bereich war jedoch nicht nur durch die Rüstungskontrollbestimmungen begrenzt, die die Entwicklung von Militär-Raketen mit Reichweiten von über 32 km verboten; auch die Tendenz zur ›Zivilisierung‹ der Raumfahrt, die mit der Gründung der NASA im Jahre 1958 und dann forciert mit den ab 1960 diskutierten Plänen für eine gemeinsame europäische Raumfahrt einsetzte, erforderte neue organisationale Arrangements und Zielsetzungen. Dieser gewandelte internationale Kontext eröffnete der Bundesrepublik erstmals die Möglichkeit zum *Einstieg in den Großraketenbau*, wobei allerdings drei von den Kooperationspartnern in Europa und den USA festgelegte Spielregeln einzuhalten waren: (a) der zivile Charakter der Programme, (b) die Einordnung der deutschen Aktivitäten in Kooperationsprogramme, deren Zielsetzungen in der Regel entweder von Frankreich und Großbritannien oder von den USA festgelegt wurden, sowie (c) die Zuordnung der Verantwortlichkeit für die deutsche Raumfahrt zu einer zentralen Regierungsinstanz.
Die Bundesregierung ging nur allzu bereitwillig auf diese Angebote ein, boten sie doch ein geeignetes Vehikel zur Festigung der Westintegration sowie zur Stärkung der Position des Bundes im Bereich ›Wissenschaft und Technik‹, in dem bislang die Bundesländer die dominanten Spieler gewesen waren. Konnte die Förderung der Kernenergie noch als ein singulärer Eingriff in die Domäne der Länder angesehen werden, so eröffnete sich dem Bund über die Raumfahrt die Chance, die Positionen der Ländern massiv auszuhöhlen und sich *eine generelle Bundeskompetenz für*

Forschung und Technik anzueignen. Ein deutliches Indiz für diese Balance-Verschiebung ist die Gründung des Bundesministeriums für wissenschaftliche Forschung (BMwF) im Dezember 1962[5], die im wesentlichen den Impulsen zu verdanken ist, die über die europäische Raumfahrt auf die deutsche F&T-Landschaft einwirkten.

Mit ihren Beschlüssen zum Einstieg in die europäische Raumfahrt vom Frühjahr 1961 machte die Bundesregierung zugleich jedoch unmißverständlich klar, daß sie die – von einer deutschen Expertengruppe vorgezeichnete – Strategie der Re-Nationalisierung der europäischen Raumfahrt einerseits und die Strategie der Schwerpunktsetzung auf die Raketentechnik andererseits zur regierungsoffiziellen Linie erhob. Es war keineswegs beabsichtigt, an der europäischen Raketenentwicklung nur als zahlender Partner teilzunehmen bzw. die Aufträge an ein europäisches Gemeinschaftsinstitut abzugeben. Ziel war vielmehr, über die Beteiligung am Projekt der *Europa*-Rakete einen substantiellen Anteil der raketentechnischen Forschung und Entwicklung in die Bundesrepublik zurückfließen zu lassen.

Zudem betrachtete die Bundesregierung die Rakete nicht mehr ausschließlich als Instrument der wissenschaftlichen Forschung[6], sondern in zunehmendem Maße als ein eigenständiges Ziel, das sich industrie- und technologiepolitisch rechtfertigen ließ und das somit vom Mittel (für die Weltraumforschung) zum eigenständigen Zweck avancieren konnte. Die Marginalisierung der Weltraumforschung gegenüber der Raumfahrt- und Raketentechnik, die sich in heutigen Großprojekten wie etwa dem der internationalen Raumstation *Freedom* deutlich nachweisen läßt, war also schon ein konstituierendes Merkmal der Gründungsphase der westdeutschen Raumfahrt.

5 Bereits im November 1961 war dem damaligen Atomministerium (BMAt) die Zuständigkeit für die Raumfahrt übertragen worden.

6 Diese Beschränkung war durch die Pariser Verträge erzwungen worden.

Programmteil	Kosten Mio. DM	Anteil am Gesamtprogramm (%)
A) Entwicklungsprogramm	31,8	38,5
davon		
– 3. Stufe	17,0	20,6
– hochenergetische Endstufe	8,0	9,7
– rückführbare Höhenforschungsraketen	6,6	8,0
– Satelliten	0,2	0,2
B) Langzeitprogramm	31,8	38,5
davon		
– Raumtransporter	22,8	27,6
– Raumstation	9,0	10,9
C) Versuchsanlagen	19,0	23,0
Summe	82,6	100,0

Tabelle 2: Schwerpunkte des Industrieprogramms für das Planjahr 1963[7]

Utopische Strategien

Diese Weichenstellungen bildeten den (raumfahrt-) politischen Kontext des Jahres 1961, in dem die Lobby aus Großforschung und Industrie erstmals aktiv wurde und mit dem Entwurf komplexer sozio-technischer Systeme begann. Vor den Grundsatzentscheidungen der Bundesregierung hatte die Lobby wenig Anlaß gesehen, sich in Sachen Raumfahrt zu engagieren; denn sowohl die betreffenden außeruniversitären Großforschungsanstalten als auch die in Frage kommenden Industrieunternehmen standen der Raumfahrt mit einer gewissen Skepsis gegenüber, hatten sie ihren Schwerpunkt doch im Bereich der Luftfahrt gesetzt, deren Auf- und Ausbau sie Ende der fünfziger, Anfang der sechziger Jahre massiv forderten. Die Raumfahrt betrachteten sie als politisch induzierte Störung ihrer laufenden F&E-Programme, der sie jedoch auf Dauer nicht widerstehen konnten. Denn es wurde immer deutlicher, daß weder für den Zivil- noch für den Militärflugzeugbau staatliche Förderprogramme zu erwarten waren, die dem Dauerbedarf der Forschung, vor allem aber der Industrie an stetig wachsenden Forschungs- und Fertigungsprogrammen entsprachen. Insbesondere für die Luftfahrtindustrie war die Raumfahrt

7 Quelle: Weyer 1993a, S. 268.

daher eine willkommene Rettung aus der Anfang der sechziger Jahre sich abzeichnenden Krise der Luftfahrt, da sie eine weitgehend legitimationsfreie staatliche Langzeitförderung versprach. Die ursprüngliche Fixierung auf die Luftfahrt erklärt also, wieso die Lobby erst in dem Moment auftrat, als die Entscheidungen zugunsten der europäischen Raumfahrt (und damit implizit zuungunsten der deutschen Luftfahrt) irreversibel wurden. Zugleich läßt sich aus dem organisationalen Eigeninteresse einerseits, den zur Verfügung stehenden Kontextangeboten andererseits die spezifische Form des sozio-technischen Raumfahrt-Systems begründen, das Großforschung und Industrie im ersten westdeutschen Raumfahrtprogramm, dem von der KfR im Juli 1962 vorgelegten »Vier-Jahres-Programm Raumfahrttechnik der deutschen Forschung und Industrie«[8] entwarfen (vgl. Tabelle 2, S. 353).

Betrachtet man ausschließlich das Teilprogramm der Industrie, das 80% der geforderten Mittel beanspruchte, so fällt zunächst auf, daß die Beteiligung an der europäischen Raketenentwicklung (in Form der dritten Stufe der *Europa*-Rakete) nur ein Fünftel des Budgets beanspruchen sollte, daß daneben jedoch sowohl nationale Projekte (hochenergetische Endstufe, rückführbare Höhenforschungsraketen) als auch Langzeitprogramme (Raumtransporter, Raumstation) einen großen Stellenwert besaßen.

Bemerkenswert ist zudem, daß auch die Zukunftsprojekte ›Raumstation‹ und ›Raumtransporter‹ in nationaler Regie durchgeführt werden sollten, was nicht nur die Gewichte zwischen dem europäischen und dem deutschen Raumfahrtprogramm deutlich zugunsten des letzteren verschoben hätte, sondern zugleich auch ein gesundes Selbstbewußtsein der Industrie demonstrierte, die sich zutraute, aus dem Stand heraus Projekte in Angriff zu nehmen, die selbst für die beiden Raumfahrtgroßmächte noch Zukunftsträume waren. Zentrales Element der programmatischen Strategie der westdeutschen Luft- und Raumfahrtindustrie war also die *Akzentuierung von Raketentechnik und bemannter Raumfahrt im Rahmen eines nationalen Raumfahrtprogramms*. Allerdings muß man zugleich festhalten, daß dieser Entwurf eines sozio-technischen Systems wenig konkrete und operationalisierbare Vorschläge zur Umsetzung der vorgeschlagenen Projekte enthielt. Das von der Industrie vorgeschlagene Maximalprogramm erwies

8 KfR 1962.

sich zudem als unflexibel, da es sich von der – immer wieder verzögerten – Ingangsetzung des europäischen Gemeinschaftsprogramms zum Bau einer Trägerrakete einerseits, der Bereitschaft des BMwF zur Förderung futuristischer Raumfahrtprojekte andererseits abhängig machte. Letztere zu unterstellen war angesichts des knappen Raumfahrtetats und der finanziellen Verpflichtungen, die gegenüber den europäischen Raumfahrtorganisationen eingegangen worden waren, kaum realistisch.

Die soziale Konstruktion eines sozio-technischen Systems

Im Laufe des Jahres 1962 wurde immer deutlicher, daß sich das von der Industrie verfolgte Konzept als unpraktikabel erwies und den lang ersehnten Wiederbeginn faktisch blockierte. Das soziotechnische System ›Raumtransporter‹ erwies sich sowohl in systemischer als auch in diskursiver und technischer Hinsicht als eine Fehlkonstruktion. Der Raumtransporter war als isoliertes Artefakt entworfen worden, das sich nicht als Lösung für ein zur damaligen Zeit anstehendes Problem präsentieren konnte und zudem nicht in den technischen und sozialen Kontext integriert war. Die apparative Größe allein reichte nicht aus, die Vision eines geflügelten Raumfahrzeugs auch diskursiv anschlußfähig zu machen. Weder die Politik noch die Weltraumwissenschaften konnten mit dem Projekt etwas anfangen. Die Bundesregierung war allein aus Gründen der Rücksichtnahme auf die europäischen Partner gezwungen, das (intern nicht unumstrittene) Projekt einer konventionellen *Europa*-Rakete zu akzeptieren; und die Weltraumwissenschaftler hatten wenig Interesse an Zukunftsprojekten, da ihnen primär daran gelegen war, möglichst rasch Experimentiergeräte zur Erforschung von Atmosphäre und Weltraum zu starten.

Es bedurfte eines genialen *system builders*, um diese offensichtlichen Mängel des (immer noch inoffiziellen) westdeutschen Raumfahrtprogramms[9] zu beheben und ein Konzept zu entwik-

9 Das erste offizielle Weltraumprogramm der Bundesregierung wurde erst 1967 vorgelegt, nachdem praktisch alle wichtigen Entscheidungen gefällt waren.

keln, das nicht nur in technisch-apparativer, sondern vor allem *in systemischer und diskursiver Hinsicht großmaßstäbigen Charakter* besaß. Auf Initiative Ludwig Bölkows konstituierte sich Mitte 1962 eine Arbeitsgruppe aus Mitgliedern der Firma Bölkow-Entwicklungen KG, der Deutschen Versuchsanstalt für Luft- und Raumfahrt (DVL) – einer der drei großen außeruniversitären Forschungsanstalten – sowie des Instituts für Geophysik und Meteorologie der Universität Köln, die im November 1962 die »Denkschrift: Satelliten für die Deutsche Weltraumforschung« vorlegte. Bereits der Titel der Denkschrift und die Zusammensetzung der Arbeitsgruppe kennzeichnen den Unterschied zur KfR. Hatte die KfR lediglich eine additive Zusammenfassung der maximalistischen Wünsche von Großforschung und Industrie vorgenommen, so legte die Satelliten-Arbeitsgruppe einen begutachtungsfähigen Projektvorschlag vor, der sich nicht lediglich auf einen Formelkompromiß von Forschung und Industrie stützte, sondern den Interessen aller an der Raumfahrt beteiligten Gruppen entgegenkam. Dieser umfassende Konsens wurde vor allem durch die Auslegung des Satelliten als Mehrzweckgerät ermöglicht, das sowohl für die extraterrestrische Forschung als auch für die Erprobung zentraler Komponenten bemannter Raumtransporter genutzt werden sollte. Neben dieser diskursiven Anschlußfähigkeit war für den Erfolg des Satelliten-Projektes entscheidend, daß die Denkschrift einen Weg wies, wie unter Nutzung nicht-verausgabter deutscher ESRO-Beiträge ein rascher Einstieg in den Bau von Raumfahrt-Hardware vollzogen werden konnte, statt die westdeutsche Raumfahrtpolitik von den langwierigen und sich immer wieder verzögernden Entscheidungsprozessen auf europäischer Ebene abhängig zu machen.

Das Satelliten-Projekt enthielt also eine *systemische Vision*, die sowohl in diskursiver als auch in apparativ-instrumenteller Hinsicht umfassender war als die zuvor von der KfR vorgelegten Vorschläge. Allein die Einverleibung des Raumtransporters als Teilelement in die geplante Baureihe von fünf schrittweise komplexer werdenden Satelliten spricht für die Tatsache, daß zwischen dem sozio-technischen System ›Raumtransporter‹ und dem soziotechnischen System ›Satellit‹ eine *Aufwärtstransformation* stattgefunden hatte, die durch eine *innovatorische Rekombination vorhandener Komponenten* zu einem neuartigen sozio-technischen System bewerkstelligt wurde. Auch die umfassendere Einbeziehung von Ko-Akteuren sowie die realistische und pragmatische Nutzung von Kontextfaktoren sprechen für diesen Befund. Zudem zeigt sich bei einer detaillierteren Betrachtung des Projektvorschlags, daß die Satelliten-Denkschrift falsch verstanden wird, wenn man sie als Entwurf eines singulären Artefakts interpretiert, das den bereits existierenden Projektvorschlägen lediglich hinzugefügt werden sollte. Allein die finanziellen Dimensionen zeigen, daß das Satellitenprogramm – je nach Extrapolationsverfahren – zwischen 50 und 100 Prozent der zu erwartenden nationalen Raumfahrtbudgets der sechziger Jahre zu beanspruchen beabsichtigte. Die Denkschrift war also kein Komplementär-, sondern ein strategisch geschickt plaziertes Gegenmodell zu dem (einzigen) damals vorliegenden westdeutschen Raumfahrtprogramm.

Krisenfestigkeit und eigendynamisches Wachstum

Das sozio-technische System ›Satellit‹ war erfolgreich und verdrängte die KfR-Planungen nahezu vollständig. Neben der Beteiligung an der EUROPA-Rakete bildete der Bau von Satelliten damit den wichtigsten Schwerpunkt der deutschen Raumfahrt in den sechziger Jahren. Dieser Erfolg kann vor allem darauf zurückgeführt werden,

(a) daß das Satellitenprojekt mit seiner spezifischen Rekombination der zur damaligen Zeit vorhandenen sozialen und apparativ-instrumentellen Komponenten sich als Lösung für ein akutes Problem präsentieren konnte,

(b) daß es strategisch geschickt auf den nationalen und internationalen forschungspolitischen Kontext hin konzipiert war

(c) und daß es sich durch diskursive Anschlüsse und soziale Vernetzung stark gemacht hatte.

Das sozio-technische System gewann auf diese Weise eine Dynamik, die kaum noch aufzuhalten war. Selbst Störfälle und technische Mißerfolge konnten daran nichts mehr ändern – dies vor allem, weil konkurrierende Konzepte keine höhere Plausibilität für sich beanspruchen konnten. Der größte Störfall, der das Satellitenprojekt bereits 1963 zum Scheitern hätte bringen können, war die amerikanische Weigerung, den geplanten 1,5 Tonnen schweren Satelliten mit einer amerikanischen Rakete zu starten, weil mit diesem – für damalige Verhältnisse – extrem schweren Gerät rüstungstechnisch sensible Bereiche tangiert wurden. Das sozio-technische System überstand diese Krise ebenso wie die rasanten Kostensteigerungen und Nutzenreduktionen in den folgenden Jahren unbeschadet, weil es für die deutsche Raumfahrt-Community eine adäquate (und durch vorhandene Alternativen nicht substituierbare) Lösung für das Problem darstellte, die Entwicklungsarbeiten in Großforschung und Industrie in Gang zu setzen. Zwar erreichte nur ein Mini-Satellit den Orbit, der zudem bereits nach wenigen Wochen aufgrund verschiedener Defekte ausfiel; und auch von den weitreichenden Versprechungen der Satelliten-Denkschrift blieb kaum etwas übrig. Dennoch war *Azur* für seine Betreiber ein Erfolg: Die Firma Bölkow stieg zum führenden deutschen Satellitenbauer auf, die Deutsche Versuchsanstalt für Luft- und Raumfahrt avancierte mit überproportionalen Budget-Zuwachsraten zur staatlichen Großforschungseinrichtung[10], und dem Bundesforschungsministerium gelang es schrittweise, aus dem Schatten seiner mächtigen Kabinettsrivalen herauszutreten und ein eigenständiges Profil zu gewinnen. Das sozio-technische System ›Satellit‹ überstand Störfälle und Krisen, weil seine Betreiber stets in der Lage waren, es zu regenerieren und neu zu konfigurieren. Diese Anpassungen und Ausweitungen gelangen, weil das soziale Netzwerk stark war und durch Rekombinationen immer mächtiger wurde.

Zwischenergebnis

Das geschilderte Fallbeispiel legt eine Lesart von Größenwachstum nahe, die sich auf die relative Problemlösungsfähigkeit konkurrierender sozio-technischer Systeme bezieht und den Begriff ›Problem‹ dabei in einem umfassenden Sinne definiert, der sich nicht nur auf wissenschaftlich-technische Rätsel, sondern auch auf die Ziele und Interessen der beteiligten Akteure bezieht. Der isolierte Vergleich der technischen Artefakte wird zudem ersetzt

10 Da die Strukturen der DVL bereits in den sechziger Jahren dem Typus ›Großforschung‹ entsprachen, wird der Begriff hier verwendet. Diese Einschätzung grenzt sich von anderen Analysen ab, die den Übergang zur Großforschung in der Luft- und Raumfahrt erst für das Jahr 1969 ansetzen; vgl. unter anderem Hohn/Schimank 1990.

durch den Vergleich der sozio-technischen System-Projektionen – mit dem Ergebnis, daß sich trotz der Größenreduktion der technischen Artefakte zwischen dem sozio-technischen System ›Raumtransporter‹ und dem sozio-technischen System ›Satellit‹ eine Aufwärtstransformation vollzog, weil letzteres den systemischen Rahmen weiter faßte und zusätzliche Komponenten mit einbezog.
Im folgenden Kapitel sollen die hier angeschnittenen Aspekte theoretisch vertieft und zu einem Modell weiterentwickelt werden, das über den Rahmen des singulären Beispiels hinausweist.

3. Problemlösungen auf der Suche nach Problemen

In Anlehnung an Hughes soll ein sozio-technisches System definiert werden als Kopplung unterschiedlichster apparativ-instrumenteller und sozialer Komponenten, deren Funktion es ist, eine Lösung für ein Problem zu offerieren. Die Leistung des Systemkonstrukteurs besteht, so Hughes, nicht nur in der Lösung eines technischen Rätsels, sondern vor allem in der Konstruktion eines komplexen Systems sowie dessen vorausschauender Einpassung in den sozialen und technischen Kontext, in dem es sich bewähren soll. Sozio-technische Systeme werden also strategisch auf Anwendungskontexte hin konstruiert, wobei die Wechselwirkung zwischen den antizipierten Strukturen der Technikanwendung und den apparativ-instrumentellen Konstrukten eine zentrale Rolle für das Systemdesign spielt.[11]
In diesem Zusammenhang ist es von zweitrangiger Bedeutung, ob das Problem ›real‹ wahrnehmbar ist (Beispiel Verkehrskollaps) oder ob es lediglich in Zukunfts- oder Risikoszenarien antizipiert wird (Beispiel Klimakatastrophe). Zentral ist vielmehr die Frage, *ob sich die Problemdefinition zu einer sozial stabilen Interpretation verdichten läßt* und ob die Systemkonstrukteure glaubhaft machen können, daß ihr sozio-technisches System eine Lösung der zur Debatte stehenden Probleme darstellt.[12] Oder noch poin-

11 Vgl. Hughes 1979, 1987.
12 Insofern fallen die zwei Typen zusammen; es ist grundsätzlich vorstellbar, daß man den alltäglichen Stau hinnimmt und darin kein lösungsbedürftiges bzw. lösbares Problem sieht.

tierter formuliert: Systemkonstrukteure müssen glaubhaft machen können, daß ein Problem existiert, für das ihr sozio-technisches System eine passable Lösung darstellt. In welchem Maße sie dabei gezielte Strategien zur Diskreditierung bestehender sozio-technischer Systeme einsetzen und zugleich künstliche Bedingungen der Bewährung ihres neuen sozio-technischen Systems konstruieren, ist in einer Vielzahl von Studien zur Geschichte der Elektrizität, des Milzbrandimpfstoffes, der Kernkraft, der Militärtechnik, der Raumfahrt und anderem mehr ausführlich beschrieben worden.[13] In all diesen Fällen war die soziale Stabilisierung einer Problemdefinition Voraussetzung für die Durchsetzbarkeit der Problemlösungsansprüche des jeweiligen sozio-technischen Systems.

Experimentelle Innovationsstrategien

Neben dieser diskursiven Stabilisierung von Problemdefinitionen hängt der Erfolg eines sozio-technischen Systems in großem Maße davon ab, ob es in der Lage ist, innovative sozio-technische Konstrukte nicht nur zu erzeugen, sondern auch in wachsenden Größenordnungen zu beherrschen. Ein sozio-technisches System, das sich in einer frühen Entwicklungsphase befindet (Beispiel Atomkraft in den fünfziger Jahren), wird typischerweise nicht bereits Lösungen für alle antizipierbaren Probleme (Beispiel Wiederaufarbeitung) präsentieren können; sein Erfolg hängt daher vor allem von der Reichweite seiner Versprechungen und der Glaubwürdigkeit seiner Lösungsansätze ab. Eine wichtige Rolle spielen in diesem Zusammenhang – nicht nur zur Diskreditierung bestehender sozio-technischer Systeme, sondern auch zur Erhöhung der eigenen Glaubwürdigkeit – »Entscheidungsexperimente«[14], in denen ein neues sozio-technisches System seine Überlegenheit unter Beweis stellen kann. Klassische Beispiele sind die von Edison und von Pasteur durchgeführten Großversuche, die die Niederlage des jeweils konkurrierenden sozio-technischen

13 Hughes 1987; Latour 1983; Radkau 1983; MacKenzie 1989; Weyer, 1993a.

14 Lakatos 1974, S. 152.

Systems einleiteten.[15] Beide Beispiele verdeutlichen jedoch auch, in welchem Maße die Umwelt umgestaltet und den Regeln des sozio-technischen Systems gemäß organisiert werden mußte, um den Erfolg des Experiments herbeizuführen.
In späteren Phasen der Expansion und des Größenwachstums von sozio-technischen Systemen treten dann neuartige Probleme auf, die den Glauben an die Problemlösungsfähigkeit eines sozio-technischen Systems nachhaltig erschüttern können. So kann beispielsweise die Maßstabsvergrößerung, die sich beim Übergang vom Prototypen zum flächendeckenden sozio-technischen System ergibt, ebenso zum Systemversagen führen wie die ›Vergrößerung‹, die das sozio-technische System durch seine Freisetzung in verschiedenartigen Anwendungskontexten und die damit ausgelösten nicht-antizipierbaren Wechselwirkungen und Effekte erfährt. Eine umfassende Kontrolle großmaßstäbiger sozio-technischer Systeme ist aufgrund fehlenden Regelwissens nur bedingt möglich; das Know-how der Systemkonstrukteure basiert im wesentlichen auf Erfahrungswissen, das zum Teil erst durch den Betrieb eben jener sozio-technischen Systeme gewonnen werden kann, deren Funktionsfähigkeit bei ihrer Realisierung bereits unterstellt wird. Sozio-technische Systeme dieser Größenordnung lassen sich also nur über großangelegte Freisetzungsversuche in Gang setzen, die häufig genug den Charakter eines Experimentes in und mit der Gesellschaft haben.[31]
Inwiefern ein Fehlschlag eines solchen Freisetzungsversuches den Glauben an die Problemlösungsfähigkeit eines sozio-technischen Systems erschüttert, hängt in hohem Maße von den Diskursstrukturen ab. Denn erstens bedarf es einer sozialen Stabilisierung der Interpretation, der zufolge ein manifestes Ereignis ein Symptom für Systemversagen ist, und zweitens eröffnet erst die Verfügbarkeit alternativer sozio-technischer System-Visionen die Möglichkeit, die Problemlösungsfähigkeit eines sozio-technischen Systems grundsätzlich in Frage zu stellen. Bevor die Frage der Überprüfbarkeit und Überprüfung von Problemlösungsansprüchen diskutiert wird[32], soll zunächst der Versuch unternommen, die Kategorie der Größe näher zu bestimmen.

15 Vgl. Hughes 1987; Latour 1983.
16 Vgl. Krohn/Weyer 1989; Herbold/Krohn/Weyer 1991.
17 Vgl. den Abschnitt »Die rhetorische Inszenierung von Größenunterschieden«.

Größenwachstum durch progressive Problemverschiebung

In Anlehnung an Lakatos soll die Größe sozio-technischer Systeme durch relationale Maßstäbe bestimmt werden, nämlich zum einen über die Kategorie ›Wachstum‹, zum anderen über die Kategorie ›Konkurrenz‹. Dies impliziert zweierlei:

Zum einen gibt es keinen absoluten Größenmaßstab, der es erlauben würde, einen Schwellenwert anzusetzen, jenseits dessen ein sozio-technisches System als ›groß‹ zu klassifizieren ist. Der Perrowsche Versuch, Opferzahlen als quantitativen Indikator (hier für Katastrophenpotential) zu verwenden, erscheint eher irreführend.[33] Vielmehr soll davon ausgegangen werden, daß die Größenskalen variabel sind und der Fokus im wesentlichen von sozialen Thematisierungsprozessen bestimmt wird. So ist es beispielsweise auffällig, daß Todesopfer, die bei Eisenbahnunglücken zu beklagen sind, bereits in ganz anderen Größenordnungen öffentliche Aufmerksamkeit produzieren (und die Frage nach der Funktionsfähigkeit des sozio-technischen Systems provozieren), als dies etwa im Falle des alltäglichen Gemetzels auf deutschen Straßen mit Todesopfern in fünfstelliger Größenordnung pro Jahr der Fall ist. Nicht der absolute Vergleich quantitativer Meßzahlen ist also für die Zuordnung von Größe entscheidend, sondern der *Glaube an die Problemlösungsfähigkeit eines sozio-technischen Systems*, der sich auch kontrafaktisch, das heißt unabhängig von empirischen Gegenbeweisen, stabilisieren kann.

Zum anderen wird auf diese Weise deutlich, daß die Größe unterschiedlicher sozio-technischer Systeme auf ganz unterschiedlichen ›Skalen‹ vermessen werden kann, je nachdem welches Problem in den jeweiligen Thematisierungsprozessen in den Mittelpunkt gerückt wird. Steht beispielsweise das Problem im Mittelpunkt, im Müll enthaltene Wertstoffe zu recyclen, um so die Umwelt zu entlasten, so wird der Straßenverkehr zu einer Komponente dieses sozio-technischen Systems, deren reibungsloses Funktionieren als selbstverständlich unterstellt werden muß. Steht hingegen im Mittelpunkt das Problem einer Reduzierung der Dioxin-Belastung zwecks Vermeidung von Gesundheitsschäden, so rückt neben der lange Zeit dominanten Thematik Müllver-

18 Vgl. Perrow 1984.

brennung mittlerweile auch der Straßenverkehr als Hauptdioxinproduzent in den Mittelpunkt. Im ersten Fall ist der Konkurrent, an dem das sozio-technische System ›Recycling‹ gemessen wird, die unkontrollierte Verschwendung und Deponierung, im zweiten Fall ist der Konkurrent der sozio-technischen Vision ›saubere Umwelt‹ die real existierende Praxis ungezügelter Mobilität. Die Beispiele sollen zeigen, daß konkurrierende sozio-technische Systeme immer in Relation zu den jeweils fokalen Problemen verglichen werden, nicht aber in absoluten Maßstäben.
Die Grundidee zu dieser Theorie des Wachstums sozio-technischer Systeme ist bei Lakatos entlehnt, der mit seiner Konzeption des Wachstums wissenschaftlicher Theorien eine Mittelposition zwischen Popper und Kuhn einzunehmen und Einseitigkeiten der beiden wissenschaftstheoretischen Ansätze zu überwinden versuchte.[34] Lakatos lehnt zum einen – hierin zweifellos ein wenig überzeichnend – die Idee ab, daß experimentelle Widerlegungen eine Theorie umgehend falsifizieren; zum anderen wehrt er sich gegen den Psychologismus Kuhns. Statt dessen postuliert er, daß wissenschaftliche Theorien in Forschungsprogramme eingebettet sind, die sich evolutionär weiterentwickeln und aufgrund eines stabilen harten Kerns experimentelle Gegenbeweise zumindest eine Zeitlang ertragen können – so lange nämlich, wie sie einen bewährten empirischen Gehaltsüberschuß besitzen. Lakatos verwendet den Begriff progressive Problemverschiebung zur Kennzeichnung derjenigen Forschungsprogramme, die neuartige Hypothesen erzeugen und diese (wenigstens gelegentlich) durch empirische Evidenzen plausibilisieren können. Die wissenschaftstheoretische Falle, Verifikationen zum entscheidenden Motor der Wissenschaftsdynamik zu machen, umgeht Lakatos, indem er in sein *Konzept des raffinierten Falsifikationismus* den Vergleich der Problemlösungsfähigkeit konkurrierender Forschungsprogramme zum entscheidenden Kriterium für das Wachstum wissenschaftlicher Theorien macht. Es erscheint durchaus einen Versuch wert, dieses Element der Lakatosschen Theorie in die Techniksoziologie zu übertragen, um so das Wachstum sozio-technischer Systeme in soziologische Kategorien fassen zu können.
Ein sozio-technisches System wächst demnach durch progressive

19 Vgl. Lakatos 1974; Gähde/Weyer 1989.

Problemverschiebung, das heißt durch seine Fähigkeit, neue Probleme zu lösen und nicht nur alte, bereits gelöste Probleme, wiederholt zu bewältigen. Es versteht sich von selbst, daß dieser Ansatz kein Instrument an die Hand gibt, die beiden sozio-technischen Systeme A und B unabhängig voneinander als groß oder klein zu klassifizieren. Die einzige Aussage, die auf diese Weise möglich ist, lautet: Das ›sozio-technische System B‹ ist größer als das ›sozio-technische System A‹, weil es in der Lage ist, neue Probleme zu lösen, die das ›sozio-technische System A‹ nicht zu lösen imstande ist. In dieser Perspektive ist beispielsweise das sozio-technische System ›Post‹ seit der Einführung des Fax-Dienstes größer als zuvor, weil es in dieser vergrößerten Form gestattet, Briefe auch via Telefonleitung zu versenden.
Als grobes (und keineswegs hinreichendes) Indiz für das Wachstumspotential eines sozio-technischen Systems können *Flexibilität, Rekombinierbarkeit und Regenerierbarkeit* gelten. Wenn ein sozio-technisches System neue Probleme nicht nur flexibel bewältigt, sondern auch neue Problemlösungen erzeugt, wenn es auf Herausforderungen und Krisen reagieren und sich nach Störfällen rasch regenerieren kann, wenn es schließlich Rekombinationen seiner Komponenten zuläßt, kann angenommen werden, daß es auch in Zukunft zu progressiven Problemverschiebungen imstande ist. Ein ›hartes‹ Argument läßt sich hieraus jedoch nicht knüpfen, da nicht ausgeschlossen werden kann, daß ausgerechnet der nächste Fall derjenige ist, an dem das sozio-technische System erstmals scheitert.
Ein sozio-technisches System schrumpft folglich – unabhängig davon, ob die Zahl seiner Komponenten oder seine technischen Artefakte sich verändert –, wenn es nicht mehr in der Lage ist, neue Probleme zu lösen. Das sozio-technische System ›Bahn‹ erweist sich beispielsweise durch seine Bindung an starre Schienenwege als zunehmend unfähig, sämtlichen Erwartungen einer ›mobilen Gesellschaft‹ gerecht zu werden. Die Bahn hat insofern eine Abwärtstransformation erfahren, als sie ihre nahezu exklusive Funktion des Personen-Ferntransports verlor und sich auf die Bedienung von Nischen im Gesamtsystem ›Verkehr‹ (zum Beispiel IC/ICE-Städteverbindungen) sowie den kombinierten Verkehr (zum Beispiel Rail & Fly, Kombi-Verkehr Schiene-Straße) spezialisierte. Aber auch das sozio-technische System ›Straßenverkehr‹ scheint die Grenzen seines Wachstums erreicht zu haben,

es sei denn, die Vision eines zentralgesteuerten Massenverkehrs, die beispielsweise im Rahmen des *Eureka*-Projekts Prometheus entwickelt wird, ließe sich realisieren. Zwischen diesen beiden Entwicklungsmustern des Wachstums und der Schrumpfung ist zudem ein drittes stationäres Muster denkbar, in dem sozio-technische Systeme weder neue Problemlösungen erzeugen noch mit neuem Problemdruck konfrontiert werden.

Der Problemdruck, den ein sozio-technisches System erfährt, kann sowohl intern als auch extern erzeugt sein:

Interner Problemdruck: Im Sinne der Ausführungen im vorherigen Abschnitt müssen die neu auftretenden Probleme nicht notwendigerweise nachfragebedingt sein; ein sozio-technisches System kann genausogut einen Lösungsüberschuß produzieren, der sich bei entsprechender Stabilisierung von Problemdefinitionen als Wachstumsfaktor erweisen kann. Zudem kann ein sozio-technisches System mit selbstinduzierten Problemen konfrontiert werden. So geriet beispielsweise das mit hoher Zuverlässigkeit arbeitende IC-Netz Ende der achtziger Jahre durch die immer engere Kopplung der Fahrzeiten in erhebliche Schwierigkeiten. Progressive Problemverschiebung des sozio-technischen Systems ›Intercity‹ schlug hier in nicht prognostizierbarer Weise in degenerative Problemverschiebung um; ein zuvor weitgehend reibungslos funktionierendes sozio-technisches System versagte plötzlich aufgrund nicht-linearer Effekte des eigenen Wachstums. Es regenerierte sich später durch die Einrichtung zeitlicher Puffer, die beispielsweise dem ICE München-Hamburg gestatten, in Göttingen 20 Minuten auf einen verspäteten Eilzug zu warten, ohne daß dadurch bundesweit der gesamte Fahrplan durcheinandergerät.

Externer Problemdruck: Neben dem intern erzeugten Problemüberschuß bzw. Problemdruck spielen externe Momente eine wichtige Rolle. Dabei lassen sich drei Gruppen von Ereignissen unterscheiden, die die Problemlösungsfähigkeit eines sozio-technischen Systems in Frage stellen können:

(a) Das Eintreten eines technisch-apparativen Störfalls,
(b) die Artikulation eines neuartigen Bedarfs oder die Identifikation bislang unbekannter Folgen (diskursiver Störfall) und
(c) das Auftreten eines konkurrierenden sozio-technischen Systems, das eine größere Problemlösungsfähigkeit verspricht.

Wie im folgenden zu zeigen sein wird, hängt in allen drei Fällen die ›Vermessung‹ der Problemlösungsfähigkeit eines sozio-technischen Systems in hohem Maße von Wahrnehmungen, Deutungen und Interpretationen sowie von der Möglichkeit ab, diese Deutungen innerhalb des Diskurses zu stabilisieren.

Technisch-apparative Störfälle

Unfälle oder Katastrophen können ein sozio-technisches System in eine Krise stürzen, wenn sich die Interpretation festigt, daß das eingetretene Ereignis ein Symptom für eine geringe oder schwindende Problemlösungsfähigkeit des betreffenden sozio-technischen Systems ist. Möglicherweise liegt hier eine der Ursachen, warum Störfälle in der Regel vertuscht werden. Denn nicht der Störfall an sich, sondern die Wiedereröffnung der Debatte um das sozio-technische System ist – aus der Perspektive der Systembetreiber – der GAU. Unfälle werden vor allem dann zu Gefahren für das sozio-technische System, wenn mit ihrer Hilfe bislang akzeptierte Systemdefinitionen in Frage gestellt und alternative Antizipationen und Projektionen gestützt werden. Erst die Interpretation eines Vorganges als Störfall und dessen Einordnung in ein komplexes Szenario machen die Angelegenheit brisant. Die typischen Expertenstreite, ob der zur Debatte stehende Vorfall ein zu vernachlässigender Fehler ist, der das Design nicht grundsätzlich in Frage stellt, oder ob er Indikator für ein Systemversagen ist, weisen auf die interpretative Flexibilität von Störfällen hin, vor allem aber auf die Abhängigkeit der Interpretationen von umfassenderen Modellen, die aus manifesten Ereignissen künftiges Verhalten des sozio-technischen Systems ›hochrechnen‹. Dies gilt für die Behauptungen der Beherrschbarkeit bzw. Nicht-Beherrschbarkeit eines sozio-technischen Systems ebenso wie für die Antizipation von Folge-Nutzen bzw. Folge-Kosten im Rahmen von Technikutopien oder Technikfolgen-Abschätzungen.
Wichtig wird in solch einem Fall, wie flexibel ein sozio-technisches System auf die Störung reagieren und in welchem Maße es sich nach einem Unfall regenerieren, das heißt den Glauben an seine Problemlösungsfähigkeit wiederherstellen kann.[35] Von zentraler Bedeutung ist jedoch, ob die in Form des Störfalls vorlie-

20 Dieser Gedankengang bezieht sich auf Perrow 1988.

gende empirische Evidenz nicht nur das sozio-technische System in Frage stellt, sondern zugleich einen Rivalen stärkt, dessen Problemlösungsansprüche mindestens so weitreichend sind wie die des betreffenden sozio-technischen Systems.

Diskursive Störfälle

Genauso bedrohlich wie technisch-apparative Störfälle (und deren diskursive Aufschaukelung) sind Veränderungen in den Diskursstrukturen, die zur Artikulation neuer Bedarfe oder zur Perzeption neuartiger Problemlagen führen. Die Beispiele ›Telefon‹ und ›Atomkraft‹ zeigen anschaulich, daß die Wahrnehmung der Problemlösungsfähigkeit eines sozio-technischen Systems von Faktoren beeinflußt werden kann, die weit außerhalb des Horizontes des Systemdesigns liegen können. So war etwa das sozio-technische System ›Telefon‹ bis zur Wiedervereinigung Deutschlands kein Thema für öffentliche Debatten, während es danach eine Weile nicht auszuschließen war, als könne das sozio-technische System, das in seinem Kern das Unternehmen Bundespost enthält, aufgrund der behaupteten Unfähigkeit zur Lösung der aufgetretenen Probleme vollkommen umgestaltet werden.[36] Das Beispiel verdeutlicht auch, daß der Normalbetrieb von Technik kein Gegenstand von Debatten ist, sondern ein Diskurs erst dann eröffnet werden kann, wenn ein Schadensfall entweder akut eingetreten ist oder ein solcher Fall hypothetisch antizipiert und diese Projektion als glaubwürdig akzeptiert wird.[37] Der Diskurs kann darüber hinaus auch in Gang kommen, wenn sich neue Alternativen und Gestaltungsspielräume eröffnen, die entweder durch neue technische Optionen (Beispiel Mobiltelefon) oder veränderte soziale Konstellationen (Beispiel Wiedervereinigung Deutschlands) entstehen. Instruktiv ist in diesem Zusammenhang auch die Renaissance der Kernenergie, die über das Vehikel der Ozonloch-Debatte eingeleitet wurde. Dieses Beispiel veranschaulicht zum einen die Tatsache, daß scheinbar abgeschlossene Diskurse über sozio-technische Systeme wiedereröffnet werden

21 Vgl. Grote (in diesem Band).

22 Weitere Beispiele für diesen Sachverhalt sind der Kollaps des Straßenverkehrs oder der Müllentsorgung.

können; zum anderen zeigt es, daß diskursive Störfälle den Glauben an die Problemlösungsfähigkeit eines sozio-technischen Systems nicht nur schwächen, sondern in einigen Fällen auch stärken und somit neue Wachstumsimpulse auslösen können. Comebacks sind also grundsätzlich möglich, denn degenerative sozio-technische Systeme sterben in der Regel nicht aus, sondern werden von ihren Promotoren im Vertrauen auf ihre Regenerationsfähigkeit weiterentwickelt. Auch der in Abschnitt 2 geschilderte Fall des sozio-technischen Systems ›Satellit‹ ist ein Beispiel dafür, daß Störfälle nicht nur Auslöser von Krisen sind, sondern auch als Chancen wahrgenommen werden können, die dem sozio-technischen System neue Impulse geben. Das Satellitenprojekt reagierte auf Störungen mit der Neu-Konfiguration des Systems und konnte so die externen Impulse in dynamisches Wachstum umsetzen. Ein sozio-technisches System ist also kein Apparat, der sich seiner Umwelt gegenüber reaktiv verhält, sondern ein strategischer Entwurf, der mit Störungen offensiv umgeht; die Rekombination der Komponenten sowie die Integration neuer Komponenten können also als eine *Wachstumsstrategie in turbulenten Umwelten* angesehen werden, die die Problemlösungsfähigkeit des sozio-technischen Systems immer wieder in Frage stellen und es zu neuen Antworten zwingen bzw. reizen.

Das Auftreten eines Konkurrenten

Sowohl technisch-apparative als auch diskursive Störfälle bilden so lange keine Bedrohung für ein sozio-technisches System, wie keine Alternativen zur Verfügung stehen, die im Sinne der obigen Definition sozio-technischer Systeme größer sind, das heißt ein größeres Problemlösungspotential zu besitzen beanspruchen. In diesem Sinne kann die Nicht-Verfügbarkeit alternativer sozio-technischer Systeme als ein grobes Indiz für Größe angesehen werden, das allerdings weder in numerischen Werten auszudrükken ist noch einen Grenzwert für die Schwelle zwischen ›klein‹ und ›groß‹ enthält. Nur unter diesem Vorbehalt kann man daher von Größe im Sinne einer gesellschaftlich folgenreichen, weil schwer revidierbaren Festlegung sprechen, wenn ein nicht funktionierendes sozio-technisches System nicht durch Alternativen substituiert werden kann.

Hier soll jedoch der – interessantere – Fall diskutiert werden, der sich dann ergibt, wenn ein sozio-technisches System mit einem Konkurrenten konfrontiert wird, welcher beansprucht, neue Probleme diagnostizieren und lösen zu können. Wenn weiterreichende Entwürfe sozio-technischer Systeme entstehen und gar realisiert werden, relativiert sich die Größe eines sozio-technischen Systems – unabhängig davon, ob es weiterhin in der Lage ist, seine bisherigen Probleme zu lösen.

Muster des Wettstreits sozio-technischer Systeme

Die entscheidende Frage ist allerdings, wie die Unterschiede der Problemlösungsfähigkeit zwischen dem ›sozio-technischen System A‹ und dem ›sozio-technischen System B‹ analytisch beschrieben werden können, insbesondere wenn diese beiden Spezies – anders als im oben beschriebenen Falle der Weiterentwicklung bzw. Anreicherung eines sozio-technischen Systems – nicht auf einem linearen Pfad liegen, sondern unterschiedliche Welten konstituieren. Grundsätzlich soll davon ausgegangen werden, daß der Wettstreit zwischen sozio-technischen Systemen sich nach folgenden drei Mustern vollziehen kann:
(a) Inklusion: Die Inklusion des ›sozio-technischen Systems A‹ durch das ›sozio-technische System B‹ ist der einfachste Fall, der sich auf das Standard-Muster des Wachstums eines sozio-technischen Systems zurückführen läßt. Das Fernsehen mit Videotext löst beispielsweise alle Probleme (Konsumwünsche, Informationsbedarf, Marketing etc.), die auch das Fernsehen ohne Videotext zu lösen imstande war; es kommen jedoch neue Elemente hinzu, die über die Problemlösungsfähigkeit des alten sozio-technischen Systems hinausweisen.
(b) Sekundäre Pay-offs: Wenn sich die Übereinstimmung von Problemlösungsansprüchen lediglich auf eine Schnittmenge von ›sozio-technischem System A‹ und ›sozio-technischem System B‹ reduziert, jenseits deren beide Exemplare ein großes Reservoir nicht aufeinander abbildbarer Problemlösungen anbieten, wird es erheblich komplizierter, mit einer homogenen Größenvorstellung zu operieren und einen unmittelbaren Vergleich der beiden Spezies anzustellen. Nimmt man etwa den Fall der Konkurrenz von Kohle und Kernenergie als Energiesysteme, so ließe sich die These

entwickeln, daß sich die Vergleichbarkeit der beiden sozio-technischen Systeme aus infrastrukturellen Primärfunktionen (zum Beispiel Energietransport) ergibt, während die ausschlaggebenden Kriterien für die Durchsetzbarkeit eher in den Sekundärfunktionen bestehen, die außerhalb der gemeinsamen Schnittmenge liegen. So ist der Siegeszug der Kernenergie in der Bundesrepublik der sechziger und siebziger Jahre, wie etwa die Studien von Radkau eindrücklich belegen, weniger einer energiepolitischen Rationalität zu verdanken als vielmehr außen-, industrie- und militärpolitischen Kalkülen.[38]

(c) Rekombination und Emergenz: Wenn ein neues sozio-technisches System entsteht, das sich Komponenten eines alten soziotechnischen Systems – oder gar dieses System als ganzes – einverleibt, aber völlig neue Problemlösungen generiert, wird es vollends schwierig, mit Größenvergleichen zu operieren. Im Falle solcher Fremdnutzungen, die ein bestehendes sozio-technisches System als Infrastruktur zugrunde legen und es damit als Komponente in völlig andersgelagerte Konstruktionen sozio-technischer Systeme integrieren, gibt es zwischen dem ›Basis‹-System und dem ›Fremd‹-System keine Schnittmenge gemeinsamer, miteinander vergleichbarer Problemlösungsansprüche.

Offensichtlich kommt man diesem Phänomen analytisch nur näher, wenn man die Existenz unterschiedlichster sozio-technischer Systeme unterstellt, die nicht auf einer einheitlichen Beobachtungsebene und erst recht *nicht auf einer einheitlichen Skala* liegen – sei es in zeitlicher, räumlicher oder sachlicher Hinsicht. Jedes sozio-technische System ist vielmehr ein eigenständiges Konstrukt, das seine Umwelt und die dort vorhandenen soziotechnischen Systeme auf spezifische Weise als Ressourcen nutzt. Analysiert man zum Beispiel das Straßenverkehrsnetz unter der Perspektive, daß zu seiner Konstruktion und seinem Betrieb eine Kopplung unterschiedlichster Komponenten (von Brücken bis zum Verkehrsfunk) erforderlich ist, so ist das Straßenverkehrsnetz das Emergenzphänomen. Analysiert man das Straßenverkehrsnetz hingegen unter der Perspektive, daß es seinerseits eine Komponente für die Bildung eines anderen sozio-technischen Systems (Post, Organtransplantation) bildet, dann ist dieses Rekombinat das Emergenzphänomen. Die Frage, ob das sozio-technische Sy-

23 Vgl. Radkau 1983.

stem ›Organtransplantation‹ neue Probleme zu erzeugen und zu lösen imstande ist, die das sozio-technische System ›Straßenverkehr‹ nicht lösen kann, hat allenfalls auf einer sehr allgemeinen Ebene Sinn. *Ein direkter Vergleich der Problemlösungsansprüche der beiden sozio-technischen Systeme ist jedoch kaum möglich.* Allerdings führt das Beispiel zugleich zu der Frage, wieviel Dynamik das ›Basis‹-System aushalten kann, ohne seine Integrität und seine Identität zu verlieren.

Somit bleibt nur die Möglichkeit, ein sozio-technisches System als ein Konstrukt zu beschreiben, das auf eine spezifische Weise unterschiedlichste soziale und apparativ-instrumentelle Komponenten (also auch sozio-technische Systeme) zu einer neuen Realität verknüpft und damit beansprucht, zur Lösung eines spezifischen Problems in der Lage zu sein. Insofern sind biologistische Vorstellungen – etwa die eines Lebenszyklus von sozio-technischen Systemen (Hughes) – ebenso problematisch wie Schemata, die sozio-technische Systeme in eine Skala erster, zweiter und dritter Ordnung (Braun) einzuordnen versuchen. Wenn Rekombinationen eigenständige Zeit- und Raumskalen produzieren, deren Achsen nicht aufeinander abbildbar sind, lassen sich keine Hierarchien sozio-technischer Systeme ableiten, sondern allenfalls nicht-teleologische, evolutionäre Entwicklungsprozesse diagnostizieren. Als beispielsweise das sozio-technische System ›Telefon‹ mit seinen -zig Millionen Anschlüssen im Jahre 1967 zur Komponente des sozio-technischen Systems ›Organtransplantation‹[39] wurde, war dies keine Aufwärtstransformation im Sinne der Produktion eines größeren oder höherwertigen sozio-technischen Systems, sondern die Emergenz eines neuartigen Phänomens, das sich in den Kategorien des alten sozio-technischen Systems nicht vermessen läßt, weil es eigene Kategorien bildet. Nur in den oben beschriebenen Fällen der Inklusion und der Überschneidung von Problemlösungsansprüchen von sozio-technischen Systemen läßt sich – mit aller Vorsicht und klarem Bezug auf das jeweils fokale Problem – mit Ordnungsskalen operieren, die jedoch nur relative Bezüge zwischen dem jeweils kleineren und dem größeren sozio-technischen System, nicht jedoch absolute, an einer einheitlichen Größenskala ausgerichtete Maßstäbe liefern können.

Diese Überlegungen führen zwangsläufig zu der Frage, wie ange-

24 Vgl. Braun u. a. 1991; Braun (in diesem Band).

sichts einer grundsätzlichen Nichtvergleichbarkeit (Inkommensurabilität) konkurrierender sozio-technischer Systeme dann überhaupt die Entscheidung gefällt werden kann, daß die Problemlösungsansprüche des einen Systems glaubhafter sind als die des anderen. Auch zur Beantwortung dieser Frage soll auf Lakatos zurückgegriffen werden.

Die rhetorische Inszenierung von Größenunterschieden

In der Konkurrenz zwischen einem etablierten und einem neu entstehenden sozio-technischen System versagt der empirisch-experimentelle Nachweis von Problemlösungsfähigkeiten, da hypothetische Modelle künftiger (sozio-technisch vermittelter) Sozialität den Kern der Kontroverse bilden. Diese Hypothesen sind – zumindest im Fall des ›jungen‹ Konkurrenten – zum Zeitpunkt der Kontroverse noch nicht überprüfbar, auch dann nicht, wenn das neue sozio-technische System bereits in Teilbereichen implementiert worden ist. Das Verhältnis von (experimenteller) Überprüfung und Bestätigung (der Adäquatheit der Problemlösungsansprüche) kehrt sich tendenziell um; denn erst nach der Etablierung eines sozio-technischen Systems im Originalmaßstab ist es möglich, die Problemlösungsansprüche im Detail zu überprüfen. Zumindest bei sozio-technischen Systemen, die in staatlich regulierten Bereichen etabliert werden, ist jedoch für diese umfassende Implementierung die soziale Stabilisierung der jeweiligen Projektionen erforderlich. Das heißt, es muß eine Schließung der Debatte (»closure«) erfolgen und ein Konsens bezüglich der Durchführung des Projektes eines sozio-technischen Systems und des damit verbundenen Umbaus der Gesellschaft erreicht werden, bevor die Implementation des sozio-technischen Systems und damit die experimentelle Überprüfung der hypothetischen Modelle erfolgen kann.[40]

Der zentrale Punkt liegt also in der Beantwortung der Frage, wie ein ›junges‹ sozio-technisches System angesichts der generellen Unmöglichkeit, seine größere Problemlösungsfähigkeit praktisch unter Beweis zu stellen, den Anspruch entwickelt und erhärtet,

25 Vgl. Pinch/Bijker 1987; Herbold/Wienken 1993.

größer zu sein als sein Konkurrent. Wie gelang es dem elektrischen Strom, sich gegen das etablierte sozio-technische System ›Gas-Wirtschaft‹ durchzusetzen; wie vollzog sich der Siegeszug der Kernenergie über das sozio-technische System ›Kohle-Wirtschaft‹? In beiden Fällen befand sich weder das etablierte sozio-technische System in einer Krise, noch konnte das ›junge‹ sozio-technische System seine höhere Leistungsfähigkeit zum Zeitpunkt der Kontroverse bereits nachweisen. Und in beiden Fällen fand keine Eliminierung des unterlegenen sozio-technischen Systems statt, sondern es entwickelte sich eine lang andauernde Koexistenz unterschiedlicher sozio-technischer Systeme, die zwar die vorübergehende Niederlage eines der beiden Konkurrenten beinhaltete, zugleich aber auch die unerwartete Umkehrung der Verhältnisse erlaubte.

Ein wichtiger Faktor, der den Aufstieg neuer sozio-technischer Systeme ermöglicht, besteht zweifellos darin, daß sie in Nischen oder besonders protektionierten Feldern die Chance zur Bewährung im Miniaturmaßstab erhalten.[41] Neben experimentellen Überprüfungen, die durch den Betrieb im Miniaturmaßstab einerseits, durch Störfälle des Konkurrenz-Systems andererseits erfolgen können, spielen jedoch rhetorische Strategien im Prozeß der Be- bzw. Verdrängung eines sozio-technischen Systems durch ein neues, größeres eine Schlüsselrolle. Zentrale Elemente der diskursiven Selbstinszenierung eines ›jungen‹ sozio-technischen Systems sind *soziale Projektionen und antizipierte gesellschaftliche Folgewirkungen*, deren Reichweite die des Konkurrenten übersteigt. Das Attribut ›groß‹ enthält also eine kommunikative Funktion im Rahmen von Diskursen über sozio-technische Systeme, denn die Zuschreibung von Größe (des Nutzens, der Betroffenheit oder ähnlichem) erzeugt weiträumig Aufmerksamkeit und erhöht somit die Chancen für die Durchsetzung neuer Deutungen. Dabei lassen sich *zwei rhetorische Strategien* ausmachen: Im ersten Fall wird das kritisierte sozio-technische System als groß, übermächtig und/oder unbeherrschbar dargestellt, um auf diese Weise Alternativen plausibel erscheinen zu lassen; im zweiten Fall wird auf die Ausblendung wichtiger Faktoren (etwa der Umweltauswirkungen) verwiesen und das betreffende sozio-technische System damit als zu klein charakterisiert im Vergleich zu Alterna-

26 Auch dieses Konzept findet sich bereits bei Lakatos 1974.

tivkonzepten, die den Systemhorizont weiter stecken. Beiden Fällen ist jedoch gemeinsam, daß die vorgeschlagene Alternative in systemischer Hinsicht eine progressive Problemverschiebung enthält; denn auch im ersten Fall zieht die Kritik den Rahmen weiter als das kritisierte sozio-technische System, das beispielsweise Aspekte der sozialen Beherrschbarkeit ignoriert. Diese rhetorische Inszenierung von Größenunterschieden ist zugleich ein wichtiges Instrument zur Mobilisierung von Akteuren, deren Unterstützung für die Durchsetzung eines konkurrierenden sozio-technischen Systems erforderlich ist.

Größenwachstum findet also in dieser Phase der Designkommunikation als diskursive Aufwärtstransformation statt, das heißt als eine rhetorische Strategie, die den Anspruch auf progressive Problemverschiebung zu plausibilisieren und zu erhärten versucht. Größenwachstum vollzieht sich (zunächst rein diskursiv) über die Inkorporation vormals nicht berücksichtigter Aspekte (im konventionellen Sprachgebrauch: Technikfolgen), weil ein neues sozio-technisches System ein altes nur dann erfolgversprechend in Frage stellen kann, wenn es die Systemgrenzen weiter als das alte zieht und so die Vermutung erhärten kann, daß es ein Potential zur Lösung der Probleme (Umweltschutz, Datenschutz, Energieknappheit etc.) besitzt, die das alte sozio-technische System weder thematisiert noch zu lösen imstande ist. So werden die Promotoren eines neuen sozio-technischen Systems in der Regel auf den umfassenden Nutzen, die Erweiterung von Handlungsoptionen und die erhöhte Sicherheit ihres Projekts verweisen, während Kritiker die umfassende Betroffenheit, den Verdrängungseffekt (alter durch neue Technik) sowie die Nicht-Beherrschbarkeit thematisieren. Hieran zeigt sich, daß systemische Grenzziehungen strategische Konstrukte der beteiligten Akteure sind, die von konkurrierenden Konstrukten in Frage gestellt werden. Der Größenmaßstab wird im sozialen Thematisierungsprozeß justiert, wobei es sich jeweils empirisch beweisen muß, wessen Konstrukte sich sozial stabilisieren lassen. Als beispielsweise Kritiker der bemannten Raumfahrt die Behauptung aufstellten, diese Großtechnik werde binnen kürzester Zeit die gesamte Forschungspolitik dominieren[42], wurde ihnen von den Befürwortern entgegengesetzt, das ganze Unternehmen koste jeden einzelnen Bundesbürger nicht

27 Vgl. unter anderem: Memorandum 1987.

mehr als eine Tasse Kaffee – ein rhetorisch zweifellos geschicktes Argument.[43]

Diskursive Aufwärtstransformation bedeutet also, daß im sozialen Prozeß der Technikdiskussion die Tendenz zur immer extensiveren Kopplung unterschiedlichster Faktoren angelegt ist. Auch alternative Technikkonzepte erzeugen wachsende Komplexität, selbst wenn die technischen Verfahren und Artefakte einfacher sind. Denn es kommt nicht ausschließlich auf die apparativ-instrumentellen Komponenten, sondern vor allem auf die Art der Kopplung von apparativ-instrumentellen und sozialen Komponenten an. Das Beispiel umwelt- und ressourcenschonender Müllentsorgungskonzepte zeigt, daß auch andere Alternativen die Systemgrenzen immer weiter ziehen und Komponenten (wie etwa das Verbraucherverhalten) inkorporieren, die in den bestehenden Konzepten sozio-technischer Systeme nicht zu den Systemelementen zählten.

Ob die von einem neuen sozio-technischen System beanspruchte progressive Problemverschiebung tatsächlich realisiert werden kann, ist für die Debatte zwischen konkurrierenden Projektionen sozio-technischer Systeme allein wegen der zeitlichen Trennung von (politisch-diskursiver) Bestätigung und (experimenteller) Überprüfung von nachgeordneter Bedeutung. Es läßt sich empirisch sogar feststellen, daß sowohl die Projektionen der Technikpromotoren als auch diejenigen der Kritiker sich regelmäßig als unhaltbar erwiesen. Weder ließen sich die Energieprobleme der Industriegesellschaft dauerhaft durch den Einsatz der Kernenergie lösen, noch sind die Fahrgäste der ersten Eisenbahn am Geschwindigkeitsrausch erkrankt. Die kommunikative Funktion der über Technikgestaltung definierten Gesellschaftsutopien ist vielmehr, den aktuell stattfindenden Kommunikationsprozeß zu gestalten und die soziale Stabilisierung sozio-technischer Systemkonstrukte zu erreichen.

In diesem Zusammenhang spielt die *Anschlußfähigkeit der Argumente sowie die Vernetzbarkeit der Akteure* eine wichtige Rolle für den Erfolg eines sozio-technischen Systems. Es genügt nicht, daß dessen Promotoren alle propagandistischen Register ziehen, um andere Akteure von der Notwendigkeit der Installierung eines

28 D 2-Astronaut Ulrich Walther, in: Frank Elstner, »Nase vorn«, ZDF, 3. 11. 1990.

Netzes von Hochgeschwindigkeitszügen, der umfassenden Nutzung regenerativer Energien oder des Aufbaus der europäischen bemannten Raumfahrt zu überzeugen. Die vorgebrachten Problemlösungsansprüche müssen vielmehr – wie spekulativ die Planung von Zukunft auch immer sein mag – sozial anschlußfähig sein, das heißt, es muß die Wahrscheinlichkeit bestehen (bzw. geschaffen werden), daß andere Akteure die Argumente der Promotoren des sozio-technischen Systems für plausibel und (auch im eigenen Interesse) für sinnvoll halten. *Die Konstruktion eines sozialen Netzwerkes ist eine wichtige Voraussetzung, um die rhetorische Schließung der Debatte zu erreichen.*[44]

Die diskursive Funktion der rhetorischen Inszenierung von Größenunterschieden besteht also in der Öffnung von Debatten über sozio-technische Systeme, in der Erzeugung weiträumiger Aufmerksamkeit sowie der Konstruktion sozialer Netzwerke, deren Eigendynamik zum Motor des sozio-technischen Systems werden kann. Im Prinzip ist es möglich, daß auf diese Weise neue sozio-technische Systeme entstehen und sich durchsetzen, deren Problemlösungsansprüche überzogen sind und deren Problemlösungsfähigkeit sich im nachhinein als geringer denn erwartet erweist. Störfälle spielen bei der dann folgenden Neubewertung dieser sozio-technischen Systeme eine wichtige Rolle, da sie die experimentellen Evidenzen zur Erhärtung oder Schwächung von Problemlösungsansprüchen darstellen. Allerdings wird eine solche Diagnose einer degenerativen Problemverschiebung nur dann brisant, wenn ein Konkurrent existiert, der eine progressive Problemverschiebung verheißt. Das Spiel kann von neuem beginnen; aber es findet zwischen konkurrierenden, nicht notwendigerweise miteinander kompatiblen sozio-technischen Projektionen statt, deren Größenvergleich leicht vergessen läßt, daß hier unterschiedliche Welten konstruiert werden, die nur bedingt miteinander verglichen werden können. Die soziale Stabilisierung sozio-technischer Systeme hat folglich temporären Charakter; die Debatte um die Glaubwürdigkeit von Problemlösungsansprüchen kann jederzeit aufgrund von technisch-apparativen oder diskursiven Störfällen wiedereröffnet werden. Die eigentliche Gefahr besteht allerdings im Auftreten eines größeren Konkurrenten.

29 Zur soziologischen Analyse der Konstruktion sozialer Allianzen vgl. auch Weyer 1989, 1993a.

Vor einer abschließenden Zusammenfassung der theoretischen Argumente in Abschnitt 5 soll das hier entwickelte analytische Instrumentarium auf einen weiteren Fall aus dem Bereich der Raumfahrt angewendet werden, in dem es um die Konkurrenz und Koexistenz von sozio-technischen Systemen, um temporäre Siege und Niederlagen sowie um die Fähigkeit zur Regeneration von sozio-technischen Systemen geht.

4. *TV-Sat* und *Astra*: Wer ist David, wer Goliath?

Die Nutzung von Satelliten im Weltraum kann auf eine nunmehr über dreißigjährige Geschichte zurückblicken, innerhalb deren verschiedene Nutzungsvisionen entwickelt und erprobt wurden. Sie reichen vom interkontinentalen Telefonverkehr über die Wettervorhersage bis hin zu neueren Anwendungen wie dem satellitengestützten Seenotruf oder der Verbreitung von Fernsehprogrammen via Satellit. Im folgenden sollen Rundfunksatelliten und die mit ihnen verknüpften sozialen Projektionen im Mittelpunkt stehen, wobei der Akzent auf die deutsche Entwicklung gelegt wird.

Seit August 1989 verfügt die Bundespost mit dem *TV-Sat 2* über einen funktionsfähigen Rundfunksatelliten, nachdem der im November 1987 gestartete *TV-Sat 1* wegen eines technischen Defekts kurz nach dem Start ausgefallen war. Der *TV-Sat* ist ein direktstrahlender Rundfunksatellit, dessen Programme bereits mit kleinen Antennenanlagen (ca. 60 cm Durchmesser) zu empfangen sind und daher nicht auf die Verteilung über Satellitenempfangsstationen und mit ihnen verbundene Kabelnetze angewiesen sind.[45] Der Empfang der Sendungen eines direktstrahlenden Rundfunksatelliten kann daher »aus politischen Gründen nicht behindert«[46] werden. Dies gilt allerdings auch für ›fremde‹ Satelliten, die ungehindert in das Gebiet der Bundesrepublik hineinstrahlen und so das Fernmeldemonopol der Bundespost unterlaufen. Die schärfste Konkurrenz für den *TV-Sat* bildet der

30 Zur Geschichte und zu technischen Details des *TV-Sat* siehe ausführlich Eckstein 1990.

31 *Frankfurter Allgemeine Zeitung* (*FAZ*) vom 16. 10. 1989.

luxemburgische *Astra*, ein sogenannter Medium-Power-Satellit, der mit einer geringeren Sendeleistung operiert und daher 16 Fernsehprogramme gleichzeitig übertragen kann, während der *TV-Sat* nur über fünf Kanäle verfügt.
Innerhalb weniger Jahre hat *Astra* das Rennen eindeutig für sich entschieden, was allerdings ohne eine erhebliche (und vor wenigen Jahren noch für unmöglich erachtete) Verbesserung der Empfangsanlagen kaum denkbar gewesen wäre.[47] Insofern scheint sich der *TV-Sat* in die Reihe der staatlichen Großprojekte einzureihen, die als Fehlschläge zu verbuchen sind.[48] Der Postminister selbst warnte davor, daß die für den *TV-Sat* aufgewendeten Mittel sich als »rausgeworfenes Geld«[49] erweisen könnten, was die *Frankfurter Allgemeine Zeitung* zu dem Kommentar veranlaßte, daß »Schwarz-Schillings Ufo« ohnehin »reif für das Technikmuseum« sei, da *Astra* »längst das Rennen für sich entschieden«[50] habe. Was sich auf der vordergründigen Ebene als ein Lehrstück für die Überlegenheit der Privatinitiative gegenüber schwerfälligen Staatsprojekten interpretieren läßt[51], entfaltet bei genauerer Betrachtung eine Reihe weiterer Dimensionen. Dazu ist es allerdings erforderlich, das Politikfeld, die in ihm agierenden Gruppen sowie deren spezifische (und voneinander abweichende) Konstruktionen des sozio-technischen Systems ›Satellitenfernsehen‹ zu benennen.[52] Die Rundfunk- und Satellitenpolitik des Bundespostministeriums (BMP) ist einerseits vom Interesse der Bestandswahrung der Organisation ›Bundespost‹ geprägt; andererseits spielen eine Reihe von außenpolitischen Aspekten eine Rolle, die sich aus der Genese des *TV-Sat*-Projekts erklären lassen. Das 1980 ratifizierte Vorhaben, gemeinsam mit Frankreich baugleiche Rundfunksatelliten (*TV-Sat* und *TDF*) zu entwickeln und zu betreiben, war – ähnlich wie schon bei dem 1967 vereinbarten Vorgängerprojekt *Symphonie* – mit einer Absage an eine europäische Entwicklung im Rahmen der European Space Agency (ESA) verknüpft

32 Vgl. *FAZ* vom 15. 8. 1990.
33 Zur Forschungs- und Technologiepolitik allgemein: Klodt 1987; Keck 1984.
34 Zit. nach *FAZ* vom 12. 10. 1990.
35 *FAZ* vom 13. 10. 1990.
36 So die *FAZ* vom 4. 4. 1989.
37 Wie oben bereits erwähnt, werden die Bezeichnungen der sozio-technischen Systeme als Indizes verwendet.

gewesen, die vor allem von der raumfahrttechnischen Industrie forciert worden war. Bei kommerziell interessanten Projekten dominierte damals wie heute das Konkurrenzmotiv vor dem Kooperationswillen.[53] Auch für die Politik war diese Linie einer Nationalisierung von Raumfahrtprojekten interessant, eröffnet der Besitz von Kommunikationssatelliten doch breite Möglichkeiten des »elektronischen Imperialismus«[54] sowie des politischen und industriellen Zugangs zu Schwellenländern. Schon in den sechziger Jahren sprach man in der Bundesrepublik unter Bezug auf den Wettlauf um die Gunst des sogenannten ›schwarzen Kontinents‹ unverhüllt von der »Schlacht um den Einfluß in der Welt«[55] und schrieb Kommunikationssatelliten eine zentrale Rolle innerhalb dieses Machtkampfs zu.

Neben diesen globalpolitischen Aspekten besitzt der *TV-Sat* zugleich eine europapolitische Komponente, ist er doch nicht nur sichtbares Symbol der deutsch-französischen Kooperation, sondern zugleich Instrument einer Industriepolitik in einem Hochtechnologiebereich, der als zentral für die zukünftige Entwicklung Europas angesehen wird. Insbesondere die zwischen der Bundesrepublik und Frankreich vereinbarte neue Übertragungsnorm »D 2-Mac« besitzt diese industriepolitische Ausrichtung; ist doch der Sinn dieser Normung die Sicherung eines Absatzmarktes für die Rundfunkgeräteindustrie, die durch die japanische Konkurrenz derart in Bedrängnis geraten ist, daß sie um ihr Überleben fürchten muß. Eine Zeitlang wurde der *TV-Sat* zudem unter einer deutschlandpolitischen Perspektive gesehen, da sich mit ihm die Versorgung der entlegenen Gebiete der Neuen Bundesländer problemlos und mit relativ geringem Aufwand hätte bewerkstelligen lassen.

Neben diesen industrie–, europa- und machtpolitischen Facetten des *TV-Sat* fällt auf, wie wenig er medienpolitisch in Bewegung setzt. Die privaten TV-Anbieter haben bereits Kanäle auf mehreren privaten und staatlichen Fernsehsatelliten gemietet und können durch eine zusätzliche Belegung des (vergleichsweise teuren) *TV-Sat* ihre Reichweite und damit die Höhe der Werbeeinnahmen – den für sie entscheidenden Faktor – nur unwesentlich verbes-

38 Vgl. Eckstein 1990; Häusler/Simonis 1985.
39 Ratzke 1987, S. 582.
40 Weltraumfahrt-Raketentechnik 1966, S. 119.

sern.[56] Die öffentlich-rechtlichen Rundfunkanstalten scheuen die erheblichen Mehrkosten, die bei einer Belegung des *TV-Sat* entstünden und denen »kein Äquivalent auf der Erlösseite«[57] gegenübersteht, insbesondere da sie mit terrestrischen Übertragungstechniken 98 Prozent ihrer Kunden erreichen. Für die Geräteindustrie hingegen bildet die Entscheidung von ARD und ZDF, ihre Sendungen durch Nutzung des *TV-Sat* auch in einem verbesserten technischen Standard zu übertragen, den Schlüssel für die Vermarktbarkeit ihrer neuen Fernsehgeräte in D 2-Mac-Norm, deren Kosten erheblich über denen eines Standard-Fernsehers liegen und die daher eines massiven Kaufanreizes bedürfen. Immerhin scheut man sich nicht, die Änderung des Rundfunkstaatsvertrages zu fordern, der ARD und ZDF ausdrücklich untersagt hatte, ihre Hauptprogramme über den TV-Sat zu senden.
Das Beispiel zeigt, in welchem Maße die Projektionen sozio-technischer Systeme bei den beteiligten Akteuren divergieren, wie sehr jedoch zugleich die konkurrierenden Konstrukte des soziotechnischen Systems ›Satellitenfernsehen‹ miteinander verflochten sind. Handlungen und Entscheidungen eines Akteurs beeinflussen und verändern die Randbedingungen des Handelns anderer Akteure. Das Artefakt ›Rundfunksatellit‹ stellt dabei lediglich eine Komponente dar, die von den verschiedenen Akteuren in unterschiedlicher Weise mit anderen (kontextuell verfügbaren) Komponenten zu sozio-technischen Systemen verknüpft wird.[58] So besteht für die *Astra*-Betreiber das sozio-technische System aus Satelliten, Empfangsanlagen, Fernsehkunden sowie werbenden Firmen, während Kabel, TV-Geräte, Postministerium und Geräteindustrie in dieser Definition außerhalb der Systemgrenzen liegen. Das sozio-technische System ›*Astra*‹ stellt gegenüber dem sozio-technischen System ›*TV-Sat*‹ zweifellos eine progressive Problemverschiebung dar, weil es *Astra* gelungen ist, Probleme zu lösen, die der *TV-Sat* nach wie vor nicht zu lösen imstande ist, zum Beispiel die flächendeckende Verbreitung privater Programme. Zu dieser Diagnose bedarf es allerdings einer sozial stabilen Deutung, daß diese Vermehrung der Programme um Angebote, die sich nicht den Prinzipien des öffentlich-rechtlichen

41 Vgl. *FAZ* vom 15. 8. 1990.
42 *FAZ* vom 30. 10. 1990.
43 Vgl. Callon 1991.

Rundfunks unterwerfen, ein Größenwachstum darstelle. Den *Astra*-Betreibern und den mit ihnen liierten TV-Produzenten ist es zweifellos gelungen, dieses Deutungsmuster zu stabilisieren. Allerdings war dieser Erfolg noch vor wenigen Jahren kaum antizipierbar gewesen; denn weder ließen sich die Kundenakzeptanz (das heißt auch die Bereitschaft, anfangs mehrere tausend DM in Satellitenschüsseln zu investieren) noch der rapide technische Fortschritt bei den Empfangsanlagen prognostizieren. Und die – lange Zeit roten – Bilanzen vieler privater Anbieter beweisen, daß die Betreiber durch eigenständige Vorleistungen die Problemlösungsfähigkeit ihres neuen sozio-technischen Systems unter Beweis zu stellen versuchten, keineswegs jedoch bereits alle Probleme gelöst hatten.

Der Erfolg eines sozio-technischen Systems, das heißt die soziale Stabilisierung der mit diesem Artefakt einhergehenden Deutungsmuster, hat jedoch allenfalls temporären Charakter, da *mehrere koexistierende System-Modelle miteinander konkurrieren* und durch Verhandlungsprozesse neuartige Konfigurationen erzeugen können. Die intensiven Bemühungen von Post und Geräteindustrie, die Grenzen des sozio-technischen Systems anders zu definieren, als die *Astra*-Betreiber es tun, sind ein anschauliches Beispiel. Indem sowohl die öffentlich-rechtlichen Rundfunkanstalten als auch die Geräteindustrie zu Bestandteilen des Systems gemacht werden, entstehen neuartige Wechselwirkungen innerhalb des Systems wie auch zwischen dem System und seiner sozialen Umwelt, die sich von denen unterscheiden, die die *Astra*-Betreiber konstruieren. Das sozio-technische System ›*TV-Sat*‹ wird nunmehr in einer Weise rhetorisch inszeniert, die es größer macht als das sozio-technische System ›*Astra*‹.

Den Gegenstand des sozialen Diskurses konstituieren auch hier hypothetische Szenarien, die empirische Effekte in einer spezifischen, interessengeleiteten Weise mit Zukunftserwartungen verknüpfen. Die Konstruktion von Größe spielt dabei, wie das Beispiel zeigt, eine wichtige Rolle, wenn man berücksichtigt, daß es die Funktion der Visionen ist, eine Rückwirkung im Sinne einer Wiederöffnung der Debatte zu erreichen. Um eine Wirkung zu erzielen, ist es hilfreich, wenn sich konkurrierende Konzepte (wie etwa *Astra*) als klein gegenüber dem konstruierten sozio-technischen System erweisen, weil sie zum Beispiel die Folgen für die Arbeitsplätze in der Geräteindustrie nicht berücksichtigen. Die publizistische Inszenierung des Größenunterschieds verschiedener sozio-technischer Systeme ist ein wirksames Instrument der *Mobilisierung von Akteuren* (hier zum Beispiel Gewerkschaften, Wirtschaftspolitiker), deren Unterstützung erforderlich ist, um das neue Konstrukt gegenüber seinem Konkurrenten durchzusetzen und (temporär) zu stabilisieren. In der nächsten Diskurs-Runde wird sich dieses sozio-technische System dann wiederum gegenüber neuen Interpretationen bewähren müssen, die beispielsweise die Folgen einer ungezügelten Reizüberflutung für die Leistungsfähigkeit von Schülern oder die Entwicklung der Kriminalität thematisieren und so die Grenzen des sozio-technischen Systems wiederum ausdehnen.

5. Fazit

Unter Rückgriff auf Konzepte von Hughes und Lakatos wurde versucht, den Größenbegriff als eine Kategorie zu etablieren, die relative Unterschiede in der Problemlösungsfähigkeit sozio-technischer Systeme beschreibt. Das Wachstum eines sozio-technischen Systems kann damit bezeichnet werden als die Fähigkeit, neue Probleme zu diagnostizieren und zu lösen (bzw. ihre Lösbarkeit glaubhaft zu versprechen). Der Begriff der Größe wird damit nicht nur historisch relativiert, sondern zugleich an die sozialen Diskursstrukturen gebunden, in deren Rahmen Problemlösungsansprüche Glaubwürdigkeit erringen müssen. Der Begriff ›Problem‹ darf in diesem Zusammenhang nicht zu eng gefaßt werden. Es sind keinesfalls nur apparativ-instrumentelle Probleme, zu deren Lösung ein sozio-technisches System imstande sein muß; auch soziale Probleme, wie etwa die Durchsetzung am Markt oder die Ausweitung von Domänen in Forschung und Industrie, können – wie die Beispiele zeigten – eine wichtige Rolle für die Stabilisierung von sozio-technischen System-Projektionen spielen.

Von zentraler Bedeutung für eine relationale Theorie des Größenwachstums sozio-technischer Systeme ist die Konkurrenz unterschiedlicher sozio-technischer Systeme. Die Stagnation oder Degeneration eines sozio-technischen Systems sowie seine Unfähigkeit, Störfälle zu verarbeiten bzw. zu vermeiden, werden erst dann brisant, wenn ein Konkurrent auftritt, der ein höheres Problemlösungspotential zu besitzen beansprucht und diese Deutung sozial stabilisieren kann. In diesem Fall findet Größenwachstum nicht in Form der Weiterentwicklung eines sozio-technischen Systems, sondern in Form der Verdrängung (bzw. Ergänzung) eines bestehenden sozio-technischen Systems durch ein mächtigeres statt.

Der komplizierteste Fall ergibt sich, wenn ein neues sozio-technisches System entsteht, das ein eigenständiges Emergenzphänomen darstellt und trotz seiner rekombinatorischen Nutzung bestehender sozio-technischer Systeme nicht auf diese abbildbar ist. Ein Größenvergleich macht in diesem Fall wenig Sinn, weil eigenständige, nicht miteinander vergleichbare ›Welten‹ entstehen und neue Pfade mit eigenen Größenmaßstäben sich entwickeln.

Literatur

Braun, I. (1994), »Geflügelte Saurier. Zur intersystemischen Vernetzung großer technischer Netze« (in diesem Band).

Braun, I./G. Feuerstein/C. v. Grote-Janz (1991), »Organ-Technik. Technik und Wissenschaft im Organtransplantationswesen«, in: *Soziale Welt* 42, S. 445-472.

Callon, M. (1991), »Techno-economic Networks and Irreversibility«, in: J. Law (Hg.), *A Soziology of Monsters. Essays on Power, Technology, and Domination*, London/New York: Routledge, S. 132-161.

Eckstein, W. (1990), »Zur Geschichte der neuen Rundfunktechniken und der Entstehung neuer Märkte – Rundfunkpolitik als Industriepolitik«, Manuskript, Offenbach.

Gähde, U./J. Weyer, (1989), »Forschungsprogramm«, in: H. J. Sandkühler u. a. (Hg.), *Europäische Enzyklopädie zu Philosophie und Wissenschaften*, Hamburg: Meiner, Bd. 2, S. 93-95.

Grote, C. von (1994), »Anschlüsse an den Alltag. Versuche zu einer Hermeneutik technischer Infrastrukturen« (in diesem Band).

Häusler, J./G. Simonis (1985), »Underdevelopment via Satellite. The Interests of the German Space Industry in Developing Countries and Their Consequences«, in: J. E. Katz (Hg.), *People in Space. Policy Perspectives for a Star Wars Century*, New Brunswick, N. J., S. 110-128.

Herbold, R./R. Wienken (1993), *Experimentelle Technikgestaltung und offene Planung. Strategien zur sozialen Bewältigung von Unsicherheit am Beispiel der Abfallbeseitigung*, Bielefeld: Kleine Verlag.

Herbold, R./W. Krohn/J. Weyer (1991), »Technikentwicklung als soziales Experiment«, in: *Forum Wissenschaft* 8, Heft 4, S. 26-32.

Hohn, H.-W./U. Schimank (1990), *Konflikte und Gleichgewichte im Forschungssystem. Akteurkonstellationen und Entwicklungspfade der staatlich finanzierten außeruniversitären Forschung*, Frankfurt am Main/New York: Campus.

Hughes, Th. P. (1979), »The Electrification of America. The System Builders«, in: *Technology and Culture* 20, S. 124-161.

– (1987), »The Evolution of Large Technological Systems«, in: W. E. Bijker/Th. P. Hughes/T. J. Pinch (Hg.), *The Social Construction of Technological Systems. New Directions in the Sociology and History of Technology*, Cambridge, Mass./London: MIT Press, 51-82.

Keck, O. (1984), *Der Schnelle Brüter. Eine Fallstudie zu Entscheidungsprozessen über Großtechnik*, Frankfurt am Main/New York: Campus.

KfR (1962), Kommission für Raumfahrttechnik des Bundesverbandes der Deutschen Luft- und Raumfahrtindustrie e.V. (BDLI) und der Deutschen Gesellschaft für Flugwissenschaften e.V. (DGF), *Vorschlag für ein gemeinsames Vier-Jahres-Programm »Raumfahrttechnik« der deutschen Forschung und Industrie*, Bonn im Juli 1962.

Klodt, H. (1987), *Wettlauf um die Zukunft. Technologiepolitik im internationalen Vergleich*, Tübingen: J. C. B. Mohr (Kieler Studien 206).

Krohn, W./J. Weyer (1989), »Gesellschaft als Labor. Die Erzeugung sozialer Risiken durch experimentelle Forschung«, in: *Soziale Welt* 40, S. 349-373.

Lakatos, I. (1974), »Falsifikation und die Methodologie wissenschaftlicher Forschungsprogramme«, in: I. Lakatos/A. Musgrave (Hg.), *Kritik und Erkenntnisfortschritt*, Braunschweig: Vieweg, S. 89-189.

Latour, B. (1983), »Give Me a Laboratory and I will raise the World«, in: K.D. Knorr-Cetina/M. Mulkay (Hg.), *Science Observed. Perspectives of the Social Studies of Science*, London/New Delhi/Beverly Hills: Sage, S. 141-170.

MacKenzie, D. (1989), »From Kwajalein to Armaggeddon? Testing and the social construction of missile accuracy«, in: D. Gooding/T. Pinch/S. Schaffer (Hg.), *The Uses of Experiment. Studies in the Natural Sciences*, Cambridge: Cambridge University Press, S. 409-435.

Memorandum (1987), »Kritik der Bonner Weltraumpolitik«, Bonn.

Perrow, Ch. (1984), *Normal Accidents. Living with High-Risk Technologies*, New York: Basic Books; deutsch: *Normale Katastrophen. Die unvermeidlichen Risiken der Großtechnik*, 2. Auflage, Frankfurt am Main/New York 1992.

Pinch, T. J./W. E. Bijker (1987), »The Social Construction of Facts and Artefacts. Or How the Sociology of Science and the Sociology of Technology Might Benefit Each Other«, in: W. E. Bijker/Th. P. Hughes/T. J. Pinch (Hg.), *The Social Construction of Technological Systems. New Directions in the Sociology and History of Technology*, Cambridge, Mass./London: MIT Press, S. 17-50.

Radkau, J. (1983), *Aufstieg und Krise der deutschen Atomwirtschaft 1945-1975. Verdrängte Alternativen in der Kerntechnik und der Ursprung der nuklearen Kontroverse*, Reinbek: Rowohlt.

Ratzke, D. (1987), »Die Bedeutung der Erforschung und Nutzung des Weltraums für die Medienstrukturen« in: K. Kaiser/S. Frhr. v. Welck (Hg.), *Weltraum und internationale Politik*, München: Oldenbourg, S. 573-590.

Satelliten (1962), *Satelliten für die Deutsche Weltraumforschung*, Denkschrift, gemeinschaftlich erarbeitet von Deutsche Versuchsanstalt für Luft- und Raumfahrt, Institut für Geophysik und Meteorologie der Universität Köln, Bölkow-Entwicklungen K.G., Band 1, im November 1962 (Historisches Archiv der Deutschen Forschungsanstalt für Luft- und Raumfahrt).

Stucke, A. (1993), *Institutionalisierung der Forschungspolitik: Entstehung, Entwicklung und Steuerungsprobleme des Bundesforschungsministeriums*, Frankfurt am Main/New York: Campus.

Trischler, H. (1992), *Luft- und Raumfahrtforschung in Deutschland 1900-1970. Politische Geschichte einer Wissenschaft*, Frankfurt am Main/New York: Campus.

Weyer, J. (1989), »›Reden über Technik‹ als Strategie sozialer Innovation. Zur Genese und Dynamik von Technik am Beispiel der Raumfahrt in der Bundesrepublik«, in: M. Glagow/H. Wiesenthal/H. Willke (Hg.), *Systemische Steuerung und partikulare Handlungsstrategien*, Pfaffenweiler: Centaurus, S. 81-114.

– (1993a), *Akteurstrategien und strukturelle Eigendynamiken. Raumfahrt in Westdeutschland 1945-1965*, Göttingen: Otto Schwartz.

– (Hg.) (1993b), *Technische Visionen – Politische Kompromisse. Geschichte und Perspektiven der deutschen Raumfahrt*, Berlin: edition sigma.

– (1993c), »System und Akteur. Zum Nutzen zweier soziologischer Paradigmen bei der Erklärung erfolgreichen Scheiterns«, in: *Kölner Zeitschrift für Soziologie und Sozialpsychologie* 45, S. 1-22.

Ingrid Severin

Technische Vernetzungen und ihre Auswirkungen auf zeitgenössische Kunst

Zweiter Teil
Reisen/Bewegen: Eisenbahn, Auto, Flugzeug, Untergrundbahn

2.1 Von den Verkehrsmitteln zu den Netzwerken

Weltumspannende Strecken und Linien

In den Jahren 1908-1910 entstanden Hunderte von Skizzen, Zeichnungen und Aquarellen mit Lokomotiven und Eisenbahnlandschaften von *Lyonel Feininger.*[1] Die ganze Serie von Notizen und Visionen aus der Hand eines sensiblen Beobachters steht in der Tradition einer Faszination: Schon Menzel und Turner ließen sich von der Revolution des Verkehrs durch das neue Fortbewegungsmittel Bahn zu ihren berühmten Eisenbahnbildern bewegen.[2] Ein altes Thema demnach, und doch ist die Perzeption – auch bei Feininger – seit dem Beginn des 20. Jahrhunderts eine andere: Außer Eisenbahnansichten gibt es nun auch Architektur- und Straßenbilder mitsamt den neuen Dimensionen, die ein veränderter Verkehr, ein neues Verkehrsverhalten der Menschen mit sich bringen.

Diese neue Perzeption zeigt sich besonders im Werk der Expres-

1 Ausstellungskatalog Lyonel Feininger 1971-1956, *Lokomotiven und Eisenbahnlandschaften*, Stiftung »Langmatt« Sidney und Jenny Brown, Baden, Sonderausstellung 11. 5.–25. 8. 1991 zum 100jährigen Bestehen der BBC Brown Boveri AG/ABB Schweiz 1891-1991; Florens Deuchler/ Achim Moeller, *Fine Art*, New York.

2 Feiningers Eisenbahnbilder, die meisten aus der Zeit von 1904 bis 1910, werden zur Zeit in einem umfangreichen Werkverzeichnis erstmalig erfaßt; Leona E. Prasse, *Lyonel Feininger. Das graphische Werk*, The Cleveland Museum of Art/Gebr. Mann Berlin, Cleveland 1972, zum Beispiel E 35, S. 71; *Lyonel Feiniger, Werke aus dem Nachlaß*, Berlin, Amerikahaus 29. 9.–28. 10. 1964.

sionisten und Futuristen. Der Futurist *Umberto Boccioni* malte 1911[3] eine Serie, die er »Stato d'animo«, Seelenzustand, nannte. Drei gleichformatige Ölbilder zeigen verschiedene physische und psychische Erfahrungen, die ein Reisender dann macht, wenn er das Verkehrssystem der Eisenbahn nutzt. In Bild, Ton, Geräusch und Geruch schildert Boccioni die drei Momente, die eine Reise prägen: die Stimmung und Erwartung vor der Reise; die Abreise und das Daheimbleiben; die Situation des Abschiednehmens. Das Davor und Danach wird zum Teil eines Prozesses oder Systems, eingebunden zwischen Abfahrts- und Ankunftsort in eine Strecke, die es auch seelisch zu bewältigen gilt.

Das erste Bild, »Gli Adii«[4], zeigt die physische und psychische Reaktion auf die bevorstehende Reise: Erwartung, Anspannung, Reisefieber, vermischt mit den Eindrücken vom Leben und Treiben im Bahnhof, mit den anderen Stimmen, den Geräuschen und Lichtern. Boccioni selbst spricht von Kraftlinien und Rhythmen, die diese Eindrücke vermitteln. Das Symbol der Abfahrt steht in der Bildmitte: die Lokomotive. Sie besteht aus Bildfetzen, analog zu den Eindrücken und Erinnerungen, die im Gedächtnis verbleiben, sobald die Reise einmal begonnen hat.[5] Das Bild »Quelli che vanno«[6] zeigt eine Abreise-Situation: Der Abschied in einer Bahnhofshalle ist ein Hinweis darauf, daß die Menschen, die in den Zug steigen, Nutzer und Teil eines Systems werden. Einsamkeit und Angst, gemischt mit nebelverhangener Konfusion, zeigen sich in den Gesichtern, die vom Dampf weggewischt und fortgetragen werden. Gefährdung liegt in der Schnelligkeit, mit der der Reisende durch Landschaften braust, die zu Fetzen werden, vorbei an spiralförmig verdrehten Telegrafenmasten, an Fragmenten bereits bereister Orte. Die Bildstruktur vermittelt auch hier gesehene, gerochene und gehörte Eindrücke. »Quelli che restano«[7] ist

3 Zum theoretischen Kontext: Fanette Roche-Pezard, *L'Aventure Futuriste 1909/1916*, Turin 1983 (Collection de l' école française de Rome 68), S. 299, 324; Ester Coen, *Umberto Boccioni*, Ausstellungskatalog Metropolitan Museum of Art, New York 1988 (15. 9. 1988–1. 8. 1989).

4 *Abb. 15*, nach: Coen (Anm. 3), Nr. 56, S. 166-131.

5 Coen (Anm. 3), S. 121, dort auch Originalzitate von Boccioni.

6 »Quelli che vanno – Stato d'animo II«, 1911, Museum of Modern Art (70,8 x 96,2); Coen (Anm. 3), S. 122.

7 »Quelli che restano – Stato d'animo II«, 1911, Museum of Modern Art (70,2 x 96,2); Coen (Anm. 3), S. 123.

Abb. 15: Umberto Boccioni, »Gli stati d'animo. II. Gli adii« (»Der Abschied«). 1911. 70,8 x 96,2 cm. New York, The Museum of Modern Art. Gift of Nelson A. Rockefeller.

der Versuch, den psychischen Zustand der am Bahnhof Verbliebenen festzuhalten. Die Linien des Bildes sollen den melancholischen Tenor in den Seelen derer darstellen, die dableiben mußten, während sie die anderen abreisen sahen.

Diese als Serie konzipierte Trilogie teilt die Idee des Prozessualen mit Ansätzen, die fünfzig Jahre später, Mitte der Sechziger, von den Konzept-Künstlern verbreitet werden. Auch sie suchen nach Formulierungen für die Vielfalt der Erfahrungen, für die Spannbreite der Erlebnisse beim Zurücklegen einer Entfernung; die Benutzung des jeweiligen Transportsystems soll in der Formulierung Ausdruck finden.[8] Bei Boccioni ist der Dagebliebene das Vergangene, die Fortbewegung steht in der Mitte (Motion), und die Abreisenden, die Nutzer, sind die Zukunft. Die Maschine formt einen Ablauf von Verhaltensweisen und sozialen Ereignissen neu und löst als Vehikel verschiedene Seelenzustände aus. Die

8 Siehe unten, Jochen Gerz und andere (Anm. 25, 26).

Erwartung, der Abschied und das Zurückbleiben werden durch kraftvolle, rhythmisch zerlegte, malerische Segmente formuliert. Der Betrachter hat die Wahl, sich von einem Bild zum nächsten zu bewegen und die Reise mitzumachen.[9]

Den Transit, den letztlich die Schienen ermöglichen, demonstriert *Josef Beuys* in seiner »Straßenbahnhaltestelle«[10] von 1954/1974. Ihre endgültige Fassung entstand im Jahr 1975 für den Deutschen Pavillon auf der Biennale in Venedig. Aus einer aufrecht stehenden hohen gußeisernen Feldschlange ragte ein Kopf. Vier Minentonnen befanden sich am Fuß dieser Säule, ein Schutthaufen lag dahinter, und eine glänzende Metallspur verlief zwischen der Säule und der Wand des Pavillons. Aus dem Boden kam ein eiserner Schwengel. Die Säule stand in einem Feld und war die »spirituelle Mitte«, analog zu einem Sternplatz oder einer Straßenbahnhaltestelle. Bei genauerer Betrachtung war eine Krümmung der Metallspur zu erkennen. Ein Stück feste Bahn in dem angedeuteten Bogen der Sphäre konnte als Metapher gelten für den Wirkungskreis und damit als Symbol für das weltumspannende großtechnische Transportsystem.[11]

Auf einer anderen radialen Achse des Monumentes, an einer anderen Stelle des Raumes, trieb Beuys eine 24 Meter tiefe Bohrung durch das Grundwasser in die Lagune. Eine Stange führte in das Wasser hinunter; dicht über der Erde wurde sie zu einem abgewinkelten Eisen (Schwengel). Jede Berührung bewegte unten den dunklen Wasserspiegel in neun Metern Tiefe. Vorbei an der Feldschlange mit den Minentonnen, parallel zur Wand, führte eine Straßenbahnschiene. Sie kam aus der Erde und kehrte in diese wieder zurück und wölbte sich aus dem Boden als langes Kreis-

9 Die Eisenbahn als Transportmittel, wie es zum Beispiel Charles Sheeler und andere beschreiben, wird anders reflektiert erst wieder bei Joseph Beuys und Jochen Gerz.

10 *Abb. 16*, nach: Ausstellungskatalog Biennale Venedig, *Beuys, Gerz und Ruthenbeck*, Venedig 1977; alle Ausführungen sind den Erläuterungen von Heiner Bastian, *Die Straßenbahnhaltestelle von Joseph Beuys*, Berlin: Nationalgalerie 1979, entnommen. Ferner: Franz-Joachim Verspohl, *Joseph Beuys. Das Kapital. Raum 1970-1977*, Frankfurt am Main 1984.

11 Eine Säule in einem Feld als »spirituelle Mitte« einer großen Form, eine Analogie eines Felsensteins von Stonehenge, der Sternplatz Straßenbahnhaltestelle.

Abb. 16: Joseph Beuys, »Straßenbahnhaltestelle«. 1954-1974. Installation auf der Biennale Venedig 1975. © VG Bildkunst, Bonn.

segment. Die Haltestelle wurde als das verbindende Teil der Installation zum (symbolischen) Ort von Transit.

Beuys verwirklichte mit dieser Arbeit jenen Wirkungskreis einer weltumspannenden Perspektive, den er inhaltlich beabsichtigt hatte: Er transferierte das Werk von Venedig nach New York. Im Winter 1979, fünf Jahre nach der Präsentation in Venedig, wird eine veränderte Version der Straßenbahnhaltestelle auf dem Steinboden der Eingangshalle im Guggenheim-Museum abgelegt. »Hier ist die Schiene keine schmale, glänzende Spur in der Oberfläche, sondern ein mächtiges Weichenstück, ein Material, das in der Erde war und an der Erde festhält. Neben der Schiene liegen die Tonnen, auf den Tonnen parallel zur Schiene, die Säule. Aus dem aufragenden wird ein liegendes, das Bild einer stummen, auf der Erde liegenden (die Erde verkörpernden) Kreatur. Die Säule über den Tonnen erscheint wie ein aufgebahrter Körper auf einem Vehikel: ein antiker Wagen, der eine ebenso alte traumhafte Weltempfängnis verkörpert.« Beuys' Thema bleibt gleich – interkontinentale Distanzen und Entfernungen sind überwunden.[12]

In spielerischer Form beschäftigt sich *Jannis Kounellis* mit dem Transportsystem Eisenbahn; für seine Installation von 1977 benutzte er dazu die Metapher der Spirale der Unendlichkeit. In Santa Maria Novella in Florenz legte Kounellis um eine Säule des bahnhofsnahen Klosters einen ringförmigen, in sich schließenden Schienenstrang aus Stahl. Auf diesem Ring drehte eine Spielzeugeisenbahn ihre endlosen Runden.[13] In einer weiteren Installation, den »Fourty-three trains on circles of iron installed around 43 wooden columns«, wiederholt Kounellis dieses Motiv als endlose Serie. Die Ausstellung fand 1984 im Art Institute in Chicago statt. Seine Spiegelung des in sich geschlossenen Systems Bahn in der Endlos-Kreis-Metapher ist mehr als eine Anspielung auf die globale Vernetzung; sie ist zugleich unterstützt von der symbolischen Bedeutung von Säule und Kreis.

12 Zu allen Beschreibungen siehe die ausführliche Studie von Bastian (Anm. 3), S. 8 ff.

13 *Abb. 17*, nach: Gloria Moure, *Jannis Kounellis*, New York 1990, Nr. 58/59, Abb. 119-122.

Abb. 17: Jannis Kounellis, »Santa Maria Novella«. 1977. Installation Florenz. Privatbesitz Jannis Kounellis, Rom.

Die exklusive Anwendung von Sprache, der Verlust von Sichtbarkeit und Verständlichkeit, die Anzeichen von Auflösung sowie die Dehnung in Zeit und Raum[14] charakterisieren die Konzept-Kunst. Diese Eigenschaften sind zum Teil mit Attributen von Großen Systemen vergleichbar. Komplexe künstlerische Vorhaben, für die konventionelle Bildträger und -mittel nicht mehr ausreichen, werden ebenfalls in der Konzept-Kunst gedanklich durchgespielt und faktisch umgesetzt.[15] Zu ihren bekanntesten Vertretern gehören *Christo*, *Claes Oldenburg* und *Otto Piene*. Erst mit den neuen szenischen Mitteln der Installation, des Happenings und des Environments einerseits und mit Dokumenten (Texten, kartographischen Zeugnissen, Luftbildern und anderem) andererseits wird die räumliche Erfahrung von Entfernung, von zurückgelegter Strecke, zum Gegenstand künstlerischer Aktion – und das seit den sechziger Jahren. In der Fotocollage »Closed Highway« von *Christo* aus dem Jahre 1969 wird durch den Eingriff des Künstlers der 5000 Meilen lange, sechsspurige East-West Highway, der quer durch die USA führt, von einer Glaswand

14 Ausstellungskatalog *Paris, l'art conceptuel, une perspective*, Paris, Museé d'Art Moderne de la ville de Paris, 20. 11. 1989–18. 2. 1990; die Literatur zur Konzept-Kunst ist üppig – zusammenfassend, mit älterer Literatur: Germano Celant, *Das Bild einer Geschichte 1956/1976*, Die Sammlung Panza di Biumo, Mailand 1980; Christian Schlatter, *Art Conceptuel – Formes Conceptuelles*, Ausstellungskatalog Paris, Galerie 1900-2000, Galerie de Poche, 8. 3.–3. 11. 1990; Ausstellungskatalog Bielefeld, *Concept art, minimal art, arte povera*, Sammlung Marzona, Bielefeld, Kunsthalle, 18. 2.–18. 4. 1990; Josef Kosuth, *Art after Philosophy and after 1966-1990*, Cambridge, Mass.: MIT 1991.

15 Zuerst gedanklich durchgespielt als provisorische Version bei Henry Flynt, »Concept Art n. 2«, in: *An Anthology 1963*, wiederabgedruckt in: Achille Bonito Oliva (Hg.), *Ubi Fluxus ibi motus 1990-1962*, Katalog Biennale, Venedig 20. 5.–30. 9. 1990, S. 109: »›Concept art‹ is first of all an art of which the material is ›concepts‹ ... Since concepts are closely bound up with language, concept art is a kind of art of which the material is language ... it came from ...: I developed it in an attempt to straighten out certain traditional activities generally regarded as aesthetic. The first of these is structure art ... the second main antecedent of structure art is mathematics ...«.

Abb. 18: Christo, »Closed Highway. Project for 5000 Miles – 6 Lines – East West Highway across the USA«. 1969, Collage. Privatbesitz Christo, New York. © Christo. Fotografie: Wolfgang Volz.

gesperrt.[16] Diese transparente Wand multipliziert die Strecke in ihrer Spiegelung. Im »Highway« von *Tony Gragg* aus dem Jahr 1979 wird hingegen in einer modellhaft verkleinerten Version mit Spielzeugautos eine Straße nachgestellt, die dann aber abrupt an der Wand der Galerie endet. In beiden Arbeiten wird durch das Spiel von Klein und Groß dem Betrachter eine Aufsicht ermöglicht, die sich aus der Perspektive der Autofahrer sonst nicht ergibt.[17] Craggs Autoschlangen verwandeln den Betrachter in einen Gulliver, sie werden zum Mittel der Erfahrung anderer Größen und Orte. Mit minimierten, einfachen Mitteln (alltäglichem Kinderspielzeug) stellt er einen Bruchteil des Straßensystems nach. Das Auto unterbricht formal den Raum, teilt ihn in wiedererkennbare Segmente. Eine Straße entsteht in einer Ecke des Raumes. Das Vehikel der Fortbewegung gestaltet die Strecke oder den Stau. Nur die Aufsicht aus der Vogelperspektive ermöglicht es, in einen Bruchteil des System zu sehen, es als komplexes Gebilde erfahrbar zu machen. Kounellis und Gragg verkleinern das System, ermöglichen einen Blick von oben. Christo geht einen Schritt weiter: Er greift fiktiv in den Funktionsablauf des Systems ein.[18]

Diese Auseinandersetzung mit dem Thema Highway/Autobahn, mit der Infrastruktur dieses Verkehrssystems, begann in den sechziger Jahren. Die Darstellung des Vehikels Auto wurde dadurch

16 *Abb. 18*, »Closed Highway, Project for 5000 Miles, 6 Lines – East West Highway across the USA«, Collage, 1969, Privatbesitz Christo, New York, Fotografie: Wolfgang Volz, © Christo.

17 *Abb. 19*, Künstlerhaus Weidenallee, Hamburg 1979, Installation. Tony Cragg. XLII Biennale di Venezia 26. 6.–25. 12. 1988, 21; Abbildung in der Sammlung Lumma; Ausstellungskatalog Kestner-Gesellschaft, *Tony Cragg Skulpturen*, Hannover, 20. 12. 1985–9. 2. 1986, S. 65; Ausstellungskatalog *Tony Cragg Skulpturen*, Badischer Kunstverein e. V., 12. 1.–28. 2. 1982, S. 25.

18 Mit Street-Environments und Happenings zum Thema Auto trat *Claes Oldenburg* als Künstler relativ früh an die Öffentlichkeit. In einem seiner Straßenprojekte von 1960 präzisierte er seine Ideen über die Straße und ihre Umgebung. Er versuchte, die ›Straße‹ in einem anderen Kontext, in einer Galerie wieder zu (er-)schaffen. Durch die Dominanz des Autos, sagte er, sei die Straße inhuman und unpersönlich geworden. Oldenburg will das durch konzeptionelle Anregungen, die in einer Galerie ausgestellt werden, ändern. Er provoziert dazu planerisch und benutzt das Mittel der Verkleinerung sowie mehrfach monu-

Abb. 19: Tony Cragg, »Autobahn«. 1979, Installation Hamburg. Privatbesitz Wuppertal. © Tony Cragg.

jedoch keinesfalls abgelöst.[19] Seit den Bildern von Futuristen wie Balla, Russolo und Severini hatte man Dynamik und Geschwindigkeit mit der Darstellung des Automobils verbunden; nun wurden auch die durch das Auto veränderten Wahrnehmungen bildimmanent. Immerhin entdeckte man im Repertoire der Transportsysteme erst relativ spät das Netz der überdimensionierten Asphaltstraßen als Inspirationsquelle. Als besonderer Straßentypus verbindet es große Räume, bietet viel Platz, ist aber für Zusammenbrüche besonders anfällig. Die Künstler, die sich mit dem Verkehrssystem beschäftigt haben, stammen aus dem Bereich der Pop Art. *Tom Wesselmann*, *Robert Indiana* und *Ed Ruscha* benutzen Alltagssymbole wie Verkehrszeichen, Tankstellen und schließlich den Highway selbst als formale und thematische Quelle. Das Auto, bis dahin neues Symbol für das immer rasanter gewordene Transportsystem im 20. Jahrhundert (neben der Eisenbahn), wird verdrängt: Neue Bildinhalte sind nun Gas- und Ölstationen, Service-Anlagen und vogelperspektivisch angelegte Aufsichten auf das verstrickte Straßensystem.

mentalisierte Autoteile, um sie dann in künstlerisch theoretischen Eingriffen neu auf ein menschengerechtes Maß zu dimensionieren. In einem seiner Entwürfe sollte das »Proposed Monument for the Intersection of Canal and Broadway, NYC, Block of conrete inscribed with the names of War Heroes« von 1965 auf einer der vitalsten Kreuzungen des innerstädtischen New York plaziert werden. Das Verkehrssystem wäre damit empfindlich gestört worden. Der Kollaps des Systems war vorauszusehen. Oldenburg sieht das Auto als »contribution to the violent character of the street«. Mit seinen Vorschlägen für öffentliche Monumente versucht er dem abzuhelfen; so zum Beispiel mit dem »Proposed Monument to Replace the Nelson Column in Trafalgar Square: Gearshift in Motion« von 1966.

19 Vgl. Ausstellungskatalog *The Highway*, Philadelphia, University of Pennsylvania, 14. 1.–25. 2. 1970 (Houston-Akron); für Amerika wird hier postuliert: »The physical properties of the highway itself are a measure of the country's scale ... spare geometry and clear edges ... more important is the scale of the highway ... as monuments to vasteness ... projects like the invisible, but impenetrable glass wall with which Christo would like to close a high-way five-thousand miles long«, S. 22.

2.2 Von der Abstrahierung großer Netzwerke zur Perzeption der Details

Ed Ruscha veröffentlichte 1968 eine Fotoserie mit Aufnahmen der Häuser am Sunset Boulevard in Kalifornien als aufklappbaren Panoramastreifen. Diese additive Bildsequenz zeigt »All the houses on Sunset-Strip«, eine einzige Straße mitsamt ihrer straßensäumigen Gestaltung.[20] Diese Arbeit setzte Ruscha fort mit weiteren Leporellos, die in verschiedenen Panoramen eine erfahrbare, stereotype Wirklichkeit von Fassaden wie einen fotografischen Film am Betrachter vorbeiziehen lassen. Erfahrungen, die sonst nur in einer bestimmten Zeit und Raumabfolge möglich sind, werden hier synchron zusammengezogen. Eine fotografische Serie schuf auch *Sigmar Polke* 1971 in Paris: Sein Thema ist der Wechsel der Eindrücke im Pariser Straßenbild. In Sequenzen aus Negativstreifen, übersetzt in einen Positivabdruck, erfaßte er das Straßennetz der Großstadt – die Wege dokumentierte er mit den Schnappschußmethoden der Fotografie.[21] Diese persönlichen Eindrücke und ihre Dokumentation dienen dazu, Beziehungen zwischen den Dingen klar zu bezeichnen. Persönlicher Nachvollzug tritt an die Stelle der Abstrahierung.

Als ihren Beitrag zur Biennale in Venedig 1982 zeigten *Dieter Roth* und *Björn Roth* die Papier- und Fotoarbeit »›Auto Transport/Autobahn‹: eine Weg-Beschreibung«: Fotos und Notizen werden darin zur Dokumentation über eine ganz bestimmte Fahrt mit dem Auto, das Papier wird zum Abbild und Sinnbild der befahrenen Strecke. In kurzen handschriftlichen Notizen und Momentaufnahmen hielten die Künstler auf der Strecke zwischen Ausgangs- und Zielort vorbeihuschende Seherlebnisse fest. So wurde durch ein künstlerisches Konzept die gesamte Strecke in ihrer Bewegung vom Ab zum An bis zum Ziel erfaßt.[22]

Einige Jahre zuvor, 1977, entstand Jochen Gerz' Arbeit »Transsibirien-Prospekt« für die *documenta 6*. Die Fahrt mit der Transsibirischen Eisenbahn war der zentrale Aktionsrahmen und das

20 Zuletzt in der Versteigerung bei Gerda Bassenge, Berlin 1992. Ausstellungskatalog *Edward Ruscha. I don't want no retrospective. The works of Edward Ruscha*, San Francisco u. a. 1982-1983.

21 Ausstellungskatalog *Sigmar Polke. Fotoarbeiten*, Baden-Baden 1988.

22 Vgl. dazu die Intention bei Gerz, Transsibirische Eisenbahn, siehe oben.

Thema seiner Arbeit.[23] Mit dem Veranstalter hatte Gerz vereinbart, daß er als seinen Beitrag zur documenta eine Reise machen werde, und zwar eine Fahrt mit dem Transsibirien-Express auf der Strecke Moskau-Chabarowsk-Moskau.[24] Während der Fahrt saß der Künstler rezeptiv allein für sich in einem Abteil, dessen Fenster abgedunkelt waren, so daß er die äußere Welt vom Inneren des Zuges aus nicht wahrnehmen konnte. Für die 16tägige Reise über 16 000 Kilometer, die durch Sibirien und das Amur-Gebiet bis an das Ende Eurasiens hin und zurück führte, nahm Gerz 16 Tafeln aus Schiefer mit, eine Tafel für jeden Tag der Reise. Auf jede dieser Tafeln stellte er je einen Tag lang seine Füße. Während der Reise schrieb er einen Bericht, den er im Anschluß symbolisch verbrannte. Die Stempel der Grenzkontrollen im Paß wurden bewußt vermieden. Nur die Fußabdrücke eines jeden einzelnen Tages auf den mitgenommenen Schieferplatten blieben. Dem Betrachter dieser Überreste stellt sich die Frage: Ist Jochen Gerz diese lange Strecke wirklich gereist, oder ist das alles Fiktion?[25] Auf der documenta 6 zeigte der Künstler als Resultat seiner Erfahrung einen Raum, der zu einer aufgeklappten Zeitplastik wird: 16 Stühle – jeweils einer für jeden Reisetag – stehen im Quadrat und verweisen auf die Himmelsrichtungen. Vor den Sitzen liegen die Tafeln; auf ihnen befindet sich die Asche jenes Manuskriptes, das über die Reise mit der Transsibirischen Eisenbahn Auskunft

23 Schon als Idee in der Dichtung bei Sonia Delauny-Terk, *Prose du Transsibérien et de la petite Jeanne de France*, Paris 1913, entsprechend dem Vorbild Mallarmés.

24 *Jochen Gerz: mit/ohne Publikum. Performances 1968-1980*, Kunsthalle Bielefeld 1989.

25 Gerz kennt auch den radikalen Akt der Text-Vernichtung. Seine Notizen 1977 während seiner 16tägigen Reise mit der Transsibirischen Eisenbahn vernichtete er danach. Das anschließend auf der documenta 6 gezeigte »Stück allerdings, das aus dieser Fahrt resultierte, führt nur auf einer anderen Ebene erneut das Problem der verwischten, aber nicht gelöschten Spur der halb und widerruflich zurückgenommenen Information vor. Die stereotype Gerz-Alternative ›gelebt – nicht gelebt‹ (in diesem Fall also die Frage, ob der Künstler wirklich durch Sibirien gereist sei) sollte für den Ausstellungsbesucher erklärtermaßen in der Schwebe bleiben. Dabei mußte es aber offenkundig sein, daß die Arbeit in sich zusammengebrochen wäre, hätte sie auf schierer Fiktion beruht.« In: *Jochen Gerz*, Ausstellungskatalog, Hannover, Kestner Gesellschaft, 8. 9.–22. 10. 1978.

gab. Die verbrannte Reisebeschreibung ist eine Verweigerungsgeste. Mit dieser Geste hinterfragt Gerz die erfahrbare Realität des kontinentalen Systems Transport. Die bereisten, gesichtslosen Durchgangsorte werden und sind austauschbar. Die Distanzen gerinnen zu einer Fiktion, die anzusiedeln ist zwischen minimaler und maximaler Distanz. Der dabei auf sich selbst zurückgeworfene Mensch bleibt hier jedoch im Zentrum – so wie der Schriftzug »Mensch« in Joseph Beuys' Tafel mit Telefon.

Eine Arbeit von *Robert Barry* veranschaulicht das Problem der Distanz besonders deutlich: die »Inert Gas Series« von 1969 mit dem Titel »From a measured volume to indefinite expansion«.[26] Im wesentlichen konzentriert sich der Künstler in dieser Serie auf die unsichtbare Welt der Materie, die sich der visuellen Anschauung entzieht und nur bei aufmerksamer Beobachtung des Experimentes verstanden werden kann. In seinem Experiment gab Robert Barry am 3. März 1969 in Beverly Hills einen Liter des Gases Krypton an die Atmosphäre zurück. Die dabei entstandene Dokumentation beschränkte sich auf Fotografien nebst einem maschinenschriftlichen Text, beide vom Künstler signiert und datiert. Einen Tag später, am 4. März 1969, befreite Barry einen Liter Argon (»returned to Atmosphere«) in Santa Monica und – am selben Tag – einen Viertelliter Xenon auf der »Route 5« in den Tehachapi Mountains; am Tag darauf, dem 5. März 1969, schickte er zwei »cubic feet of Helium« in der Mojave-Wüste in die Atmosphäre. Aus der ursprünglichen, überschaubaren und meßbaren Größenordung in der komprimierten Form eines Gasbehälters dehnt sich das »System Gas« ins Unendliche aus. Die musealräumliche Begrenzung der Kunst, das System ihrer Einordnung und ihrer Beschriftung verlieren ihre Bedeutung.

Alighiero e Boettie beschreibt mit seiner Arbeit »I mille fiumi piu longhi del mondo«[27] das System der natürlichen Wasserstraßen.

26 Erst diskutiert als immaterielle Kunst: Lucy Lippard/R. Chandler, »The Dematerialization of Art«, in: *Art International*, Februar 1968, S. 31-36; Lucy Lippard, *Six years: the dematerialization of the art object from 1966 to 1972*, New York 1973; Ausstellungskatalog Paris 1989/ 1990 (Anm. 14). Zur Veränderung der künstlerischen Auffassung siehe: Robert Morgan, Robert Barry, »Le retour au visible«, in: Ausstellungskatalog *Art Conceptuel I*, Bordeaux, Musée d'art contemporain, S. 59 f.

27 *Abb. 20*, nach: Ausstellungskatalog 1989/1990 (Anm. 14).

Abb. 20: Alighiero Boetti, »I mille fiumi piu longhi del mondo«. 1970-1977. Studio Boetti, Rom.

Die vielen Kilometer Wasserlinie stellt er in einer kurzen Formel dar und reduziert damit die tausend längsten Flüsse der Welt auf eine überschaubare Größe: Indem der Künstler ihre Namen in Leserichtung als Worte aneinanderreiht, ergeben diese horizontalen Wortschlangen in Kapitalis auf einer begrenzten Leinwand im Längsformat ein fortsetzbares farbiges Buchstabenmuster. Die Worte ersetzen die Kilometer und sind Kürzel für die Strecken. *Douglas Huebler* zeigt in seinem »Location Piece No 1« von 1969 einen Flugweg über dreizehn Staaten der USA.[28] Dabei nutzt er ein maschinenschriftliches Statement, eine Karte der Fluglinie sowie Fotografien der überflogenen Orte, die er beim Flug von New York nach Los Angeles aus dem Fenster des Flugzeugs aufgenommen hat. Diese Bilder verknüpfen in seiner Argumentation die Ost- und Westküste der USA und markieren gleichzeitig jeweils einen der dreizehn überflogenen Staaten. Die Fotos existieren nur als Dokumente und sind nicht sonderlich markiert; zusammen mit der Flugkarte und der Erklärung von Huebler sind sie das Kunstwerk. Erst das System der Dokumentation macht die Existenz seines Kunstwerkes erfahrbar. »The world is full of objects, more or less interesting; I do not wish to add any more. I prefer, simply, to state the existence of things in terms of time and/or place. More specifically, the work concerns itself with things whose interrelationship is beyond direct conceptual experience. Because the work is beyond direct perceptual experience, awareness of the work depends on a system of documentation.«[29]

Netzwerke von oben

Seit Otto Lilienthals Erfindung haben Künstler, vorrangig Futuristen und Kubisten, Flugkörper in ihr Bildrepertoire aufgenommen; davor hatten sie sich für Feuerwerk und steigende Ballons begeistert. Der Flugkörper wurde als Katalysator einer neuen Raumerfahrung rezipiert, so wie einst die Eisenbahn als Bewegungsinstrument zu neuen Bildmotiven inspirierte.[30] Die neue

28 *Abb. 21*, nach: Katalog Paris 1989/1990 (Anm. 14), Nr. 90, S. 173.
29 Ebd., S. 168: Originalzitat von Douglas Huebler.
30 Richard Overy, »Heralds of Modernity. Cars and planes from invention to necessity«, in: Mikulás Teich/Roy Porter (Hg.), *Fin de siècle and its legacy*, Cambridge 1990.

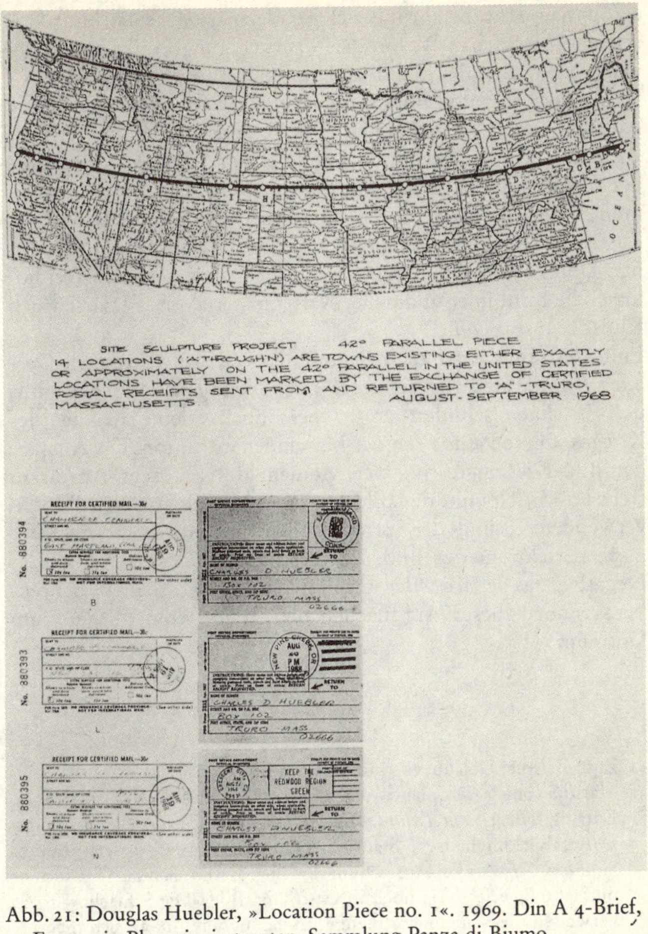

Abb. 21: Douglas Huebler, »Location Piece no. 1«. 1969. Din A 4-Brief, 13 Fotos, ein Plan, signiert unten. Sammlung Panza di Biumo.

aerodynamische Erfahrung rief geradezu nach neuen künstlerischen Antworten[31]: Was in der Wahrnehmung Punkt oder Linie war, wird nun in der kreativen Umsetzung zum Streifen; der bislang statischen Ruhe eines Gegenstandes werden Bewegungen in Aufstieg und Fall hinzugefügt. Die Veränderung in die Vertikale wird zu einer Wegbeschreitung anderer Art.[32] Die Aufsichten aus der vertikalen Höhe, das heißt die veränderte optische Wahrnehmung von Distanzen durch einen distanzierten, schwerelosen Zustand, machen das Adersystem irdischer Transportwege sichtbar. Und auch von den Ergebnissen einer neuen Militär-Technologie, die Luftbilder und neues Kartenmaterial schafft, lassen sich Künstler inspirieren.[33]
Ende der fünfziger und zu Beginn der sechziger Jahre malt *Gerhard Richter* als Echo auf diese Entwicklung seine Flugzeugbilder. In ihnen schildert er die persönlich erlebte Realität des Krieges. Ohne Pathos zeigt er Maschinen in Aktion. Die Aussage der Bilder ist aggressiv: Der Moment des Flugzeug-Absturzes steht im Mittelpunkt des Bildgeschehens.[34] Die in diesen Bildern verwendete Technik der Spritzpistole ist neu und schafft ein technisch perfektioniertes Bild. Die Darstellung verweist auf all das Negative, das der Künstler mit Flug und Krieg assoziiert. Schrekkensvisionen dieser Art machen den Traum vom Fliegen zum Untraum.

31 Zum Beispiel Delaunays »Hommage à Blériot«.

32 Mario Sironis »Aeroplano« von 1916, und viele andere Beispiele; vgl. Katalog, *Fliegen ein Traum. Faszination – Fortschritt – Vernichtungswahn*, Recklinghausen, Städtische Kunsthalle 1977; sowie Jeannot Simmen, *Schwerelos*, Ausstellungskatalog, Berlin, Schloß Charlottenburg, Orangerie 1991; noch in Otto Dix' Bild »Die Schlacht«, 1924, verweisen die wild angeordneten Striche, in deren Netz sich mehrere Flugobjekte verfangen haben, auf die Schwierigkeiten bildnerischer Umsetzung der neuen Raumerfahrung und die Lösungsversuche in der immer stärkeren Abstrahierung.

33 Bilder wie »Luftwaffe« von Bronislaw Wojciech Linke, 1947, belegen die Umsetzung dieser Erfahrung mit den Auswirkungen eines »Systems« Flugverkehr in negativen Sinne.

34 Vgl. ebenso: Wolf Vostell, »Starfighter 1967/Objekt B 52«, 1968, in: *Wolf Vostell*, Ausstellungskatalog, Köln, Stadtmuseum, 1992.

Gordon Matta Clark entdeckte mit seinen Versuchen neue Orte für die Kunst. Er beschäftigte sich früh in seinem Werk mit der Welt der Subways, des Kanalysationssystems und der Verkehrstunnel. Als erster Künstler benutzte er in den frühen sechziger Jahren rohrförmige unterirdische Verästelungen. Über deren Freilegung im Rahmen von künstlerischen Aktionen definierte er verdeckte Orte innerhalb der Versorgungssysteme. Mit seiner Kunst macht er die verborgenen Strukturen der Energie und anderer Leitungen sichtbarer als zuvor und definiert neue Orte für die Kunst. Seine Eingriffe sind bedeutend, denn sie stehen am Beginn einer neuen Entwicklung.

Bei seiner Installation *Pipes* (1971) löste der Künstler eine Gasleitung aus dem Wandgefüge, führte sie durch die Ausstellungsräume und ließ sie wieder in der Wand verschwinden. Fotografien an Wand und Decke beschrieben den Weg der Leitungen von der Straße durch das Gebäude. Diese Offenlegung zeigte die dünne Haut über den eigentlichen Hauptschlagadern der Systeme und gab den Raumschichten des Hauses unterhalb der Oberfläche mehr Bedeutung.[35] Fünf Jahre später entstanden weitere Einsichten in die Infrastruktur des *Underground*. Der Film *Substrait* (*Underground Dailies*)[36] ist eine Form der Reportage über die versteckte andere City unterhalb von Manhattan, New York: »By selecting sites that showed the variety and complexity of excavated and tunneled spaces in the metropolitan area. Living archeology of its foundations.« Mit der gleichen Intention schuf Matta Clark Serien von fotografischen Studien über die unterirdische Substruktur von Paris. Das Oben und das Unten bedeutender historischer Orte werden miteinander verbunden – Variationen zu einem Thema, das schon *Piranesi* in seinen »Carceri« aufgriff.

Eine andere Annäherung gelang *William Varzan*[37] im Jahr 1968. Erinnerungsfetzen, Fotografien und Pläne von den Subway-Strecken in den U-Bahnen von Toronto und Montreal setzte er zu

35 *Gordon Matta Clark. A Retrospective.*, Ausstellungskatalog, Chicago, 8. 3.–18. 8. 1985; dort auch das Zitat.

36 *Abb. 22*, nach: Ausstellungskatalog 1985 (Anm. 35).

37 In: Bernard Smith, *Concerning Contemporary Art, The Power Lectures 1968-1973*, Oxford 1975, Some contemporary realisms, S. 97. Ausgestellt auf der Ausstellung des New »Canadian Realism 1968«.

Abb. 22: Gordon Matta Clark, »Substrait (Underground Dailies)«. 1976.

einer Collage zusammen.[38] Hier wird die strukturelle, zum Ideogramm oder Code geronnene Angleichung der Systeme an verschiedenen Orten deutlich: Sie sind beliebig und austauschbar. Das Multiple »Initiation Gauloise« von *Joseph Beuys*[39] ist eine Orientierungskarte der Metro von Paris, auf die kleine Veränderungen in Tusche aufgetragen wurden. Dieser Eingriff verweist auf jene mythische Zeit der Kelten, die in Frankreich ein Netzwerk von Dolmen, Menhiren und anderen religiösen Wegzeichen geschaffen haben. Beuys bewegt sich hier auf frühen Trampelpfaden der europäischen Geschichte.[40] Die Geschichte(n) überlagert (überlagern) sich; das neue System wird Teil eines alten Systems.

Eine Fotoserie von Kanaldeckeln montierte *Sol LeWitt* 1979 in neun Feldern nebeneinander. Die geometrisch angeordneten Mu-

38 Vgl. zu Jochen Gerz.
39 *Abb. 23*, nach: Stemmler 1977 (Systemsplitter 1, S. 222, Anm. 15).
40 *L'art Gauloise*, Paris 1956 (ohne Autor), La nuit des temps.

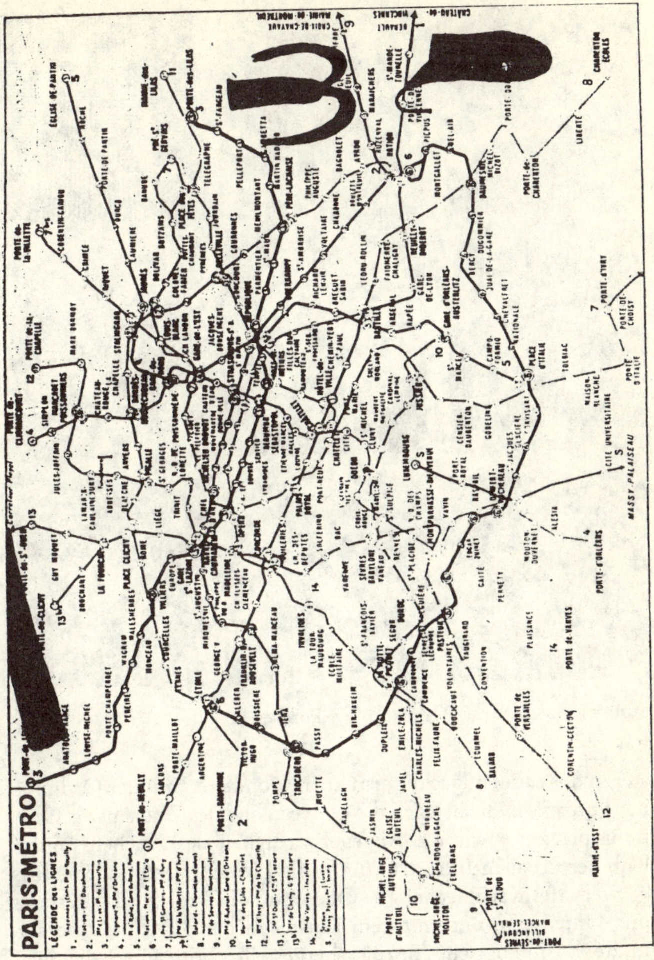

Abb. 23: Joseph Beuys, »Initiation Gauloise«. 1976. Farblithographie auf Öldruckpapier. © VG Bildkunst, Bonn.

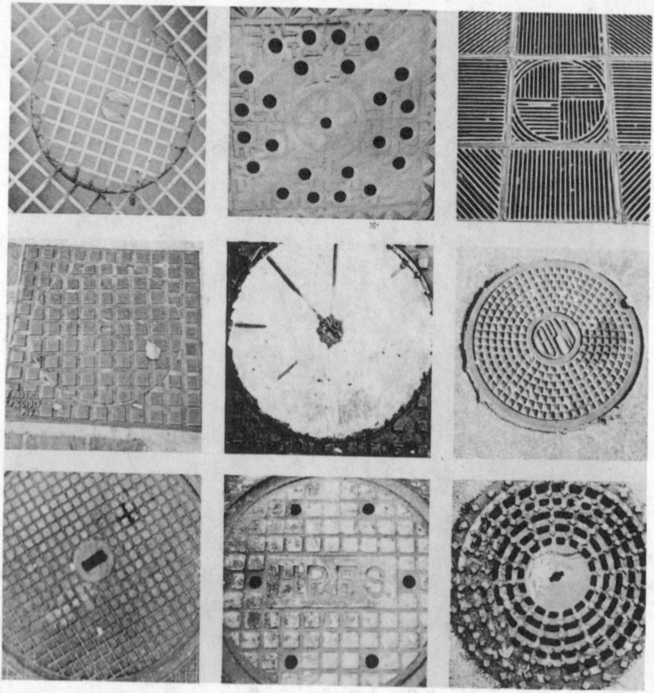

Abb. 24: Sol LeWitt, »Grids«. 1977. Fotoserie.

ster in der runden Deckelform korrespondieren mit der Ordnung der Fotoarbeit. Sie belegen die Universalität des Zeichens als Ordnungsprinzip sowie die Allgegenwärtigkeit des Zeichens innerhalb der urbanen Infrastruktur.[41] Als Element des Straßennetzes verweist der Kanaldeckel im »Oben« auf die Struktur des Systems im »Unten«. In und mit dem Muster in der Kreisform werden uralte kosmologische Bezüge hergestellt. Mittelalterliche Diagramme der Welterklärung, die als beziehungsvolle Marginalien in

41 *Abb. 24*, aus dem Buch *Photogrid*, 1977, reproduziert in: *Sol LeWitt*, Ausstellungskatalog, New York, Museum of Modern Art 1978, Nr. 269, S. 159. »No matter where one looks in an urban setting, there are grids to be seen. Whether decorative or functional, grids provide a kind of order... It is a kind of art made without art in mind ...« Ein wei-

den Handschriften bisher von der Mediävistik häufig übersehen wurden, haben inhaltlich und formal mit den Kanaldeckeln zu tun.[42] Die Funktion des Scharniers zwischen den beiden voneinander abhängigen Systemen des Infrastrukturnetzes und die Analogien der formalen Struktur der Systeme bündeln sich im reliefplastischen Raster der schweren Metallplatte.

Thomas Schulz aus Berlin beschäftigt sich seit Beginn der achtziger Jahre mit dem jetzt abgeschlossenen »Tunnelprojekt Dover-Calais«. Eine audio-visuelle Dokumentation der Bohrarbeiten in den Kreideschichten ist seitdem eines seiner Themen. Es gelang ihm, direkten Kontakt zu Wissenschaftlern und Handwerkern vor Ort zu knüpfen und dort mehrfach bei den Bohrungen anwesend zu sein. In seiner Arbeit geht er von den dort gesammelten akustischen und visuellen Eindrücken aus.[43] Mit der multimedialen Installation in den Galerieräumen der Neuen Gesellschaft für Bildende Kunst Berlin vermittelte er 1991 die an der Baustelle erlebten Geräusche, Klänge und Rhythmen in Bild, Ton und Aktion – ein Echo der Bohrvorgänge tief unter der Erde.

teres Beispiel ist Nikolaus Lang, der in Sydney eine Sammlung von Kanaldeckeln anlegte. Ferner: Lucy Lippard und andere, *Grids, Grids, Grids*, Ausstellungskatalog New York 1989.

42 Eine ausführliche Studie zu diesem Thema bearbeitet zur Zeit Dr. Barbara Obrist, Centre National de la Recherche Scientifique (CNRS), Straßburg.

43 Berlin; Thomas Schulz. Der Tunnel Calais-Dover: »... not here but under the sea«, *The European Sculpture*, Ausstellungskatalog Berlin, Neuer Berliner Kunstverein, 1992; Dokumentation des Künstlers.

Klaus Kornwachs

Steuerung und Wachstum

Ein systemtheoretischer Blick auf große technische Systeme

1. Einleitung

»Dies ist ein Buch technischer Großwerke von heute. Aber es ist nicht nur ein Technikbuch. Es ist ein Buch vom Menschen, von seinem Willen, seinem Können und seiner Kraft. Denn große Werke – das sind nicht unbedingt jene, welche mit den größten Dimensionen aufwarten können, sondern solche, in denen am deutlichsten die persönliche Leistung des Menschen offenbar wird. Weder die Glut der Wüste, noch das Eis der Arktis, weder die Gewalten der Bergstürme noch die Fieber des Dschungels können ihn abhalten, sein Werk zu vollenden, wenn er es will.«[1]

Mit diesem für die fünfziger Jahre charakteristischen Pathos führt der Herausgeber eines Buches über »Großtaten moderner Technik« eine Reihe von »Erzählungen« über Kaprun, Sellafield, die Verlegung einer Pipeline durch Saudi-Arabien und anderes an.[2] Eigentümlicherweise handelt es sich bei diesen technisch-organisatorischen Großprojekten eher um die erstmalige Verwendung neuartiger Verfahren oder um erstmalige Applikationen im großen Stil als um große technisch-organisatorische Systeme. Der pathetische Ton, der auch den so beliebten Wochenschau-Kommentaren jener Zeit eigen war, ist also weniger dem Ergebnis als der erfolgreich verlaufenden Geschichte eines solchen Projekts gewidmet. Die Memoiren der Manager des Manhattan-Projekts[3] klingen ähnlich, und dies ist nicht nur in der Psychologie der »Macher« begründet, sondern hat einen systemgesetzlichen Grund.

1 Weihmann 1956.

2 Wenn hier die Metapher Lyotards von den »großen Erzählungen« einmal bemüht werden darf; vgl. Lyotard 1986, S. 87: »Ein grober Beweis: Was machen die Wissenschaftler, wenn sie nach irgendwelchen ›Entdekkungen‹ zum Fernsehen gerufen werden? Sie erzählen das Epos eines Wissens, das doch gänzlich unepisch ist.«

3 Vgl. Groves 1962.

Nun sind große Projekte nicht immer große Systeme, und große Geräte und Maschinen (wie Satelliten, Kernkraftwerke, Telefonvermittlungen oder ähnliches mehr) machen ebenfalls noch kein großes System aus. Wenn man die Beispiele heranzieht, wie sie in der Arbeitsgruppe »Große technische Systeme« diskutiert wurden, wie Energieversorgung, Transplantationswesen, Sondermüllentsorgung und Müllentsorgung, Wasser als vernetzendes System, Eisenbahn und Stadttechnik, Rundfunk, Fernsehen, Medien, TV-Satellitenversorgung, Welttelefonnetz, bemannte und unbemannte Raumfahrt, Umweltinformationsnetz zur Überwachung, Verkehrsleitsysteme, globale Rechnervernetzung in der Produktion, dann sieht man leicht, daß die Diskussion, wann immer man bestimmen will, ob dies oder das andere Beispiel ein großes technisches System darstellt, schnell in die Richtung geht, auf welche Ebene und unter welchen Gesichtspunkten man dieses Beispiel betrachtet. Versucht man, von den Beispielen abstrahierend, Invarianten der begrifflichen Bestimmung zu finden, so erscheint es naheliegend, Systemtheorie als ein Beschreibungs-Instrument zu verwenden.

Dieser Beitrag möchte auf das Problem der Steuerung und des autonomen Wachstums solcher großer technischer Systeme (GTS) eingehen. Er bedient sich dabei der Allgemeinen Systemtheorie und der dort definierten Begriffe.[4] Es geht mir bei diesem Beitrag primär um begriffliche Klärung sowie um die Phänomenologie und weniger um eine empirische Absicherung im sozialwissenschaftlichen Bereich.

Der Systembegriff spielt in der Technik beim Entwurf, beim Herstellen und beim Vertrieb eine zentrale Rolle. Der dort verwendete Systembegriff ist technisch-instrumental. Ebendieser Begriff wird jedoch nicht oder nur inkonsequent angewendet bei der Analyse, Kritik und Abschätzung des Potentials und der Folgen einer bestimmten Technologie hinsichtlich ihrer geplanten oder dann konkret verlaufenden Anwendung. Dies gilt ebenso bei der Analyse der Einbettung einer Technologie in den sozialen Kontext oder in eine bestehende Organisation bzw. bei der Analyse der Veränderung solcher Gebilde durch Technik.

Zwar ist es eine Binsenweisheit, daß eine Technik ohne eine orga-

4 So zum Beispiel bei Klir 1969; Zeigler 1976, 1984; aber auch Bertalanffy 1973 und anderen.

nisatorische Hülle, die ja auch immer sozial verfaßt ist, gar nicht ihre Funktion, die ihr zugedacht war, erfüllen kann, jedoch tut man sich bei der Beschreibung solcher technisch-organisatorischen Systeme ziemlich schwer. Während in der »reinen« Technik systemtheoretische Begriffe wie Regelung, Steuerung, Stabilität oder Komplexität ohne weiteres präzise und sinnvoll angewendet werden können, da sie auch eine quantitative Formulierung erlauben[5], scheinen solche Begriffe in der Psychologie[6] oder in der Soziologie[7] gelegentlich eher als metaphorisch-deskriptives Begleitwerk zu fungieren.

In dieser Situation ist es natürlich noch schwieriger, über technische Systeme zu sprechen, da der gewählte Begriffsrahmen dazu zwingt, die Tragweite des Systemgedankens für die Wissenschaft selbst zu thematisieren. Dies ist vielfach diskutiert worden.[8] Statt diese Diskussion nachzuzeichnen, seien einige Hypothesen genannt, die für die Thematik der großen technischen Systeme relevant sind und von denen dieser Beitrag ausgehen will.

1. System ist ein perspektivischer Begriff.[9] Wir sagen nicht: Etwas ist ein System, sondern etwas (ein Prozeß, eine Struktur, ein Objekt – wie auch immer) kann als System beschrieben werden. Damit ist System auch ein deskriptiver Begriff.

5 Dies ist auch ein Grund, weshalb viele ursprünglich qualitativ »argumentierende« Disziplinen sich von der Formalisierung ihrer Sprache auch den Sprung ins »quantitative Lager« mit dem entsprechenden Ansehen, das mathematisierte Wissenschaften genießen, erhoffen. Vgl. auch Booss/Krickeberg 1976.

6 Vgl. Deppe 1977. Davon zu unterscheiden sind die Arbeiten aus der Gruppe von Klix 1980, die mit systemtheoretischen Methoden die kognitiven Strukturen erforschen wollen.

7 Ein Beispiel hierfür stellen die Arbeiten von Luhmann dar. Während die soziologische Auseinandersetzung zwischen Luhmann und Habermas (Habermas/Luhmann 1971) auch ohne die systemtheoretischen deskriptiven Begriffe auskommt und lediglich den Systemgedanken thematisiert, stößt die Verwendung des systemtheoretischen Vokabulars bei mehr systemtheoretisch orientierten Technikphilosophen wie Ropohl oder Lenk auf völliges Unverständnis. Vgl. hierzu Ropohl 1979, aber auch Obermeier 1988, der versucht hat, die ständig wechselnden Konnotationen der Luhmannschen Verwendung von systemtheoretischen Begriffen nachzuzeichnen und zu systematisieren.

8 Vgl. Kornwachs 1987.

9 Vgl. Lenk 1978, 1983.

Welche Eigenschaften ein Gegenstandsbereich haben muß, damit man ihn sinnvoll (das heißt erfolgreich im Sinne des Interesses des Systembeschreibers an der Systembeschreibung) als System beschreiben kann, sagt die Systemtheorie nicht aus.

Der mathematische Formalismus der Systemtheorie sagt auch nichts aus über das So-Sein der Welt und ebenfalls nichts über das So-Sein eines als System beschriebenen Gegenstandes; das heißt, er ersetzt nicht unser Wissen über den Gegenstand. Um etwas als System verstehen zu können, muß also der Formalismus vom Gegenstand her interpretiert werden können.

Die gezogene Systemgrenze – die das, was noch zum System gehören soll und was nicht, voneinander trennt – stellt einen expliziten Ausdruck des Verwendungsinteresses an der Systembeschreibung dar. Man kann daraus in der Regel ablesen, was derjenige, der eine Systembeschreibung erstellt, damit anfangen will: Modelle für Steuersysteme unterliegen im allgemeinen einem anderen Design als Modelle für Prognosen, für Simulationen oder für Kausalerklärungen. Pointiert ausgedrückt: Jedes System hat einen Autor.[10]

Man kann nun einwenden, daß man sich mit der Autorenabhängigkeit von Systemen die Möglichkeit verbaue, soziale Dimensionen zu behandeln, die bei großen technischen Systemen konstituierend sind.[11] Auch geht die soziale Erfahrung prima facie davon aus, daß große technische Systeme irgendwie existieren, ohne durch die Beschreibung eines Systemautors konstituiert worden zu sein. Deshalb sei als zweite Hypothese formuliert:

2. Jede Systembeschreibung konstituiert ein System. Dieses erscheint uns im Umgang mit ihm als Gegenstand. Gewohnheitsmäßig sehen wir es dann als geeignet an, im Sinne von Wissenschaft objektiviert werden zu können. Es ist deshalb insofern real, als wir als Systembeschreiber die Bedingung der Möglichkeiten von Erfahrungen mit, an und in einem solchen System festlegen können. Diese Festlegungen sind ebenso mitteilbar, wie wir auch diese Erfahrungen mitteilen können.

Zu dieser Hypothese sei ein kleiner Exkurs gestattet: Die Frage nach der Konstitution einerseits und die Frage nach der Beobachtung und Beschreibung von Systemen andererseits sind nach

10 Genauer: mindestens einen Autor.
11 Joerges 1992.

Ansicht von Vertretern der Theorie sozialer Systeme[12] begrifflich zu trennen. Die Begrifflichkeit der Autopoiesis, die im Rahmen der Luhmannschen Theorie der sozialen Systeme als eine Teiltheorie aufgefaßt werden kann, bezieht sich auf die Konstitution und Bewährung (im Sinne von Existenz) von Systemen, setzt also die Existenz von Systemen als beobachtbare Objekte voraus. Die Begrifflichkeit der Beobachtung konzentriert sich auf die Abhängigkeit dessen, was beobachtet wird, das heißt auf die jeweils vom Systembeobachter gewählte Perspektive. Die Möglichkeit, unterschiedliche Objekte mit »eigener« Dynamik und Reproduktionsprinzipien beobachten zu können, »trotz« der Konstruiertheit des Beobachteten, wie sie bei dieser Theorie behauptet wird, gibt den Objekten (trotz gegenteiliger Behauptung, die Theorie sei nichtontologisch) einen eigenen ontologischen Status: nämlich den, die Intension und Extension selbständig durch Autopoiesis erweitern zu können.

Die Rettung des konstruktivistischen Ansatzes dadurch, daß alle Objekte relativ auf einen Beobachter bezogen werden, gelingt nicht, da die Gesamtheit »Beobachter–System« selbst als System beobachtet wird. Damit wird der objektiv existierende Status des Supersystems »Beobachter–System« wieder eingeführt. Bei der Behandlung sozialer Systeme kann man aber die Erfahrung machen, daß das reproduzierende Verhalten von Systemen, so wie es beobachtet und beschrieben werden kann, in extremer Weise von dem abhängt, was der Beobachter *als* System ansieht, das heißt von der Wahl seiner Perspektiven. Wenn man beispielsweise die allmählich sich ausdifferenzierende Müllindustrie unter der Perspektive des Materialflusses und der Stofftransformation betrachtet, kann man eine Änderung der Materialflußstruktur in den letzten zehn Jahren beobachten, die auf eine Vervielfachung der Endpunkte (Lagerung, Verwertung) für verschiedene Stoffsorten schließen lassen. Wählt man jedoch die Perspektive der administrativen und ökonomischen Steuerung des Müllmaterialflusses, erhält man eine Veränderung der Struktur politisch-ökonomischer Randbedingungen, die einer Veränderung des ökologisch-entsorgungstechnischen Paradigmas entspricht. Beide Perspektiven so zu vermitteln, daß allgemein beobachtbare Bezüge auch zwischen Systembeschreibern, die unterschiedliche Perspektiven

12 Luhmann 1985.

gewählt haben, kommunizierbar sind, ist erfahrungsgemäß ein endloses Unterfangen und macht den Kern der nie endenden politischen Debatte und des Streites der Disziplinen aus. Die von mir behauptete Nichttrennbarkeit von Systemkonstitution und Beobachtungsperspektiven führt nicht dazu, daß man bei der Behandlung von Systemen keine soziale Dimensionen ins Spiel bringen könne: Im Gegensatz zur Theorie der sozialen Systeme bei Luhmann bin ich der Meinung, daß es zu sozialen Dimensionen keinen Zugang über den Objektbegriff mit *in sich* selbständigen Eigenschaften und deren Dynamik gibt. Daß ich damit eine Position einnehme, die von vielen Sozialwissenschaftlern nicht geteilt wird, ist mir klar. Diese Einsicht soll jedoch eine zukünftige Auseinandersetzung an anderer Stelle nicht ersetzen.
Damit ist auch die erkenntnistheoretische Position, die in diesem Beitrag eingenommen werden soll, expliziert: Das Handeln an und mit Systemen und damit auch die Bedingung der Möglichkeit von Erfahrungen an und mit Systemen ist wechselseitig mit der Wahl unserer Begriffe verknüpft und davon nicht trennbar.
Systemtheorie im hier verstandenen Sinne macht keine Existenzbehauptungen. Wenn wir im folgenden über Eigenschaften *von* Systemen reden, ist das eine »façon de parler«: Wir reden über den Gegenstandsbereich *als* System, das heißt, wenn wir Gebilden, die wir große technische Systeme nennen wollen, Eigenschaften zuschreiben, dann drücken wir diese Eigenschaften mit systemtheoretischen Begriffen aus.

2. Systeme und der Begriff der Größe

Systemtypologien sind im Laufe der Wissenschaftsgeschichte der Systemtheorie oft vorgestellt worden, und sie werden laufend überschrieben. Will man daher für den Begriff der großen technischen Systeme eine geeignete Systemtypologie vornehmen, um solche Systeme beschreiben zu können, ist es notwendig, sich zuerst klarzumachen, was bei diesen organisatorisch-technischen Gebilden das ist, was es vernünftig erscheinen läßt, sie als Systeme zu beschreiben.
Zunächst wird mit dem Begriff System ein Gegenstandsbereich beschrieben als etwas, was sich als zusammenhängendes, zusammengestelltes oder sonstwie mit einer inneren oder äußeren Ord-

nung behaftetes Gebilde begreifen läßt – die begriffliche Trennung in das Ganze und seine Teile, also in Gesamtverhalten und Verhalten der Subsysteme, Komponenten oder Elemente, die durch eine Struktur miteinander wechselwirken und so zum Gesamtverhalten beitragen, impliziert auch eine Trennung von innen und außen, also eine Systemgrenze.[13]
Wenn bei einem System also klar festgelegt werden kann, was noch dazu gehört und was nicht, so konstituiert dies eine Systemgrenze, die man auch als Oberfläche des Systems bezeichnen könnte.[14] Durch diese Oberfläche kommuniziert das System mit der Umwelt mit Hilfe von wie auch immer gearteten Wechselwirkungen, die es veranlassen, sich so oder so zu verhalten. Diese Wechselwirkungen können nicht beliebig strukturiert sein – man weiß heute, daß sie informationshaltig sein müssen, das heißt, daß sie selbst Information darstellen.
Der Begriff der Trennung von innen und außen ist fundamental, so daß er noch eine weitere Konsequenz hat: Systeme sind Quellen von Information, man kann aber auch Information in Systeme transformieren. Information und System sind zwei Seiten derselben formalen Beschreibungsmöglichkeit, die wir haben.[15] Die Wirkung von Information kann sogar danach bemessen werden, ob sie in der Lage ist, aufgrund eines rezipierenden Minimalsystems ein System aufzubauen, ein bisher bestehendes zu erweitern oder zu zerstören.[16]
Die notwendigen Präzisierungen des Zusammenhangs von Information und System kamen aus der biologischen Systemtheorie, die ja die Allgemeine Systemtheorie inspiriert hat. Die technisch orientierte Systemtheorie der Netzwerke, der nachrichtentechnisch orientierte Informationsbegriff und auch die formalen Modelle der Operation Research und der Spiel- und Entscheidungstheorie einerseits und der Regelungstheorie andererseits[17] waren

13 Vgl. Klir 1969.
14 Den Begriff der Oberfläche in diesem Zusammenhang verdanke ich intensiven Diskussionen mit W. Hinderer, Karlsruhe (vgl. Hinderer 1991).
15 Vgl. Kornwachs 1987.
16 Vgl. Kornwachs 1993a.
17 Letztere entspricht einem eingeschränkten technischen Verständnis von Kybernetik (vgl. Padulo/Arbib 1974).

aber für die Modellierung des Computers[18] oder des Gehirns[19] sowie biologischer oder soziologischer Systeme nicht sonderlich fruchtbar – aufgrund der Verwendung irreführender Analogien.[20] Gleichwohl sind Begriffe wie Komplexität, System, Stabilität zu begrifflichen Hülsen verkommen, die eine Präzision der Begriffsbildung vortäuschen, die vom Gegenstandsbereich vielleicht gar nicht zu leisten ist.

Beschreibt man technische Systeme, so benötigt man den Begriff der Funktion, der sich auf zwei bisher noch nicht einheitlich beschreibbaren Ebenen definieren läßt: einerseits Funktionen, wie die Transformation von Energie und Materie in andere Formen und Konstellationen, damit sie bestimmten Zwecken dienen, und andererseits die Erzeugung und Umformung (Bearbeitung?) von Informationen zum Auf- und Umbau von Organisationen im Sinne von sozialen und operativen Strukturen. Diese Funktionen sind instrumental vermittelt. Das bedeutet, daß eine Funktion, zum Beispiel um etwas von A nach B zu transportieren, nur realisiert werden kann, wenn es ein Objekt gibt (das, was transportiert werden soll), und ein Instrument (Gerät, Maschine, Verfahren etc.), durch das eine Operation an diesem Objekt möglich wird. Zwischen der Realisierung einer Funktion und dem Objekt, auf das sich die Funktion bezieht, vermittelt also ein Instrument. Sofern dieses Instrument ein Artefakt ist, bekommt diese Vermittlung einen technischen Charakter. Instrumentelle Vernunft fragt dann primär nach dem Verwendungszweck von Objekten, die als Instrumente angesehen werden.[21] Jedes technische System ist in ein organisatorisches System eingebunden, das die Zwecke und dadurch den Sinn der Funktionen erst vermittelt und transportiert. Das bedeutet, daß die Verwendung von Technik *in* technischen Systemen nur sinnvoll ist, wenn man ihre organisatorischen Bezüge voraussetzt.

Jede technisch vermittelte Handlung (zum Beispiel das Steuern

18 Im Sinne der Theorie der Berechenbarkeit und der Versuche der künstlichen Intelligenz (vgl. Halpern 1986).

19 Man denke an die erst jetzt wiederentdeckten neuronalen Netze (vgl. McClelland/Rumelhard 1986).

20 Vgl. die Kritik zum Beispiel bei Klir 1985.

21 Horkheimer 1985, berichtet in seiner *Kritik der instrumentellen Vernunft* von einem Knaben, der seinen amerikanischen Vater fragt, wofür der Mond denn Reklame mache.

eines Autos) ist nur sinnvoll interpretierbar, wenn man die organisatorische »Hülle« des Systems Verkehr mit berücksichtigt: Von der Organisation der Pannenhilfe über die Logistik der Kraftstoffversorgung bis hin zur Straßenverkehrsordnung usw. werden Bezüge geschaffen, die den Zweck des Autofahrens und den Gebrauch des Mittels Auto zur Fortbewegung (aus welchen wirtschaftlichen oder psychologischen Gründen auch immer) konstituieren und das System Verkehr interpretieren helfen im Hinblick auf die einzelne Handlung.

Umgekehrt wird oftmals argumentiert, daß die Organisation *in* den technischen Systemen enthalten sei, daß diese also nicht in eine Hülle eingebettet sind, sondern eine Organisation als Kern (schon) enthalten. Auch diese Sichtweise hat plausible Argumente zur Hand: Wir gestalten ja Technik nicht nur in einen organisatorischen Rahmen hinein (zum Beispiel die Einführung einer neuen Bürokommunikationstechnologie in eine schon bestehende Organisation, die sich im Idealfall dann als eine wirkungsvolle Stütze dieser Organisation erweisen soll), sondern technische Systeme erzeugen auch Organisation oder ändern eine bestehende ganz massiv ab. Um beim Beispiel zu bleiben: EDV-Einführungen bringen in der Regel das bestehende Organisationskonzept durcheinander und erzwingen eine Neukonfiguration – eine fast alltägliche Erfahrung. Noch beeindruckender ist der Vorgang, wie die Anwendung einer Technologie eine völlig neue Organisation erzeugt: Die Fernsehtechnik hat zur Bildung der medialen Organisationsformen geführt (eingedenk der Verwertungsinteressen an den zu vermittelnden Inhalten) sowie die Produktionstechnik zu neuen Formen der Arbeitsteilung geführt hat. Die Kommunikations- und Informationstechnik führte und führt noch zu heftig umstrittenen neuen Organisationsformen unseres politischen wie privaten Lebens.

Die Diskussion, ob die Organisation nun ein technisches System umschließt oder in ihm enthalten ist, ist für kleine technische Systeme, zum Beispiel für einen PC im Haushalt samt den zugehörigen organisatorischen Abläufen, die er erfordert und die er unterstützt, vergleichsweise einfach zu beantworten: Jedes technische System ist in eine organisatorische Hülle eingebettet, ändert diese durch seinen Gebrauch (mehr oder weniger massiv) und schafft neue organisatorische Bezüge, die für es spezifisch sind und damit eine Art organisatorischen Kern ausmachen.

Für große technische Systeme, wie die in der Einleitung genannten Beispiele, scheint etwas anderes zu gelten: Sie stoßen über ihre ursprüngliche organisatorische Hülle, in der sie entstanden sind, hinaus und schaffen nicht nur ihren eigenen organisatorischen Kern, sondern erzeugen auch die organisatorische Hülle neu. Aufgrund dieser Unabhängigkeit können sie sich über organisatorische Grenzen, wie sie durch Nationalität, Kultur, technisch-organisatorische Traditionen (wie Konstruktionsstile oder berufliche Selbstverständnisse) und historisch gewachsene wirtschaftliche Interessensrituale hinwegsetzen und neue Bedingungen stiften. Anhand von zwei Bereichen soll dies plausibler werden – durch ein mehr historisches und ein mehr prognostisch orientiertes Beispiel:

Das Welttelefonnetz entstand durch die Zusammenschaltung (im Sinne der Vermittlungstechnik) von nationalen Netzen und durch den Ausbau von Verbindungen, die in grenznahen Regionen ohnehin schon bestanden. Die organisatorischen Hüllen der nationalen Netze blieben zunächst davon unberührt. In vielen Staaten ist der Fernmeldebereich hoheitlich, das heißt überwiegend staatlich organisiert. Eine organisatorische Hülle für das Welttelefonnetz konnte die nationalen Organisationsformen nicht übernehmen, da es keine weltweit hoheitliche Funktionen gibt. Es entstand daher neu. Dies hatte auch Konsequenzen für die Organisationsform der nationalen Netze, so daß eine internationale Orientierung der Teilnetze zu allmählichen Änderungen führte, zum Beispiel bei der Bundespost-Telekom zur Deregulierung.[22]

Verkehrsleitsysteme werden zur Zeit durch verschiedene Institutionen und Zusammenschlüsse konzipiert, und sie werden zunächst auf lokaler, sprich: städtischer Ebene entstehen. Nach ein paar Jahren »erfolgreicher« Praxis, bei der sich neben den intendierten Eigenschaften auch solche zeigen werden, die nicht intendiert waren (zum Beispiel mißbräuchliche Benutzungsmöglichkeiten und ähnliches), werden sie auf bundesdeutsche Anwendungen erweitert werden, gegebenenfalls sogar in einem neu zu schaffenden europäischen Verkehrsverbund. Wieder werden sich bei diesem Prozeß neue organisatorische Kerne, also Verwaltungen, Regelsysteme und dergleichen bilden, und der sogenannte

22 Die Deregulierung hatte natürlich auch noch andere Gründe. Vgl. Kubicek (in diesem Band).

Regelungsbedarf wird dafür sorgen, daß auch die organisatorische Hülle (von den gesetzlichen Regelungen bis hin zu den Gewohnheiten) neu entsteht.
Von großen technischen Systemen zu unterscheiden wären technische Großprojekte, deren Oberflächen zeitlich, nicht strukturell oder organisatorisch bestimmt sind: Sie dauern lange und weisen einen entsprechenden Aufwand an Technologie, menschlicher Arbeitskraft und Kapital sowie Ressourcenverbrauch auf. Ihr Ergebnis kann, aber muß nicht, ein großes technisches System sein. Das schlagende Gegenbeispiel ist das 1945 abgeschlossene Manhattan-Projekt, das genau drei Kernwaffen hervorgebracht hat, wovon zwei in Japan eingesetzt wurden.

2.1 Große und kleine Systeme

Die Größe eines technischen Systems bedingt sich nach den obigen Ausführungen weniger danach, welcher Aufwand zur Erstellung notwendig war – ein Space Shuttle zu entwickeln und zu bauen war zweifellos ein Großprojekt –, sondern danach, welche Funktion das technische System ausübt und daß sich diese Funktion nicht lokal, sondern nur im Rahmen weitverzweigter Interaktionen realisieren läßt.
So ist das Welttelefonnetz mit etwa 10^{10} möglichen Verbindungen von einem rein strukturellen Gesichtspunkt her fast genau so komplex wie das Gehirn mit 10^{10} Neuronen; dennoch würden wir aus guten Gründen dem Gehirn eine weitaus größere funktionelle Komplexität zubilligen. Einen Computer, der in etwa eine solche Anzahl von Schaltelementen aufweisen könnte, würden wir zwar eine große technische Komponente nennen, dem Welttelefonnetz aber das Prädikat zuschreiben, ein großes technisches System zu sein.[23] Als große Systeme könnte man solche ansehen,
– die eine große Anzahl von Komponenten besitzen[24] (Beispiel: als Komponenten können Vermittlungsämter, Kraftwerke, Deponien, Satelliten, Rechenzentren etc. angesehen werden);

23 Vgl. die Diskussion hierzu in Kornwachs/Lucadou 1984.
24 Auch hier wieder eine façon de parler: Daß Systeme Komponenten haben, drückt aus, daß man in der Systembeschreibung des Gegenstandsbereiches Teilbereiche als Komponenten definiert.

- die zwischen diesen Komponenten eine starke innere Abhängigkeit aufweisen, das heißt über eine hohe Strukturdichte (Quotient aus bestehenden Abhängigkeiten und möglichen Abhängigkeiten) verfügen (Struktur kann sich beziehen auf Informationsflüsse, Stoffströme, Kausalverbindungen, energetische Kopplung, organisatorische Beziehung wie Unterstellung etc.);
- die eine räumlich ausgedehnte Vernetzung für die Realisation ihrer Funktionalität benötigen;
- deren Lebensdauer mindestens in vergleichbaren Größenordnungen wie die des menschlichen Generationswechsels liegt;
- deren Erhalt der Funktionsfähigkeit in präventiver wie reaktiver Hinsicht eine umfangreiche Organisation erforderlich macht (Beispiel: Aufsicht und Kontrolle der Energieversorgung setzen einen erheblichen organisatorischen und technischen Aufwand voraus);
- deren Oberfläche (im Sinne der obigen Festlegung) gegenüber Störungen bis zu einem bestimmten Grade unverändert bleibt und die Grundeigenschaften (Grundfunktionalitäten) des Systems invariant bleiben (Beispiel: durch den Ausfall eines Kraftwerks oder eines Vermittlungsamtes wird das Gesamtsystem, wenn es groß genug ist, nicht wesentlich beeinträchtigt);
- bei denen entscheidende Teilkomponenten im wesentlichen vollautomatisiert ablaufen (wie Satelliten, Vermittlungen, Kraftwerke, Sammelstationen etc.);
- die jedoch als Ganzes nicht automatisch ablaufen, obwohl sie durch eine relative Abwesenheit von menschlichen Eingriffen zu charakterisieren wären (Beispiel: das Wachstum des Systems »Energieversorgung« geschieht nicht ausschließlich durch politische Willensbildung);
- die Regelstrecken in Vorwärtskopplung und Rückwärtskopplung aufweisen, worin offenkundig menschliche Entscheidungsprozesse vom Ablauf her eingebaut sind, wobei jedoch das, was entschieden wird, die Gesamtdynamik des Systems nicht wesentlich zu beeinflussen scheint (Beispiel: die Verbesserung der Vermittlungstechnik oder die Optimierung der Kraftwerkssteuerung wirkt sich nicht mittelbar auf das Wachstum aus).

Gerade die letzten Charakterisierungsversuche erscheinen widersprüchlich und sind es auch, sofern man den Automatisierungsbegriff nicht weiter ausdifferenziert. Man muß erstens unterscheiden, worauf sich die Eigenschaft »automatisch« bezieht: Zum einen meint man Prozesse, deren Steuerung automatisch erfolgt, das heißt – technisch gesprochen –, die geregelt sind. Zum anderen spricht man gern von Automatismen beim Gesamtsystem, wenn man etwas hilflos ist, die Ursachen des Wachstums von solchen Systemen zu erklären, obwohl alle Politiker, Systembetreiber und Besorgte glaubwürdig versichern, daß man alles tue, um dieses Wachstum in Grenzen zu halten.

In der Technik ist jeder automatisierte Prozeß ein gesteuerter Prozeß, dessen Steuergröße aufgrund von Eigenschaften des Prozesses berechnet werden kann. Die Berechenbarkeit ist bestimmten Einschränkungen unterworfen. Dies ist nicht nur hinsichtlich der Geschwindigkeit der Berechnung wie auch des Umfangs der Fall – ein Prozeß kann schneller ablaufen, als man ihn steuern kann –, sondern es gibt auch prinzipielle Grenzen. So ist es nicht möglich, bei der Automatisierung eines Prozesses den Bereich der realisierbaren Funktionen während des Prozeßgeschehens durch Steuerung oder Regelung zu verändern. Anders ausgedrückt: Man kann für solche Prozesse keine Regelung mehr entwerfen. Das heißt, daß man Steuerungsaufgaben, die verlangen würden, daß man neue Prozeßqualitäten einführt, in herkömmlicher Weise nicht automatisieren kann. So sind erfahrungsgemäß Prozesse nicht automatisierbar, in denen es während des Betriebes erforderlich ist, die Bewertungsspielregeln zu ändern. Letzteres ist zum Beispiel bei wirtschaftlich-technischem Handeln erforderlich.

Während im ersten Fall die Automatisierung Grenzen hat, dient der Begriff im zweiten Fall als Metapher – er bezieht sich nicht auf die Regelbarkeit eines Prozesses durch technische oder administrative Eingriffe, sondern auf die Erfahrung eines autonomen Systemverhaltens, das urwüchsig, eben automatisch abläuft, ohne daß man etwas dazu tun könnte.

In diesem Sinne ist ein großes technisches System also nicht vollständig (technisch) automatisierbar, wenngleich es uns vorkommt, als ob es sich autonom verhalten würde. Dies beschreiben wir gelegentlich als Automatismus. Der Begriff ist jedoch so gesehen irreführend.

In diesem Beitrag können Komponenten großer technischer Systeme durchaus vollautomatisch sein, da sie von einer festgelegten, nur durch äußere Eingriffe änderbaren Funktionalität sind. Das große technische System hat eine noch zu bestimmende Dynamik, die jedoch nicht vollautomatisch ist. Vollautomatisches Verhalten schließt nach diesem Verständnis die Entstehung neuer Qualitäten aus. Genau dies zeigen aber große technische Systeme.[25]

2.2 Struktur, Verhalten, Regelung und Steuerung

Die Struktur eines Systems wird gegeben durch die Verknüpfung zwischen den Elementen. Diese Verknüpfung ist sehr stark davon abhängig, auf welcher Ebene das System beschrieben wird. Materialflüsse können in einem Produktionssystem sehr wohl hohe Strukturdichten aufweisen, während der zugehörige Informationsfluß eine einfache Struktur (zum Beispiel kreis- oder sternförmig) aufweisen kann. Beide Strukturen gehören zum selben System, liegen aber auf verschiedenen Ebenen der Beschreibung. Die Interaktion zwischen beiden Strukturen, zum Beispiel die Wechselwirkung, wie der Informationsfluß den Materialfluß steuert, ist zwar operativ beherrschbar, wird aber theoretisch noch nicht voll verstanden.

Große technische Systeme haben mehrere Ebenen, auf denen sich Strukturen definieren und beschreiben lassen, die zum Teil miteinander interagieren. Die Strukturen zeigen auch durch unterschiedliche Dichte, wo Hierarchien – also die Aufteilung in Subsysteme und weitere Unterteilungen – sich abzeichnen oder vorliegen.

Das Verhalten eines Systems wird nach dem Dogma der technischen Kybernetik ausschließlich durch das Verhalten der Elemente und durch die Struktur bestimmt. Setzt man die Zuverlässigkeit der Elemente und die Stabilität der Struktur voraus, dann stimmt dies für abgeschlossene Systeme, die definiert und störungsfrei mit der Umwelt in Verbindung stehen.

Unter Steuerung versteht man die Handlungen, mittels deren ein

25 Daß man hier die verschiedenen Bedeutungen von »automatisch« – einmal als menschlich unverursachte Systemdynamik, einmal als technische Automatisierung –, im Sinne eines Reglers – unterscheiden muß, habe ich in der Diskussion mit Ingo Braun gelernt. Daß ich die Unterscheidung etwas anders sehe, hängt vielleicht damit zusammen, daß ich kein Soziologe bin.

System über seine Oberfläche (man könnte auch Schnittstelle sagen) so beeinflußt wird, daß ein gewünschter Zustand innerhalb einer bestimmen Zeit erreicht und/oder beibehalten wird. Die Regelung besteht dann in der Automatisierung dieser Steuerung, indem man die Informationen, die man aus dem System selbst erhält, für die Berechnung der Steuersignale ausnutzt.
Die Beeinflussung durch Steuerung setzt aber eine Kenntnis der Verhaltenscharakteristik des Systems voraus. Die Möglichkeit der Steuerung nimmt drastisch ab mit der Unmöglichkeit, diese Charakteristik zu bestimmen. Mangelnde Beschreibbarkeit führt dazu, daß man zur Statistik Zuflucht nehmen muß, was zum statistisch geprägten Begriff der Zuverlässigkeit und des Risikos führt. Die Definition dieser Begriffe ist aber wiederum von der Bestimmung der Funktion abhängig.
Das Interesse an großen technischen Systemen scheint nun in der Frage zu liegen, wann sie in ein Konglomerat von großen Komponenten oder großtechnischen Geräten übergehen. Am Beispiel einer Telefonvermittlung wird vielleicht anschaulich, daß ein überregionaler Aufbau aus Knoten- und Bereichsvermittlungen noch kein großes technisches System ausmacht – es existiert eine organisatorische Hülle, es gibt große Komponenten (Geräte), und es ist überschaubar (hinsichtlich seines Zwecks und seiner Funktion). Die Funktion dieses Netzes bleibt über lange Zeiträume stabil, Bedarfssättigung bei den Teilnehmern vorausgesetzt. Zu Problemen, die man mit kleinen technischen Systemen so nicht hat, führt erst die wachsende Struktur zum Beispiel eines nationalen oder internationalen Netzes; sie führt zu Anpassungsschwierigkeiten zwischen den Teilnetzen, was wiederum die Einführung weiterer organisatorischer Modalitäten erzwingt (zum Beispiel die Internationalisierung der Gebührenerfassung etc.).
Hält man kleine technische Systeme für steuerbar – was die technische Variante des Begriffs der Beherrschbarkeit darstellt –, dann deshalb, weil man die Eigenschaften des Systems so beschreiben kann, daß bezüglich der Steuerungsaufgabe die Beschreibung vollständig ist. Das verfügbare Modell bei einem kleinen technischen System ist in der Regel berechenbar (im mathematischen Sinne, nicht als Metapher). Daß der Alltag gelegentlich andere Erfahrungen bereithält, gibt Anlaß zur Formulierung Murpheyscher Gesetze oder des Redens über die Tücke des Objekts, ändert aber an dieser Aussage nichts.

Vollständige Beschreibbarkeit (im Rahmen einer von den Zwekken gesetzten Theorie) ist jedoch durch einige formale Eigenschaften begrenzt: So kann man eine wachsende Struktur auf der Ebene des Verhaltens und der Elemente – trotz Kenntnis des Verhaltens der Elemente und der Struktur – aus prinzipiellen Gründen nicht mehr beschreiben. Dies gilt auch dann, wenn keine selbstreferentiellen Sätze auftreten.[26] Somit gilt für große technische Systeme, deren Struktur sich verändert – und wir wollen später zeigen, daß es keine »ruhenden«, sich nicht ändernden großen technischen Systeme gibt –, daß sie nicht mehr vollständig beschreibbar sind.

Aus der Unvollständigkeit der Beschreibbarkeit (mit der lediglich ausgesagt wird, daß man auch über Wissen verfügen kann, das nicht aus der Beschreibung stammt oder abgeleitet werden kann und trotzdem mit der Beschreibung verträglich ist) kann man dann auf eine eingeschränkte Beherrschbarkeit – sprich Steuerbarkeit – schließen, wenn das Wissen zur Steuerung aus der Beschreibung stammt. Dies ist in großen technischen Systemen deshalb der Fall, weil man sich nicht auf ein »Trial-and-error«-Verfahren bei Steuerungsversuchen verlassen kann; die Auswirkungen der Steuerung sind nämlich zu langfristig und weitreichend, als daß man in hinreichend kurzer Zeit genügend empirische Erfahrung für weitere Steuerungsversuche akkumulieren könnte.

Die einzige Möglichkeit, dieses Dilemma zu umgehen, ist, eine Beschreibungsebene zu wählen, auf der die Struktur stabil ist, so daß man eine Systemdynamik eines wachsenden großen technischen Systems, eingebettet in ein struktur- und verhaltensstabiles System, als untergeordnetes System modellieren könnte. Diese Beschreibungsebene haben wir aber nicht – es sei denn im Rahmen einer technologiepolitischen Auseinandersetzung, die alles andere als eine stabile Modellierung zuläßt. Die mögliche Außensteuerung eines großen technischen Systems würde bedeuten, daß es eine Technologiepolitik gäbe, die unabhängig von großen tech-

26 Diese Behauptung hört sich kühner an, als sie ist, denn man kann zeigen, daß selbst einfache Systeme, deren Struktur sich ändert, aus logischen Gründen keine vollständigen Voraussagen ihres Verhaltens mehr gestatten. Man bezeichnet diese Systeme daher auch als »nichtklassische Systeme«. Sie haben übrigens eine formale Ähnlichkeit mit quantenmechanischen Systemen. Vgl. hierzu Kornwachs/Lucadou 1984; Kornwachs 1988.

nischen Systemen Ziele formulieren könnte. Da große technische Systeme aber ihre »Technologiepolitik« sozusagen selbst erzeugen, tritt neben dem zusätzlichen Moment der Selbstreferenz die Schwierigkeit auf, daß sich die organisatorische Hülle in einem gewissen Entwicklungsstadium auf gewisse Weise in dem durch das große technische System erzeugten organisatorischen Kern niederschlägt.

Das kann man sich anhand der Energieversorgung klar machen: Bau, Betrieb und Erhalt von Kernkraftwerken erfordern bestimmte Sicherheitsmaßnahmen, deren Realisierung zum Teil die organisatorische Hülle ausmachen. Es entstehen gewisse Gewohnheiten, ohne daß eine gesetzliche Regulierung sofort nachgeschoben würde. Der organisatorische Kern bei Verwaltung, politischer Aufsicht und dergleichen wird von diesen Gewohnheiten geprägt, indem er sie zum Beispiel toleriert. Seine Zusammensetzung und Struktur stellen nach einer gewissen Zeit den Niederschlag der organisatorischen Hülle dar. Erst danach wird die politische Steuerung gegenüber der organisatorischen Hülle selbständig und »erläßt« Regelungen.

Große technische Systeme sind nicht mehr beherrschbar im Sinne der Steuerbarkeit,

- da sie im Laufe ihrer Existenz ihre funktionale Bestimmung ändern,
- da die »Eigendynamik« des Systems zu Strukturänderungen führt,
- da die Reaktionszeiten auf Steuersignale (zum Beispiel zur funktionalen Korrektur) in der Größenordnung des Zeithorizonts der Beschreibbarkeit (und damit der Verstehbarkeit) des Systems liegen,
- da sich innerhalb des Systems kollektive Phänomene herausbilden, die aus dem Elementarverhalten und der Struktur nicht mehr ableitbar resp. erklärbar sind.

2.3 Funktion, Extension, Intension, Wechselwirkung

Gerade die letzte Bedingung scheint etwas mystisch zu sein – dennoch spiegelt sie eine Alltagserfahrung wieder: So weisen zum Beispiel große elektrische Versorgungsnetze Schwankungen auf, die als Resonanzbedingung interpretiert werden können, was man bei Netzen bis zur Beobachtung des Phänomens für ausgeschlossen hielt. Ähnliche Effekte ergeben sich bei großen Rechenzentren, zyklisch auftretenden Krisen in Organisationen oder bei periodischen Zusammenbrüchen der Vermittlungsqualität bei Kommunikationsnetzen. Man kann hier davon ausgehen, daß bei solchen Systemen, die sehr komplex sind (mit strukturellen Instabilitäten), Verhaltensweisen auftreten, die als Eigenschaften des gesamten Systems aufgefaßt werden müssen und die sich nicht auf die Einzeleigenschaften reduzieren lassen.

Dies hängt unmittelbar damit zusammen, daß Systeme eine Oberfläche aufweisen, die sie konstituieren und die sich auf das System als Ganzes bezieht. Eine solche Oberfläche ist aber auch implizit eine Repräsentation der Funktionalität des technischen Großsystems, so daß Eigenschaftsänderungen, die sich auf das System als Ganzes beziehen, an der Oberfläche sichtbar werden. Diese interpretiert man im allgemeinen dann als Störung oder Abweichnung der festgelegten Funktionalität.

Die Extension eines Systems, sei dies seine räumliche und zeitliche Ausdehnung im Gegenstandsbereich bzw. seine Erstreckung über einen von relevanten Variablen aufgespannten Zustandsraum[27] bei einer Systembeschreibung[28], bestimmt die Größe des

27 Man muß sich den Zustandsraum analog dem geometrischen Raum der Anschauung vorstellen: Der Zustand eines mechanischen Systems wird durch die Angabe der Werte der Ortskoordinaten und der Geschwindigkeiten bzw. Impulse zu einem bestimmten Zeitpunkt festgelegt. Die Anzahl der benötigten Variablen für eine (vollständige) Beschreibung ergibt die mathematische Dimension des Zustandsraums. Kurven in einem solchen Zustandsraum bilden dann die Dynamik des Systems ab. Dies gilt beispielsweise auch für elektrische Systeme oder Systeme der Ökonomie. Vgl. Padulo/Arbib 1974.
Bei nichtmechanischen Systemen (zum Beispiel den Systemen des biologischen Verhaltens oder der Automaten und Rechenmaschinen) kann dieser Zustandsraum diskret sein (in Hinsicht auf Zeit und/oder Werte der Variablen sind dann nur »Schritte« möglich). Das Zustandsraumkonzept ermöglicht eine unmittelbare Applikation der Regelungstheorie auf Probleme, die sich so darstellen lassen. Es hat jedoch den Anschein, daß es Klassen von Systemen gibt, die sich nicht mit dem Zustandsraumkonzept darstellen lassen, zum Beispiel wachsende oder evolutionierende Systeme. Vgl. Maturana 1985.

28 Zum Beispiel dem Weltmodell von Forrester und Meadows (Meadows u.a. 1972) mit etwa 20000 Variablen.

Systems mit – eine große Extension ist jedoch keine hinreichende Bedingung dafür, daß es sich um ein großes System handelt. Die Extension kann ja auch ein Anzeichen dafür sein, daß die Beschreibungsebene für ein solches System falsch gewählt wurde und deshalb die Anzahl der Beschreibungsgrößen »explodiert«.
Unter Intension wollen wir die »Reichweite« eines Systems verstehen, das heißt nicht seinen räumlichen oder nach Anzahl der Variablen zu bestimmenden »Umfang«, sondern seine Wirkungsmöglichkeiten im Hinblick auf die Systemumgebung. Die Intension eines Systems ist also um so größer, je gravierender die Änderungen der Systemumgebung[29] durch das Vorhandensein und Agieren eines solchen Systems sind. Diese Änderungen können daran gemessen werden, welche Systemdynamik in der Umwelt selbst evoziert wird und wieviele Variablen der Systemumgebung direkt oder indirekt durch Variable des Systems selbst »versklavt« werden. Funktion und Intension eines Systems sind genau dann aufeinander beziehbar, wenn ein System mit bekannter Auswirkung (Intension) in eine Umwelt gebracht wird, um dort wunschgemäß zu »wirken«.
Die Wirkungen zwischen System und Umgebung sind jedoch wechselseitig. Jedes oft gebrauchte Instrument des Handelns schleift sich ab, verändert seine Intension und muß instand gesetzt werden. Instandsetzung, Wartung, Reparatur – alles mechanistische Begriffe, die sich aber zum Beispiel als Metapher ohne weitere Verständnisschwierigkeiten auf soziale Systeme anwenden lassen[30] – verweisen auf die Wechselwirkung von System und Systemumgebung, so daß sich die konstituierende Oberfläche oftmals auflöst und neue Konfigurationen und Systeme entstehen, erfunden werden, gebaut werden.
Große technische Systeme könnten wir demnach auch dadurch charakterisieren, daß ihre Intension sich auf viele denkbare Bereiche der organisatorischen, wirtschaftlichen, sozialen und individualpsychologischen Systemumgebung erstreckt, daß sie in räumlicher und zeitlicher Hinsicht extensiv sind und daß dadurch ihre funktionelle Vielfalt in der Regel über der liegt, die vom Betreiber, Hersteller oder Benutzer erkannt oder gewollt wird.

29 Etwas ungenau auch Systemumwelt oder kurz Umwelt genannt.
30 Man denke an den Spruch, wonach die Sozialdemokratie der Reparaturbetrieb des dennoch kapitalistischen Wirtschaftssystems darstelle.

Bei großen technischen Systemen kommt jedoch noch ein weiteres Problem hinzu, das sich zunächst nur an den Komponenten festmachen läßt. Infolge der Substitution zum Beispiel mechanischer Funktionen durch elektrische Funktionen bei der Schreibmaschine ist es möglich, die Steuersignale beliebig zu verteilen, zum Beispiel die Typenräder irgendwo anders unterzubringen als bei mechanischen Modellen. Diese Entlokalisierung der Funktion nimmt beim nächsten Substitutionsschritt zu: Die elektrische Funktion wird nun informationstechnisch beim Textsystem realisiert.

Die Substitution solcher technischen Funktionen durch informatorisch realisierte Funktionen bewirkt zum einen eine Funktionserweiterung – das heißt weitere Funktionen sind in dasselbe Gerät integrierbar –, zum anderen eine weitaus größere Beeinflußbarkeit; sie schafft außerdem Abgriffsmöglichkeiten zur Kontrolle von Verwendung und Funktion. Man kann hier von der Grundlegung einer »Universalisierung des Werkzeugs« sprechen. Sieht man sich die moderne Fertigungstechnologie an, so ist der Trend zu einer Integration möglichst vieler Funktionen in eine einzige Maschine unverkennbar. Diese Universalisierung ist möglich, weil sich die Funktionalität nun nicht mehr aus der Form und der Mechanik bestimmt, sondern aus der Definition in einer formalen Sprache. Dies erweitert das Spektrum der gewünschten Funktionen in einer Weise, deren Auswirkungen heute noch gar nicht abgeschätzt werden können.[31]

Diese Erweiterungsmöglichkeit kann nun für große technische Systeme betrachtet werden. Der entscheidende qualitative Sprung in der Entwicklung großer technischer Systeme wäre demnach dort zu erwarten, wo sich die Universalisierung des Werkzeugs, also der einzelnen Komponente, durch die Informatisierung auf den selbsterzeugten organisatorischen Kern überträgt.

Bei der organisatorischen Hülle ist der Effekt bereits bekannt:

31 Von Kant (1786) stammt die Definition, wonach eine Maschine dasjenige sei, dessen bewegende Kraft von seiner geometrischen Form abhänge. Wir müssen heute die Maschine als all das interpretieren, was sich aufgrund eines wohlgeformten Ausdrucks im Rahmen einer formalen Sprache in eine physikalische Wirkung umsetzen läßt. Das heißt, daß die Maschine zur Sprache kommt.

Durch die datentechnische Vernetzung aller betrieblichen Bereiche ergeben sich abgeänderte Organisationsstrukturen, die jedoch noch an die »alten« Zwecke gebunden sind. Das »Formale« an der organisatorischen Änderung oder Erweiterung ist im Kontext der »alten« Aufgabe interpretierbar – die formale Sprache der Informatik reorganisiert die Arbeit der universalisierten Komponenten.
Die Übertragung auf den selbsterzeugten organisatorischen Kern ist nicht ohne weiteres verständlich. Es ist vorstellbar, daß der organisatorische Kern selbst universalisiert wird, vorausgesetzt, er ist instrumental und dient einem Zweck.[32] Ist der organisatorische Kern eines großen technischen Systems jedoch so, daß er selbst Zwecke setzt – und nach allem, was wir bisher gesagt haben, scheint dies so zu sein –, dann würde die Universalisierung des Werkzeugs als technologischer Trend bei den großen technischen Systemen eine Verlängerung in eine Universalisierung der Zwecke hinein bedeuten. In dieser Hinsicht ist es dann konsequent, zu sagen, daß es nun nicht mehr darauf ankomme, zu welchen Zwekken ein großes technisches System dient, sondern *daß* es existiert und von daher schon ein Existenzrecht habe.
Nun könnte man einwenden, daß man so etwas ja bereits kenne von gewissen (rein?) organisatorischen Systemen wie gewissen Behörden in gewissen Ländern. Das ist richtig, nur besteht der entscheidende Unterschied zu den großen technischen Systemen, wenn sie universalisiert sind, darin, daß *technische* Systeme dann Zwecke setzen, und zwar auch politische. Genau dies ist der Fall, und dieser Trend wird durch die Universalisierungsmöglichkeiten der Informations- und Kommunikationstechnologien unterstützt.[33]

32 Das ist ähnlich dem bekannten Umstand, wonach eine Organisation (zum Beispiel eine Behörde oder der Vorstand eines Unternehmens) für viele Aufgaben gut ist und bei Änderung der Aufgaben (Ressortänderung oder Änderung des Produktspektrums, zum Beispiel von Waffen zu Dienstleistungen) immer noch Behörde oder Vorstand bleibt.
33 Das habe ich näher ausgeführt in Kornwachs 1993b.

3. Handeln in Systemen

Da ein großes technisches System es offenbar nicht erlaubt, sich ihm zu nähern wie einem kleinen – etwa einem Kühlschrank oder einem Fahrrad –, das heißt, da man sich immer auch selbst *als* einen Teil eines solchen Systems verstehen muß, innerhalb dessen man handelt, kann man nicht *an* ihm handeln wie an einem technischen Objekt. Dies hat einige Aspekte zur Folge, die in diesem Kapitel, mehr rhapsodisch als systematisch, aufgeführt sind.

3.1 Systemverhalten bei Störungen

Der Glaube, daß jedes Problem über kurz oder lang eine Lösung hat – und zwar eine technische –, ist tief verwurzelt und wäre eine methodologisch orientierte Untersuchung wert.

Die Funktionalität dieser Haltung im Zusammenhang mit dem Betreiben oder Erbauen großer technischer Systeme kann aber klar herausgearbeitet werden anhand des Begriffs der Störung und der Zuverlässigkeit von Systemen.

Störungen eines Systems werden als eine Minderung der Funktionserfüllung angesehen. Was eine Störung ist, bestimmt sich also nicht aus der genuinen Systemdynamik heraus, sondern wird vom Systembetreiber (oder Systemautor) als Störung interpretiert.

Störungen als Minderung der Funktionserfüllung sind unerwünscht, wenn auch aus prinzipiellen Gründen unvermeidlich und deshalb bezüglich der Stördauer und der Störhäufigkeit zu minimieren. Beides muß getrennt betrachtet werden, weil beide Minimierungsstrategien wegen des unterschiedlichen Charakters der statistischen Verteilungen unterschiedlich angelegt werden.[34]

Störungen machen sich erst an der Oberfläche des Systems oder der Subsysteme bemerkbar, weshalb bei großer Extension und Intension von Systemen Störungen immer einen weiteren Wirkradius haben als kleine Systeme.

34 So ist die Störhäufigkeit bei Komponenten wie zum Beispiel bei Maschinen in der Fertigung exponentiell verteilt, während die Stördauer einer Normalverteilung folgt. Die Störhäufigkeit wird durch präventive Instandhaltungsmaßnahmen zu verringern versucht, während die Stördauer durch Modularisierung, standardisierte Instandsetzung und Automatisierung der Diagnose zu verkürzen versucht wird.

Für das »Ausregeln« von Störungen ist in einem solchen Fall erforderlich, ein Modell des gestörten Systems zu besitzen, um durch Probehandeln (von der Simulation bis hin zum Szenario als einer »qualitativen Simulation«) die Wirkung von Maßnahmen ausloten zu können. Ein solches Modell stellt wiederum ein System dar, dessen Beschreibung in seiner Begrifflichkeit auf der wechselseitigen Abhängigkeit von Funktionalität, Intension und Störung aufgebaut ist. Dadurch ergibt sich die Einschränkung, daß nur innerhalb des Systemkontextes Maßnahmen ergriffen werden können, die geeignet sind, die Störung zu beseitigen, nicht aber solche, die einen Neuentwurf der Funktionalitäten des Systems selbst erlauben würden. Dies führt zu dem bekannten Sprachgebrauch, wonach Abweichungen zu bekämpfen und Störungen zu beseitigen oder auszumerzen seien, Irregularitäten zu unterdrücken und der vorgesehene Normalbetrieb gegen Beeinträchtigungen zu verteidigen sei.

Nun können wir aber, wie gerade geschildert, uns nur gegenüber Komponenten innerhalb des Gesamtsystems verhalten – gegenüber Maschinen, Aggregaten, Abteilungen und dergleichen. Eine Außensteuerung der Komponenten wird organisiert über Instandhaltung und Qualitätsüberwachung, wie auch immer. Diese Organisation kann nicht koextensiv mit der Organisation des Maschinenbetriebes sein.

Zeigen sich nun Störungen bei großen technischen Systemen nicht nur auf der Ebene der Komponenten, sondern auch auf der Ebene der Struktur (zum Beispiel bei den berühmten drei Cs: *command*, *control*, *communication*), dann ist eine rein technische Lösung auf der Komponentenebene nicht mehr möglich. Es zeigt sich, zunächst phänomenologisch, daß Systemstörungen dieser Art dadurch behoben werden, daß durch einen weiteren Ausbau von Strukturen wie Komponenten die Funktionalität stabilisiert werden kann. Dies hat zwei Gründe:

1. *Motivational-psychologisch:* Wenn man Zuwächse verteilen kann, sind stabile Verhaltensweisen und Leistungssteigerungen leichter durchsetzbar. Der psychologische Steueraufwand sinkt. Dies ist aber auch in kleinen Betrieben so und stellt für sich allein noch kein Argument dar.

2. *Systemtheoretisch:* Störungen kann man systemtheoretisch beheben durch

– Filterung;

- Erhöhung der Steuergeschwindigkeit (das heißt Vermindern der »Trägheit« des Systems) durch (a) Vermindern der Prozeßgeschwindigkeit, (b) Erhöhen der Rechengeschwindigkeit der Steuerung;
- Vergrößern des Steuerraumes.

Man kann sich diese Maßnahmen sehr gut veranschaulichen: Man stellt sich vor, als Autofahrer *im* Auto zu sitzen und zum Beispiel Sturmböen ausgleichen zu müssen. Man wird langsamer fahren und/oder seine Aufmerksamkeit erhöhen, je nach Störung Sonnenblenden herunterklappen, Fenster schließen usw. Eine weitere Möglichkeit besteht darin, daß man sich eine breitere Straße sucht, bei der die Variation der Steuerung keine so katastrophale Folgen hat wie bei einer engen, abschüssigen Straße.

Organisationstheoretisch und bezogen auf ein großes technisches System bedeuten die Reaktionsmöglichkeiten des Systems auf Störungen analog zu den oben genannten Punkten wie:

- *Filterung*: Selektion des Zugangs von Benutzung und Personen, im allgemeinen durch »Verteuerung« des Zugangs (Privilegierung) und Erhöhung des internen Kontrollaufwandes;
- *Erhöhung der Steuergeschwindigkeit*: Verbreiterung der Arbeitsteiligkeit, Redundanzbildung durch (a) Verlangsamung der administrativen Abläufe, (b) Erhöhung des Aufwandes für Prognose, Zukunftsaufgaben, Strategiediskussionen etc., um geeignete Steuergrößen zur Verfügung zu haben;
- *Vergrößern des Steuerraumes*: Versuch, weitere Zwecke zu setzen, indem das Aufgabengebiet diversifiziert wird, zum Beispiel durch: (a) Übernahme (weiterer) hoheitlicher Aufgaben (Post), (b) zusätzliches Anbieten von Dienstleistungen (KKW), (c) Übernahme anderer Sachgebiete (Wasserwirtschaft, Umwelt).

Daß dies alles zu einem Wachstum führt und zu einer Expansion großer technischer Systeme, ist unschwer auszumalen. Nicht aufgeführt sind Wachstumsargumente, wie man sie in der Wirtschaft wiederfindet und wie sie als phänomenologische Begründung im Sinne eines zusätzlichen Effekts mit dazu beitragen, daß große technische Systeme unter anderem auch dezidiert wirtschaftliche Ziele verfolgen – was auf das große technische System als Gesamtsystem bezogen seltener der Fall ist als auf Teilsysteme, die durchaus auch wirtschaftliche Subjekte sein können (Unternehmen etc.).

3.2 Prävention, Multiplikation, Entkopplung

Die gängigen Behandlungen von Störungen und Dysfunktionalitäten sind Handlungsweisen am und im System, die von der Systemumwelt wie von den innerhalb eines Systems Agierenden vorgenommen werden.

Unter Prävention sind all diejenigen Handlungsweisen zu subsumieren, die durch Design, Re-Design oder gezielte Eingriffe die Stabilität des Systems erhöhen sollen, ohne daß ein aktueller Störanlaß vorliegt. Zur Prävention gehören unter anderem

– der Einbau von Regelkreisen zur Stabilisierung der Dynamik,
– das Begrenzen von Störeinflüssen auf das System aus der Umwelt durch den Einbau von Filter- und Selektionsfunktionen,
– die Einführung von Redundanzen, konkurrierenden Subsystemen mit hierarchisch darüberliegenden Entscheidungsinstanzen,
– die Zentralisierung oder Dezentralisierung.[35]

Eine weitere Möglichkeit, Systeme auf Funktionstreue hin zu stabilisieren, liegt in der sogenannten Multiplikation. Sie kann, wie bei der Einführung von Redundanzen, präventiv vorgenommen werden; im allgemeinen aber wird sie als intrinsische Systemeigenschaft angelegt und im Interesse des Systembetreibers als Systemgesetzlichkeit deklariert. Die Multiplikation erweitert die Funktionalität und damit bei geeigneter Systemumwelt auch die Intensionalität des Systems durch folgende Handlungen:

– Die Erhöhung der Anzahl der Komponenten[36] wird dann angestrebt, wenn die davon betroffene darüberliegende Hierarchieebene dadurch eine Funktionsstabilisierung und damit eine Erhöhung ihrer quantitativen Bewertung erfährt.
– Die Erhöhung der Anzahl der Elemente wird dann angestrebt, wenn sich damit der Steuerungsaufwand durch Linearisierung erniedrigen läßt.

35 Das hängt entscheidend davon ab, in welcher Phase sich das System befindet. Wächst das System, um seine Funktion überhaupt stabilhalten zu können, muß es dezentralisiert werden. Systeme, die unter »Druck« von außen stehen, werden im allgemeinen zentralisiert.

36 Komponenten sind Subsysteme, die technisch oder organisatorisch als geschlossenes System beschrieben werden können. Sie sind jedoch weiter »zerlegbar«. Elemente sind Subsysteme, die für die vorliegenden Zwecke der Systembeschreibung und -analyse nicht mehr weiter zerlegt oder analysiert zu werden brauchen.

– Die Erweiterung der Intension von Subsystemen wird durch eine Erhöhung des Kontroll- und Steuerungsaufwandes dann angestrebt, wenn der Grad der ursprünglich angestrebten Funktionserfüllung – sei es durch zunehmende Häufigkeit der Störung oder durch eine Änderung der Systemumwelt – nicht mehr zu gewährleisten ist.

Stabilisierungs- und Anpassungsversuche gehen also oftmals mit einer generellen Expansion des zu stabilisierenden Systems einher.[37] Dies muß jedoch nicht so sein. Vielmehr stellt dies eher eine phänomenologische Beobachtung als eine Systemgesetzlichkeit dar. Die Möglichkeiten zur Stabilisierung reichen jedoch noch weiter. Es ist zwar richtig, daß bei wachsenden Systemen der Stabilisierungs- und Steuerungsaufwand im allgemeinen geringer (weil linearer) ist als bei Systemen, die sich im Fließgleichgewicht befinden. Dafür stoßen wachsende Systeme nach endlicher Zeit an Grenzen der Systemumwelt und der eigenen, internen Stabilisierbarkeit:

1. Jede Verarbeitung von Information, Energie und Materie erzeugt dissipative, nicht beabsichtigte Nebenfunktionen (vulgo Abfall), die das System oder die Systemumwelt ausregeln muß (Entsorgung). Ab einer bestimmten Größe hat die Intension der Entsorgungsfunktion die Größenordnung der ursprünglichen Intension des Systems angenommen.
2. Wachstum bedeutet auch eine Vergrößerung der Distanzen zwischen den Komponenten in Hinsicht auf ihre zeitliche Erreichbarkeit. Dadurch wird das System träger und kann gegen schnell fluktuierende Störungen nicht mehr schnell genug reagieren. Als Gegenreaktion muß es ein Frühwarnsystem aufbauen, das jedoch nur so gut wie seine ihm zugestandene Kapazität sein kann. Diese Kapazität wird oftmals vom Systembetreiber verweigert.
3. Bei großen technischen Systemen geht mit Wachstum auch eine Erhöhung der Vernetzung, der Funktionsdichten und damit auch eine Erhöhung der Komplexität einher einschließlich der damit

37 Hier wäre die interessante Frage angebracht, ob Systeme, wenn sie schon einmal »in der Welt« sind, so etwas wie ein *Recht auf Existenz* haben können. Betrachtet man Systeme als historisch gewachsene Gebilde, die Prozesse kanalisieren und Lebensvollzüge stabilisieren, dann wäre dieses *Recht* eine Verallgemeinerung des Existenzrechts, wie es Familien, Parteien, staatlichen Gebilden und dergleichen im allgemeinen zugebilligt wird.

verbundenen Möglichkeiten zu autonomem, nicht zuverlässigem Verhalten von Subsystemen oder dem System als Ganzem.
4. Die Systemoberfläche, die wächst, ist mehr äußeren Störungen unterworfen als eine kleinere Oberfläche.
Um die beschriebenen Nachteile zu vermeiden, kann man versuchen, die Faktoren, die ein System zum Wachstum bringen, zu entkoppeln. Dies tut man am besten dadurch, daß man die Funktionen und damit die Intension des Systems in Teilfunktionen entkoppelt und so die Subsysteme zu miteinander unabhängig interagierenden Einzelsystemen macht. Diese Möglichkeit ist jedoch mit einem hohen Steuer- und Kooperationsaufwand verbunden, der sich in größerer Kommunikationsintensität zwischen den Systembetreibern niederschlägt.
Daß trotz der unzweifelhaften Vorteile der Entkopplung, die bei technischen Systemen auch eine Enttechnisierung bestimmter Funktionen nach sich ziehen könnte, die Eignung zum Wachstum die Oberhand behält, ist ein kulturelles und wohl psychologisches Problem, wie wir mit Technik umzugehen pflegen.

4. Gestaltung und Kontrolle großer technischer Systeme

Man kann zunächst fragen, ob man große technische Systeme will. Dies ist aber meines Erachtens eine akademische Frage, weil die Beantwortung angesichts der bestehenden großen technischen Systeme davon nicht abstrahieren kann. Die Funktionalitäten, die große Systeme realisieren können, sind nicht losgelöst davon zu sehen, was man ordnungspolitisch, sozial und individualpsychologisch für erstrebenswert hält. Sodann ist zu fragen, ob diese Funktionalitäten überhaupt gewünscht sind oder andere, die eben anderen ordnungspolitischen Vorstellungen entsprechen. Hier ist die Diskussion gelegentlich recht diffus, weil einerseits die Wünschbarkeit an das jetzt Machbare geknüpft wird und damit die Utopie ihren fermentartigen Charakter verliert, andererseits Wünsche eher aus einer Betroffenheit heraus formuliert werden. Diese Betroffenheit wird eher dadurch bestimmt, was man nicht will, als dadurch, was man will. Da Betroffenheit aber klares Denken nicht ersetzen sollte, ist eine Zielbestimmung vorrangig.

4.1 Planung, Design, Risikoanalyse, Entwicklung

Die Planung großer technischer Systeme geht nicht vom Nullpunkt aus. Es wird immer bereits ein System oder mehrere Systeme geben, die umzugestalten, zu erneuern sind oder von deren Funktionalität als Basis ausgegangen werden muß. Deshalb beginnt die Planung mit einer Systemanalyse des Vorhandenen.
Große technische Systeme sind in der Regel aus geplanten Komponenten und ungeplanten, gewachsenen Strukturen heraus entstanden und sind selbst nicht Gegenstand eines Planungsprozesses gewesen.
Der Entwurf (das grobe Design) für eine (Um-) Gestaltung von planbaren Komponenten geht planungspsychologisch der Analyse voraus, da er die technologiepolitische oder ordnungspolitische Willensbildung zum ersten Male instrumentalisiert enthält. Damit ist bereits der Grundkonflikt zwischen der durch Analyse steuerbaren Entwicklung bei großen technischen Systemen (einschließlich Aufbau und Strukturierung der organisatorischen Hülle) und der politisch gewollten Ausgestaltung angelegt.
Die Diskussion um das ISDN-Netz ist hierfür ein schönes Beispiel.[38] Die »technische« Entdeckung, daß man über das normale herkömmliche Telefonkabel wesentlich mehr Information transportieren kann als lediglich eine Gesprächsübertragung zwischen zwei Endgeräten, führte zur Zweckerweiterung des Telefons: Als planbar erwies sich das Spektrum der anbietbaren Dienste bei einem universellen Endgerät wie Bildtelefon, BTX, Datentransfer, Telex, Rechnervernetzung etc. Weniger planbar waren die politischen und nicht zuletzt geschichtlichen Randbedingungen für den Rahmen dessen, was politisch gewollt war. So waren der zusätzliche Bedarf an »normaler« Telefonversorgung in den neuen Bundesländern ebensowenig vorhergesehen worden wie die Probleme, deren sich aufmerksame Datenschützer und Benutzerinitiativen annahmen. Das »Wachstum« des ISDN-Netzes wird demnach aus einer Überlagerung verschiedener Bedingungen beeinflußt, die auf verschiedenen Ebenen unterschiedlich beschrieben werden und die unterschiedlichen Interessen und Sichtweisen unterliegen. Hinzu kommt, daß man in den neuen Bundesländern eine Reihe (mehr als 20) unabhängig voneinander operierender

38 Vgl. Bocker 1986.

Telefonnetze entdeckt hat, die nun zum Teil integriert sind, zum Teil aber auch von Behörden weiterhin getrennt betrieben werden.

Die Planung geht in der Regel nach den Prinzipien der Systemtechnik selbst vor und orientiert sich daher an der Überlegung, wie Vorgaben mittels technischer Machbarkeiten präferiert werden. Was als Sachzwang deklariert wird, hängt nicht zuletzt von den politischen Vorgaben ab, die im allgemeinen mit einer Auftragsvergabe impliziert sind. Dabei ist zu beachten, daß man große technische Systeme *als* große technische Systeme gar nicht planen kann, da sie aus sozio-technischen Systemen infolge geänderter Randbedingungen und innerer Dynamik (wie die schon erwähnten Anpassungsleistungen) heraus entstehen. Sie können große technische Systeme werden, müssen es aber nicht.

Die Entwicklung eines großen technischen Systems, worunter der Aufbau, das Re-Design, die Einschwingphase, die Modifikationen und der Probebetrieb zu verstehen wären, schließt, wenn man den Begriff weiter faßt, die Systemgeschichte mit ein, also auch den Normalbetrieb. Gerade der Normalbetrieb ist keine stabile Phase, in der das System ungeändert bleiben würde, sondern es finden laufend Instandsetzungen, Modifikationen, Störungen, Erweiterungen, Entkopplungen, Multiplikationen und dergleichen statt.

Daraus resultiert, daß aus dieser permanenten Entwicklung des Systems eine permanente Planung, Kontrolle und Risikoanalyse stattfinden müßte. Diese Permanenz wird aber selten geleistet, weil schon die Bereitschaft zur ständigen Neuplanung der politisch zu bewertenden Qualität der Planung Abstriche bescheren würde. Daraus folgt, daß eine permanente Verbesserungs-, Kontroll- und Neuplanungsinstitution die Entwicklung eines solchen Systems begleiten müßte und ihre Notwendigkeit kein ordnungspolitisches Streitthema mehr sein dürfte. Die Planung und Neuplanung, das Design, die permanente Risikoanalyse, aber auch die Begleitung der Entwicklung solcher Systeme würden ein generelles Wissen über Systeme und über die organisatorische Einbettung und organisatorischen Folgen von Technik verlangen.

Eine Unterscheidung zwischen Orientierungswissen, Empfehlungswissen, Entscheidungswissen und Entscheidung selbst legt nahe, daß gerade unter dem Zeitdruck, unter dem innerhalb großer technischer Systeme geplant, gesteuert und kontrolliert wird, die zeitliche Nähe zwischen aufbereiteter Information und Entscheidung zu einer gewissen Automatisierung[39] von Entscheidungsprozessen führt. Der objektive Charakter der Systeminformation wird durch eine von Experten erarbeitete oder gar durch Expertensysteme vermittelte Bereitstellung gefördert; sobald es nicht mehr notwendig ist, die Information für den menschlichen Entscheider entsprechend seinen kognitiven Fähigkeiten aufbereiten zu müssen, wird – vom systemimmanenten Standpunkt aus – die Fehlerrate vermindert und der Prozeß der Entscheidung inhaltlich wie zeitlich verkürzt.

Das prinzipielle Problem bei dieser Automatisierung von Entscheidungen läßt sich mit den folgenden fünf Fragen umreißen:

1. Welche Folgen für Menschen und Sachen (Güter) hat ein Systemfehler, der bei menschlicher (Nach-) Kontrolle mit größerer Wahrscheinlichkeit hätte vermieden werden können?
2. Welche Folgen für Menschen und Sachen (Güter) hat ein Systemfehler, der bei maschineller, zum Beispiel rechnergesteuerter oder expertensysteminduzierter Kontrolle mit größerer Wahrscheinlichkeit hätte vermieden werden können?
3. Sind die Folgen abschätzbar, überhaupt vergleichbar, und sind sie in abwägender Haltung durch den Systembetreiber zu verantworten?
4. Auf welcher Norm begründet sich die vom Systembetreiber eingeschätzte Verantwortbarkeit der Folgen und die Wahrscheinlichkeit ihres Eintretens in beiden Fällen?

39 Dies ist als Metapher zu verstehen: Auf der anderen Seite gibt es sehr wohl Versuche, Entscheidungen zu automatisieren, indem man einem Expertensystem die Erarbeitung von Empfehlungen überträgt, deren Zustandekommen jedoch wegen der Komplexität der Wissensbasis nicht mehr nachvollziehbar ist, wodurch die Entscheidung schon vorweggenommen wird; vgl. Bullinger/Kornwachs 1990. Auf der anderen Seite sind auch Politiker oftmals gezwungen, den von anerkannten Experten vorgelegten Empfehlungen mangels Gegenargumenten dann auch in der Entscheidung zu folgen.

5. Sind die Fragen nicht oder nur mit einem sehr großen Aufwand zu beantworten, den der Systembetreiber nicht vertreten will, so ist nach der Norm zu fragen, die der Einsatz oder Nichteinsatz einer entscheidungsautomatisierenden Technologie rechtfertigen kann.

Diese fünf Fragen sind aber nur sinnvoll auf der Ebene des Betriebes von Komponenten zu stellen, also von Anlagen, Produktionsbetrieben, Realisierung von verfahrenstechnischen Prozessen und so fort. Sie sind nicht mehr sinnvoll beantwortbar für große technische Systeme als Ganzes. Dies hängt damit zusammen, daß ein großes technisches System keinen Betreiber in diesem klassischen Sinne kennt, der ein Subjekt wäre, das man zur Verantwortung ziehen, oder eine Institution, von der man Rechenschaft fordern könnte.

Denn im großen technischen System der Energieversorgung (die ja multinational im Verbund organisiert ist) gibt es zwar Verantwortlichkeiten für Großkomponenten (wie das Kernkraftwerk Tschernobyl), aber nicht für die das große technische System konstituierende Gesamtheit von Komponentenbetreibern, Verbrauchern und nationalstaatlichen Zusammenschlüssen. Man könnte es auch so ausdrücken: Dem Markt ähnliche prozessuale Strukturen haben keine Betreiber.

Man kann diese fünf Fragen auch anhand eines anderen Beispiels als nicht beantwortbar durchdeklinieren. Bereits die in Frage 1 geforderte Bestimmung von Systemfehlern dürfte bei der internationalen Flugsicherung unmöglich sein: Systemfehler beziehen sich auf die Funktionalität des Systems als Ganzes, und einzelne Computerfehler oder menschliches Versagen allein führen in der Regel ohne die berüchtigte »Verkettung unglücklicher Umstände« eben nur zu Teilausfällen oder Verzögerungen, selten aber zu einer Havarie, die das System als Ganzes fraglich erscheinen läßt.

Bei Frage 2 wäre es außerordentlich schwierig zu entscheiden, wann ein Fehler vorliegt, der durch rechnergesteuerte Kontrolle hätte vermieden werden können, da es viele Entscheidungsprozeduren gibt, die ohne Rechnersteuerung gar nicht durchführbar wären (zum Beispiel Flugroutenbestimmung, KKW-Steuerung etc.).

Es fällt auf, daß wir lediglich in der Lage sind, in Form erarbeitbarer Kriterien immer nur über Komponenten und Großkomponenten zu urteilen, nicht aber über ein großes technisches System als Ganzes. Gerade Systemfolgen (als terminus technicus für Folgen der Existenz und Performanz großer technischer Systeme) – seien sie als wünschenswert oder als nicht wünschenswert angesehen – sind bei großen technischen Systemen eben nicht etwas, was antizipiert werden kann und was man entsprechend zu steuern versucht (wie bei Sicherheitsproblemen oder Emissionen oder dergleichen bei vergleichsweise abgrenzbaren Prozessen), sondern Effekte, die das System selbst darstellen. So ist die Selbstorganisation bei großen technischen Systemen eben keine Folge, sondern stellt die Systemdynamik schlechthin dar.

Die Erfahrung, daß Wachstum und Dynamik großer technischer Systeme nur »eingeschränkt« kontrollierbar sind – unabhängig davon, ob man nun eine interventionistische Steuerbarkeit für machbar hält oder nicht –, hängt auf der Ebene der Beschreibung davon ab, daß man eben keine vollständige Beschreibung mehr zur Verfügung hat – aus den oben genannten Gründen. Sie hängt aber auch davon ab, daß der Begriff der Kontrolle und der Steuerbarkeit bei großen technischen Systeme obsolet wird. Letzten Endes setzen Steuerbarkeit und Kontrolle (im regeltechnischen, also kybernetischen Sinne) Ziele voraus, nach denen gesteuert werden soll oder aufgrund deren eine (automatisierbare) Kontrolle möglich sein soll. Große technische Systeme schaffen aber im Laufe ihrer Existenz eigene Ziele und Zwecke.

Wenn man von der Gerätetechnik und deren Gebrauch sagt, daß Technik (weitere) Technik erzeugt, weil immer über einen definierten Zweck eines Instruments hinausgehende Funktionalitäten verfügbar sind – was kann man mit einem Computer und mit einem Messer nicht alles machen – und weil damit in der organisatorischen Hülle ihres Gebrauchs auch neue Ziele und Zwecke gestiftet werden, die wiederum instrumental befriedigt werden wollen, dann ist diese Ziel- und Zwecksetzung im Rahmen des Gebrauchs eines Instruments und seiner Erweiterung verständlich.

Will man diese Figur jedoch auf große technische Systeme anwenden, dann ergibt sich, daß hier nicht etwa analog große technische Systeme weitere große technische Systeme erzeugen, sondern daß sie selbst ihre Existenzbedingungen reproduzieren. Es ist wie im Urwald Amazoniens: Wäre er nicht da, könnte an seiner Stelle kein Urwald entstehen – er ist ein sich selbst reproduzierendes System.

5. Ausblick

Beim technischen Handeln gehen wir üblicherweise davon aus, daß bei Planung, Steuerung, aktuellem Betrieb, Instandhaltung etc. von technischen Systemen (vom Kühlschrank bis zur Raffinerie) das Verhältnis zwischen Planzeit und Planungshorizont, Entscheidungszeit und jener Zeit, die man zur Exekution einer Entscheidung braucht (Handlungszeit), ungefähr ausgeglichen ist. Technische Systeme, die diese Proportionalität verletzen, zum Beispiel Waffensysteme mit extrem geringen Vorwarnzeiten, die zum Zwecke gegenseitiger Abschreckung benutzt werden, verletzen diese Bedingung und werden deshalb heftig kritisiert und zu Recht als nicht mehr verantwortlich handhabbar bezeichnet.

Bei großen technischen Systemen – und das ist die erstaunliche theoretische Erfahrung, die man bei der Beschäftigung mit ihnen macht – greift unser analytisches Handwerkszeug für die Analyse und Beschreibung technischen Handelns nicht mehr. Hier sind keine solchen Zeithorizonte befriedigend definierbar, es ist nicht mehr sinnvoll möglich, von Planung im eigentlichen Sinne zu sprechen, da das Wachstum eine eigene Dynamik entwickelt, die gegenüber Steuerungsversuchen von außen wie von innen vergleichsweise invariant ist. Man kann dies in einfachen Fällen sogar mathematisch zeigen. Systeme, die in eine »Krise« geraten – ein metaphorischer Ausdruck für den Übergang von einem Stabilitätsbereich in einen anderen –, wodurch neue Strukturen erzeugt werden, zeigen beim Herannahen des sogenannten Phasenübergangs immer höher werdende Fluktuationen, die als chaotisch interpretiert werden (es jedoch im strengen mathematischen Sinne nur selten sind). Nach dem Phasenübergang haben sich neue Strukturen herausgebildet. Während des Phasenübergangs ist ein System nicht steuerbar, das heißt durch äußere Einflusse nicht von seinen heftigen Fluktuationen abzuhalten.[40]

Man kann sich hier der These von Karl-Otto Apel anschließen, wonach in der technischen Welt die Merkwelt, das heißt der Bereich, den wir sinnfällig überblicken und kontrollieren können, und die Wirkwelt, das heißt der Bereich, in dem sich unsere

40 Vgl. Casti 1979; Haken 1978.

Handlungen auswirken, auseinanderfallen.[41] Bei großen technischen Systemen heißt dies, daß unsere Handlungen in ihnen sich nicht mehr in eine bestimmte Ursache-Wirkungs-Kette einordnen lassen und wir nicht mehr darauf vertrauen können, daß als erfolgreich geltende Handlungen dies später oder anderswo auch sind bzw. mit absehbaren Folgen antizipiert werden können.
Da es keine über verbale Beschreibungen hinausgehende, analytisch befriedigende Theorie der großen technischen Systeme gibt, das heißt, da man keine regelungstheoretischen oder mathematisch fundierten prädiktiven Aussagen machen kann, ist man auf die Phänomenologie verwiesen. Diese jedoch legt nahe – wegen des Auseinanderfallens von Merkwelt und Wirkwelt –, daß man Technikgestaltung, Organisation von Technik und Gestaltung der politischen Rahmenbedingungen, unter denen große technische Systeme bevorzugt entstehen könnten, so arrangiert, daß durch Dezentralisierung die Entscheidungshorizonte wieder gestreckt werden. Vielleicht ist das naiv. Aber etwas anderes bleibt wohl nicht übrig.
Denn wir brauchen technische Systeme, die so angelegt sind, daß wir notfalls den Stecker ziehen können. Das bedeutet kein Zurück hinter die Technik, sondern ein Vorwärts zu besserer Technik. Technik ist immer nur so gut, wir es ihre Organisation zuläßt.

Literatur

Apel, K. O. (1980), »Die Situation des Menschen als Herausforderung an die praktische Vernunft«, in: *Funkkolleg Praktische Philosophie/Ethik. Studienbegleitbrief* I, 1, Tübingen: DIFF, S. 11-42.

Bertalanffy, L. von (1973), *General System Theory*, Harmondsworth, U. K.: Penguin.

Bocker, P. (1986), *ISDN – Das dienstintegrierende digitale Nachrichtennetz: Konzept, Verfahren, Systeme*, Berlin: Springer.

Booss, B./K. Krickeberg (1976) *Mathematisierung der Einzelwissenschaften*, Basel und Stuttgart: Birkhäuser.

Bullinger, H.-J./K. Kornwachs (1990), *Expertensysteme – Anwendungen und Auswirkungen im Produktionsbetrieb*, München: Beck.

41 Vgl. Apel 1980, S. 27, der sich dabei auf von Uexküll (Uexküll/Kriszat 1956) bezieht.

Casti, J. L. (1979), *Connectivity, Complexity, and Catastrophe in Large-Scale Systems*, London: Wiley.

Deppe, W. (1977), *Formale Modelle in der Psychologie*, Stuttgart: Kohlhammer.

Groves, L. (1962), *Now it can be told*, New York; deutsch: *Jetzt darf ich sprechen*, Köln 1965.

Habermas, J./N. Luhmann (1971), *Theorie der Gesellschaft oder Sozialtechnologie – Was leistet die Systemforschung?*, Frankfurt am Main: Suhrkamp.

Haken, H. (1978), *Synergetics. An Introduction*, Berlin/Heidelberg/New York: Springer; deutsch: *Synergetik. Eine Einführung*, Berlin: Springer, 3. Auflage 1990.

Halpern, J. (1986), *Reasoning about Knowledge*, Los Altos, Cal.: Morgan Kaufmann.

Hinderer, W. (1991), »Physik der symbolischen Referenz«, in: *Newsletter der Deutschen Gesellschaft für Systemforschung (DGSF)* 2, Heft 1, S. 27-29.

Horkheimer, M. (1985), *Zur Kritik der instrumentellen Vernunft*, Frankfurt am Main: Fischer.

Joerges, B. (1992), »Große technische Systeme. Zum Problem technischer Größenordnungen und Maßstäblichkeit«, in: G. Bechmann/W. Rammert (Hg.), *Großtechnische Systeme und Risiko. Technik und Gesellschaft*, Jahrbuch 6, Frankfurt am Main/New York: Campus, S. 41-72.

Kant, I. (1781), *Metaphysische Anfangsgründe der Naturwissenschaften*, in: *Kant's Werke*, Akademie-Ausgabe, Bd. 4, Berlin: de Gruyter 1968.

Klir, G. (1969), *An Approach to General System Theory*, New York.

– (1985), *Architecture of System Problem Solving*, New York: Plenum Press.

Klix, F. (1980), *Information und Verhalten*, Berlin: VEB Verlag der Wissenschaften.

Kornwachs, K. (1987), »Offene Systeme und die Frage nach der Information«, Habilitationsschrift, Philosophisches Institut der Universität Stuttgart.

– (1988), »Complementarity and Cognition«, in: M. E. Carvallo (Hg.), *Nature, Cognition and Systems*, Amsterdam: Kluwer, S. 95-127.

– (1993a), »Information und Wechselwirkung«, in: H.-D. Böcker/W. Glatthaar/Th. Strothotte (Hg.), *Mensch Computer Kommunikation*. Heidelberg u. a.: Springer.

– (1993b), *Information und Kommunikation – zur menschengerechten Technikgestaltung*, Heidelberg u. a.: Springer.

Kornwachs, K./W. von Lucadou (1984), »Komplexe Systeme«, in: K. Kornwachs (Hg.), *Offenheit – Zeitlichkeit – Komplexität: Zur Theorie der Offenen Systeme*, Frankfurt am Main/New York: Campus, S. 110-166.

Kubicek, H. (1994), »Steuerung in die Nichtsteuerbarkeit. Paradoxien in der Entwicklung der Telekommunikation in Deutschland« (in diesem Band).
Lenk, H. (1978), »Wissenschaftstheorie und Systemtheorie«, in: H. Lenk/G. Ropohl (Hg.), *Systemtheorie als Wissenschaftsprogramm*, Königstein im Ts., S. 239-269.
– (1983), *Sozialphilosophie der Technik*, Frankfurt am Main: Suhrkamp.
Luhmann, N., *Soziale Systeme. Grundriß einer allgemeinen Theorie*, 2. Auflage, Frankfurt am Main: Suhrkamp.
Lyotard, J.-F. (1993), *Das postmoderne Wissen*, 2. Auflage, Wien: Passagen.
Maturana, H. (1985), *Erkennen. Die Organisation und Verkörperung von Wirklichkeit*, 2. Auflage, Braunschweig und Wiesbaden: Vieweg.
McClelland, J. L./D. E. Rumelhart (1986), *Parallel Distributed Processing*, 2 Bde., Mass.: MIT Press.
Meadows, D./D. Meadows/E. Zahn/P. Milling (1972), *Die Grenzen des Wachstums*, Stuttgart: DVA.
Obermeier, O.-P. (1988), *Zweck – Funktion – System. Eine kritisch-konstruktive Untersuchung zu N. Luhmanns Theoriekonzeptionen*, Freiburg i. Br.: Alber.
Padulo, L./M. A. Arbib (1974), *System Theory. A unified state space approach to continuous and discrete Sytems*, Washington, D. C.: Hemisphere.
Ropohl, G. (1979), *Systemtheorie der Technik*, München: Hanser.
Uexküll, J. von/G. Kriszat (1970), *Streifzüge durch die Umwelten von Tieren und Menschen*, Frankfurt am Main: S. Fischer.
Weihmann, G. (Hg.) (1956), *Großtaten moderner Technik*, Stuttgart: Union Deutsche Verlagsgesellschaft.
Zeigler, B. P. (1976), *Theory of Modelling and Simulation*, New York und Toronto: J. Wiley Interscience.
– (1984), *Multifacetted Modelling and Discrete Event Simulation*, London: Academic Press.

Ingo Braun

Geflügelte Saurier

Zur intersystemischen Vernetzung großer technischer Netze

> »Die Entdeckung der Dinosaurier im 19. Jahrhundert stellte wesentliche Argumente dafür bereit, daß Größe und Schlauheit negativ korrelieren. Mit ihren erbsengroßen Gehirnen und gigantischen Körpern wurden Dinosaurier zu einem Symbol schwerfälliger Dummheit. Doch die beste Illustration der Fähigkeiten der Dinosaurier liegt in der Tatsache, die am häufigsten gegen sie angeführt wird – in ihrem Aussterben. Bemerkenswert ist an den Sauriern nicht, daß sie ausstarben, sondern daß sie die Erde so lange beherrschten. Dinosaurier lebten 100 Millionen Jahre, während die Säugetiere sich als kleines Getier in den Zwischenräumen ihrer Welt aufhielten. Meinen Sie, jemanden finden zu können, der eine hohe Wette darauf abschließt, daß es den Homo sapiens länger geben wird als den Brontosaurus? [...] Dinosaurier waren schnell, aktiv und warmblütig. Darüber hinaus seien sie noch nicht den Weg allen Fleisches gegangen, denn ein Zweig ihres Stammbaums überlebte auf den Zweigen, nämlich die Vögel.«[1]

1. Einleitung

In den politischen Auseinandersetzungen, die in den siebziger und achtziger Jahren um Atomkraftwerke, Großflughäfen und Rüstungstechnologien geführt wurden, dienten die Dinosaurier als Sinnbild für eine überdimensionierte, jedem menschlichen

1 Unter Auslassungen aus: Stephan Jay Gould, *Der Daumen des Panda. Betrachtungen zur Naturgeschichte*, Frankfurt am Main 1989, S. 271 ff.

Maß entrückte Technik, die in einer evolutionären Sackgasse unweigerlich ihr zerstörerisches Ende finden werde. Die mittlerweile angelaufenen Bemühungen zur Rettung der Saurier-Ehre, bei der Paläontologen und Evolutionsbiologen mittlerweile massive Hilfe von Hollywoods Trickfilmtechnikern erhalten haben, werden nicht nur das öffentliche Image der Saurier verbessern. Auch die saurologische Metaphorik großer technischer Systeme – so man sie beibehalten will – könnte davon profitieren, denn ein evolutionäres Ende dieser Systeme ist noch lange nicht in Sicht. Die ökonomischen, politischen und vor allem auch die ökologischen Probleme, die der Betrieb großer technischer Systeme bereitet, scheinen eher ihren Ausbau zu beflügeln als ihren Rückbau zu erzwingen. Die aktuellen Bemühungen um die Modernisierung und den Ausbau der klassischen Infrastruktursysteme machen zudem eine evolutionäre Flexibilität dieser Systeme sichtbar, die Abstriche an den gängigen Klischees eben auch der großen Technik verlangt.

Setzt man für die Dinosaurier *große technische Systeme klassischen Typs* ein (GTS erster Ordnung), für die Säuger *kleine technische Systeme*, die sich in den Zwischenräumen der großen aufhalten, und für die Vogelsaurier *GTS zweiter Ordnung*, die als vorerst letzte evolutionäre Errungenschaft im luftigen Geäst des GTS-Stammbaums sitzen, umreißt der kleine Ausflug in die Saurologie recht akkurat das Erkenntnisinteresse und den Blickwinkel dieses Beitrags.

Das Erkenntnisinteresse der folgenden Betrachtung richtet sich demnach auf die Zukunft großer technischer Systeme und auf aktuelle Entwicklungstendenzen in der infrastrukturellen Landschaft der Industriegesellschaften. Dieses Interesse ist mit der spezifischen Vermutung verbunden, daß *Verflechtungsphänomene zwischen den großen technischen Systemen klassischen Typs*, also etwa den Systemen des Schienenverkehrs, der Stromversorgung oder des Fernsprechverkehrs, für deren weiteres Wachstum und funktionelle Differenzierung eine wichtige Rolle spielen werden. In dem Beitrag werden also nicht die Gründe für die Expansion der Systeme klassischen Typs im Vordergrund stehen, sondern die Frage, in welcher Form sich ihr weiteres Wachstum vollziehen könnte.

Die näheren Anlässe für diese Vermutung über die GTS-Zukunft und der Perspektivenwechsel, den ihr Einlösen mit Blick auf die bislang vorliegende GTS-Forschung in den Sozialwissenschaften erfordert, bilden den Gegenstand *des ersten Teils*. Was unter Verflechtung im Feld großer technischer Systeme zu verstehen ist, soll *im zweiten Teil* anhand zweier recht ungewöhnlicher Verflechtungsfälle, oder, um im Bild zu bleiben, anhand zweier vergleichsweise exotischer GTS-Vögel verdeutlicht werden, und zwar an technischen Vernetzungen im Bereich der Organtransplantation und der Sondermüllentsorgung. *Im dritten Teil* wird das an den beiden Beispielen illustrierte Phänomen zunächst in das durchaus breite Spektrum möglicher Spielarten von GTS-Verflechtungen eingeordnet, um dann einen Versuch zu unternehmen, es mit der Begrifflichkeit der Systeme erster und zweiter Ordnung konzeptionell zu verdichten. *Dem vierten und abschließenden Teil* soll die Frage vorbehalten sein, welche Rückwirkungen der Aufbau und Betrieb von Systemen zweiter Ordnung auf das Wachstum und die funktionelle Differenzierung der Systeme erster Ordnung haben könnten.

2. Rückbau, Neubau oder Ausbau?

Im Prinzip gibt es zwei Möglichkeiten, über die weitere Entwicklung im Feld großer technischer Systeme Vermutungen anzustellen. Entweder man vertritt die These, die Zeit der technischen Dinosaurier sei vorbei, »großtechnische« Einrichtungen und weiträumig technisch vernetzte Systeme seien an ihre Entwicklungsgrenzen gelangt oder gar langfristig zum Aussterben verdammt, da sie gegenüber maßstäblich kleineren Technikgebilden ökologisch, ökonomisch, politisch, kulturell und letztlich eben auch technisch, das heißt unter schlichten Machbarkeitsgesichtspunkten, immer mehr ins Hintertreffen gerieten.

Oder man vertritt die Auffassung, die Entwicklung großer technischer Systeme »schreite voran«. Danach werden bestehende GTS ausgebaut, und neue GTS kommen hinzu, da sie nicht nur unentbehrlich für die meisten maßstäblich kleineren Technikgebilde sind, sondern weil allein schon ihre Vernachlässigung einen Rattenschwanz unerwünschter politischer, ökonomischer und insbesondere ökologischer Folgen nach sich zöge.

Daß langfristig mit einem Rückbau von GTS zu rechnen ist und große, technisch vernetzte und unüberschaubare Infrastruktursysteme kleinen vorgeblich überschaubareren technischen Lösungen tendenziell Platz machen werden, ist unwahrscheinlich. Bereits in ihrer noch unschuldigen Papierform ist an vielen Modellen für »dezentrale« Versorgungssysteme zu erkennen, daß auch sie auf übergreifende Infrastrukturnetze angewiesen bleiben, und sei es nur im Sinne raffinierterer und flexibler ausgelegter »Backup«- und »Monitoring«-Systeme überörtlichen Zuschnitts.

So wird eine »ökologische« Energiewirtschaft, die auf Basis eines farbigen Patchworks dezentraler Energietechnik (Sonnen-, Wasser-, Wind-, Erdwärme-, Blockheizkraftwerke) errichtet werden soll, in überregionale Strom- und Energieverbundnetze sowie in globusumspannende Systeme der satellitengestützten Wetterbeobachtung eingebunden sein müssen, um Versorgungsengpässe antizipieren und überbrücken zu können.[2] Wohnviertelbezogene Brauchwassernetze und Kläreinrichtungen, mit denen einige Kommunen gegenwärtig ökologisch aufgeschlossene Bauherren experimentieren lassen, werden kommunale Wasserentsorgungssysteme und regionale Trinkwasserversorgungsnetze allenfalls ergänzen, keineswegs jedoch überflüssig machen. Auch die bereits vorzeigbaren Erfolge einiger Städte, den PKW-Verkehr aus der City zu verbannen, sind wesentlich durch Verlagerung des Verkehrsaufkommens auf entsprechend vergrößerte Systeme vor allem des Schienennahverkehrs (Straßenbahn, S-Bahn), nicht etwa durch Maßnahmen der Verkehrsvermeidung erzielt worden.

Bei alledem sollte man nicht vergessen, daß Sozial- und Umweltverträglichkeitstestate, die vor allem die Solar- und Wasserstofftechnik zu »human-ökologischen« Hoffnungsträgern werden ließen, diese nicht automatisch vor großtechnischen Anwendungen bewahren – wie etwa der in jüngster Zeit propagierte Vorschlag illustriert, halb Quebec unter Wasser zu setzen, um die hierdurch verfügbare Wasserkraft zu verstromen, mit dem so gewonnenen Strom Wasserstoff elektrolytisch herzustellen, ihn anschließend zu verflüssigen, auf riesige Containerschiffe zu verladen, um den halben Globus nach Europa zu verschiffen, ihn hier wieder zu verstromen und den so gewonnenen Strom in das deutsche Stromverbundnetz einzuspeisen.[3]

2 Weinberg/Williams 1990.

3 Zu diesen und anderen Vorstellungen einer Wasserstoffwirtschaft siehe Büttner 1991.

Selbst die konsequente Umsetzung von Vermeidungsstrategien und Einsparungsmaßnahmen (Energie- und Wassereinsparung, Abwasser- und Verkehrsvermeidung, Kommunikationsvermeidung?) wird netztechnische Infrastrukturen nicht erübrigen. Dies zeigt etwa das durchaus erfolgreiche Maßnahmenbündel zur Energieeinsparung, das im Gefolge der sogenannten Ölkrisen der siebziger Jahre in der Bundesrepublik in Angriff genommen wurde. Denn es hat zwar in den achtziger Jahren den relativen Energieeinsatz bei den Kraftwerks- und Endgerätebetreibern (gewerbliche und private Verbraucher) gesenkt und sogar den Energieeinsatz insgesamt verringert[4], dennoch ist die Nutzung der Energieversorgungssysteme erheblich ausgeweitet worden: Im Vergleich zu den siebziger Jahren wird heute pro Person mehr Auto gefahren, weiter geflogen, ein umfangreicherer Park elektrischer Haushaltsgeräte betrieben, größerer Wohnraum besser ausgeleuchtet und länger angenehm temperiert.[5] Die Energieversorgungsnetze sind also trotz ansehnlicher Einsparungserfolge unentbehrlicher geworden oder, was den Sachverhalt wohl treffender beschreibt, sie konnten durch Einsparungserfolge unentbehrlicher werden.[6]
Zudem sind von Einsparungsimperativen und Recyclingprojekten großen Maßstabs immer schon wichtige Impulse für den Auf- und Ausbau der großen Infrastrukturnetze ausgegangen. Man denke an die hierzulande in den sechziger Jahren anlaufende Umstellung von Einzelofenheizungen auf Zentralheizungs- und Fernwärmesysteme oder an industrielle Abgase (von Kokereien) und Abwärme (von Stahlwerken), die man Anfang des Jahrhunderts für die Energieversorgung der Haushalte zu nutzen begann.[7]
Vieles läßt sich also für den Fortbestand und die Fortentwicklung

4 Der Primärenergieverbrauch der Bundesrepublik sank von 1979 bis 1983 und erreichte erst Ende der achtziger Jahre wieder das Niveau von 1979 (Statistisches Bundesamt 1989 S. 327).
5 Vgl. Statistisches Bundesamt 1989, S. 129 f., 318 f.
6 Auch wenn sich die vielbeschworene Entkopplung des Energieverbrauchs vom Wirtschaftswachstum letztlich nur als ein zeitlich begrenztes Phänomen herausstellen sollte, zeigt sie dennoch, daß es (zumindest zur Erklärung dieses Phänomens) Sinn hat, zwischen ingenieur- und sozialwissenschaftlichen Größenmaßen von Technik (Watt versus Nutzen) zu unterscheiden.
7 Vgl. Radkau 1989, S. 285 ff.

der »Gattung« großer technischer Systeme ins Feld führen. Damit ist jedoch nicht unbedingt gesagt, daß für die weitere Entwicklung mit einer ungebrochenen Expansion alter GTS oder mit dem baldigen Aufbau neuer GTS, zumindest nicht in den infrastrukturell relativ gut versorgten Industrieländern, zu rechnen wäre.

Grundlegende Veränderungen in der Infrastrukturlandschaft der Industrienationen, wie sie etwa die Solarwirtschaft, das Wasserstoffverbundsystem oder der geschlossene Brennstoffkreislauf der Atomwirtschaft darstellen würden, dürften wohl noch lange auf sich warten lassen. Auf kurze Sicht werden für die vorhandenen GTS noch nicht einmal scheinbar greifbare technologische Entwicklungssprünge (zum Beispiel eine durchgängige Glasfaserverkabelung für die Kommunikationsnetze)[8], die Behebung drängender Engpässe (etwa für den alpenüberquerenden Güterferntransport per Bahn)[9] oder gar nur notwendige Runderneuerungen (zum Beispiel die Abdichtung der chronisch lecken Kanalisationsnetze) realisiert werden können.

Schließlich sind dem Aufbau neuer, aber eben auch der weiteren Expansion alter GTS spezifische Schranken gesetzt, denn in den Ballungsräumen der hochindustrialisierten Länder wird einfach der Raum für die Entfaltung großer technischer Systeme knapp. Der Luftraum, der die Leitungsnetze der Luftverkehrs- und Funkkommunikationssysteme beherbergt, scheint gegenwärtig an seine Kapazitätsgrenzen zu gelangen. Für die technischen Einrichtungen des Funkwesens kommen die Einschränkungen der wachsenden elektromagnetischen Verschmutzung hinzu.

Auf dem Boden – ohnehin stark beansprucht von Siedlungsbauten und den bereits bestehenden Infrastrukturnetzen – wird es immer schwieriger, Platz zu finden für neue Verkehrswege, Kanäle und Überlandleitungen sowie Standorte für Flughäfen, Kraftwerke und Kläranlagen. Selbst im Untergrund können sich GTS nicht mehr frei entfalten. Der städtische Untergrund ist mittlerweile von einem Gestrüpp verschiedenster Kabel, Rohrleitungen und

8 Vgl. Kubicek 1995.

9 Vor dem Hintergrund des mit der EG-Integration absehbar wachsenden Güterfernverkehrs wird es der Eisenbahn noch nicht einmal gelingen, ihren Anteil am Verkehrsaufkommen zu halten. Der Spielraum für eine Verlagerung größerer Teile des Gütertransports von der Straße auf die Schiene, die mittlerweile nicht mehr nur von Ökologen gefordert wird, dürfte daher eher geringer werden; vgl. Weber 1991.

U-Bahn-Schächte durchdrungen, das die Verlegung zusätzlicher Leitungsnetze erheblich erschwert. In Deutschland sind zum Beispiel Fernwärmenetze unter vertretbarem Aufwand nur noch an den Stadträndern zu errichten.

Wenn der Abbau alter wie der baldige Aufbau neuer GTS unwahrscheinlich ist und sich die vorhandenen Infrastrukturnetze im Zuge ihres Ausbaus (Umbaus, Anbaus) ohnehin untereinander mehr und mehr ins Gehege kommen, dann spricht einiges für die Annahme, daß sich zukünftige Veränderungen zunächst eher in Form von *Verflechtungen* zwischen großen technischen Systemen niederschlagen und Verflechtungsphänomene insbesondere für das *weitere Wachstum* der klassischen GTS eine größere Bedeutung gewinnen werden.

Was hat man sich nun unter der Verflechtung von großen technischen Systemen näher vorzustellen? In erster Annäherung denke man hier etwa

- an die kommunalen Zweckverbände, unter deren Dach in der Regel der Betrieb der Nahverkehrssysteme, der städtischen Strom-, Gas- und Wasserversorgungssysteme organisatorisch zusammengefaßt ist,
- an die Konkurrenzbeziehungen, die zwischen überregionalen Strom-, Gas- und Fernwärmeversorgungssystemen bestehen,
- an die Airportanschlüsse der Bundesbahn, über die Flug- und Schienenverkehrssysteme miteinander verbunden werden,
- an die Flugverkehrssysteme, deren Betrieb und Nutzung in hohem Maße von modernen Daten- und Fernsprechnetzen abhängig ist,
- oder an die sogenannten »rollenden Lagerhallen« und die »Just-in-time«-Systeme in der Industrie, über die der Gütertransport und die Datenfernkommunikation technisch miteinander verkoppelt werden.

Eine genauere Abgrenzung verschiedener Verflechtungsarten soll im dritten Teil dieses Beitrags unternommen werden. Für das Verständnis des weiteren ist es zunächst nur wichtig, technische und nicht-technische Verflechtungsphänomene auseinanderzuhalten. Demnach hat man es bei den beiden erstgenannten Beispielen mit nicht-technischen (organisatorischen und ökonomischen) und bei den drei letztgenannten Beispielen mit technischen Verflechtungen (im weiteren: »Vernetzungen«) verschiedener GTS zu tun. Bei den im nächsten Teil exemplarisch beschriebenen Verflechtungsphänomenen und dem Konzept der »Systeme zweiter Ordnung«, mit dem sie dann im dritten Teil begrifflich gefaßt werden sollen, geht es primär um technische Verflechtungen. Ökonomische oder organisatorische Verknüpfungen interessieren dabei nur insoweit, als sie sich auch technisch niederschlagen, das heißt im Sinne einer gegenständlichen Verkopplung gegenständlich vernetzter Infrastruktursysteme (»Vernetzung der Netze«) wirksam werden.

3. Vernetzungstendenzen in ausgewählten Problemfeldern

Im folgenden sollen derartige Verflechtungen im Problembereich der Organtransplantation und der Sondermüllentsorgung beschrieben werden. Beide Problembereiche sind von großer Aktualität und unter vielerlei Aspekten, ohne daß man Bezüge zu den sozialwissenschaftlichen oder gar techniksoziologischen Diskursen herstellen müßte, interessante Gegenwartserscheinungen.[10] Mit Blick auf die in ihnen wirksamen Vernetzungstendenzen weisen beide Bereiche viele Ähnlichkeiten mit den erwähnten »Just-in-time«-Systemen auf. Organtransplantationen und Sondermüllentsorgung fallen allerdings in den Bereich staatlicher Vorsorgeleistungen und stehen damit dem näher, was im emphatischen Sinne unter »Infrastrukturleistungen« verstanden wird.[11]
Aus Erfahrung wird man klug, heißt es. Deshalb sei vor dem detaillierten Einstieg in die Beispiele zweierlei nachdrücklich betont. Zum einem wird in der metaphorischen Nähe von Spenderorgan und Sondermüll respektive Transplantation und Müllentsorgung, die auch Sozialwissenschaftler gerne überstrapazieren, *keine* strukturelle Gemeinsamkeit, auch keine hilfreiche Interpreta-

10 Ohne Zweifel handelt es sich bei der Müll-, der Transplantations- und der mit ihr eng verknüpften Todesproblematik um Modethemen. Hiervon zeugen die vielen Theaterstücke, die in den letzten Jahren zum Müll und zum Tod und vor allem zu den metaphorischen Verbindungen beider Topoi, wie in dem Stück »Die Stadt, der Müll und der Tod« von R. W. Fassbinder, produziert wurden. Auch die Sozialwissenschaften haben sich – durchaus unter Nutzung der metaphorischen Querverbindungen – diesem Trend angeschlossen. Im Jahrgang 1991 der Zeitschrift *Universitas* beispielsweise war das erste Schwerpunktthema »Müll«, das zweite »Tod«.

11 Siehe Ekardt 1994 (in diesem Band).

tionsfolie beider Systeme gesehen.[12] Die Metaphorik versperrt vielmehr den Blick auf ihre techniksoziologisch interessanten Aspekte, insbesondere auf die oben angesprochenen Gemeinsamkeiten. In bezug auf den Ressourcenmangel etwa besteht die Parallele zwischen den Spenderorganen und den Entsorgungskapazitäten und eben gerade nicht zwischen den knappen Spenderorganen und dem reichlich vorhandenen Sondermüll.

Zum anderen könnte die Rede vom »System« der Sondermüllentsorgung suggerieren, in Deutschland oder anderswo wäre bereits eine halbwegs geregelte und umweltpolitisch angemessene Sondermüllentsorgung gewährleistet. Dies ist nicht der Fall. Zwar hat sich die Industrie immer schon ihrer gefährlichen Abfälle entledigt und konnte sich dabei auf teilweise international operierende Logistiksysteme stützen, die im Sinne ökonomischer Regeln durchaus zufriedenstellend funktionierten. Ähnlich »gut« funktionierende Einrichtungen, die innerhalb oder in Ausweitung der bereits vorhandenen Entsorgungssysteme speziellen Kriterien des Umwelt- und Gesundheitsschutzes Geltung verschaffen, befinden sich jedoch noch im Aufbau.

Mit dem einstweilen noch provisorischen Status der Sondermüllentsorgungssysteme ist schließlich der zumindest unter techniksoziologischen Gesichtspunkten wichtigste Unterschied zwischen beiden Fällen angesprochen. Während Transplantationssysteme in den Industrieländern schon zu den etablierten Gesundheitseinrichtungen zählen, die mittlerweile eine routinemäßige Verpflanzung von Nieren, Herzen und Lebern ermöglichen, geht es bei den Sondermüllentsorgungssystemen zunächst darum, überhaupt so etwas wie einen Normallauf des Systems zu etablieren und hierfür die politischen, rechtlichen und nicht zuletzt auch die technischen Voraussetzungen zu schaffen. Bei der Charakterisierung des Sondermüllentsorgungssystems werden daher geplante Technik und sich abzeichnende technische Vernetzungen stark im Vordergrund stehen.

12 Was etwa bei Rainer Hohlfeld der Fall ist, der durch schamloses »Ausschlachten« der Kannibalismussemantik die Transplantationsmedizin in die Nähe eines Körperrecycling-Unternehmens rückt (Hohlfeld 1991).

3.1 Organtransplantationssysteme

Organtransplantationssysteme sind eine junge Erscheinung der modernen Gesundheitsversorgung.[13] Das bundesdeutsche System der Organtransplantation wurde in den siebziger Jahren aufgebaut. Das Geburtsjahr des europäischen Transplantationssystems ist 1967, das Jahr, in dem die »Eurotransplant Foundation« in der niederländischen Stadt Leiden gegründet wurde. Ziel ihrer Mitglieder (Bundesrepublik Deutschland, Österreich, Belgien, Niederlande und Luxemburg) war und ist es, durch den Aufbau technisch-organisatorischer Strukturen die Organverteilung und Empfängerauswahl zu optimieren.[14]
Die Entwicklung und Ausdifferenzierung der bundesdeutschen Infrastruktur des Transplantationswesens hängen darüber hinaus sehr eng mit den in den siebziger Jahren einsetzenden finanziellen, technischen und organisatorisch-administrativen Leistungen des Kuratoriums für Heimdialyse zusammen (KfH 1988). Dazu gehören die Errichtung von Organisationszentralen für Transplantationskrankenhäuser sowie die Finanzierung von inzwischen mehr als 400 Stellen von Ärzten, Pflegekräften, medizinisch-technischen Assistenten, ärztlichen Transplantationskoordinatoren und Administratoren in den deutschen Transplantationskliniken.

Aufgaben und Probleme des Transplantationswesens

Die Aufgabe der Organtransplantationssysteme wird gemeinhin darin gesehen, zum Zweck der Lebensverlängerung oder -verbesserung Organe aus dem Körper eines (oder mehrerer) Menschen in den Körper eines anderen (oder mehrerer anderer) Menschen zu verpflanzen. Orientiert man sich an dem zeitlichen Ablauf, dem Transplantationen in der Regel unterliegen, kann man diese allgemeine Funktion wiederum in drei spezielle Funktionsbereiche unterteilen: die *Organbeschaffung*, die *Organverpflanzung* und die *Organkontrolle*.
Zur Organbeschaffung lassen sich alle Aktivitäten in den Trans-

13 Detaillierte techniksoziologische Analysen zu dem Thema finden sich bei Joerges 1995.
14 Grounewoud/Muderlak/Chen 1987.

plantationssystemen zählen, die Organe für die Verpflanzung verfügbar machen: vom Einholen der Spendeneinwilligung bei den Verwandten von verstorbenen Patienten über die transplantationsgerechte Präparierung des Spenders und seine Meldung an die Transplantationseinrichtungen bis hin zu langfristigen Maßnahmen zur Vergrößerung des Spendenaufkommens, etwa durch Einrichtung sogenannter Transplantationsbeauftragtenstellen in großen Krankenhäusern. Der Funktionsbereich Organverpflanzung umfaßt alle Aktivitäten, die unmittelbar mit der Übertragung von Organen zu tun haben: die Explantation; die Auswahl geeigneter Empfänger; der unter Umständen weiträumige Transport von Transplantaten, Präparaten, Apparaten, Ärzten und Patienten zwischen den transplantationsbeteiligten Einrichtungen; die medizinische Vorbereitung der Empfänger und schließlich die Implantation. Der Funktionsbereich Organkontrolle bezieht sich auf die dauerhafte Einbettung der Transplantate in die Körper der Transplantierten: von der kontinuierlich erforderlichen Immunsuppression und Immunmodulation über postoperative Kontrolluntersuchungen und Rehabilitationsmaßnahmen bis hin zu den medizin-statistischen Untersuchungen, die zur Kontrolle des Erfolgs von Transplantationstherapien regelmäßig durchgeführt werden.

Bei der Realisierung dieser verschiedenen Aufgaben sind zwei Probleme von zentraler Bedeutung: die große *Zeitknappheit* und der chronische *Transplantatmangel*. Die große Zeitknappheit resultiert überwiegend aus den eng begrenzten Möglichkeiten, Organe außerhalb des Körpers implantationsfähig zu halten. Auf die Zeitknappheit ist es nun vorwiegend zurückzuführen, daß die Operationsweise der Transplantationssysteme die Züge eines Impulsbetriebes aufweist: Lange Phasen ruhiger, mit dem klinischen Normalbetrieb verträglicher Aktivitäten werden durch kurze Phasen hektischer Aktivitäten unterbrochen, wenn ein Spender zur Verfügung steht.[15] Insofern besteht eine der zentralen Aufgaben des Transplantationsbetriebs darin, für diese »Ernstfälle« umfangreiche technische und personelle Ressourcen in Bereitschaft zu halten. Zur Verdeutlichung: Am Transplantationszentrum München umfaßt allein der »Rund-um-die-Uhr-Bereitschaftsdienst« zehn Stu-

15 Siehe Abb. 1; eine genauere Beschreibung dieser »Operationsweise« bei Braun 1995, Braun/Joerges 1994.

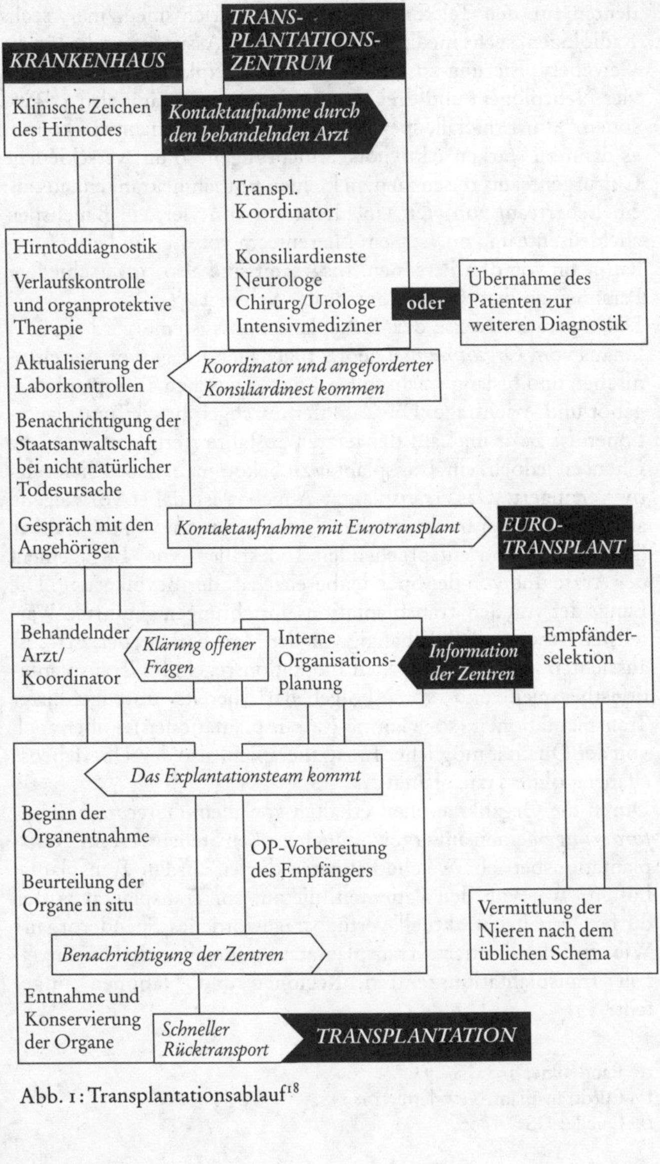

Abb. 1: Transplantationsablauf[18]

denten für den Telefondienst, sieben Gerichtsmediziner, sechs Radiologen, sechs medizinisch-technische Assistenten, die für die Gewebetypisierung zuständig sind, fünf Explantationschirurgen, vier Neurologen, und drei Immunologen: insgesamt also 41 Personen.[16] Im Ernstfall, speziell bei Multiorganentnahmen, kommt es dann zu starken Aktivitätsverdichtungen: »Fünf verschiedene Chirurgenteams reisen zu dem kleinen Entnahmekrankenhaus an: ein Leberteam von vier, ein Herzteam von vier, ein Bauchspeicheldrüsenteam von vier, ein Nierenteam von vier und ein Hornhautteam von drei Personen. Insgesamt sind also 19 verschiedene Personen an dem Operationstheater beteiligt.«[17]

Die Operationsweise der Transplantationssysteme wird darüber hinaus vom *Organmangel* geprägt, genauer gesagt, von der chronischen und bislang wachsenden Lücke zwischen Transplantatangebot und -nachfrage. Die Zahl der durchgeführten Transplantationen ist zwar im Lauf der letzten 20 Jahre stetig gestiegen, die Chancen jedoch, ein Transplantat zu bekommen, haben sich relativ verringert. Das Transplantat-Angebot ist dabei vorwiegend abhängig von der medizinischen Todesdefinition, von der Zahl an dieser Definition entsprechenden Todesfällen, vom Engagement der Ärzte und von der Spendenbereitschaft der Bevölkerung. Die Länge der von den Transplantationseinrichtungen geführten Wartelisten ist wesentlich abhängig von der Machbarkeit, den Erfolgsaussichten, den medizinischen Indikationsregeln für Transplantationstherapien und vom Folgebedarf bereits durchgeführter Transplantationen (sogenannte Retransplantationen) – aber auch von der Qualität möglicher Ersatztherapien, also den Überlebenschancen ohne Transplantat.

Durch die Organknappheit erhalten vor allem *Gerechtigkeitsanforderungen* einen außergewöhnlich großen Stellenwert im Transplantationsbetrieb: Welche Patienten dürfen auf ein Transplantat hoffen? Wer von den Patienten, die auf ein Transplantat hoffen dürfen, erhält ein aktuell verfügbar gewordenes Spenderorgan? Wie wird das limitierte Transplantataufkommen zwischen einzelnen Transplantationszentren, Regionen und Nationen aufgeteilt?

16 Land/Illner 1982, S. 372.
17 Eurotransplant Newsletter 1989, S. 5.
18 Quelle: DSO 1990.

Eine zentrale Aufgabe der Transplantationssysteme besteht entsprechend in der Produktion von Verteilungsgerechtigkeit, das heißt in der detaillierten Rechtfertigung, breiten Durchsetzung, kontinuierlichen Verbesserung und flächendeckenden Überwachung von Regeln für alle Transplantationsbeteiligten. Diese Verteilungsgerechtigkeit soll eine für die Betroffenen wie für Außenstehende nachvollziehbare Empfängerauswahl gewährleisten sowie die Bevorzugung einzelner Transplantationszentren und dauerhafte Ungleichgewichte im interregionalen oder internationalen Organaustausch vermeiden helfen.
Betrachtet man nun die technischen Einrichtungen des Transplantationsbetriebs näher, ergibt sich zunächst mit Blick auf transplantationsrelevante Maschinen und Geräte (einschließlich pharmazeutischer »Geräte«) in etwa folgendes Bild:

Gerätetechnische Strukturen

Zu der einschlägigen Technik, die bei der *Explantation* eingesetzt wird, wären zunächst die Geräte der Todesdiagnostik zu zählen, etwa Elektroenzephalo- und Karotesangiographen. Den medizinischen Laien wird es überraschen, daß schon bei der Explantation und nicht erst bei der Implantation ein umfangreicher intensivmedizinischer Maschinenpark unter anderem für die künstliche Beatmung sowie die automatische Kreislaufüberwachung und -beeinflussung zum Einsatz kommt. Denn in der Regel wird er für die Konservierung der Spenderorgane umfunktioniert, das heißt, dafür genutzt, den Stoffwechsel und den Kreislauf der hirntoten Spender so lange aufrechtzuerhalten, bis die zur Transplantation vorgesehenen Organe entnommen werden (können). Bei der Explantation selbst stützen sich die Transplantationsmediziner auf die Techniken vor allem der Gefäßchirurgie, wobei für die häufig transplantierten Organe spezifische Entnahmeverfahren und entsprechende Hilfsmittel entwickelt wurden.
Bei den meisten Geräten, die dem *Organtransfer* dienen, stehen ebenfalls die Schonung der Transplantate und ihre zeitlich begrenzte Implantationsfähigkeit im Mittelpunkt. Die Spenderorgane werden bereits im Spenderkörper mit einer Nährflüssigkeit versorgt, dem Spenderkörper entnommen, in einen Plastikbeutel verpackt und in technisch vergleichsweise einfachen Kühlcontai-

nern transportiert. Geräteintensiv ist jedoch vor allem die dem Transfer der Spenderorgane vorgeschaltete Gewebetypisierung. Zur Durchführung und Auswertung der zeit- und kostenaufwendigen Tests werden zunehmend Laborautomaten eingesetzt, die insbesondere auch die kontinuierliche Aktualisierung des unter Umständen veränderten Immunprofils der Empfänger erleichtern. Zur organtransferrelevanten Gerätetechnik lassen sich schließlich einige der Geräte des mechanischen Organersatzes zählen, vor allem Kunstherzen, Kunstnieren und Lungenmaschinen. Organischer und mechanischer Organersatz konkurrieren nämlich weit weniger miteinander, als sie sich funktionell ergänzen. So kann mit Hilfe mechanischer Ersatzorgane in gewissen Grenzen die Zeit überbrückt werden, in der ein erkranktes Organ schon nicht mehr funktioniert und noch kein organischer Ersatz zur Verfügung steht.

Bei der *Implantation* kommen wieder der intensivmedizinische Maschinenpark sowie die Techniken und Methoden der Gefäßchirurgie ins Spiel. Die technischen Geräte, die nach der Implantation verwendet werden, dienen vorwiegend zur Sicherung des Transplantationserfolgs, das heißt, sie sollen die Abstoßung des Transplantats durch den Körper des Empfängers vermeiden helfen.[19] Wichtig ist dabei wieder die Labortechnik, die bei der Analyse von Gewebe- und Blutproben im Rahmen der regelmäßig durchgeführten Kontrolluntersuchungen zum Einsatz kommt. Zur Manipulation der Körperabwehr werden dann ausschließlich chemische »Geräte« eingesetzt. Dazu gehören gentechnisch erzeugte monoklonare Antikörper zur Bekämpfung akuter Abstoßungsgefahren, vor allem aber die Medikamente Cyclosporin und das neuentwickelte FK 506, die vor allem die schleichende Transplantatzerstörung durch das Immunsystem des Empfängers verringern sollen.[20] Dem Cyclosporin kommt – neben den angesprochenen Gewebekompatibilisierungstechniken – eine Schlüsselrolle in der Entwicklung der Transplantationsmedizin zu. Denn mit der seit Anfang der achtziger Jahre flächendeckend verfügbaren Substanz haben sich die Funktionszeiten der Transplantate stark verlängert; Herz- und Lebertransplantationen wurden durch die Cyclosporin-Therapie überhaupt

19 Zur postoperativen Immunsuppression siehe Pichlmayr 1986.
20 Zum FK 506 vgl. Fletcher 1990.

erst im größeren Umfang und mit Aussicht auf anhaltenden Erfolg durchführbar.[21]
Soweit es ihre gerätetechnischen Voraussetzungen betrifft, entsprechen Transplantationssysteme sicherlich dem, was gemeinhin mit dem Schlagwort der »Apparatemedizin« bezeichnet wird. Die Bedeutung von Technik in den Transplantationssystemen geht jedoch weit darüber hinaus. Typisch für Transplantationssysteme und bislang noch ungewöhnlich für das Gesundheitswesen ist die weiträumige technische Vernetzung der verschiedenen am Transplantationsgeschehen beteiligten Einrichtungen und damit auch die Vernetzung der am jeweiligen Ort eingesetzten technischen Geräte und Verfahren.

Netztechnische Strukturen

Betrachtet man zunächst die netztechnischen Systeme zur *Datenkommunikation*, auf die sich der Transplantationsbetrieb stützt, ergibt sich im Einzugsbereich von Eurotransplant etwa folgendes Bild. Die kompatibilitätsorientierte Empfängerauswahl wird seit Ende der achtziger Jahre über das eigens hierfür entwickelte *Pioneer*-System abgewickelt.[22] Durch *Pioneer* sind insgesamt 38 Transplantationszentren und 41 Typisierungslabors in den fünf Eurotransplant-Mitgliedsländern mit einem Zentralrechner in Leiden »online« verknüpft. Seine Datenbank umfaßt über 100 000 immunologische Patientenprofile, die transplantationsrelevanten Daten der potentiellen Empfänger (Gesundheitszustand, Dringlichkeitseinstufung, behandelnde Klinik usw.) und Daten über den Erfolg der jeweiligen Transplantationstherapie. Das System erlaubt es, verfügbar gewordene und bereits typisierte Spenderorgane schnell zu registrieren und dann innerhalb weniger Minuten auf Basis der gespeicherten Patientendaten einen geeigneten Empfänger automatisch auszuwählen. In Erweiterung des *Pioneer* ist für die deutschen Transplantationszentren das TIS (Transplantations-Informations-System) mit Sitz in Heidelberg eingerichtet worden.[23] Es soll den deutschen Transplantationsmedizinern die

21 Pichlmayr 1986, S. 159.
22 Broom 1986.
23 Eurotransplant Newsletter 55 (1988), S. 11; KfH 1990, S. 17 f.

Berücksichtigung zusätzlicher Kompatibilitätsanforderungen ermöglichen, scheint aber bisher wenig Einfluß auf das Transplantationsgeschehen auszuüben.

Auf der untersten informationslogistischen Ebene, das heißt auf der Ebene der einzelnen, in der Regel großen Klinikkomplexen angegliederten Transplantationszentren sind die sogenannten TIMY- und TRAINS-Systeme angesiedelt.[24] Es handelt sich dabei um rechnergestützte Informations-Management-Systeme, die die aufwendige Datenverwaltung in den Transplantationszentren erleichtern sollen und insbesondere dazu dienen, die großen Koordinationsanforderungen in den hektischen Phasen des Transplantationsbetriebs zu bewältigen.

Netztechnische Systeme könnten in Zukunft auch im Spenderwesen größere Bedeutung erhalten, etwa im Rahmen zentraler Spenderdatenbanken, die es bereits in einigen Ländern gibt und in der Bundesrepublik in den nächsten Jahren speziell für Knochmarkspender eingerichtet werden sollen.[25] Neben dem Zeitgewinn, den solche Systeme zur computergestützten Dokumentation des Spenderwillens im Hinblick auf das Einholen der Spendeneinwilligung versprechen, böten sie auch die Möglichkeit, im Vergleich zum gegenwärtigen Spenderpaßwesen differenzierteren Formen der Spendeneinwilligung und -ablehnung Geltung zu verschaffen.

Ob nun bei *Pioneer*, TIS, TIMY oder dem computerisierten Spenderregister, bei all diesen Systemen wird die Vernetzung selbst über vorhandene Infrastruktursysteme der Datenfernübertragung hergestellt. Der Transplantationsbetrieb ist also in hohem Maße abhängig von einem leistungsfähigen und zuverlässigen Datenfernübertragungsnetz. Wie bei großen Konzernen werden dabei eigene Standleitungen, im internationalen Organaustausch mitunter auch Kommunikationssatelliten genutzt.

In ähnlich hohem Maße sind Transplantationssysteme auch auf engmaschige und zuverlässige Transportnetze, vor allem auf die *Infrastruktursysteme des Straßen- und Flugverkehrs* angewiesen. Müssen die Transplantate (bzw. der hirntote Spender), die Entnahmeteams, die Gewebeproben und die Empfänger nur kurze

24 Markus u. a. 1988; Segesser 1987.

25 In Frankreich und Belgien wurden bereits computerisierte Spenderregister aufgebaut; vgl. Wolflast 1989, S. 45.

Distanzen überwinden, was etwa dann gegeben ist, wenn ein Spender im Einzugsbereich eines bestimmten Transplantationszentrums verfügbar und dann auch ein Patient dieses Zentrums als Empfänger ausgewählt wird (»Hausverpflanzungen«), nutzt man meistens ganz normale Krankenwagen, gegebenenfalls Taxis.

Bei circa einem Drittel der Organentnahmen, insbesondere bei einer Multiorganentnahme, bei der die einzelnen Organe des Spenders zu verschiedenen regionalen Transplantationszentren transportiert werden und an der entsprechend mehrere von den jeweiligen Transplantationszentren entsandte Chirurgenteams beteiligt sind, werden zusätzlich auch die Infrastrukturen des Flugverkehrs genutzt – ein netztechnischer Aspekt, der in der öffentlichen Berichterstattung gerne hervorgehoben wird. Und in der Tat gibt es wohl keinen anderen Bereich der Humanmedizin, in dem Flugzeuge und Hubschrauber so häufig eingesetzt werden und bei dem der medizinische Berufsalltag so stark vom Jet-Set-Dasein geprägt wird wie die Transplantationsmedizin. Dabei werden, soweit es die Umstände zulassen, der normale Linienflugverkehr und die in der Bundesrepublik vergleichsweise gut ausgebauten Flugrettungsdienste in Anspruch genommen. Teilweise kommen jedoch auch Hubschrauber und Düsenflugzeuge zum Einsatz, welche die großen Transplantationszentren eigens angeschafft oder gemietet haben.

Neben den modernen Datenfernübertragungsnetzen und dem Flugverkehr werden im Transplantationsbetrieb auch das gute alte Telefon und mithin die Infrastrukturnetze des *Fernsprechverkehrs* intensiv genutzt. Das Telefon ist vor allem bei der Koordination der verschiedenen größtenteils parallel ablaufenden Explantations-, Organtransfer- und Implantationsaktivitäten, also in den hektischen Phasen des Transplantationsgeschehens, unverzichtbar. Bei einem Zusammenbruch des Telefonnetzes ist daher auch schon der »Transplantationsbetrieb« in einer jeweils betroffenen Region weitgehend zum Erliegen gekommen: nicht nur, weil die beteiligten medizinischen Einrichtungen nicht mehr koordiniert werden konnten, sondern auch aus dem schlichten Grund, daß die Suche nach den Angehörigen eines Verstorbenen und die Kontaktaufnahme zum Einholen der Einwilligung in die Organentnahme nicht mehr möglich war. Denn auch dies geschieht in der Regel per Telefon.

Intensiv genutzt werden schließlich für den Transplantationsbetrieb auch viele der teilweise neuen Kommunikationsmöglichkeiten, die die Kombination von Funksystemen und Telefonnetz und die funktechnischen Weiterungen der Telefonnetze bieten. Dies meint in erster Linie die Notfallpieper und Funktelefone, mit denen das klinische Personal im Bereitschaftsdienst sowie auch potentielle Empfänger ausgestattet werden, aber auch die verschiedenen funktechnischen Einrichtungen der Transportsysteme (etwa die Funkleitsysteme des Krankentransportwesens, der Rettungsdienste oder des Taxibetriebs), auf die sich der Transplantationsbetrieb stützt.

Entwicklungstendenzen

Zum Schluß und schon mit Blick auf die folgende Beschreibung der Sondermüllentsorgung seien noch drei allgemeinere Entwicklungsaspekte der Transplantationssysteme angesprochen. Anders als in der Sondermüllentsorgung haben beim Aufbau der Transplantationssysteme und seiner umfangreichen technischen Einrichtungen einschlägige Gesetze und behördliche Vorschriften (zumindest in der Bundesrepublik) so gut wie keine Rolle gespielt. Im Transplantationsbetrieb spielen juristische Instanzen im Grunde nur bei Todesfeststellung eine praktische Rolle. Zwar wird schon seit über einem Jahrzehnt an einem *Transplantationsgesetz* gearbeitet, seine parlamentarische Verabschiedung wurde jedoch immer wieder verschoben und wird wohl auch in Zukunft weiter verschoben werden.[26] Bislang haben es nämlich die Transplantationsmediziner geschickt verstanden, regulierungsverdächtige Probleme der Transplantationsmedizin (Spendenwesen, Empfängerauswahl, grenzüberschreitender Organaustausch, der große Kostenaufwand für die eingesetzte Technik) vom Gesetzgeber und seinen politisch-administrativen Einrichtungen fernzuhalten und sie präventiv innerhalb der medizinischen Profession hinreichend zu regeln.

Eine wichtige Voraussetzung hierfür schafft ein spezifischer *Funktionswandel*, der die netztechnischen Strukturen der Transplantationssysteme zunehmend erfaßt. Die netztechnischen Einrichtungen zur Empfängerauswahl, deren Aufbau in den siebziger

26 Wolflast 1989.

Jahren mit dem Verweis auf medizinische und logistische Notwendigkeiten einer weiträumigen Gewebekompatibilisierung begründet worden war, werden gegenwärtig in der Bundesrepublik verstärkt zu Monitoring-Zwecken umgenutzt. Sie erfüllen demnach zunehmend Kontroll- und Legitimationsaufgaben, werden also zur Etablierung von Wirtschaftlichkeitskriterien, zur Regulierung zwischenklinischer Konkurrenz und zur Überwachung der in den einzelnen Kliniken mitunter sehr unterschiedlichen Transplantations- und Organvergabepraktiken eingesetzt.[27] Letzteres bezieht sich im übrigen auch auf den »Patiententourismus«; dieser (und nicht etwa der allseits kritisch beäugte Ex- und Import von Spenderorganen) ist in den letzten Jahren in der Bundesrepublik zu einem Problem geworden – einem Problem, das in ähnlicher Form auch für das System der Sondermüllentsorgung besteht.[28]

Den Hintergrund für diesen Funktionswandel bilden die raschen Fortschritte in der Immunsuppression, die in vielen Fällen den Rückgriff auf überregionale oder international ausgelegte Empfänger- und Spenderpools erübrigt. Extrapoliert man diesen Trend, könnte die weitere Entwicklung der Transplantationseinrichtungen auf ein Zwei-Ebenen-System hinauslaufen. Dabei würden Routinefälle und damit zahlenmäßig das Gros der Transplantationen über jeweils regionale Systeme abgewickelt. Hingegen blieben den nationalen und internationalen Systemen Problemfälle und selten durchgeführte oder experimentelle Transplantationen vorbehalten, gleichzeitig kämen ihnen im wachsenden Maße Kontrollfunktionen zu. Auch hier besteht, wie sich nun zeigen wird, eine Reihe von Parallelen zur Sondermüllentsorgung.

3.2 Sondermüllentsorgungssysteme

Auch bei den Sondermüllentsorgungssystemen handelt es sich um eine junge Erscheinung in den Industrieländern.[29] Anders jedoch als die mittlerweile wohletablierten und bereits einem internen Funktionswandel unterworfenen Transplantationssysteme befin-

27 Pichlmayr 1990, S. 229.
28 Zum Organhandel siehe Pater/Raman 1991.
29 Zu technischen Details der Sondermüllentsorgung siehe Czurda 1992.

den sich die Sondermüllentsorgungssysteme noch in einem sehr frühen Entwicklungsstadium – wenn man so will, noch im »Rohbau«. Denn bis in die achtziger Jahre hinein glich die Sondermüllentsorgung allenthalben einem abfallwirtschaftlichen Wildwest, in dem halbseidene Müllschieber mit ausgeprägtem Sinn für grenzüberschreitende Geschäfte den Ton angaben.

Der Aufbau eines gesonderten Entsorgungssystems für problematische Abfälle wurde im wesentlichen durch die Umweltschutzbewegung und die in allen Industrieländern in den siebziger Jahren einsetzende behördliche Regulierung des Sondermüllproblems vorangetrieben. Die Sondermüllregulierung in der Bundesrepublik basiert auf dem Abfallgesetz von 1972.[30] Spezifische Anforderungen für die Sondermüllentsorgung enthielt erstmals die Gesetzesnovelle aus dem Jahr 1977, das man deshalb auch als das Geburtsjahr des bundesdeutschen Sondermüllentsorgungssystems betrachten kann.[31] Weitere Marksteine bildeten die parallel zur Abfallgesetzgebung entstandenen Luftreinhaltungsgesetze, die einschlägigen Vorschriften zum Transport gefährlicher Güter und die Ende der achtziger Jahre erstellten »Technischen Anleitungen« Luft und Abfall.

Es sei an dieser Stelle angemerkt, daß der folgende und jeder andere Versuch, das Sondermüllgeschehen systematisch zu beschreiben, auf der unvermeidbaren Fiktion beruht, man könne halbwegs verbindlich angeben, was Sondermüll ist oder wie man ihn von anderem Müll unterscheidet. Aber im Streit zwischen Industrie, Wissenschaft und kritischer Öffentlichkeit hat sich noch keine stabile Definition herauskristallisiert – mithin ein Grund und zugleich ein Ausdruck des bislang leidlich provisorischen Status des Systems insgesamt. Und das könnte auch noch eine Zeitlang so bleiben. In die Sondermülldebatte sind nämlich, sieht man einmal vom Artenschutz ab, praktisch alle wichtigen Ökokontroversen irgendwie eingewoben – angefangen bei der jeder

30 Siehe Bundesminister der Justiz 1990; Bundesminister des Innern 1990 sowie die Kommentare hierzu in Bender/Sparwasser 1988 und im *Müllmagazin* 2 (1989), S. 26-33: »Die Technische Anleitung Abfall – Stellungnahmen des Bundesumweltministeriums, der FDP, SPD und der Fraktion der *Grünen* im Bundestag sowie von *Greenpeace*«.

31 Kloepfer 1989, S. 682. Allerdings gehen in der Bundesrepublik die gesetzlichen Regelungen der Altölentsorgung bereits auf das Jahr 1968 zurück.

Sondermülldefinition vorgelagerten Frage, was als Müll und was noch als Gut gelten dürfe, über die Frage nach den schadstoffbedingten Beeinträchtigungen und Gesundheitsrisiken, die der einzelne hinzunehmen habe, bis hin zur Frage, wer die Verantwortung für diese Zivilisationsrisiken zu tragen habe.
Auch hat sich die Sondermüllentsorgung zunehmend zu einer Art gesamtgesellschaftlicher Grenzwertsenke entwickelt, denn praktisch jeder Schadstoffgrenzwert, der für irgendein spezielles Problem festgelegt wird, definiert immer auch eine neue Sorte Sondermüll. Schließlich ist die Sondermüll-Semantik weitaus stärker als die des Organs Redefinitionsanforderungen der wissenschaftlich-technischen Entwicklung unterworfen. Vor allem die rasche Entwicklung im Bereich der Spurenanalytik, die den Grenzwertdebatten einen großen Teil ihrer Nahrung liefert, und die schnell wachsende Recycling-Industrie verändern regelmäßig die Grenzen im definitorischen Bermudadreieck Gut-Müll-Sondermüll.[32]

Aufgaben und Probleme der Sondermüllentsorgung

Wie im Fall der Organtransplantationssysteme sollen zunächst die zentralen Funktionen und der Problemhintergrund der Sondermüllentsorgungssysteme näher charakterisiert werden. Gemeinhin wird die Aufgabe der Sondermüllentsorgung darin gesehen, gesundheitsgefährdende Abfälle aus dem Lebensraum der Menschen (und der erstreckt sich mittlerweile auf nahezu die gesamte Biosphäre der Erde) fernzuhalten. Man kann dann diese übergreifende Aufgabe in zwei Funktionsbereiche unterteilen, und zwar in die *Erfassung* und die *Behandlung* von Sondermüllabfällen. Zur Sondermüllerfassung gehören im wesentlichen das Identifizieren anfallenden Sondermülls und die Kontrolle seiner weiteren Behandlung. Die Müllsonderbehandlung, wie man korrekterweise

32 Unter diesem Aspekt wäre das gentechnisch erzeugte Transplantat das direkte Gegentück des Sondermülls. Beide sind Kinder moderner Wissenschaft und Technik und konfligieren entsprechend mit den kulturell etablierten und historisch tief verwurzelten Vorstellungen von menschlichem Unrat und Organen; siehe Laporte 1991.

sagen sollte, umfaßt dann das Transportieren des Sondermülls, das Herausfiltern der in ihm enthaltenen Giftstoffe und das Unschädlichmachen dieser Stoffe.[33]

Von dem Abfallberg, den Industrie und Haushalte jährlich produzieren (in der alten Bundesrepublik ca. 220 Millionen t/a), entfällt auf den als Sondermüll eingestuften Abfall nur ein kleiner Teil (ca. 5 Millionen t/a[34]). Die Gründe für eine Sondermülleinstufung sind in der Regel geringe Beimengungen hochtoxischer Stoffe. Eine der zentralen Aufgaben der Sondermüllentsorgung besteht entsprechend darin, diese Giftstoffe herauszufiltern, um die gezielte Behandlung der Giftstoffe (das Filtrat) und die Rückführung dabei anfallender Rohstoffe (im Filtrat oder im Gefilterten) zu vereinfachen, vor allem aber um angesichts der knappen Deponiekapazitäten das Volumen des Sondermülls zu reduzieren.

Das Unschädlichmachen der toxischen Beimengungen des Sondermülls sei am Beispiel der Nichteisenmetalle (Blei, Quecksilber, Cadmium) und der hochchlorierten Kohlenwasserstoffe (FCKW, Dioxine, PCB) erläutert. Beide Stoffgruppen gelten als die »Problemkinder« der Sondermüllentsorgung, nicht nur weil sie sehr gefährlich sind, sondern auch weil ihre Entsorgung bislang große technische Schwierigkeiten bereitet. Innerhalb der Biosphäre sind beide Stoffgruppen hochstabil, was eine wesentliche Voraussetzung dafür ist, daß sie sich in Organismen, in der Ozonschicht und in Recyclingprodukten anreichern können.[35]

33 Die gesetzlichen Vorschriften regeln den *spezifischen Umgang* (Sonderbehandlung) mit gefährlichen Abfallstoffen (vgl. Schedler 1991, S. 340 f.). Ihnen ist immer die stoffbezogene Bewertung des Abfalls mit Blick auf den »Normalentsorgungsfall« (Hausmülldeponierung) durch autorisierte Instanzen (Humanmedizin, Ökologie, Umweltanalytik, »Deponieforschung«) vorausgesetzt. Damit ist nicht gesagt, daß in den Ausführungsbestimmungen des Gesetzes nicht auch auf stoffliche Kriterien zurückgegriffen wird. Wie eng der Sonderbehandlungszwang an bestimmte Substanzen sinnvollerweise gekoppelt werden sollte, ist jedoch umstritten. Die bundesdeutschen Behörden versuchen hierfür umfassende Schadstoffkataloge zu erstellen.

34 Wittchow 1986, S. 43.

35 Zu den Hintergründen des Sondermüllproblems zählt auch folgende kleine und sicher nicht zufällig in Deutschland spielende Geschichte. Nahezu die gesamte moderne Chlorchemie geht auf ein Recycling-Großprojekt der chemischen Industrie zu Anfang dieses Jahrhunderts zurück. Bei der Suche nach industriellen Weiterverwertungsmöglich-

Insofern gilt es, alle Einträge dieser Stoffe in die Biosphäre zu vermeiden, wie gering auch immer sie sein mögen. Die Zerstörung der angefallenen Giftstoffe, das heißt ihre Umwandlung in ungefährliche Substanzen, ist jedoch nur für die chlorierten Kohlenwasserstoffe machbar, und zwar gegenwärtig allein durch Verbrennen, in Zukunft vielleicht einmal durch chemisch-biologische Umwandlung.[36] Bei den Nichteisenmetallen besteht im Prinzip nur die recht teuere Möglichkeit, sie in Glasblöcke einzugießen (oder anderweitig zu inaktivieren) und sie dann zu deponieren, also ihren Eintrag in die Biosphäre möglichst lange hinauszuzögern (Landschaftsdeponierung) oder möglichst unwahrscheinlich zu machen (Bergwerkdeponierung).

Die paar Bemerkungen zu den beiden Stoffgruppen zeigen bereits, daß der Versuch, sich ein Bild von der Sondermüllproblematik zu machen, sehr schnell dazu zwingt, sich auf den naturwissenschaftlich-technischen Diskurs über seinen Sonderstatus einzulassen. Berücksichtigt man zudem die anhand der Beispiele angedeuteten Machbarkeits-, Gefährlichkeits-, Vermeidbarkeits- und Finanzierbarkeitsabwägungen und nimmt man noch hinzu, daß es Hunderte von solchen Stoffgruppen gibt, für die das gleiche gilt, dürfte unmittelbar ersichtlich werden, welch komplexen Legitimationsanforderungen der Sondermüll stellt und welch weites Betätigungsfeld er der wissenschaftlich-technischen Expertise öffnet. Der enorme Legitimationsbedarf hat denn auch schnell ein stark prosperierendes Gutachterwesen hervorgebracht, das dann Ende der achtziger Jahre der Müllwissenschaft zum Durchbruch

keiten von Chlorabfällen stieß man auf die Chlorkohlenwasserstoffverbindungen. Wegen ihrer extremen Stabilität betrachtete man sie unter anderem als eine gesundheitsfreundliche Alternative zu den Ammoniaksubstanzen, die damals vor allem als Kühlmittel in Kühlschränken eingesetzt wurden. Der Verdacht, daß die vermeintlich gesundheitsfreundlichen Kühlmittel die Ozonschicht der Erde schädigen, hat vor kurzem wiederum dazu geführt, ausgedienten Kühlschränken den Sondermüllstatus zu verleihen ... (Fortsetzung folgt).

36 Bei hohen Verbrennungstemperaturen zerfallen chlorierte Kohlenwasserstoffe. Ihre hundertprozentige Zerstörung ist jedoch auch mit Spezialverbrennungsanlagen immer nur annäherungsweise möglich; kleine Mengen bleiben in der Abluft und in den Verbrennungsschlakken erhalten. Der Streit um Sondermüllverbrennungsanlagen geht im wesentlichen um die Größe dieser Schadstoffreste.

auf breiter Front verhalf, auch wenn sie durchweg – offenbar um die Anrüchigkeit ihres Gegenstands abzustreifen – Umweltforschung oder Umwelttechnikforschung genannt wird.
Der Sondermüllnotstand, den seit Mitte der achtziger Jahre zahlreiche Kommunen ausrufen oder androhen, bezieht sich in erster Linie auf die Kapazitätsengpässe in der *Sondermüllbehandlung*. Ein ganzes Bündel von Ursachen ist hierfür verantwortlich zu machen. Die bereits vorhandenen Deponien sind voll oder entsprechen nicht mehr den Sicherheitsrichtlinien. Eine Reihe von Entsorgungspraktiken, wie etwa die Verklappung auf See, wurde verboten.[37] Für die Errichtung neuer Deponien werden die geologisch günstigen Standorte knapp; sie stößt wie die Errichtung von Verbrennungsanlagen zunehmend auf Proteste der Anwohner und dauert – bedingt durch verschärfte sicherheits- und genehmigungstechnische Vorschriften – immer länger. Internationale Abkommen machen zudem den Export von Sondermüll schwieriger. In Deutschland, das als weltweit größter Abfallexporteur galt, fällt dies besonders ins Gewicht.[38] Auch scheint es sich bei vielen der mit der Sondermüllentsorgung verbundenen Recyclingsysteme, von denen man sich eine Mengenreduzierung verspricht, um regelrechte Anreicherungskreisläufe für Giftstoffe zu handeln.[39] Schließlich findet sich unter den bereits angefallenen, registrierten und zur Sonderbehandlung vorgesehenen Abfällen vieles, für das es bislang überhaupt noch keine angemessenen Entsorgungstechniken gibt.[40]

37 Lange 1990.
38 Da die ehemalige DDR ein Großabnehmer von bundesdeutschem Müll, insbesondere von Sondermüll, war, wird sich dies – ohne daß die Probleme dadurch gelöst wären, mittlerweile geändert haben (siehe Breuninger 1990). Dem grenzüberschreitenden Müllexport der dichtbesiedelten Länder entspricht bei Flächenstaaten der Müllexport von Ballungszentren in ländliche Regionen. Der grenzüberschreitende Abfallexport durch die Luft, die Flüsse oder Meeresströmungen – letzteres ist vor allem bei dichtbesiedelten Inselstaaten wie England und Japan ein beliebtes Entsorgungsverfahren – werden von den schlagbaumorientierten Exportkriterien ohnehin nicht erfaßt.
39 Lahl/Zeschmar-Lahl 1991.
40 Dies betrifft vor allem unzugänglichen Sondermüll und Stoffgemische, bei denen die chemische oder physikalische Konsistenz der ungefährlichen Stoffanteile die Zerstörung des Gemisches und zugleich die Separierung der Schadstoffe verhindert.

Den knappen Entsorgungskapazitäten steht ein anschwellender Sondermüllberg gegenüber. Der größte Anteil des Sondermülls (ca. zwei Drittel) fällt nach wie vor in der chemischen Industrie an.[41] Da sich die vorsorgliche Entgiftung der industriellen Stoffkreisläufe noch in den Anfängen befindet (Asbestverbot, bleifreies Benzin, Reduktion der FCKW-Produktion), gleichzeitig die industrielle Güterproduktion mengenmäßig und von ihrer Stoffvielfalt her wächst, wird man mit einem weiteren Wachstum der jährlich produzierten Sondermüllmengen rechnen können. Kaum überblicken lassen sich bislang der Umfang und die Entsorgungsanforderungen, die für die Sondermüllentsorgungssysteme aus den Endmoränen ihrer Vorgänger, das heißt aus den sogenannten »Altlasten«, erwachsen. Schätzungen besagen, daß ca. 50 000 bis 70 000 sanierungsbedürftige Altareale (alte Industrie- und Deponiestandorte) Abfälle mit Sondermüllqualitäten verbergen.[42] Ein weiteres Anwachsen des Sondermüllberges könnte schließlich die sogenannte »Altstoffbewertung« nach sich ziehen, das heißt die nachträgliche Klassifizierung von Stoffen als Sondermüll, die vor Inkrafttreten des Chemikaliengesetzes im Jahre 1982 vermarktet wurden.[43]

Anlagentechnische Strukturen

Betrachtet man die technischen Einrichtungen der Sondermüllentsorgung nun näher, so fallen natürlich zunächst die »*großtechnischen*« *Anlagen* zur Sondermüllbehandlung ins Auge, also Sondermülldeponien, Sondermüllverbrennungsanlagen zu Wasser und zu Lande sowie spezielle Aufbereitungsanlagen, die in der einen oder anderen Weise die oben angesprochene Filterfunktion erfüllen (Anlagen zur Volumenverringerung, spezielle Recyclingsysteme, Bodenwaschanlagen und anderes).
In den alten Bundesländern laufen zur Zeit 34 allgemein zugäng-

41 Zur Aufteilung der anfallenden Sondermüllmengen auf verschiedene Produzenten und zur Aufteilung der Entsorgung auf betriebseigene und öffentliche Anlagen siehe UBA 1989, S. 420-468.

42 *Der Spiegel*, Heft 14 (1991), S. 98-106: »Jungfräulicher Boden – Bei der Altlastsuche gehen die Bundesländer neue Wege: Luftaufklärung mit Hilfe von Geheimfotos«.

43 Lahl/Zeschmar-Lahl 1991; Köhler/Zwingmann 1988, S. 59.

liche zentrale Sondermüllverbrennungsanlagen.[44] Davon werden sechs von der öffentlichen Hand betrieben. In 13 Sondermülldeponien werden noch Abfälle eingelagert.[45] Insgesamt dürfte es sich allerdings bei den gegenwärtig in den alten Bundesländern betriebenen Sondermülldeponien um mehrere hundert handeln. Denn Deponien, die bereits voll sind und daraufhin verkapselt werden, sind im Prinzip so lange »in Betrieb«, bis sie lecken und größere Umweltschäden verursachen. Reparaturen und sicherheitstechnische Nachrüstungen solcher außer Kontrolle geratener Altdeponien stellen lediglich den Uhrzeiger des Zeitzünders – so ließe sich mit Bezug auf die Zeitbombenmetapher für Deponietechnik sagen – ein Stück zurück. Diesen spezifischen Zeitzwängen ist es deshalb auch zu verdanken, daß die Rückholbarkeit des deponierten Sondermülls zu einem zunehmend wichtigen Kriterium für den Betrieb und den Neubau von Sondermülldeponien wird.

Bei neuen Sondermüllentsorgungseinrichtungen kann es sich um durchaus komplexe, mit industriellen Produktionsanlagen vergleichbare technische Systeme handeln.[46] Beispielsweise gehören zu einer modernen Landschaftsdeponie:

- eine mehrschichtige Bitumen- und Plastikabdichtung, die zusammen mit ihrer natürlichen Abdichtung (Tonschichten) das Eindringen von Schadstoffen in den Untergrund für mehrere Jahrzehnte verhindern soll,
- ein Drainagesystem für die Deponiewässer mit einem eigens für sie errichteten Klärwerk,
- eine Abdeckung, die das Eindringen von Regenwasser verhindert,
- meß- und labortechnische Einrichtungen zur Kontrolle des angelieferten Mülls, aber auch zur Überwachung der Deponiegase, des Deponiewassers, des Langzeitverhaltens der eingela-

44 Umweltbundesamt, Informationsblatt Abfall Nr. III, 1.3, Stand 1989.

45 Vgl. Sutter 1990, S. 40. Zu den öffentlich zugänglichen und für verschiedene Abfallarten tauglichen Anlagen zählen auch 73 teilweise unmittelbar an sie angegliederte Sondermüllbehandlungs- und Aufbereitungsanlagen. Daneben gibt es jedoch noch ca. 2500 kleinere, häufig industriellen Produktionsprozessen nachgeschaltete und meist sehr spezielle Sondermüllentsorgungsanlagen (Stand 1986; vgl. Sutter 1990, S. 40 ff.).

46 Vgl. Sutter 1990, S. 215-220.

gerten Abfälle und möglicher Lärm-, Boden- und Grundwasserbelastungen in der weiteren Deponieumgebung sowie
- computergestützte Informationssysteme zur Erfassung betriebsrelevanter Mülldaten (Umfang, Qualität, Absender, Lage in der Deponie) und zur Dokumentation der meßtechnisch erhobenen »Selbstbeobachtungsdaten« der jeweiligen Deponiebetreiber.[47]

Neben den ortsfesten Großanlagen werden – ähnlich wie bei den zumeist außerhalb der Transplantationszentren durchgeführten Organentnahmen – zunehmend auch kleiner dimensionierte und mobile *Sondermüllentsorgungsanlagen* einschließlich dazugehöriger Bedienungsmannschaften eingesetzt. Sie wurden insbesondere vor dem Hintergrund der rapide zunehmenden Artenvielfalt des Sondermülls und der Altlastproblematik entwickelt. Hierzu gehören unter anderem tragbare Laboratorien zur chemischen Analyse des Sondermülls sowie mobile Anlagen zur Vorsortierung kontaminierter Böden und zur Volumenverringerung von Asbestschutt und ausgedienten Kühlflüssigkeiten; auch die In-situ-Bodenwaschtechniken, bei denen zum Beispiel altölverseuchte Böden, die sich nicht abtragen lassen, mit speziell hierfür adaptierten Mikroorganismen geimpft werden, gehören zu den mobilen Entsorgungsanlagen. Weitergehende Standortungebundenheit verspricht ein vor kurzem vorgestellter Entsorgungstransporter für klinischen Sondermüll. Mit ihm sollen die Abfälle während der Fahrt behandelt werden können.

Den nach wie vor größten Stellenwert im Bereich der Sondermüllentsorgung dürfte ein eher unscheinbarer und der eigentlichen Entsorgung vorgelagerter Typ von Technik innehaben – gemeint sind die Meßapparaturen und labortechnischen Einrichtungen, welche die in den achtziger Jahren boomende Spurenanalytik hervorgebracht hat. Ob Müll Sondermüllqualitäten aufweist – das heißt, ob er gefährliche Substanzen enthält oder nicht –, läßt sich ihm nicht ansehen. Der Nachweis der Anwesenheit einer als gefährlich eingestuften Substanz im Müll wird (wie der Nachweis ihrer Gefährlichkeit) in aller Regel mit Hilfe aufwendiger und hochspezialisierter Meßtechnik geführt – dies ist das zweite große Einfallstor der Expertise in die Sondermüllentsorgung. Hinter dem in den achtziger Jahren in Mode gekommenen Ausloben ei-

47 Hulpe/Bornemann 1990; Kaworsky 1989; Treibert 1990.

nes »Schadstoffs des Monats« dürften daher weniger ein schnell wachsendes Wissen über die Gefahren bestimmter Stoffe als vielmehr kurze Innovationszyklen in der Meßtechnik stehen. Für die sinnliche Unzugänglichkeit und die Probleme, die sich hieraus vor allem für Müllbetroffene ergeben, hat sich im übrigen die sozialwissenschaftliche Forschung bislang am meisten interessiert; diese beiden Aspekte des Sondermülls gelten unter anderem als Symptom für einen sozialen Umbruch in Richtung der sogenannten Risikogesellschaft.[48]

Modelldeponien, moderne, als umfassende »Schadstoffsenken« ausgelegte Verbrennungsanlagen, hochsensible Meßtechnik und mobiles Entsorgungs-Hightech können jedoch nicht darüber hinwegtäuschen, daß das technische Niveau der Entsorgungsanlagen in den meisten Industrieländern noch relativ niedrig ist. Eine große Rolle auch in der Entsorgungstechnik spielt das Altlastenproblem: alte und dennoch weitergenutzte Deponien, Verbrennungs- und Aufbereitungsanlagen. Anspruchsvollere Entsorgungstechniken sind allesamt jüngeren Datums. Noch in den siebziger Jahren (und vielerorts ist das heute noch der Fall) handelte es sich bei der »Deponietechnik« häufig schlicht um Löcher in der Landschaft und bei den Anlagen zur »thermischen Mineralisierung« von Sondermüll um Öfen zur Verbrennung von Altölen, die trotz ihrer Größe den Ölöfen aus unseren Wohnstuben an Raffinesse in nichts nachstanden.

In der Bundesrepublik kam, wie gesagt, die entsorgungstechnologische Entwicklung erst durch Bürgerproteste und die Verschärfung der entsorgungsrechtlichen Rahmenbedingungen in Gang. Der behördliche Blick auf die Sondermüllproblematik, auch der der Protestbewegungen, war und ist dabei nach wie vor stark »anlagenfixiert«.[49] Das, was in den Zwischenräumen von »Sondermüllproduktionsanlagen« der Industrie und den Sondermüllentsorgungsanlagen mit den Abfällen passiert – also auch der

48 Vgl. Beck 1986, Weyer/Krohn 1989.

49 Dies gilt nicht für die Umweltschutzverbände. Sie unterstützen zwar durchweg den lokalen Bürgerunmut gegenüber bestimmten Entsorgungsanlagen und nutzen dabei das vor allem bei Deponieanwohnern wirksame Sankt-Florian-Prinzip aus. Jedoch haben die Umweltverbände mit als erste auf die behördliche Anlagenfixierung aufmerksam gemacht und ihr »integrierte Entsorgungskonzepte« überregionalen Zuschnitts entgegengehalten.

Vernetzungsaspekt der Sondermüllentsorgung – wird aus diesem Blickwinkel kaum erfaßt. Auf die Vernetzungsaspekte soll nun näher eingegangen werden.

Netztechnische Strukturen

Zu den noch recht offensichtlichen Vernetzungsphänomenen gehören der Aufbau *integrierter Anlagenverbunde* und die Errichtung *zentraler Entsorgungsparks* – eine Entwicklung, die durchaus im Einklang mit dem altlastorientierten Trend zu mobilen Kleinanlagen gegenwärtig vor allem von großen kommunalen Zweckverbänden in Nordrhein-Westfalen vorangetrieben wird. Im Idealfall sollen mit ihnen Müllaufbereitungs-, Recycling-, Verbrennungsanlagen sowie Zwischen- oder sogar Endlagerungsmöglichkeiten gemeinsam betrieben (Anlagenverbund) bzw. auch räumlich zusammengefaßt werden (Entsorgungspark). Über solche Einrichtungen könnten insbesondere (ländliche) Regionen, die sich bislang keine speziellen Sondermülleinrichtungen leisten konnten oder solche nicht für notwendig hielten, in übergreifende Entsorgungssysteme eingebunden werden.[50] Anlagenverbunde und Entsorgungsparks basieren ganz wesentlich darauf, die Entsorgungssysteme für Normalmüll und Sondermüll, die ja erst seit ein paar Jahren getrennte Wege gehen, teilweise wieder zu reintegrieren.

Speziell die zentralen Entsorgungsparks versprechen für die Sondermüllentsorgung, aber auch für eine auf Recycling bedachte Hausmüllentsorgung eine Verkürzung der Transportwege, die der Abfall zwischen seinen jeweiligen Behandlungsstufen zurücklegt.[51] Die räumliche Nähe bietet zudem die Chance, die verschiedenen Müllbehandlungsanlagen, dort, wo es sich anbietet, energetisch oder verfahrenstechnisch miteinander zu verkoppeln.[52] Auch könnten sie die Kontrolle der in zunehmendem Maße durch Recyclingeinrichtungen miteinander verflochtenen Sonder- und Hausmüllströme erleichtern. Wichtigstes Motiv für die Errich-

50 Fonteyn 1991.
51 Allerdings dürften sich hierdurch speziell die Transportwege des noch unbehandelten Sondermülls verlängern.
52 Vgl. ITU 1990.

tung zentraler Entsorgungsparks dürfte jedoch wiederum die Standortknappheit sein. Durch dic Ausweitung eines schon vorhandenen Standorts zu einem umfassenden Entsorgungspark läßt sich die schwierige Suche nach neuen Standorten vermeiden. Für die Sondermüllentsorger bietet letztlich die Standortkopplung von Sondermüll- und Hausmüllentsorgung viele legitimatorische Vorteile.[53]

Betrachtet man nun die technischen Vernetzungen, die zwischen der Sondermüllentsorgung und den Energieversorgungs- und Abwasserentsorgungssystemen bestehen, kommt eine Reihe von Kopplungen ins Spiel, wie man sie von industriellen Produktionsanlagen her kennt. Bei Großdeponien werden beispielsweise die in der eigenen Anlage vorgeklärten Deponiewässer den jeweiligen kommunalen Abwassersystemen zugeführt. Die meisten Müllaufbereitungssysteme, insbesondere die Anlagen zum Einschmelzen von Abfällen, sowie Sondermüllverbrennungsanlagen für kalorienarme Abfälle sind auf Energieversorgungssysteme angewiesen.

Umgekehrt werden auch die Sondermüllanlagen für den Betrieb der Abwasser- und Energieversorgungssysteme genutzt, insofern zum Beispiel Verbrennungsöfen ihre überschüssige Energie in die Elektrizitäts- oder Fernwärmenetze einspeisen. Durch die verschärften Umweltschutzbestimmungen wird zudem der Betrieb speziell der Stromversorgungs- und Abwasserentsorgungssysteme zunehmend vom Sondermüllentsorgungssystem abhängig. Ein großer Teil der Filterstäube und Verbrennungsschlacken aus Kraftwerken, des Klärschlamms aus Klärwerken oder etwa des PCB aus Umspannwerken kann nämlich nicht mehr im Straßenbau, der Landwirtschaft und der chemischen Industrie weiterverwertet, sondern muß als Sondermüll entsorgt werden.[54]

Einschlägiger für die Sondermüllentsorgung und vergleichbarer mit entsprechenden Einrichtungen im Transplantationswesen sind jedoch die *transportlogistischen Vernetzungen*, die die Sondermüllentsorger zu und zwischen verschiedenen Verkehrsinfra-

53 Obwohl die Haushalte gleichermaßen Verantwortung für den Sonder- und Hausmüll tragen, ist es dennoch im Fall von Hausmülldeponien einfacher, möglichen Protesten von Deponieanwohnern deren Mitverantwortung für das Müllproblem entgegenzuhalten.

54 Vgl. Gelfort 1989.

strukturen herstellen. Je nach Art, Umfang, Gefährlichkeit und Kosten wird Sondermüll per LKW, Bahn oder Schiff (Binnen- und Seeschiffahrt), zu großen Teilen auch im sogenannten Kombiverkehr transportiert.[55] Die Infrastrukturen des Güterverkehrs sind hierfür wiederum in unterschiedlicher Weise an die spezifischen Erfordernisse der Sondermüllentsorgung angepaßt, etwa über besondere Bahnanschlüsse für die Sondermüllproduktions- und Entsorgungsanlagen oder durch das mittlerweile breite Spektrum von Sondermüllcontainern, Spezialtankschiffen und Lastkraftwagen.

Bei einem Teil der Sonderabfälle werden derartige Adaptionen der Verkehrsinfrastruktur sehr detailliert durch die Verordnungen zum »Transport gefährlicher Güter« vorgeschrieben. Transporte des als »gefährliches« Gut eingestuften Sondermülls bedürfen der behördlichen Genehmigung und sind dann nur auf bestimmten Strecken des Straßennetzes und mitunter nur zu verkehrsarmen Zeiten erlaubt. Aus Sicherheitsgründen müssen besonders gefährliche Abfallarten, soweit möglich, per Bahn transportiert werden. Bei dem Transportgerät, das dabei zum Einsatz kommt, sind spezielle Sicherheitsvorkehrungen einzuhalten (etwa doppelwandige Tanks, Gefahrenkennzeichnung am Transporter, besondere Qualifikationsnachweise für die LKW-Fahrer).

Abgewickelt werden die Sondermülltransporte vorwiegend durch die Speditionsabteilungen der Chemiekonzerne und durch international operierende Spezialspeditionen. Die verschärften behördlichen Auflagen und die kapitalintensive sicherheitstechnische Ausrüstung des Transportgeräts haben in den letzten Jahren kleine »Wald- und Wiesenspediteure« zunehmend aus dem Geschäft verdrängt. Einen wichtigen Hintergrund hierfür und zugleich einen wichtigen Unterschied zu den Organtransplantationssystemen bilden die vielen Unfälle und Skandale im Zusammenhang mit Sondermülltransporten. Während die transportlogistischen Einrichtungen, mit Vorliebe der Einsatz von Leihflugzeugen, zur positiven Außendarstellung der Organtransplantationssysteme gezielt genutzt werden, haben sie der Sondermüllentsorgung durchweg negative Schlagzeilen eingebracht.

55 Im Raum Köln zum Beispiel, in dem sich Standorte der chemischen Industrie konzentrieren, machen gefährliche Güter nahezu 20% des Schienengüterverkehrs aus (vgl. Kreitz 1990, S. 13).

Man denke hier an das vorsätzliche Versenken oder die Irrfahrten namhafter Giftmüllschiffe (»Karin B«), an die alpenländische Odyssee der mit den 41 »Seveso-Giftfässern« beladenen LKWs im Jahr 1976 oder an die jahrelange »Zwischenlagerung« strahlenverseuchten Molkepulvers im bundesdeutschen Eisenbahnnetz im Gefolge der Tschernobyl-Katastrophe.
Über den bislang kaum angesprochenen Funktionsbereich »Sondermüllerfassung« kommen schließlich auch *datentechnische Vernetzungen* und *übergreifende Umweltbeobachtungssysteme* ins Spiel. Eine der grundlegenden Voraussetzungen der geregelten Sondermüllentsorgung bilden zentrale Datenbanksysteme, mit deren Hilfe die als Sondermüll eingestuften Abfallstoffe, die jeweiligen Sondermüllproduzenten, die Sondermüllentsorger und die Altlaststandorte erfaßt werden können. In der Bundesrepublik werden solche Systeme gegenwärtig vom Umweltbundesamt und den jeweiligen Landesumweltbehörden aufgebaut. Speziell für die schwierige Suche nach Altlasten nutzen die Umweltbehörden dabei das hierzulande nahezu flächendeckend ausgebaute Meßstellennetz zur Erfassung der Grund- und Oberflächenwasserqualität sowie flugzeuggestützte Erdbeobachtungssysteme (ergänzt durch die Sekundärauswertung vor allem des Luftbildmaterials der Alliierten aus dem zweiten Weltkrieg).[56] Die vorhandenen Umweltbeobachtungssysteme dienen darüber hinaus auch zur Kontrolle von Wasser- und Luftverschmutzungen durch große Sondermüllentsorgungsanlagen.
Da die gegenwärtig überwiegend noch erdgebundenen Umweltbeobachtungssysteme mehr und mehr einen satellitentechnischen »Überbau« erhalten, ist zu erwarten, daß diese in absehbarer Zeit stärker für Überwachungsaufgaben in der Sondermüllentsorgung genutzt werden. Daß hierdurch auch in der Sondermüllentsorgung das »Pieperwesen« endlich zum Zuge kommen könnte, mag folgendes Beispiel belegen. Seit Jahren »beschickt« die Stadt New York den ihr vorgelagerten Atlantik mit hochgradig kontaminierten Klärschlämmen. Die mögliche Umweltgefährdung durch diese recht schlicht gehaltene Sondermülldeponie hat den Staat New York dazu veranlaßt, die Stadt New York anzuweisen, die Deponie nachträglich mit einem Überwachungssystem auszustatten. Bei dem daraufhin eigens hierfür entwickelten Monitoring-

56 Vgl. *Der Spiegel*, a.a.O.

system werden in regelmäßigen Abständen handliche Meerespieper von einem Flugzeug über dem Verklappungsgebiet abgeworfen. Die vergleichsweise billigen Pieper verfügen über einen sockenähnlichen Strömungsanker und einen kleinen Sender, der viermal am Tag ein Funksignal abgibt.[57] Die Funksignale werden von einem französischen Satelliten aufgefangen und an einen Rechner in New York weitergeleitet, was eine Ortung der einzelnen Pieper mit einer Abweichung von weniger als einem Meter und hierdurch indirekt die Ortung des deponierten Mülls erlauben soll.

Insgesamt aber ist der Funktionsbereich »Erfassung« nur wenig entwickelt, sogar noch weniger als die Sondermüllbehandlung, der ja die Anlagenfixierung des öffentlichen Sondermülldebatte zugute kommt. Bei der Identifizierung neuproduzierten Sondermülls müssen sich die Umweltbehörden in der Regel darauf verlassen, daß die sondermüllproduzierenden Firmen ihrer Pflicht zur Meldung der Abfälle von sich aus nachkommen. Die Abfallgesetzgebung in der Bundesrepublik sieht zwar bei allen Firmen des produzierenden Gewerbes, bei denen Sondermüll anfällt, die Einrichtung der sogenannten Sondermüllbeauftragten vor (das direkte Gegenstück zum Transplantationsbeauftragten). Eingestellt werden die Sondermüllbeauftragten jedoch von den Sondermüllproduzenten, denen gegenüber sie auch weisungsgebunden sind. Bei der Kontrolle des Sondermülltransports, auch des Transports gefährlicher Abfälle, müssen sich die Umweltbehörden völlig auf das ehrwürdige Begleitscheinwesen des Güterverkehrs verlassen. Begleitscheine bieten natürlich keinen verläßlichen Schutz gegen das Umdeklarieren von Sonder- zu Hausmüll oder zu exportfähigem Wertgut per einfachem Austausch der Begleitscheine, das Müllpanschen und Strecken des Sondermülls mit Sägemehl, Tierkadavern und Bauschutt oder gar nur gegen »Kavaliersdelikte« des Sondermülltransports, wie das beliebte Abkürzen der behördlich vorgeschriebenen Transportwege und das Überschreiten limitierter Lenkzeiten.[58]

57 Vgl. Clearwater Consultants 1991.

58 Vgl. *Der Spiegel*, 34 (1990), S. 41-43: »Manschen und Panschen – Die Stuttgarter Landesregierung paktiert mit einem zweifelhaften Giftmüll-Händler«.

Es ist also zu vermuten, daß an dieser bislang noch weitgehend »offenen« Flanke der Sondermüllentsorgungssysteme weitere Vernetzungen ansetzen und in naher Zukunft *übergreifende »Monitoringsysteme«*, wie sie für die Transplantationssysteme bereits existieren, errichtet werden. Zum Aufbau von vernetzten Systemen des Sondermüllmonitoring (»SSMM«) und insbesondere zu der von vornherein *internationalen* Auslegung dieser Systeme dürfte zudem ein bislang nur am Rande erwähntes Sonderproblem der Sondermüllentsorgung besonders beitragen, nämlich der sogenannte Sondermülltourismus.

Sondermüllströme suchen sich, wie andere Ströme auch, den Weg des geringsten Widerstands. So flossen aus der Bundesrepublik, in der relativ früh strengere und damit verteuernd wirkende Entsorgungsvorschriften erlassen wurden, lange Zeit große Mengen Sondermüll in die benachbarte DDR und nach Belgien, wo es noch keine vergleichbaren Vorschriften gab.[59]

Ähnliches galt im Grunde für den Sondermüllexport aller europäischen Länder, so daß sich der Sondermüll letztlich in den Ländern mit den niedrigsten Standards konzentrierte. Für die innereuropäischen Sondermüllströme hat sich dieses Exportmotiv durch die Rechtsangleichung im Zuge der EG-Integration zugunsten eher kapazitäts- und technologieorientierter Exportmotive abgeschwächt.

Darüber hinaus entfällt ein wachsender Anteil des innereuropäischen Sondermüllexports auf den sogenannten »Mülltransit«; das heißt, in den jeweiligen Importländern wird der Sondermüll auf Seeschiffe umgeladen und meistens in Länder der dritten Welt weiterexportiert. Denn durch die verschärften Entsorgungsvorschriften, die knapper werdenden Kapazitäten und die technologische Aufrüstung der Entsorgungsanlagen hat sich die Sondermüllentsorgung in Europa so weit verteuert, daß der Export des Sondermülls nach Lateinamerika und Afrika lukrativ wurde. Den Ländern der dritten Welt bot sich damit die »Chance«, ihre Schuldenberge gegenüber den Industrienationen durch Übernahme von deren Sondermüllbergen abzutragen.

In welche Richtung sich ein übergreifendes Sondermüllmonito-

59 Boehringer 1988.

ringsystem entwickeln könnte, läßt sich nun insbesondere aus der Baseler Konvention »über die *Kontrolle* des grenzüberschreitenden Verkehrs mit Sonderabfällen und ihrer Beseitigung« von 1989 ablesen.[60] Die Konvention enthält zwar eine Absichtserklärung, Sondermüll möglichst in seinem Entstehungsland zu entsorgen; Sondermüllexporte sollen aber prinzipiell erlaubt bleiben, wenn alle davon betroffenen Länder (das Export-, das Importland und die Transitländer) über Art und Umfang des Abfalls informiert werden, ihre Zustimmung erteilen und Sondermülltransport und -entsorgung den (europäischen) Sicherheitsmaßstäben gemäß erfolgen.

In den Beratungen zur Baseler Konvention wurde deutlich, daß die EG-Länder offenbar ein *europaweit integriertes Sondermüllentsorgungssystem* mit einer funktionalen Arbeits- und Aufgabenteilung zwischen den einzelnen Ländern vor Augen haben, wie man es aus dem Bereich der Atommüllentsorgung kennt.[61] Angesichts der geologisch oder politisch ungleich verteilten Standortbenachteiligungen einzelner Länder sowie angesichts der großen, Spezialanlagen erfordernden Sondermüllvielfalt und des voraussichtlichen Fortbestands der Kapazitätenknappheit gedenken die europäischen Länder offenbar im Fall des Sondermülls vom strikten Nationalisierungs- und Regionalisierungsvorsatz in der Müllentsorgung abzuweichen.[62] Wie im Fall der Transplantationssysteme deutet sich also auch in der Müllentsorgung ein Zwei-Ebenen-System an: Hausmüll wird auf regionaler und nationaler, Sondermüll auch auf internationaler Ebene entsorgt. Nicht allzuweit dürfte dann der Schritt sein von der innereuropäischen Arbeitsteilung in der Sondermüllentsorgung zu einem *Sondermüllbilanzierungssystem*, das eine »gerechte« Zuweisung der knappen innereuropäischen Entsorgungskapazitäten erlauben würde.

Als folgenreicher im Sinne weiterer Vernetzungen könnte sich jedoch herausstellen, daß die Konvention eine Rücknahme- und Haftungspflicht im Fall gescheiterter oder illegaler Exporte vorsieht. Sollte die Baseler Konvention zu bindendem internationalen

60 Zu dem Inhalt der Konvention und ihren Implikationen für die deutsche Abfallgesetzgebung siehe Bentlage 1990.

61 *Müllmagazin* 3 (1989), S. 6-12.

62 Zum Sinn eines »geregelten Mülltourismus« siehe Müller 1991.

Recht werden, wäre hierdurch erstmals das *Verursacherprinzip* auf der internationalen Ebene der Sondermüllentsorgung verankert und damit ein gewisser Zwang für die jeweiligen Länder etabliert, den Aufbau ihrer jeweiligen Sondermüll-Monitoringsysteme zu forcieren und insbesondere die Reichweite dieser Systeme auf den Export und die Entsorgung ihres Sondermülls im Ausland auszudehnen.

Netztechnische *Verdichtungen* der jeweils regionalen oder lokalen Sondermüllentsorgungsnetze könnten sich schließlich aus der oben angesprochenen Tendenz zur funktionalen Reintegration von Hausmüll- und Sondermüllentsorgung ergeben. So hat sich in den letzten Jahren gezeigt, daß das Stoffgemisch des Hausmülls große Mengen versteckten sowie virtuellen Sondermülls enthält, die ins Blickfeld der umweltpolitischen Öffentlichkeit typischerweise erst gelangten durch ihre Unverträglichkeit vor allem für die Hausmüllverbrennungsanlagen, die in Reaktion auf knapper werdenden Deponieraum in den letzten Jahren forciert gebaut wurden.[63] Ansonsten ungefährliche, durch ihre Stabilität lediglich lästige Hausmüllsubstanzen (insbesondere PVC) können sich nämlich bei Verbrennung in hochtoxische Stoffe (etwa in Dioxine oder Furane) verwandeln – und damit also Sondermüll machen aus Abluft, Filterstäuben und Schlacken der Verbrennungsanlage.[64] Die Bemühungen der letzten Jahre um eine Müllvorsortierung durch die Privathaushalte (getrennte Glas- und Papier-, Bio- und Plastikabfalltonnen) und hieran ansetzende Rohstoffrückführung sind so gesehen auch Maßnahmen zur Volumenreduktion des Sondermülls.[65]

63 »Versteckten« Sondermüll enthält vor allem der stark wachsende Berg des häuslichen Elektronikschrotts, dessen kunterbuntes Gemisch toxischer Bestandteile (Schwermetalle und chlorierte Kohlenwasserstoffe) sich nur durch seine Verdünnung einer Sondermüllklassifizierung entzieht. Zum »virtuellen« Sondermüll kann man all jene Stoffe des Hausmülls zählen, die erst durch ihre Entsorgung in gefährliche Stoffe umgewandelt werden.

64 Koch/Seeberger 1984. Gleiches gilt natürlich auch für den flüssigen Abfall der Haushalte; zum virtuellen Sondermüll im Waschabwasser siehe Braun 1993.

65 Zeitgleich sind die Kommunen dazu übergegangen, bei Hausmülldeponien nur noch nicht mehr recyclingfähigen Abfall anzunehmen, hierfür gegebenenfalls Sortier- und Recyclinganlagen zu bauen und

Mit der *Verlagerung von Sortierfunktionen der Hausmüllentsorgung auf die Haushalte* wird vermutlich der bislang noch geringe Anteil des Sondermülls wachsen, der direkt bei den Privathaushalten (und anderen Kleinbetrieben) anfällt. Zur Entsorgung des Altöls aus PKW – der Prototyp des häuslichen Sondermülls – ist mittlerweile die Entsorgung von Batterien, Kühlschränken, Farbresten und ähnlichem hinzugekommen. In den Niederlanden müßte sogar der PC, der diesen Text gerade entgegennimmt, dann, wenn er dazu nicht mehr in der Lage ist, gesondert entsorgt werden. Die Logistik und insbesondere wiederum die Kontrollsysteme für die angemessene Entsorgung derart »feinverteilten« Sondermülls machen den Umweltbehörden gegenwärtig noch großes Kopfzerbrechen.[66] Entsprechende »mikroskopische Kapillare« der Sondermüllentsorgungssysteme dürften ganz wesentlich auf dem Instrument der *Rücknahmepflicht* aufbauen und damit, wie bereits im Fall der Batterien und der Kühlschränke, am Einzelhandel ansetzen.

4. Große technische Systeme erster und zweiter Ordnung

Im folgenden soll der Versuch unternommen werden, die durch allerlei technische Vernetzungen geprägten Einrichtungen des Transplantationswesens und der Sondermüllentsorgung einem besonderen Typus großer technischer Systeme zuzuordnen. Es wird dabei zunächst davon ausgegangen, daß die beiden Einrichtungen in die Rubrik der »großen technischen Systeme« gehören, daß sie also strukturelle Ähnlichkeiten mit den klassischen Infrastruktursystemen des Straßenverkehrs, des Telefonverkehrs, der Stromversorgung usw. aufweisen.

Organtransplantations- und Sondermüllentsorgungssysteme sind »groß«, weil mit ihrer Hilfe im Vergleich zu einzelnen Maschinen oder gar umfassenderen Produktionsanlagen (»kleine technische

Müllverbrennungsanlagen überhaupt nur noch mit vorgeschalteter Sortieranlage zu genehmigen.

66 In § 4 Abs. 6 des Hessischen Landesabfallgesetzes wird dieser häufig als »Problemmüll« bezeichnete Anteil des Hausmülls explizit unter Sondermüll gefaßt, und zwar als »Sonderabfall-Kleinmengen«.

Systeme«) eine große Menge sozialer Operationen weiträumig abgewickelt werden, weil an ihrem Betrieb immer relativ viele unterschiedliche Organisationen und Akteure beteiligt sind und weil – in Konsequenz dieser beiden Eigenschaften – ihre routinemäßige Nutzung einen vergleichsweise umfangreichen Pool technischer und anderer sozialer Normen mit zum Teil sogar internationalem Geltungshorizont voraussetzt.[67]

Sie sind »technisch«, weil die ihnen zugewiesenen Operationen und sozialen Normen vorwiegend über gegenständliche (im Unterschied zu körperlichen) Mechanismen realisiert werden, weil auch ihre jeweils lokalen Einrichtungen miteinander durchgängig technisch vernetzt sind und weil – in Konsequenz dieser beiden Eigenschaften – viele Organisationen und Akteure, die sie betreiben oder nutzen, über weite räumliche und zeitliche Strecken eben »nur« technisch aufeinander bezogen werden. Sie sind schließlich »Systeme« in dem einfachen Sinne, daß man – wie in den Abschnitten 3.1 und 3.2 ausgeführt – ihre zentralen, wenn man so will: identitätsstiftenden »Operationen« (Aufgaben der Systeme) sowie ihre wichtigsten »Elemente« (ihre technischen Strukturen) bestimmen und sie hierdurch gegenüber anderen regelhaft verknüpften Gebilden der sozialen Wirklichkeit plausibel abgrenzen kann.

Die operativen Leistungen der Transplantations- und Sondermüllentsorgungssysteme, ihre durchgängige technische Vernetzung und ihr überregionaler Operationshorizont sind jedoch ganz offensichtlich in einem hohen Maße abhängig von Vorleistungen jener Infrastruktursysteme, mit denen sie so vieles gemeinsam haben. Man könnte sagen, ihre Netzstrukturen und damit auch ihre Größe sind zu einem guten Teil von anderen großen technischen Systemen »ausgeborgt«.

Die Transplantationssysteme stützen sich dabei auf die bereits vorhandenen technischen Netze der Fernsprech- und Datenfernübertragung sowie des Straßen- und Flugverkehrs; die Sondermüllentsorgungssysteme stützen sich auf die technischen Netze des Straßen-, Schienen- und Schiffsverkehrs, der Datenfernübertragung und der Umweltbeobachtung. Ihr jeweiliger Eigenanteil an der Vernetzung besteht in der zielgerichteten technischen Verflechtung von *mehreren* gegebenen Netzstrukturen *unterschied-*

67 Technische Normen werden hier also als ein Typ sozialer Normen aufgefaßt; vgl. Joerges 1989.

lichen Typs (»Vernetzung der Netze«). Damit ist immerhin schon gesagt, daß Organtransplantations- und Sondermüllentsorgungssysteme weder als zweckspezifische Anbauten eines gegebenen Netzes aufgefaßt und damit einem dominanten GTS zugeordnet noch daß sie »restfrei« in eine Summe mehrerer solcher Anbauten aufgelöst werden können.

Insoweit lassen sich also große technische Systeme erster Ordnung, die wie etwa das Eisenbahn- oder das Stromversorgungssystem auf einem relativ homogenen technischen Netz aufbauen, von großen technischen Systemen zweiter Ordnung unterscheiden, die wie die Sondermüllentsorgungs- und Transplantationssysteme auf einem heterogenen technischen Netz aufbauen, das sich aus der Verflechtung homogener Netze ergibt. Die Unterscheidung zwischen Systemen erster und zweiter Ordnung zielt also auf empirisch abgrenzbare Typen großer technischer Systeme. »Ordnung« markiert in diesem Zusammenhang lediglich ein asymmetrisches Abhängigkeitsverhältnis, insofern Systeme erster Ordnung eine notwendige Voraussetzung der Systeme zweiter Ordnung darstellen (und nicht umgekehrt).

Im weiteren sollen zunächst die an den beiden Beispielen beschriebenen Verflechtungsphänomene in das durchaus breite Spektrum möglicher GTS-Verflechtungen eingeordnet werden. Anschließend wird es darum gehen, die Besonderheiten der Systeme zweiter Ordnung gegenüber den Systemen erster Ordnung herauszuarbeiten und einige der vermutlich für sie charakteristischen Eigenschaften zu benennen.

Verschränkung und Verknüpfung großer technischer Systeme

Läßt man – wie gehabt – alle Formen der nicht-technischen GTS-Verflechtung außer acht, kann man die verschiedenen Möglichkeiten technischer Verflechtungen sinnvollerweise danach sortieren, ob sie nah oder weit entfernt vom technischen Kern der jeweiligen Systeme ansetzen, also an welchem funktionellen »Ort« der netztechnischen Strukturen die jeweilige Verflechtung stattfindet. Im Prinzip sind dann zwei verschiedene Verflechtungsmöglichkeiten denkbar, nämlich die *»Verschränkung« der Betriebsstrukturen* von (im einfachsten Fall zwei relativ plausibel abgrenzbaren) GTS oder die *»Verknüpfung« ihrer Nutzungsstrukturen*.

Bei der Verschränkung der Betriebsstrukturen handelt es sich bildlich gesprochen um die technische Verkopplung von einzelnen Knoten oder Knotenverbindungen zweier Netze, wobei die verkoppelnde Einrichtung von einem der beiden verkoppelten Systeme betrieben wird.[68] Ein Beispiel hierfür wären etwa die Kopplungen, die zwischen dem elektrischen Eisenbahn- und dem Stromversorgungssystem bestehen. Für den Betrieb des Eisenbahnnetzes wird das Stromversorgungssystem durch eigens hierfür errichtete Umspannwerke (Sonderknoten) genutzt und umgekehrt für den Betrieb des Stromversorgungsnetzes das Eisenbahnsystem für die Anlieferung von Brennstoffen durch gesonderten Bahnanschluß (Sonderverbindung) zu den Kraftwerken. Punktuelle Verschränkungen dieser Art wird man zwischen allen möglichen GTS finden können. Die Nutzungsstrukturen der jeweils beteiligten Systeme beeinflussen sie jedoch in der Regel wenig.
Bei der Verknüpfung von Nutzungsstrukturen handelt es sich bildlich gesprochen um die technische Verkopplung der jeweiligen »losen Netzenden«, also der jeweiligen Netzperipherien der Systeme, wobei die verkoppelnden Einrichtungen *nicht* zu den durch sie verkoppelten GTS gehören. Punktuelle Verknüpfungen dieser Art finden sich massenweise in den Produktionsbetrieben und in den Privathaushalten. Über den Einsatz von Waschmaschinen wird zum Beispiel die Nutzung von Stromversorgungs-, Wasserversorgungs- und Abwasserentsorgungsnetzen technisch miteinander verknüpft. Jeder Fernseher verbindet in diesem Sinne die Rundfunksysteme und die Stromversorgungssysteme. Solche Verknüpfungen stellen zwar eine Erweiterung der Bandbreite möglicher Nutzungsformen der jeweils beteiligten Systeme dar, größere Rückwirkungen auf ihren technischen Kern und ihre Betriebsstrukturen resultieren hieraus jedoch in der Regel nicht.
In seltenen Extremfällen, von denen meistens nur zwei GTS mit weitgehend ähnlichem Leistungsprofil betroffen sind, kann die Verschränkung der Betriebsstrukturen zur »Verschmelzung« von

68 Solche Verschränkungen von Betriebsstrukturen sind ein beliebtes Tummelfeld für ingenieurwissenschaftliche Modellrechnungen, insbesondere im Bereich der Energieversorgung. Mit dem *Marnes*-Modell wird zum Beispiel versucht, alle gegenwärtig in der Bundesrepublik einsetzbaren Energieversorgungseinrichtungen unter ökonomischen und ökologischen Optimierungsgesichtspunkten zu kombinieren; vgl. Walbeck u. a. 1988.

GTS führen, die dann auch eine durchgängige Verknüpfung ihrer »losen Enden« und Veränderungen ihrer Nutzungsstrukturen nach sich zieht (oder umgekehrt). Man denke hier an die von der Telekom angestrebte Verschmelzung der Fernsprech- und Datenfernübertragungssysteme über ein einheitliches Glasfaserleitungsnetz und die neuen Nutzungsmöglichkeiten, die man sich davon verspricht.

Die am Beispiel der Transplantations- und Sondermüllentsorgungssysteme beschriebenen Verflechtungsphänomene weisen nun sowohl Verschränkungs- als auch Verknüpfungscharakteristika auf. Genauer gesagt: Es handelt sich bei ihnen um die punktuelle Verschränkung der Betriebsstrukturen mehrerer GTS *für* eine spezifische Verknüpfung ihrer Nutzungsstrukturen. Man könnte sie daher auch als eine punktuelle Verschmelzung mehrerer, recht unterschiedlicher GTS bezeichnen, die die Systemidentität des Verschmolzenen unberührt läßt.

Einen Eingriff in die Betriebsstrukturen der jeweils genutzten GTS bedeuten im Fall der Transplantationssysteme unter anderem die Vorzugsbehandlung, die dem Ärzte- und Patiententransport im Flugbetrieb zugute kommt, der Rückgriff auf die Learjets, die dabei mitunter eingesetzt werden, und die Standleitungen von Telekom für das *Pioneer*-System. Im Fall der Sondermüllentsorgung wären dies die Vorzugsbehandlung, die gefährlichen Sondermülltransporten im Straßenverkehr zuteil wird, die Spezialwaggons für den Bahntransport und der Zugang zu den Umweltbeobachtungssystemen. In beiden Fällen geht es darum, jeweils bestimmte Nutzungsmöglichkeiten der einzelnen Systeme für die außerhalb dieser Systeme betriebenen Transplantationszentren oder Sondermüllentsorgungsanlagen zusammenzuführen und institutionell auf Dauer zu stellen.

Systeme zweiter Ordnung

Anknüpfend an diese grobe »verflechtungsphänomenologische« Einordnung der Transplantations- und Sondermüllentsorgungssysteme bietet es sich an, die Begrifflichkeit der Systeme zweiter Ordnung speziell für zweckspezifische Kombinationen von Verschränkungs- und Verknüpfungsphänomenen zu reservieren und in folgender Richtung zu präzisieren: »GTS erster Ordnung« be-

zeichnet demnach die klassischen, anhand ihrer homogenen Netzstrukturen relativ einfach abgrenzbaren Infrastruktursysteme (Straßenverkehrs-, Eisenbahn-, Stromversorgungs-, Wasserversorgungs-, Fernsprechsysteme usw.); »GTS zweiter Ordnung« bezeichnet demgegenüber heterogen vernetzte Systeme, die zwei oder mehrere Systeme erster Ordnung in Anspruch nehmen, ihre unterschiedlichen Leistungen im Hinblick auf eine bestimmte Funktion zusammenführen und mit Hilfe entsprechend ausgelegter »Schnittstellen« Teile der Systeme erster Ordnung funktional kombinieren.
Systeme erster und zweiter Ordnung gleichen sich danach in bezug auf den Umfang der über sie abgewickelten Operationen und in bezug auf die räumliche Erstreckung ihres (häufig internationalen) Operationshorizontes (*scale*). Sie unterscheiden sich insofern, als Systeme zweiter Ordnung im Vergleich zu den zweckoffenen Systemen erster Ordnung nur für spezifische Zwecke ausgegelegt sind und nur über eine relativ geringe netztechnische »Eigensubstanz« verfügen (*scope*).[69]
Da durch die Verflechtung der Systeme erster Ordnung nicht nur ihre Leistungen, sondern zumindest teilweise eben auch die Probleme ihres jeweiligen Betriebs »kombiniert« werden, kann man darüber hinaus erwarten, daß die Systeme zweiter Ordnung *störanfälliger* sind, relativ *große Normierungsanforderungen* stellen und sich *schneller* als die Systeme erster Ordnung *verändern*.
Systeme erster Ordnung sind weitgehend abgeschottet gegenüber Störungen in anderen Systemen, mit denen sie verschränkt oder verknüpft sind. Bricht das Telefonsystem zusammen, läßt sich dennoch Eisenbahn fahren, auch wenn es hierdurch schwieriger wird, die weiteren Vorhaben am Ziel der Reise zu planen. Wird die Eisenbahn bestreikt, läßt sich dennoch Auto fahren, auch wenn man dann mit größeren Staus rechnen muß. Wie weit sich Störungen unter den Systemen erster Ordnung fortpflanzen, ist von Fall zu Fall unterschiedlich und hängt von Art und Grad ihrer jeweiligen Verflechtung ab. So ist die Nutzung der Rundfunksysteme (wenn auch nicht ihr weitgehend durch Notstromaggregate abgesicherter Betrieb) sehr direkt von der Stromversorgung abhängig – der Fernsehempfang wird weitaus häufiger durch Stromausfall als

69 Zum Verhältnis von Zweckoffenheit und -bindung großer technischer Systeme siehe den 4. Abschnitt.

durch Unbilden der Witterung gestört. Das Straßenverkehrssystem wird von Störungen etwa des Schienen- oder Flugverkehrs allein schon insofern betroffen, als es in der Regel zu deren Überbrückung genutzt wird. Rundfunk- und Wasserversorgungssysteme können hingegen fast völlig unabhängig voneinander betrieben und genutzt werden.

Systeme zweiter Ordnung sind demgegenüber störanfällige Funktionsgebilde, das heißt, sie sind wesentlich stärker angewiesen auf das zeitgleiche Funktionieren der klassischen Infrastruktursysteme. So können Organtransplantationen bereits daran scheitern, daß nur eines der für sie maßgebenden Infrastruktursysteme ausfällt, also wenn in der Region des Entnahmekrankenhauses das Telefonnetz kollabiert *oder* schlechtes Wetter den Flugverkehr lahmlegt *oder* der Computer respektive die Standleitung der Transplantationsvermittlungszentralen zusammenbricht *oder* schlicht und einfach ein Verkehrsstau die rechtzeitige Bergung eines Organspenders verhindert.[70]

Da Systeme zweiter Ordnung heterogene Netzstrukturen zur Grundlage haben, muß für sie ein relativ großer Normierungsaufwand betrieben werden. Er besteht jedoch weniger in der Generierung gänzlich neuer Standards als in der Kompatibilisierung und zweckspezifischen Ausrichtung bereits etablierter Normengefüge der jeweils miteinander verflochtenen Systeme. So existieren zum Beispiel nur wenige sicherheits- und verfahrenstechnische Normen, die speziell für die Sondermüllentsorgung geschaffen wurden und nur in diesem Bereich gelten. Sie sind jedoch – wie ein Blick etwa in die vielen einschlägigen Ausführungsbestimmungen des Abfallgesetzes zeigt – in einen umfangreichen Normenhintergrund eingepaßt, der unter anderem die verschiedenen sicherheitstechnischen Normen für den Straßen-, Schienen- und Schiffstransport von gefährlichen Gütern umfaßt sowie verschiedene Sicherheits-, Schadstoff- und Meßvorschriften für den Betrieb gefährlicher Anlagen in der Energiewirtschaft, der Abfallwirtschaft und der chemischen Industrie.

Die geringe netztechnische Eigensubstanz der Systeme zweiter

70 Analoge Störungen lassen sich für die Sondermüllentsorgungssysteme natürlich noch nicht angeben, gilt es doch zunächst, überhaupt einen Regelfall der Sondermüllentsorgung zu etablieren. Zur Zeit sind die Sondermüllentsorgungssysteme permanent gestört.

Ordnung bildet naheliegenderweise auch die Voraussetzung dafür, daß sie relativ schnell auf- und umgebaut werden können, also zeitflexibler sind als Systeme erster Ordnung. Das bundesdeutsche Transplantationssystem wurde in nur knapp einem Jahrzehnt errichtet, und auch wenn der Aufbau eines halbwegs funktionierenden Sondermüllentsorgungssystems durch den langen Planungsvorlauf für Entsorgungsanlagen einiges länger dauern wird, dürfte dies in keinem Verhältnis zu den Zeiträumen stehen, die der Aufbau etwa der Strom- oder Wasserversorgungssysteme in Anspruch nahm. Für den raschen Funktionswandel der Transplantationssysteme in der zweiten Hälfte der achtziger Jahre wird man ebenfalls kaum eine Parallele im Bereich der klassischen Infrastruktursysteme finden können.

Aus der Störanfälligkeit, den großen Normierungszwängen und dem schnellen Entwicklungsrhythmus läßt sich jedoch keineswegs folgern, daß Systeme zweiter Ordnung eine generell geringere Stabilität oder eine kürzere »Lebenserwartung« als Systeme erster Ordnung aufweisen. Ein Gegenbeispiel für diese Vermutung und vielleicht sogar den Archetypus aller Systeme zweiter Ordnung bildet das Postwesen. Seit Jahrhunderten kombiniert es Spitzenleistungen der zur jeweiligen Zeit verfügbaren Transport- und Verkehrssysteme, anfänglich über Postkutschen und berittene Postboten, später dann über Postautos, Postzüge, Postdampfer, Postflugzeuge usw. Als Wellenreiter der verkehrstechnischen Infrastrukturentwicklung überlebte die Post so manches große technische System erster Ordnung. Diese Wellenreiterrolle hat sie sich bis heute erhalten. Man denke hier weniger an das wegen seiner Unbeweglichkeit häufig gescholtene staatliche Postwesen, als vielmehr an private Kurierdienste, die mit größtenteils eigenem Fuhrpark den Flugzeug-, Schiff-, Eisenbahn-, und Autotransport von Brief- und Paketsendungen verbinden und zur Umgehung innerstädtischer Staus Motorrad- und Fahrradkuriere einsetzen.[71]

Soweit zunächst zur näheren Charakterisierung und begrifflichen Präzisierung des Typs der Systeme zweiter Ordnung. Es sei hier darauf hingewiesen, daß der Ausdruck »Systeme zweiter Ord-

71 So sind es vor allem die höheren Kombinationsleistungen, durch die die im Logistikjargon als »integrierte Operateure« bezeichneten Kurierdienste nicht nur der Bundespost, sondern auch dem traditionellen Speditionswesen zunehmend das Wasser abgraben.

nung« nur im Zusammenhang mit einem entsprechend »geeichten« Begriff der Systeme erster Ordnung Sinn macht, also auf einen geeignet gewählten Begriff von »großen technischen Systemen«, »technischen Makrosystemen«, »technischen Infrastrukturen« und »Großtechnik« angewiesen ist.

So dürfte für die Untersuchung von Systemen zweiter Ordnung die Rede von einem »Verkehrssystem« oder einem »Energieversorgungsystem« zu hoch, zu unspezifisch angesetzt sein – der Spielraum für »Kombinate« wäre zu gering. Die Rede vom Züricher Straßenbahnsystem oder vom Stromverteilungssystem für Neukölln dürfte hingegen zu »tief«, zu spezifisch angesetzt sein – der Spielraum für »Kombinate« wäre zu groß. Handhabbarkeit und Erkenntnisgewinne verspricht die Abgrenzung bei einer GTS-Begrifflichkeit, die auf einer mittleren Ebene angesiedelt ist und die es erlaubt, zum Beispiel zwischen Systemen des Schienen- und Straßenverkehrs, der Gas- und Stromversorgung oder der Wasserver- und Abwasserentsorgung zu unterscheiden.

5. Ausblick: Flexibilität durch vernetzte Netze?

In Abkehr von der bislang typisierenden Beschreibung der Systeme zweiter Ordnung soll abschließend wieder die Frage aufgegriffen werden, welche Rückwirkungen Aufbau und Betrieb von Systemen zweiter Ordnung auf die weitere Entwicklung der Systeme erster Ordnung, also auf die klassischen Infrastruktursysteme haben könnten. Bevor man nun eine Beantwortung dieser Frage versucht, die hier ohnehin nur recht spekulativ ausfallen kann, sollte man sich zunächst vergewissern, ob überhaupt eine realistische Chance dafür besteht, solche Rückwirkungen empirisch identifizieren zu können. So wie es zu Lebzeiten der Dinosaurier schon den Archäopteryx gegeben haben soll, könnte es ja sein, daß es auch Systeme zweiter Ordnung immer schon gegeben hat und sie genauso alt sind wie die Systeme erster Ordnung. Denkbare Rückwirkungen wären dann nur schwer auszumachen im Rauschen der GTS-Geschichte – insbesondere in Abgrenzung zu möglichen Rückwirkungen anderer Verflechtungsphänomene (Betriebsverschränkungen/Nutzungsverknüpfungen) – und Systeme zweiter Ordnung wären eine analytische Spielerei ohne großen beleg- oder widerlegbaren Aussagewert.

Wahrscheinlich sind die Systeme zweiter Ordnung – worauf das erwähnte Beispiel der Post hinweist – ein relativ altes Phänomen. Ihr gehäuftes Auftreten scheint jedoch jüngeren Datums zu sein. Denn die Transplantations-, Sondermüll- und »Just-in-time«-Systeme, die logistischen Einrichtungen des internationalen Massentourismus, weltweit operierender Konzerne oder – um noch einen weiteren Kandidaten zu nennen – des internationalen Finanz- und Börsenwesens sind erst im Lauf der letzten zwei Jahrzehnte aufgebaut worden. Sie fallen damit in eine Zeit, in welcher der kriegsbedingte Wiederaufbau der klassischen Infrastruktursysteme in den Industrieländern schon beendet war und bereits die Klagen über ihr Veralten sowie die Forderungen nach ihrer Modernisierung begannen. Von daher müßten sich mögliche Rückwirkungen der Systeme zweiter Ordnung auf die klassischen Infrastruktursysteme in ihrer aktuellen und weiteren Entwicklung erkennbar niederschlagen.
Folgende Vermutungen seien hierzu zur Diskussion gestellt. Da über die Systeme zweiter Ordnung spezifisch *neue Möglichkeiten* der Infrastrukturnutzung geschaffen werden, kann man zunächst und ganz einfach davon ausgehen, daß mit ihrem Aufbau *Wachstumschancen und erhöhte Leistungsansprüche* für die jeweils betroffenen Infrastruktursysteme verbunden sind. In (froher) Erwartung eines in den neunziger Jahren stark expandierenden Telekommunikationsmarktes hat etwa Telekom in der zweiten Hälfte der achtziger Jahre gezielt Unternehmen und Industrieverbände unter explizitem Bezug auf neue Möglichkeiten überbetrieblicher Vernetzung für die von ihr im Rahmen von ISDN vorgesehenen Fernmeldedienste umworben, sie sogar aufgefordert, in diese Richtung Phantasie zu entwickeln.[72] Die Investitionsbelastungen, die sich dann aus der Wiedervereinigung ergaben, haben diese Bemühungen allerdings merklich gebremst. Mit Sorge hingegen betrachten Verkehrsplaner die erhöhten Leistungsansprüche, die aus dem Aufbau von »Just-in-time«-Systemen durch große Industrieunternehmen resultieren. Denn letztlich werden hierdurch die Warenlager und die Kosten für ihren Betrieb auf die ohnehin schon durch den Güterverkehr stark belasteten Straßen und Autobahnen verlagert. Dies ist mittlerweile

72 Zu den Möglichkeiten der kommerziellen Nutzung weltweiter Computer-Netzwerke siehe Braun 1994.

zu einem wichtigen Argument dafür geworden, den LKW-Verkehr finanziell stärker für den Ausbau und die Instandhaltung des Straßensystems in die Pflicht zu nehmen.

Da Systeme zweiter Ordnung teilweise in den Betrieb der Systeme erster Ordnung eingreifen, ist darüber hinaus zu vermuten, daß von ihrem Aufbau und Betrieb auch *Innovations- und Flexibilisierungsimpulse* für die klassischen Infrastrukturen ausgehen. So werden zum Beispiel die gegenwärtig speziell für den Kombiverkehr aufgebauten Systeme des Güterzugeinsatzes und des Waggon-Monitoring vorwiegend von privaten Unternehmensverbänden aus dem Speditionswesen vorangetrieben und finanziert. Zu den gegenwärtig beobachtbaren Kommunalisierungstendenzen in der Energieversorgung könnten die verschiedenen Systeme des Energie-Recycling, welche im Rahmen der Müll- und Sondermüllentsorgung an vielen Orten entstehen und welche die Frage nach der Einspeisung kleiner Energiemengen in vorhandene Strom- und Fernwärmesysteme aufwerfen, in ähnlicher Weise beitragen.[73]

Da Systeme zweiter Ordnung den Betrieb und die Nutzung von Infrastrukturen unterschiedlichen Typs miteinander verbinden, kann man schließlich vermuten, daß sie zur *Angleichung der Entwicklungsniveaus unterschiedlicher Infrastruktursysteme* beitragen werden. So wie die Internationalisierung der Märkte die Angleichung der Infrastrukturen gleichen Typs, insbesondere der jeweils nationalen Verkehrs- und Kommunikationssysteme befördert, könnten Systeme zweiter Ordnung im jeweils nationalen Rahmen Entwicklungsunterschiede der Infrastruktursysteme unterschiedlichen Typs verringern. Diese Vermutung ist auf die Annahme gestützt, daß interne Mechanismen der »technologischen Frontbegradigung«, die als ein zentrales Merkmal der klassischen Infrastruktursysteme gelten, ebenso in den Systemen

73 Da – gemessen am überregionalen Energieangebot – von Verbrennungsanlagen natürlich nur geringe Energiemengen produziert werden, scheint dies einer der Gründe dafür zu sein, daß private Energieversorger auch von sich aus daran interessiert sind, am Aufbau und Betrieb von Verbrennungsanlagen beteiligt zu werden. Solche Beteiligungen bieten zudem die Chance, die eigenen Sondermüllprodukte (Filterstäube und Schlacken der Kraftwerke) leichter zu entsorgen, gegebenenfalls auch die eigene im Anlagenbau engagierte Tochterfirma mit Bauaufträgen zu versorgen.

zweiter Ordnung wirksam sind und somit auch zur technologischen Niveauangleichung zwischen den Systemen erster Ordnung beitragen. Hierzulande könnte man versuchen, solche durch Systeme zweiter Ordnung forcierten Angleichungstendenzen zu identifizieren – etwa im Verhältnis des stark entwickelten Straßen – zum vergleichsweise schwach entwickelten Schienenverkehrssystem. Chancenreicher wäre wahrscheinlich der Blick über den Atlantik, weil in den USA weitaus krassere technologische Niveauunterschiede zwischen den verschiedenen Infrastrukturnetzen bestehen.

Mit dieser vermuteten Angleichung wird im Grunde bereits die Ebene verschiedener und letztlich empirisch abzugrenzender Typen großer technischer Systeme verlassen und die stärker theoretische Frage aufgeworfen, welchen »entwicklungslogischen« Stellenwert man generell dem Phänomen der zweckspezifischen GTS-Verflechtungen zuweist. Diese lassen sich – analog zu den Prognosen vom ersten Abschnitt über die weitere Entwicklung der Infrastrukturlandschaft – im Prinzip mit zwei gegenläufigen Thesen in Verbindung bringen, und zwar entweder mit einer Differenzierungs- oder einer Homogenisierungsthese.

Im Rahmen einer Differenzierungsthese würden zweckspezifische GTS-Verflechtungen generell die *Entstehungsphase einzelner GTS* prägen. Systeme zweiter Ordnung wären in diesem Rahmen nur ein Indiz für die Entstehung neuer Systeme erster Ordnung. Dabei müßte unterstellt werden, daß zweckspezifische Gebilde mit der Zeit zweckoffener und ihre Netzstrukturen homogener werden und daß sie damit auch von den Systemen, mit denen sie verflochten sind, sukzessive abgenabelt werden. Differenzierung qua Verflechtung liefe also auf die *Vermehrung* zweckoffener, gleichwohl anhand ihrer jeweiligen Netzstrukturen voneinander abgrenzbarer GTS hinaus. Für die Differenzierungsthese läßt sich insbesondere die Entstehungsgeschichte einiger klassischer GTS ins Feld führen. So sind etwa die ersten Eisenbahnstrecken als zunächst vergleichsweise zweckspezifische Verflechtungen der damaligen Land- und Wasserstraßennetze aufgebaut worden. Der theoretische Schwachpunkt der Differenzierungsthese ist stark mit der Urknallproblematik verwandt. Denn mit ihr können die Verflechtungsvoraussetzungen und eben insbesondere das Entstehen der ersten beiden GTS nicht mehr erfaßt werden – es sei denn, »Verflechtung« bezöge sich hier nicht mehr speziell auf große technische Systeme im Unterschied zu kleinen technischen Systemen, sondern auf Technik überhaupt.

Im Rahmen einer Homogenisierungsthese würden zweckspezifische GTS-Verflechtungen generell eine *neue Phase für alle GTS* einläuten. Systeme zweiter Ordnung wären demnach Vorboten eines Strukturwandels im Feld großer technischer Systeme. Dabei müßte unterstellt werden, daß GTS-Verflechtungen mit der Zeit die netztechnische Abgrenzbarkeit und die Zweckoffenheit der jeweils miteinander verflochtenen Systeme verringern. Homogenisierung qua Verflechtung liefe also auf eine möglicherweise bis zur Unkenntlichkeit gehende *Überlagerung* der wenigen zweckoffenen GTS durch *ein* zerfasertes Geflecht vieler, nur durch ihren spezifischen Zweck abgrenzbarer GTS-Gebilde hinaus.[74]

Für die Homogenisierungsthese läßt sich vor allem die »Modernisierungsgeschichte« großer technischer Systeme ins Feld führen. Denn oft wird übersehen, daß die GTS-Aufeinanderfolge eben nicht nur von einem starken Traditionalismus geprägt wird (das heißt: je jünger das GTS, desto stärker stützt es sich auf seine Vorgänger)[75], sondern daß auch in Gegenrichtung jedes neue GTS zentrale Modernisierungsvoraussetzungen für seine Vorgänger schafft. Der theoretische Schwachpunkt der Homogenisierungsthese liegt auf der Seite der Verflechtungsfolgen, ähnelt daher eher einem Endzeitproblem. Denn in dem Maße, in dem sich die These bewahrheitet, schwindet die Unterscheidungsmöglichkeit zwischen Verflechtung und Verflochtenem – es sei denn, man bildet die GTS-Geschichte als endlosen Regreß von Verflechtungen des Verflochtenen ab.

Wie in solchen Fällen üblich, entscheidet beim Gleichstand der Argumente die gewählte Metaphorik, und sie spricht eindeutig für die Homogenisierung. Denn die saurologische Ausgangshypothese,

74 Um Mißverständnisse zu vermeiden: Homogenisierung würde hier natürlich mit der Verallgemeinerung heterogener Netzstrukturen einhergehen.

75 Chronologisch wären die verschiedenen GTS in etwa wie folgt anzuordnen: Erst entstanden die Systeme des Wege-, Fluß- und Straßenverkehrs, dann die der Kanalschiffahrt und der Eisenbahn, der Wasser- und Energieversorgung und des Fernsprechverkehrs, schließlich die des Flugverkehrs, der Datenfernübertragung und der Weltraumfahrt. Insbesondere die drei zuletzt genannten kommen daher den Kriterien der Systeme zweiter Ordnung sehr nahe.

nach der sich die schwerfälligen Dinosaurier, die in den Sumpflandschaften der Kreidezeit einsam ihres Weges zogen, in Scharen quirliger Spatzen verwandelt haben, wird mittlerweile durch Fallstudien aus der Märchenwelt bestätigt, die speziell auf Modernisierungsprozesse in den technischen Infrastrukturen abheben:

»Jeder weiß, daß Drachen früher einmal beinahe so zahlreich und auch beinahe so gefährlich waren wie später die Autobusse und Eisenbahnen. Fido, der allerletzte Drache, lebte lange Zeit, geschätzt und geachtet, bis eines Tages ein taktloser Mensch sagte: ›Drachen sind total veraltet. Heutzutage gibt es viel funktionellere Maschinen‹. Dies betrübte den Drachen so sehr, daß er den König bat, aus ihm etwas weniger Altmodisches zu machen. Das tat der freundliche König dann auch. Er ließ ihn mit den modernsten technischen Geräten ausstatten – und so wurde aus dem letzten Drachen das allererste Flugzeug.«[76]

Literatur

Altmann, N. u. a. (1986), »Ein neuer Rationalisierungstyp: Neue Anforderungen an die Industriesoziologie«, in: *Soziale Welt* 37, Heft 2-3, S. 189ff.

Angstwurm, H./K. Ketzler (1990), *Möglichkeiten und Grenzen der Organtransplantation. Ergebnisse einer Untersuchung über die mögliche Zahl postmortaler Organspender*, Neu-Isenburg.

Beck, U. (1986), *Risikogesellschaft. Auf dem Wege in eine andere Moderne*, Frankfurt am Main.

Bender, B./R. Sparwasser (1988), *Umweltrecht. Eine Einführung in das öffentliche Recht des Umweltschutzes*, Heidelberg.

Bentlage, H. (1990), »Völkerrechtliche Abfallexportregulierung. Implikationen für das bundesdeutsche Recht«, in: *Informationsdienst Umweltrecht*, Heft 1, S. 19-21.

Biervert, B./K. Monse (1989), »Integrierte und flexibilisierte Dienstleistungen im Dienstleistungssektor«, in: B. Biervert/M. Dierkes (Hg.), *Informations- und Kommunikationstechniken im Dienstleistungssektor*, Wiesbaden, S. 19-58.

Boehringer, A. (1988), »Müllexporte in die DDR«, in: Institut für ökologisches Recycling (Hg.), *Dokumentation des Symposiums »Aspekte einer ökologischen Abfallwirtschaft« am 28. und 29. 10. 1988 an der TU Berlin anläßlich des 5. Jubiläums des Instituts für ökologisches Recycling e. V. Berlin*, Berlin, S. 17-21.

76 Unter Auslassungen aus: Edith Nesbit, *Der allerletzte Drache. Drachenmärchen*, Kevelaer: Anrich 1984.

Braun, I. (1989), »Technische Infrastrukturen der Konsumarbeit«, in: *Zeitschrift für Umweltpolitik und Umweltrecht*, Heft 4, S. 353-375.
– (1993), *Technik-Spiralen. Vergleichende Studien zur Technik im Alltag*, Berlin.
– (1994), »Der Schopf des Münchhausen. Eine sozialwissenschaftliche Annäherung an das INTERNET«, FS II 94-505, Wissenschaftszentrum Berlin für Sozialforschung.
– (1995), »Das Netzkombinat. Zur Struktur und Dynamik des Organtransplantationswesens«, in: Joerges (Hg.) (1995).
Braun, I./G. Feuerstein/C. Grote-Janz (1991), »Organ-Technik. Technik und Wissenschaft im Organtransplantationswesen«, in: *Soziale Welt* 42 Heft 4, S. 445-472.
Braun, I./Joerges, B. (1994), How to Recombine Large Technical Systems. The Case of European Organ Transplantation, in: Summerton, J. (Hg.), *Changing Large Technical Systems*, Boulder/Oxford, S. 25-52.
Breuninger, M. (1990), »Der Giftmüll-Notstand. Abfall-Export beseitigt nicht die Umweltgefahren für West-Berlin«, in: *Grünstift*, Heft 1, S. 14 f.
Broom, G. (1988), »Further information on *Pioneer*«, in: *Eurotransplant Newsletter* 53, S. 10-18.
Bundesminister der Justiz (Hg.) (1990), »Verordnung zur Bestimmung von Abfällen nach § 2 Abs. 2 des Abfallgesetzes (Abfallbestimmungsverordnung – AbfBestV); Verordnung zur Bestimmung von Reststoffen nach § 2 Abs. 3 des Abfallgesetzes (Restoffbestimmungsverordnung – RestBestV); Verordnung über das Einsammeln und Befördern sowie über die Überwachung von Abfällen und Reststoffen (Abfall- und Reststoffüberwachungs-Verordnung – AbfRestÜberwV)«, *Bundesgesetzblatt*, Teil I.
Bundesminister des Innern (Hg.) (1990), »Der Bundesminister für Umwelt, Naturschutz und Reaktorsicherheit – Zweite allgemeine Verwaltungsvorschrift zum Abfallgesetz (TA Abfall) vom 10. 4. 1990 – Teil 1: Technische Anleitung zur Lagerung, chemisch/physikalischen und biologischen Behandlung und Verbrennung von besonders überwachungsbedürftigen Abfällen«, *Gemeinsames Ministerialblatt*, Köln.
Büttner, S. (1990), »Solare Wasserstoffwirtschaft«, FS II 90-404, Wissenschaftszentrum Berlin für Sozialforschung.
– (1991), *Solare Wasserstoffwirtschaft. Königsweg oder Sackgasse*, Frankfurt am Main/New York/Paris.
Clearwater Consultants (1991), »Air-Deployed Expendable Current Profiler Measurements«, Watertown/Mass., USA (Firmendokument).
Czurda, K. (Hg.) (1992), *Deponie und Altlast*, Berlin.
DSO – Deutsche Stiftung Organtransplantation (Hg.) (1990), *Organspenden – eine gemeinsame Aufgabe*, Neu-Isenburg.
Ekardt, H.-P. (1995), »Unter-Gestell. Die bautechnischen Fundamente großer technischer Systeme« (in diesem Band).

ET – Eurotransplant Foundation (Hg.) (1986), *Manual*, Leiden.
– (Hg.) (1988), *Newsletter* 53, Leiden.
– (Hg.) (1989), *Newsletter* 66, Leiden.
– (Hg.) (1990), *Annual Report 1989*, Leiden.
Fletcher, D. (1990), »Britain pioneers trial of Japan's ›wonder drug‹, in: *The Daily Telegraph* vom 19. September, S. 5.
Fonteyn, R. (1991), »Integrierte Abfallwirtschaft im ländlich/städtischen Raum. Modellprojekte im Kreis Neuss«, in: *Müll und Abfall*, Heft 6.
Gelfort, E. (1989), »Klärschlamm durch Verschlacken entsorgen«, in: *Umwelt*, Heft 4, S. 168-169.
Grounewoud, A. F./K. Muderlak/B. Chen (1987), »Eurotransplant, Basis für internationale Zusammenarbeit auf dem Gebiet der Organtransplantation«, in: *Krankenhaus Arzt*, Heft 10, S. 716-721.
Hohlfeld, R. (1991), »›Kannibalische Ware‹. Kommentar zum Vortrag ›Organtransplantation und technische Vernetzung‹ von I. Braun, G. Feuerstein und C. von Grote-Janz« [in: B. Joerges, (Hg.), *Wissenschaft – Technik – Modernisierung*. Verhandlungen der Sektion Wissenschaftsforschung der DGS beim 26. Deutschen Soziologentag in Frankfurt], Paper Wissenschaftszentrum Berlin für Sozialforschung, FS II 91-502, Berlin.
Hughes, Th. (1987), »The Evolution of Large Technological Systems«, in: W. Bijker/Th. Hughes/T. Pinch (Hg.) (1987), *The Social Construction of Technological Systems*, Cambridge, S. 51-82.
Hulpe, H./S. Bornemann (1990), »›Software-Aufgaben‹ im Umweltschutz«, in: *Umweltmagazin*, Heft 3, S. 68-70.
ITU – Ingenieurgemeinschaft technischer Umweltschutz (Hg.) (1990), *Handlungsbedarf Abfallwirtschaft*, Berlin.
Joerges, B. (1988), »Large Technical Systems. Concepts and the Issues«, in: R. Mayntz/Th. Hughes (Hg.) (1988), *The Development of Large Technical Systems*, Frankfurt am Main, S. 9-36.
– (1989), »Technische Normen – Soziale Normen?« in: *Soziale Welt* 40, Heft 1-2, S. 242-258.
Joerges, B. (Hg.) (1995), *Organ-Technik*, Berlin (in Vorbereitung).
Kaworsky, W. (1989), »EDV auf Abfalldeponien«, in: *Müllmagazin*, Heft 1, S. 44.
KfH – Kuratorium für Dialyse und Nierentransplantation (1988), *Jahresbericht 1987*, Neu-Isenburg.
KfH – Kuratorium für Dialyse und Nierentransplantation (1990), *Jahresbericht 1989*, Neu-Isenburg.
Kloepfer, M. (1989), *Umweltrecht*, München.
Klöss, Th./R. Fretschner/A. Baumann (1990), »Organprotektive Therapie«, in: DSO – Deutsche Stiftung Organtransplantation (Hg.), *Organspenden – eine gemeinsame Aufgabe*, Neu-Isenburg.
Koch, T./J. Seeberger (1984), *Ökologische Müllverwertung*, Karlsruhe.

Köhler, B./B. Zwingmann (1988), »Grenzwerte, Verbote, Innovationsprogramme – Risikobewertung und Schutzkonzepte gegenüber Schadstoffen«, in: *WSI Mitteilungen*, Heft 2, S. 59f.

Kohn, W./J. Weyer (1989), »Gesellschaft als Labor. Die Erzeugung sozialer Risiken durch experimentelle Forschung«, in: *Soziale Welt* 40, S. 349-373.

Kreitz, R. (1990), »Täglich rollt das Gift«, in: *Kölner Stadt-Anzeiger* vom 16. Mai, S. 13.

Kubicek, H. (1988), »Soziale Beherrschbarkeit technisch offener Netze – dargestellt an Beispielen aus dem privatwirtschaftlichen und öffentlichen Bereich«, in: R. Valk (Hg.), *Gesellschaft für Informatik. 18. Jahrestagung. Vernetzte und komplexe Informatik, Informatik-Fachberichte* 187, Berlin, S. 109-139.

– (1994), »Steuerung in die Nichtsteuerbarkeit. Paradoxien in der Entwicklung der Telekommunikation in Deutschland« (in diesem Band).

Lahl, U./B. Zweschmar-Lahl (1991), »Schadstoffprobleme in der Abfallwirtschaft. Plädoyer für integrierte Abfallwirtschaftskonzepte und eine neue Chemiepolitik«, in: *Universitas*, Heft 2, S. 156-169.

Land, W./W.-D. Illner (1982), »Organisatorische Voraussetzungen zur Erfassung von Organspendern. Aus Sicht des Transplantationszentrums München«, in: *Bayerisches Ärzteblatt*, Heft 5, S. 368-377.

Lange, H. (1990), »Die Nordsee auf der Kippe. Der rechtliche und politische Stand des Nordseeschutzes«, in: *Informationsdienst Umweltrecht*, Heft 1, S. 13-18.

Laporte, D. (1991), *Eine gelehrte Geschichte der Scheiße*, Frankfurt am Main.

Markus, B. u. a. (1988), »Timy – a Center Oriented Transplant Information Management System«, in: *Transplant Proceedings*, Heft 20, S. 385-390.

Mayntz, R./V. Schneider (1988), »The dynamics of system development in a comparative perspective: Interactive videotext in Germany, France and Britain«, in: R. Mayntz/Th. Hughes (Hg.), *The Development of Large Technical Systems*, Frankfurt am Main, S. 263-298.

Mayntz, R./Th. Hughes (Hg.) (1988), *The Development of Large Technical Systems*, Frankfurt am Main.

Müller, K. (1991), »Mülltourismus versus Abfallhandel«, in: *Zeitschrift für Umweltchemie und Ökotoxikologie*, Heft 3, S. 1.

Pater, S./Raman, A. (1991), *Organhandel. Ersatzteile aus der Dritten Welt*, Göttingen.

Pichlmayr, R. (1986), »Von der Immunsuppression zur Immunmodulation am Beispiel der Organtransplantationen«, in: R. Lüst u. a. (Hg.), *Beobachtung, Experiment und Theorie in Naturwissenschaft und Medizin*, München, S. 155-168.

– (1990), »›Die Grenze des Machbaren sehen‹. Professor Rudolf Pichlmayr über die ethischen Probleme der Transplantationschirurgie«, in: *Der Spiegel*, Heft 21, S. 222-234.

Radkau, J. (1989), *Technik in Deutschland. Vom 18. Jahrhundert bis zur Gegenwart*, Frankfurt am Main.

Schedler, K. (1991), *Handbuch Umwelt, Technik, Recht*, Ehningen.

Segesser, W. (1987), »Kommunikationsnetze für die Transplantation. Die Chancen einer Nierenverpflanzung sollen verbessert werden«, in: *Süddeutsche Zeitung* vom 22. Februar, S. 41.

Statistisches Bundesamt (Hg.) (1989), *Datenreport 1989. Zahlen und Fakten über die Bundesrepublik Deutschland*, Schriftenreihe Band 280, Bonn.

Sutter, H. (Hg.) (1990), *Sonderabfall. Leitfaden für Kommunen, Wirtschaft und Politik*, Bonner Energie-Report, Bonn.

Technik für Umweltschutz, Jahrbuch 1990, Sonderband *Umweltmagazin*, 1990.

Treibert, R. (1990), »Computerhilfe. Prozeßsteuerungs- und Informationssysteme unentbehrlich für künftige Umweltschutzinvestitionen«, in: *Umweltmagazin*, Heft 3, S. 54 f.

UBA – Umweltbundesamt (Hg.) (1989), *Daten zur Umwelt 1988/89*, Berlin.

Walbeck, M. u. a. (1988), *Energie und Umwelt als Optimierungsaufgabe. Das Marnes-Modell*, Berlin.

Weber, K. (1991), »Bei wachsender Wirtschaft weniger Transporte auf der Straße?« in: *Zeitschrift für Logistik*, Heft 1, S. 28 f.

Weinberg, C./R. Williams (1990), »Energie aus regenerativen Quellen«, in: *Spektrum der Wissenschaft*, Heft 11, S. 158-166.

Willke, H. (1989), »Gesellschaftssteuerung und partikulare Handlungsstrategien«, in: M. Glagow/H. Willke/H. Wiesenthal (Hg.), *Gesellschaftliche Steuerungsrationalität und partikulare Handlungsstrategien*, Pfaffenweiler, S. 9-30.

Wittchow, F. (1986), »Giftmüll: Nichts geht mehr. Fünf Millionen Tonnen Sondermüll fallen jährlich in Industrie und Gewerbe an. Jetzt droht ein Notstand, weil es an vorausschauender Abfall-Politik fehlt«, in: *Natur*, Heft 5, S. 43-45.

Wolfslast, G. (1989), »Transplantationsrecht im europäischen Vergleich«, in: *Zeitschrift für Transplantationsmedizin*, Heft 1, S. 43-48.

Reiner Grundmann

Über Schienen, Straßen, Sand und Perlen

Große technische Systeme in der Theorie sozialer Systeme

> Am Morgen ging ich zur Bank. Ich ging zum Kassenautomaten, um meinen Kontostand zu überprüfen. Ich steckte meine Karte ein, gab meinen Geheimcode an und tippte meine Bitte ein. Die Zahl auf dem Bildschirm entsprach ungefähr meiner eigenen Schätzung, zu der ich nach langem Stöbern in meinen Unterlagen und mit Hilfe banger Rechnerei gelangt war. Eine Welle der Erleichterung und Dankbarkeit durchströmte mich. Das System hatte mein Leben gesegnet. Ich spürte seine Unterstützung und Billigung. Die Hardware des Systems, dessen Zentraleinheit in einem abgeschlossenen Raum in irgendeiner fernen Stadt saß. Welch erfreuliche Interaktion. Ich hatte das Gefühl, ein zutiefst persönlicher Wert – jedoch keinesfalls Geld – sei bestätigt worden. Eine geistesgestörte Person wurde von zwei bewaffneten Wachmännern aus der Bank geführt. Das System war unsichtbar, was es um so eindrucksvoller machte, um so beunruhigender im Umgang mit ihm. Doch waren wir im Einklang, zumindest für den Augenblick. Die Netzwerke, die Schaltsysteme, die Ströme, die Harmonien.
>
> Don DeLillo, *White Noise*

Aufgabe der vorliegenden Überlegungen soll sein, die Systembegriffe der soziologischen Systemtheorie und der Forschungen auf dem Gebiet der großen technischen Systeme miteinander zu vergleichen und abzuschätzen, wie beide voneinander differieren, ob sie kompatibel sind und ob sie zur gegenseitigen Erhellung beitragen. Meine Ausgangshypothese ist, daß es in der Tat ein Potential der gegenseitigen Erhellung gibt, das ausgeschöpft werden sollte. Die Frage, die diese Ausführungen motiviert, lautet: Wieviel Sachtechnik verträgt die Theorie sozialer Systeme, wieviel Autopoiesis die Soziologie technischer Systeme?
Dabei werde ich so vorgehen, daß ich zunächst die Hauptcharak-

teristika beider Systemansätze vorstellen und im Anschluß nach einer möglichen Vermittlung fragen werde. Es geht damit nicht um eine Unterordnung oder das Gefügigmachen eines Diskurses durch einen anderen. Die Soziologie technischer Systeme könnte die Theorie sozialer Systeme leicht als abstrakte Systemakrobatik oder -mystik dekonstruieren, ebenso wie umgekehrt die Theorie sozialer Systeme dem Diskurs einer Soziologie technischer Systeme den Vorwurf des Technizismus machen könnte. Wenn ich beide Reaktionen im Kern für verfehlt betrachte und versuche, einen anderen Zugang zu finden, dann nicht, um einem bequemen Mittelweg das Wort zu reden oder beide Diskurse additiv miteinander zu kombinieren. Statt dessen wird der Leser zu einer Reise eingeladen, die ihn über mehr oder weniger sicheres Gelände führen wird, wobei die Geduld nicht überstrapaziert werden soll, damit das Gefühl der *nausea* weitgehend vermieden wird.

Eine Richtung des Forschungsansatzes »Große technische Systeme« geht davon aus, daß große technische Systeme einen spezifischen Typ *sozialer* Systeme darstellen, das heißt, daß es keine technischen Systeme gibt, die ohne Sozialdimension auskommen (weshalb auch die Bezeichnung »sozio-technische« Systeme abgelehnt wird). Dieser Gedanke ist deshalb spannend, weil er erlaubt, verschiedene Systembegriffe zusammenzuführen, sowohl den Hardware-Systembegriff der Ingenieure, der physische Artefakte umfaßt, als auch den Sinn-Systembegriff der Soziologie, der Kommunikationen umfaßt. Eine systemtheoretische Techniktheorie auf Basis der Theorie sozialer Systeme gibt es zur Zeit nicht. Die notwendige Voraussetzung dafür wäre, daß man die verschiedenen Sozialsysteme, die mit Technikerzeugung und -anwendung zu tun haben, in Modellen der strukturellen Kopplung oder Interpenetration erfaßt. Das würde einen Fortschritt auf dem Gebiet der Theorie sozialer Systeme erfordern, der zur Zeit nicht absehbar ist. Nähert man sich dem Problem der Vermittlung des Technischen mit dem Sozialen von der Seite der technischen Vernetzung, dann könnten sich operationalisierbare Fragen und greifbare Ergebnisse mit weniger Aufwand an semantischer Arbeit erzielen lassen. Es wird zu prüfen sein, ob sich diese Hoffnung bestätigen läßt.

Mein Vorhaben läßt sich durch die Beobachtung leiten, daß es große technische Systeme gibt und daß es soziale Systeme gibt, die am Funktionieren der großen technischen Systeme maßgeblich beteiligt sind. Dabei ist es nicht weiter interessant, ob es diese Systeme »da draußen« wirklich gibt oder ob sie eine Konstruktion von Beobachtern sind; ich gehe nicht auf die Debatte Konstruktivismus vs. Realismus ein, sondern werte die Verwendung des Systembegriffs bei Soziologen und Ingenieuren als Indiz der Realität dieser Phänomene. Denn es scheint mir nicht plausibel, daß die Experten auf diesen Gebieten über etwas reden, was es gar nicht gibt. Auf jeden Fall würde es nicht sehr weit führen, wollte ein außenstehender Beobachter die Ingenieure und Soziologen darüber belehren, was ihr Untersuchungsgegenstand, ihre Methoden und theoretischen Modelle sein sollten. Wir können getrost annehmen, daß technische und soziale Systeme auch deshalb existieren, weil Ingenieure und Sozialwissenschaftler die Realität mit Hilfe von Systembegriffen »eingerichtet« und interpretiert haben.

Große technische Systeme können als Territorium, als Text, als Symbol, als geronnene Praxis oder als vergegenständlichte Arbeit aufgefaßt werden.[1] Diese Heterogenität zeigt an, daß große technische Systeme nicht nur unterschiedliche Lesarten ermöglichen, sondern selbst aus heterogenen Elementen bestehen. Wie ist es möglich, daß große technische Systeme zu Sozialsystemen in Dauerkontakt stehen, die nach Luhmann nur Ereignisse (Kommunikationen) als Elemente verwenden? Drei Möglichkeiten gibt es, diese Frage zu beantworten: Die erste basiert auf einer Angleichung der Elemente beider Phänomenbereiche. Würde man diese Möglichkeit verfolgen, so träten sowohl der Symbolcharakter wie der Informationscharakter der Technik hervor, wobei territorialräumliche oder konkret-dingliche Aspekte unberücksichtigt blieben. Wenn man – als zweite Möglichkeit – einen Technikbegriff zugrunde legt, der auch nicht-kommunikative Elemente enthält, dann steht man vor dem Problem, heterogene Elemente miteinander zu koppeln. Eine dritte Möglichkeit stellt auf den Handlungscharakter von Technik ab. In dieser Version gibt es in technischen Systemen wie in Sozialsystemen Handlungen als Grundoperationen. Auf alle drei Möglichkeiten werde ich ausführlich zurückkommen.

Betont man den dinglichen Charakter großer technischer Systeme, so sind diese physisch vernetzte Strukturen, die sich über

1 Vgl. Hoerning 1989; Lawrence/Low 1990.

große räumliche Distanzen erstrecken und einen weiten Zeithorizont besitzen.[2] Soziale Systeme hingegen sind, nach Luhmann, sinnverarbeitende Systeme, die Ereignisse (Kommunikationen) prozessieren, dabei Strukturen, Codes und Programme bilden und sich entsprechend diesen ausdifferenzieren. Wissenschaft, Recht, Politik und Ökonomie sind die prominentesten Sozialsysteme, die sich herausgebildet haben und theoretisch reflektiert worden sind.[3] Technische Systeme wurden von diesem Ansatz nicht thematisiert, obgleich Luhmann in *Soziale Systeme* einmal Maschinen als Systeme erwähnt.[4] Es ist schon richtig, wenn Luhmann bemerkt, daß »Theorien ... zumeist nicht in der Lage [sind], die Begriffsentscheidungen, mit denen sie beginnen, nachträglich zu korrigieren«. Weiter heißt es da:

»Die Folgelasten einer Ausgangsdisposition mögen abgeschwächt oder retouchiert werden. Sie mögen bedeutende Innovationen oder sogar ›wissenschaftliche Revolutionen‹ im Sinne Thomas Kuhns auslösen. Aber es kann auch sein, daß die ganze Bemühung schlicht unnötig wird und als intellektuelle Fehlinvestition abgeräumt werden kann, wenn es gelingt, den Theoriebereich von anderen Ausgangsentscheidungen her neu zu ordnen.«[5]

Die Frage ist also auch: Muß retouchiert oder abgeräumt werden?

Die Hauptdifferenz zwischen der Soziologie technischer Systeme und der Theorie sozialer Systeme liegt auf der Hand: Sind es im ersten Fall *auch* physische Komponenten, so sind es im zweiten *ausschließlich* Kommunikationen, die als Systemkomponenten gelten. Deshalb ist im folgenden stets *Sachtechnik* gemeint, wenn von »Technik« die Rede ist (es sei denn, es geht es aus dem Kontext hervor, daß ein »ideeller« Technikbegriff gemeint ist). Die

2 Joerges 1992, S. 56 f.

3 Vgl. Luhmann 1984a, 1988c, 1990a, 1990b, 1993; Teubner 1987a, 1988, 1989, 1992a, 1992b.

4 Luhmann 1984a, S. 16.

5 Luhmann 1986a, S. 41. Folgende Aussage blieb ebenfalls gegenstandslos für die weitere Ausarbeitung von Luhmanns Theorie: »Es gibt Teilsysteme der Gesellschaft, die zwar eine eigene Identität und eigene Systemgrenzen ausbilden und sich daran orientieren, die aber in ihren elementaren Operationen keine Exklusivität und keine rekursive Geschlossenheit erreichen. Man denke etwa an das Verhältnis von Familie und Schule« (Luhmann 1984b, S. 311).

Phänomenbereiche sind somit radikal voneinander geschieden, und man könnte die Untersuchung hier abbrechen, wenn da nicht die Vermutung wäre, daß die unterschiedlichen Ansätze dennoch in einen produktiven Zusammenhang gebracht werden können. Am Beispiel der ökologischen Problematik scheinen beide einen empirischen Referenzpunkt zu haben. Luhmann geht beispielsweise davon aus, daß

> »die derzeit wohl zentralen Probleme der modernen Gesellschaft ... in den Rückwirkungen von Umweltveränderungen, die die Gesellschaft ausgelöst hat, auf die Gesellschaft selbst [liegen]. Das gilt nicht nur für die physisch-chemisch-organische Umwelt; das gilt ebensosehr für die psychische Umwelt des Gesellschaftssystems. In einem Maße wie nie zuvor ändert unser Gesellschaftssystem die Lebensbedingungen auf dem Erdball. Wir können nicht voraussetzen, daß die Gesellschaft weiterhin mit der Umwelt, die sie schafft, existieren kann.«[6]

Man könnte an folgende Kandidaten denken, die eine Vermittlung zwischen beiden Theorien gewährleisten.[7] Auf seiten der Soziologie technischer Systeme:

- der politische Legitimationsbedarf von großen technischen Systemen;
- der Bedarf an wissenschaftlicher Untermauerung;
- der Systemcharakter, der Sachtechnik und Soziales umfaßt.

Auf seiten der Theorie sozialer Systeme:

- Technisierung;
- strukturelle Kopplung;
- Koevolution.

Da politische und wissenschaftliche Faktoren in der Theorie sozialer Systeme als eigenständige Sozialsysteme auftauchen, die Begriffe Technisierung, strukturelle Kopplung oder Koevolution hingegen nicht explizit in der Soziologie technischer Systeme erfaßt sind, werde ich meinen Argumentationsgang so aufbauen, daß die Vorgaben von seiten der Theorie sozialer Systeme diskutiert werden und dann auf Charakteristika von großen technischen Systemen bezogen werden. Nur im letzten Teil kehre ich

6 Luhmann 1986b, S. 67.

7 Kenner von Luhmanns Theorie könnten einwenden, daß »Interpenetration« auf dieser Liste fehle. Dies ist beabsichtigt, da sich nach Luhmann Interpenetration ausschließlich auf das Verhältnis zwischen autopoietischen Systemen bezieht. Wie zu zeigen sein wird, kann Technik nicht als ein autopoietisches System begriffen werden.

diese Methode um und beginne mit Eigenschaften großer technischer Systeme. Generell werde ich versuchen, durch einige möglichst gut gebaute Analogien mein Ziel zu erreichen. Diese werden zeitweise über den Wolken schweben, zeitweise auf Schienen oder Straßen rollen, sich vielleicht auch im Sand verlaufen ...

1. Ist Technik ein soziales System?

In Anlehnung an Luhmann unterscheide ich zunächst eine Konzeption, die System als Ganzes mit seinen Teilen begreift, von einer Konzeption, die das System in seiner Differenz zur Umwelt sieht.[8] Die erste Auffassung, System als Ganzes mit seinen Teilen, wird oft in relativ unspezifischer Weise gebraucht, um eine Menge von Dingen oder Erscheinungen zusammenzufassen.[9] Der Begriff wird hier mit einer Ordnungsleistung betraut, die sich meist unausgesprochen oder suggestiv aus dem Kontext ergibt. Das Eisenbahnsystem besteht aus den Teilen Schienen, Signale, Bahnhöfe, Lokomotiven, Waggons, Fahrpläne etc. Für diesen Systembegriff wird der Begriff *Netzwerk* oft synonym gebraucht. Nach der zweiten Auffassung, die System als eine von seiner Umwelt unterschiedene Einheit begreift, benötigt man spezifische Annahmen über die Art des Systems und die Art seiner Beziehungen zur Umwelt. Hier wird angenommen, daß das System aus Einheiten oder Elementen besteht, die in bestimmter Weise miteinander verknüpft sind und damit Aussagen über die Systemeigenschaften und System-Umwelt-Beziehungen ermöglichen. Hier geht es um Elemente, Relationen und Grenzen eines Systems.

Die autopoietische Systemtheorie geht davon aus, daß die Elemente eines Systems durch die Elemente des Systems selbst produziert werden, und gibt somit eine Antwort auf die schwie-

8 Vgl. Luhmann 1974, 1984a, 1988b.

9 Nach Luhmann schließt diese Tradition an die Antike an, wo man von Ganzheiten sprach, die aus Teilen bestehen: »Das Problem dieser Tradition war, daß das Ganze doppelt gedacht werden mußte: als Einheit und als Gesamtheit der Teile. Man konnte dann zwar sagen, das Ganze *sei* die Gesamtheit der Teile oder *sei mehr* als die bloße Summe der Teile; aber damit war nicht geklärt, wie das Ganze, wenn es nur aus Teilen plus Surplus bestehe, auf der Ebene der Teile als Einheit zur Geltung gebracht werden könne« (Luhmann 1984a, S. 20).

rige Frage, wodurch die *Einheit* eines Systems konstituiert wird. Die Antwort konzipiert Systeme als *selbstreferentielle* und selbstproduzierende Systeme. Das sind Systeme, die alles, was sie als Einheit verwenden, selbst als Einheit herstellen. Sprachlich gesehen steht für beide Fälle derselbe Begriff zur Verfügung, nämlich »Einheit« (im Englischen »unit« und »unity«). »Herstellen« kann verschiedenes bedeuten, »je nachdem, ob chemische, lebende, bewußtseinsmäßige oder kommunikative Prozeße gemeint sind. ›Einheit‹ heißt nicht nur Einheit des Systems selbst, sondern auch und vor allem: Einheit der Letztelemente, aus denen das System besteht, und Einheit der Prozesse, zu denen die Operationen des Systems diese Elemente zusammenfügen.«[10]

Diese Fassung des Systembegriffs hat viele Vorzüge, vor allem wegen der einfachen Identifikation von Systemgrenzen, Systemkomponenten, Systemoperationen und Systemstrukturen. Das Problem wurde auch im Diskurs der großen technischen Systeme thematisiert. Bei Hughes vollzieht sich die Formierung des technischen Systems durch die Strategie des Systembauers, der völlig heterogene (und im Prinzip: beliebige) Elemente zu einer Systemeinheit zusammenführt. Doch auch auf die Nicht-Abschließbarkeit des Prozesses wird verwiesen, denn die Rekonfiguration technischer Systeme ist ein Prozeß, der ständig weiterläuft.[11]

Nach Luhmann ist besonders die Ausweitung des Einheitskonzepts auf die Konstitution der Elemente, aus denen das System besteht, als innovative Theorieleistung zu werten. Das wichtigste Resultat dieser Wende zur Theorie autopoietischer Systeme ist für ihn »ein neuartiges Verständnis für die Geschlossenheit dieser Systeme. Geschlossenheit heißt jetzt weder Umweltlosigkeit noch vollständige Determination durch sich selbst. Vielmehr ergibt sich Geschlossenheit daraus, daß alle Operationen immer auch das System reproduzieren.«[12]

Ein großes technisches System kann schwerlich als soziales System im Luhmannschen Sinn konzipiert werden – zu unterschiedlich sind seine Elemente, und zu allopoietisch ist ihre Produktion.

10 Luhmann 1983, S. 131..
11 Vgl. Hughes 1983, 1987. Auch Joerges spricht davon, daß große technische Systeme »nicht abschließbar« sind und aufgrund ihres prekären Charakters unter ständigem Legitimationsdruck stehen.
12 Luhmann 1983, S. 133 f.

Interessant ist aber die Tatsache, daß sowohl sachtechnische als auch soziale Systeme jederzeit aufhören können, wenn die Anschlüsse im System nicht mehr funktionieren: Das Erliegen von Kommunikation beendet soziale Systeme[13], soziale, technische und natürliche Ereignisse können technische Systeme auseinanderbrechen lassen[14] – ein Flugzeugabsturz kann selbstverständlich auch ein soziales System beenden.[15]

Wie wir sehen werden, ist die Frage nach dem gemeinsamen Boden, auf dem sich Diskurse und Dinge, Praktiken und Territorien treffen, von entscheidender Bedeutung. Lyotard, der in ähnlicher Weise wie Luhmann die radikale Differenz von fragmentierten Diskurssystemen betont, hat in seinem Buch *Der Widerstreit* die Herausbildung von »Eigennamen« für das Zustandekommen von Gemeinsamkeiten betont. Diskurse müssen für ihn bestimmte gemeinsame Eigenschaften aufweisen, und ihr Treffen muß in einem einzigen Universum stattfinden, andernfalls gebe es gar keinen Kontakt: »Die Sätze ungleichartiger Regelsysteme und Diskursarten ›treffen‹ sich in den Eigennamen, ›treffen‹ sich in den Welten, die durch die Namensgeflechte festgelegt werden.«[16] Der hier vorgenommene Theorievergleich kann insofern in einem Universum stattfinden, als die Eigennamen »System« und »Netzwerk« vorgegeben sind; schwierig wird es bei der »Realanalyse«. Ungeklärt ist nämlich, wie sich diese Diskurse, ihre Eigennamen und ihre Gemeinsamkeiten, zu den nicht-linguistischen Elementen der großen technischen Systeme verhalten. Um dies zu erörtern, sollen die genannten Konzepte der Technisierung (2), der strukturellen Kopplung (3) und der Koevolution (4) diskutiert

13 »[E]s geht um einen eigenartigen Zwang zur Autonomie, der sich daraus ergibt, daß das System in jeder, also in noch so günstiger Umwelt schlicht aufhören würde zu existieren, wenn es die momenthaften Elemente, aus denen es besteht, nicht mit Anschlußfähigkeit, also mit Sinn, ausstatten und so reproduzieren würde« (Luhmann 1984a, S. 28).

14 In Latours Worten: »[I]t may be that a legal contract is voided by a court, or a shifting political alliance gives Spain the upper hand, or the timber of a ship does not resist a typhoon, or a miscalculation in the *Regiment* sends a fleet ashore, or a mistake in the appraisal of a price renders a purchase worthless, or a microbe brings the plague back with the spices ...« (Latour 1987, S. 222).

15 Das Beispiel findet sich bei Luhmann 1988a, S. 893.

16 Lyotard 1989, S. 58.

werden. Danach werde ich die offengebliebenen Fragen thematisieren und den Automobilismus zur Illustration heranziehen.

2. Technisierung und Maschinenhandeln

Meine These lautet, daß Technik der Eigenname der verschiedenen Diskursuniversa ist. Unter Technik verstehe ich dabei vor allem Sachtechnik sowie große technische Systeme. Probleme und Konflikte der modernen Gesellschaft führen in vielen Fällen dazu, daß technische Lösungen gesucht oder vorhandene weiterentwikkelt werden. Der Anteil materialer Sachtechnik sollte dabei nicht unterschätzt werden. Technik konstituiert deshalb ein gemeinsames Universum für soziale Systeme, weil keine Technik auf einem Sozialsystem allein basiert. Typischerweise sind ökonomische, politische, rechtliche, wissenschaftliche, ästhetische, militärische und andere Aspekte bei der Entwicklung, Konstruktion, Nutzung und Bewertung von Technik bedeutsam.

Im folgenden werde ich zwei Strategien untersuchen, die eine einfache (und, wie zu zeigen ist, unzureichende) Angleichung von Technik und Kommunikation in einheitlichen »Systemen« vornehmen. Die erste faßt Technisierung als einen von Sachtechnik abstrahierenden Vorgang, der sich in kommunikativen Termini fassen läßt (1); die zweite schreibt der Sachtechnik Handlungsqualitäten zu und verleibt sie auf diese Weise dem Bereich des Sozialen ein (2).

(1) Der Begriff der Technisierung wird von Luhmann funktionalistisch verwendet. Technisierung heißt Entlastung, Komplexitätsreduktion und Auf-Dauer-Stellung von Kausalität.[17] Bei Gehlen, Freyer und Luhmann werden die Begriffe der *Entlastung* und der Technisierung komplementär zueinander gesetzt. Beide reduzieren Komplexität und transformieren Unsicherheit in Erwartungssicherheit. In Luhmanns Worten: »Technik, technisch, Technisierung soll in diesem Zusammenhang heißen, daß der Vollzug ohne allzuviel Reflexion, vor allem aber ohne Rückfrage beim Subjekt oder beim Beobachter möglich ist. In diesem Sinne bezeichnet der Technikbegriff einen Entlastungsvorgang.«[18]

17 Vgl. Luhmann 1990a, S. 197; 1991, S. 104 f.
18 Luhmann 1990a, S. 197.

Dieser sehr weite Begriff von Technik bringt jedoch mehrere Schwierigkeiten mit sich. Zunächst suggeriert er, daß es möglich sei, sinnhafte und nicht sinnhafte Phänomene zusammenzuführen. Dann impliziert der funktionalistische Technikbegriff, der auf Entlastung abzielt, daß es funktionale Äquivalente gibt wie Routinebildung, Codeanwendung usw. – das führt zu weiteren Problemen. Das erste ergibt sich, wenn Technik auch substantiell verstanden wird, das heißt als physisch verkörperte Sachtechnik. In diesem Falle wird das Wirken von Sachtechnik funktionsäquivalenten Vorgängen gleichgesetzt (zum Beispiel Codeanwendung: Machtausübung, Zahlungen); deren Spezifik wird damit ausgeblendet. Zweitens droht der funktionalistische Technikbegriff die Dimension des Sozialen in einer begrifflich unkontrollierten Weise zu überlagern, da es bekanntlich Techniken für jeden Sozialbereich gibt (Zahlungstechnik, Liebestechnik, Gesprächstechnik). Heute hat zwar jedes Unternehmen seine ›Philosophie‹, und jede Gesprächsführung wendet ›Techniken‹ an. Man wird aber verstehen, daß Philosophen und sozialwissenschaftliche Technikforscher dieser Terminologie mit Abstand gegenüberstehen. Eine Philosophie ist mehr als ein kulturelles Regelsystem und Glaubensbekenntnis, ebenso wie die vergegenständlichte Technik mehr ist als Text oder Telefonleitung. Der physisch-materielle Charakter von Artefakten ist das, was unsere besondere Aufmerksamkeit verdient, da diese Techniken ebenso wie Strukturen, Routinen, Verträge etc. *Verhalten steuern*, aber aufgrund ihrer besonderen Existenz (in einem anderen Mediuma) dies auf spezifische Weise erreichen.

(2) Wie Durkheim und, im Anschluß an ihn, Linde und Joerges gezeigt haben, sollte die Soziologie sowohl rechtliche oder sittliche Normen als auch Artefakte wie Wohnungen untersuchen, denn in beiden Fällen handele es sich um »typisch verfestigte oder kristallisierte Arten gesellschaftlichen Handelns, von denen auf die Gestaltung des individuellen Lebens die gleichen determinierenden, vergegenständlichten Zwänge ausgehen, gegen die ein bloßer individueller Willensentschluß praktisch nichts vermag«.[19] Durkheim verwendet an dieser Stelle die Metapher der »Gußformen, in die wir unsere Handlungen gießen müssen«.[20]

19 Linde 1972, S. 17 f.
20 Durkheim 1961, S. 126.

Freyer drückte diesen Sachverhalt so aus: »In den Formen von Geräten werden also Teilstücke von Zwecktätigkeiten objektiviert. Liegen dann die Formen vor, so findet der Handlungszusammenhang ein Stück seiner selbst vorgetan. Er läuft durch das Gerät hindurch, er läuft das betreffende Stück gleichsam auf Schienen.«[21]

Hier wird die Spezifik von technischen Eigenschaften sozialer Zusammenhänge hervorgehoben. Nun schlägt Joerges eine Begrifflichkeit vor, wonach »gegenständliche Artefakte, ebenso wie sprachliche, von vornherein *Handlungscharakter* haben, immer schon ›mithandeln‹, mehr oder weniger bestimmte Teilhandlungen übertragen bekommen haben«.[22] Diese Formulierung macht aber zu viele Voraussetzungen, die nicht expliziert werden. Das Problem der Handlungszurechnung ist dabei wohl das wichtigste.

Wenn Luhmann nicht Handlungen, sondern Kommunikationen als Grundelemente sozialer Systeme ansetzt, so deshalb, weil Handlungen immer eine Zurechnung von seiten eines Beobachters erfordern, weil sie zuallererst als Handlungen identifiziert werden müssen. Das erscheint als ein leicht lösbares Problem, wenn Maschinen und Artefakten ebenfalls Handlungen zugerechnet werden – was in einem oberflächlichen Sinne auch geschehen kann (quasi als Kurzformel für eine andernfalls umständliche Beschreibung), nicht jedoch in einem Wortsinn, den der Begriff in den Sozialwissenschaften (und auch in der Alltagssprache) hat. An Handlungen sind immer bestimmte Eigenschaften gekoppelt, wie Verantwortlichkeit oder Rechte und Pflichten. Zugegeben, es ist eine offene Frage, ob die künftige Entwicklung zu einer Attribution von Rechten und Pflichten an technische Artefakte führen wird oder nicht. Das Rechtssystem moderner Gesellschaften hat hier eine besondere Handlungskompetenz. Von philosophischer und sozialwissenschaftlicher Seite wurden jedenfalls schon Rechte für Tiere, Pflanzen, Monumente, materielle Objekte in der Natur,künstlerische Schöpfungen, Föten und Roboter vorgeschlagen.[23] Etabliert sind sie aber nur für juristische Personen, wobei

21 Freyer (1934) 1966, S. 61.

22 Joerges 1989, S. 61.

23 Vgl. Feinberg 1980a, 1980b; Regan/Singer 1976; Regan 1982a, 1982b; Singer 1976; Stone 1974; McNally/Inayatullah 1988.

die kollektive Handlungsfähigkeit selbst unter Juristen umstritten ist.[24]

Ein anderer Aspekt verdient hier Beachtung. Der Handlungsbegriff scheint sich deshalb anzubieten, weil er zwei Fliegen mit einer Klappe zu schlagen verspricht: Einerseits werden die Phänomenbereiche Technik und Soziales miteinander verklammert, wodurch behauptet wird, daß sowohl Personen (und soziale Systeme) als auch Maschinen handeln können.[25] Andererseits wird das Problem der Heterogenität der Gegenstandsbereiche Soziales und Technik dadurch gelöst, daß stillschweigend eine Angleichung beider vorgenommen wird. Der Handlungsbegriff macht beide Bereiche miteinander kompatibel. Läßt der kommunikationstheoretische Vermittlungsversuch (etwa in Luhmanns ›Technisierung‹) die Materialität der Technik verdampfen, so stattet der handlungstheoretische Vermittlungsversuch die (materiale) Technik mit Kompetenzen aus, die zu ihrer Anthropomorphisierung führen. Ich glaube nicht, daß wir die Vermittlung der Phänomenbereiche durch solch einfache semantische Operationen bewältigen können, zumindest nicht auf der Ebene allgemeiner theoretischer Aussagen.

Doch vielleicht läßt sich ein System denken, das aus den Operationen einer Maschine und seiner Benutzer besteht. Vielleicht gibt es an der ›Schnittstelle‹ Mensch-Maschine ein Phänomen, das man als Operation Technikhandeln bezeichnen könnte. Bei der ›Interaktion‹ zwischen Benutzer und Maschine braucht die Maschine Zeit, um interne Operationen durchzuführen, bevor sie erneut für den Benutzer zur Verfügung steht, der entweder ein Ergebnis dieser Operationen »entnimmt« (abliest) oder eine neue Operation veranlaßt. Man kann vielleicht auch davon sprechen, daß eine Maschine »wahrnimmt«, ob ein Benutzer sich an ihr zu schaffen macht und, wenn ja, auf welche Weise. Es gibt aber kein Maschinenbewußtsein, das diese Wahrnehmung der Kommunikation zur Verfügung stellen könnte. Wenn eine Maschine »wahrnimmt«, ist dies das Ergebnis einer Beobachtung durch Bewußtseinsvorgänge oder Kommunikationen – die Verleihung des Handlungscharakters ist deshalb, wie bereits gesagt, eine *Zuschreibung* seitens der Beobachter. Man kann deshalb kaum von doppelter Kontingenz

24 Siehe Teubner 1987a; Coleman 1984; Waldron 1987.
25 Vgl. vor allem Bruno Latour 1983, 1987, 1988.

sprechen, da die Maschine in der Regel nicht wartet, bis die auf seiten des Menschen nötigen Operationen abgelaufen sind. Dieses »System« hat also keine Möglichkeit zur Selbstbeobachtung.
In Kommunikationsprozessen wissen die Beteiligten, wie lang eine angemessene Pause ist, um den Gesprächsfluß nicht zu gefährden; bei Mensch-Maschine-Interaktionen ist diese Schwelle auf doppelte Weise entkoppelt: Die Maschine kann eine Operation aufgrund rein interner, technischer Kriterien abbrechen, ohne das Verhalten des Benutzers zu »bewerten«; auf ähnliche Weise kann der Benutzer die Operation der Maschine abbrechen (ausschalten) und damit die »Interaktion« blockieren, wobei die Gründe dafür beliebig sind. Es muß keine Erwartungsenttäuschung oder Verärgerung vorliegen, um dies zu tun.
Ich kann Radioapparate oder Motoren zu beliebigen Zeitpunkten abschalten, stieße aber auf Protest, würde ich meine Gesprächspartner so behandeln. Die auftauchenden Probleme liegen typischerweise auch nicht auf der Ebene, daß Verhaltenssicherheit durch Strukturbildung erzielt werden muß; die Struktur ist durch die technischen Möglichkeiten der Maschine weitgehend vorgegeben. Wenn es Probleme gibt, liegen sie *nicht* im Bereich der doppelten Kontingenz, sondern woanders (Stabilität der Maschine, Bedienungsfreundlichkeit). Auch die gegenseitige Fehlerverstärkung, durch die oft Unfälle entstehen, dürfte kaum als Ausdruck doppelter Kontingenz gewertet werden. Eine Handlungstheorie unter Einbezug von technischen Artefakten scheint deshalb verfehlt – oder zumindest verfrüht[26], da die Realität nicht in adäquater Weise beschrieben wird; immerhin ist es amüsant, in Science-fiction-Filmen wie *Terminator* oder *Blade Runner* eine »volle« Interaktion zwischen Mensch und Maschine beobachten zu können.

3. Strukturelle Kopplung

Immer wenn Luhmanns Theorie mit realen Phänomenen konfrontiert wird, die eine *A-priori*-Widerlegung nahelegen, greift er zu einem vielbewährten Hilfsmittel: der strukturellen Kopplung. Die strukturelle Kopplung ist sein *Airbag*, der das Aufschlagen

26 Seit Turings Test gibt es kein *prinzipielles* Argument dagegen.

auf »offensichtliche Zusammenhänge« abfedern soll. Strukturelle Kopplungen sind ein Produkt der Evolution; sie stellen sicher, daß Sozialsysteme »immer schon« angepaßt sind an natürliche und psychische Umwelten. Doch wie steht es mit der Angepaßtheit an die artifizielle Umwelt? Mir scheint, daß das Konzept der strukturellen Kopplung hierfür nicht fruchtbar gemacht werden kann. Denn Luhmann spricht beispielsweise davon, daß »strukturelle Kopplung ... nicht zu einer gemeinsamen Benutzung von Elementen durch verschiedene Systeme [führt], nicht zu einem ›sharing of elements by different organizations‹, nicht also zu einem Sachverhalt, den Gotthard Günther als ›intersection‹ bezeichnen würde«.[27] An anderer Stelle heißt es: »Es kommt nie zu einer Verschmelzung, auch nicht zu einer Dauersynchronisation, einem Aneinanderkleben der einmal integrierten Systeme. Jede Integration steht unter der Notwendigkeit, sich wieder auflösen zu müssen.« Natürlich, so Luhmann, gibt es »Mehrsystemereignisse«. Diese haben aber nicht eine Geschichte, sondern je nach Systemreferenz verschiedene Geschichten. Sie können nur durch einen Beobachter als eine Geschichte (eine Einheit) identifiziert werden.[28] Konfrontiert man diese Aussage mit dem empirischen Befund, daß in großtechnischen Netzen in der Tat so etwas wie ein Aneinanderkleben der integrierten Sozialsysteme zu sehen ist, so wird deutlich, daß ein stures Festhalten an dieser Aussage zu einem realitätsfremden Dogmatismus führen müßte.

In der Übersicht auf S. 514 stelle ich den beiden ersten Spalten[29] eine dritte Spalte gegenüber, die eine Ausweitung auf Technik vornimmt.

Zwei Problembereiche müssen hier voneinander geschieden werden, um nicht heillose Konfusion zu stiften. Der erste Bereich ist die Kopplung eines Systems an seine Nische, der zweite der Unterschied zwischen Ereignis und Objekt.

27 Luhmann 1990a, S. 31, Fußnote.

28 Ebd., S. 31.

29 Vgl. Luhmann 1988a.

Bewußtsein	*Kommunikation*	*Technische Artefakte*
Kann auch ohne Kommunikation tätig sein	Kommt ohne die Koinzidenz von Bewußtsein nicht zustande	Können ohne Bewußtsein und ohne Kommunikation bestehen, aber nicht ohne sie zustande kommen

Tabelle 1

Zur Kopplung von System und Nische heißt es bei Luhmann: »Nur wenn ein System in seiner autopoietischen Reproduktion dem Bereich, in dem es operiert, angepaßt ist, kann es sich durch seine eigenen Strukturen determinieren. Und nur wenn es durch seine eigenen Strukturen in einem laufenden structural coupling mit seiner Umwelt in Kontakt steht, kann es die eigenen Operationen fortsetzen ... Kommunikation fasziniert und okkupiert das Bewußtsein«.[30] Man fragt sich hier natürlich: Stehen Kommunikation und Bewußtsein in ständigem Kontakt mit der *technischen* Umwelt? Und fasziniert *Technik* gleichermaßen Bewußtsein und Kommunikation? Oder dient sie zur Beruhigung, Entlastung? Welche Rolle spielt der anthropologische Ausgangspunkt Luhmanns, nämlich in Anlehnung an Gehlen die Weltoffenheit als Unsicherheitsproblem zu fassen, das durch Struktur- und Technikbildung gelöst wird?
Zum Unterschied von Ereignis und Objekt liest man:

»Die gedachten und gesprochenen Sätze sind nur Momente eines Prozesses, die im Entstehen schon wieder verschwinden. Sie sind konstitutiv instabil. Ihre Akkumulation würde sehr rasch eine unkontrollierte Komplexität, also Chaos, erzeugen. Man stelle sich nur den Lärm vor, der entstehen müßte, wenn die gesprochenen Worte nicht verklingen würden, sondern immer weiter zu hören wären! Nur weil die Elemente verzeitlicht und auf die Existenzweise von Ereignissen reduziert sind, kann eine Gegenselektion stattfinden ...«[31]

Technik verschwindet nicht ereignishaft, es kommt immer neue Technik zur bestehenden hinzu; das Chaos und die unkontrollierte Komplexität wachsen. Es wächst der Lärm und es wächst die Nervosität: Bewußtsein läßt sich durch Technik und Artefakte

30 Ebd., S. 887.
31 Ebd., S. 892.

enorm reizen, dies führt zu Wahrnehmungen, die auch als Kommunikation auftauchen. Technik verkoppelt somit nicht nur Bewußtsein mit Kommunikation; das Wachstum der technischen Komplexität wird als Irritation sowohl in Bewußtseinssystemen als auch in Sozialsystemen wahrgenommen, und Technologie ist auch für Luhmann mit der wichtigste »risikenerzeugende Faktor der modernen Gesellschaft«.[32] Zusätzlich zum oben genannten Vorgang der Technisierung, der als *Ent*lastungsvorgang beginnt, zur Lösung sozialer Probleme eingesetzt wird und Sozialsysteme miteinander verbindet, haben wir nun das Phänomen der *Be*lastung sowie die Verbindung von Sozialsystemen aufgrund von Problemen, die durch Technisierung erst entstehen.

Der Objektcharakter der Artefakte ist dafür verantwortlich, daß eine Akkumulation von Technik stattfindet. Durch ihren Kupplercharakter wirkt sie auf Bewußtsein und Kommunikation zurück. Eine interessante Dreieckskonstellation ergibt sich: Bewußtsein und Technik können ohne Kommunikation für sich bestehen; Kommunikation hingegen benötigt ständig neue Außenreize, um am Laufen zu bleiben. Nach Luhmann könnte also nur das Bewußtsein, nicht aber die Technik für die so dringend benötigte Stimulation sorgen.

Warum ist dies so? Luhmanns Antwort geht davon aus, daß es *Wahrnehmungen* sind, die psychische und soziale Prozesse aufeinander abstimmen. Wahrnehmung ist für Kommunikation unerreichbar – aber Kommunikation entscheidet darüber, welche Wahrnehmungen wahrgenommen werden! Welcher Reim läßt sich darauf machen? Offenbar nur dieser, daß Wahrnehmungen produziert werden wie Sand am Meer, Kommunikation aber nur wenige passende Körnchen auswählt und sie (als Perlen) in ihre autopoietische Reproduktion (eine endlose Perlenkette) einbaut. Es gibt keinen Transport von Wahrnehmung aus dem Bewußtsein in Kommunikation; vorkommende Wahrnehmungen werden vom Kommunikationssystem intern als Kommunikationen reinterpretiert. Dabei dient das Bewußtsein als Transformator von Wahrnehmung in Kommunikation[33] (in Abschnitt 6 soll – analog zum hier geschilderten Modell, in dem Bewußtsein als Transformator von Wahrnehmung in Kommunikation dient – die Möglichkeit

32 Luhmann 1990a, S. 254.
33 Ebd., S. 225.

diskutiert werden, *Arbeit* als Transformator zwischen Kommunikation und Technik aufzufassen).

Es gibt keine Gleichzeitigkeit von Wahrnehmung, Bewußtsein und Kommunikation und deshalb auch keine Synchronisation, weil eben alle drei im Modus der Gleichzeitigkeit ablaufen. Aber das können wir nur als Beobachter feststellen, nicht jedoch operativ beeinflussen. »Jede Bearbeitung von Wahrnehmungseindrükken im denkenden Bewußtsein und erst recht alle Kommunikation über Wahrnehmungen ist an eine zeitliche Sequenzierung gebunden.«[34] Dadurch gibt es eine Verlangsamung des Prozesses in Richtung auf Kommunikation. Wahrnehmungen entschwinden dem Bewußtsein, bevor es alle festhalten kann. Und das Sprechen über Wahrnehmungen braucht noch mehr Zeit.[35]

Die zusätzliche Betrachtung von Sachtechnik erweitert den Zeithorizont nochmals: Sind es im Bereich von Wahrnehmungen Millisekunden und im Bereich von Kommunikationen Sekunden und mehr, so hat man im Bereich der Technik mit Zeitspannen von Jahrzehnten zu rechnen – das ist insgesamt eine Spanne von zwölf Größenordungen.[36] Technik wirkt auf den Wahrnehmungsprozeß ambivalent: Einerseits ist sie stabilisierend, da zeitlich relativ lang andauernd, verläßlich, und vertrauenswürdig; andererseits ist sie verunsichernd, weil veränderlich, zunehmend, komplexer werdend und vor allem: zusätzliche Quelle von Irritation für die Wahrnehmung. Entsprechend »wirkt« sich dies auf die Kommunikation »aus«: Sie hat unter einer größeren Fülle von

34 Ebd., S. 231 f.

35 Vgl. ebd. – wenn auch nicht so viel Zeit wie die Muschel, die ein Sandkorn zur Perle macht.

36 Plotkin 1987 spricht von »Zeitabschnitte[n] von der tausendstel Sekunde eines Vorgangs im Nervensystem über die dazwischenliegenden Intervalle, die vom individuellen Lernen und der kulturellen Tradierung in Anspruch genommen werden, über die längeren Zeitspannen für das Aufscheinen von Anpassungen, die eine Reihe von Generationen mit einbeziehen, schließlich bis hin zu den Zehntausenden von Jahren, vielleicht länger, die für die Artbildung erforderlich sind. Das ist eine Spanne von Zeitintervallen, die sich über vierzehn Größenordnungen erstreckt« (S. 213). Blendet man die biologische Artentwicklung einmal aus und betrachtet große technische Systeme als dauerhafteste Phänomene der technischen Welt (mit ca. 100jähriger Dauer), so bleiben immer noch 12 Größenordnungen übrig.

Wahrnehmungen zu selektieren. Seitdem die Moderne die erste Natur in eine zweite Natur umgewandelt hat, sind Irritation und Sicherheit, die von Technik ausgehen, ein Standardthema der Kommunikation.[37]

4. Koevolution

Wenn strukturelle Kopplungen »immer schon« eine Angepaßtheit der verschiedenen Systeme an ihre Umwelt voraussetzen und damit ein Produkt der Evolution sind, sollten wir uns das evolutionäre Geschehen etwas genauer ansehen. In *Die Wissenschaft der Gesellschaft* schreibt Luhmann: »Sprache und Schrift und all ihre technischen Folgeeinrichtungen sichern ... die notwendige Bewußtseinsangepaßtheit der Kommunikation.«[38] Diese Aussage verweist auf technische Voraussetzungen von Gesellschaft. Hieraus ist zu folgern, daß es Technik ist, die Bewußtsein mit Kommunikation verkoppelt. Das Potential, das in dieser Behauptung steckt, soll ausgeschöpft werden, indem die These der technischen Vermittlung und technischen Voraussetzung aller Kommunikation ernst genommen wird. Es wird sich zeigen, daß Technik nicht nur Bewußtsein mit Kommunikation koppelt, sondern auch verschiedene Sozialsysteme miteinander.

Der in den letzten Jahren innerhalb der Systemtheorie erfolgte Übergang vom Konzept der offenen Systeme zu operationell geschlossenen Systemen, die gleichwohl informationell offen sind, bedeutet für koevolutionäre Prozesse, daß ein System strukturell an seine Nische gekoppelt sein muß, und daß es Ereignisse der Umwelt als Perturbationen aufnimmt, um seine innere Struktur zu ändern. Das System selbst definiert, was es als Erfüllung oder Enttäuschung einer Erwartung auffaßt. Solche Entscheidungen führen zu Bifurkationen, an denen sich herausstellt, wie die internen Operationen weiterlaufen. Ein System, das die interne Unterscheidung von Selbstreferenz und Fremdreferenz benutzt, interpretiert die externen Ereignisse als (a) Bedingung seiner eigenen Operationen, (b) als Störung oder (c) als Möglichkeit zu struktu-

37 Luhmann ist auch äußerst skeptisch, ja »kulturkritisch«, was die Bedeutung der Bildmedien angeht; siehe zu dieser Frage Luhmann 1989a.
38 Luhmann 1990a, S. 31.

reller Änderung. Die Multiplikation von solchen Mikrosysnchronisationen (nach Luhmann unmöglich!) zwischen System und Nische führt dann zu einem gemeinsamen Entwicklungspfad, strukturellem Drift und zu Koevolution.
Gunther Teubner, von dem der obige Absatz inspiriert wurde[39], schlägt vor, den Begriff der strukturellen Kopplung zu modifizieren, da er nicht komplex genug sei, um die spezifischen Probleme von Recht und Gesellschaft zu fassen. Sein Interesse liegt zwar auf dem Gebiet des Rechts, aber meine Vermutung ist, daß sich Lehren auch für unseren Gegenstandsbereich ziehen lassen. Diese erneute Analogie scheint um so angebrachter, als ich Luhmanns Aussagen zum Problem der strukturellen Kopplung für wenig fruchtbar in bezug auf unsere Fragestellung halte. Teubner nun schlägt drei Modifikationen am Konzept der strukturellen Kopplung vor:

1. In Diskursbeziehungen zwischen Systemen sollte das Konzept der Perturbation durch das Konzept der produktiven Fehlinterpretation ersetzt werden;
2. Strukturelle Kopplung hängt von verbindenden Institutionen ab, die deren Dauer, Qualität und Intensität beeinflussen;
3. Institutionen sorgen für Responsivität des Systems auf soziale Ereignisse.

Produktive Fehlinterpretationen[40] verbreiten sich auf geradezu epidemische Weise, wenn solche Verbindungsinstitutionen bestehen. Im Fall der großen technischen Systeme sind solche Verbindungsinstitutionen zum Beispiel Technische Überwachungsvereine, der Ingenieursverband, das Gesundheitsministerium, Unternehmen, Interessenverbände, oder supranationale Organisationen. Allein in Deutschland gibt es über 21 000 technische Normen, die vom Deutschen Institut für Normung erlassen wurden. Sie arbeiten mit »essentially contested concepts«.[41] Es geht hier vor allem um Normen und Standards, wobei die große räumliche und zeitliche Dimension dazu zwingt, genaueste Meßmethoden anzuwenden, da der Mengeneffekt zu enormen Größen-

39 Teubner 1992b, S. 1446.
40 Der Begriff soll deutlich machen, daß es keine erkennbare Realität gibt, die abgebildet werden kann, sondern daß das gesamte Feld in einem agonistischen Prozeß um die (system-) spezifische Interpretation kämpft.
41 Gallie 1955.

ordnungen und Gefährdungen führen kann. Es ist klar, daß hier vor allem wissenschaftliche Experten, Juristen und Politiker ihr Tätigkeitsfeld haben. Interessant ist im jeweiligen Fall, wie es zur Herausbildung von verbindlichen Standards und Normen kommt, das heißt welche Definitionsmacht sich an welcher Stelle anhäuft, von wem eine »produktive Fehlinterpretation« durchgeführt und durchgesetzt wird. Zu den »essentially contested concepts« (zum Beispiel dem Begriff der Verkehrssicherheit, der Umweltverträglichkeit) kommen dann »essentially contested processes«. Denn jedes Sozialsystem, jede »Verbindungsinstitution, jede Normierungsbehörde verwendet die technische Grundlage in ihrer eigenen Weise. Dabei kommt es in erster Linie immer auf interne Anschlußmöglichkeiten im jeweiligen System an. Die Spezialdiskurse setzen sich also auch unter dem gemeinsamen Eigennamen fort und streiten um die Hegemonie. In Bezug auf das Recht formuliert Teubner: »The legal discourse, including ›private government‹, ›private justice‹, and ›private regulation‹, constructively misreads economic or technical processes of social reproduction and turns them into new and rich ›sources‹ of law.«[42]
Dasselbe gilt natürlich für alle anderen beteiligten Sozialsysteme. Auch hier ist wieder der Vorteil zu betonen, der sich durch Zeitgewinn ergibt[43]: Man denke nur an die Schwierigkeiten von Behörden, Listen mit toxischen Stoffen zu erstellen, die in der chemischen Industrie schon existieren. Zeitgewinn führt – vermittelt über neue Techniken – zu Machtgewinn. Hier hat die vor allem bei Ökonomen vielbeachtete ›asymmetrische Informationsverteilung‹ ihren Ursprung. Der Vorteil von Teubners Konzeption scheint auch darin zu liegen, daß die Machtproblematik wieder Eingang finden kann in die Theorie selbstorganisierender Systeme.

42 Teubner 1992b, S. 1459.

43 »Tempoüberlegenheit ... kann zu sehr verschiedenen Zwecken benutzt werden – zum Beispiel zur Simulation von möglichen Umweltverläufen und zur Vorbereitung auf Eventualitäten, zum Fliehen und Einholen, aber auch zum Vermeiden von allzu scharfer, umweltabhängiger Spezialisierung. Der Schnellere kann zwischendurch etwas anderes tun« (Luhmann 1984a, S. 75 f.).

5. Technik und Körper

Die bisherige Reise durch Luhmanns Theorielabyrinth, das in der Tat »keine Schnellstraße zum frohen Ende« ist[44], hat ergeben, daß die grundlegenden Theorieentscheidungen es unmöglich machen, Sachtechnik in angemessener Weise in den Blickwinkel zu bekommen. Wo man eine mögliche Bearbeitung unseres Themas zu sehen glaubte (3), wurde man enttäuscht. Einzig eine revidierte Fassung des Koevolutionsbegriffs (4) gestattet ein näheres Heranfahren an den Gegenstand. Die Schwierigkeiten und nach wie vor unbeantworteten Fragen liegen auf dem Gebiet der Materialität des Sozialen. Wir werden deshalb an dieser Stelle eine scharfe Kurve einschlagen und uns den Themen Körper und Arbeit zuwenden.

Luhmann kommt bei der Konstruktion seiner sozialen Systemtheorie ohne die Wahrnehmung nicht aus, die ja ein Phänomen auf der Ebene neuronaler Vorgänge ist. Kann sie ohne die Sachtechnik auskommen, die auf der Ebene der »longue durée« angesiedelt ist und nach Luhmann (siehe oben) Kommunikationen mit Bewußtsein verkoppelt? Es scheint jedenfalls willkürlich, daß Luhmann, der eine generelle und umfassende Theorie anstrengt, sich auf zeitliche Mikro-und Mesowelten (Wahrnehmungen, Gedanken, Kommunikationen) beschränkt, die von äußerst geringer Dauer sind; lang anhaltende Phänomene (Objekte, Sachen, Artefakte) läßt er hingegen außer acht. Das ist ein blinder Fleck der Theorie, der (wenn auch nicht ausschließlich) durch die zusätzlichen Schwierigkeiten für die Theoriekonstruktion erklärt werden kann, die sich ergeben würden, wollte man diese Phänomene in die Theorie einführen. Denn wie wir bereits nach diesen Beobachtungen gesehen haben, bedarf es einer gewaltigen semantischen Anstrengung, um auf Basis der Luhmannschen Systemtheorie *Sachtechnik* zu erfassen. Wenn jedoch eine Theorie sehr aufgeladen oder zu komplex wird, um einen Gegenstand erfassen zu können, so gibt man gerne einer anderen Theorie den Vorzug, die mit einfacheren Mitteln Resultate zu erbringen verspricht.[45]

44 So in der Einleitung zu *Soziale Systeme*, S. 14.

45 Ockham's razor. Luhmann selbst hatte dieses Argument der umständlichen Semantik zu Recht gegenüber dem Marxismus vorgebracht; vgl. Luhmann 1986b, S. 58. Man möchte eine Theorie, die mit möglichst wenigen Grundbegriffen möglichst viel erklärt.

Die Einheit der Soziologie kann sich nach Luhmann nur über die Einheit ihres Gegenstands begründen.[46] Bekanntlich setzt er Kommunikationen als Elemente der Gesellschaft an und nicht Sachtechnik. Wenn bei Luhmann von Mehrsystemereignissen die Rede ist, die nicht eine Geschichte, sondern je nach Systemreferenz verschiedene Geschichten haben und nur durch einen Beobachter als eine Geschichte (eine Einheit) identifiziert werden können[47], so wird dies konterkariert durch die insbesondere in großen technischen Systemen beobachtbare Tatsache, daß es tatsächlich zu einem »Aneinanderkleben« der einmal integrierten Systeme kommt (wodurch der Tendenz zur Desintegration entgegengewirkt wird). Dies macht klar, daß Soziologie sich nicht nur ruhigen Gewissens mit Sachtechnik befassen kann, ohne den Bann der Exkommunikation fürchten zu müssen, sondern sich damit befassen *muß*, will sie nicht in die Verlegenheit kommen, der technischen Welt eine dogmatische Prinzipienerklärung entgegenzuhalten.

Doch liegt Sachtechnik für Luhmann wirklich außerhalb der Betrachtung der Soziologie, genauso wie der Körper? Ist Sachtechnik Gegenstand der Ingenieurwissenschaften, so wie der Körper Gegenstand der Humanbiologie? Wie wir sehen werden, scheint diese knappe Auskunft durch Luhmanns eigene Einlassungen zum Thema nicht gedeckt zu sein. Ich versuche auch hier wieder die vorliegende Fragestellung durch Analogiebildung weiterzuentwickeln. Dies soll an dieser Stelle durch die Analogie Körper/Technik erfolgen.

Folgendes Schema ergibt sich, wenn man Bewußtsein, Kommunikation, Körper und Technik in einem Vierfelderschema kombiniert:

	Körper	*Technik*
Bewußtsein	Person	Mensch-Maschine-Systeme
Kommunikation	Gesten	Technische Systeme Technische Produktion und Kontrolle

Tabelle 2

46 »Das Paradox der Systemdifferenzierung und die Evolution der Gesellschaft«, unveröffentlichtes Manuskript.

47 Luhmann 1990, S. 32.

Es ist bezeichnend, hilft aber leider nicht sehr viel weiter, wenn man hier die klassische Geist-Materie-Dichotomie wiedererkennt.[48] Diese Dichotomie sorgt für Angst, aber auch für theoretische Versuche, sie zu überwinden. Die Angst entsteht, wenn man sich die Ablösung des Geistes vom Körper und die Ablösung der Technik von der Gesellschaft vorstellt. Religion und Theologie haben sich mit dem sterblichen Leib und der unsterblichen Seele befaßt, Psychiatrie und Psychologie mit Bewußtseinssystemen, die ohne Kommunikation auskommen. Für die Technik hat uns diese Angst das Modell geliefert, und seitdem stellt man sich vor, was passiert, wenn die Technik sich nach eigenen Gesetzen weiterentwickelt, den Bereich der »strukturellen Kopplung« verläßt und am Ende ihren Schöpfer zu negieren droht.

Fragt man Soziologen nach der Bedeutung des Körpers für die Soziologie, so bekommt man, wie gesagt, in den meisten Fällen den Bescheid, dieser sei für Biologen oder Mediziner von Bedeutung. Soziologie beschäftige sich allenfalls mit sozialen Tatsachen, die mit dem Körper zu tun haben, also mit Sport, mit spezifischem Rollenverhalten etc. Wie ich gleich zeigen werde, kann dieser knappe Bescheid in bezug auf Technik auf Basis der Luhmannschen Schriften nicht wiederholt werden.

Dazu benutze ich einen Abschnitt aus den *Sozialen Systemen* und ersetze Körper durch Technik, Ingenieure durch Biologen etc. Es ergibt sich dann folgende Argumentationsstruktur[49]:

> Was die Technik für sich selbst ist, wissen wir nicht. Daß sie Gegenstand wissenschaftlicher Forschung sein kann, ist hinreichend dokumentiert, liegt aber als Ingenieurswissenschaft außerhalb des Themenkreises unserer Untersuchungen. Hier interessiert der alltagsweltliche Gebrauch von Technik in sozialen Systemen. Die Soziologie der Technik ist, von theoretischen Anforderungen her gesehen, noch in einer Art Ausnahmezustand, zumal gerade hier von den Ingenieurswissenschaften nichts zu lernen ist.

48 Luhmann selbst versucht die unbequeme Fragestellung durch einen semantischen Trick loszuwerden, indem er Materialität durch Realität ersetzt: »Man kann die Bedeutung von ... Ideen für die Entwicklung gesellschaftlicher Verhältnisse verschieden einschätzen. In jedem Falle geht es nicht um einen Unterschied von Materie und Geist. Vielmehr werden Ideen selbst zur gesellschaftlichen Realität, sobald sie im Kommunikationsprozeß Ausdruck finden« (Luhmann 1986b, S. 68).

49 Nach Luhmann 1984a, S. 332, 334; vgl. Joerges 1988b.

Das erlaubt nicht viel mehr, als: Beobachtungen aneinanderzureihen und eventuell zu klassifizieren ... Technik ist und bleibt eine allgemeine (und insofern theoretisch triviale) Prämisse sozialen Lebens. Anders gesagt: *Die Differenz von Technik und Nicht-Technik hat (zumindest für unser heutiges Gesellschaftssystem) keine soziale Relevanz ...*
Man kann sie nur ihrerseits als eine besondere Bedingung, Chance und Resource sozialer Systembildungen ausdifferenzieren. Sie ist dann allgemeine und für besondere Kontexte zugleich besondere, wenn nicht gar ausschlaggebende Prämisse für Anschlußoperationen. Sie läßt sich für bestimmte soziale Funktionen ausbilden, bereithalten, perfektionieren ... Mit Hilfe der Differenz Software/Hardware hat sich Geist von Materie emanzipiert, ist eigenmächtig und seinerseits hochkomplex geworden und trotzdem leicht interpretierbar geblieben. Damit hat aber die Technik ihren Stellenwert verloren ...

Doch halt, hier geht die Phantasie mit uns durch; die von Luhmann angelegten Schienen sind jetzt im Sand verlaufen, und wir hören gerade noch die Warnung: »Die soziokulturelle Evolution nimmt nicht die Richtung von Materie zu Geist, von Energie zu Information«![50] Ein Hirngespinst also, daß sich die Materialität der Technik verflüchtigt, eine bloße Fata Morgana, daß sich der Geist über die Materie erhebt und in rein kommunikativer Gestalt von Kommunikation (und damit: von Kommunikationstheorie) eingeholt werden könnte.
Wie gesagt, die obige Paraphrase war Geflunker, nach dem Motto ›Wie der Meister gesprochen haben könnte‹[51] – in Wirklichkeit bezog Luhmann das Gesagte auf den Körper. Es würde allerdings doch überraschen, würde er in bezug auf die Technik dasselbe sagen. Denn einerseits mißt er der Erfindung des *Buchdrucks* und seinen Konsequenzen sehr viel Bedeutung bei[52], zum anderen erkennt er in der kürzlich veröffentlichten *Soziologie des Risikos* die Bedeutung von Technik an, auch wenn er sie in erster Linie als ›funktionierende Simplifikation‹ definiert. Im Kapitel 5 seiner Risikosoziologie, das bezeichnenderweise die Überschrift »Der Sonderfall Hochtechnologie« trägt, erkennt er an, daß ›Technik

50 Luhmann 1984a, S. 338
51 Vgl. Joerges 1988b
52 Deshalb habe ich in der obigen Paraphrase den Satz hervorgehoben: »*Die Differenz von Technik und Nicht-Technik hat (zumindest für unser heutiges Gesellschaftssystem) keine soziale Relevanz...*« Die Gewährsperson in Sachen Buchdruck ist Elisabeth Eisenstein (1983).

im Kontext der Risikokommunikation‹ exemplarische, ja paradigmatische Bedeutung erhält und daß es genau die Grenze zwischen Technischem und Nichttechnischem ist, die dafür wichtig wird.[53]

Im Sachregister der *Sozialen Systeme* finden sich keine Eintragungen zum Thema Dampfmaschine, Automobil, Eisenbahn, Telefon oder Computer, aber sieben Eintragungen zum Stichwort Buchdruck. Die enorme Wichtigkeit, die Luhmann dem Buchdruck zugesteht, erklärt sich aus der Tatsache, daß Wissen zum erstenmal massenhaft gespeichert werden konnte und damit für die weitere Evolution von Wissen entscheidend wurde. Der Buchdruck und die damit verbundenen »Systematisierungsbestrebungen zur Beschleunigung der Wissensverbreitung«[54] im 16. Jahrhundert sind ein Ausdruck von einem veränderten Zeitbewußtsein. Es kommt nicht mehr auf den richtigen Zeitpunkt an, sondern auf Zeiteinsparungen: »Die Eisenbahn macht schließlich das neue Tempo sichtbar« liest man dann doch erstaunt. Technik ist in diesem Fall also doch mehr als bloße ›Ressource, Bedingung, oder Chance‹ (siehe oben) sozialer Systeme.

Die Druckerpresse wird gar als entscheidender Faktor für die Entstehung der neuzeitlichen Wissenschaften angesehen.[55] Neuerdings hat auch die elektronische Datenverarbeitung ihren Einzug gehalten, und Luhmann verweist auf die kaum absehbaren Folgen, die sich aus der maschinellen Speicherung von Wissen ergeben werden. Auch sind die dadurch »auf eine fast unsichtbare Weise« erfolgenden Eingriffe in die Kommunikation[56] etwas fast Unheimliches für Luhmann – hier ganz alteuropäischer Gelehrter mit Zettelkasten, Papier und Stift.

Wenn aber die Zeiteinsparung einen so wichtigen Stellenwert beim Übergang zur Moderne (und selbstverständlich in ihr selbst) besitzt, dann wird man noch ganz andere Techniken als den Buchdruck untersuchen müssen.

Daß Luhmann dies nicht tut, hängt eng mit der von ihm getroffe-

53 Luhmann 1991, S. 105.

54 Luhmann 1984a, S. 256.

55 Luhmann 1990a, S. 604.

56 In den *Sozialen Systemen* hatte es schon geheißen: »Die Entwicklung dieser Medien [Verbreitungsmedien] betrifft nicht nur ein äußeres ›Mehr‹ an Kommunikation, sie verändert auch die Art und Weise der Kommunikation selbst« (Luhmann 1984a, S. 223).

nen Ausgangsentscheidung zusammen, nämlich Kommunikation zum Gegenstand der Soziologie zu machen. Der Buchdruck interessiert deshalb besonders, weil er aus der Trias von Information, Mitteilung und Verstehen (aus der sich für ihn Kommunikation zusammensetzt) Information und Mitteilung herausgreift und voneinander trennt, wodurch eine andere zeitliche Sequenzierung möglich wird: Durch Speicherung von Information kann die Kommunikation über große räumliche und zeitliche Distanz hinweg erfolgen. »Schrift und Buchdruck erzwingen also die Erfahrung der Differenz, die Kommunikation konstituiert ... und ... veranlassen damit Reaktion von Kommunikation auf Kommunikation in einem sehr viel spezifischeren Sinne, als dies in der Form mündlicher Wechselrede der Fall ist.«[57] Auch hier erklärt Luhmann – wie im Beispiel der sogenannten Hochtechnologie und, so muß hinzugefügt werden, entgegen seinen programmatischen Aussagen –, daß eine spezifische Technik eine Differenz in Sozialsystemen begründet.[58] Bezeichnend ist, daß Sachtechnik als solche nicht zum Gegenstand der Untersuchung wird, sondern nur, sofern sie für die Themen Risiko und Speicherung von Wissen relevant ist. Daß große technische Systeme in beiden Fällen eine viel größere Rolle spielen, als von Luhmann angenommen, dürfte mittlerweile klargeworden sein.

57 Ebd., S. 224.

58 Es läge nahe, außer Zeitgewinn auch *Machtgewinn* als mögliche Konsequenz von technischer Innovation zu untersuchen. Typischerweise beginnt bei der Entwicklung und Einführung neuer Techniken ein Kampf der Professionen, wobei diejenigen der neuen Technik wohlwollend gegenüberstehen, die sich durch ihre Einführung einen Machtzuwachs versprechen. Hervorzuheben ist, daß diese Formulierung, die auf Professionen abstellt, das enge orthodox-marxistische Modell à la Braverman verläßt, wo es nur um das Gefügigmachen der Arbeiter mit Hilfe neuer Technologien geht, um ihre Unterordnung unter das Kapital.

6. Technik und Arbeit

Nachdem wir gesehen haben, daß die Luhmannsche Systemtheorie in kritische Distanz zum technischen Artefakt geht und wir daraus selbst etwas an kritischer Distanz zu dieser Theorie gewonnen haben, werden wir unseren Wagen von seiner Lokomotive abkoppeln und im Freilauf nach einem Punkt am Horizont Ausschau halten, der gerade am Verschwinden ist: dem Marxschen Arbeitsbegriff. Arbeit ist nach Marx eine sinnliche Tätigkeit, »ein Prozeß zwischen Mensch und Natur ... worin der Mensch seinen Stoffwechsel mit der Natur durch seine eigene Tat vermittelt, regelt und kontrolliert«, wie Marx formulierte.[59] Technik spielt dabei die entscheidende Rolle: »Die Technologie enthüllt das aktive Verhalten des Menschen zur Natur, den unmittelbaren Produktionsprozeß seines Lebens ...«[60]

Der Arbeitsbegriff ist deshalb interessant, weil er die Geist-Körper-Dichotomie überwinden hilft. Dies gelingt Marx dadurch, daß er Arbeit als Naturgabe konzipiert und die Natur als unorganischen Körper des Menschen bezeichnet. »Der Mensch kann in seiner Produktion nur verfahren, wie die Natur selbst, das heißt nur die Formen der Stoffe ändern.«[61] Der Mensch ist ein biologisches Wesen, seine Arbeit kann deshalb Naturstoffe umwandeln. Dieser Prozeß findet innerhalb *eines* Mediums statt. Dieser anthropologische Ausgangspunkt führt Marx nicht zu einem unkritischen Naturalismus, denn menschliche Gesellschaften sind auch Kulturträger mit geistigen Vorstellungen, die Arbeit und Technik, Natur und Gesellschaft in einen Prozeß der projektiven Veränderung einbeziehen.[62]

Wo Luhmann mit dem Begriff der strukturellen Kopplung arbeitet, setzte der historische Materialismus den Begriff der Arbeit an. Dies ist kein Zufall. Der Arbeitsbegriff vollbringt eine Synthese-

59 Marx 1974, S. 192.

60 Ebd., S. 393.

61 Ebd., S. 57.

62 Vgl. Grundmann 1991. Es soll natürlich darauf hingewiesen werden, daß der Marxsche Arbeitsbegriff nicht ohne Aporien und keinesfalls ein *ready-made* für die hier anstehenden Probleme ist. Es soll angedeutet werden, in welcher Fassung er für die vorliegende Fragestellung interessant ist: nicht normativ-philosophisch und nicht als Gegenbegriff zum Kapital.

leistung, die vom Begriff der strukturellen Kopplung gar nicht erwartet wird.[63] Man weiß, daß die Systeme fragmentiert und geschlossen sind – eine Vermittlung, Verschachtelung, Überschneidung etc. gibt es nicht. Es gibt nur eine *interne Rekonstruktion* von Sinn im Medium der jeweiligen Systeme, da diese keine Inputs aus der Umwelt importieren. Wie oben gezeigt wurde, sind strukturelle Kopplungen nicht in der Lage, eine solche Synthese zu vollbringen.

Doch verweilen wir noch einen Augenblick bei der Arbeit. Wenn es Arbeit ist, die technische und soziale Prozesse aufeinander abstimmt, so kann man fragen, ob die Technik ihre für »die Kommunikation unerreichbare Eigenart« in der Arbeit bzw. in der sinnlichen Tätigkeit habe.[64] Arbeit wäre dann für Kommunikation unerreichbar wie Bewußtsein – und genauso entschiede Kommunikation darüber, welche Arbeit und welche Technik eingesetzt werden. Kommunikation wählt die passenden Exemplare von Technik und Arbeit aus (wir erinnern uns: Sandkörnchen) und baut sie in ihre autopoietische Reproduktion ein (Perlen). Als »Nebenprodukt« entstehen laufend neue technische Artefakte. Es gibt auch hier keinen Transport von Technik oder Arbeit in Kommunikation; beide werden vom Kommunikationssystem intern als Kommunikationen reinterpretiert. Dabei dient die Arbeit als Transformator von Natur und Technik in Kommunikation.

Der eben verwendete Terminus »Nebenprodukt von Kommunikation« deutet darauf hin, daß dieses Modell zu einem entschiedenen sozialen Determinismus führt. Anhänger der Soziologie technischer Systeme würden nun sicher dagegenhalten, daß genausogut Kommunikationen als Nebenprodukt technischer Vernetzung aufgefaßt werden sollten, und Marx selbst hat sein anthropologisches Modell zu einem technologischen Modell erweitert, bei dem Technik zur zentralen Instanz der Vermittlung zwischen Gesellschaft und Natur wird. Der Verdacht des technologischen Determinismus konnte in der Folge gegen Marx nie

63 Die Betonung der Zeitlichkeit in der Systemtheorie und eine Blindheit gegenüber Räumlichkeit und Physis kontrastieren mit der Betonung von Physis, Räumlichkeit und Zeitlichkeit im historischen Materialismus – freilich auf Basis des Arbeitsbegriffs, der heute weniger Anhänger denn je haben dürfte.

64 Diese Formulierung in Analogie zu Luhmann 1990a, S. 19.

ganz ausgeräumt werden – und zwar mit guten Gründen.[65] Daß es auch gute Gründe für technologischen Determinismus gibt, ist, wie eben gesehen, ironischerweise bei Luhmann zu lernen, der ja *der* Protagonist einer soziologischen Kommunikationstheorie ist.

7. Automobilismus

Als bisheriges Resultat kann festgehalten werden: Entgegen seinen programmatischen Aussagen benötigt Luhmann durchaus einen substantiellen Technikbegriff. Er vermeidet es jedoch, einen solchen einzuführen, da dieser durch andere Grundannahmen der Theorie nicht gedeckt ist. Strukturelle Kopplungen reichen nicht aus, um Sachtechnik in Kommunikationssysteme einzubringen. Eingangs erwähnte ich einen Ansatz, der große technische Systeme als Sozialsysteme sui generis begreift. Ich stelle im folgenden das System des Automobilismus vor, das plausibel machen soll, daß es Systeme gibt, die sozial und technisch sind. Wie es den Anschein hat, entfällt hier die Unterscheidung zwischen Kommunikation und Handlung.

Hier sehen wir das empirisch beobachtbare Phänomen, daß Sachen und Kommunikationen zusammengeführt werden und in einem System stabilisiert werden. Der Automobilverkehr scheint ein großes technisches System zu sein[66], kann aber auch als soziales System im Sinne der Theorie sozialer Systeme begriffen werden. Im letzten Fall wären zwar einige Modifizierungen im Vergleich zu »klassischen« sozialen Systemen anzubringen, deren wichtigste darin bestünde, daß die Zurechnungsproblematik insofern vernachlässigt werden könnte, da Kommunikationen und Handlungen weitgehend identisch sind, doch der selbstorganisierende und selbstreproduzierende Charakter des Systems könnte aufgewiesen werden. Dies ist nicht nur eine akademische Fingerübung, sondern könnte zu wichtigen Einsichten verhelfen. An diesem Beispiel kann nämlich auch demonstriert werden, daß Phänomenbereiche existieren, die sich nicht ohne weiteres unter die Kategorien der Soziologie technischer Systeme oder der Theorie sozialer Systeme unterordnen lassen.

65 Grundmann 1991, Kapitel 3.4.
66 Vgl. Grundmann 1992.

Die These der organisatorischen Imperative[67] technischer Systeme ließe sich im Fall des Automobilverkehrs durch empirische Gegenbeispiele bezweifeln: Jeeps fahren *off the road*, Ampelschaltungen und Vorfahrtsregeln können massenhaft mißachtet werden, wobei ein anderes Regelwerk an ihre Stelle tritt. Über den Autoverkehr im südlichen Italien wird überspitzt gesagt, hier bedeute Grün Stop, Rot jedoch freie Fahrt. Jeder deutsche Autofahrer, der seinen Urlaub in Mittel- oder Süditalien verbracht und dabei einen Wagen benutzt hat, kann wahrscheinlich ein Lied davon singen, wie schwierig es zunächst war, sich dem Verkehrsgeschehen einzuordnen. Disziplinlosigkeit, Gefährdung anderer oder Mißachtung von Verkehrsregeln werden dabei immer wieder genannt. Doch auch von den guten Seiten kann man hören: mehr Rücksicht auf andere, mehr Geduld, weniger Aggression. Wie kommt dieses widersprüchliche Bild zustande? Diese Frage scheint mir einen kleinen *Exkurs* über den deutschen und italienischen Automobilismus wert zu sein.

Die Regeln des Straßenverkehrs werden in beiden Ländern verschieden ausgelegt, was gleichbedeutend ist mit der Feststellung, daß es in diesen Ländern verschiedene Kulturen des Autofahrens gibt. Die Frage ist, ob diese Verschiedenheit auf einer Differenz in der Struktur des sozialen Systems Automobilismus aufruht oder mit Eigenschaften der technischen Vernetzung zu tun hat.

Ein einfaches Gedankenexperiment soll hier weiterhelfen. Versetzt man einen italienischen Autofahrer in das deutsche Straßenverkehrssystem, so wird er sich zunächst ähnlich zögerlich verhalten wie der deutsche im obigen Beispiel. Obwohl er ausgesprochen vorsichtig fährt und alle Verkehrszeichen peinlich beachtet (so wird er sich hüten, bei Rot loszufahren, auch wenn die Kreuzung in tiefer Nacht frei ist), schrecken ihn des öfteren Hupsignale auf und weisen ihn auf offensichtliche Unkorrektheiten hin. Es kommt auch vor, daß er durch Gesten oder Worte beschimpft wird. Dies wahrscheinlich deshalb, weil er seine Geschwindigkeit nicht dem fließenden Verkehr angepaßt hat, weil er beim Abbiegen seine Spur verlassen hat oder weil er generell Pro-

67 Große technische Systeme sind »tightly coupled technically, with complex ›imperative‹ organization and management prompted by operating requirements designed into the system«, heißt es bei Todd LaPorte, 1988, S. 240.

bleme mit dem Spurhalten hat (die »Spur« sind die weißen Fahrbahnmarkierungen). Ich beschränke mich auf diese Fälle und lasse Probleme, die auf Ortsunkundigkeit beruhen, außer acht. Im umgekehrten Fall wird es dem deutschen Autofahrer passieren, daß er Hupzeichen hört, wenn er bei freier Kreuzung des Nachts bei roter Ampel endlos auf Grün wartet, durch sklavisches Einhalten der Spur den Verkehr verlangsamt (etwa ein dreirädriges Lieferfahrzeug nicht überholt) oder beim Einfädeln in fließenden Verkehr nur nach *hinten* sieht, wo er eine endlose Lawine entdeckt, die ihm keine Chance zu geben scheint ...
Mein (zugegeben beschränkter) persönlicher Erfahrungsschatz gibt mir die Zuversicht zu der Prognose, daß man diese durch ein Gedankenexperiment ermittelten Ergebnisse durch Feldforschung bestätigen könnte und damit diese und andere idealtypische Unterschiede feststellen würde (auch wenn oder gerade weil man als Versuchsfahrzeuge einheimische Modelle mit lokalen Kennzeichen einsetzt). Die Gründe dafür sind vielfältig, haben aber alle mit sozialen, nicht mit sachtechnischen Komponenten zu tun. Da ist zunächst der entspanntere Fahrstil der Italiener (sie haben keine bequemeren Sitze in ihren Autos!), die als Fahrer nicht um jeden Preis auf die Einhaltung von Regeln bestehen, weder von Verkehrsregeln, noch von Pünktlichkeitsregeln: denn was lohnt die Hetze im Autoverkehr, wenn es nur um fünf oder zehn Minuten geht? Es herrscht eher eine sportliche Grundstimmung, nach dem Motto: Der Geschicktere bekommt sein Recht. Man läßt deshalb jemanden im Querverkehr auch mal bei Rot über die Kreuzung oder ermöglicht ihm das Einfädeln, das zwar eher ein »Hineindrängeln« ist, möchte aber selbst auch davon profitieren können – was zwar nicht garantiert wird, aber doch wahrscheinlich ist. Man könnte dieses Modell als »verantwortliche Anarchie« bezeichnen. Eine deutsche Reaktion angesichts des Verkehrs in Italien ist der Satz: »Hier fährt jeder, wie er will«, was den Punkt nicht genau trifft, sondern nur die deutsche Blindheit für die italienischen latenten Regeln offenbart. Eher schon müßte es heißen: »Hier fährt jeder, wie er kann«, denn damit ist klar, daß sich ein Gefälle an Virtuosität auftut, das genutzt werden kann.[68]

68 Interessanterweise läßt Bertolt Brecht, selbst begeisterter Autofahrer, seinen Herrn Keuner das (von mir so genannte) »deutsche« Modell

Weitere bezeichnende Unterschiede sind das *vorausschauende* Fahren (gegen das dauernde Schauen in die Rückspiegel) und Rücksichtnahme ohne aggressives Hupen[69] und ohne beleidigende Gesten oder Schimpftiraden; der geringere Ehrgeiz, was fahrerische Leistungen betrifft (dies könnte sich als technisch-ökonomische Variable herausstellen, da die Italiener erst in letzter Zeit auf leistungsstarke PKWs umgestiegen sind); das geringere Rechtsbewußtsein, das heißt weniger Pochen auf verbürgtes Recht als auf Wahrnehmung und Gewährung von konkreten Chancen. Das soziale Phänomen der doppelten Kontingenz taucht im Autoverkehr oft auf. Die deutsche Reglementierung hat dieses Problem zwar weitgehend gelöst (explizite und befolgte Regeln), muß aber doch immer wieder auf latentes Regelwissen zurückgreifen, wenn zum Beispiel vier Fahrzeuge gleichzeitig an einer nicht ausgeschilderten Kreuzung ankommen; hier triumphiert auch in Deutschland der Sportsgeist, der oft dem Berufsfahrer zu eigen ist. Die Abgleichung der Erwartungen erfolgt dabei über Blickkontakt; ein typisches Problem stellt sich auf Kreuzungen, wo man sich fragt: wird »amerikanisch« abgebogen oder nicht?

Im Vergleich zum idealisierten italienischen Autofahrer ist der deutsche Autofahrer ein verhinderter Rennwagenpilot mit der Rechtskenntnis eines Oberstaatsanwalts und dem hartnäckigen Sendungsbewußtsein eines Pädagogen. Entsprechend möchtegern-professionell, verbissen, unflexibel und belehrend fällt das

bevorzugen: »Ich kenne einen Fahrer, der die Verkehrsregeln gut kennt, innehält und für sich zu nutzen weiß. Er versteht es geschickt, vorzupreschen, dann wieder eine regelmäßige Geschwindigkeit zu halten ... und so findet er vorsichtig und kühn seinen Weg zwischen den anderen Fahrzeugen. Ein anderer Fahrer, den ich kenne, geht anders vor. Mehr als an seinem Weg ist er interessiert am gesamten Verkehr und fühlt sich nur als Teilchen davon. Er nimmt nicht seine Rechte wahr und tut sich nicht persönlich besonders hervor. Er fährt im Geist mit dem Wagen vor ihm und hinter ihm, mit einem ständigen Vergnügen an dem Vorwärtskommen aller Wägen und Fußgänger dazu« (Brecht 1967, S. 398 f.). Herr K. würde heute sehr wahrscheinlich auf seine Rechte pochen.

69 Man hupt sehr viel öfter in Italien, aber nicht in erster Linie um dem anderen Vorwürfe zu machen, sondern um akustisch anzuzeigen, daß man sich nähert, daß also eventuell eine Gefahr droht.

konkrete Verhalten aus. Typischerweise unterhält man sich in einem italienischen Wagen bei der Fahrt über etwas anderes als die vorliegende Verkehrssituation; in Deutschland ist es nicht außergewöhnlich, daß die Mitfahrer mit dem Fahrer mitempfinden, die Manöver anderer (fast immer: abwertend) kommentieren etc. In beiden Ländern funktioniert das System, da im jeweiligen System klar ist, was als nächste Anschlußhandlung folgen kann. Störungen gibt es, wenn die Regeln des korrekten Anschlusses nicht beachtet werden, wobei zu vermuten ist, daß ein »starres« System bei Infusion mit »fremden« Elementen eher anfällig ist als ein »flexibles« im umgekehrten Fall. Beachtlich ist, daß trotz enormer Verrechtlichung des deutschen Automobilismus und der professionellen Orientierung seiner Teilnehmer die Unfallstatistiken etwa auf gleicher Höhe mit Italien rangieren. Was allerdings passiert, wenn sich PS-Potenz, (deutsche) Aggressivität und (italienische) Anarchie kombinieren, kann man am Fall Frankreichs studieren: Dort gibt es die meisten Unfälle und die meisten Verkehrstoten der westlichen Welt.

Das Sozialsystem Automobilismus ist zwar ein weltweites System, wie andere Sozialsysteme auch, die kulturellen Besonderheiten haben bislang jedoch die Herausbildung eines gemeinsamen Mediums oder eines gemeinsamen Stils verhindert. Anders als in der Ökonomie, wo eine Zahlung klar als Zahlung wahrgenommen wird und auf Referenzwährungen umgerechnet werden kann, ist im Automobilismus nicht klar, was als Grundoperation gilt. Man ist versucht zu sagen: Fahren! wenn da nicht das Stehen wäre. Fortbewegung als Mischung von Stehen und Fahren, Beschleunigung und Bremsen, Einfädeln und Abbiegen, Vortritt lassen und Abschneiden wäre eine Definition, die dem Sachverhalt näher käme. Hier zeigen sich dann die kulturellen Differenzen, die etwas darüber aussagen, was in der jeweiligen Situation als passend gilt. Die *Etikette* des Straßenverkehrs existiert in Ländern, in denen weitgehende Verrechtlichung herrscht, nicht mehr, für Länder wie Italien müßte sie geschrieben werden.

Die Implikationen dieses (im doppelten Sinne »autorassistischen«) Gedankenexperiments sind folgende:

1. Auf Basis ein und desselben sachtechnischen Systems bilden sich verschiedene Sozialsysteme heraus, die im Lauf der Jahre eine Tendenz zur Stabilisierung zeigen. Dieser Prozeß ist im vorliegenden Fall mit Kulturbildung identisch.

2. Es sind allerdings sachtechnische Eigenschaften des Netzes und der Automobile, die die Herausbildung eines (starren oder lockeren) Reglements erfordern. Welche Alternative sich herausbildet, ist jedoch nicht durch die sachtechnische Struktur vorgegeben. Im vorliegenden Fall scheint es so zu sein, daß die weitere technische Entwicklung eher von kulturellen Mustern bestimmt wird. Zum Beispiel kann man sich schlecht vorstellen, daß eine künftige elektronische Verkehrssteuerung in Neapel oder Rom funktionieren könnte, während das deutsche System bereits ein Regelwerk geschaffen und implementiert hat, das weitgehend in technische Vorrichtungen überführt werden könnte. Die Frage ist, ob der Möchtegern-Profi sich angesichts der Bedrohung seiner Autonomie ebenso wehren wird wie der spielerische Typ.

3. Auch das Phänomen der doppelten Kontingenz erfordert Regeln und Strukturbildung, um einem unendlichen Regreß (oder dessen unvorhergesehenem Abbruch) entgegenzuwirken. Man kann dafür Regeln einsetzen, die eher Improvisationscharakter haben oder Regeln, die eher technischen Charakter haben.

4. Im Unterschied zu reinen Kommunikationssystemen hat ein System wie der Automobilismus die Eigenschaft, daß Handlungen und Kommunikationen stark aneinander gebunden sind. Dies hat wichtige Konsequenzen, so beispielweise die, daß eine Handlung im Verkehrssystem nicht zur Disposition steht wie in einem reinen Kommunikationssystem (wo Kommunikationsangebote angenommen oder abgelehnt werden). Durch die Tatsache, daß der Verkehrsteilnehmer mit seinem Fahrzeug in die Welt tritt, schafft er Fakten, die nicht ignoriert werden können (es geht ja unmittelbar um körperliche Unversehrtheit, Leben und Tod; zwei Fahrzeuge, die am selben Ort zur selben Zeit auftauchen, verursachen unvermeidlicherweise einen Unfall). Man kann sich vorstellen, wie gefährlich es wird, wenn sich an diese Fakten moralische Fragen ankristallisieren, da man den anderen nicht (wie in der Kommunikation) ignorieren, aber nachhaltig mißachten kann – bis hin zur Provokation eines Unfalls.[70] Nur wenige Fahrer bringen die Gelassenheit auf, einen Tort wirklich zu igno-

70 »Als Kommunikationsteilnehmer sind andere nicht zu eliminieren, es sei denn: man tötet sie ... Jedenfalls muß man, wenn man nicht tötet, ertragen, daß andere, die den Moralgeboten nicht folgen, trotzdem noch da sind«, heißt es bei Luhmann 1989b, S. 367.

rieren. Die Konsequenz: Eskalation bis zum Krieg im Kopf und auf der Straße.

8. Große technische Systeme – und wie sie Institutionen verbinden

Doch statt Eskalation lassen wir die labyrinthischen Spuren in einem Zielpunkt zusammenlaufen. Technik ist, so habe ich oben argumentiert, der gemeinsame Boden, auf dem sich Diskurse, der Eigenname, in dem sich heterogene Welten treffen. »Systeme« sind in ähnlicher Weise der gemeinsame Boden, auf dem sich Diskurse treffen, der Eigenname, der sozialwissenschaftliche und ingenieurswissenschaftliche Visionen zusammenzuführen scheint. Dies ist wichtig festzuhalten; denn die Eigennamen bedeuten nicht, daß der Kontakt auf immer und ewig hergestellt würde; sie sollen nur zeigen, daß es mehr als okkasionellen Kontakt gibt. Auch durch Eigennamen entstandene Diskursuniversa sind prekär, von ständiger Auflösung bedroht. Dieser Befund wird bestätigt, wenn man sich Eigenschaften von großen technischen Systemen (GTS) vergegenwärtigt. Stellt man die relevanten Aussagen von Forschern auf diesem Gebiet zusammen, ergibt sich:

1. GTS sind materiell integriert oder über größere zeitliche und räumliche Distanzen miteinander gekoppelt[71];
2. GTS unterstützen oder erhalten das Funktionieren vieler anderer technischer Systeme, deren Organisationen sie verbinden[72];
3. GTS sind technisch eng gekoppelt an komplexe verbindliche Organisationen und Managementformen, die durch operationale Erfordernisse des Systems selbst erzwungen werden[73];
4. GTS zeigen die Tendenz zur maximalen Auslastung[74];
5. GTS erzeugen nicht-ersetzbare Güter für die Öffentlichkeit (Monopolstatus)[75];
6. GTS sind, was ihr reibungsloses Funktionieren angeht, das Objekt öffentlicher Befürchtungen[76];

71 Joerges, 1988a, S. 24.
72 Ebd.
73 LaPorte 1988, S. 240; Perrow 1984.
74 LaPorte 1988, S. 241; Hughes 1987, S. 72; Mayntz 1988, S. 252.
75 LaPorte 1988, S. 241.
76 Ebd.

7. GTS entwickeln sich hinter dem Rücken von Systembauern und sind prekär[77];
8. GTS zeitigen oft Konflikte, die nach katastrophalen Fehlern im System oder in Phasen der radikalen Rekonfiguration entstehen[78];
9. GTS werden zu bestimmten Zeiten in ihrer Größe beschnitten[79];
10. GTS-Wachstum ist eng gekoppelt an Prozesse der Standardisierung, der Setzung technischer Normen[80];
11. GTS entwickeln sich nach evolutionären Mustern von Wachstum, Stagnation und Verfall[81];
12. Neue Techniken entwickeln sich in Nischen des GTS, sind eher komplementär als substitutiv[82];
13. GTS können unter bestimmten Umständen bei Interferenz von zwei oder mehr GTS zur Herausbildung eines GTS »zweiter Ordnung« führen.[83]
Technische Systeme (TS) generell
14. sind synergetisch oder holistisch organisiert, das heißt, die Charakteristika der Komponenten stehen in engem Zusammenhang mit der Systemcharakteristik[84];
15. in TS gibt es radikale und konservative Innovationen, wobei radikale Innovationen meist am Anfang eines neuen Systems stehen[85];
16. während der Wachstumsphasen von TS gibt es Teile, die hinterherhinken und die mit einer miltärischen Metapher ›zurückbleibende Frontabschnitte‹ (*reverse salients*) genannt wurden[86];
17. entwickeln Beharrungsvermögen, was Beobachter manchmal dazu verleitet, ihnen eine Autonomie zu unterstellen.[87]
Wenn dies keine eindrucksvolle Beschreibung von Bedingungen

77 Joerges 1988a, S. 26.
78 Ebd.
79 Joerges 1992.
80 Joerges 1988a, S. 30.
81 Mayntz 1988, S. 254.
82 Ebd.
83 Joerges 1992; Braun 1994 (in diesem Band).
84 Hughes 1987, S. 51; Callon 1987, S. 95.
85 Hughes, ebd., S. 57.
86 Ebd., S. 74.
87 Ebd., S. 76.

ist, denen sich Sozialsysteme unterwerfen müssen, wenn sie erfolgreich weiterbestehen wollen! Die Angepaßtheit der Sozialsysteme an große technische Systeme ist natürlich hauptsächlich dadurch zu erklären, daß sie bei der Produktion, beim Betrieb und bei ihrer Kontrolle (in unterschiedlichem Maße) ›involviert‹ sind. Was genau dabei passiert, ist aufgrund unserer bisherigen Reise aufschlußreich: Die an die Technik gekoppelten Sozialsysteme sind in einem kommunikativen (und das heißt: informationellen) Sinn mit großen technischen Systemen verbunden. Hier liegt allerdings ein weites Feld für die Forschung, sowohl für die Theorie sozialer Systeme als auch für die Soziologie technischer Systeme, da koevolutionäre Prozesse in diesem Bereich stattfinden, die das gemeinsame Universum bilden für beide hier untersuchten Ansätze. Wo Institutionen sich mit Sachtechnik verbinden, dort ist der Boden, auf dem sich die Diskurse treffen könnten.

Technische Artefakte nehmen durch Überlastung physischen Schaden, soziale Systeme produzieren Konflikte – so könnte man die unterschiedliche Anfälligkeit der verschiedenen Systemtypen auf Belastungsanforderungen umschreiben. Der prekäre Status von großen technischen Systemen wird durch verschiedene Mechanismen begründet. Hier scheint sich anzudeuten, daß die Rede von einer einheitlichen sozio-technischen Welt nicht ganz zutreffend ist; gerade in ihrem Prekärwerden offenbaren sich die typischen Differenzen zwischen sachtechnischer und sozialer Welt.

Während die Kommunikationstheorie in der Lage ist, Strukturen, Prozesse und wahrscheinliche Verlaufslogiken von Entscheidungen, Dilemmata, Legitimationen, Wissen, technischen Normen und Rechtssicherheiten herauszuarbeiten, scheint die Stärke der Soziologie technischer Systeme wohl eher auf dem Gebiet der »Middle-range«-Analysen und Fallstudien zu liegen, wie die vorliegende Literatur demonstriert.[88]

88 Vgl. die Beiträge in Mayntz/Hughes (Hg.) 1988; LaPorte (Hg.) 1991; Summerton (Hg.) 1994 sowie die Beiträge zu den Folgekonferenzen dieser Forschungsrichtung in Australien 1991.

9. Fazit und Ausblick

Am Ende der Reise angelangt, fragen wir uns: Was haben wir gesehen? Einen Sandsturm, Wanderdünen, Perlen, eine Fata Morgana? Oder sind unsere Instrumente beim Blindflug durch zu heftigen Bodenkontakt ausgefallen? Jeder Leser mag sich hier sein eigenes Urteil bilden. Der ideale Blick zur Übersicht wäre der Blick von Nirgendwo, der alles sieht und alles gleichermaßen sieht. Ein Satellitenblick käme diesem Ideal schon sehr nahe; er wäre zwar immer noch ein Blick von Irgendwo, doch immerhin distanziert genug, um sagen zu können, ob wir uns im Labyrinth oder in der Wüste befunden haben ... Damit könnten wir die Höhenlagen der soziologischen Abstraktion mit den Höhenlagen eines technischen Systems kombinieren, zumindest in der Metaphernwahl für diesen Schlußabschnitt.

Einen solchen idealen Beobachterposten haben wir nicht zur Verfügung. Wir müssen schon zufrieden sein, wenn es uns gelingt, einen Moment lang auf einem wackeligen Hochsitz am Rande des Dickichts (der Wüste?) Platz zu nehmen, um von dort einen Blick zurück und einen Blick nach vorn zu richten. Mein Reisebericht äußerte zu Beginn die Hoffnung, daß sich durch eine Herangehensweise, die die technische Vernetzung zum Ausgangspunkt macht, greifbare Ergebnisse mit weniger Aufwand an semantischer Arbeit erzielen ließen. Diese Hoffnung hat sich bislang nicht erfüllt. Die Soziologie technischer Systeme verträgt wenig Autopoiesis, die Theorie sozialer Systeme verträgt wenig Sachtechnik. Genauer: Die Soziologie technischer Systeme verträgt zwar Autopoiese, sofern es um ›Operationen‹ oder um beteiligte Organisationen (i. e. Sozialsysteme) geht, nicht aber in ihrem Kernbereich, den räumlich-zeitlichen Großnetzwerken. Die Theorie sozialer Systeme hat zwar gegen die lang erklärte Absicht ihres Altmeisters gezeigt, daß Sachtechnik für Sozialsysteme wichtige Differenzen hervorrufen kann. Näher konnten sich die beiden Diskurse bisher allerdings nicht kommen. Technik und Kommunikation lassen sich, wie es den Anschein hat, bislang nur in ingenieurwissenschaftlichen, nicht in sozialwissenschaftlichen Systemmodellen zusammenfassen. Dennoch will ich es nicht versäumen, den gebeutelten Leser zum Schluß auf zwei Punkte am Horizont hinzuweisen, die zwei verschiedene Ausblicke ermöglichen und damit das Gefühl der Ratlosigkeit etwas mildern.

1. Zunächst ein Blick zurück. Der Arbeitsbegriff wurde als möglicher Kandidat für die Lösung einiger Probleme gesehen. Hier müßte man untersuchen, wieviel an Kommunikationstheorien abgeräumt und wieviel am Arbeitsbegriff retouchiert werden muß, um große technische Systeme adäquat fassen zu können. Der Platz der gesellschaftlichen Synthese durch Arbeit ist zu einer Leerstelle in der sozialwissenschaftlichen Theoriebildung geworden, die bisher nicht besetzt wurde. Die Umstellung von Arbeit auf strukturelle Kopplung (in der Theorie sozialer Systeme) bringt die Geist-Körper-Dichotomie wieder zum Vorschein, die Umstellung auf Handlung als Grundkategorie des sozialen Geschehens (in der Soziologie technischer Systeme, die darin dem soziologischen *mainstream* folgt) ist in Bezug auf Technik theoretisch nicht ausgewiesen. Dies trifft meines Erachtens auch auf den Ansatz von Bruno Latour zu, der ebenfalls von einer Handlungsdelegation an Artefakte spricht. Man könnte zwar argumentieren, daß durch die Einführung neuer Unterscheidungen die Aufmerksamkeit für neue Sachverhalte geweckt würde. Doch was geht durch die neue Betrachtung verloren? Große technische Systeme entschwinden zunächst viel weiter, als es auf Grundlage des Arbeitsbegriffs wahrscheinlich wäre.[89]

Es wäre deshalb wünschenswert, einen ›abgespeckten‹ Arbeitsbegriff zu entwickeln, der von den Marxschen geschichtsphilosophischen und arbeitswerttheoretischen Aporien frei ist. Ein solcher Begriff würde zumindest die Aspekte des Zusammenfügens (*bricolage, translations*) und der ausgeübten Fertigkeiten (*skills*) im Umgang mit Material (stofflich und sozial) umfassen. Zumindest in der Wissenschaftstheorie und -geschichte hat sich ein solcher Ansatz Bahn gebrochen[90], der darauf hinweist, wieviel Arbeit und Praxis in experimentelle Vorrichtungen, wissenschaftliche Theorien und Beweise eingeht. Daß die Rhetorik und Selbstbeschreibung der Wissenschaft anders aussieht, sollte uns nicht überraschen. Doch diese ist immer das Ergebnis von ›Reinigungsarbeiten‹ (*acts of purification*).

Dieses Plädoyer für einen neuen Arbeitsbegriff speist sich aus fol-

89 Vgl. nur Marx' eigene Ausführungen zum Thema ›Maschinerie und große Industrie‹: Marx 1974, S. 391-530.

90 Vgl. die Arbeiten von Collins, Latour, Schaffer und anderen; siehe Pickering (Hg.) 1992.

gender Überlegung: Zweifellos ist das Auflösungs- und Rekombinationsvermögen zeitgenössischer sozialwissenschaftlicher Theorie höher im Vergleich zu Theorien und Paradigmen aus dem vorigen Jahrhundert. Damit wächst jedoch auch die begriffliche Anstrengung, die analytisch getrennten Elemente neu und sinnvoll zusammenzuführen. Dies trifft auf beide hier untersuchten Ansätze zu: Die autopoietische Systemtheorie hat jeden Kontakt zu materiellen Phänomenen der Gesellschaft verloren und thematisiert ausschließlich Kommunikationen und deren Strukturen, Codes und Programme – damit in gewisser Weise die Nachfolge des philosophischen Idealismus antretend. Der Diskurs der großen technischen Systeme führt Soziales und Technisches vorschnell und in theoretisch wenig überzeugender Weise unter dem Handlungsbegriff zusammen. Handlung und Kommunikation können aber nicht die Syntheseleistungen erbringen, für die der Arbeitsbegriff stand.

2. Die zweite Perspektive ist ein Blick nach vorn in weniger bekanntes Gebiet. Sie setzt die evolutionäre Betrachtungsweise am konkreten historischen Material um. Sie geht davon aus, daß große technische Systeme die Integration von Sozialsystemen, Natur und Technik vollziehen. Diese Integration bedarf einer Erklärung, die weder von der Theorie der sozialen Systeme noch von der Sozologie technischer Systeme geleistet wird. Hier könnte Bruno Latours Akteur-Netzwerktheorie die abstrakte Formel der ›Koevolution‹ konkretisieren helfen. Mit Hilfe einer von ihm entwickelten Methode[91] können konkrete Entwicklungspfade nachgezeichnet werden, auf denen soziale, natürliche und technische Elemente ineinandergehen. Damit liegt ein Instrumentarium vor, das empirische Fälle technischer und sozialer Entwicklung analysiert und die Frage danach beantwortet, wie stark und wie lange die einzelnen Komponenten ›aneinanderkleben‹.

Dieses post-machiavellistische Bündnismodell stellt eine ernsthafte Herausforderung an die kommunikationstheoretische Soziologie; ihm geht es nämlich nicht primär um die *Differenzierung* der modernen Gesellschaft, sondern um ihre *Integration* durch Wissenschaft und Technik. In Antithese zu Luhmann wird behauptet, daß das Besondere unserer Epoche nicht so sehr in der gegenseitigen Abschließung der Sozialbereiche besteht, sondern

91 Vgl. Latour 1991; Latour u. a. 1992.

in ihrer Verbindung untereinander sowie mit natürlichen Voraussetzungen und Artefakten. Als Signum unserer modernen Kultur wird die massenhafte Produktion und Verbreitung von Hybridgebilden gesehen. Diese Hybride stellen eine Synthese von Gesellschaft, Natur und Technik dar. Wenn die Soziologie sich diese Perspektive der Wissenschafts- und Technikgenese aneignen könnte, wäre sie möglicherweise imstande, verschiedene Forschungsfelder (wie die hier diskutierten) in fruchtbarer Weise zu verbinden. Wir wüßten dann vielleicht, wie wir unseren wackeligen Notbehelf ausbauen können.

Literatur

Braun, Ingo (1995), »Geflügelte Saurier. Zur intersystemischen Vernetzung großer technischer Netze« (in diesem Band).

Brecht, Bertolt (1967), *Gesammelte Werke*, Band 12, Frankfurt am Main: Suhrkamp.

Callon, Michel (1987), »Society in the Making. The Study of Technology as a Tool for Sociological Analysis«, in: W. E. Bijker/Th. P. Hughes/T. J. Pinch (Hg.), *The Social Construction of Technological Systems. New Directions in the Sociology and History of Technology*, Cambridge, Mass.: The MIT Press, S. 83-103.

Coleman, James S. (1984), »Responsibility in Corporate Action. A Sociologist's View«, in: K. Hopf/G. Teubner (Hg.), *Corporate Governance and Directors' Liabilities. Legal, Economic and Sociological Analyses on Corporate Social Responsibility*, Berlin: de Gruyter, S. 69-91.

Collins, Harry (1995), *Changing order*, London: Sage.

Durkheim, Emile (1961), *Regeln der soziologischen Methode*, Neuwied: Luchterhand.

Eisenstein, Elisabeth (1983), *The Printing Revolution in Early Modern Europe*, Cambridge: Cambridge University Press.

Feinberg, Joel (1980a), *The Rights of Animals and Unborn Generations. Rights, Justice, and the Bounds of Liberty. Essays in Social Philosophy*, Princeton: Princeton University Press, S. 159-184.

– (1980b), *Human Duties and Animal Rights. Rights, Justice, and the Bounds of Liberty. Essays in Social Philosophy*. Princeton: Princeton University Press, S. 185-206.

Freyer, Hans (1934), *Theorie des objektiven Geistes. Eine Einleitung in die Kulturphilosophie*, Darmstadt: Wissenschaftliche Buchgesellschaft 1966.

Gallie, W. B. (1955), »Essentially Contested Concepts«, *Proceedings of the Aristotelian Society* 56, S. 167-198.

Grundmann, Reiner (1991), *Marxism and Ecology*, Oxford: Oxford University Press.
– (1992), »Car Traffic at the Cross Roads. New Technologies for Cars, New Traffic Systems and their Interlocking«. WZB Discussion Paper, FS II 92-506, Berlin: Wissenschaftszentrum für Sozialforschung.
Hörning, Karl H. (1989), »Von ordentlichen Soziologen und unordentlicher Realität«, *Soziale Welt* 40, S. 76-84.
Hughes, Thomas P. (1983), *Networks of Power. Electrification in Western Society, 1880-1930*, Baltimore: Johns Hopkins University Press.
– (1987), »The Evolution of Large Technological Systems«, in: W. E. Bijker/Th. P. Hughes/T. J. Pinch (Hg.), *The Social Construction of Technological Systems. New Directions in the Sociology and History of Technology*, Cambridge, Mass.: The MIT Press, S. 51-82.
Joerges, Bernward (1988a), »Large technical systems: Concepts and Issues«, in: R. Mayntz/Th. P. Hughes (Hg.), *The Development of Large Technical Systems*, Frankfurt am Main/New York: Campus, S. 9-36.
– (1988b), »Technik als System – wie der Meister über Technik gesprochen haben könnte...«, *Soziologie* 1, S. 24-28.
– (1989), »Soziologie und Maschinerie. Vorschläge zu einer ›realistischen‹ Techniksoziologie«, in: P. Weingart (Hg.), *Technik als sozialer Prozeß*, Frankfurt am Main: Suhrkamp, S. 44-89.
– (1992), »›Große technische Systeme‹. Zum Problem technischer Größenordnung und Maßstäblichkeit«, in: G. Bechmann/W. Rammert (Hg.), *Technik und Gesellschaft*. Jahrbuch 6, Frankfurt am Main/New York: Campus, S. 41-72.
LaPorte, Todd R. (1988), »Increasing Reliability in the midst of rapid growth«, in: R. Mayntz/Th. P. Hughes (Hg.), *The Development of Large Technical Systems*, Frankfurt am Main/New York: Campus, S. 215-244.
– (Hg.) (1991), *Responding to Large Technical Systems: Control or Anticipation*, Dordrecht: Kluwer.
Latour, Bruno (1983), »Give Me A Laboratory and I Will Raise the World«, in: K. Knorr-Cetina/M. Mulkay (Hg.), *Science Observed. Perspectives on the Social Study of Science*, London/Beverly Hills: Sage, S. 141-170.
– (1987), *Science in Action. How to follow scientists and engineers through society*, Milton Keynes: Open University Press.
– (1988), »The Prince for Machines as well as for Machinations«, in: B. Elliott (Hg.), *Technology and Social Change*, Edinburgh: Edinburgh University Press, S. 20-43.
– (1991), »Technology is Society made durable«, in: J. Law (Hg.), *Power, Discretion and Strategy. Sociological Review Monograph*, 38, S. 165-191.
Latour, Bruno/Steve Woolgar (1979), *Laboratory Life. The Construction of Scientific Facts*, Princeton: Princeton University Press.

Latour, Bruno/Philippe Mauguin/Geneviève Teil (1992), »A Note on Socio-Technical Graphs«, *Social Studies of Science* 22, S. 33-57.
Lawrence, Denise L./Setha M. Low (1990), »The Built Environment and Spatial Form«, *Annual Review of Anthropology* 19, S. 453-505.
Linde, Hans (1972), *Sachdominanz in Sozialstrukturen*, Tübingen: Mohr (Siebeck).
Luhmann, Niklas (1974), »System – Systemtheorie«, in: Ch. Wulf (Hg.), *Wörterbuch der Erziehung*, München: Piper, S. 582-585.
– (1983), »Die Einheit des Rechtssystems«, *Rechtstheorie* 14, S. 129-154.
– (1984a), *Soziale Systeme. Grundriss einer allgemeinen Theorie,* Frankfurt am Main: Suhrkamp.
– (1984b), »Die Wirtschaft der Gesellschaft als autopoietisches System«, *Zeitschrift für Soziologie* 13, S. 308-327.
– (1986a), »Intersubjektivität oder Kommunikation. Unterschiedliche Ausgangspunkte soziologischer Theoriebildung«, *Archivio di Filosofia* 54, S. 41-60.
– (1986b), »Kapital und Arbeit. Probleme einer Unterscheidung«, in: J. Berger (Hg.), *Die Moderne: Kontinuitäten und Zäsuren. Soziale Welt*, Sonderband 4, Göttingen: Schwarz, S. 57-78.
– (1987), *Soziologische Aufklärung* 4, Opladen: Westdeutscher Verlag.
– (1988a), »Wie ist Bewußtsein an Kommunikation beteiligt?«, in: H. U. Gumbrecht/K. L. Pfeiffer (Hg.), *Materialität der Kommunikation*, Frankfurt am Main: Suhrkamp, S. 884-901.
– (1988b), »Neuere Entwicklungen in der Systemtheorie«, *Merkur* 42, S. 292-300.
– (1988c), *Die Wirtschaft der Gesellschaft*, Frankfurt am Main: Suhrkamp.
– (1989a), »Kommunikationswissen und Gesellschaft«, in: W. Rammert/G. Bechmann (Hg.), *Technik und Gesellschaft*. Jahrbuch 5, Frankfurt am Main/New York: Campus, S. 11-18.
– (1989b), »Ethik als Reflexionstheorie der Moral«, *Gesellschaftsstruktur und Semantik. Studien zur Wissenssoziologie der modernen Gesellschaft*, Band 3, Frankfurt am Main: Suhrkamp, S. 358-448.
– (1990a), *Die Wissenschaft der Gesellschaft*, Frankfurt am Main: Suhrkamp.
– (1990b), *Political Theory in the Welfare State*, Berlin: de Gruyter.
– (1991), *Soziologie des Risikos*, Berlin: de Gruyter.
– (1993), *Das Recht der Gesellschaft*, Frankfurt am Main: Suhrkamp.
– (o. J.), »Das Paradox der Systemdifferenzierung und die Evolution der Gesellschaft«, unveröffentlichtes Manuskript.
Lyotard, Jean-François (1989), *Der Widerstreit*, München: Fink.
Marx, Karl (1867), *Das Kapital*. Erster Band, Berlin: Dietz 1974.
Mayntz, Renate (1988), »Zur Entwicklung technischer Infrastruktursysteme«, in: R. Mayntz u. a. (Hg.), *Differenzierung und Verselbständigung*, Frankfurt am Main: Campus, S. 233-259.

Mayntz, Renate/Thomas P. Hughes (Hg.) (1988), *The Development of Large Technical Systems*, Frankfurt am Main/New York: Campus.
McNally, Phil/Sohail Inayatullah (1988), »The Rights of Robots. Technology, culture and law in the 21st century«, *Futures* 20, S. 119-136.
Perrow, Charles (1984), *Normal Accidents. Living with High-Risk Technologies*, New York: Basic Books; deutsch: *Normale Katastrophen. Die unvermeidlichen Risiken der Großtechnik*, Frankfurt am Main/New York 1992.
Pickering, Andrew (Hg.) (1992), *Science as Practice and Culture*, Chicago: Chicago University Press.
Plotkin, Henry (1987), »Kommentar zu ›Evolutionäre Erkenntnistheorie und Spieltheorie‹«, in: R. Riedl/F. M. Wuketits (Hg.), *Die Evolutionäre Erkenntnistheorie. Bedingungen, Lösungen, Kontroversen*, Berlin/Hamburg: Paul Parey.
Regan, Tom (1982a), »What Sorts of Beings Can Have Rights?«, *All That Dwell Therein*, Berkeley: University of California Press, S. 165-183.
– (1982b), »An Examination and defense of One Argument Concerning Animal Rights«, *All That Dwell Therein*, Berkeley: University of California Press, S. 113-147.
Regan, Tom/Peter Singer (1976), *Animal Rights and Human Obligations*, Englewood Cliffs, N. J.: Prentice Hall.
Shapin, Steven/Schaffer, Simon (1985) *Leviathan and the Air-Pump. Hobbes, Boyle and the Experimental Life*, Princeton: University Press.
Singer, Peter (1976), *Animal Liberation. A New Ethics for our Treatment of Animals*, London: Cambridge University Press.
Stone, Cristopher (1974), *Should Trees have a Standing?* New York: Avon Books.
Summerton, Jane (Hg.) (1994), *Changing Large Technical Systems*, Boulder/Oxford: Westview Press.
Teubner, Gunther (1987a), »Unternehmenskorporatismus. New Industrial Policy und das ›Wesen‹ der Juristischen Person«, *Kritische Vierteljahresschrift für Gesetzgebung und Rechtswissenschaft* 2, S. 61-85.
– (Hg.) (1987b), *Autopoietic Law. A New Approach to Law and Society*, Berlin: de Gruyter.
– (1989), *Recht als autopoietisches System*, Frankfurt am Main: Suhrkamp.
– (1992a), »Die vielköpfige Hydra. Netzwerke als kollektive Akteure höherer Ordnung«, in: W. Krohn/G. Küppers (Hg.), *Emergenz: Die Entstehung von Ordnung, Organisation und Bedeutung*, Frankfurt am Main: Suhrkamp, S. 189-216.
– (1992b), »The Two Faces of Janus: Rethinking Legal Pluralism«, *Cardozo Law Review* 13, S. 1443-1462.
Waldron, Jeremy (1987), »Can communal goods be human rights?«, *Archives Européennes de la Sociologie* 28, S. 296-322.

Verzeichnis der Abbildungen in dem Beitrag von Ingrid Severin

1. Jean Jacques Grandville, »Locomotion aérienne«. Holzschnitt, 1849 Aus: *Un autre Monde*, Paris 1848/49.
2. Das Transatlantikkabel. Wissenschaftliche Illustration, 1861.
3. Einlaßstelle des Kabels mit Markierungsboje. Illustration, 1861.
4. Max Slevogt, »Mars regiert die Stunde«. Zeichnung, 1919.
5. Illustration des Telephonapparats von Graham Bell.
6. Joseph Beuys, »Telefon S-∃ und Geige«. Multiple, 1974. Blechdose, Schnur, Geige. Bonn, Kunstmuseum. © VG-Bildkunst Bonn.
7. Joseph Beuys, »Mensch (Erdtelefon)«. Installation, 1972. Tafel, Kreide, Topf und Telefon. Sammlung Speck Köln. Foto: F. Rosenstiel, Köln. © VG Bildkunst Bonn.
8. Marcel Broodthaers, »Téléphone«. 1968. Zwei Plastikplaketten.
9. László Moholy-Nagy, »Telephone Picture EM2«, 1922. Porzellanemaille auf Stahl, 47,5 × 30,1 cm. New York, The Museum of Modern Art. Gift of Philip Johnson in memory of Sibyl Moholy-Nagy.
10. Rune Mields, »Steinzeitgeometrie: Netz (Koordinaten des Universums)«. 1981. Aquatec auf Leinen, 200 × 140 cm. Privatbesitz der Künstlerin. Foto: F. Rosenstiel, Köln. © Rune Mields.
11. On Kawara, »Cartes Postales«. 1970. 29 Postkarten.
12. Raoul Dufy. »La Fée Électricité«. 1937-39. Öl auf Leinwand. 600 × 600 cm. Paris, Musée d'Art moderne de la Ville de Paris. Detail. © Spadem Paris.
13. Ansicht der Zündkerzen auf der Weltausstellung 1937 vor dem Bild Raoul Dufys.
14. Nam June Paik, »Good morning, Mr. Orwell«. 1984. DAAD-Dokumentation 1984.
15. Umberto Boccioni, »Gli stati d'animo. II. Gli adii« (»Der Abschied«) 1911. 70,8 × 96,2 cm. New York, The Museum of Modern Art. Gift of Nelson A. Rockefeller.
16. Joseph Beuys, »Straßenbahnhaltestelle«. 1954-1974. Installation auf der Biennale Venedig 1975. © VG Bildkunst, Bonn.
17. Jannis Kounellis, »Santa Maria Novella«. 1977. Installation Florenz. Privatbesitz Jannis Kounellis, Rom.
18. Christo, »Closed Highway. Project for 5000 Miles – 6 Lines – East West Highway across the USA. 1969, Collage. Privatbesitz Christo, New York. © Christo. Fotografie: Wolfgang Volz.
19. Tony Cragg, »Autobahn«. 1979. Installation Hamburg. Privatbesitz Wuppertal. © Tony Cragg.
20. Alighiero Boetti, »I mille fiumi piu longhi del mondo«. 1970-1977. Studio Boetti, Rom.

21. Douglas Huebler, »Location Piece no. 1«. 1969. Din A 4-Brief, 13 Fotos, 1 Plan, signiert unten. Sammlung Panza di Biumo.
22. Gordon Matta Clark, »Substrait (Underground Dailies)«. 1976.
23. Joseph Beuys, »Initiation Gauloise«. 1976. Farblithographie auf Öldruckpapier. © VG Bildkunst, Bonn.
24. Sol LeWitt, »Grids«. 1977. Fotoserie.

Hinweise zu den Autorinnen und Autoren

Ingo Braun, Dr. phil., Studium der Soziologie an der Johann-Wolfgang-Goethe-Universität Frankfurt; arbeitete von 1985 bis 1992 am Wissenschaftszentrum Berlin für Sozialforschung zunächst im Projekt »Technik – Alltag – Umwelt« und dann in der Forschungsgruppe »Große technische Systeme«; 1992 Promotion an der Technischen Universität Berlin; gegenwärtig Stipendiat der Walther-Rathenau-Stiftung. Schwerpunkte laufender Forschung: Aufbau des weltweiten »Internets« und die Entstehung der Wissenschaften vom Müll.
Veröffentlichungen: *Technik-Spiralen. Vergleichende Studien zur Technik im Alltag* (1993); *Stoff-Wechsel-Technik. Zur Soziologie und Ökologie der Waschmaschinen* (1988); *Computer und Intimität* (1987).

Hanns-Peter Ekardt, geb. 1934, Professor für Ingenieursoziologie am Fachbereich Bauingenieurwesen der Universität Kassel. Zuvor Maurerlehre, Ingenieurstudium, Praxis als Tragwerksplaner/Statiker, Studium Bauingenieurwesen an der Technischen Hochschule Darmstadt und Soziologie an der Universität Frankfurt; Promotion Soziologie 1977 TH Darmstadt. Forschungen zur Arbeitssoziologie der Ingenieurarbeit, zur arbeitsstofflichen Fundierung einer Berufsethik der Ingenieure, zur Entwicklung großer technischer Systeme.
Jüngste Veröffentlichungen: »Regulierungsfunktionen technischer Normen in der Praxis der Bauingenieure« (mit R. Löffler), in: W. Schuchardt, *Technische Normen und Bauen*, Berlin/Köln 1991; (mit H. Henstenberg und R. Löffler), *Arbeitssituation von Firmenbauleitern*, Frankfurt am Main 1992; (mit R. Löffler), »Organisation der Arbeit – Organisation der Profession«, in: H. Lenk/M. Maring (Hg.), *Technikverantwortung. Güterabwägung – Risikobewertung – Verhaltenskodizes*, Frankfurt am Main/New York 1991.

Claudia von Grote, Dr. phil., seit 1990 Mitarbeiterin in dem von Bernward Joerges geleiteten Forschungsprojekt »Große technische Systeme« am Wissenschaftszentrum Berlin; vorher Mitarbeiterin in verschiedenen Forschungsprojekten am Max-Planck-Institut für Bildungsforschung und am Medizinsoziologischen Institut der Freien Universität Berlin.
Veröffentlichungen: »Organ-Technik«, in: *Soziale Welt* 42 (1991); (zusammen mit I. Braun und G. Feuerstein), »Technische Vernetzungen im Gesundheitswesen«, WZB-Discussion Paper, 1990.

Reiner Grundmann, Dipl. Soz., Dr. rer. pol., Promotion am Europäischen Hochschulinstitut Florenz, 1989; Walther-Rathenau-Stipendiat des Verbunds für Wissenschaftsgeschichte 1990/1991; Gastwissenschaftler am

Wissenschaftszentrum Berlin, Forschungsgruppe »Große technische Systeme«; Stipendiat der Fritz-Thyssen-Stiftung; Mitarbeiter im Graduiertenkolleg Risikoregulierung und Privatrechtssystem der Universität Bremen. Arbeitsschwerpunkte auf den Gebieten Wissenschafts- und Technikforschung, Techniksoziologie und politische Philosophie.
Buchveröffentlichung: *Marxism and Ecology*, Oxford University Press 1991.

Bernward Joerges, Prof. Dr. phil., gegenwärtig Leiter der Forschungsgruppe »Metropolenforschung« am Wissenschaftszentrum Berlin. Studium der Psychologie, Soziologie und Politikwissenschaften in Tübingen, Bonn, Bombay und Saarbrücken; Diplom in Psychologie, Promotion und Habilitation in Soziologie; Fellow am Wissenschaftszentrum für Sozialforschung Berlin seit 1979, apl. Professor für Soziologie an der Technischen Universität Berlin seit 1982, Gastprofessuren an der London School of Economics, der Universität Uppsala und an der Sorbonne; Leiter der Forschungsgruppe »Große technische Systeme« am Wissenschaftszentrum Berlin.
Jüngste Veröffentlichungen (Auswahl): »Expertise Lost. An Early Case of Technology Assessment«, *Social Studies of Science* 23 (1994); »Reden über große Technik«, in: Uta Gehrhardt, Hans-Ulrich Derlien und Fritz Scharpff (Hg.), *Systemrationalität und Partialinteresse, Festschrift für Renate Mayntz*, Baden-Baden: Nomos 1994; »Ein Zeitalter der Energie«, in: Wolfgang Zapf und Meinolf Dierkes (Hg.), *Institutionenvergleich und Institutionendynamik* (WZB-Jahrbuch 1994), Berlin: Edition Sigma 1994; (Hg.), *Technik im Alltag*, Frankfurt am Main: Suhrkamp 1988.

Klaus Kornwachs, geb. 1947, Prof. Dr., Lehrstuhl Technikphilosophie der Technischen Universität Cottbus. Studium von 1966-1973 der Mathematik und Philosophie in Tübingen, Freiburg und Kaiserslautern; 1973 Diplom in Physik; 1975 Visiting Fellow an der University of Massachusetts in Amherst, USA; 1976 Promotion in analytischer Sprachphilosophie; Lehraufträge in Freiburg, Stuttgart, Ulm; von 1977 bis 1981 wissenschaftlicher Mitarbeiter und Mitgründer der Arbeitsgruppe Angewandte Systemanalyse am Stuttgarter Fraunhofer-Institut für Produktionstechnik und Automatisierung, danach am Fraunhofer-Institut für Arbeitswirtschaft und Organisation; 1987 Habilitation an der Universität Stuttgart für das Fach Philosophie mit einem systemtheoretischen Thema; 1989 Abteilungsleiter für Technikfolgenabschätzung am Fraunhofer-Institut für Arbeitswirtschaft und Organisation; 1988 Gründer und seitdem Vorsitzender der Deutschen Gesellschaft für Systemforschung; 1990 Honorarprofessor für Philosophie am Humboldt-Zentrum der Universität Ulm; 1991 Träger des SEL-Forschungspreises Technische Kommunikation der SEL Stiftung Stuttgart.

Herbert Kubicek, Studium der Betriebswirtschaftslehre und Promotion zum Dr. rer. pol. an der Universität Köln; Wissenschaftlicher Assistent am Organisationsseminar der Universität Köln; wissenschaftlicher Mitarbeiter in einem Forschungsprojekt an der Freien Universität Berlin; 1977 bis 1987 Professor für Betriebswirtschaftslehre mit den Schwerpunkten Organisations- und Entscheidungstheorie an der Universität Trier; seit 1988 Professor für Angewandte Informatik mit den Schwerpunkten Informationsmanagement und Telekommunikation im Fachbereich Mathematik und Informatik der Universität Bremen. Hauptarbeitsgebiete: Organisationstheorie, Technikfolgenabschätzung im Bereich der Informations- und Kommunikationstechniken, besonders technische und organisatorische Netzwerke.
Wichtige Veröffentlichungen: *Informationstechnologie und organisatorische Regelungen* (1975); *Empirische Organisationsforschung* (1975); (mit A. Kieser), *Organisation* (1976, 2. Aufl. 1983); (mit A. Kieser), *Organisationstheorien* (2 Bde., 1978); (mit J. Reese u. a.), *Gefahren der informationstechnologischen Entwicklung* (1979); *Interessenberücksichtigung beim Technikeinsatz im Büro- und Verwaltungsbereich* (1979); (mit B. P. Lange u. a.), *Sozialpolitische Chancen der Informationstechnik* (1982); *Kabel im Haus – Satellit überm Dach* (1984, 2. Aufl. 1985); (mit G. Welter), *Messung der Organisationsstruktur* (1985); (mit P. Berger), *Mikropolis. Mit Computernetzen in die »Informationsgesellschaft«* (1990); als Herausgeber: *Telekommunikation und Gesellschaft. Kritisches Jahrbuch der Telekommunikation* (1991); (mit P. Seeger), *Perspektive Techniksteuerung* (1993); *Daten- und Verbraucherschutz bei Telekommunikationsleistungen in der EG* (1993).

Joachim Radkau, geb. 1943 in Oberlübbe (Kreis Minden); Studium der Geschichtswissenschaft, Germanistik und Politologie in Münster, Berlin und Hamburg; Promotion 1970 an der Universität Hamburg bei Fritz Fischer; Habilitation 1981 an der Universität Bielefeld; Professor an der Fakultät für Geschichtswissenschaft und Philosophie der Universität Bielefeld. Hauptarbeitsgebiete: Technik- und Wirtschaftsgeschichte, Umweltgeschichte, Medizingeschichte.
Wichtige Buchveröffentlichungen: *Die deutsche Emigration in den USA* (1971); *Praxis der Geschichtswissenschaft. Die Desorientheit des historischen Interesses* (1973); (zusammen mit George W. F. Hallgarten), *Deutsche Industrie und Politik von Bismarck bis heute* (1974); *Aufstieg und Krise der deutschen Atomwirtschaft 1945-1975* (1983); (zusammen mit Ingrid Schäfer), *Holz – ein Naturstoff in der Technikgeschichte* (1987); *Technik in Deutschland: Vom 18. Jahrhundert bis zur Gegenwart* (1989).

Wolfgang Sachs, Dr. phil., geboren 1946; Mitarbeiter am Wuppertal Insti-

tut für Klima, Umwelt und Energie. Studium der Theologie und Soziologie in München, Tübingen und Berkeley, USA; 1980-1987 Mitarbeiter der Forschungsgruppe Energie und Gesellschaft an der Technischen Universität Berlin; 1984-1987 Schriftleiter der Zeitschrift *Development* bei der Society for International Development, Rom; 1987-1990 Gastprofessor an der Pennsylvania State University, USA; 1990-1993 Kollegiat am Kulturwissenschaftlichen Institut in Essen.
Buchveröffentlichungen: *Schulzwang und soziale Kontrolle. Argumente zur Entschulung des Lernens*, Frankfurt am Main 1976; *Die Liebe zum Automobil. Ein Rückblick in die Geschichte unserer Wünsche*, Reinbek 1984 (Taschenbuch 1990); *Zur Archäologie der Entwicklungsidee*, Frankfurt am Main 1992. Als Herausgeber: *Wie im Westen so auf Erden. Ein polemisches Handbuch zur Entwicklungspolitik*, Reinbek 1993; *Global Ecology. A New Arena of Political Conflict*, London: Zed Books 1993.

Ingrid Severin, Dr. phil., geboren 1959; Studium der Kunstgeschichte, Anglistik, Baugeschichte und Philosophie an der Rheinisch-Westfälisch-Technischen Hochschule Aachen sowie in Rom und Florenz; Promotion 1987 mit »Baumeister und Architekten. Studien zur Darstellung eines Berufsstandes in Porträt und Bildnis«; seit 1988 Mitarbeiterin bei der Stiftung Preußischer Kulturbesitz; 1991 und 1992/ 1993 wissenschaftliche Assistentin am Institute for Advanced Study, Princeton, USA, sowie Mitarbeit in der Forschungsgruppe »Große technische Systeme« am Wissenschaftszentrum Berlin; arbeitet zur Zeit an einer Habilitationsschrift zum Thema »Die Rekonstruktion der Moderne vor der documenta I«.
Buchpublikationen: *Baumeister und Architekten. Studien zur Darstellung eines Berufsstandes in Porträt und Bildnis*, Berlin: Gebr. Mann Verlag 1992; *Denken in Bildern. Museumsmanagement zwischen Preußischer Tradition und internationaler Avantgarde. Zu Leben und Wirken von Leopold Reidemeister 1900-1987* (mit Vorwort von Werner Knopp), Berlin: Stiftung Preußischer Kulturbesitz, 1994/95 (geplant); als Herausgeberin (zusammen mit Ekkehard Mai und Peter Paret), *Sammler und Mäzene (1850-1945)*, Köln/Wien: Böhlau 1993; Aufsätze (Auswahl): »Kugeln und Sphären in der zeitgenössischen Kunst«, in: *Festschrift für Hans Holländer zum 60. Geburtstag*, Aachen 1994 (in Druck); »Technical artifacts as architecture, photography of another space« (zu Photographien von Herbert Bayer, Bernd und Hilla Becher), in: *The Center for Photography Quarterly at Woodstock*, New York, April 1992; »Wilhelm von Bode und das Asiatische Museum in Dahlem«, in: *Jahrbuch der Stiftung Preußischer Kulturbesitz Berlin 1991*, XXVIII (1992), S. 461-486.

Johannes Weyer, Dr. phil., geboren 1956; Heisenberg-Stipendiat an der Fakultät für Soziologie der Universität Bielefeld; seit 1984 tätig an der Fakultät für Soziologie der Universität Bielefeld; 1992/1993 Vertretung

des Lehrstuhls für Soziologie II an der Fakultät Sozial- und Wirtschaftswissenschaften der Universität Bamberg.
Buchveröffentlichungen: *Westdeutsche Soziologie 1945-1960*, Berlin 1984; *Akteurstrategien und strukturelle Eigendynamiken. Raumfahrt in Westdeutschland 1945-1965*, Göttingen 1993. Als Herausgeber: *Technische Visionen – Politische Kompromisse. Geschichte und Perspektiven der Deutschen Raumfahrt*, Berlin 1993; *Theorien und Praktiken der Technikfolgenabschätzung*, München/Wien 1993.